selbst geschnitzt.

Outdoor-Küchensachen selber machen

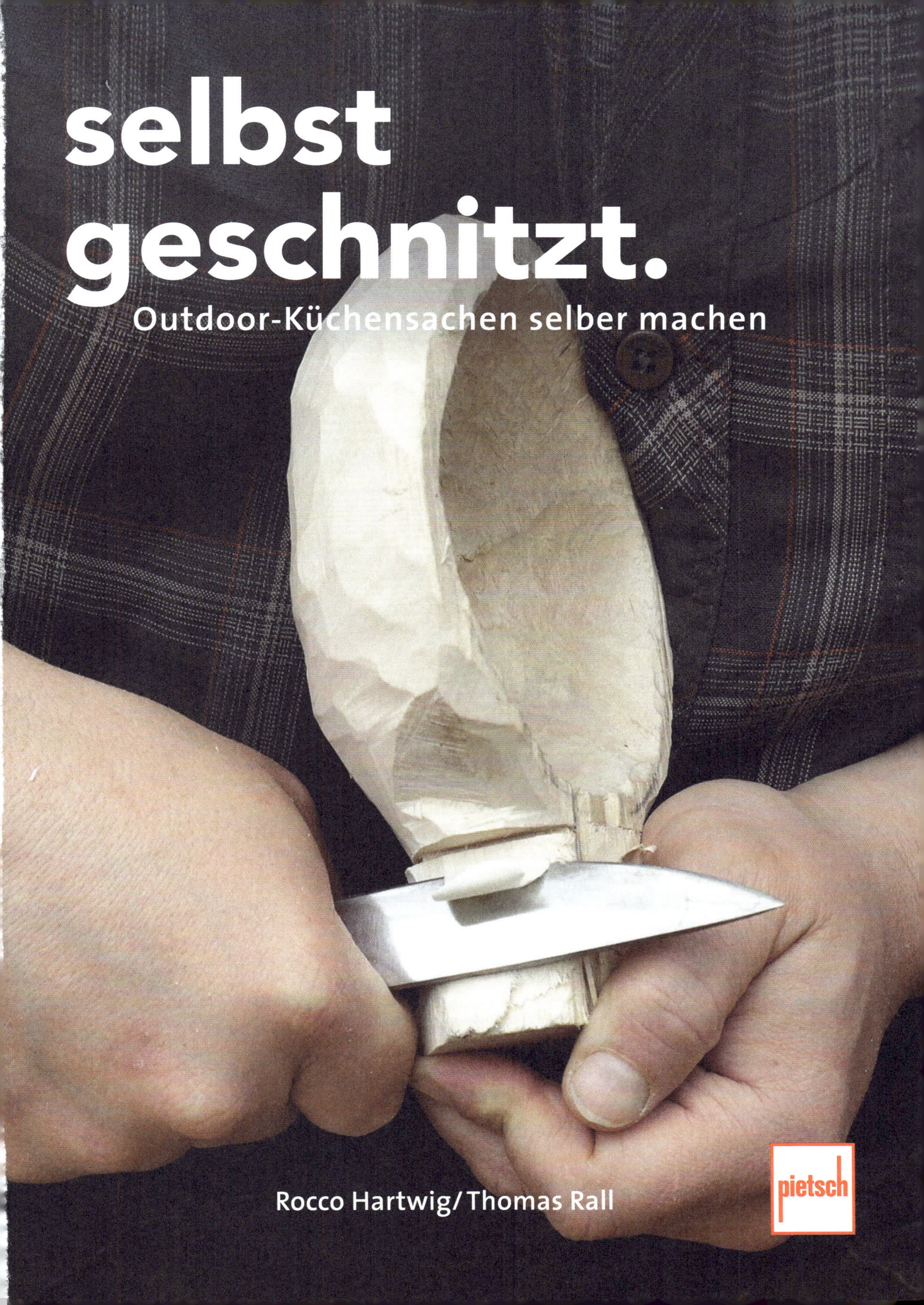

Rocco Hartwig/Thomas Rall

pietsch

Einbandgestaltung: grafik+design Kornelia Erlewein

Das Umschlagfoto stammt von Rocco Hartwig.

Bildnachweis: Sämtliche verwendeten Aufnahmen stammen von den Verfassern.
Illustrationen: Kornelia Erlewein
Das Vorsatzmotiv stammt von Anna Erlewein.

Eine Haftung der Autoren oder des Verlages und seiner Beauftragten für Personen-, Sach- und Vermögensschäden ist ausgeschlossen. Der Inhalt dieses Buches ist sorgfältig recherchiert und erarbeitet worden. Dennoch können weder Autoren noch Verlag für alle Angaben im Buch Haftung übernehmen. Da das Schnitzen an sich das Risiko von Verletzungen mit sich bringt, können weder Autoren noch Verlag garantieren, dass die gezeigten Projekte und Anleitungen für jeden geeignet sind und sicher ausgeführt werden können. Deshalb kann keine Haftung bei Verletzungen oder Schäden übernommen werden, auch nicht bei sachgemäßem Gebrauch der gezeigten Werkzeuge und Geräte. Verlag und Autoren weisen ausdrücklich darauf hin, dass die Verwendung der Schnitzwerkzeuge und Beile nur nach einer ausführlichen Einarbeitung stattfinden darf.

ISBN 978-3-613-50925-2

2. erweiterte und aktualisierte Auflage 2021

Sie finden uns im Internet unter:
www.pietsch-verlag.de

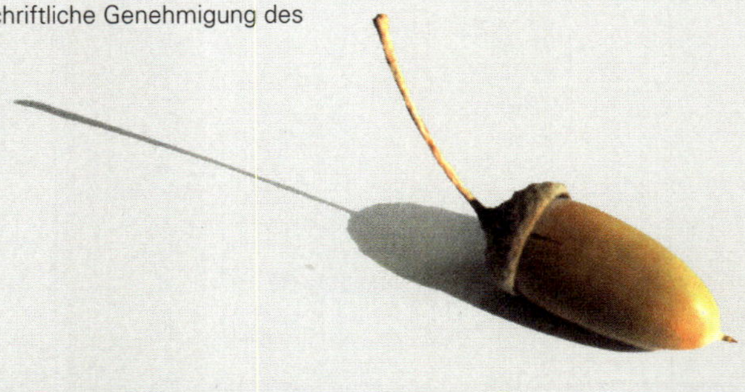

Lektorat: Ulrike Ruh
Innengestaltung: Kornelia Erlewein
Druck und Bindung: Graspo CZ, 76302 Zlín
Printed in Czech Republic

ACHTUNG: Feuer machen in der Natur ist in Deutschland nur unter bestimmten Bedingungen erlaubt. Die gezeigten Feuer und Feuerstellen in diesem Buch liegen alle auf Privatbesitz und wurden unter Einhaltung der Regelungen in den jeweiligen Bundeslandgesetzen entzündet.

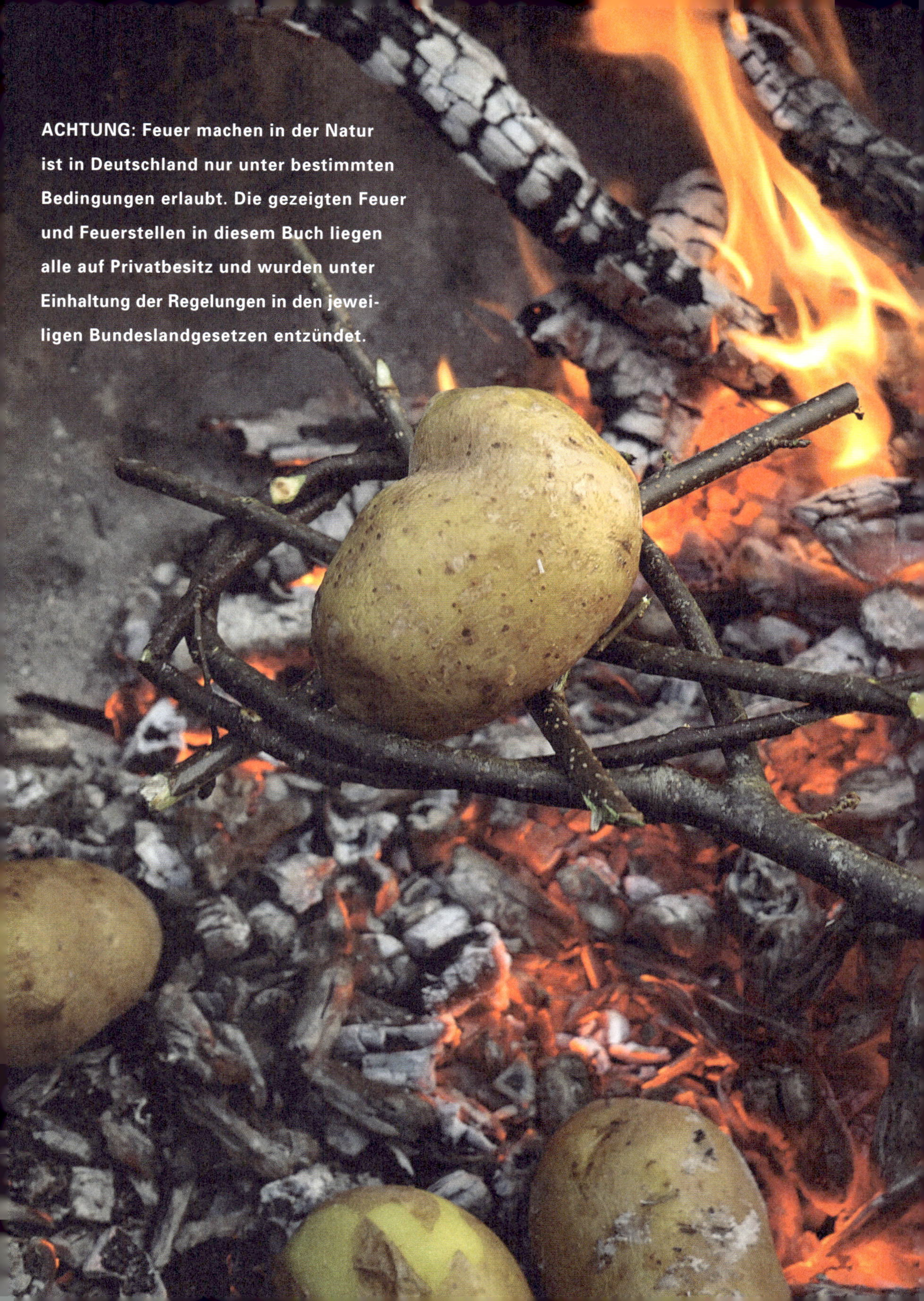

INHALT

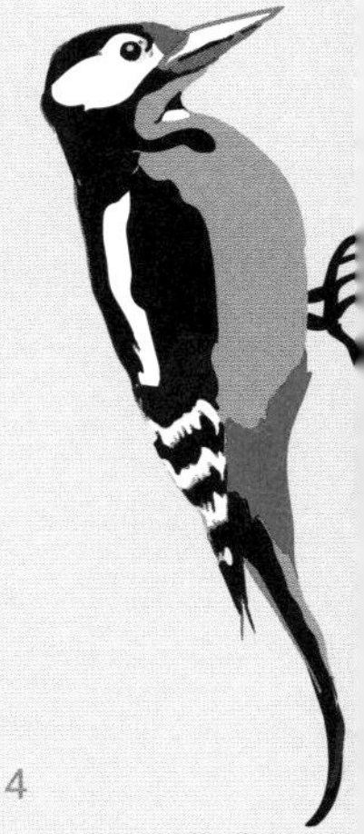

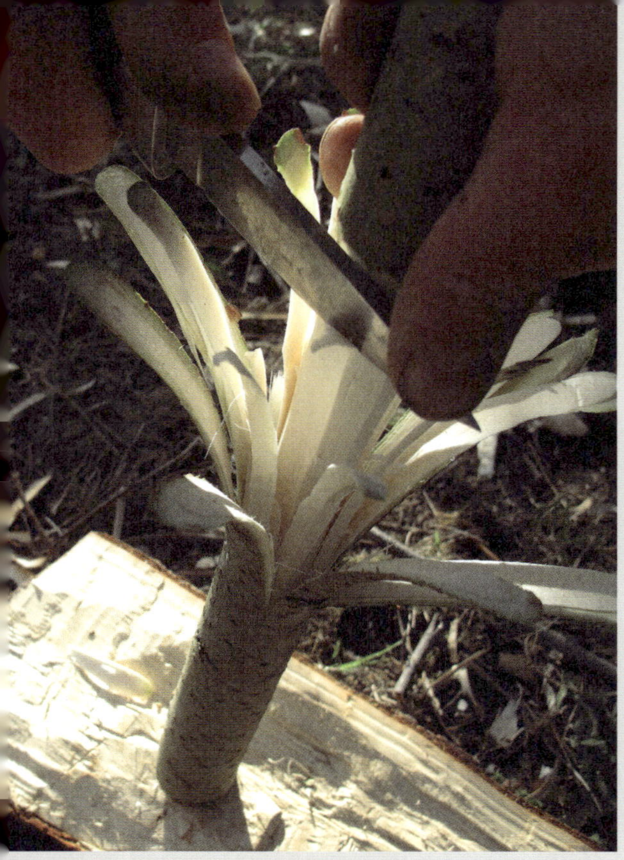

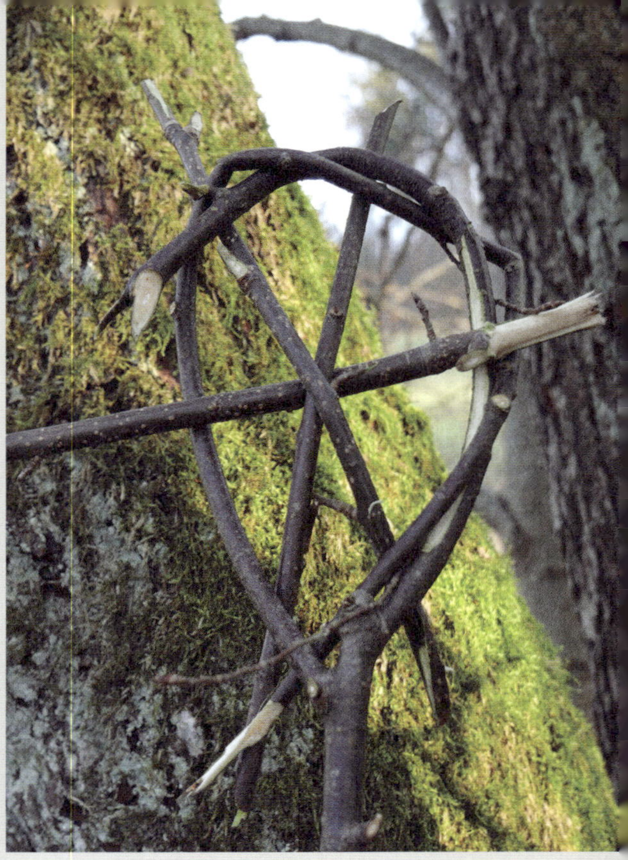

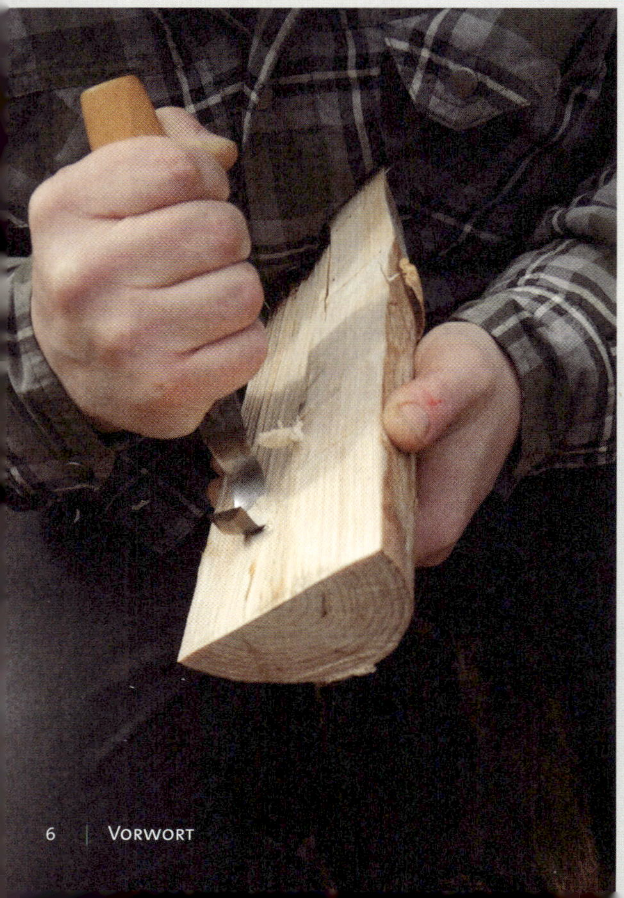

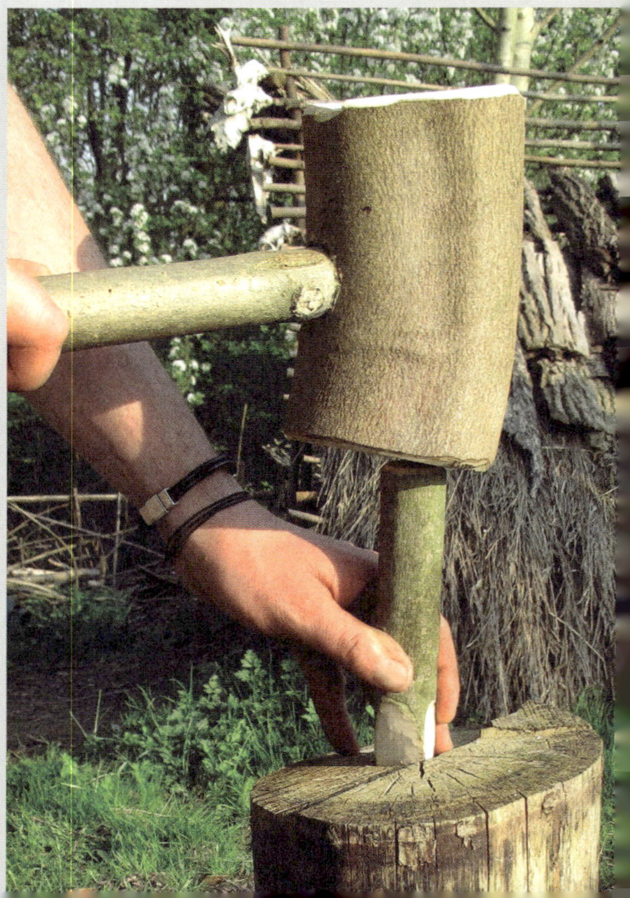

VORWORT

Dieses Buch haben wir geschrieben, weil wir ein solches im Outdoor-Bereich bisher immer vermisst haben und unsere Leidenschaft fürs Selbermachen gern mit anderen Menschen teilen wollen – egal ob es sich dabei um EinsteigerInnen oder erfahrene Outdoor-Begeisterte handelt. Im Zentrum stehen dabei Bushcraft bzw. »Wildniswerken«, ein Hobby, das uns sehr viel Lebenszufriedenheit schenkt und stets einen guten Ausgleich zum stressigen Alltag sichert. Genauer betrachtet handelt es sich dabei auch nicht mehr nur um ein Hobby, sondern um eine Lebenseinstellung. Bushcraften lenkt den Blick aufs Wesentliche, lässt einen zur Ruhe kommen und fördert den bewussten Umgang mit den natürlichen Ressourcen.

Zu unseren Leidenschaften gehört ganz besonders das Kochen am offenen Feuer mit einem selbst gemachten Koch- und Essequipment. Wie man sich seine ganzen Küchensachen durch Schnitzen und Brennen selber herstellen kann, wird in diesem Buch sehr ausführlich und anhand von Schritt-für-Schritt-Anleitungen gezeigt. Denn wir finden es wunderbar, mit Freunden am wärmenden Feuer zu sitzen, ein leckeres Essen mit den selbst gemachten Koch- und Grillwerkzeugen zuzubereiten und dann gemeinsam aus der Holzschale zu essen. Das hat für uns etwas Kameradschaftliches und Ursprüngliches – etwas, was die Menschen schon immer verbunden hat. Diese Art des Draußenseins treibt uns an und lässt uns gleichzeitig innerlich zur Ruhe kommen. In der Natur kann man mit einfachsten Mitteln sowohl Schönes als auch Zweckmäßiges herstellen. Dafür braucht man gar nicht viel, ein paar einfache Werkzeuge und etwas Ausrüstung, um sich vor Wind und Wetter zu schützen. Damit kann man in der Natur eine schöne Zeit verbringen und die eigene Ausrüstung nach und nach selbst fertigen. Dies gilt auch fürs Kochequipment und weitere benötigte Küchengeräte. Dabei ist es egal, ob man allein unterwegs ist, um die Ruhe der Natur zu genießen oder ob man sich als Gruppe aufmacht, angetrieben vom gemeinschaftlichen Naturerleben und dem Wunsch nach Entschleunigung. Ziel sollte es immer sein, sich von gekauftem Equipment unabhängig zu machen, indem man jederzeit in der Lage ist, sich selbst seine eigene Kochausrüstung herzustellen. Zum einen wird es so möglich, ausschließlich auf Naturmaterialien zurückzugreifen, zum anderen kann dafür auch Wohlstandsmüll wie Blechdosen recycelt werden.
Genau dies ist das Schöne am Bushcraften. Es muss fast nichts gekauft werden, weil man mit etwas Kreativität vieles selber machen kann und die Natur uns viele Alternativen zu umweltschädlichen Materialien bietet. Einige davon werden in diesem Buch gezeigt. Bushcraft bedeutet für uns also, die Natur zu nutzen und gleichzeitig zu schützen. Denn nur wer sich mit der Natur auseinandersetzt, wird diese respektieren, schätzen und bewahren wollen.

Meist beginnt die Lust am Selbermachen damit, dass man sich einen Löffel schnitzt … und zum Schluss kocht man im Erdofen. So folgt dann eins aufs andere. Anfangs wird draußen gegrillt, dann kocht man seine erste Suppe, probiert eine neue Kochstelle aus, baut sich vielleicht ein Dreibein und merkt dann, dass einem dieses Draußensein in der Natur einfach nur guttut. Mit der Zeit übt man so die eigenen Fertigkeiten und beginnt damit, immer mehr selbst herzustellen, immer unabhängiger von industriell hergestelltem Equipment zu werden und mit Nahrung aus der Natur und Kochstellen zu experimentieren.

Bei allem was wir machen, ist es uns zum Bedürfnis geworden, dass wir uns wieder mit der Natur vertraut machen. Denn was uns immer wieder auffällt: Draußen schmeckt einfach alles besser. Sei es die einfachste Suppe oder auch ein Fichtennadeltee. Vielleicht sind es die Raucharomen, der Ort, das Zeitlose oder eben alles zusammen, was diesen anderen Geschmack ausmacht. Wir wissen es nicht sicher, aber wir dürfen es immer wieder erleben.
Egal ob Frau, Mann oder Kind – alle sollen die Vielfältigkeit des entschleunigten und einfachen Lebens in der Natur erfahren dürfen. Dabei geht es darum, zu improvisieren und vorhandene Ressourcen zu nutzen. Handwerkliches Geschick wird gefördert, der Umgang mit traditionellen, scharfen Werkzeugen wird geübt, man lernt das Feuermachen, und die Umwelt wird geschont.

Altes Wissen taucht wieder auf und lässt uns eine Verbindung zur Natur und damit zu uns selbst herstellen. Seien es die Kräuter, die wir essen, die Tiere, die wir beobachten oder das Stück Holz, das wir bearbeiten. All dies lässt das BushcrafterInnenherz höher schlagen.
Je mehr Zeit wir in der Natur verbringen und uns ihr wieder annähern, umso mehr wird uns bewusst, dass es nur noch wenige Rückzugsmöglichkeiten für Menschen und vor allem Tiere gibt, dass kaum noch sauberes Wasser vorhanden ist, kaum noch Nahrung selbst gesammelt wird. Dafür findet man viel Monokultur und Chemie auf den Feldern. Und selbst im tiefsten Wald liegt noch eine Plastikfolie.
Es gab also eine Vielzahl von Beweggründen, die uns zu diesem Buch veranlasst haben.
Menschen, die bei unseren Kursen zum ersten Mal mit uns in die Natur gehen, merken schnell, wie sich draußen alles entspannt und alle Bedürfnisse auf ein Minimum beschränkt werden. Es geht dann nur noch darum, wie komme ich an sauberes Wasser und Nahrung? Wie bereite ich diese zu? Wie bleibe ich warm und trocken? Alles andere spielt dann kaum noch eine Rolle. Und man macht dann schnell die Erfahrung, wie schön es ist, eigene Fähigkeiten und Fertigkeiten wiederzuentdecken, die man bereits vergessen hatte.
Unser Buch ist voll von Ideen und Tipps, die zum Nachmachen anregen sollen und hoffentlich den einen oder die andere wieder in die Natur ziehen.
Dabei gibt es nicht den einen richtigen Weg, alles lässt sich anders machen. Sowohl die Techniken, die wir zeigen, als auch die Materialien, die wir verwenden, sind aus unserer Erfahrung heraus entstanden.
Wir kommen damit gut zurecht und wollen die LeserInnen dazu auffordern, dasselbe zu tun und den eigenen Weg zu finden. Dabei ist es egal, ob man sich an der Feuerstelle im Garten probiert oder sich tagelang durch die Natur schlägt. Letztendlich geht es nur darum, unsere Ausgeglichenheit wiederzugewinnen, mit Freunden oder der Familie zusammenzusitzen, zu essen, zu trinken, zu genießen und alles zu teilen.
Für uns selbst haben wir gelernt, dass es immer das Beste ist, Gesehenes oder Gelesenes selber auszuprobieren. Sei es beim Essen, beim Einrichten einer Feuerstelle oder bei der Fertigung der Gerätschaften, die dafür benötigt werden.
Um etwas kochen oder braten zu können, brauchen wir Töpfe, Tassen, Besteck, eine geeignete Feuerstelle, einen Haken für den Topf und noch vieles mehr. In diesem Buch findet man genau dafür viele Anleitungen und Ideen.

Viel Spaß beim Schnitzen, Brennen, Nachbauen und Erfahrungen sammeln. Lasst es euch vor allem schmecken!

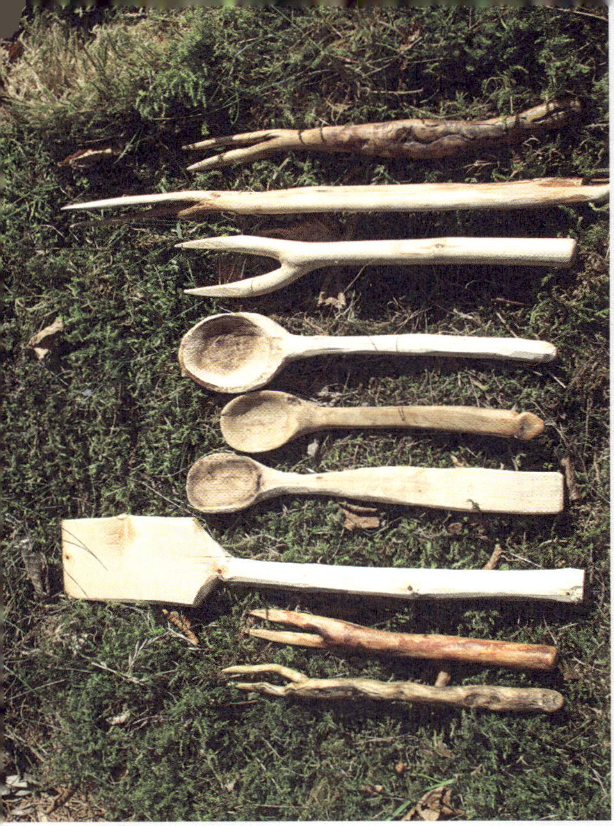

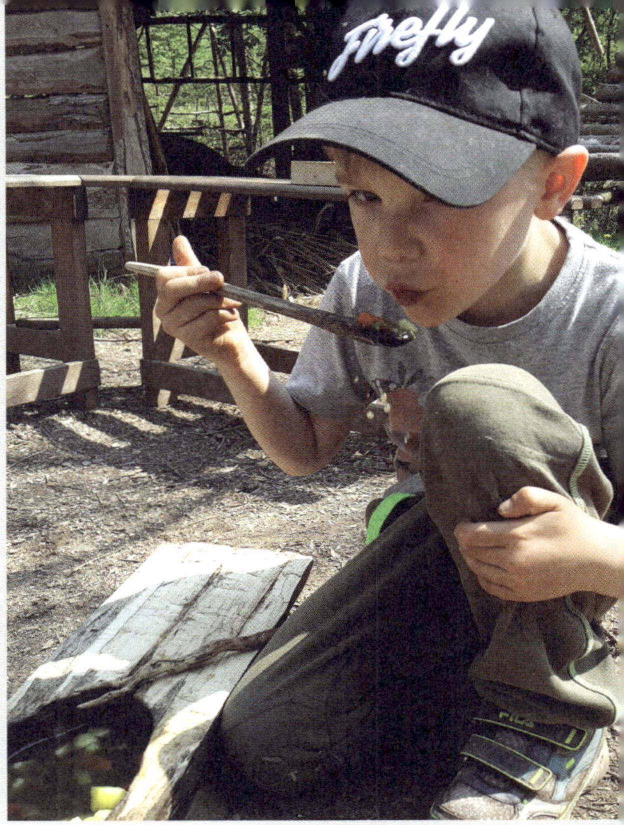
Firefly

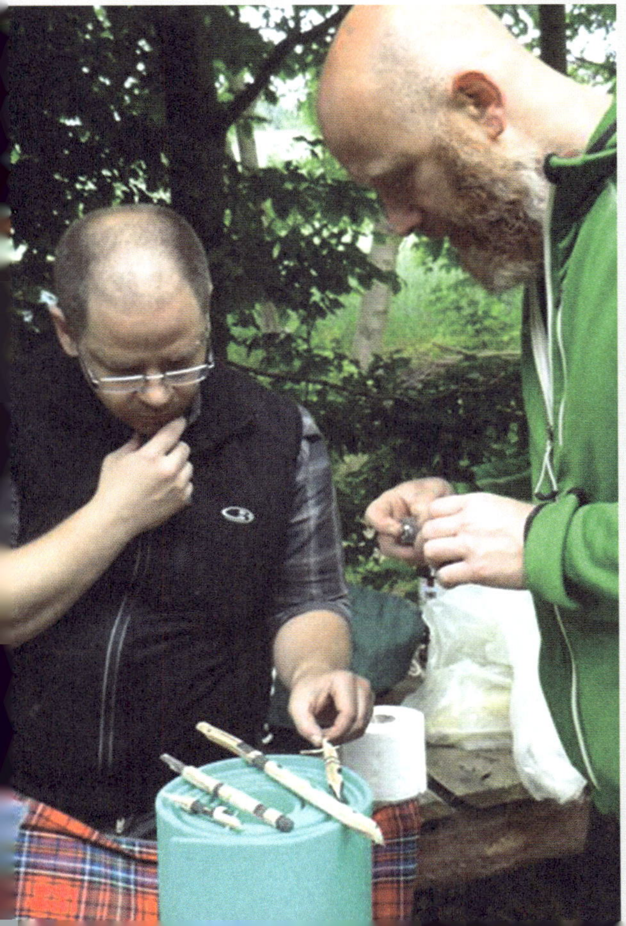

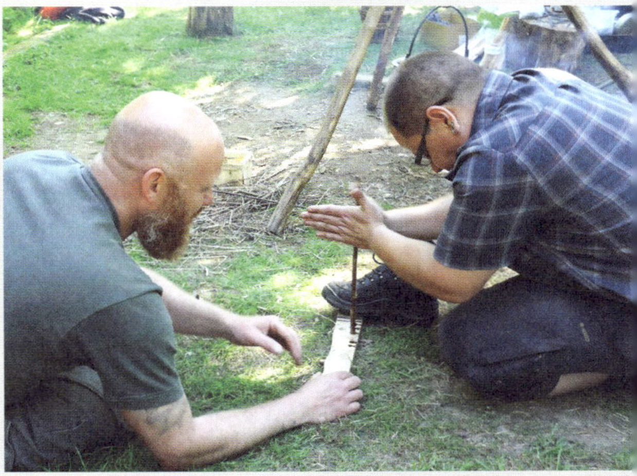

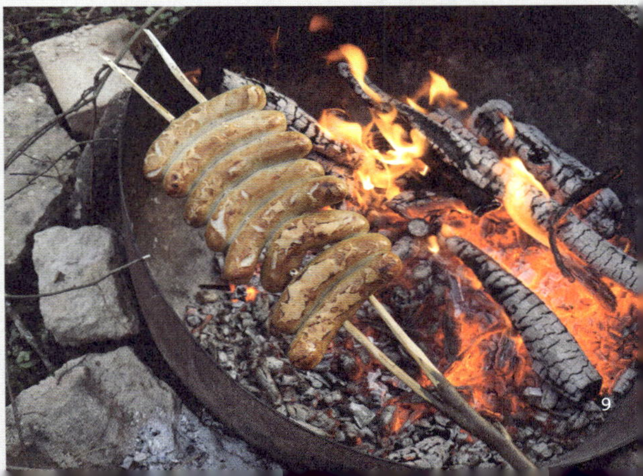

HOLZAUSWAHL

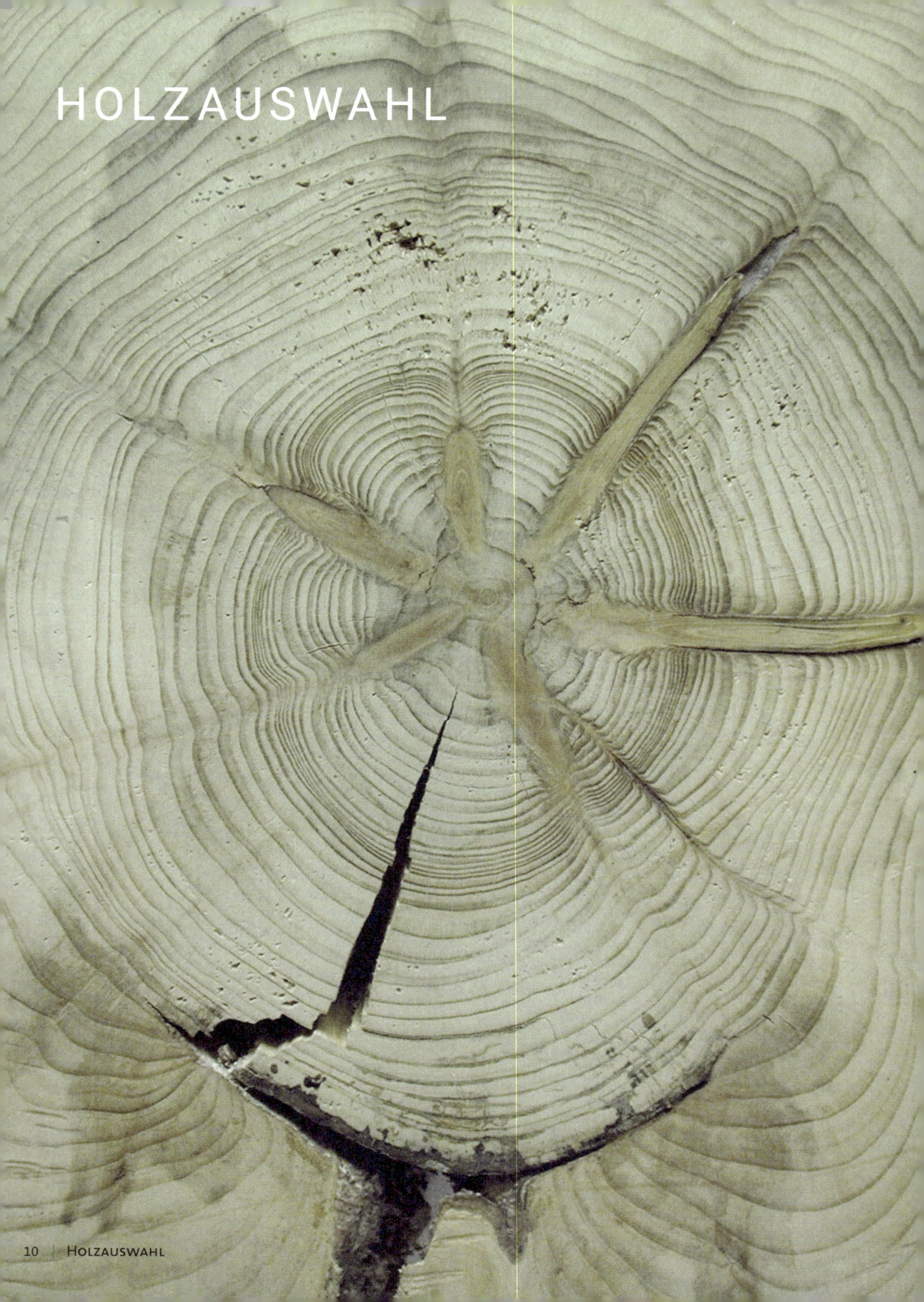

Wer sich viel im Wald aufhält und mit Naturmaterialien experimentiert, stellt schnell fest, dass sich die Hölzer verschiedener Bäume und Sträucher unterschiedlich gut für bestimmte Projekte eignen.
Für stabile Werkzeuge nimmt man beispielsweise eher ein biegsames Holz mit langen Fasern. Zum Schnitzen einer Figur hingegen ein weicheres Holz mit feinen Fasern. Im vorliegenden Buch fanden viele unterschiedliche Holzarten Verwendung. Dabei wurde immer darauf geachtet, so wenig Frischholz wie möglich zu verarbeiten.

BushcrafterInnen nehmen sich aus der Natur im besten Fall nur das, was diese freiwillig hergibt. Damit ist gemeint, dass man möglichst nur Holz nutzt, welches bereits auf dem Boden liegt. Wenn bei den gezeigten Projekten dennoch auf Frischholz zurückgegriffen wurde, dann stammte dieses ausschließlich aus Privatbesitz. Trotzdem wurde auch hier immer nur so viel Holz entnommen, dass weder der Bestand noch die Pflanze selbst gefährdet wurden. Gerade bei Weide und Haselnuss ist es meist unproblematisch, wenn man z. B. im Frühjahr die frischen Triebe entfernt.
Jedoch ist auch dies nicht überall erlaubt und man sollte sich in jedem Fall an die gültigen Gesetzte halten.

Für die Projekte in diesem Buch wurde das Holz folgender Bäume verwendet:

Nadelhölzer

Die Fotos zeigen Lärche, Kiefer und Fichte. Alle diese Hölzer gehören zu den Nadelhölzern. Sie lassen sich gut bearbeiten und haben durch ihre geringe Dichte weniger Gewicht. Nadelhölzer produzieren viel Harz, was für BushcrafterInnen wichtig ist, wenn man Feuer machen oder Kleber herstellen will. Da das eingeschlossene harzgesättigte Holz eine Auswirkung auf den Geschmack der Speisen haben kann, eignet sich das Holz allerdings weniger dazu, um Essbesteck daraus zu fertigen.
Zudem gibt es im Holz ganze Harzeinschlüsse (Tränen), die das Schnitzen erschweren können. Dafür lässt es sich besonders gut für die Konstruktion von Aufbauten verwenden, da Nadelhölzer meist einen geraden Wuchs haben.

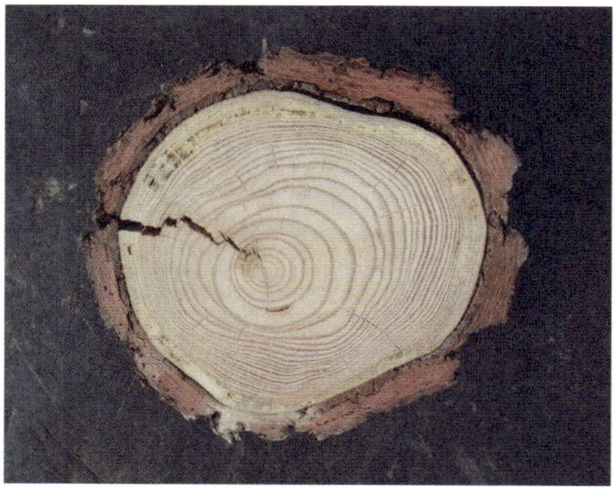

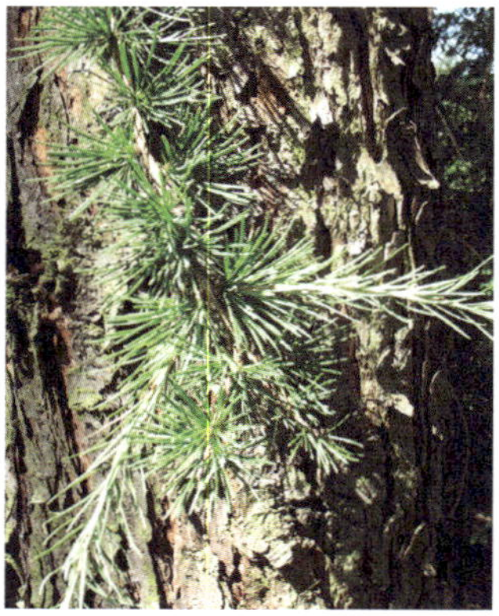

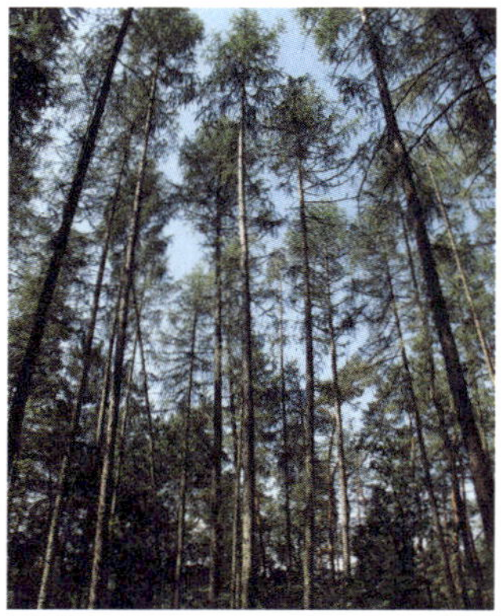

*Die **Lärche** ist ein relativ wetterbeständiges Holz und verrottet auch auf dem auf dem Boden liegend nicht so schnell. Sie eignet sich damit gut für Objekte, die man länger verwenden möchte oder für Aufbauten auf feuchtem Boden. Zudem ist es sehr zäh und belastbar, früher wurden Eisenbahnschwellen aus diesem Holz hergestellt. Das Holz der Lärche zeigt eine rötliche Färbung.*

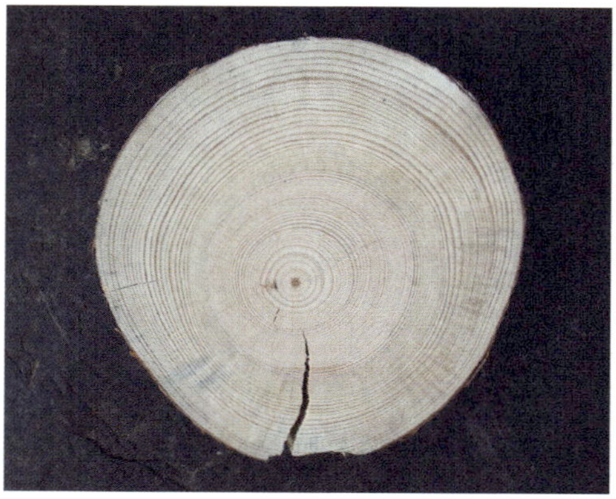

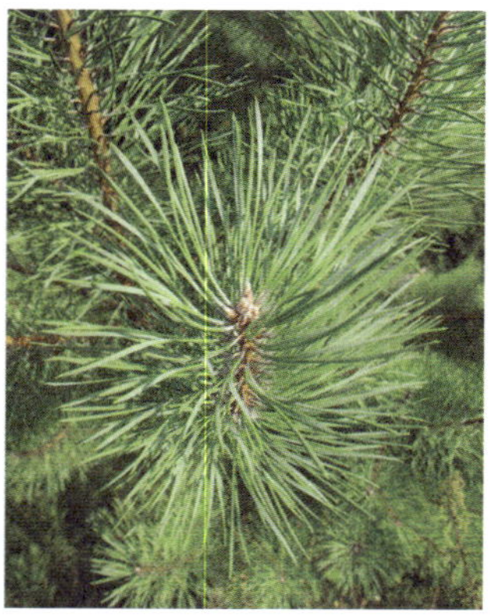

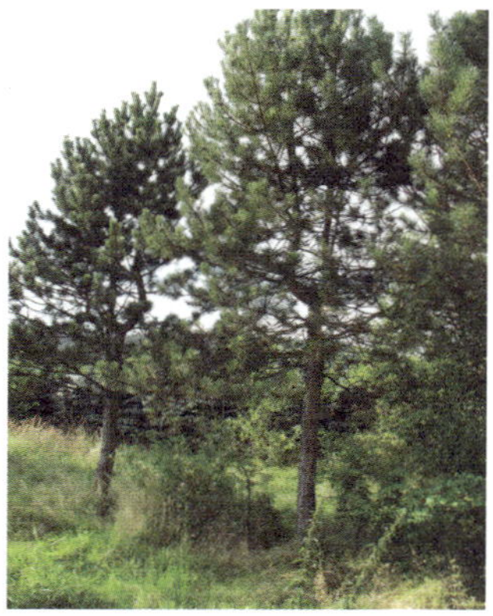

*Die **Kiefer** besteht aus eher sprödem Holz und weist eine gelblich-rötliche Tönung auf. Die Äste der Kiefer brechen schnell ab, wenn viel Schnee darauf liegt. Deshalb sind Kiefernäste häufig auf dem Boden zu finden und lassen sich so ohne viel Aufwand sammeln. Dafür sind sie aber auch weniger für stark beanspruchte Aufbauten geeignet.*

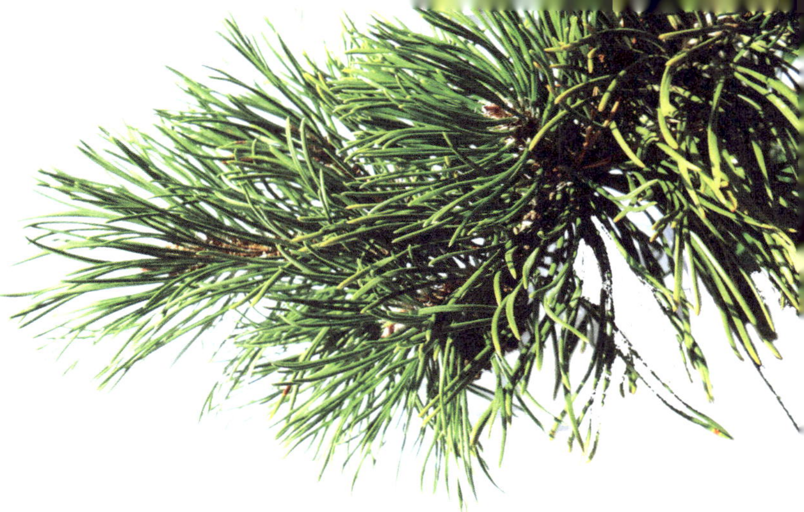

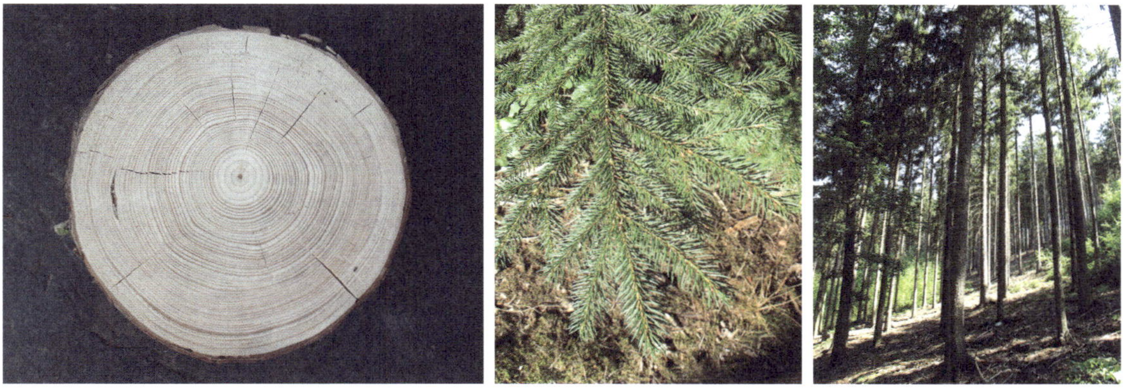

Die ***Fichte*** *ist ein helles, biegsames Holz, wenn es frisch ist. Die Fichte ist durch ihre hängenden, biegsamen Äste gut vor Schneebruch geschützt. Die Wurzeln der Fichte eignen sich besonders gut zur Herstellung von Schnur, da sie in frischem Zustand sehr flexibel sind und sich nur schwer zerreißen lassen. Aus der Rinde insbesondere von jungen Fichten lassen sich sehr gut Töpfe und Körbe herstellen.*

Auch wenn in diesem Buch immer wieder auf Nadelhölzer zurückgegriffen wurde, wurden für die meisten Projekte jedoch Laubbäume verwendet, da diese wie erwähnt viel seltener einen Eigengeschmack aufweisen und in viel differenzierteren Härtegraden und Faserlängen vorkommen.

Als Laubhölzer verwenden wir für unsere Projekte bevorzugt: Linde, Weide, Pappel, Birke, Ahorn, Esche, Haselnuss, sowie Weißbuche, die alle ihre besonderen Vorzüge haben.

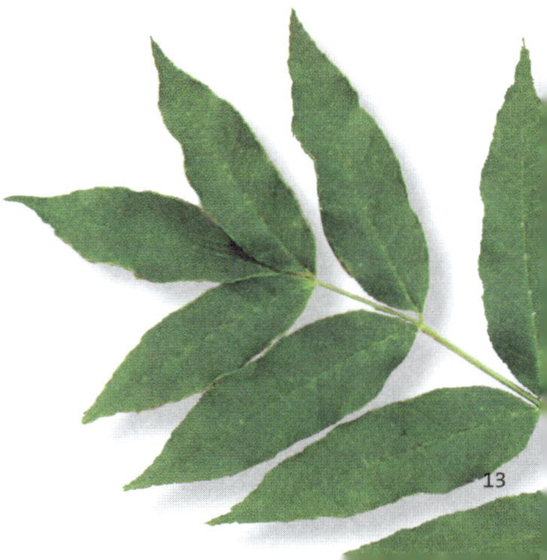

Laubhölzer (Weichhölzer)

Als weiche Laubhölzer verwenden wir vor allem Linde, Weide und Pappel. Alle drei gehören zu den Weichhölzern und lassen sich sehr gut für Schnitzarbeiten nutzen. Zudem sind sie gerade für AnfängerInnen besonders gut geeignet, um Schnitztechniken zu üben, weil man weniger Muskelkraft aufwenden muss. Auf den Fotos hier sind zu sehen: Pappel, Weide, Linde. Alle drei sind Weichhölzer und ihr Holz ist besonders gut für Bohrbretter beim Feuerbohren geeignet.

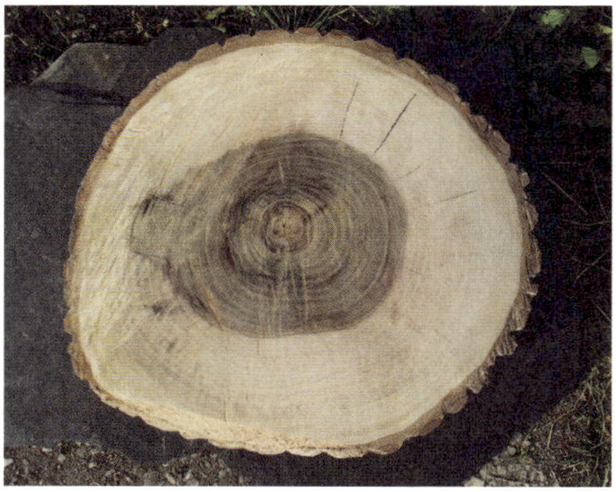
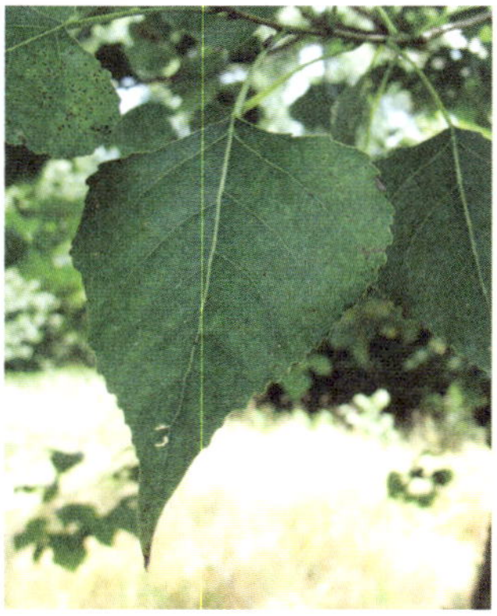
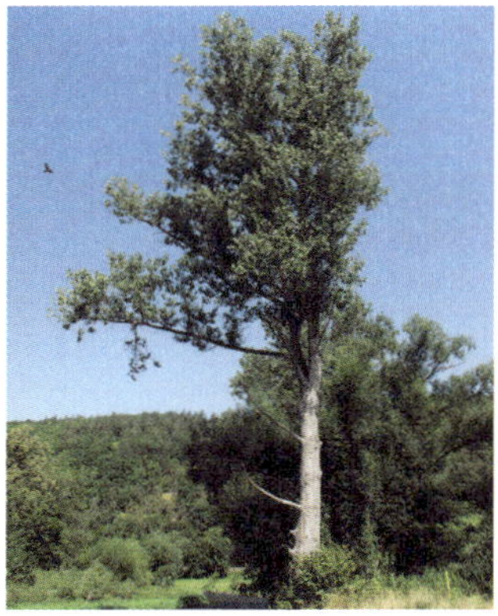

Die **Pappel** *ist ein grobfaseriges, leicht zu bearbeitendes Holz, das in den äußeren Schichten sehr hell ist und im Kern ins Bräunliche übergeht. In der Holzindustrie wird Pappel vor allem zu Streichhölzern, Zahnstochern, Fleischspießen oder gar zu Verpackungsmaterial verarbeitet.*

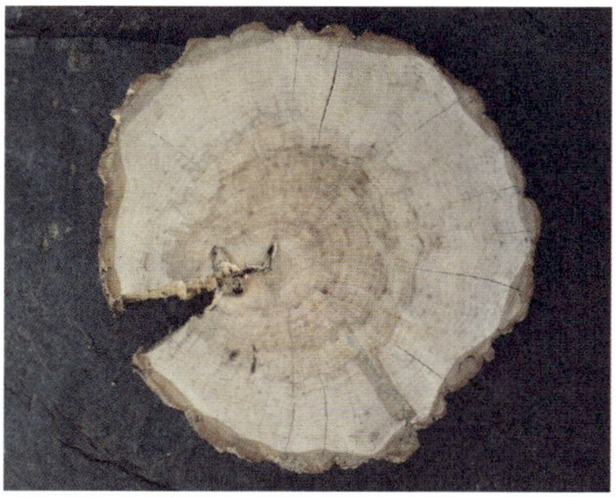
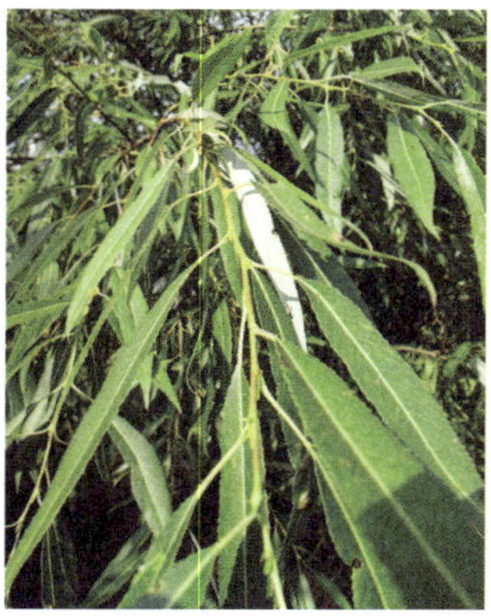
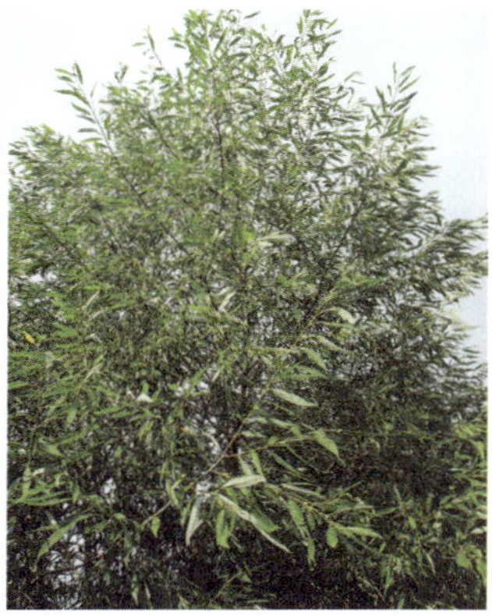

Die **Weide** *ist ein langfaseriges Holz und sehr biegsam, deshalb eignen sich ihre dünnen frischen Äste sehr gut zum Flechten. Die Weide hat außen helles Holz, das Kernholz geht ins Braune über, es lässt sich ähnlich gut bearbeiten wie die Pappel. Die Weide lässt sich leicht schälen und ihre Rinde kann als Schnur oder Behälter genutzt werden.*

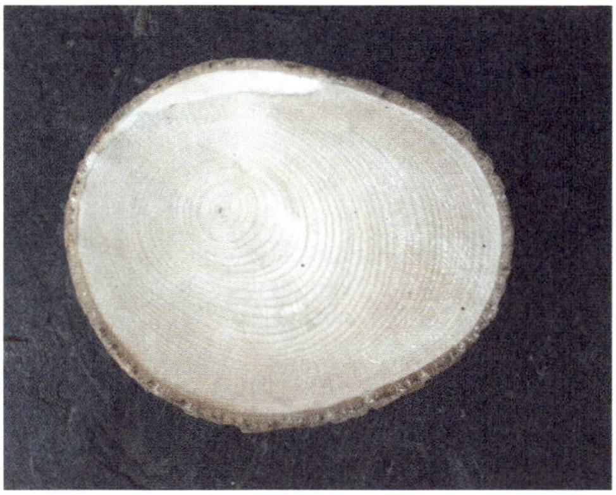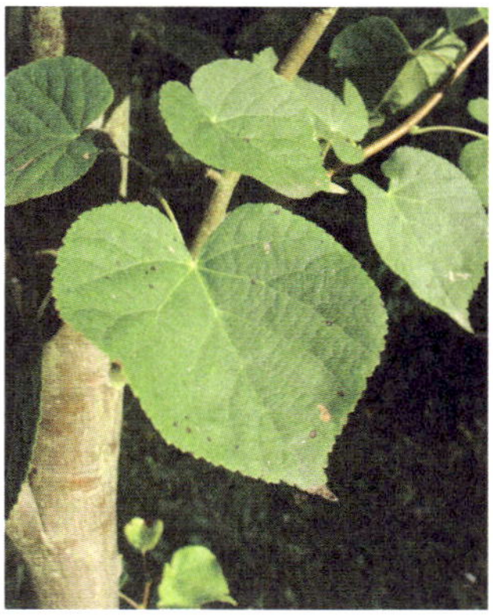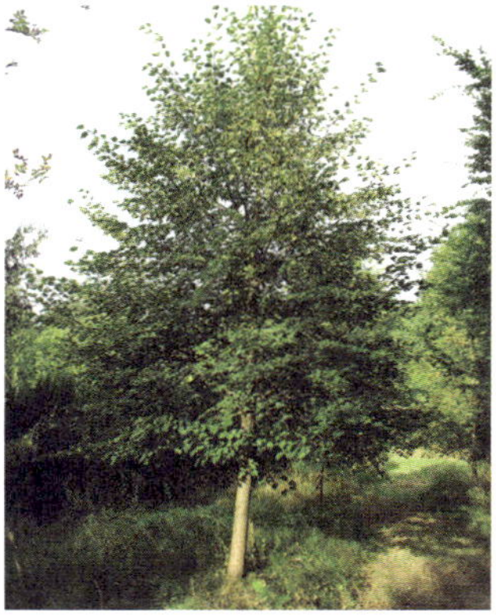

*Die **Linde** ist ein durchgängig helles Holz. Es wird vor allem in der Bildhauerei, Schnitzerei und Drechslerei genutzt, da es sich in alle Schnittrichtungen gut bearbeiten lässt. Aus der Rinde wurden schon immer Fasern gewonnen, die sich zu besonders fester Schnur verarbeiten lassen. Selbst Bogensehnen können aus dieser Faser gefertigt werden. Auch eignet sich die Rinde hervorragend, um Gefäße und Taschen herzustellen.*

Laubhölzer (Harthölzer)

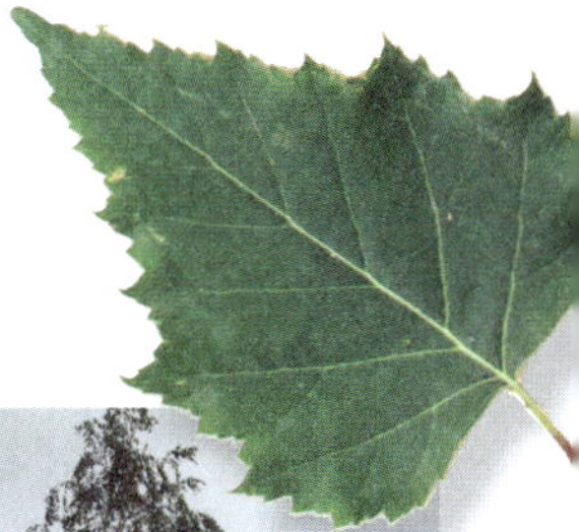

Auf den nächsten Fotos seht ihr jeweils: Birke, Ahorn, Esche sowie Weißbuche und Haselnuss.

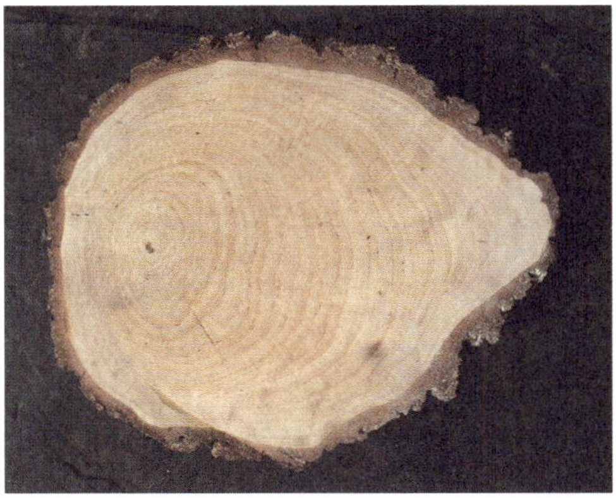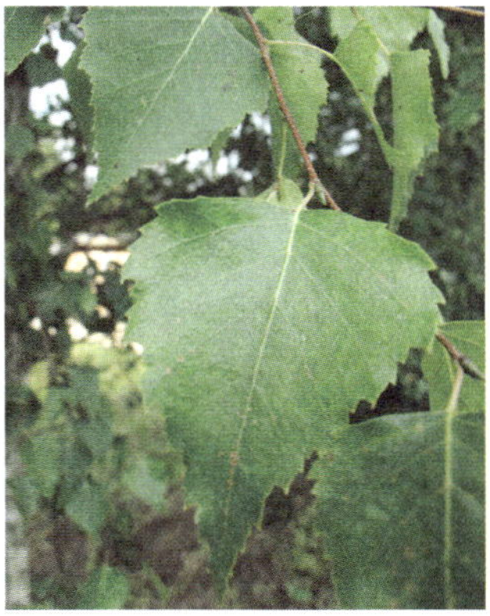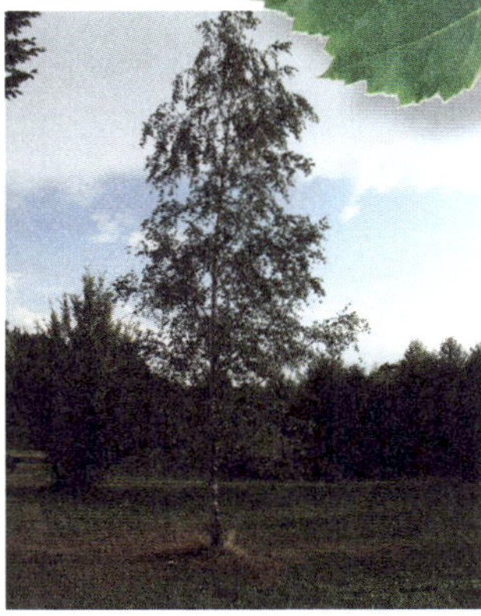

*Die **Birke** hat ein helles Holz, das oft sehr schön gemasert ist und leichte Einfärbungen mitbringt. Von BushcrafterInnen wird sie aus verschiedenen Gründen besonders gern genutzt.*

Das Holz ist mittelhart und lässt sich daher gut mit Werkzeugen bearbeiten. Ein weiterer Vorteil ist seine lange Lebensdauer und seine Zähigkeit. Leider neigt die Birke dazu, schnell von Pilzen befallen zu werden. Viele der gezeigten Kochutensilien wurden aus Birke gefertigt. Die Rinde enthält ätherische Öle. Aus diesem Grund brennt Birkenrinde auch noch, wenn sie nass ist, und sie ist deshalb besonders gut dazu geeignet um ein Feuer zu entzünden.

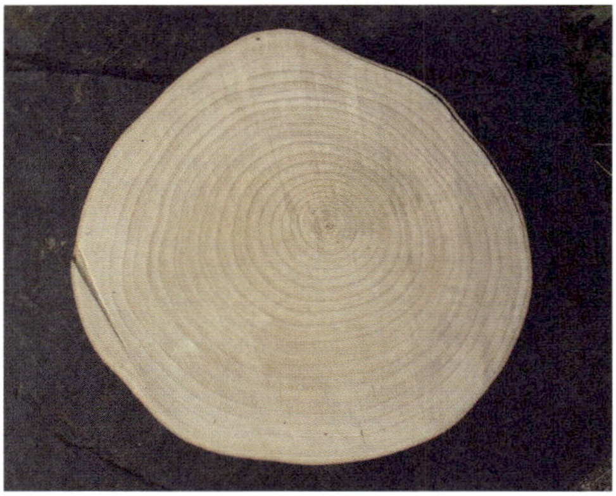
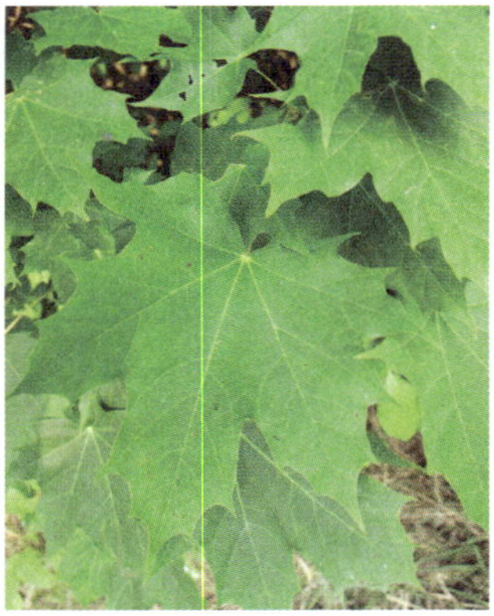
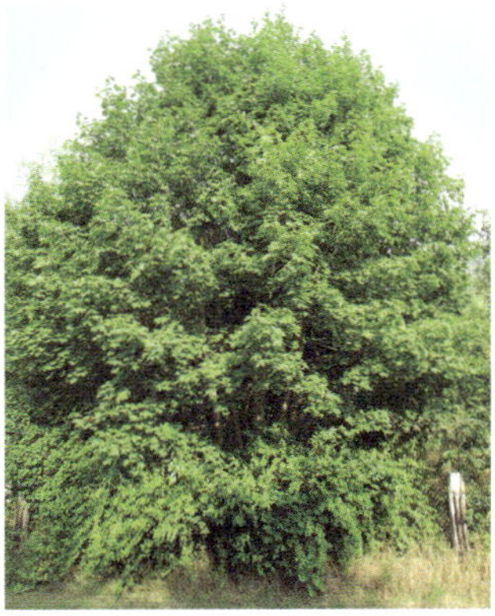

Ahorn *ist ein Hartholz und hat ein sehr helles, sprödes Holz. Es nutzt sich wenig ab und wird deshalb im Möbelbau häufig verwendet, unter anderem auch, da es sich gut schnitzen und drechseln lässt.*

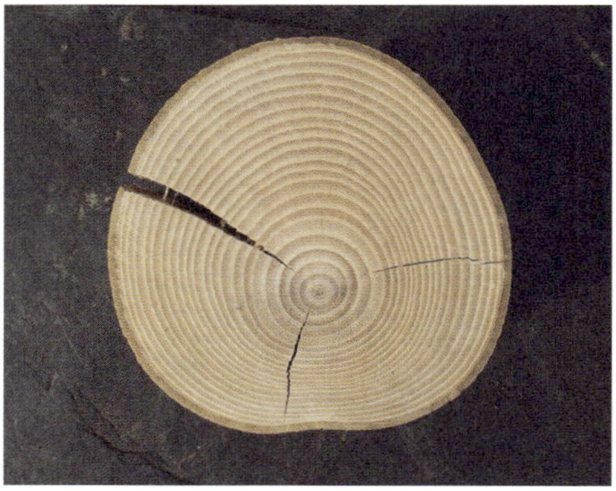
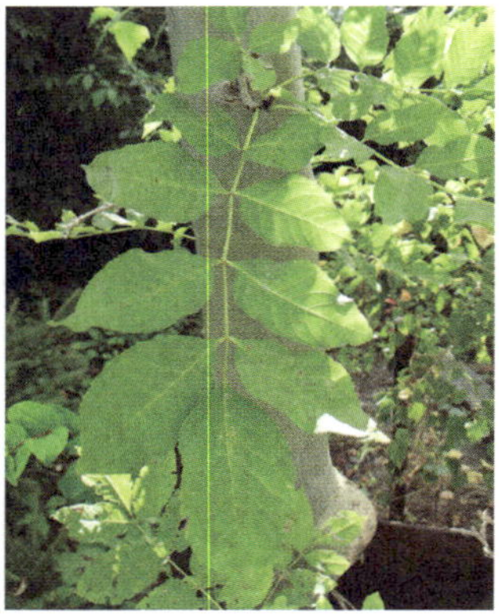
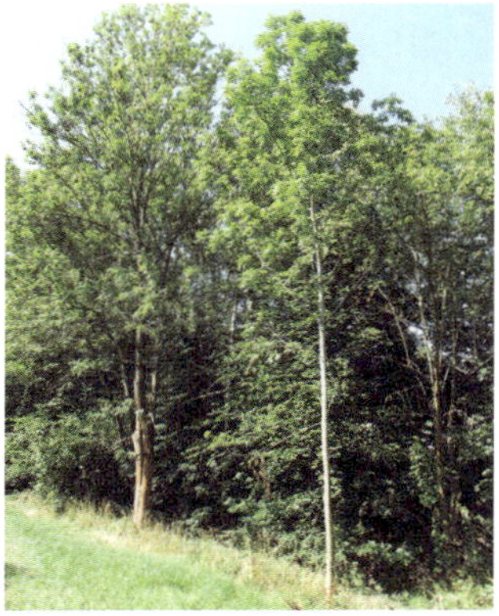

Die **Esche** *besitzt helles Holz. Eschenholz besitzt lange Fasern und ist deshalb sehr fest. Es wird im Buch besonders dann eingesetzt, wenn hohe Ansprüche an Stabilität bei gleichzeitiger Elastizität gestellt werden, zum Beispiel für die Herstellung von Werkzeugen wie dem Grabstock oder als Schneideunterlage.*

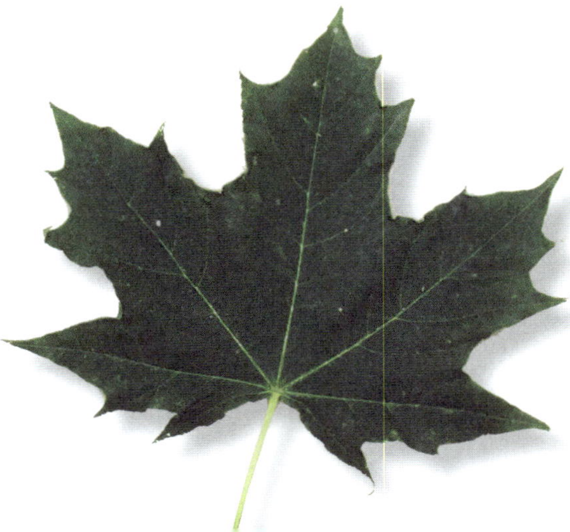

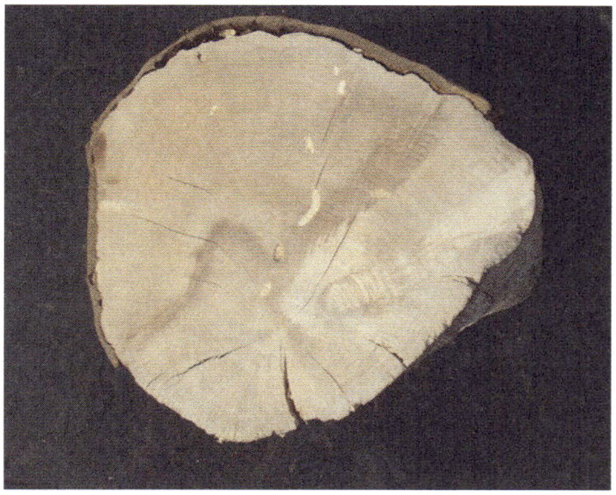
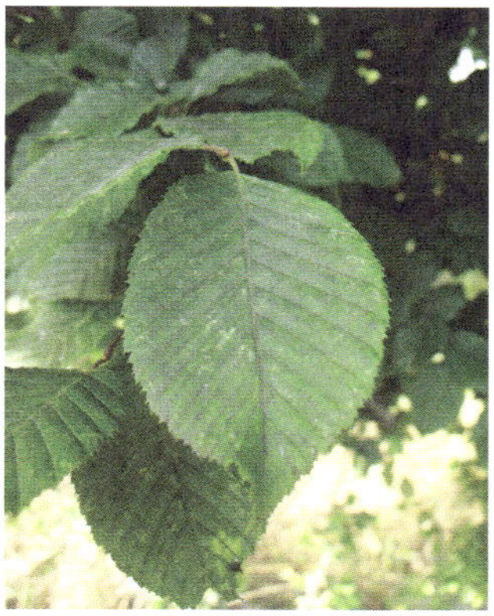
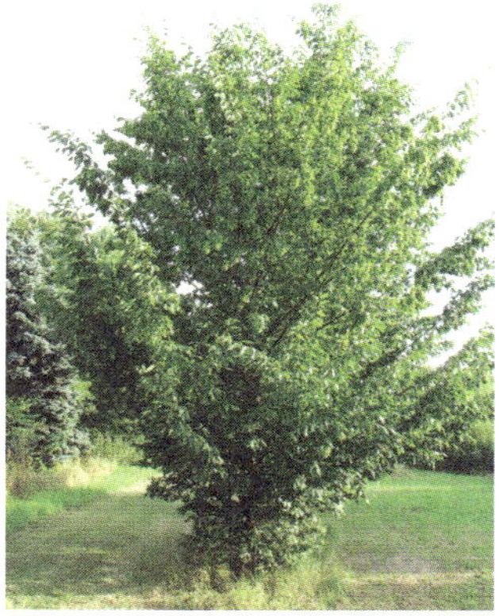

*Die **Weißbuche**, gehört zu der Familie der Birkengewächse und ist mit der Rotbuche nicht verwandt, beides sind jedoch sehr harte Hölzer. Die Weiß- oder auch Hainbuche ist sehr stabil und dicht hart, hat sehr helles Holz und ist auch im getrockneten Zustand noch vergleichsweise schwer. Im getrocknetem Zustand ist das Holz nur sehr schwer zu bearbeiten und eine Herausforderung für jedes Schnitzwerkzeug. Deshalb ist es kein geeignetes Material für AnfängerInnen. Früher wurde das Holz gerne für Werkzeuge, Hackblöcke oder Schlittenkufen genutzt.*

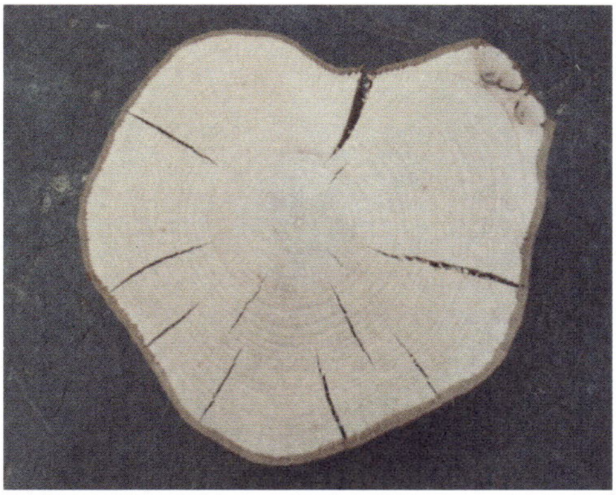
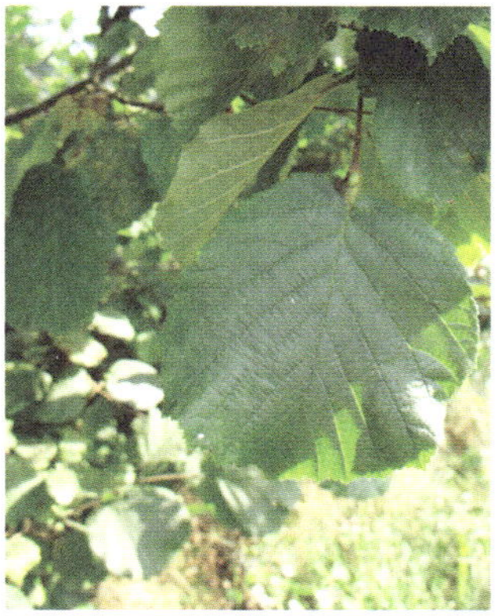
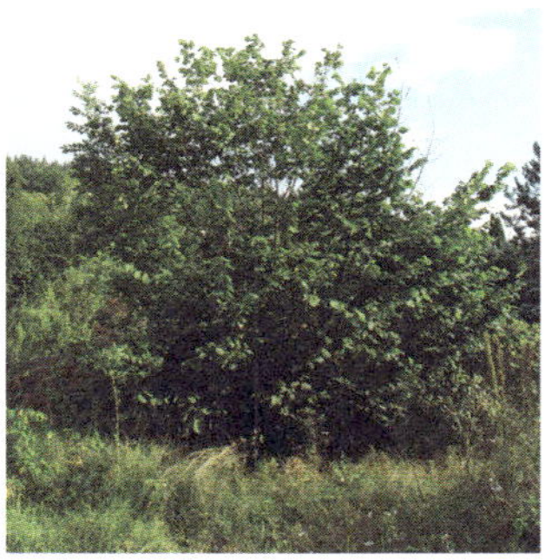

*Die **Haselnuss** stammt ebenfalls aus der Familie der Birkengewächse. Ihr Holz ist mittelhart bis hart und zäh, vor allem wenn es getrocknet ist. Es ist meistens hell bis leicht rötlichbraun. Es lässt sich sehr gut und gerade spalten und ist in frischem Zustand äußerst biegsam. Junge Äste eignen sich gut zum Flechten. Haselnuss findet man sehr häufig am Waldrand. Der Strauch an sich wächst schnell nach, so dass er sich besonders gut für Lagerkonstruktionen und zur Herstellung von Koch- und Grillgestellen eignet.*

Holz ist beim Bushcraften wohl das am häufigsten verwendete Material. Um es gut bearbeiten zu können benötigt man die richtigen Werkzeuge und Werkzeugtechniken!

Dann aber lässt sich mit sehr einfachen Mitteln fast alles herstellen, was man für ein Leben und Kochen in der Natur benötigt. Darum wird es im folgenden Abschnitt gehen.

WERKZEUGE

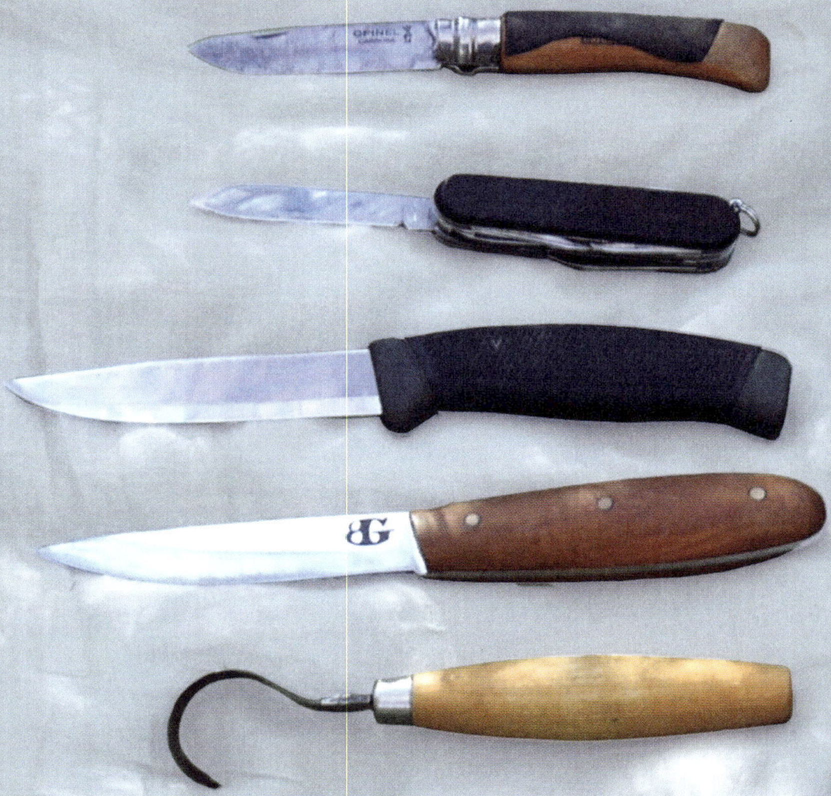

Das Schöne am Bushcraften ist, dass man viele Sachen einfach selber herstellen kann. Dafür muss kaum etwas gekauft werden, da uns die Natur fast alle Grundmaterialien »schenkt«. Dabei sollte es immer das Ziel sein, mit möglichst wenig Ausrüstung in der Natur zurechtzukommen und keinen unnötigen Müll zu erzeugen. Denn auch mit nur wenigen Werkzeugen bieten sich unglaublich viele Möglichkeiten, um sich in der Natur immer freier bewegen zu können.

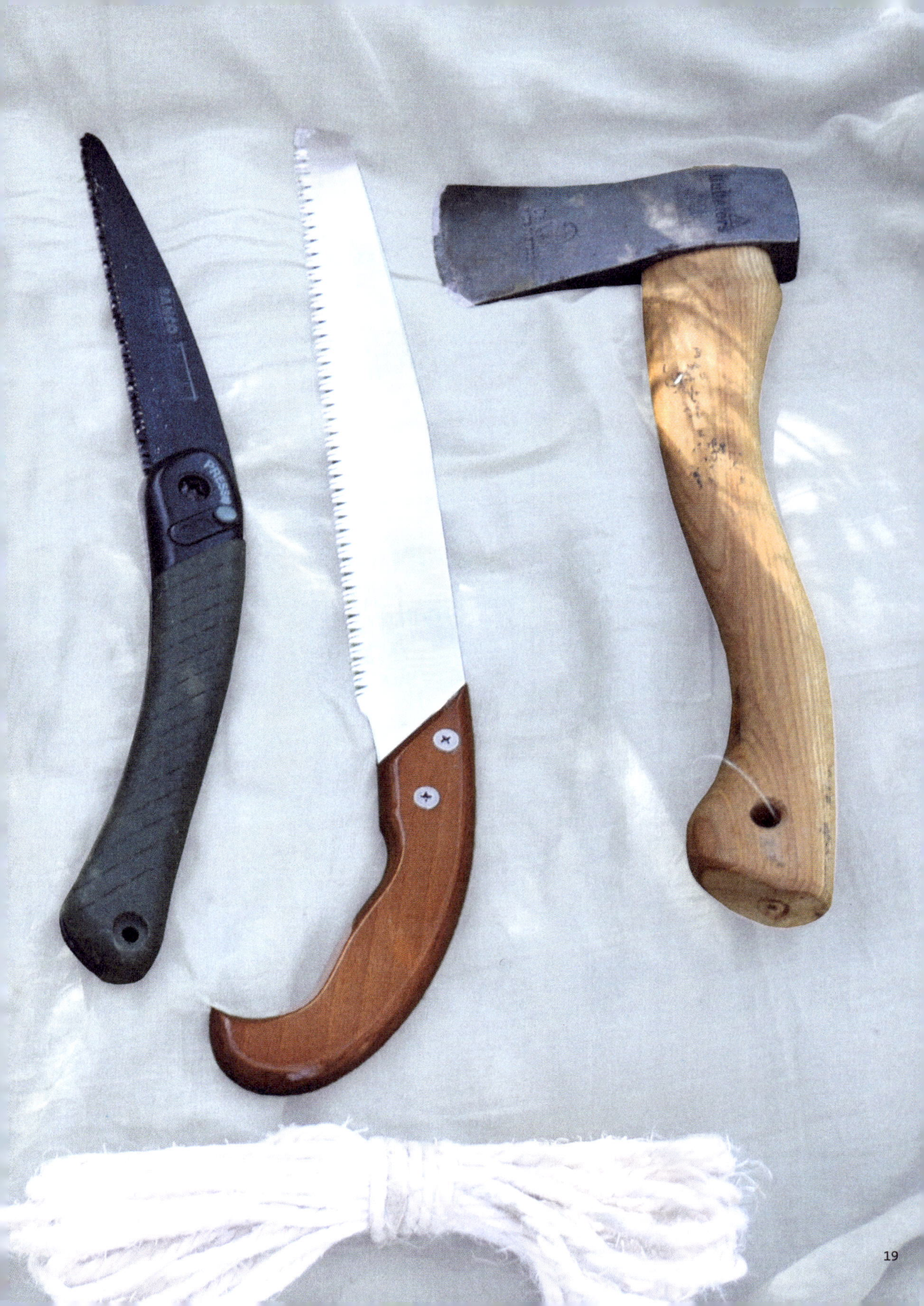

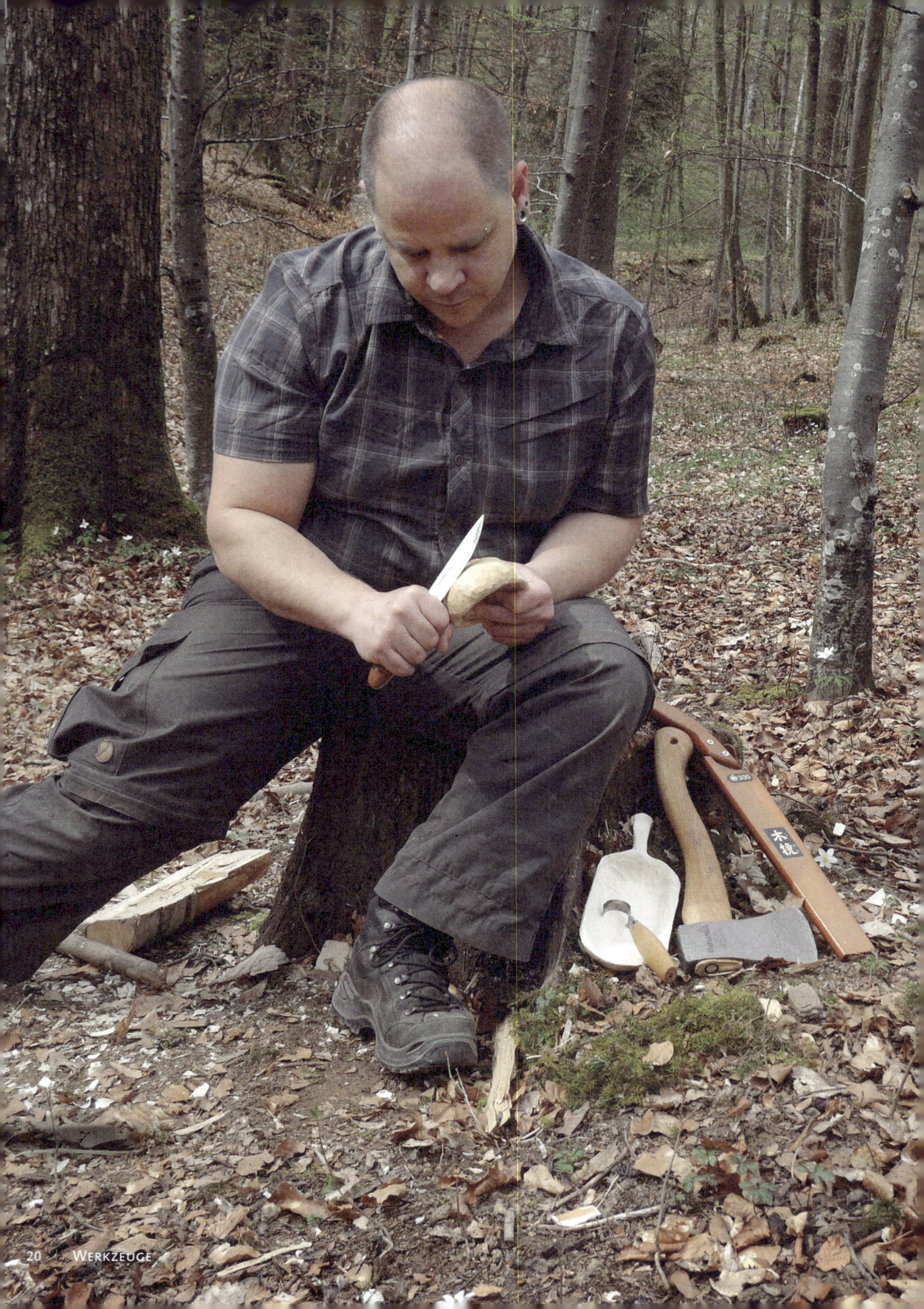

Leider ist in der Bushcraft- und der Survivalszene kein Thema so umstritten, wie die Wahl der Werkzeuge. Vor allem die Frage nach dem richtigen Messer führt immer wieder zu hitzigen Diskussionen.

Deshalb wurden hier nur Werkzeuge verwendet, mit denen die Autoren selbst über Jahre hinweg gute Erfahrungen gemacht haben. Einige davon sollen hier kurz vorgestellt werden, als mögliche Entscheidungshilfe für alle, die mit dem Bushcraften gerade erst anfangen. Generell gilt, dass ein Werkzeug stabil in der Hand liegen muss und auch während eines langen Einsatzes keine Blasen an den Händen entstehen dürfen.
Ein gutes Werkzeug muss nicht teuer sein, allerdings sollte die Qualität stimmen. Nach diesen Kriterien wurden die nun folgenden Werkzeuge ausgesucht.

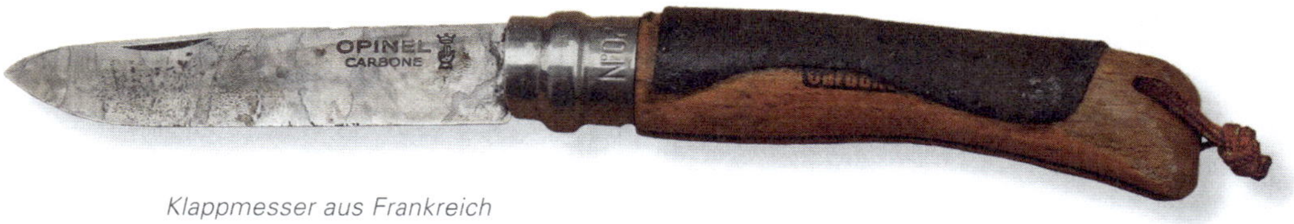

Klappmesser aus Frankreich

Dieses Messer ist ein beliebtes französisches Klappmesser. Es ist sehr leicht, preisgünstig und langlebig. Vor allem die Variante mit der Carbonstahlklinge lässt sich sehr scharf schleifen, was eine gute Funktionalität sicherstellt, allerdings mit dem Nachteil, dass die Klinge schnell rostet. Das Messer lässt sich über einen einfachen Festellmechanismus sicher fixieren, was das Verletzungsrisiko erheblich verringert. Leider ist die Klinge eher dünn und bricht bei unsachgemäßer Nutzung sehr leicht. Insbesondere die Spitze ist im Originalzustand nicht besonders gut zum Schnitzen geeignet. Dies lässt sich mit einer Feile schnell beheben. Es ist vermutlich das beste Messer in dieser Preiskategorie.

Mit dem nächsten Messer aus der Schweiz sind viele von uns aufgewachsen. Das Bestechende daran ist, dass es viele wichtige Funktionen in sich vereint. Denn es bietet meistens nicht nur eine Klinge, sondern auch eine Säge und eine Ahle, die sich gerade beim Bushcraften wunderbar einsetzen lassen – gleichsam ein Werkzeugkasten für die Hosentasche. Leider lässt sich die Klinge noch nicht bei allen Modellen feststellen. Passt man beim Schnitzen nicht auf, kann die Klinge schnell einklappen und den Finger einklemmen.

Für Kinder sollte man deshalb unbedingt ein Modell wählen, das sich arretieren lässt.

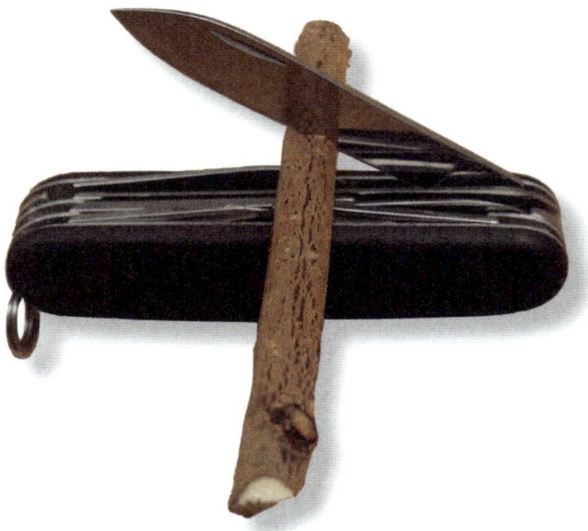

Original Schweizer Taschenmesser

Das nächste, ganz unten zu sehende Messer besitzt eine feststehende Klinge. Hier muss man in Deutschland darauf achten, dass die Klinge kürzer als 12 cm ist. Längere Klingen unterliegen einem Führungsverbot. Doch für die Arbeiten in diesem Buch ist eine längere Klinge ohnehin nicht empfehlenswert.

Vor allem für Ungeübte ist es wichtig, so Verletzungen vorzubeugen. Feststehende Messer haben den Vorteil, dass sie wesentlich stabiler sind als Klappmesser. Sie erlauben einen vielfältigen Einsatz und verzeihen meistens auch, dass man sie groben Belastungen aussetzt bis hin zu leichten Spaltarbeiten. Allerdings sollte man berücksichtigen, dass die Klinge hier nur mit einem dünnen Erl im Griff steckt mit dem Nachteil, dass die Klinge an diesem Punkt bei zu großer Belastung brechen kann. Geübte Bushcrafter-Innen brauchen im Prinzip nicht mehr als ein gutes Messer, um fast alle Arbeiten damit zu erledigen.

Das hier vorgestellte Messer wird von einer schwedischen Firma produziert und oft im Set mit einer Klappsäge verkauft. Das Messer hat einen »Scandischliff«, der sich für Schnitzarbeiten besonders gut eignet, weil er richtig ins Holz »beißt«. Der Griff weist am Übergang zur Klinge zudem eine kleinen Handschutz auf, der das Abrutschen in die Klinge erschwert.

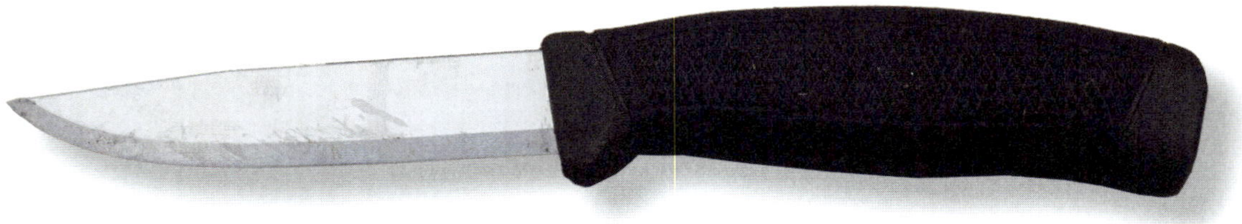

Schwedisches Messer mit feststehender Klinge

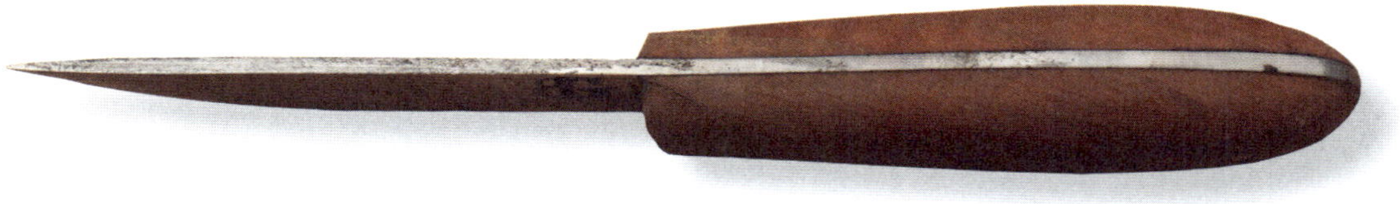

Custom Messer

Das letzte Messer ist ein sogenanntes Custom Messer. Es wurde vom Messermacher Bernd Grube für den Autor eigens hergestellt. Es verbindet alle Elemente, die ihm bei einem Messer wichtig sind: Eine gute Spitze und eine eher schlanke Klinge, die ein feines Arbeiten ermöglicht. Es besitzt keinen Abrutschschutz, wodurch sich das Messer für verschiedenste Einsätze auf vielfältige Weise gut greifen lässt. Zudem zieht sich das Metall der Klinge durch den Griff. Es gehört damit zur Kategorie der Flacherl Messer und ist so stabil, dass man es für fast alle Arbeiten einsetzen kann.

Solch ein Messer ist gerade am Anfang unnötig, denn man muss erst eigene Erfahrungen sammeln, um überhaupt zu wissen, welche Anforderungen ein personalisiertes Messer erfüllen soll. Sobald dies klar ist, wird ein solches Messer jedoch zu einem Begleiter, das bei guter Pflege ein Leben lang hält.

Das nächste Werkzeug ist ein sogenanntes Löffelmesser oder auch Schälmesser. Dieses Werkzeug eignet sich ideal dazu, um aus Werkstücken Höhlungen herauszuschnitzen. So wird es z. B. viel leichter, Tassen oder – wie der Name schon sagt – Löffel zu schnitzen. Auch hier gibt es die unterschiedlichsten Ausführungen, beim hier gezeigten handelt es sich um einen Allrounder. Durch seinen beidseitigen Anschliff ist es sowohl für Links- als auch für RechtshänderInnen zu gebrauchen. Zudem wird so das Schnitzen aus verschiedensten Winkeln ermöglicht. Insbesondere dann, wenn freihändig und ohne Werkbank gearbeitet wird, ist dieses Messer sehr zu empfehlen.

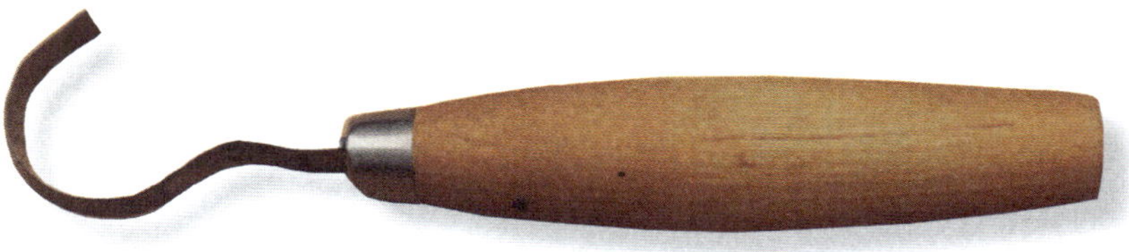

Löffelmesser oder Schälmesser

Rechts ist eine Klappsäge eines schwedischen Werkzeugherstellers zu sehen. Diese Säge gehört inzwischen zu den absoluten Klassikern. Sie ist sehr leicht ist und lässt sich gut verstauen. Die Säge funktioniert sowohl auf Zug als auch auf Druck und kann es mit ihrer Zahnung auch mit sehr hartem Holz aufnehmen. Auch wenn diese Säge nicht zu den effektivsten auf dem Markt gehört, bietet sie doch einen klaren Vorteil: sie lässt sich auch von Laien mit einer Feile sehr gut nachschärfen.

Die nächste Säge mit Holzgriff ist eine gewöhnliche japanische Zugsäge. Damit kann man schnell viel Holz sägen. Da solche Sägen nur auf Zug funktionieren, kann das Blatt sehr dünn gearbeitet werden. Der Nachteil dabei ist, dass sich die Sägeblätter oft schnell verbiegen. Leider ist es für Laien nicht möglich eine solche Säge nachzuschärfen, und die Erfahrung zeigt, dass die Sägen auf lange Sicht leider ihre gute Schnitthaltigkeit verlieren. Allerdings dürfte dies für den durchschnittlichen Benutzer keine allzu große Rolle spielen.

Das letzte Werkzeug in der Reihe ist ein Beil. Es wird von einem günstigen Hersteller in Südschweden produziert und ist ein besonders gutes Werkzeug. Gerade bei Spaltarbeiten, aber auch bei groben Schnitzarbeiten ist es eine große Hilfe. Dieses Beil besitzt einen 600 Gramm schweren Kopf, der das Arbeiten sehr effektiv macht. Es hat den Nachteil, dass es mit 37 Zentimetern sehr kurz ist.

Gerade am Anfang ist ein langes Beil bzw. eine Axt sicherer zu handhaben, vor allem beim Spalten von Feuerholz. Für die Arbeiten und Spalttechniken, die in diesem Buch gezeigt werden, spielt dies jedoch nur eine untergeordnete Rolle.

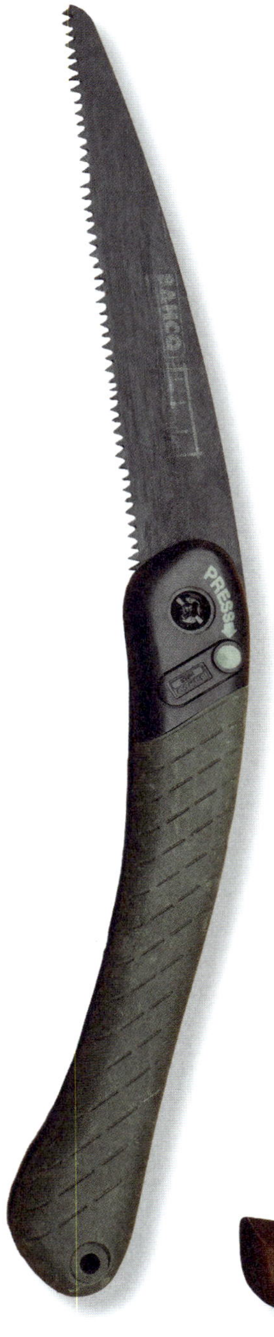

Klappsäge aus Schweden

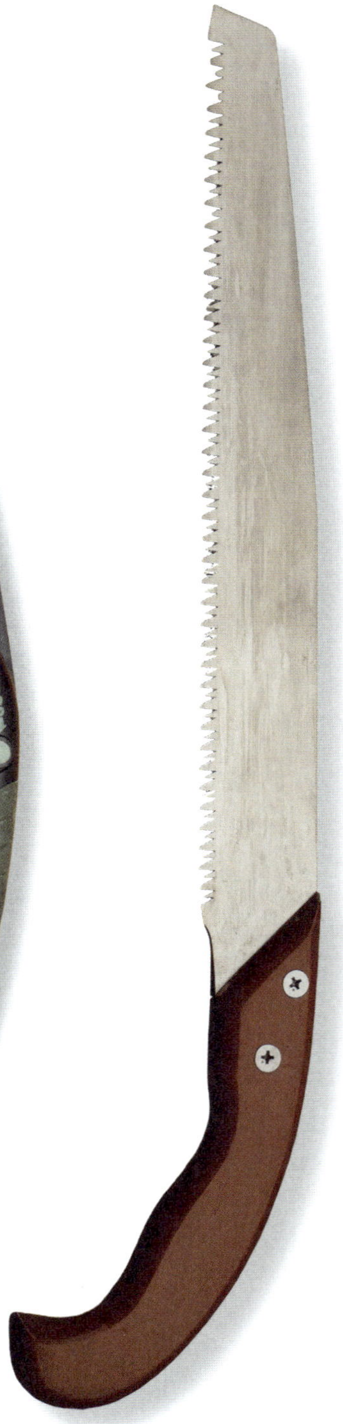

Zugsäge aus Japan

Unten wird ein weiteres wichtiges Utensil gezeigt. Ein Seil ermöglicht es, viele Aufbauten problemlos durchzuführen. Hier handelt es sich um ein Seil aus Naturfasern. Auch wenn Seile aus Synthetikfasern stabiler sind, verrotten Naturfaserseile von selbst, schützen so die Umwelt und Tiere können sich nicht auch noch nach Jahren darin verfangen.

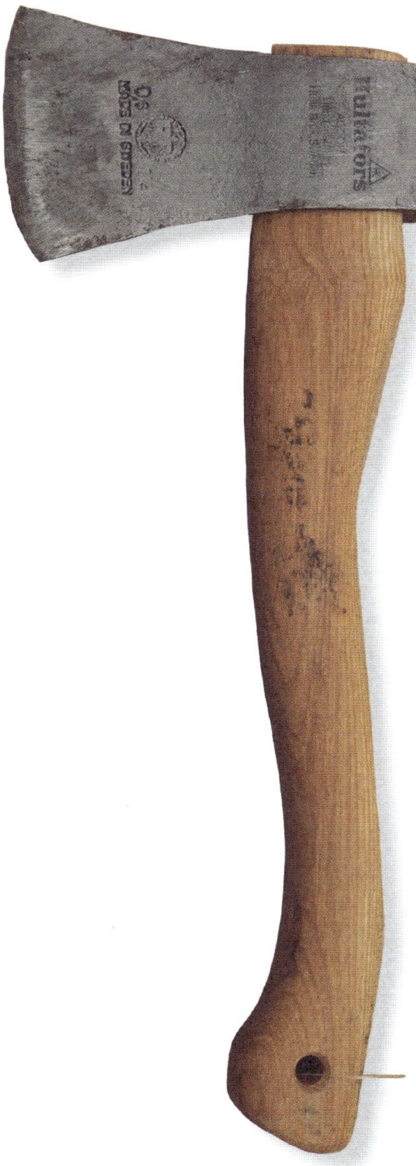

Beil aus Schweden

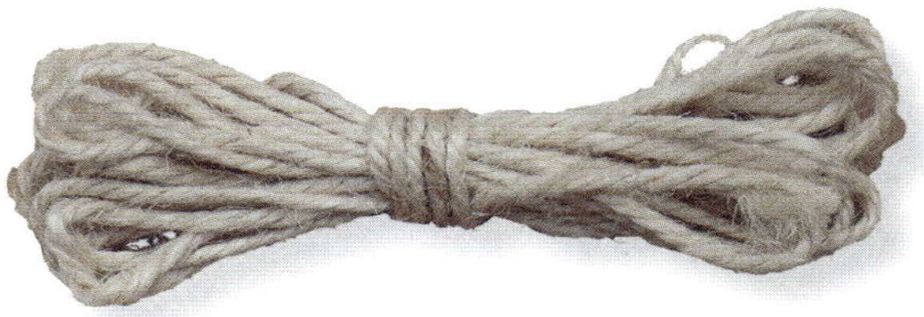

Naturfaserseil

Zum Thema Werkzeug gehört auch das Thema Verletzungen. Man sollte deshalb immer ein kleines Verbandspaket dabei haben mit einigen Pflastern und allem Nötigen für einen Druckverband. Es wiegt nicht viel und wird hoffentlich nie gebraucht. Zudem ist eine Trillerpfeife zu empfehlen. Denn gerät man in Not, kann man immer länger pfeifen als rufen. Auch sollte immer jemand darüber informiert sein, wohin man geht und bis wann man zurück sein will.

Um das Verletzungsrisiko gering zu halten, sind vor allem scharfe gute gepflegte Werkzeuge empfehlenswert und das Wissen, wie man sicher damit umgeht. Um die Techniken wird es darum im nächsten Teil gehen.

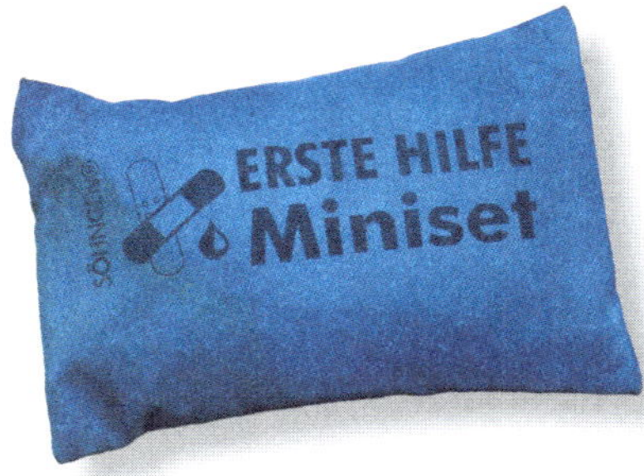

HANDWERKLICHE TECHNIKEN

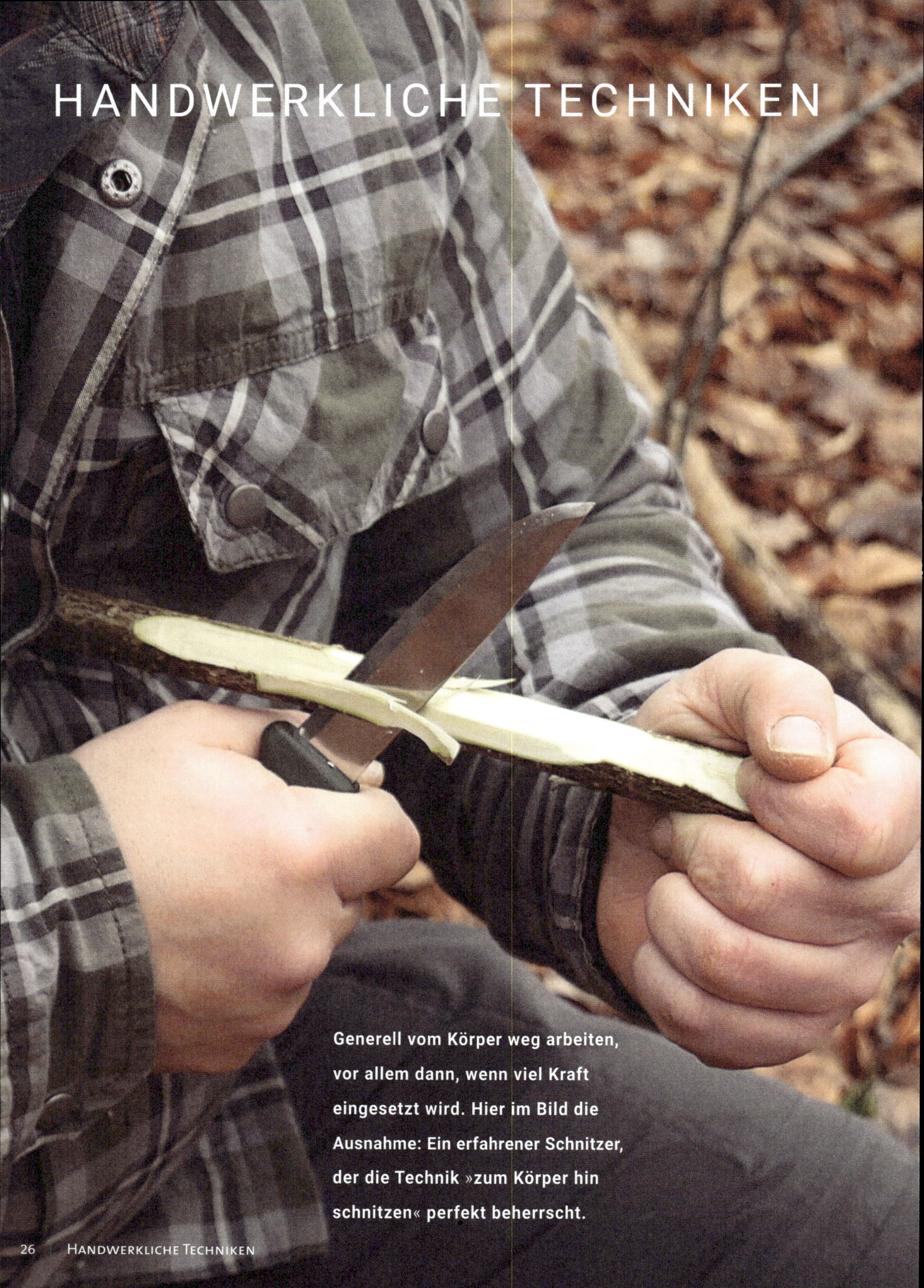

Generell vom Körper weg arbeiten, vor allem dann, wenn viel Kraft eingesetzt wird. Hier im Bild die Ausnahme: Ein erfahrener Schnitzer, der die Technik »zum Körper hin schnitzen« perfekt beherrscht.

Die Arbeit mit Naturmaterialien macht viel Spaß und ist sehr nachhaltig. Man ist am kompletten Entstehungsprozess beteiligt und sieht, wie ein Stück rohes Holz Schritt für Schritt eine neue Form annimmt. Vor allem mit den richtigen Techniken stellen sich schnell Erfolgserlebnisse ein. Dabei muss der Arbeitsprozess so sicher wie nur machbar gestaltet werden. Um die Unfallgefahr soweit wie möglich zu reduzieren, sind folgende Regeln zu beachten:

- Beim Werken immer ruhig sitzen oder stehen, niemals gehen.
- Fällt ein Werkzeug runter, nie danach greifen, sondern einen Schritt beiseitetreten und die Gefahrenzone verlassen.
- Mindestens eine 1,5-fache Arm- und Werkzeuglänge Abstand zu anderen Personen einhalten.
- Ein Werkstück nie auf einem Körperteil abstützen – dies kann zu lebensgefährlichen Verletzungen führen.
- Generell vom Körper weg arbeiten, vor allem dann, wenn viel Kraft eingesetzt wird.
- Immer den Schwung miteinrechnen, wenn man vom Werkstück abrutschen sollte.

Hier werden Techniken erklärt, die den Einstieg in die Nutzung von Werkzeugen erleichtern sollen. Alle Techniken lassen sich auch in vielen anderen Bushcraft-, Survival- und Outdoor-Bereichen anwenden, und natürlich gibt es noch viele weitere, auf all die hier nicht eingegangen werden kann. Jedoch können damit alle im Buch gezeigten Projekte ohne größere Schwierigkeiten angefertigt werden.

Wie bei allem gibt es nicht den einen richtigen Weg. Jeder Mensch muss damit seine eigenen Erfahrungen machen und stellt dabei vielleicht fest, dass ihm eine andere Technik besser liegt. Genau das ist ja das Schöne am Ausprobieren und Experimentieren. Doch egal, welche Erfahrungen man macht, die Sicherheit sollte immer an erster Stelle stehen.

Tipp:

Gerade beim Bushcraften gilt der Grundsatz: Arbeite mit Kraft, aber nie mit Gewalt!

Arbeiten mit dem Messer

Beim Bushcraften ist das Messer das wichtigste Werkzeug. Richtig eingesetzt lassen sich damit fast alle Arbeiten erledigen, doch es gibt viel dabei zu beachten. Weil das Messer oft nah am Körper geführt wird, steigt das Risiko von Schnittverletzungen. Deshalb sollte man neben dem Erste-Hilfe-Set immer einige Pflaster griffbereit haben.

Gerade während der Arbeit an einem längeren Projekt ist die Versuchung groß, das Werkstück z. B. auf dem Oberschenkel abzustützen, was fatale Folgen haben kann. Genauso oft wird in sitzender Position zum Oberschenkel hin gearbeitet, dies ist jedoch äußerst gefährlich, weil im Oberschenkel die Beinschlagader verläuft.

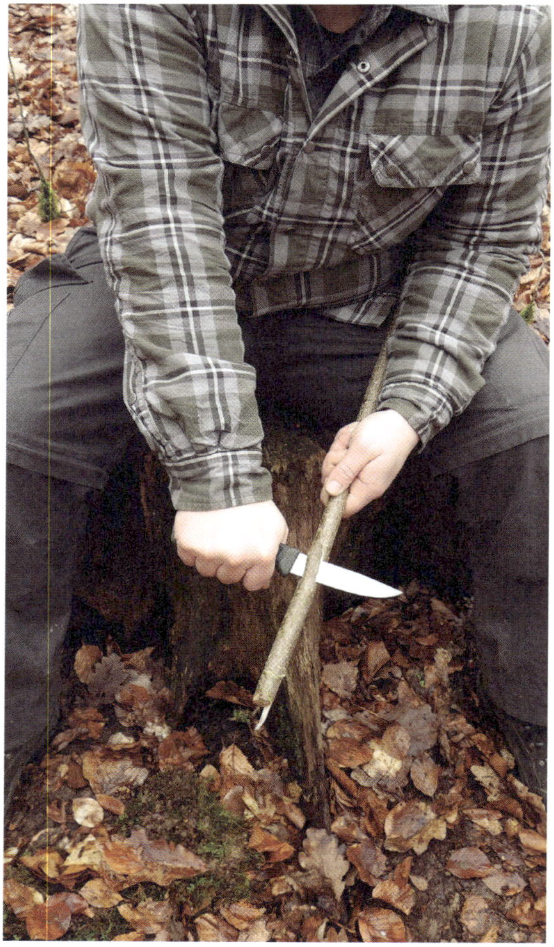

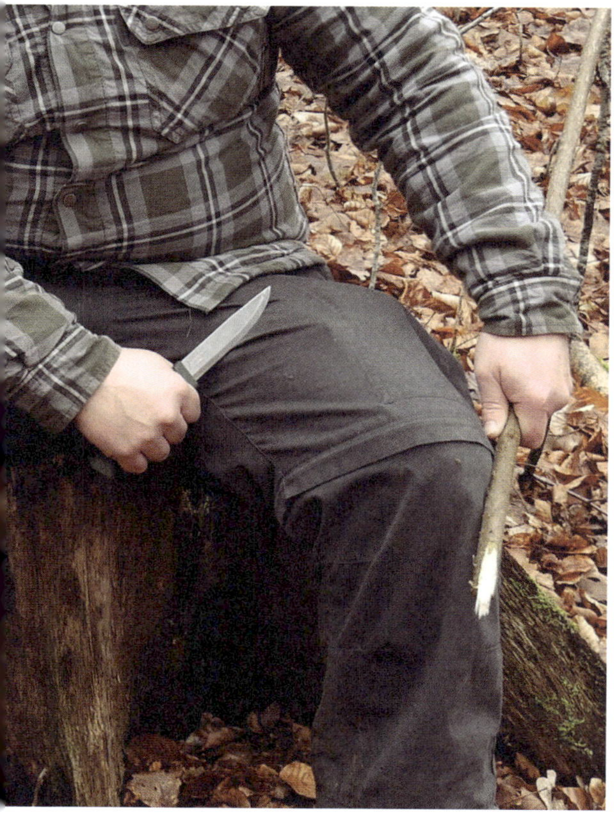

Eine gute Position zum Schnitzen ist deshalb auf den Knien, wo man vor sich in Richtung Boden arbeitet. Eine andere ist das Sitzen auf einem erhöhten Gegenstand und man arbeitet vor den Beinen unterhalb der Knie, so ist es fast unmöglich sich zu verletzen.

Auch im Stehen kann man gut arbeiten, da man automatisch vom Körper weg schnitzt, bei längeren Projekten wird das allerdings sehr anstrengend.

Hat man eine gute Position für sich gefunden, kann man die ersten Schnitzversuche unternehmen.

Grundschnitztechnik

Bei der Grundschnitztechnik nimmt man ein Werkstück fest in eine Hand. Dann setzt man das Messer in Griffnähe an und zieht es in Richtung Klingenspitze durch. Dabei drückt man die Klinge nicht durchs Holz, sondern schneidet. Mit dieser Technik kann man schnell und genau arbeiten.

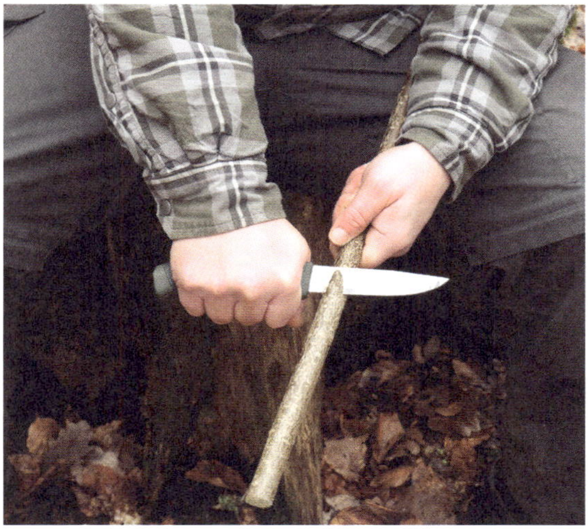

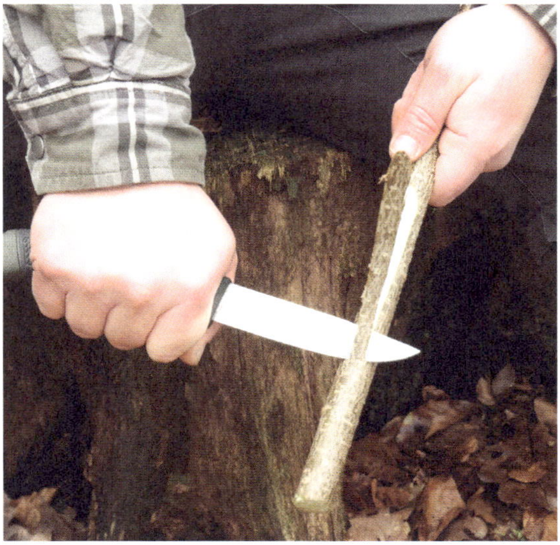

Kraftschnitt (Powercut)

Eine effektive Schnitttechnik zum kontrollierten Abtragen von Holz ist der Kraftschnitt, denn damit kann viel Holz auf einmal weggeschnitzt werden. Hier wird der Messerknauf senkrecht zum Brustbein angesetzt, die Klingenspitze zeigt dabei vom Körper weg. Nun wird mit der Führungshand das Messer fest ergriffen, die Klinge zeigt dabei in Richtung der Führungshand, also der Daumenmulde. Das Werkstück wird in der anderen Hand gehalten. Nun wird das Holz an dem Punkt an der Klinge angesetzt, der abgetragen werden soll. Jetzt werden die Rückenmuskeln nach hinten angespannt, so, als wollte man ein Seil zerreißen. Auf diese Weise wird ausreichend Kraft generiert, um tief in das Holz einzuschneiden und viel Material zu entfernen oder um problemlos daumendicke Äste durchzuschneiden.

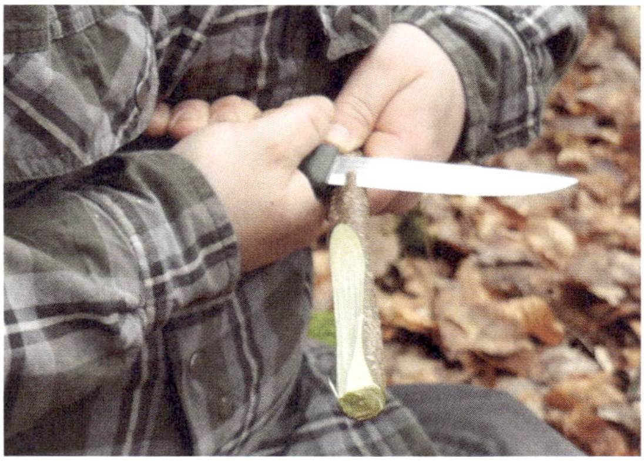

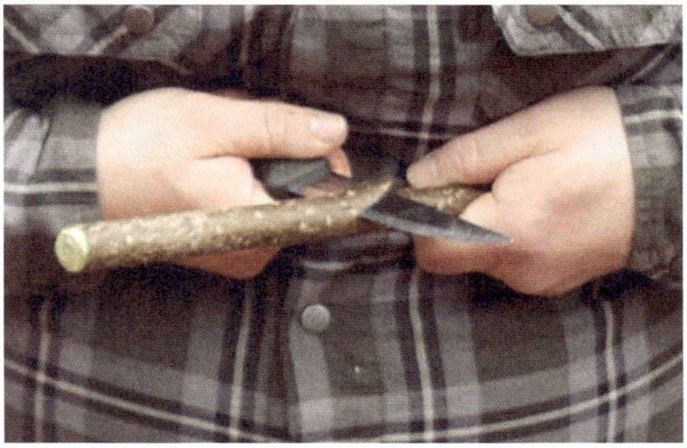

Daumenschiebtechnik

Diese Technik ermöglicht ein sehr genaues Arbeiten. Dabei wird die Messerklinge mit beiden Daumen kontrolliert. Mit dem Daumen der Hand, die das Werkstück hält, wird fein dosiert auf die Rückseite der Klinge gedrückt. Dies funktioniert am besten nahe der Klingenspitze. So lassen sich sehr exakte kleine Schneidbewegungen ausführen, die sich besonders gut für Feinarbeiten eignen. Noch mehr Stabilität beim Schnitzen wird erreicht, wenn zudem der Daumen der messerführenden Hand auf den Klingenrücken drückt. So lässt sich das Holz auch sehr gut punktuell abtragen.

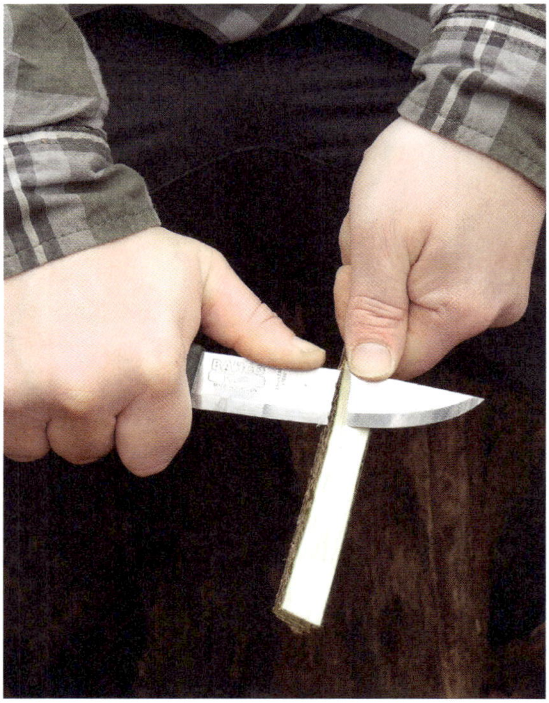

Ablängschnitt

Mit diesem Schnitt wird ein Ast auf die richtige Länge gekürzt. Dazu werden zwei Techniken kombiniert: Zuerst wird das Holz auf den Boden gelegt, erfahrenere Schnitzer beherrschen diese Technik auch »in der Luft«. Dann wird quer ins Holz geschnitten.

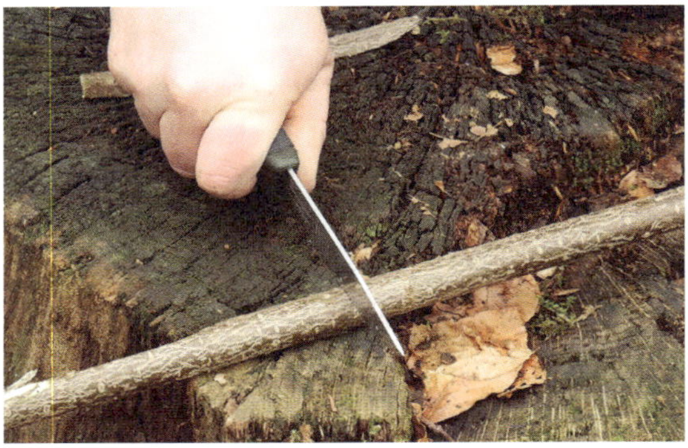

Nun arbeitet man mit der Fingerschiebtechnik in Richtung des Einschnitts eine rechtwinklige Kerbe heraus, die um den Stock herum so lange fortgesetzt wird, bis das Werkstück ganz abgeschnitten ist oder sich leicht brechen lässt.

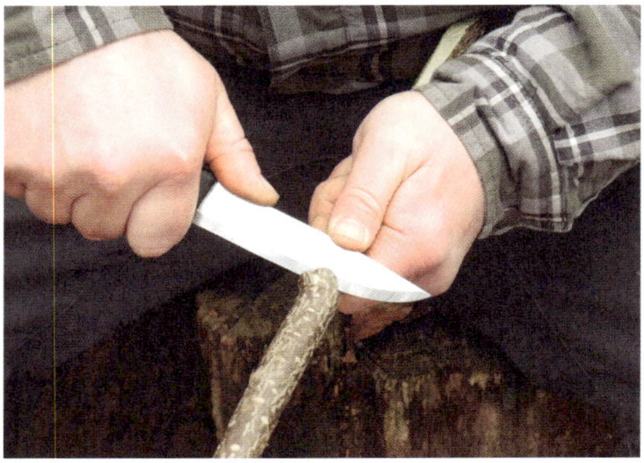

Der Ablängschnitt passt immer dann, wenn man keine Säge hat und eine ebene Schnittfläche erzielen möchte.

Begradigungsschnitt

Diese Technik wird eingesetzt, um das Stockende abzuflachen. Dafür nimmt man das Messer in die Hand, die Klinge zeigt zum Handballen. Daraufhin greift man das Werkstück mit der gleichen Hand und legt den Daumen unter die zu bearbeitende Fläche und schneidet durch Zusammendrücken der Hand die Fläche glatt. Die Verletzungsgefahr ist sehr gering, weil der Daumen ja unterhalb der eigentlichen Schneidbewegung liegt.

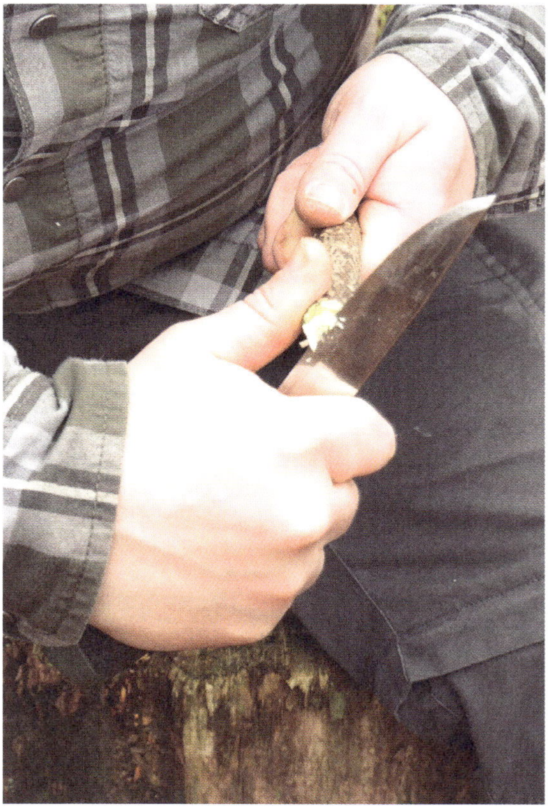

Kreisschnitt

Der Kreisschnitt eignet sich in erster Linie dazu, eine Höhlung aus dem Holz herauszuschneiden. Das Messer wird einige Millimeter unterhalb der Spitze gegriffen. Um Verletzungen zu vermeiden, muss die Klinge dabei von der Handfläche weg zeigen! Nun kann die ganze Klinge mit den Fingern gegriffen werden, jedoch ohne die Schneide zu berühren.

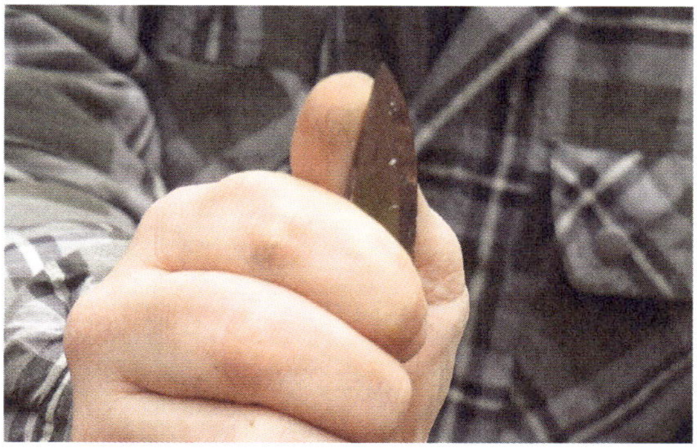

So kann das Messer sehr kontrolliert und präzise geführt werden. Das Messer wird nun am Werkstück angesetzt und durch kreisrunde Schneidbewegungen eine Vertiefung herausgearbeitet. Dabei wird das Holz so gehalten, dass die Spitze nicht in die Haltehand rutschen kann. Hier ist unbedingt darauf zu achten zu schneiden und nicht zu bohren, ansonsten kann die Messerspitze leicht abbrechen.

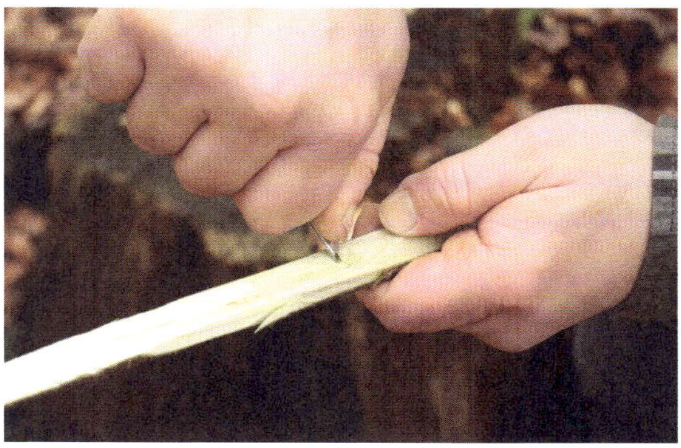

Zum Körper hin schnitzen

Diese Technik sollte nur von erfahrenen SchnitzerInnen eingesetzt werden. Sie erleichtert an Werkstücken die Feinarbeit, vor allem wenn etwas sehr dünn ausgeschnitzt werden soll.
Dafür wird das Werkstück fest an die Brust gepresst, die Klinge zeigt Richtung Werkstückmitte.

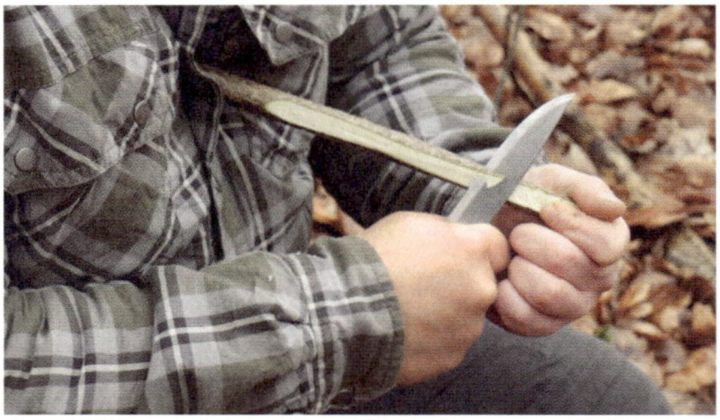

Es ist sehr wichtig, dass der Daumen und der untere Teil der Führungshand so ausgerichtet sind, dass sie immer eine Blockade zwischen Messer und Körper bilden. Die Hand ist also so positioniert, dass die Klinge bei vorsichtigem Arbeiten niemals den Brustkorb berühren kann. Gerade hier muss die Kraft sehr genau dosiert werden!

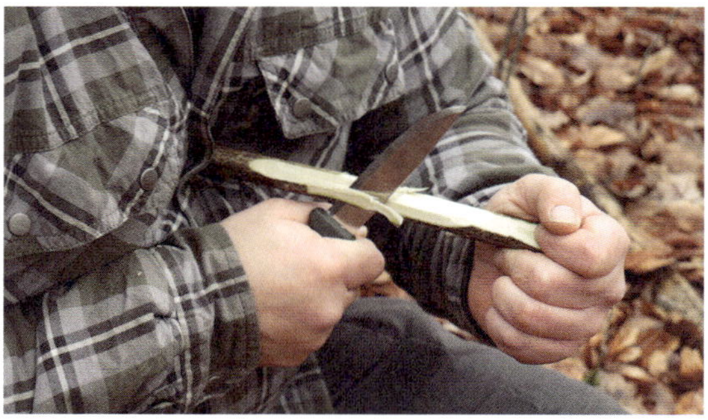

Alle gezeigten Schnitztechniken werden für die Projekte im Buch benötigt. Jedoch bietet das Messer noch viel mehr Möglichkeiten, zum Beispiel Holz spalten.

Einspalten mit dem Messer

Mit dieser Technik schnitzt man einen Spalt in einen dünnen Stock, ohne ihn ganz zu spalten. Ein Beispiel dafür ist die Klemmverbindung.
Dafür wird das Messer mit der Spitze nach unten ins Holz gedrückt. Die Schneide zeigt dabei vom Körper weg. Der Daumen der Hand mit dem Holz drückt nun die Klinge durch das Holz. Die Hand mit dem Messer unterstützt die Bewegung durch leichtes Hin-und-Her-Bewegen der Klinge. Diese Technik eignet sich auch, um beim Aufspalten die Spaltrichtung vorzugeben.

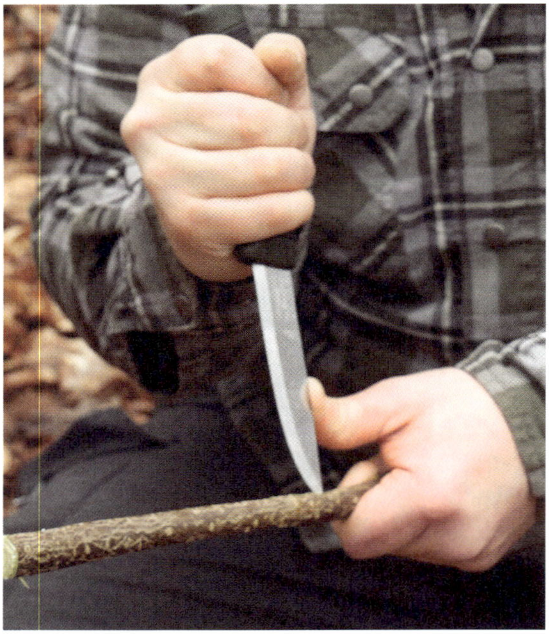

Aufspalten mit dem Messer

Um einen dünnen Ast kontrolliert aufzuspalten, z. B. für die Herstellung einer Zange, gibt es eine sehr einfache Technik. Dabei wird die Klinge an der Rückseite gefasst und der Ast mit der Spitze an die Klinge gesetzt.

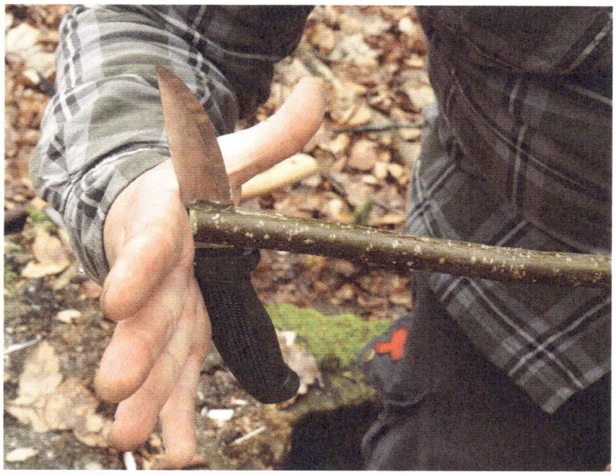

Nun wird die Hand etwas geschlossen. So lässt sich die Klinge durch leichtes Rütteln und Drücken des Astes ins Holz treiben. So bleibt die Verletzungsgefahr gering, da die Klinge keine Geschwindigkeit aufnimmt und durch die Hand blockiert wird. Noch leichter und gefahrloser gestaltet sich die Technik dadurch, dass die Klinge auf einen festen Untergrund gelegt wird.

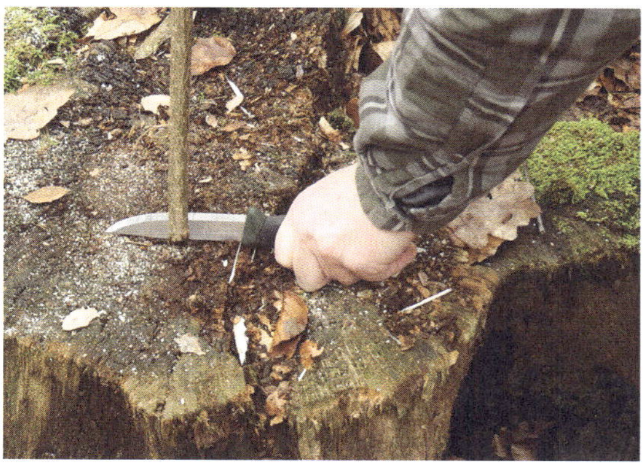

Spalten nur mit dem Messer (Batoning)

Lässt man ausreichend Vorsicht walten, kann man auch mit zahlreichen kleineren Messern Holz spalten. Die Klingenstärke sollte allerdings mindestens 3 mm betragen. Für diese Arbeit empfiehlt sich ein Fulltang Messer! Der zu spaltende Ast sollte maximal halb so dick sein wie die Klinge lang ist, da man etwas Platz benötigt, um mit einem Holz vorne auf die Klinge schlagen zu können.

Um zu spalten wird die Klinge ganz rechtwinklig aufs Spaltgut gestellt. Dann wird kräftig und so waagrecht wie möglich auf den Klingenrücken geschlagen. Ist die Klinge etwas ins Holz eingedrungen, wird das Messer durch Schläge auf die Klingenspitze weiter durchs Holz getrieben.

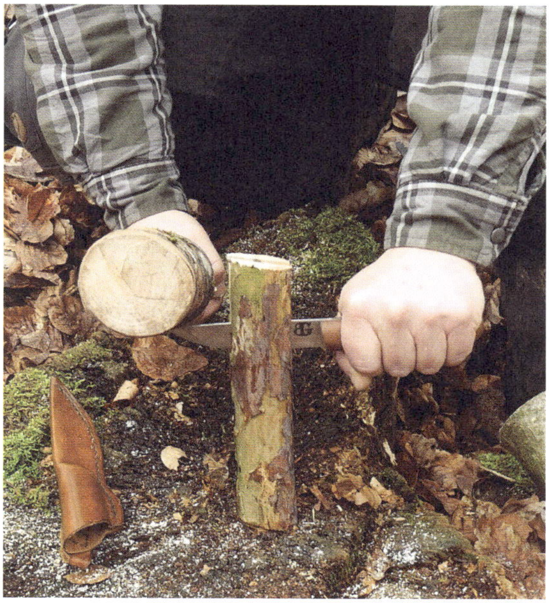

Allerdings belastet diese Methode die Schärfe der Klinge und kann auch zu Ausbrüchen führen, vor allem wenn sie auf Astauswüchse trifft. Darum sollte diese Methode nur eingesetzt werden, wenn Alternativen fehlen.

Spalten mit Messer und Keil

Mit dieser Spaltmethode wird es sogar möglich, mit Klappmessern und Messern mit sehr dünner Klinge dicke Äste und Stämmchen zu spalten.

Zuerst werden ein oder mehrere Behelfskeile geschnitzt, vorzugsweise aus Hartholz (z. B. Buche). Nun stellt man den Ast aufrecht vor sich hin und setzt die Klinge des (Taschen)Messers waagrecht und mittig auf. Sobald alles stabil steht, wird mit einem anderen Ast oder Holzknüppel kurz und dosiert auf den Messerrücken geschlagen. Bei Klappmessern mit Arretierung ist es wichtig, dass diese gelöst ist, um das Ausleiern der Klingensperre zu verhindern. Es entsteht ein Spalt, in dem sich der Behelfskeil ansetzen lässt. Mit immer stärkeren

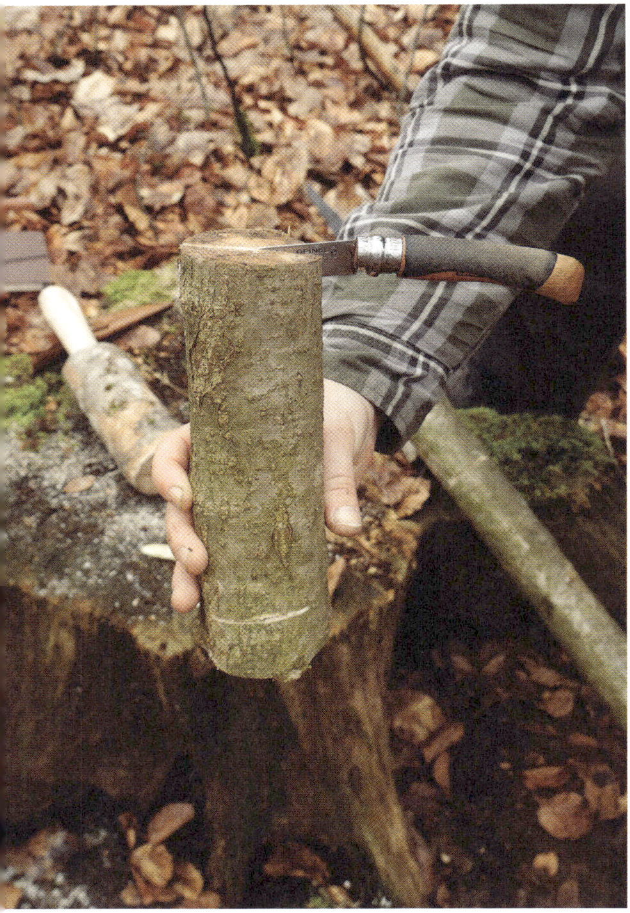

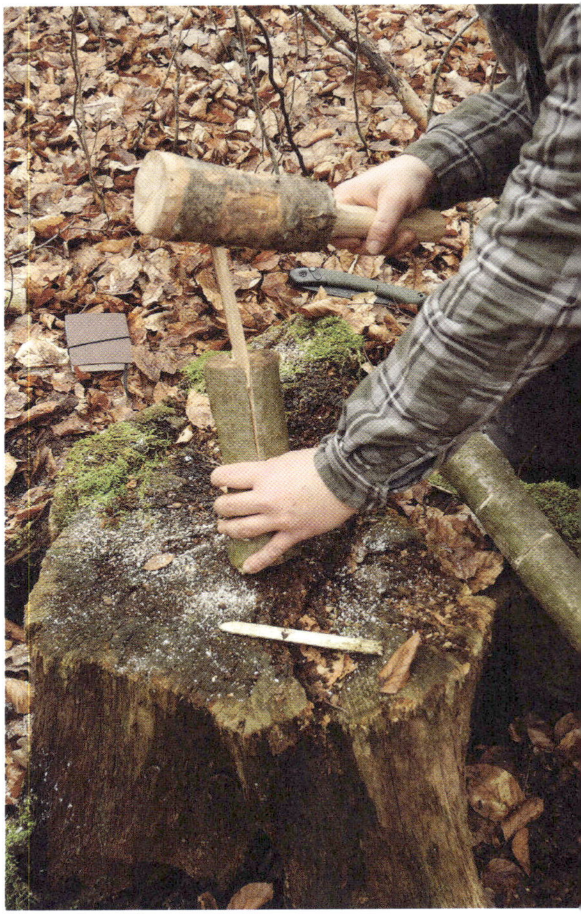

Schlägen wird dieser dann ins Holz getrieben. Das Holz wird dabei mit der leicht geöffneten Hand festgehalten, damit es nicht umkippt.
Der Keil lässt sich so immer weiter ins Holz hineintreiben, bis es in zwei Hälften zerbricht.
Auf diese Weise lassen sich selbst kleine Stämme spalten, dafür benötigt man dann mehrere Keile.

Durch diese Technik lassen sich auch dickere Äste trennen, sofern keine Säge zu Verfügung steht. Ähnlich wie beim Spalten wird dabei auf den Messerrücken geschlagen, allerdings auf den liegenden Ast und man arbeitet quer zur Faser. Auch hier ist eine Klingenstärke von mindestens 3 mm zu empfehlen.

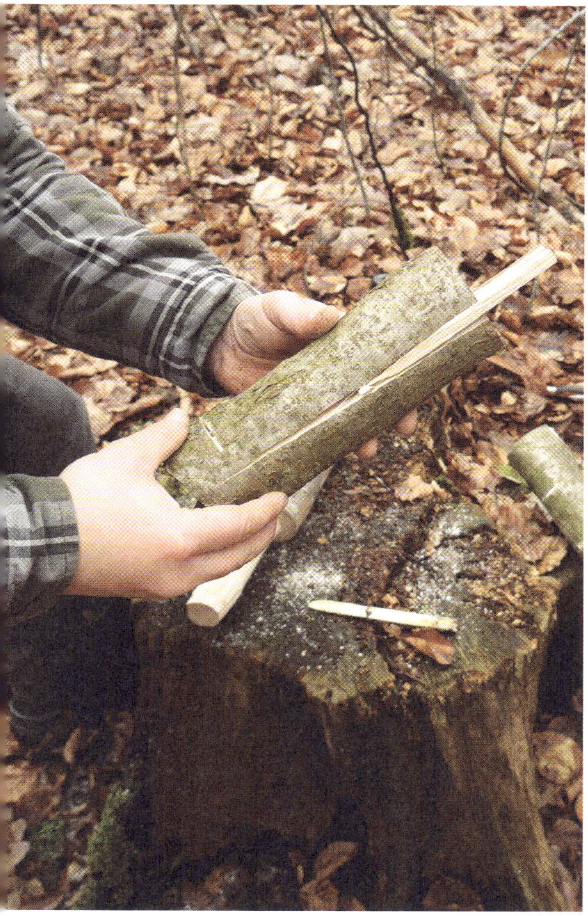

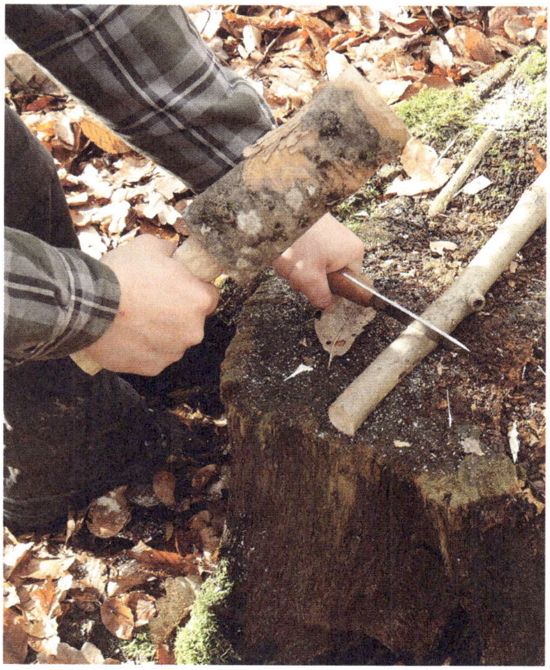

Ist der Ast sehr dick, wird die Klinge im leicht schrägen Winkel ins Holz getrieben, so dass ein immer größeres V einsteht. Wie auch beim Spalten wird die Klinge auf diese Weise stark belastet, man sollte die Technik deshalb nur dann nutzen, wenn es keine andere Möglichkeit gibt.

Für die zuletzt genannten Techniken sind andere Werkzeuge deutlich besser geeignet, die im Folgenden näher beschrieben werden.

Arbeiten mit der Säge

Die Säge ist nicht nur im Bushcraft-Bereich ein sehr nützliches Werkzeug. Einerseits kann man damit rasch sehr viel Holz für ein Feuer zerkleinern, andererseits vereinfacht die Säge viele Herstellungsprozesse. Der Schnitt quer durchs Holz wird mit einer Säge sehr viel genauer und einfacher ausgeführt. Zudem ist weniger Zeit und Kraft dafür nötig als mit dem Messer.

Auch beim Sägen kann man sich verletzen. Vor allem wenn sich das Sägeblatt in der Sägerinne verkantet, kann es zu Unfällen kommen. In diesem Fall springt das Sägeblatt aus dem Schnitt und die Sägezähne können auf der Haltehand landen, wenn diese zu nah am Sägeschnitt liegt. Dies führt in der Regel zu schmerzhaften und stark blutenden Verletzungen. Bei den hier gezeigten Techniken geht man natürlich davon aus, dass kein Sägebock oder ähnliche Haltevorrichtungen zu Verfügung stehen.

Absägen mit Anlehnen

Um ein Stück Holz abzusägen, sollte es dafür aus Sicherheitsgründen irgendwo angelehnt werden. Dabei ist es egal, ob das Stück Holz auf einem Baumstumpf oder einem anderen dicken Ast liegt oder ob

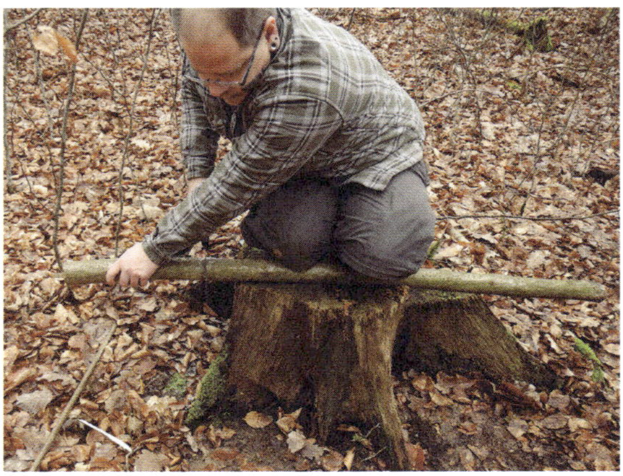

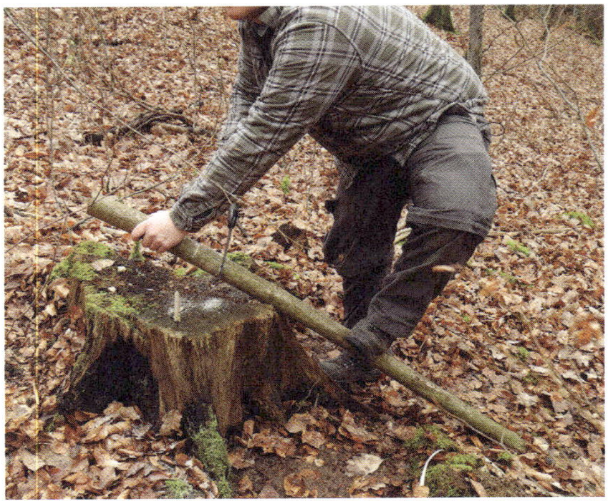

es an einer leicht erhöhten Position angelehnt wird. Viel wichtiger ist dabei, dass das abzusägende Stück frei nach unten fallen kann. So verhindert man, dass das Sägeblatt eingeklemmt wird. Zudem ist es wichtig, den Ast gut mit dem Knie oder dem Fuß festzuklemmen, um das Sägen zu erleichtern.
Auch sollte die Hand, die das Werkstück festhält, über das Sägeblatt hinweggreifen.

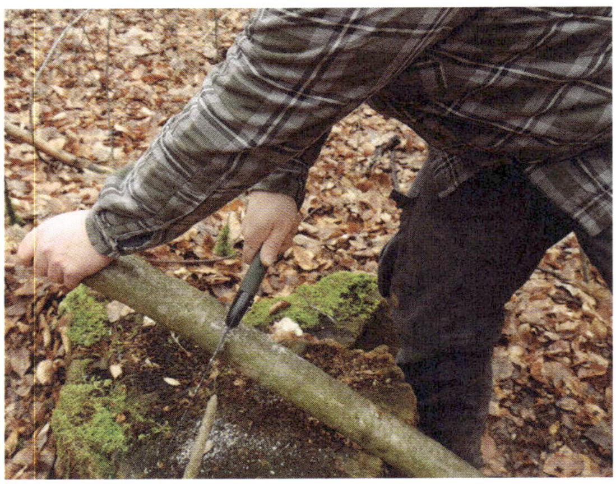

Mit diesem Griff wird es fast unmöglich, sich selbst beim Sägen zu verletzen. Sollte das Sägeblatt nun aus der Sägerinne springen, wird es durch die Körperhaltung blockiert und kommt automatisch auf dem Werkstück zum Stehen. Diese Methode kann auch gut mit Kindern angewandt werden.

Absägen ohne Anlehnen

Diese Methode kann genutzt werden, falls es kein geeignetes Objekt zum Anlehnen gibt. Rechtshänder klemmen das Werkstück in die Kniekehle des linken Beins. Dann greift man den Ast mit der linken Hand ein gutes Stück oberhalb der Sägestelle. Nun wird der Ast mit Hilfe des rechten Oberschenkels so festgeklemmt, dass man noch gut arbeiten kann. Auch hier wird wieder unterhalb des linken Arms gesägt. Bei dieser Technik kann auch vollständig kniend gearbeitet werden.

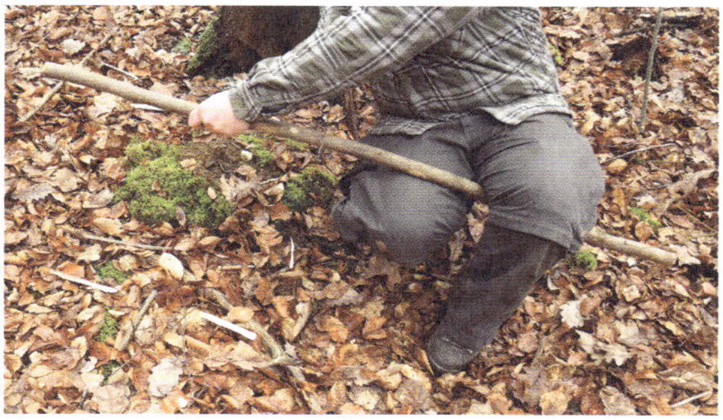

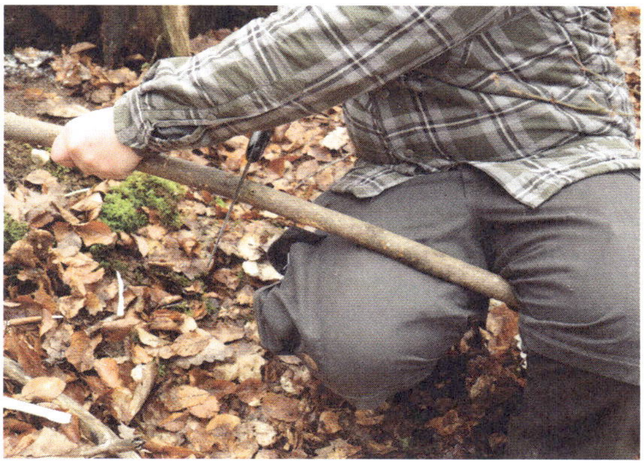

Absägen mit Hilfsmittel

Eine weitere Methode, um sicher zu sägen, erfolgt mittels eines Hilfsstücks. Dies bietet sich vor allem bei dünnen Ästen oder auch bei sehr kurzen Sägeblättern an. Dazu legt man das Ende eines Astes, der mindestens die Stärke des Werkstücks hat, an die Sägestelle an. Der Ast fungiert als Abstandhalter, falls das Sägeblatt aus der Führung springen sollte. Diese Methode ist allerdings nicht ganz so sicher wie die weiter vorn beschriebenen Methoden, lässt sich dafür aber auch im Stehen und Sitzen durchführen.

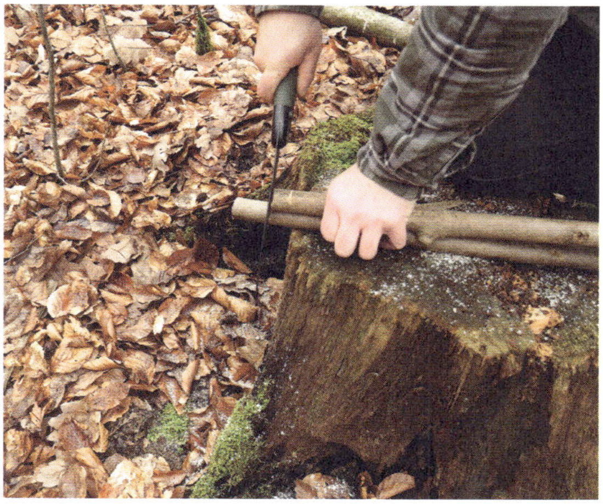

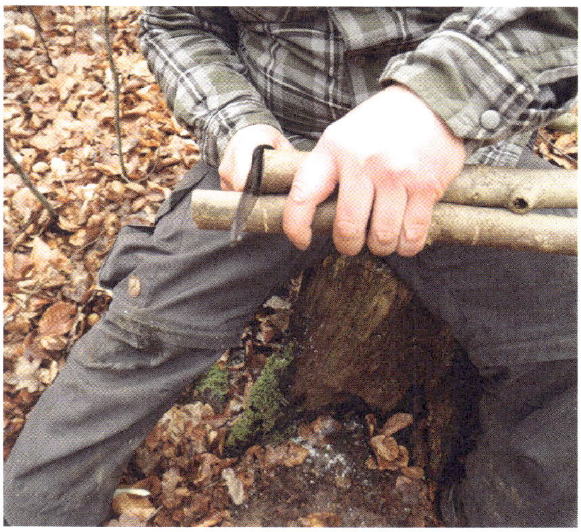

Sägen mit der Faser

Bei manchen Projekten ist es erforderlich, dass das Werkstück von oben eingesägt wird. Hier wird ähnlich wie beim Spalten in Faserrichtung des Holzes gearbeitet. Dabei ist es sehr schwer, nur durch Festhalten des Holzes kontrolliert und sicher zu arbeiten. Darum sollte man das Holz hier unbedingt durch das eigene Gewicht festklemmen, indem man auf das Werkstück kniet oder sich mit einem Bein darauf stellt, was allerdings den Rücken beansprucht. Noch sicherer wird der Vorgang, wenn die Säge mit beiden Händen festgehalten wird, so kann man sich im Falle des Abrutschens nicht selbst verletzen, da das Sägeblatt durch das Werkstück gestoppt wird.

Die Säge ist nach dem Messer wohl das wichtigste Werkzeug, um im Wald effektiv arbeiten zu können. Viele Modelle sind sehr leicht und haben den Vorteil, dass sie einklappbar sind. Plant man größere Aufbauten oder möchte eine längere Zeit in der Natur verbringen, sollte eine Säge nie fehlen.

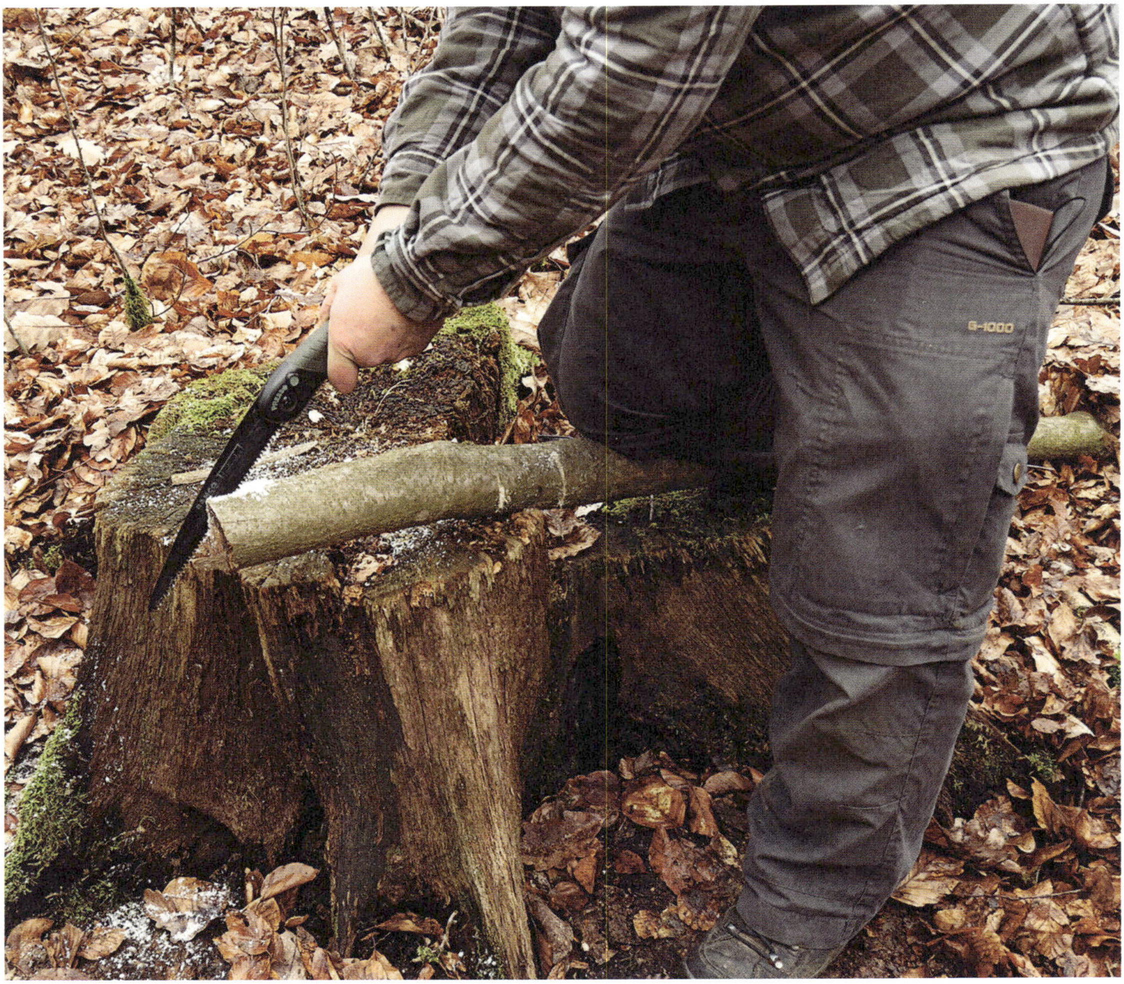

Arbeiten mit dem Beil

Beim Beil denken die meisten Menschen nur ans Holz spalten und Bäume fällen. Das Beil kann jedoch viel mehr, wenn man es richtig einzusetzen weiß. Im Prinzip lässt es sich wie ein großes Messer verwenden und unterstützt so Schnitzprojekte, bei denen viel Holz von einem Werkstück entfernt werden muss. Die hier gezeigten Techniken sind weniger dazu geeignet, große Mengen Brennholz zu verarbeiten. Es geht vielmehr darum, das Beil für gezieltes Spalten und für grobe Schnitzarbeiten einzusetzen. Auch hier steht die Sicherheit an erster Stelle, darum wird auf Schlagtechniken verzichtet.

Holz spalten, längs

Mit dem Beil lässt sich Holz auf viele Arten aufspalten. Die hier gezeigte Technik ist sehr sicher, lässt jedoch wenig Kontrolle beim Spaltvorgang zu. Der Ast wird dabei vom Körper weg gehalten und die Klinge des Beils am entferntesten Punkt angesetzt.

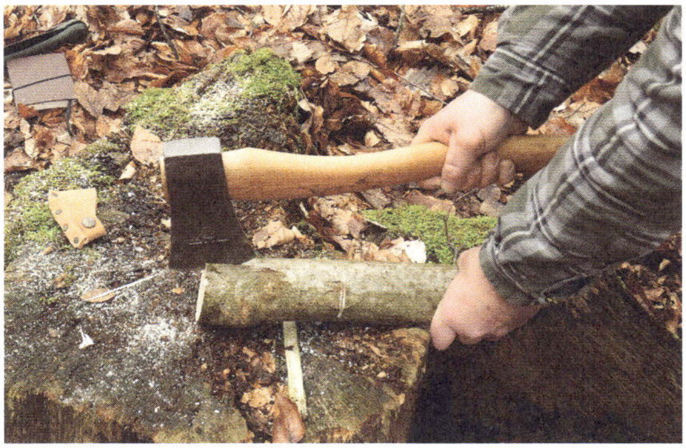

Nun werden das Beil und der Ast gleichzeitig angehoben und dann mit Schwung auf eine feste Unterlage geschlagen. Dadurch entsteht ein Riss im Holz. Hat man kräftig genug zugeschlagen, lässt sich das Holz nun durch eine Seitwärtsbewegung aufhebeln.

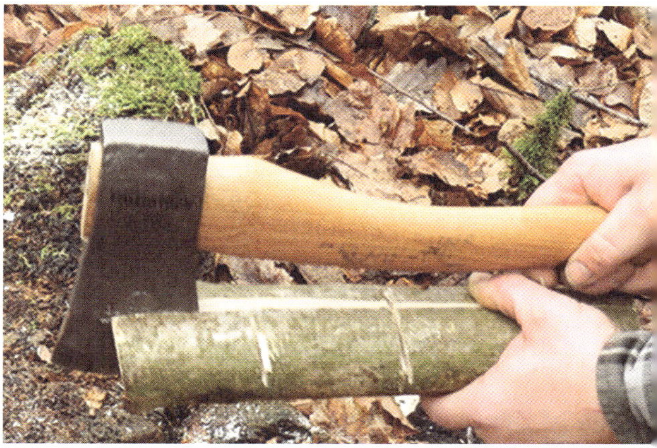

Da das Holz nicht aufgestellt werden muss, liegt der Vorteil dieser Technik, vor allem darin, dass man zum Spalten keine ebenen Flächen benötigt. Noch sicherer wird die Technik wenn man dabei im Knien arbeitet. So ist fast unmöglich, sich mit dem Beil den Unterschenkel zu verletzen.

Holz spalten mit Hilfsmittel

Um einen Stamm sehr gezielt zu spalten, geht man ähnlich wie beim Messer vor. Man stellt den Stamm auf eine stabile Unterlage, setzt die Beilklinge waagrecht auf dem Stamm an und schlägt mit einem schweren Ast auf die Rückseite des Beils. Hierbei kann es passieren, dass das Beil sich verkantet. Sollte dies passieren, kann man das Beil mühelos wieder frei bekommen, indem man einen Keil in den Spalt einschlägt.

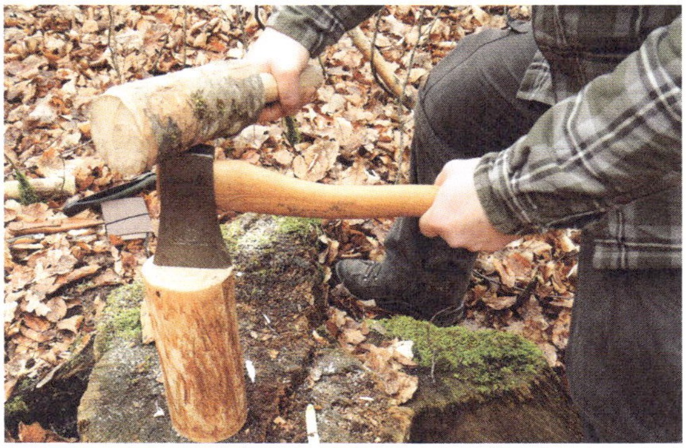

Leichtes Hacken

Mit dem Beil lassen sich auch einfache Hackarbeiten, ähnlich einem groben Schnitzen, ausführen. Dafür wird das Werkstück leicht schräg auf einen sicheren Untergrund gestellt. Das Beil wird nahe am Kopf gefasst, sodass die Hebelwirkung gering bleibt. Nun wird vorsichtig ins Werkstück gehackt.

Durch das Hin- und Her-Bewegen des Holzes kann so das Werkstück in Grobform gehackt werden. Diese Technik erlaubt ein schnelles Arbeiten, birgt aber immer auch die Gefahr, das ganze Werkstück mit einem Schlag unbrauchbar zu machen.

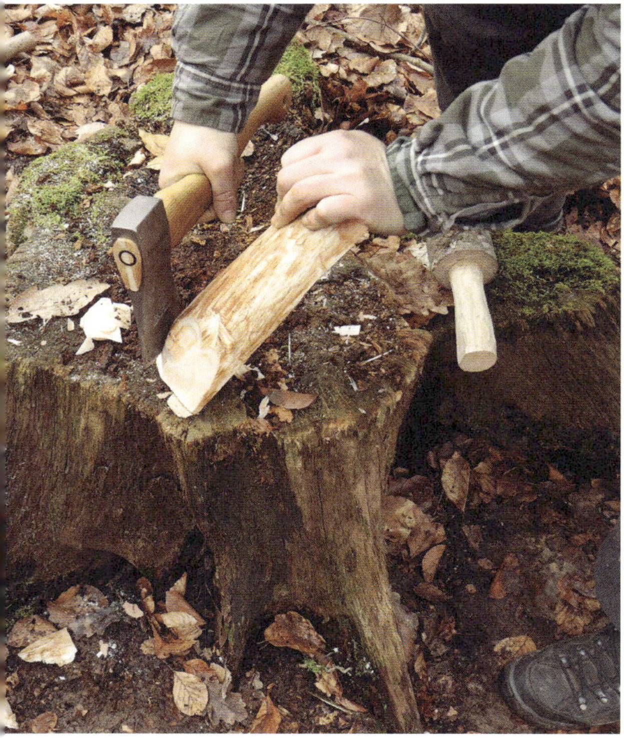

Schnitzen mit dem Beil

Mit dem Beil ist es auch möglich, ähnlich wie mit einem Messer zu schnitzen. Dazu greift man das Beil ganz dicht unter dem Kopf. So hat man eine gute Kontrolle über die Klinge. Nun kann man wie bei der Grundschnitztechnik (s.o.) durch das Holz schneiden.

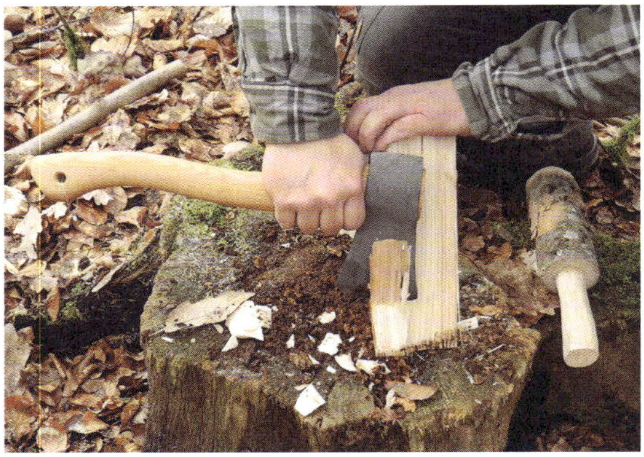

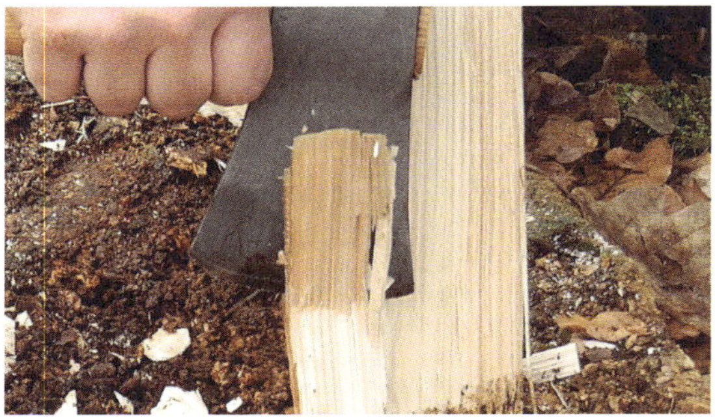

Dies ist sehr anstrengend und kräftezehrend. Diese Technik eignet sich vor allem, um einen halbierten Stamm zu glätten. Oft wechselt man dabei vom Schnitzen zum leichten Hacken.

Wie beim Messer reichen die gezeigten Beiltechniken völlig aus, um alle Projekte im Buch herzustellen. Zudem wurde gezeigt, dass ein Beil mehr ist als ein bloßes Spaltwerkzeug. Es lässt sich vielfältig einsetzen und unterstützt die meisten Arbeiten durch das Gewicht des Kopfes.

Arbeiten mit dem Löffelmesser

Das Löffelmesser ist ein Werkzeug, mit dem man gut Vertiefungen schnitzen kann. Es vereinfacht das Schnitzen von Schalen, Tellern oder Tassen. Das hier am häufigsten verwendete Löffelmesser ist beidseitig angeschliffen, damit es sich in alle Richtungen einsetzen lässt. Beim Löffelmesser gilt: Aller Anfang ist schwer! Erst wenn man etwas vorangekommen ist, greift das Messer richtig gut ins Holz.

Zugschnitt zum Körper hin

Beim Zugschnitt wird das Werkstück an die Brust gepresst. Das Löffelmesser wird leicht schräg ans Werkstück angesetzt. Der Griff zeigt dabei nach oben, genauso wie die Öffnung des Löffelmessers. Dann wird das Werkzeug mit kontrollierter Kraft zum Körper hin gezogen.

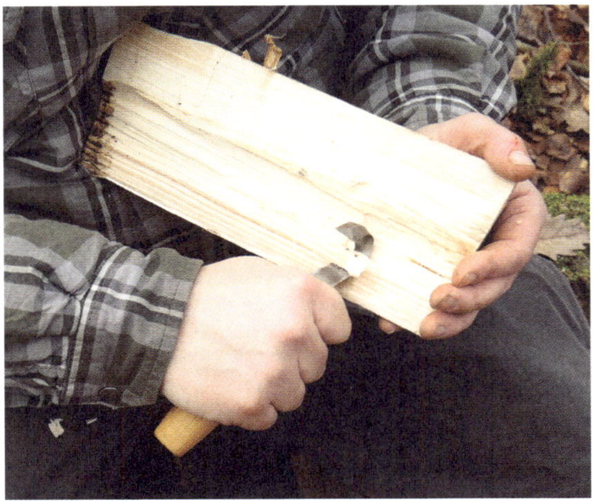

Wie bei den Messertechniken beschrieben, muss bei Arbeiten zum Körper hin mit äußerster Vorsicht vorgegangen werden. Deshalb wird das Messer in einem Winkel gehalten, bei dem der Handballen im Falle des Abrutschens immer eine Barriere zum Körper bildet.

Drehschnitt

Für den Drehschnitt wird das Messer leicht schräg auf das Werkstück aufgesetzt. Dann wird nur über die Drehung des Handgelenks in das Holz eingeschnitten. Hier ist immer darauf zu achten, dass oberhalb der Haltehand gearbeitet wird, damit man sich, auch wenn man abrutscht, nicht verletzt.

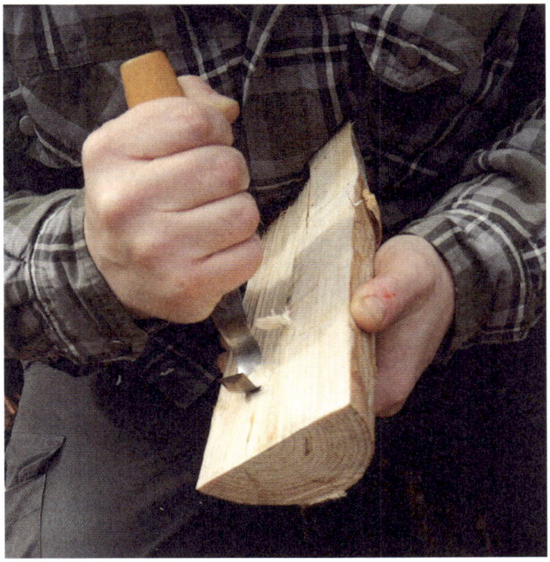

Diese Bewegung lässt sich in alle Richtungen ausführen, z. B. auch als eine Bewegung von oben nach unten. Dafür muss lediglich die Klinge oder die Hand um einige Grad gedreht werden. So wird es möglich, auch Feinarbeiten in einer Vertiefung durchzuführen und eine relativ glatte Fläche herauszuarbeiten.

Das Löffelmesser eignet sich auf jeden Fall als eines der Grundwerkzeuge für das eigene Bushcraft-Werkzeug-Kit. Es wiegt nicht viel und lässt sich vielfältig einsetzen. So kann es dazu genutzt werden, um Äste zu schälen und Rindenstücke zu entgraten. Auch wenn diese Techniken keine Verwendung in diesem Buch finden, werden sie spätestens dann interessant, wenn man dieses Hobby vertiefen möchte.

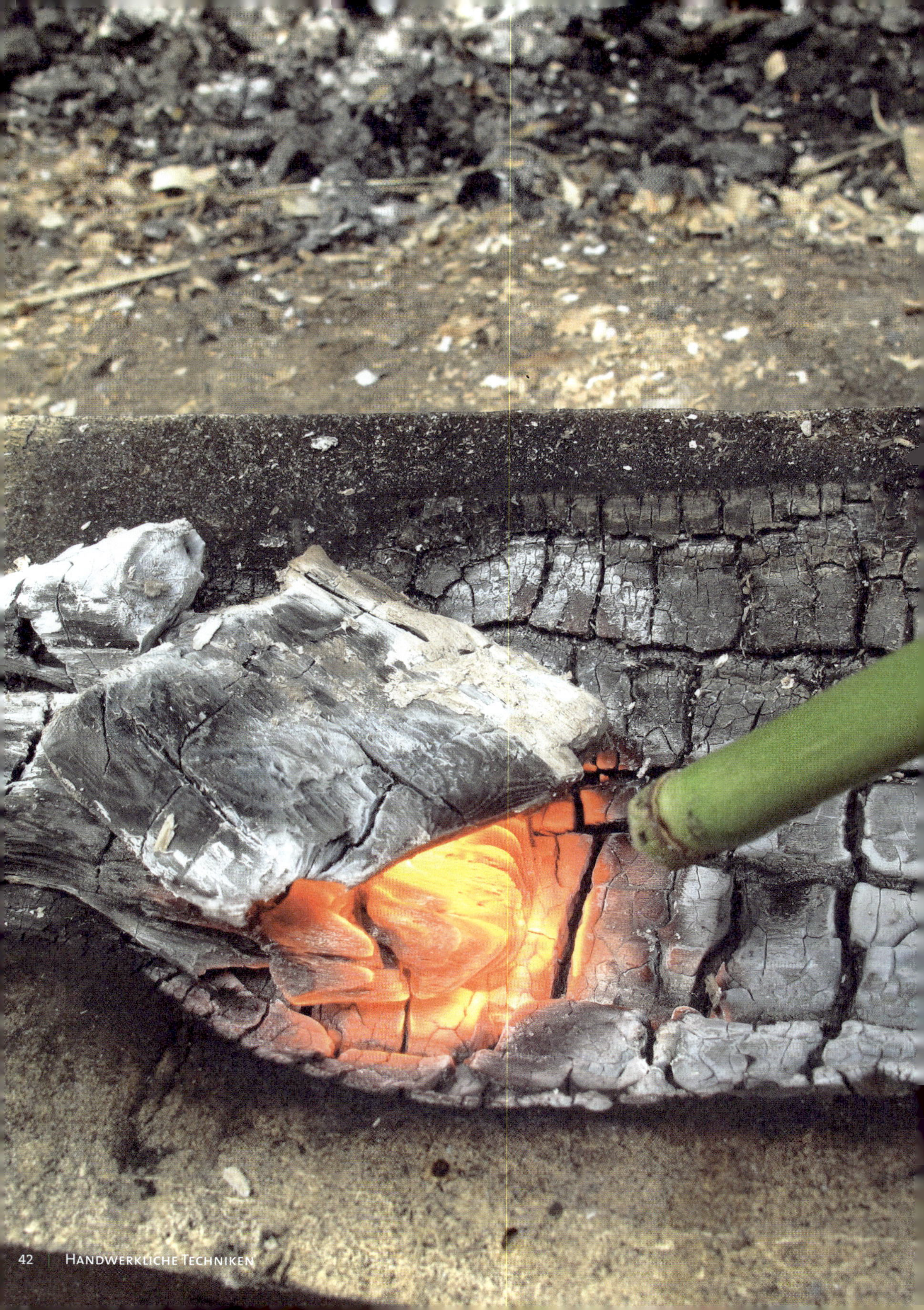

Glutbrennen

Das Glutbrennen ist eine sehr alte Methode, um Holz ohne Werkzeuge auszuhöhlen. Die Ureinwohner Nordamerikas haben ganze Baumstämme für ihre Einbäume ausgebrannt. Das Ausbrennen hat den Vorteil, dass das Holz an der gebrannten Fläche wasserabweisender ist. Es ist zudem glatt und kann gut ausgewischt werden. Trotz der dunklen Farbe eine sehr saubere Sache.

Diese Möglichkeit können wir uns in der Outdoorküche für die Herstellung von Kochutensilien besonders gut zunutze machen. Dafür werden nur ein Stück Holz und etwas Glut benötigt. Im Gegensatz zu den geschnitzten Varianten brauchen wir also keine Werkzeuge, sondern nur ein Feuer und etwas Zeit, die wir für uns arbeiten lassen. Weil Holz unterschiedlich trocken und weich ist, brennt sich die Glut oft sehr ungleichmäßig ins Holz. Schon bestehende Risse im Ausgangsholz sind immer Schwachstellen, da sich dort tiefe Spalten ins Holz hineinbrennen, die sich dann bis zum Rand fortsetzen. In diesem Zusammenhang sollte man beispielsweise auf Fichte verzichten, weil sie besonders zum Reißen neigt. Für unsere Kochsachen eignen sich am besten trockene Laubhölzer.

Trockene Hölzer haben zudem den Vorteil, dass sie nicht mehr stark nachtrocknen und so das Risiko nachträglicher Risse abnimmt. Es kommt jedoch vor, dass vom Boden aufgesammelte, vermeintlich trockene Hölzer noch Restfeuchte enthalten, was während des Brennvorgangs zu Rissen führen kann, ebenso wie der Einsatz von zu viel und zu heißer Glut. Deshalb ist es äußerst wichtig, mit viel Umsicht vorzugehen. Und wenn man zudem noch folgende Punkte beachtet, kann man sich die Arbeit sehr erleichtern.

Hölzer werden immer auf dem Längsschnitt eingebrannt. Auf dem Querschnitt gebranntes Holz reißt

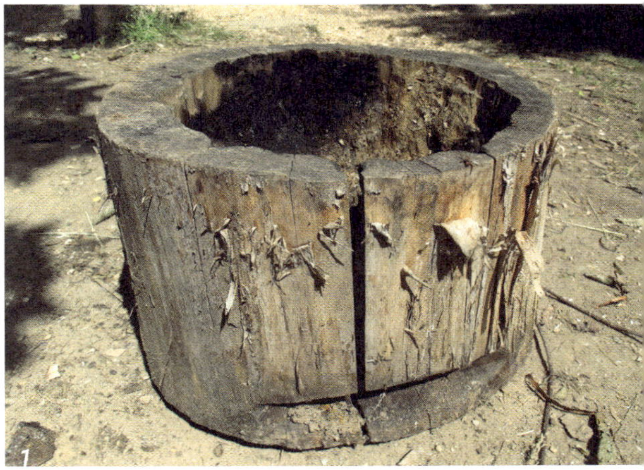

ein ***[1]***. Das Holz wird längs durch den Kern gespalten, unabhängig davon, ob es sich um einen Ast oder einen ganzen Stamm handelt. Die Längsspaltung durch den Kern nimmt dem Holz die Spannung und die Gefahr der Rissbildung sinkt.

Das passende Holzstück wird aufgespalten > ***Arbeiten mit dem Beil*** und auf die runde Seite neben der Feuerstelle auf den Boden gelegt und so weit stabilisiert, dass es nicht umkippen kann. Nun werden mit einer Holzzange > ***Zange*** mittig auf das Werkstück kleine Kohlenstücke gelegt, die durch Luftzufuhr am Glühen gehalten werden und sich langsam einbrennen. Besonders zu Beginn ist es wichtig, genügend Hitze zu erzeugen. Sobald die Kuhle groß genug ist, reicht es aus, wenn man ausreichend Glut hineinlegt.

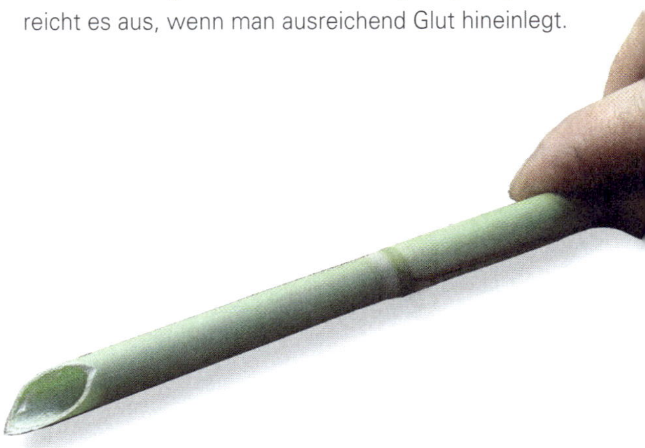

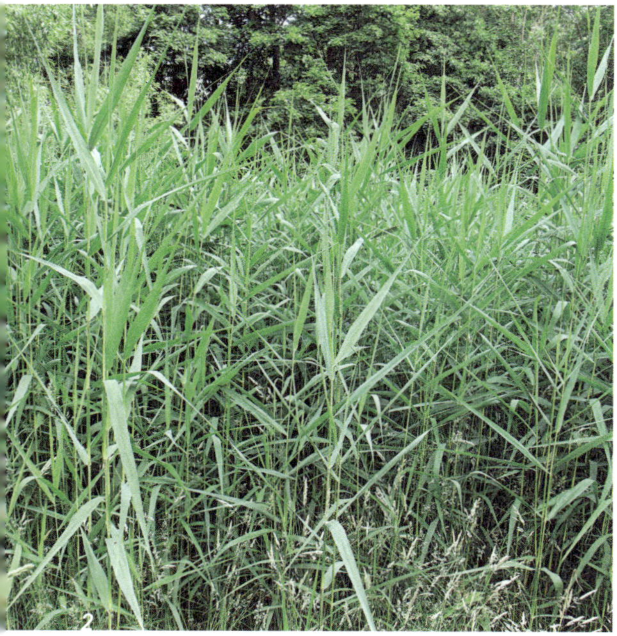

2

Doch gerade anfangs besteht das Risiko, dass die Glut einfach erlischt, weil die Hitze nicht groß genug ist. Um der Glut einfach Luft zuzufächern kann ein Stück Rinde verwendet werden. Dieser Vorgang kann beschleunigt werden, indem man vorsichtig auf die Glutstücke pustet. Sind die Kohlenstücke verglüht, wird die kleine Kuhle mit einem Stock oder auch Stein ausgekratzt. Diese Vorgänge werden so lange wiederholt, bis das Loch die gewünschte Tiefe und Breite erreicht hat. Zum Schluss wird das ganze Werkstück dann sauber mit einem Stein oder etwas Ähnlichem ausgekratzt. Diese einfache Methode, eine Höhlung im Holz zu erzeugen, lässt sich noch weiter optimieren. Denn der Brandfraß lässt sich durch weitere Hilfsmittel gut steuern, wie beispielsweise einem Blasrohr. Dafür eignen sich alle langen und hohlen Gewächse, besonders gut jedoch die Stängel des Schilfgrases ***[2]***.

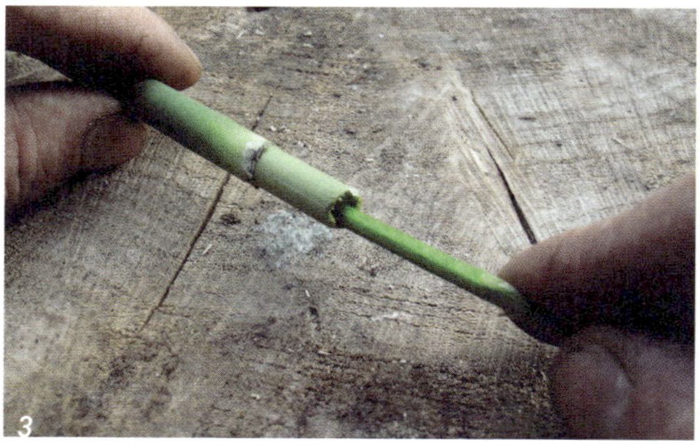

3

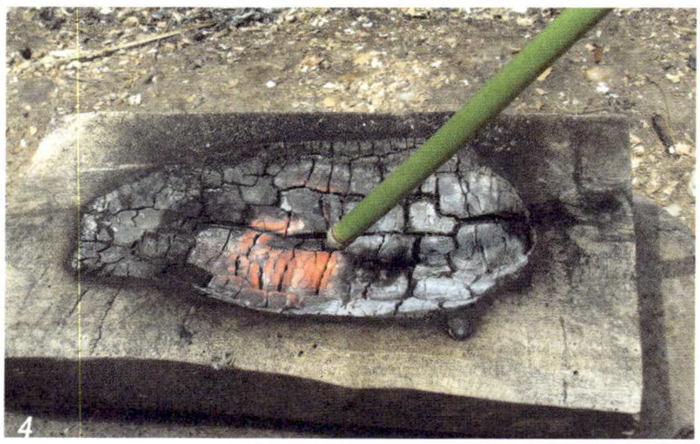

4

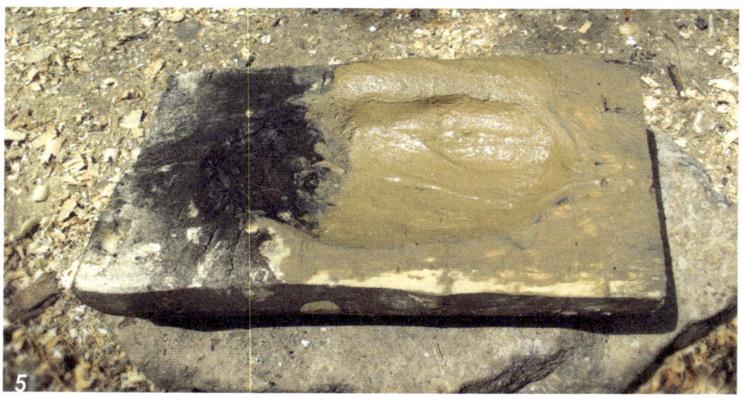

5

Das Schilfrohr wird abgeschnitten und dann mit einem dünnen Stöckchen gereinigt. So erhält man ein Blasrohr, das sich zudem schnell und einfach herstellen lässt ***[3]***. Mit diesem Röhrchen kann nun sehr gezielt die Glut in eine bestimmte Richtung geblasen und gesteuert sowie die Hitze erhöht werden. Die Verbrennung wird so – ähnlich wie in einer Schmiede – durch den Sauerstoff gebündelt und beschleunigt. So können Stellen punktuell tiefer gebrannt oder Unebenheiten ausgeglichen werden ***[4]***. Ein weiteres, praktisches Hilfsmittel beim Brennen ist nasser Lehm. Da Lehm viel Feuchtigkeit enthält, schützt er in nassem Zustand das Holz vor dem Verbrennen. Dort, wo die Glut nicht weiterbrennen soll, wird als Schutz eine dicke Lehmschicht aufgebracht. Lehm hat den Vorzug, dass man ihn dank seiner Konsistenz in jede Form pressen kann ***[5]***.

Die Glut lässt sich so genau auf diejenigen Stellen lenken, wo noch Holz weggebrannt werden soll ***[6]***.

Durch die Hitze härtet der Lehm langsam aus und kann dann problemlos aus der Form geklopft werden ***[7]***. Dafür wird das Werkstück einfach umgedreht und so lange auf seine Rückseite geklopft, bis dieser herausfällt. Der Lehm lässt sich immer wieder weiterverwenden. Man muss ihn lediglich in Wasser einweichen, dann ist er für den nächsten Einsatz bereit ***[8]***.

Diese Schritte werden nun auf allen Seiten so lange wiederholt, bis man mit dem Ergebnis zufrieden ist ***[9]***. Wie diese handwerkliche Technik des Glutbrennens konkret eingesetzt werden kann, wird z. B. auf Seite 92 > *Holzschalen … gebrannt* gezeigt.

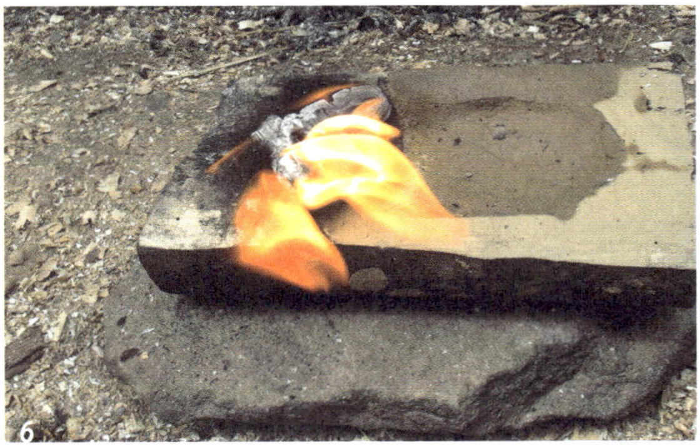
6

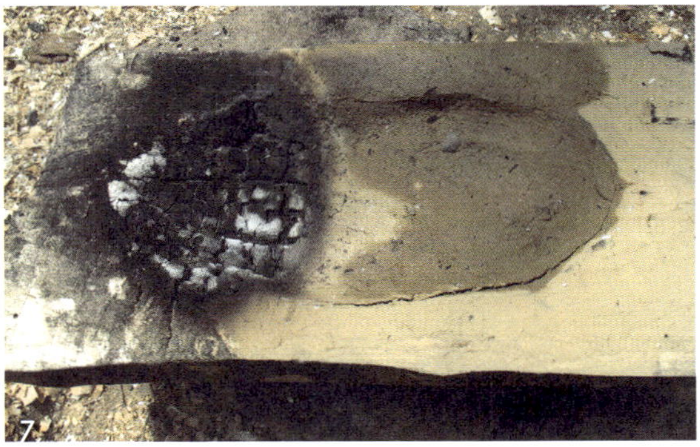
7

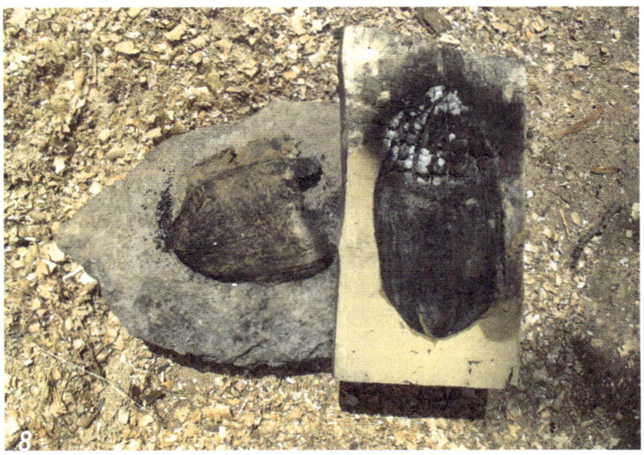
8

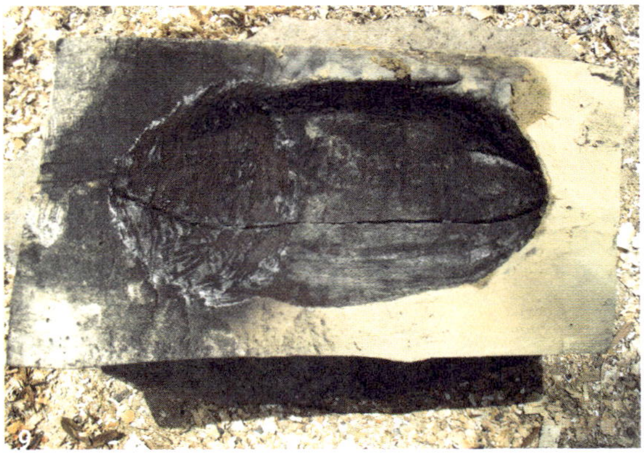
9

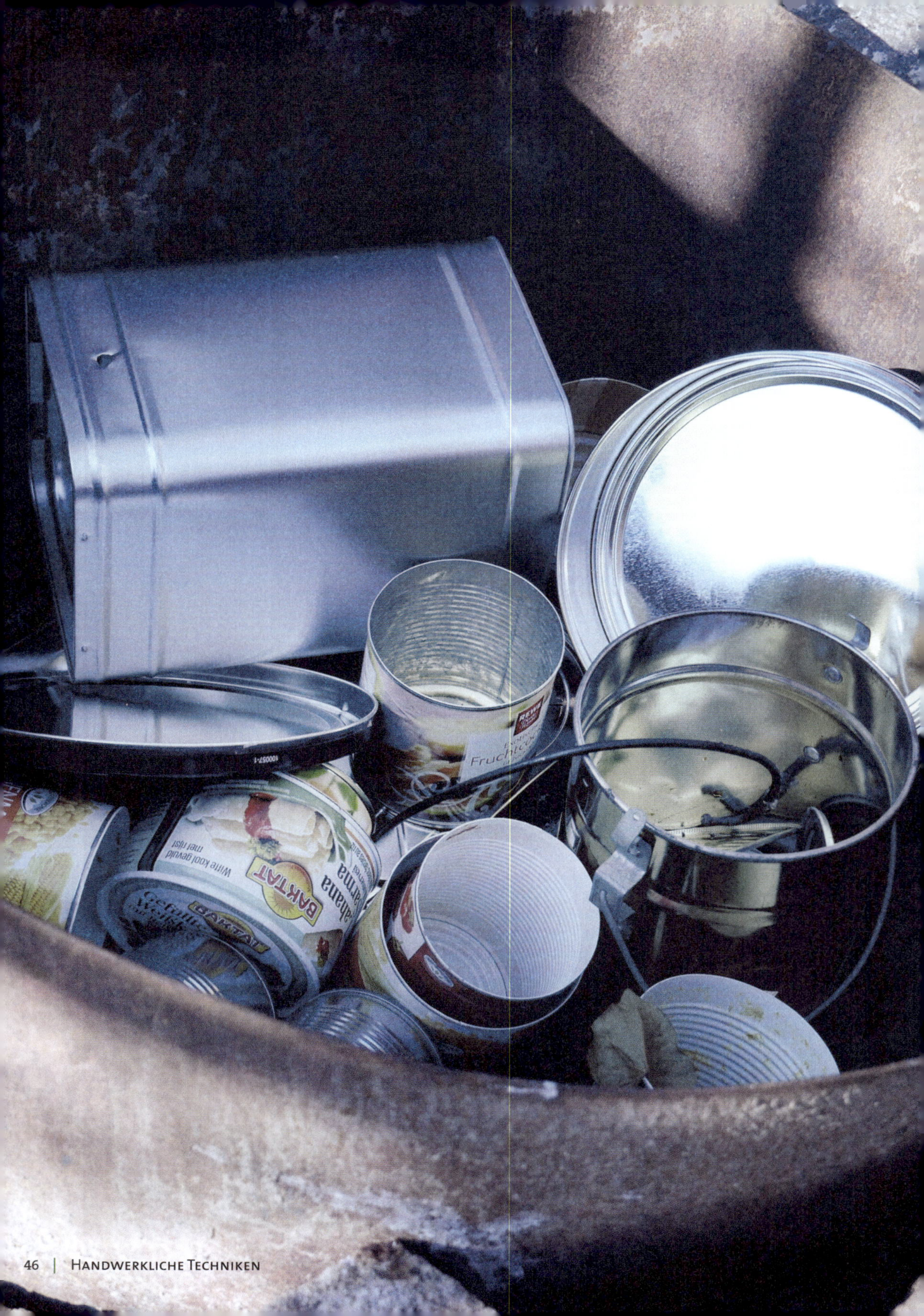
BAKTAT

Dosen ausbrennen

Beim Bushcraften an sich ist es schon eine sehr große Herausforderung, ausschließlich aus Naturmaterialien ein Gefäß zu fertigen, das wasserdicht ist. Doch noch viel schwerer ist es ein Gefäß herzustellen, in dem man kochen kann und das sich länger verwenden lässt. Ganz früher haben die Menschen Töpfe aus Rohhaut geformt oder sie legten ein frisch abgezogenes Fell in eine Grube, füllten sie mit Wasser und gaben so lange heiße Steine hinein, bis das Wasser zu kochen begann. Eine andere Möglichkeit besteht darin, einen Baumstamm auszuhöhlen und auch hier mit heißen Steinen zu arbeiten. Dies alles würde unglaublich viel Arbeit bedeuten und man könnte diese Gefäße auch nur schwer transportieren. Bei der Auseinandersetzung mit dieser Problematik entstand die Idee, alte Konservendosen zu verwerten, mit zwei positiven Effekten: Zum einen wird so Müll reduziert. Denn es ist wirklich unglaublich, wie viel Abfall man selbst im tiefsten Wald findet. Zum anderen entstehen keinerlei weitere Kosten für einen Topf, eine Tasse oder einen Teller, da man die benötigten Dosen ja meistens zu Hause hat.

Dosen an sich lassen sich zu vielerlei Kochaktionen verwenden, hier werden einige davon gezeigt, um zu eigenen Projekten zu inspirieren.
Insbesondere dann, wenn man darin kochen möchte, sollte man diese entsprechend vorbereiten, damit eventuell vorhandene Dosenbeschichtungen nicht ins Essen gelangen können. Hier wird ausdrücklich darauf hingewiesen, dass Konservendosen von Herstellerseite nicht zum Kochen gedacht sind. Sie trotzdem zum Kochen zu verwenden, ist die eigene Entscheidung.
Auch wer der Verwendung von Dosen skeptisch gegenübersteht, sollte die »Dosenideen« im Hinterkopf behalten. Denn sollte man je in eine Survivalsituation geraten, kann man darauf zurückgreifen. Traurig aber wahr: Nicht einmal die entlegenste Tropeninsel ist frei von Zivilisationsmüll.

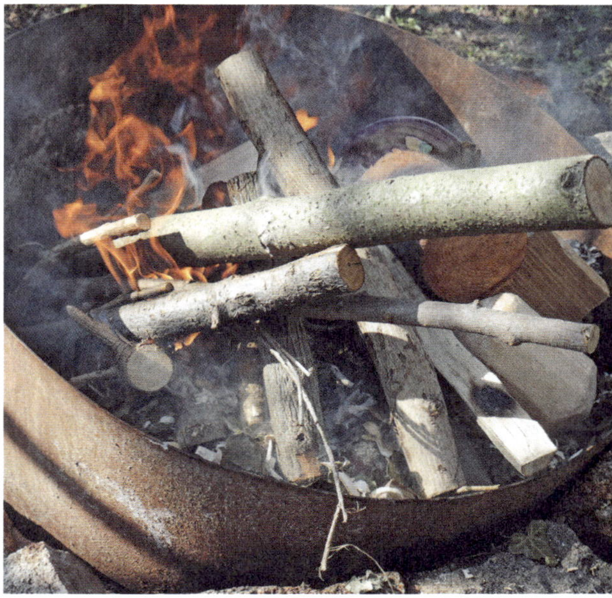

Um die Dosenbeschichtung zu entfernen, werden die Dosen in eine Feuerstelle gelegt und es wird ein kleines Feuer um die Dosen herum entzündet.

Dieses lässt man maximal 20–30 Minuten herunterbrennen, nicht länger, damit die Dosen nicht zu weich noch gar löchrig werden.

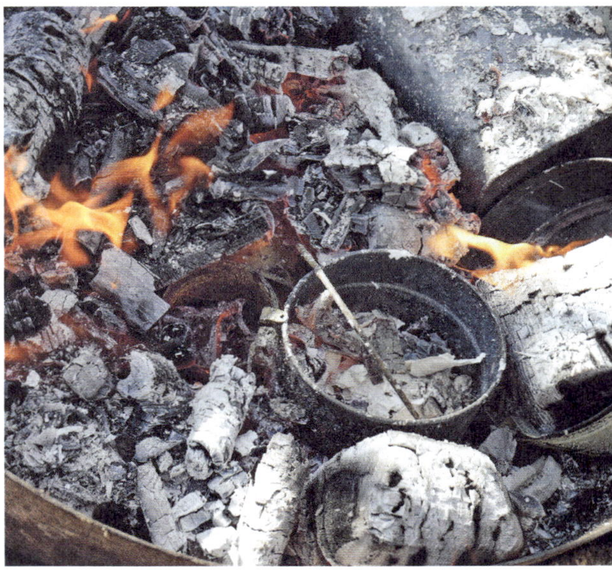

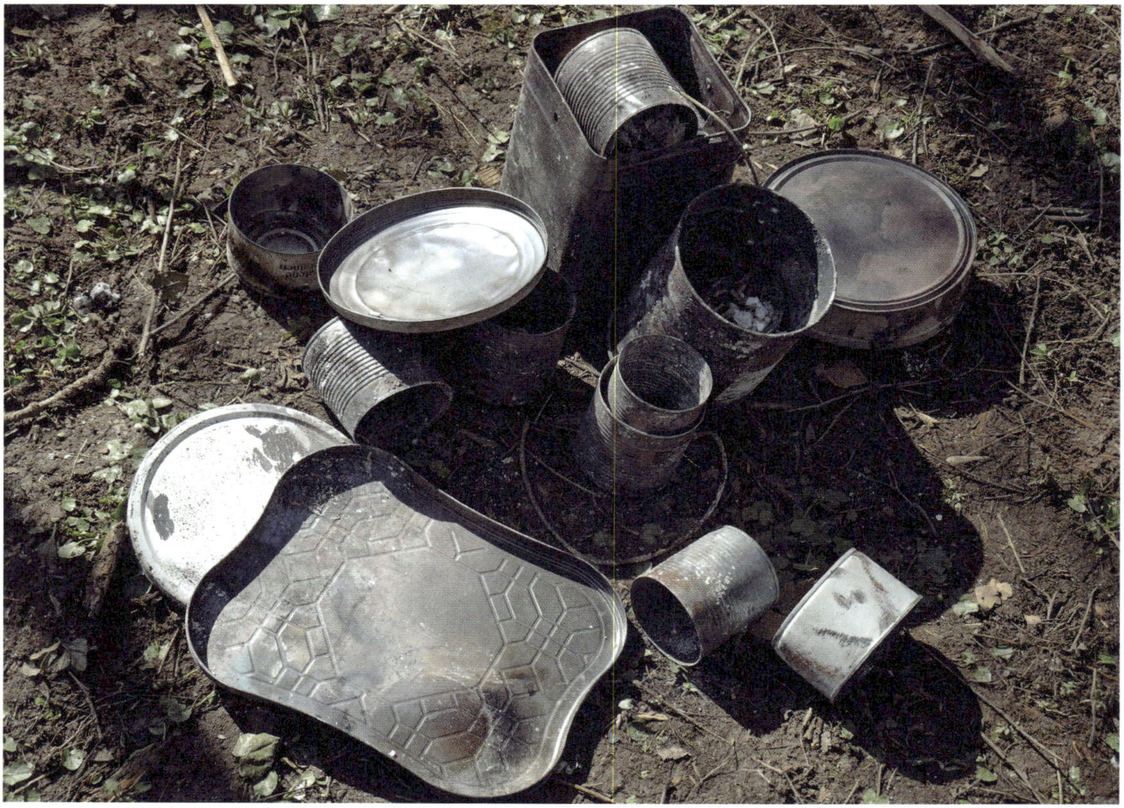

Im Anschluss werden die Dosen aus dem Feuer genommen und gut abgekühlt. Nun sind die Dosen schon fast zum Kochen geeignet. Es müssen nur noch eingebrannte Rückstände entfernt werden. Das geht am einfachsten, indem man dafür Sand oder auch kalte Asche benutzt.

Die Dose wird damit sauber abgerieben und alle Unebenheiten werden entfernt. Danach wird alles noch ordentlich mit viel Wasser abgespült. So hat man die Grundlage für ein Kochutensil geschaffen, das man weiter bearbeiten und vielseitig einsetzen kann.

Tipp:

Wenn die ausgebrannten Dosen zu Hause mit etwas Speiseöl, z. B. Rapsöl, eingerieben werden, hat man für lange Jahre einen treuen Begleiter für seine Outdooraktivitäten gewonnen, der sich zudem jederzeit leicht und billig ersetzen lässt.

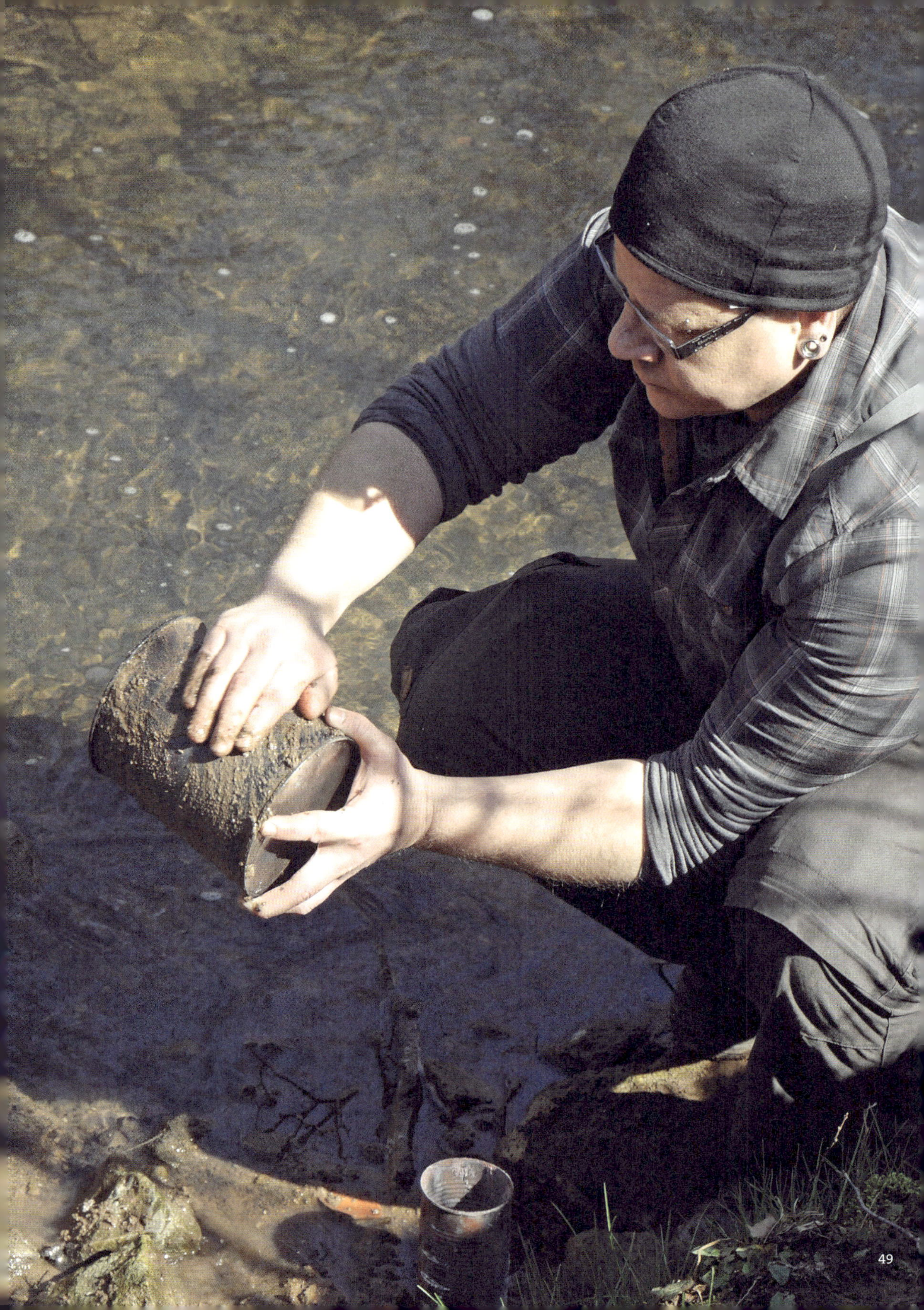

BESTECK FÜR JEDEN GESCHMACK

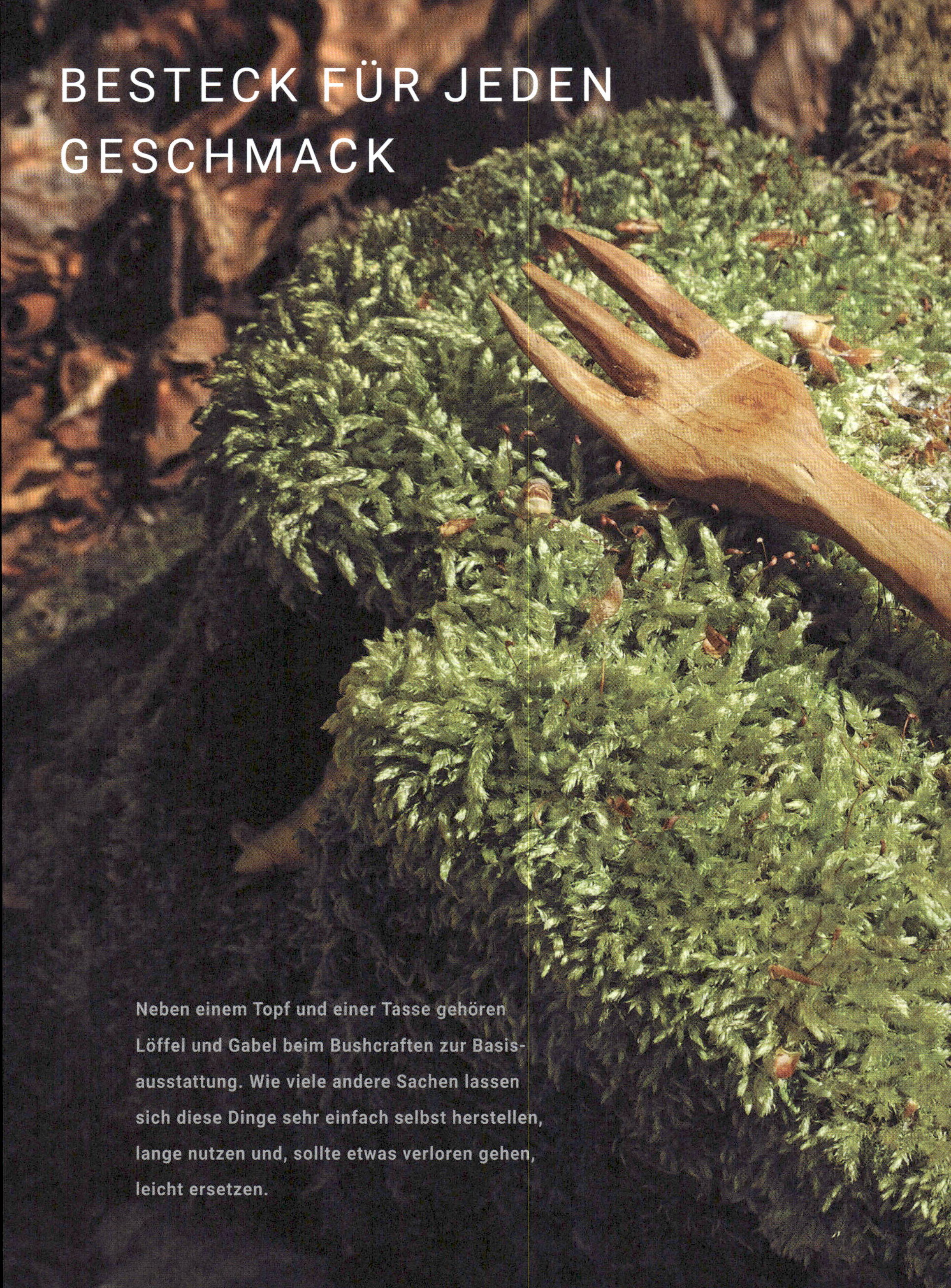

Neben einem Topf und einer Tasse gehören Löffel und Gabel beim Bushcraften zur Basisausstattung. Wie viele andere Sachen lassen sich diese Dinge sehr einfach selbst herstellen, lange nutzen und, sollte etwas verloren gehen, leicht ersetzen.

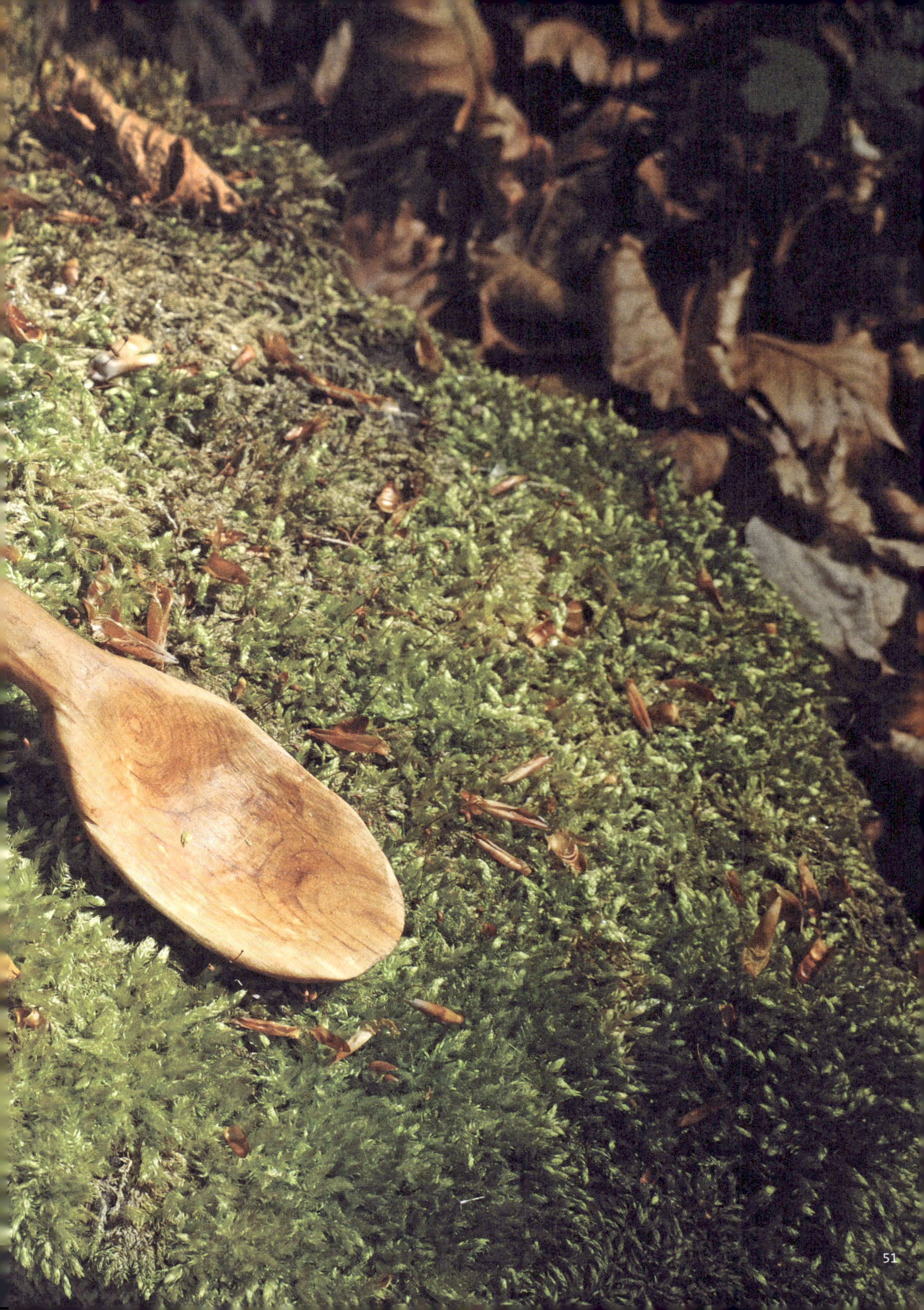

Besteck kann im Prinzip aus fast allen ungiftigen Hölzern hergestellt werden, doch eignen sich manche Hölzer besonders gut. Während beispielsweise viele Nadelhölzer einen starken Harzgeschmack entwickeln und Buchenholz aufgrund seiner Härte schwer zu bearbeiten ist, eignet sich Birken- oder Lindenholz sehr gut.

Fürs Schnitzen von Besteck ist es vor allem am Anfang leichter, frisches Holz zu verwenden, weil es sich noch einfacher bearbeiten lässt, allerdings mit dem Risiko, dass das Holz nach abgeschlossener Trocknung reißt und das gesamte Werk unbrauchbar wird. Dieses Risiko lässt sich verringern, indem vor der Bearbeitung der Markkanal entfernt wird. Dafür werden Äste und Stämme in Hälften und Viertel aufgespalten, bevor man das Holz bearbeitet.

Bei der Auswahl eines Astes für einen Löffel oder eine Gabel gibt es einiges zu beachten. Der Ast sollte ca. 2,5-mal so dick und 1,5-mal so lang wie das geplante fertige Schnitzobjekt sein. Zudem fällt das Schnitzen leichter, wenn man ein Stück mit möglichst wenigen Astauswüchsen auswählt, denn diese sind schwer zu bearbeiten, müssen sogar manchmal ganz ausgeschnitzt werden und führen oft zu kleinen, unerwünschten Rissen, wenn das Werkstück trocknet.

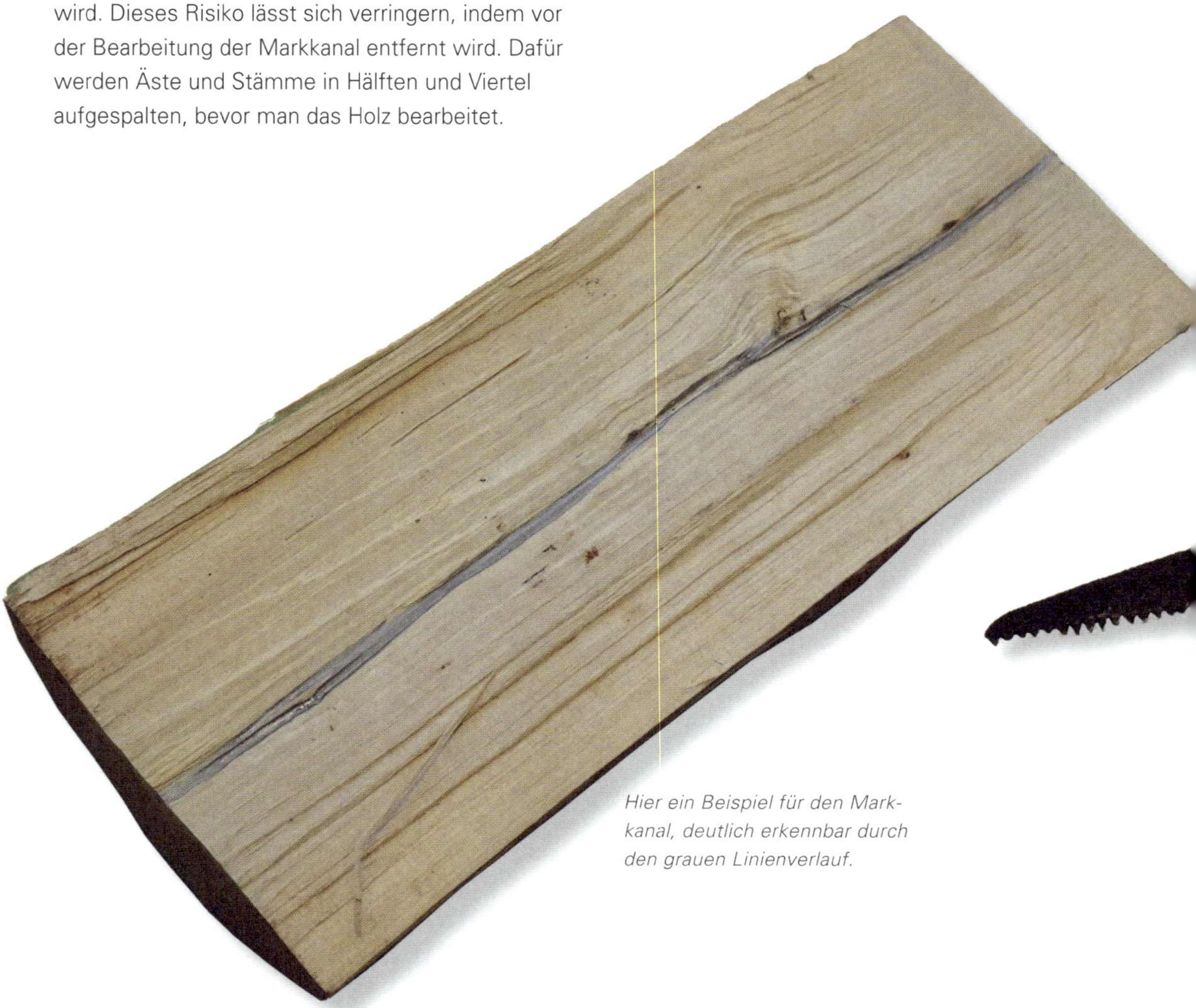

Hier ein Beispiel für den Markkanal, deutlich erkennbar durch den grauen Linienverlauf.

Ist das passende Stück gefunden, sucht man sich einen ebenen Untergrund, auf dem man sicher sitzen und arbeiten kann. Dann spaltet man den Ast auf wie in > ***Handwerkliche Techniken*** gezeigt. Nach Überprüfung beider Hälften wird diejenige ausgewählt, die mehr der späteren Löffel- oder Gabelform entspricht.

Gerade für Ungeübte empfiehlt es sich, die Grundform des Bestecks vorzuzeichnen, das gibt beim Schnitzen insbesondere der runden Formen die nötige Orientierung.

In diesem Kapitel werden unterschiedliche Methoden gezeigt, wie Holzbesteck hergestellt werden kann. Dabei bleibt das Vorgehen an sich zwar immer ähnlich, doch wird die Herstellung durch den Einsatz unterschiedlicher Werkzeuge von Mal zu Mal leichter.

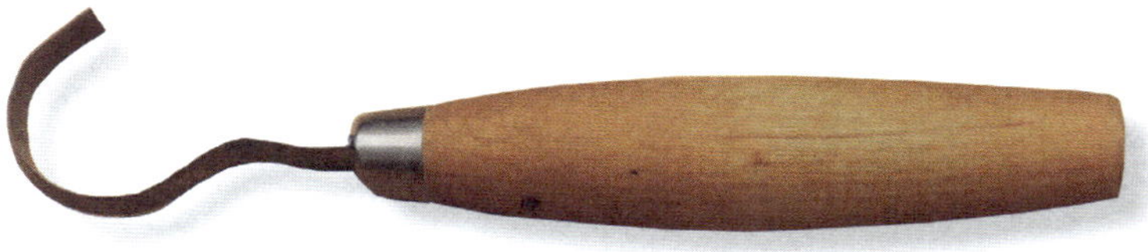

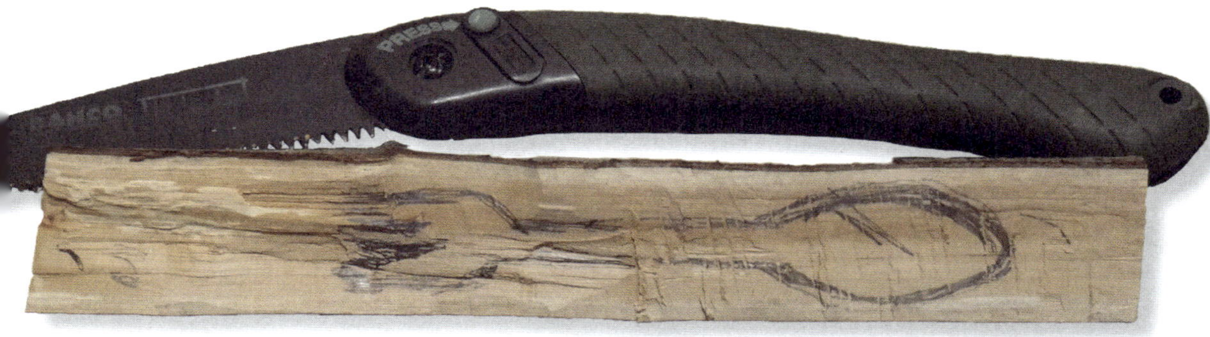

Und hier ein Beispiel für die Vorzeichnung »Göffel«

[1]

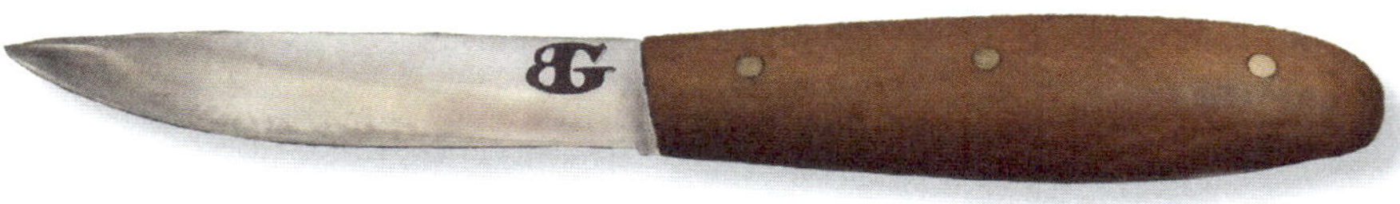

Löffel

Der Löffel ist das wichtigste »Esswerkzeug« in der Bushcraftküche. Um ein schönes, langlebiges Exemplar zu schnitzen, braucht man lediglich ein Messer. Eine kleine Säge erleichtert die Arbeit, muss aber nicht unbedingt verwendet werden. Nach dem Spalten des Astes und dem Aufzeichnen der Löffelform wird zuerst zwischen Stiel und Laffe (Löffelschale) jeweils beidseitig eine Kerbe eingeschnitzt, die als Schnittstopp dient *[1]*.

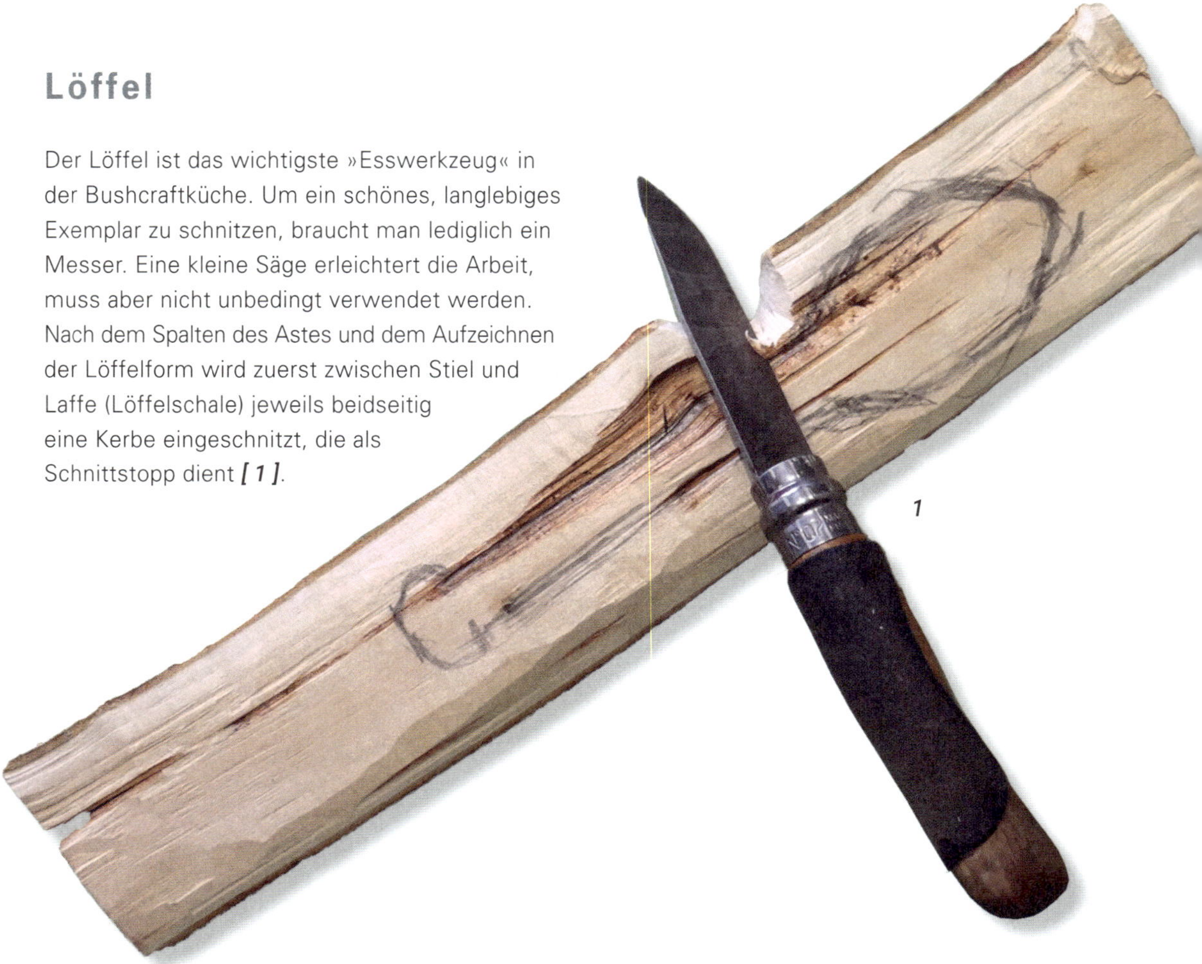

1

Zwei weitere Kerben werden an der Löffelspitze angebracht. Der Abstand zwischen den Kerben sollte 1 cm betragen, um ausreichend Stabilität zu gewährleisten, damit der Löffel beim groben Schnitzen am Anfang nicht brechen kann. Zwei weitere Kerben werden am Stielende angebracht. Bei einem geraden Löffelstiel wird so ein Schnittschutz am Stielende erreicht. Beim hier gezeigten Löffel wird später zudem eine kleine Halterung herausgearbeitet, die verhindert, dass der Löffel in den Topf oder Teller rutschen kann. Deshalb werden hier die Kerben etwas weiter vorne als am eigentlichen Stielende angesetzt *[2]*.

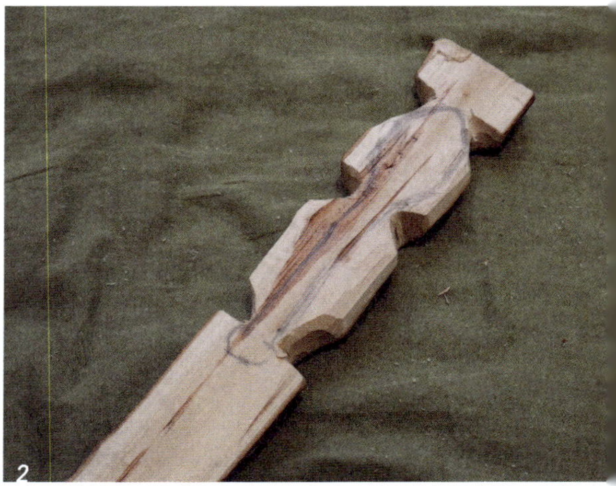

2

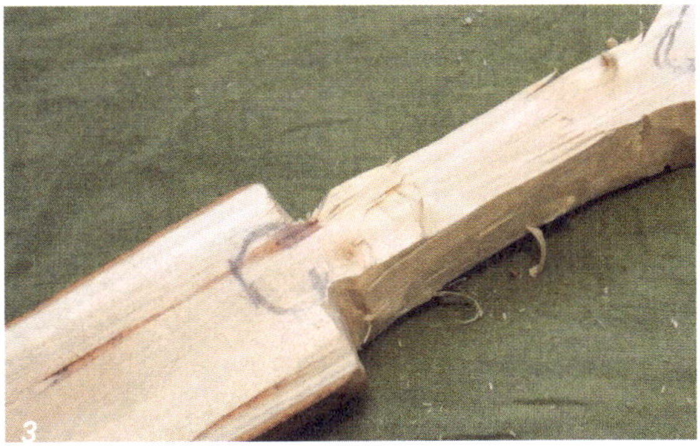

3

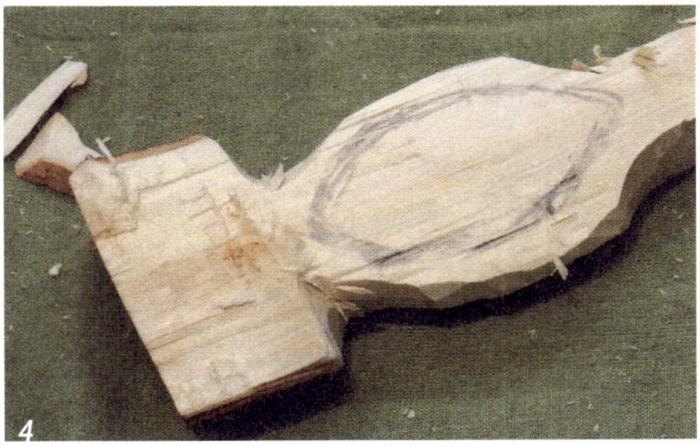

4

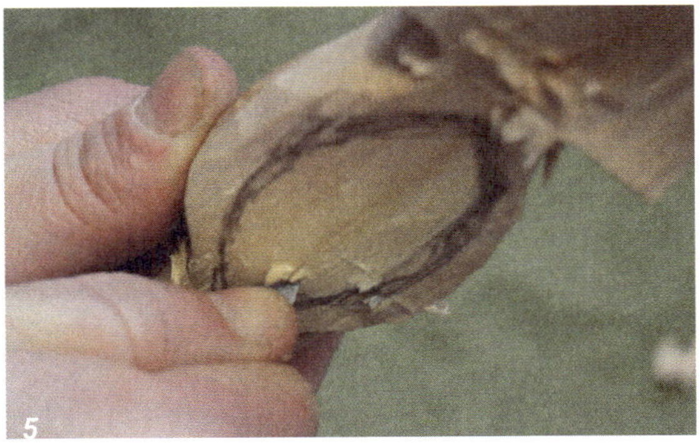

5

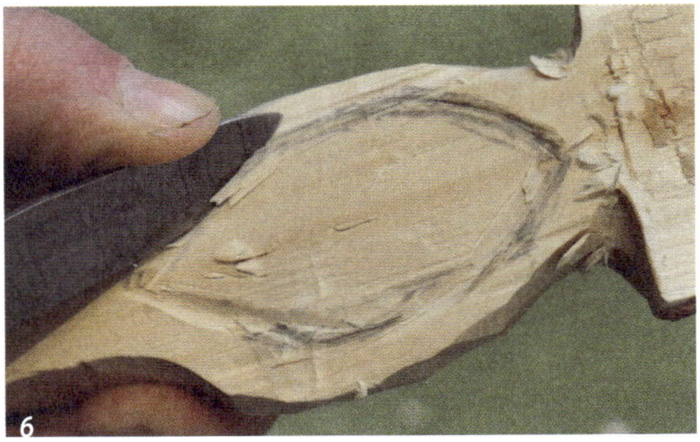

6

Um Verletzungen zu vermeiden, sollten die Schnitzbewegungen immer vom Körper wegführen. Wird hiervon abgewichen und zum Körper hin geschnitzt, empfiehlt es sich immer, Schnittstopper ins Werkstück einzuarbeiten und mit größter Vorsicht und ohne Kraftanwendung zu schnitzen > *Handwerkliche Techniken*.

Beim Löffelschnitzen werden überwiegend schneidende Bewegungen ausgeführt > *Grundschnitztechnik*. Keinesfalls darf man versuchen, die Messerklinge mit Gewalt durchs Holz zu drücken. Dabei sollte man sich nach dem Faserverlauf des Holzes richten, den man daran erkennt, dass sich die Fasern gut ablösen lassen. Brechen dagegen Fasern aus, arbeitet man in entgegengesetzter Richtung weiter, wozu der Löffel dann einfach gedreht wird.

Zuerst wird der Stiel grob in Form geschnitzt. Dafür wird zum Stielende hin gearbeitet und ungefähr so viel Holz abgetragen wie angezeichnet *[3]*.

Hierfür eignet sich der > *Powercut* am besten. Ist der Stiel grob in Form gebracht, wird die Grundform der Laffe geschnitzt. Für die gleichmäßige Ausarbeitung der Rundung wird nur wenig Kraft eingesetzt *[4]*. Dafür wird die > *Daumenschiebtechnik* verwendet, wobei man das Messer mit dem Daumen vorwärts schiebt > *Handwerkliche Techniken*. Nachdem die grobe ovale Form des Löffels herausgearbeitet wurde, wird die Vertiefung der Laffe geschnitzt. Dafür sollte zuerst die Oberseite ganz glatt geschnitzt und die ovale Form erneut angezeichnet werden. Danach wird mit dem > *Kreisschnitt* eine Vertiefung als Ansatzpunkt für das Messer herausgearbeitet *[5]*.

Durch langsames Eindrücken der Klingenspitze entlang des eingezeichneten Ovals wird eine Schnittlinie entlang des Randes definiert *[6]*. Dies ist wichtig, damit später keine Fasern aus dem Werkstück gerissen werden, wenn beim Ausschnitzen der Laffe versehentlich zu viel Kraft eingesetzt wird.

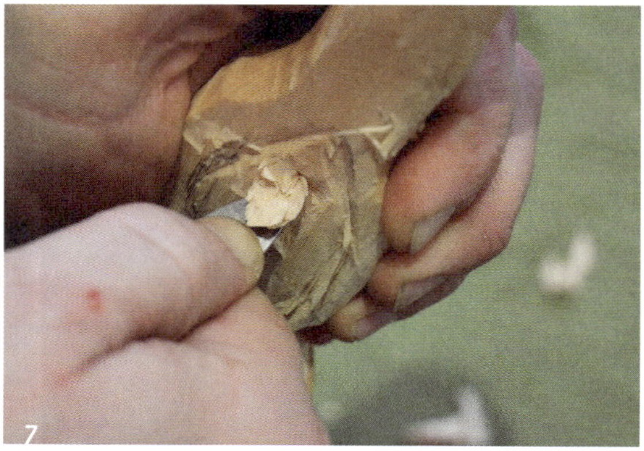

7

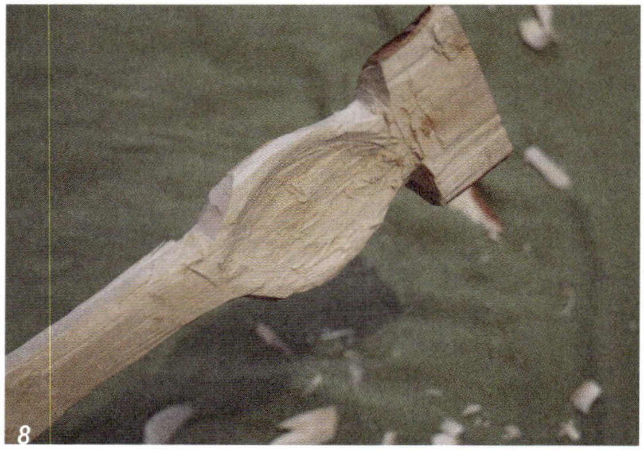

8

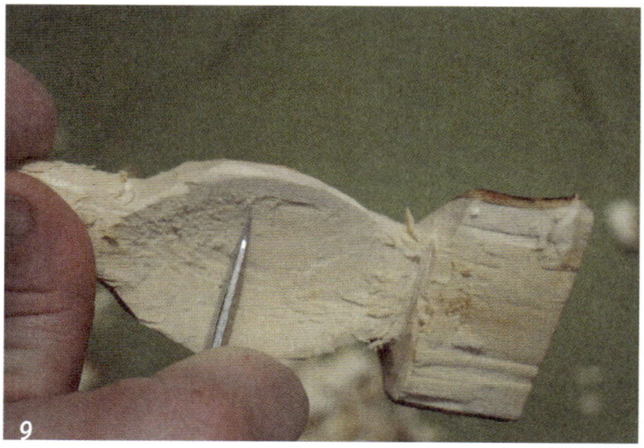

9

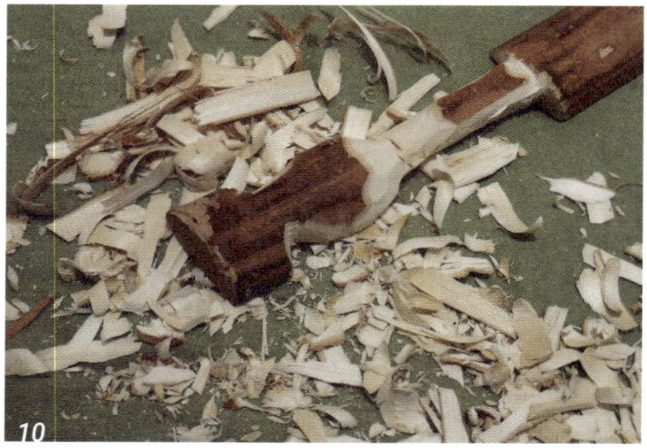

10

Ausgehend von der vorher gemachten Kreisschnittvertiefung werden nun entlang der ovalen Schnittlinie kleine Mengen Holz sehr vorsichtig abgetragen *[7]*. Dadurch entsteht schrittweise eine Vertiefung und sobald diese groß genug ist, kann auch hier mit der Daumenschiebtechnik weitergearbeitet werden *[8]*. Auch hier immer auf den Faserverlauf achten, damit das Holz am Rand nicht ausbricht. Dabei kann es schon mal passieren, dass die Messerspitze im Holz verkantet. Diese muss dann vorsichtig und ohne Druck wieder gelöst werden.

Gerade Ungeübte höhlen die Laffe oft zu stark aus. Um dies zu vermeiden, kann man sich einen normalen Esslöffel vorstellen, der ja auch relativ flach gestaltet ist oder den Löffel einfach ab und zu in den Mund nehmen, um so zu prüfen, ob die Form »passt«.

Hat die Vertiefung die gewünschte Form, wird mit der aufgestellten Klinge über das Holz gehobelt, um so überstehende Fasern aufzurichten und wo nötig abzuschneiden *[9]*.

Nachdem die innere Löffelschale geschnitzt ist, wird die Rückseite der Laffe bearbeitet. Dafür wird zunächst die Löffelmitte durch einen kleinen Einschnitt markiert. Von dort werden in vier Richtungen unterschiedlich starke Wölbungen herausgearbeitet. Zuerst wird die Wölbung zum Stiel hin geschnitzt *[10]*. Sie ist am stärksten ausgeprägt und so sieht man auch gleich, wie dick der Löffel schließlich werden wird. Dann wird auch die Löffelspitze herausgeschnitzt, indem mit der Daumenschiebtechnik rechts und links im Wechsel kleine Mengen

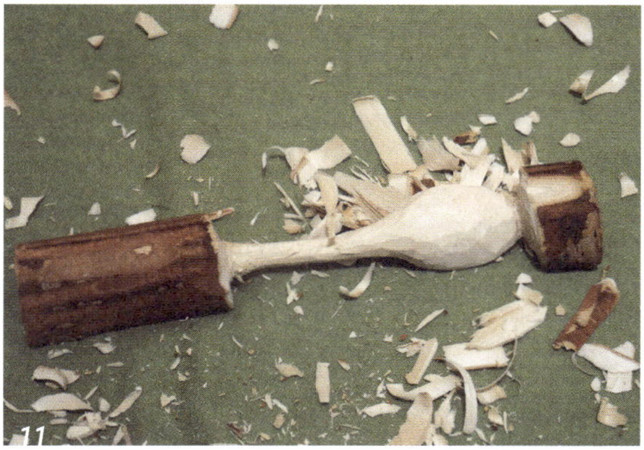

11

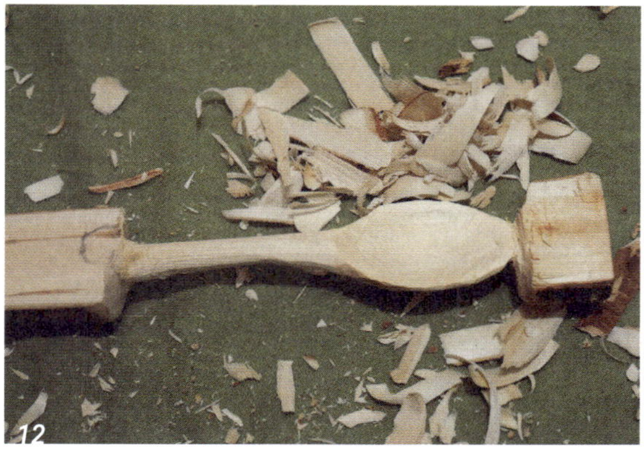

12

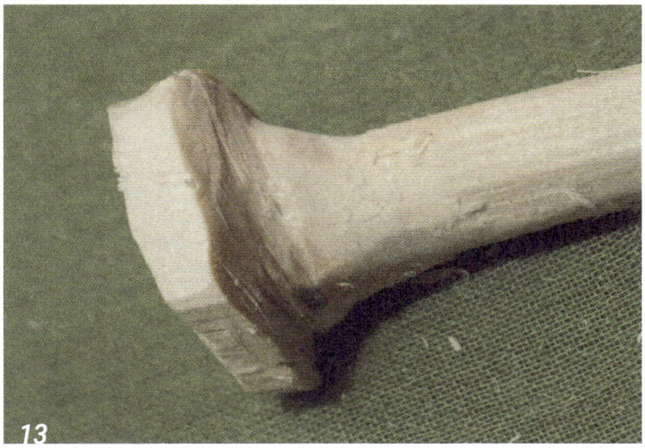

13

Tipp:

Wenn der Lieblingslöffel gelungen ist und man ihn lange behalten möchte, ist es ratsam, den Löffel mit Schleifpapier weiter zu glätten, damit sich weder Schmutz noch Essensreste am Holz festsetzen können.

Holz abgetragen werden. Dabei den Löffel regelmäßig von allen Seiten betrachten, damit die Wölbung gleichmäßig wird und kein Loch entsteht. Erst wenn die Laffe ihre endgültige Form erreicht hat *[11]*, wird der Stiel mit der Daumenschiebtechnik fertig bearbeitet *[12]*.
Ist das Ergebnis zufriedenstellend, werden die Behelfsstücke weggeschnitzt, die das Halten des Werkstücks erleichtert haben und die Schnittstellen werden geglättet. Da bei diesem Löffel noch eine kleine Halterung am Stielende entstehen soll, muss diese beim Abschnitzen mitberücksichtigt werden *[13]*.

Fühlt sich das Holz noch nicht glatt genug an, kann man noch einmal mit der Klinge über das Holz hobeln, damit die letzten Unebenheiten beseitigen und den Löffel damit fertigstellen *[14]*.

14

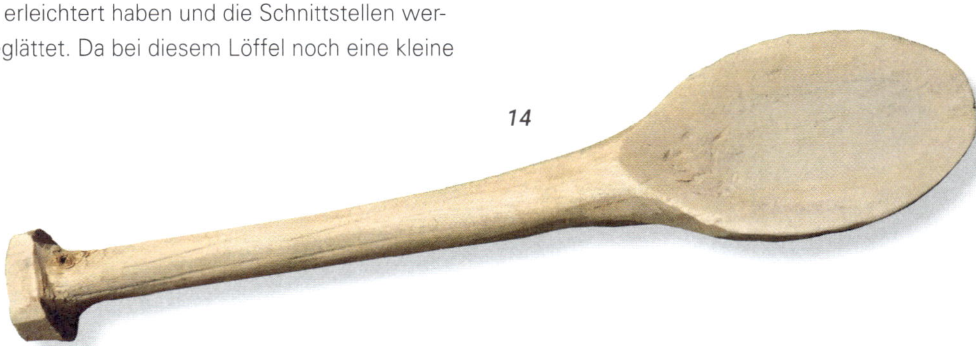

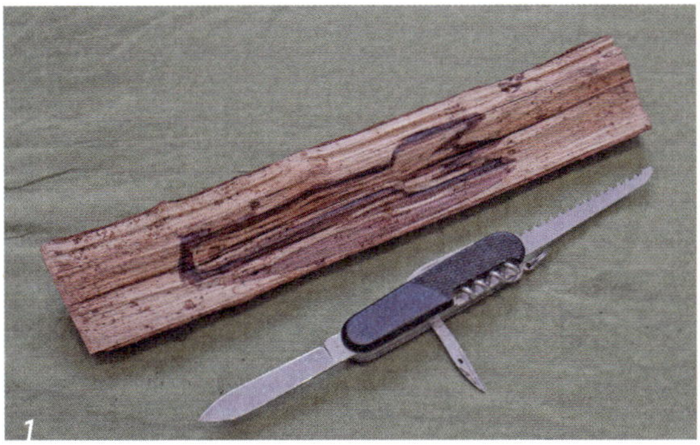

1

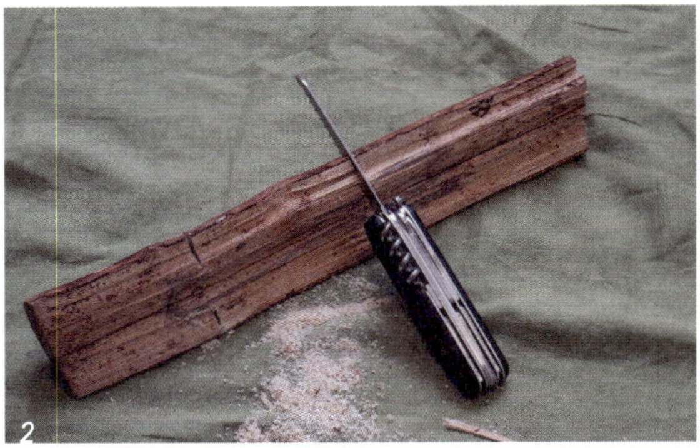

2

Gabel

Wenn man nicht gerade ultraleicht in der Natur unterwegs ist, bietet sich neben dem Löffel als weiteres wichtiges Koch-Tool eine Gabel an. Vor allem in der Campküche hat sie ihren festen Platz, da sie nicht nur zum stilvollen Essen eingesetzt werden kann, sondern auch beim Kochen hilft: zum Wenden des Essens in der Pfanne oder auf dem Grillrost. Darüber hinaus kann man beim Schnitzen einer Gabel viele Techniken üben und weiter verfeinern. Für eine Gabel benötigt man nur ein kleines Taschenmesser, das möglichst noch über eine kleine Säge und eine Ahle verfügen sollte. Als Holz eignet sich auch hier wieder wie beim Löffel gezeigt ein gespaltener Birkenast. Das Ausgangsholz sollte hier auch wieder ca. 1/3 länger sein als das Endprodukt, damit man das Werkstück während dem Schnitzen besser greifen kann.

Das Gabelschnitzen unterscheidet sich vom Löffelschnitzen nur in wenigen Punkten. Auch hier wird die Gabelform zunächst aufs Holz aufgezeichnet *[1]*.

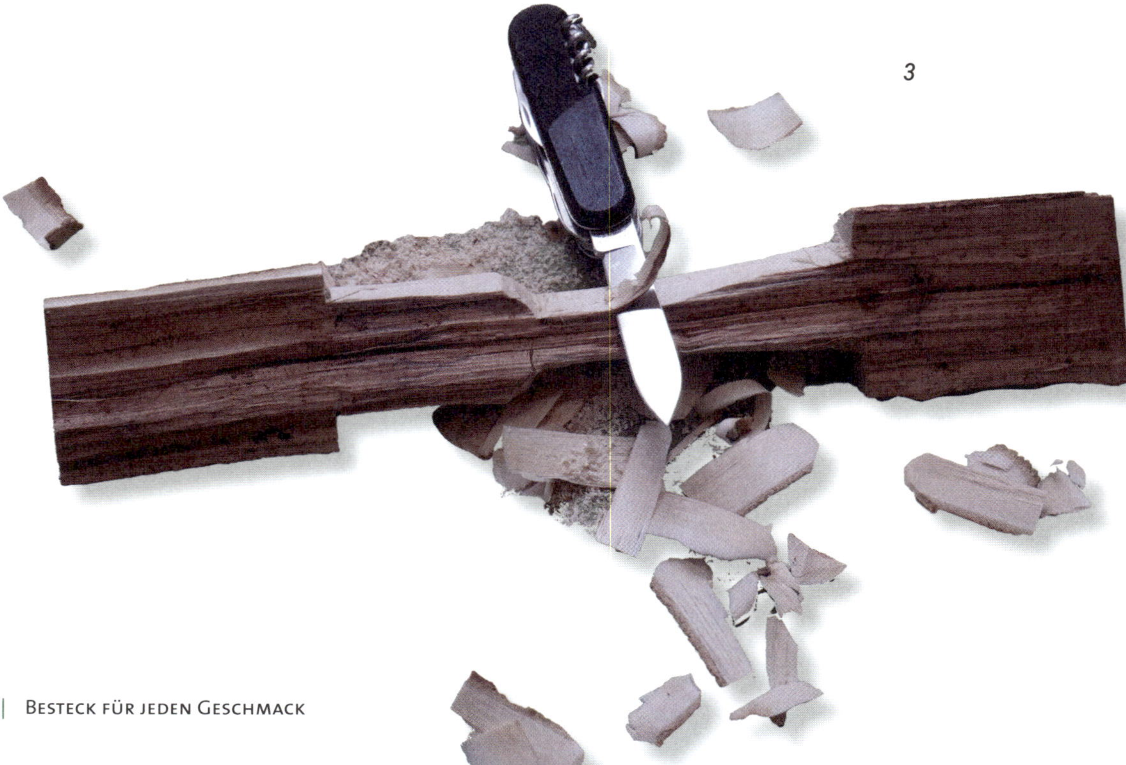

3

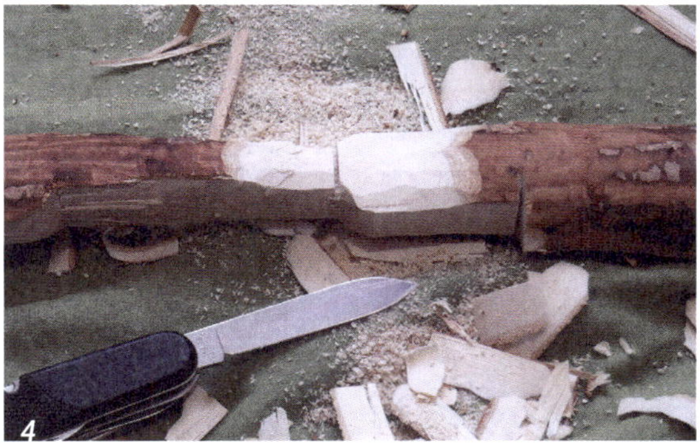

4

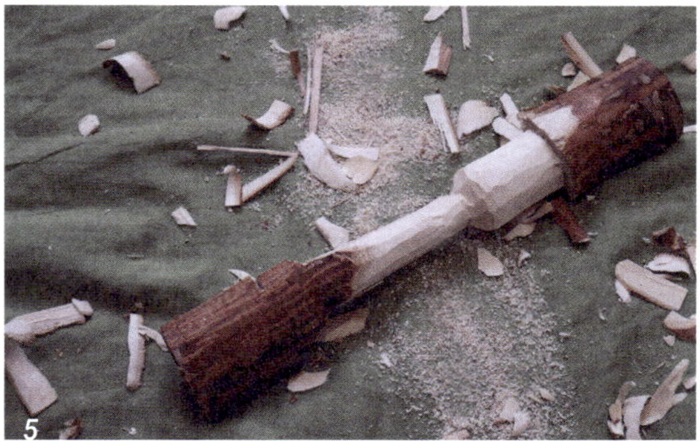

5

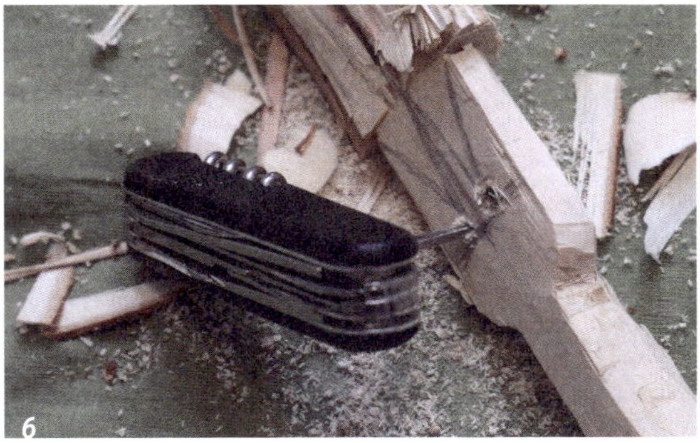

6

Dann wird an beiden Seiten des Übergangs von der Gabelspitze zum Gabelgriff bis zur Zeichnung der Schnitzstopp eingesägt. Genau gleich geht man auch am Gabelende vor, nur dass man hier das zweite Schnitzstopp-Paar ca. 1 cm vor dem eigentlichen Griffabschluss einsägt *[2]*. So gewinnt man ein kleines Endstück, das dann zu einem kleinen Haken geschnitzt werden kann, der später verhindert, dass die Gabel in den Topf oder die Pfanne rutscht.

Als Nächstes wird die Grundform der Gabel herausgeschnitzt. Dafür bietet sich sowohl der > ***Kraftschnitt*** als auch die > ***Grundschnitztechnik*** an, da es jetzt noch darum geht, viel Holz abzutragen. Hier kann noch einmal an beiden Seiten der Gabelspitze, bis zu den äußeren Zinken, eingesägt werden, damit man nicht über die ganze Länge des Astes schnitzen muss wie auf dem Foto zu sehen. Dabei kann die gesamte Grundform der Gabel herausgearbeitet werden. Nur die Rückseite bleibt vorerst noch unberührt *[3]*. Zu diesem Zeitpunkt sollten die beiden »Haltegriffe« am Werkstück noch nicht weggeschnitzt oder -gesägt werden, damit es sich weiterhin gut greifen lässt.
Sobald die grobe Form erreicht ist, geht es an die Rückseite. Hier wird am Übergang zum Gabelstiel wieder ein Schnitzstopp bis zu den später gewünschten Stielkanten eingesägt *[4]*.
Im Anschluss wird die Rückseite der Gabelspitze gefertigt. Dafür schnitzt man die Spitze mit den späteren Gabelzinken Stück für Stück von der Mitte nach außen hin immer flacher. Zunächst mit der > ***Grundschnitztechnik***, später dann nur noch mit der > ***Daumenschiebtechnik***, um nicht zu viel Holz abzutragen *[5]*.

Man schnitzt also eine flache Gabelform heraus, lässt aber noch etwas mehr Holz übrig, um die Zinken besser herausarbeiten zu können.

Nun zeichnet man die Gabelzinken nochmals an, deren seitliche Linien am inneren Zinkenende zusammentreffen sollten. An diesen Punkten werden dann vorsichtig mit der Ahle Löcher ins Holz gebohrt *[6]*. Diese Bohrlöcher entlasten die Holzspannung und das Risiko sinkt, dass die Gabel beim Zinkenschnitzen gespalten wird. Nun wird der vordere Haltegriff der Gabel abgesägt.

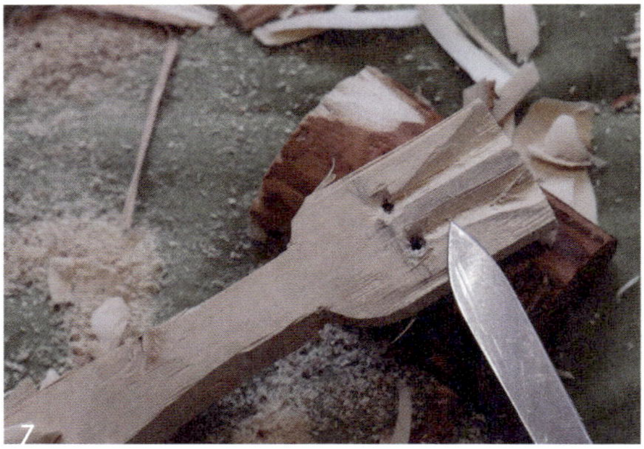
7

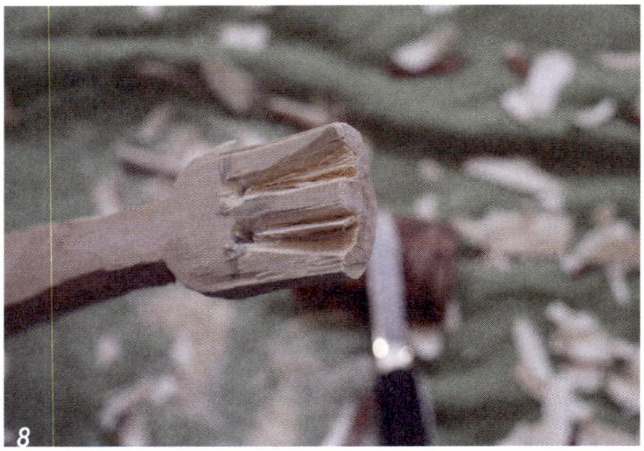
8

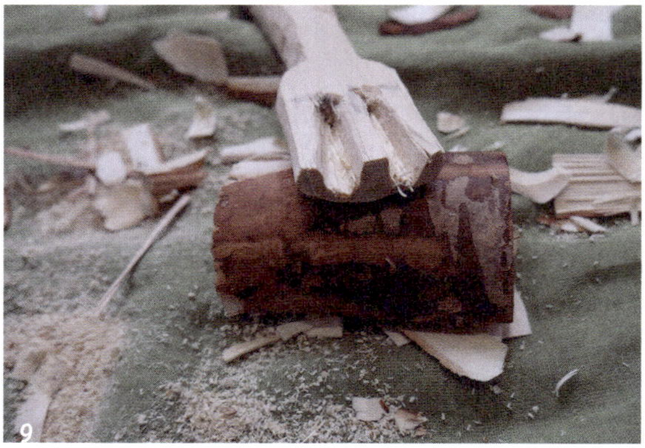
9

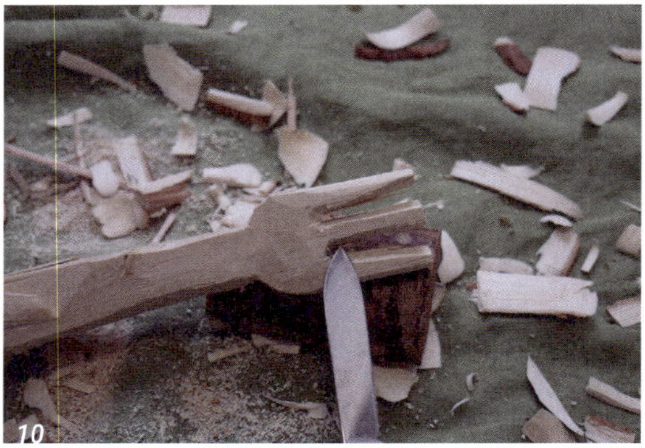
10

Die Zinken werden dann nur mit der Messerspitze und ganz wenig Druck ausgeschnitzt. Dabei wird immer vom Bohrloch ausgehend v-Förmig entlang der angezeichneten Linie eingeschnitten *[7]*.

So arbeitet man sich nun Schicht für Schicht durchs Holz nach vorne zu den Zinkenenden durch *[8]*. Dabei ist es vor allem am Anfang nicht ratsam, auch von der Rückseite her ins Holz arbeiten, da es gerade für AnfängerInnen schwierig abzuschätzen ist, wie viele der Fasern entfernt werden können, um ein gutes Ergebnis zu erzielen. Zudem ist es bei den ersten Versuchen leichter, wenn keine gerade geformten Zinken geplant werden. Gleichmäßigkeit und Parallelität sind für Ungeübte sehr schwer zu erreichen, was schnell zu Frust führen kann *[9]*.
Ist man an der Vorderseite »durchgebrochen«, können die Zinken von allen Seiten her bearbeitet und in die Form gebracht werden, die man erzielen möchte. Dabei wird ohne Ausnahme die *> Daumenschiebtechnik* eingesetzt. Es darf kein Druck aufgebaut werden, da man sonst die Zinken zu tief einschneidet und das Holz brechen kann *[10]*. Hier wird es manchmal notwendig, zum Körper hin zu arbeiten. Da aber nur mit der Spitze des Messers gearbeitet wird, kann man das Werkstück weit vom Körper weghalten, sodass keine Berührung beispielsweise mit dem Brustkorb möglich ist. Haben die Zinken die gewünschte Form erreicht, wird nun auch die Rückseite der Gabelspitze voll ausgeformt. Dabei sollte eine glatte runde Form entstehen, die sich beim Essen gut anfühlt *[11]*. Dies lässt sich am einfachsten dadurch überprüfen, dass man die Gabel immer mal wieder in den Mund nimmt.

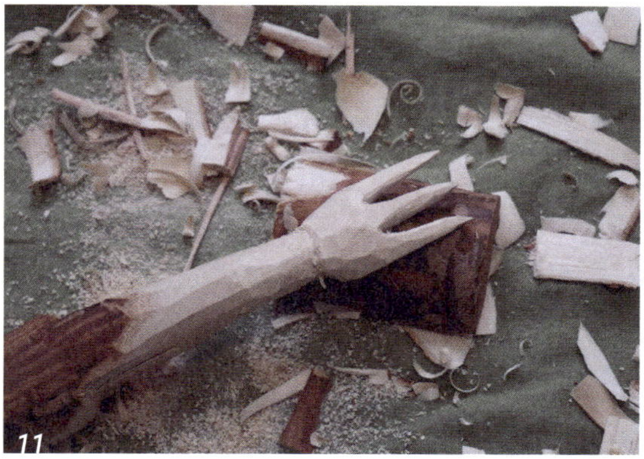

11

Tipp:

Man kann das gleiche Schleifpapier mitnehmen, das auch für Schwingschleifer verwendet wird. Es lässt sich für den Transport gut einrollen und kann sehr gut gefaltet werden, sodass man auch die Zinkenzwischenräume problemlos schleifen kann.

Ist man mit der Spitze zufrieden, kann die gesamte Gabel inklusive Stiel in die gewünschte Form gebracht werden. Da die Spitze keinen Haltegriff mehr hat, wird es notwendig, zum Körper hin zu schnitzen > ***Arbeiten mit dem Messer***. Jedoch schützt der zu Beginn eingesägte Schnittstopp auch hier noch zusätzlich vor Verletzungen.

Schließlich wird noch das Haltestück am Stielende auf die richtige Länge abgesägt, so dass nur noch ein kleines, unbehandeltes Stück Holz am Löffelende übrigbleibt, aus dem nun wie beim Löffel ein kleiner »Haken« geschnitzt wird, mit dem man die Gabel an den Geschirrrand hängen kann ***[12]***. Abschließend werden noch die überstehenden Fasern abgeschnitten, indem man wieder mit dem aufgestellten Messer über das Holz hobelt, damit auch kleinere Holzreste entfernt werden.
Sobald man damit fertig ist, sollte man die Gabel gleich einmal an einer Wurst oder einem Steak ausprobieren. Auch hier ist es natürlich möglich, das Werkstück noch zu schleifen und zu ölen. Unbedingt notwendig ist das allerdings nicht, da das Holz durch fetthaltige Speisen in der Regel genug geölt wird.

Die wenigsten werden vermutlich ein ganzes Besteckset im Rucksack mit sich herumtragen, auch wenn eine Gabel das Kochen gerade am offenen Feuer sehr erleichtert. Darum soll im nächsten Abschnitt gezeigt werden, wie sich Löffel und Gabel sehr einfach kombinieren lassen.

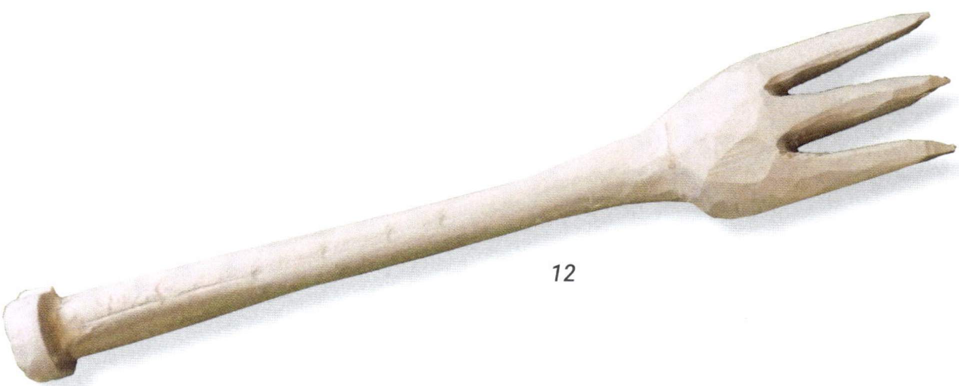

12

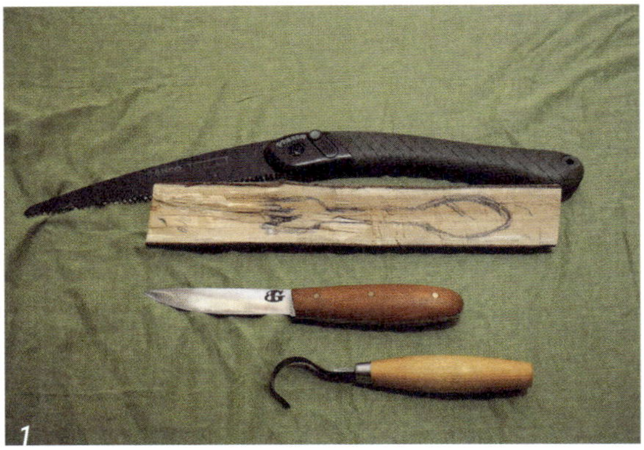

1

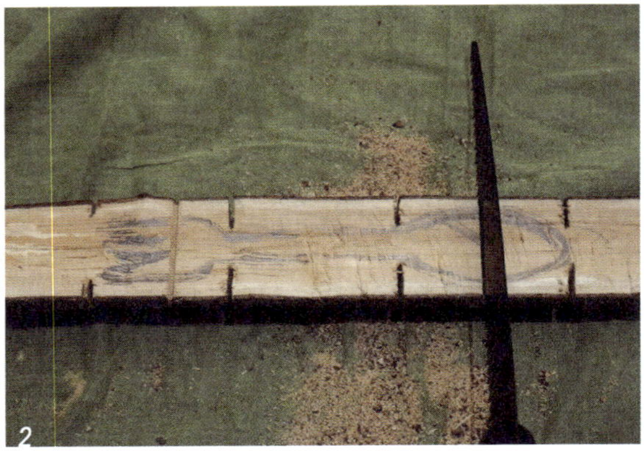

2

Göffel

Der Göffel ist das Multifunktionswerkzeug unter den Essbestecken. Er verbindet die Eigenschaften von Löffel und Gabel und lässt sich zudem gut dafür nutzen, um z. B. heiße Töpfe vom Feuer zu nehmen. Um all dies zu können, sollte ein Göffel nicht nur gut und stabil geschnitzt, sondern auch das passende Ausgangsmaterial mit viel Sorgfalt ausgesucht werden.

Hier wurde ein sehr trockenes Stück Haselholz ausgewählt. Haselholz wird nach dem Trocknen sehr hart und widerstandsfähig. Bei der Verarbeitung solch harter Hölzer lohnt es sich, neben einem gut nachschleifbaren Messer auch noch eine stabile Säge und ein Löffelmesser einzusetzen. Dies macht die Arbeit mit dem harten und widerstandsfähigen Holz wesentlich angenehmer und kraftsparender. Für die Bearbeitung von getrocknetem Hartholz benötigt man deutlich mehr Zeit als für Weich- oder Frischholz. Jedoch reißen die Werkstücke nach der Bearbeitung deutlich seltener als bei Frischholz! Hier ist es dann auch lohnenswerter, das Holz nach dem eigentlichen Schnitzen noch weiter zu behandeln, weil dieses Unikat seine Besitzer viele Jahre begleiten kann. Grundsätzlich unterscheidet sich der Bearbeitungsablauf beim Göffelschnitzen nicht sehr vom Schnitzen einer Gabel oder eines Löffels. Doch wird es durch ein paar kleine Kniffe möglich, sich hier ein Essbesteck zu schnitzen, das sehr individuell aussieht und mit dem man angenehm essen kann. Beim Göffel sollen deshalb die Erfahrungen der vorangegangenen Besteckprojekte zusammenfließen und erweitert werden.

Wie bei allen Projekten wird das Holz fürs Werkstück ein gutes Stück länger gewählt als das spätere Endprodukt. Zunächst wird die Göffelform aufs Holz gezeichnet ***[1]***. Dabei sollte man bedenken, dass die Fläche der Gabel- bzw. Löffelseite später auch die Stiellänge mitbestimmt, da man beim Essen ja entweder die Löffelfläche (Laffe) oder die Zinken greift. Gerade für den Rucksack ist es sinnvoll, den Göffel nicht zu lang zu machen. Man kann sich dabei z. B. an der Höhe seines Topfes orientieren, da viele BushcrafterInnen ihr Kochequipment ja bevorzugt im Topf transportieren.

Sind Form und Größe klar, werden wie bei allen Projekten zuerst die Schnittstopps seitlich eingesägt. In diesem Fall jeweils an beiden Seiten der Übergänge vom Löffelkopf zum Stiel sowie vom Gabelkopf zum Stiel. Hier kann jedes Mal bis zur Zeichnung eingesägt werden. Zudem werden am Löffel- und Gabelende jeweils von beiden Seiten her Einschnitte gesägt, damit auf beiden Seiten Haltegriffe erhalten bleiben. Der Raum zwischen den Schnitten sollte dabei noch mindestens 1 cm breit sein, damit die Greifhilfe stabil genug bleibt.

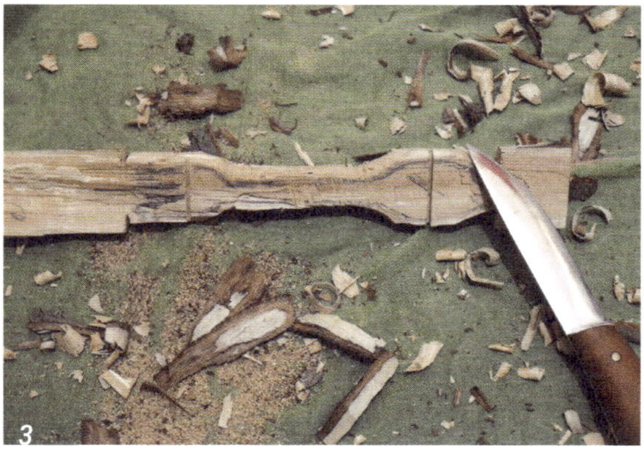

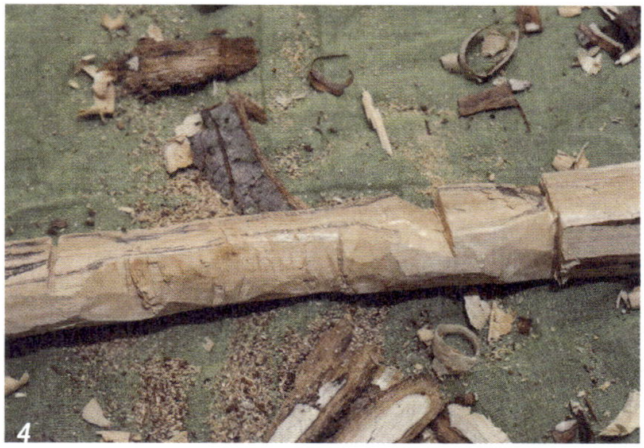

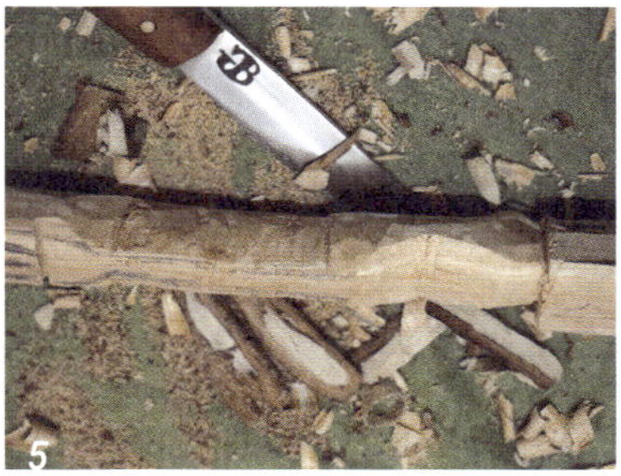

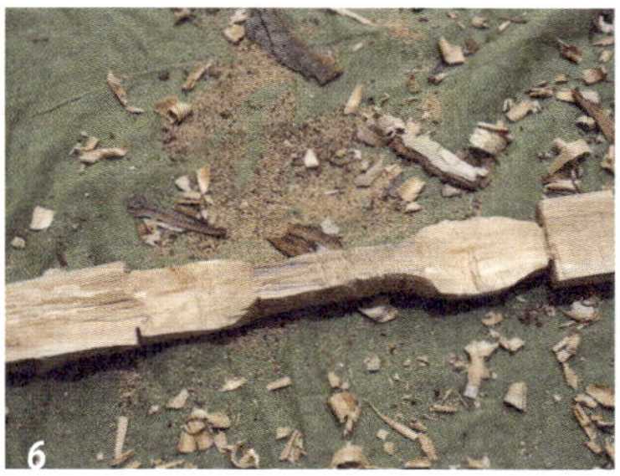

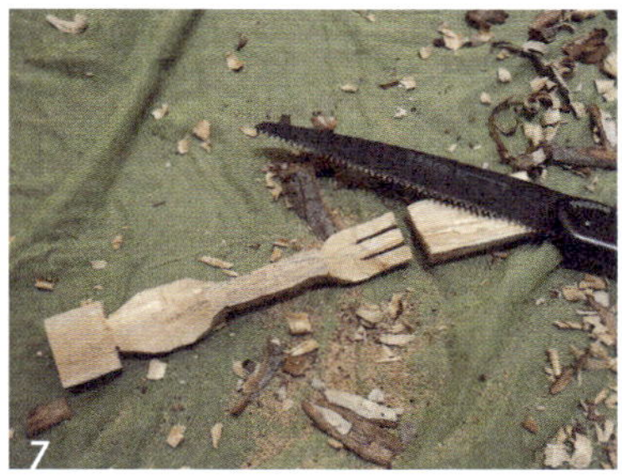

Zuletzt sägt man im hinteren Drittel der Gabelfäche etwa 2–3 mm tief ein und wiederholt dies auch auf der Laffe, siehe Foto *[2]*.
Nach dem Einsägen wird nun wieder die grobe Form des Göffels herausgearbeitet. Dabei ist wichtig, dass sowohl die Vorder- als auch die Rückseite vorerst noch unbearbeitet bleiben. Wie immer, wenn viel Holz abgetragen werden soll, werden > ***Kraftschnitt*** und > ***Grundschnitt*** eingesetzt *[3]*. Da das Arbeiten mit Hartholz kräftezehrend ist, sollte man hier regelmäßig Pausen einlegen und die Finger entspannen.
Ist die grobe Form fertig, an der man sich orientieren kann, widmet man sich nun zuerst der Löffelfläche. Hier wird nun vom hinteren Teil der Laffe in Richtung des Sägeschnittes geschnitzt. Dafür bietet sich die > ***Daumenschiebtechnik*** an, da man mit ihr sehr kontrolliert und mit viel Druck arbeiten kann. So entsteht eine leicht steile Kerbe *[4]*.

Nun wird das Gleiche von der Löffelspitze aus wiederholt. Dabei schnitzt man nur flacher als zuvor, so dass die Löffelspitze später unterhalb des Griffes liegt. *[5]* Diese Form ermöglicht ein besseres »Essgefühl« und orientiert sich an einem Standard-Esslöffel aus der Besteckschublade. Die Arbeitsschritte werden dann auch für die Gabelfläche wiederholt, da Löffel und Gabel zum Schluss annähernd die gleiche Grundform haben sollen *[6]*.
Sind die Formen zufriedenstellend, können die einzelnen Segmente ausgearbeitet werden. Zunächst wird der Haltegriff der Gabelspitze abgesägt. Daraufhin werden zwei parallele Einschnitte von der »Gabelschulter« zum Gabelgriff gesägt. So schafft man sich einen guten Ansatzpunkt für sein Messer, um die Gabelzinken auszuarbeiten *[7]*.
Zu diesem Zeitpunkt beginnt man auch damit, immer wieder den Umriss des Göffels nachzubearbeiten,

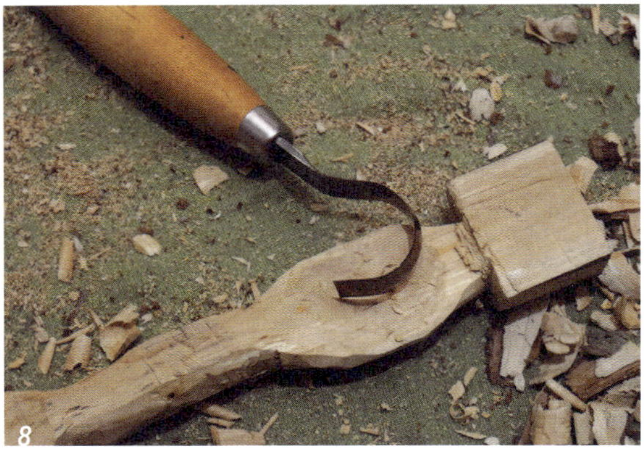

8

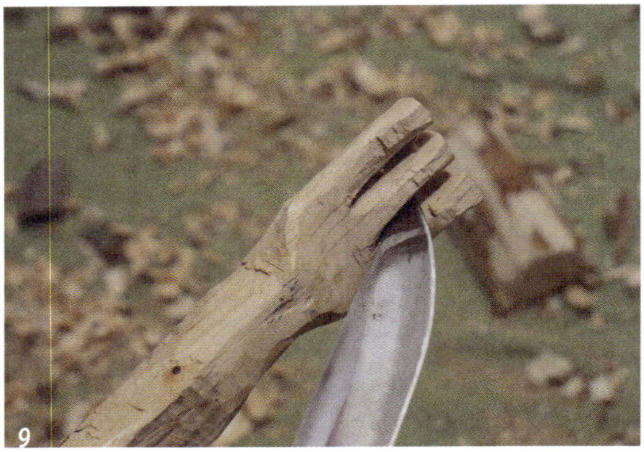

9

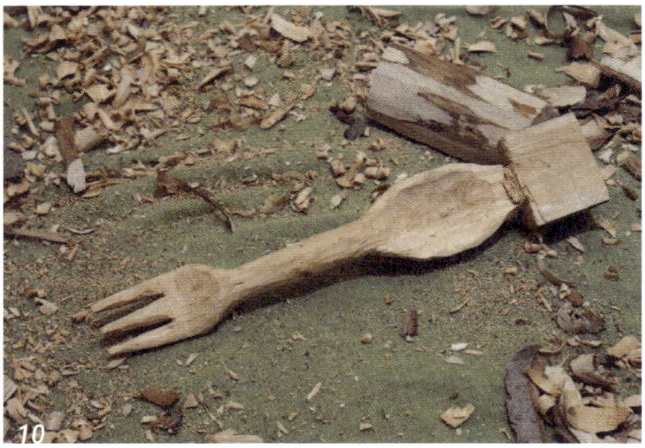

10

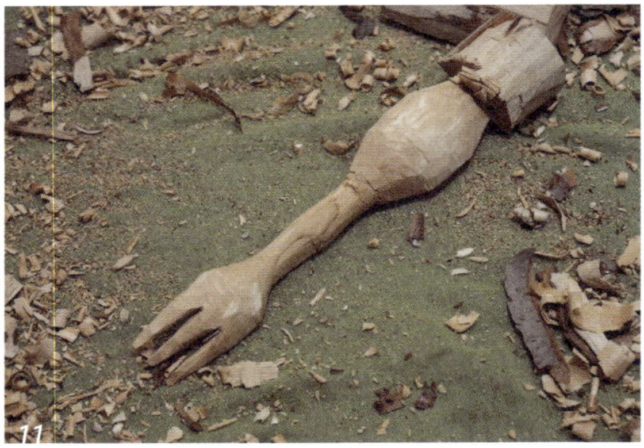

11

um ein Gefühl dafür zu entwickeln, wie viel Holz man an der Gabel noch abtragen kann, ohne das »Gleichgewicht« zwischen Laffe und Gabelspitze zu gefährden.

Die Reihenfolge der nun folgenden Arbeitsschritte ist nicht zwingend. Hier wurde zuerst ein Teil der Laffe herausgearbeitet. Mit einem Löffelmesser ist es relativ einfach, die Löffelkuhle zu schnitzen. Mit dem > ***Drehschnitt*** werden die Fasern Schicht für Schicht abgetragen ***[8]***. Dabei ist es wichtig, etwas auf den Rand zu achten, wo nur leicht gedrückt werden darf, da sonst Fasern herausbrechen können. Außerdem sollte bei diesem Arbeitsschritt der Göffel immer am Griff gefasst werden. Keinesfalls die Laffe in die Handfläche legen, um sie zu bearbeiten, sonst besteht ein hohes Verletzungsrisiko! Es ist ratsam, vor allem am Anfang erst einmal zur Laffen-Mitte hin zu arbeiten, zum einen hat man so mehr Kontrolle über die Klinge und zum andern ist so das Risiko geringer, dass größere Holzspäne aus dem Löffel brechen. Ist eine passende Wölbung herausgearbeitet und passt der Löffel gut in den Mund, kann man sich der Gabelseite zuwenden. Man beginnt damit, die Gabelzinken herauszuschnitzen. Dabei geht man wie beim Gabelprojekt bereits gezeigt vor. Hier wird wieder nur mit der > ***Daumenschiebtechnik*** und wenig Druck gearbeitet und immer nur den Sägeschnitten folgend ins Holz geschnitten ***[9]***. Die Gabelzinken sollten nicht zu dünn geschnitzt werden, da Holzzinken wesentlich schneller brechen als wir das von Metallgabeln gewohnt sind. Zudem werden die letzten Feinheiten der Zinken erst herausgearbeitet, nachdem auch die Rückseite bearbeitet worden ist.

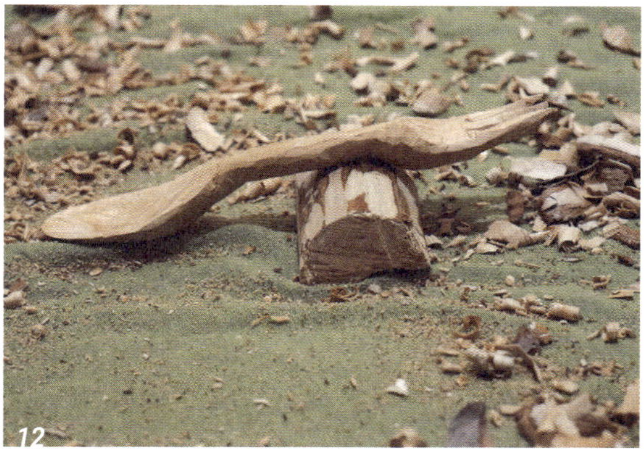

12

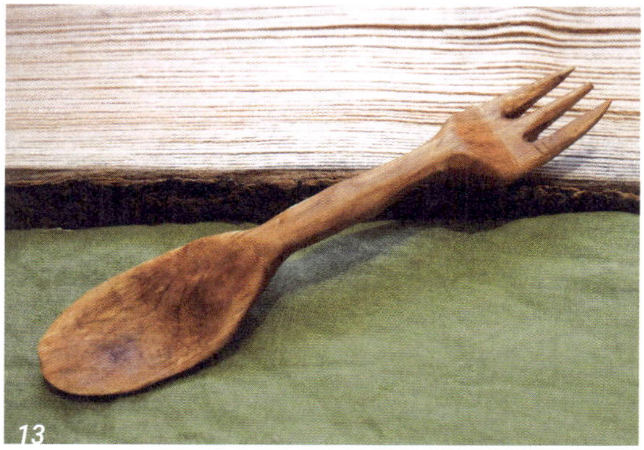

13

Sind sowohl Laffen- als auch die Zinkenseite grob herausgearbeitet, wird der Stiel ***[10]*** in die Form gebracht, die man haben möchte. Hierfür wird die *> **Grundschnitztechnik*** benötigt und es kann aber auch wieder *> **zum Körper hin*** geschnitzt werden.

Ist die Vorderseite des Göffels bearbeitet, geht es an die Rückseite. Hier wird sowohl der Zinkenseite als auch der Laffenseite eine halbrunde Form gegeben, das heißt, beide Seiten erhalten einen leichten Schwung nach oben, ähnlich den Gabeln und Löffeln im Besteckkasten. Bei der Laffe muss – wie beim Löffelschnitzen schon gezeigt – vom höchsten Punkt aus geschnitzt werden. Von hier aus wird das Holz immer Richtung Rand abgetragen, so lange bis der Löffel die gewünschte leicht rundliche Form hat ***[11]***. Bei der Zinkenseite wird nur vom höchsten Punkt in Richtung Zinkenspitzen und in Richtung Griff abgetragen, wobei man eine »gleichmäßigere« Fläche erreichen möchte.

Ist man mit dem Ergebnis zufrieden, wird der Haltegriff an der Löffelspitze abgesägt und der Göffel in die gewünschte Endform geschnitzt. Beim vorliegenden Modell wurde die Griffform so gewählt, dass man damit, dreht man ihn um, auch Töpfe vom Feuer nehmen kann. Sowohl Zinken als auch Laffe bilden dann eine Art »Haken«, die verhindern, dass der Topf vom Göffel rutscht ***[12]***.

Schließlich kann mit den Feinarbeiten begonnen werden. Dafür wird der Göffel zuerst mit einem 80er-Schleifpapier in Form geschliffen und dann werden mit einem 120er-Schleifpapier überstehende Fasern entfernt und das Holz geglättet. Die so entstandene glatte Oberfläche wird mit etwas Leinöl vollständig eingerieben. So wird der Göffel wasserabweisend und die Struktur des Holzes kommt richtig zur Geltung ***[13]***.

Tipp:

Holzbesteck sollte man nur in den seltensten Fällen mit Wasser und Seife waschen, da man sonst die natürlichen Fette, die durch das Essen oder durch das Ölen in das Holz eingebracht wurden, herausgespült werden und das Holz spröde wird oder auch reißt. Meist reicht es aus, den Göffel etc. an einem Tuch sauber zu wischen oder mit klarem Wasser abzureiben. Soll das Holzbesteck trotzdem einmal mit Seifenwasser richtig gespült werden, muss es im Anschluss wieder geölt werden. Zum Ölen eignen sich nicht alle Speiseöle. Olivenöl kann z. B. schnell ranzig werden. Wohingegen Rapsöl, das man oft als Bratöl dabeihat, genauso gut wie Leinöl funktioniert, allerdings keinen Nachdunkelungseffekt besitzt und die Struktur nicht so schön zur Geltung bringt. Ölen und Schleifen lassen sich auch auf viele andere Projekte übertragen.

Viele der gezeigten Techniken in diesem Kapitel Besteckschnitzen lassen sich auch beim Schnitzen anderer Küchenutensilien anwenden, wie in den folgenden Kapiteln zu sehen sein wird.

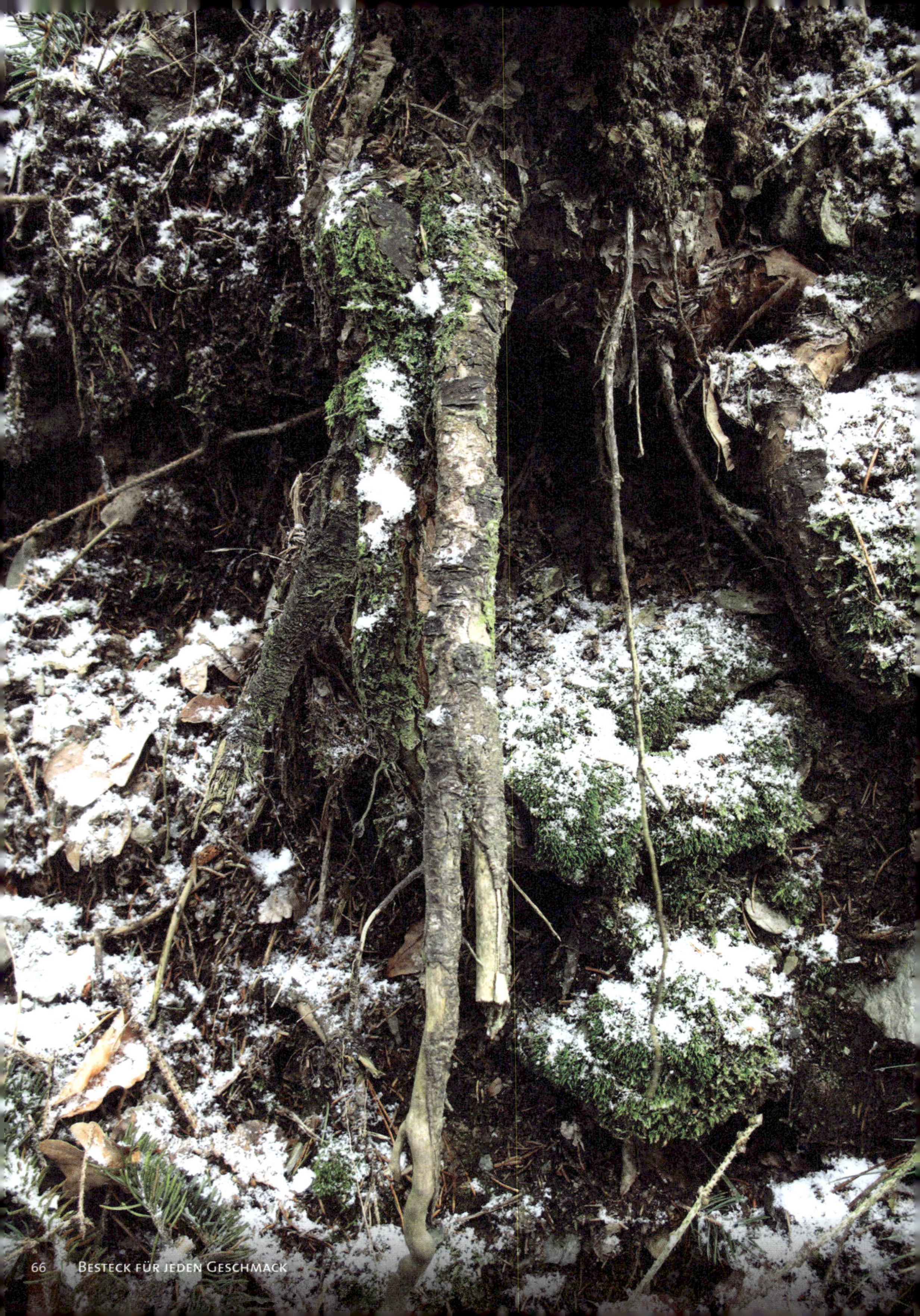

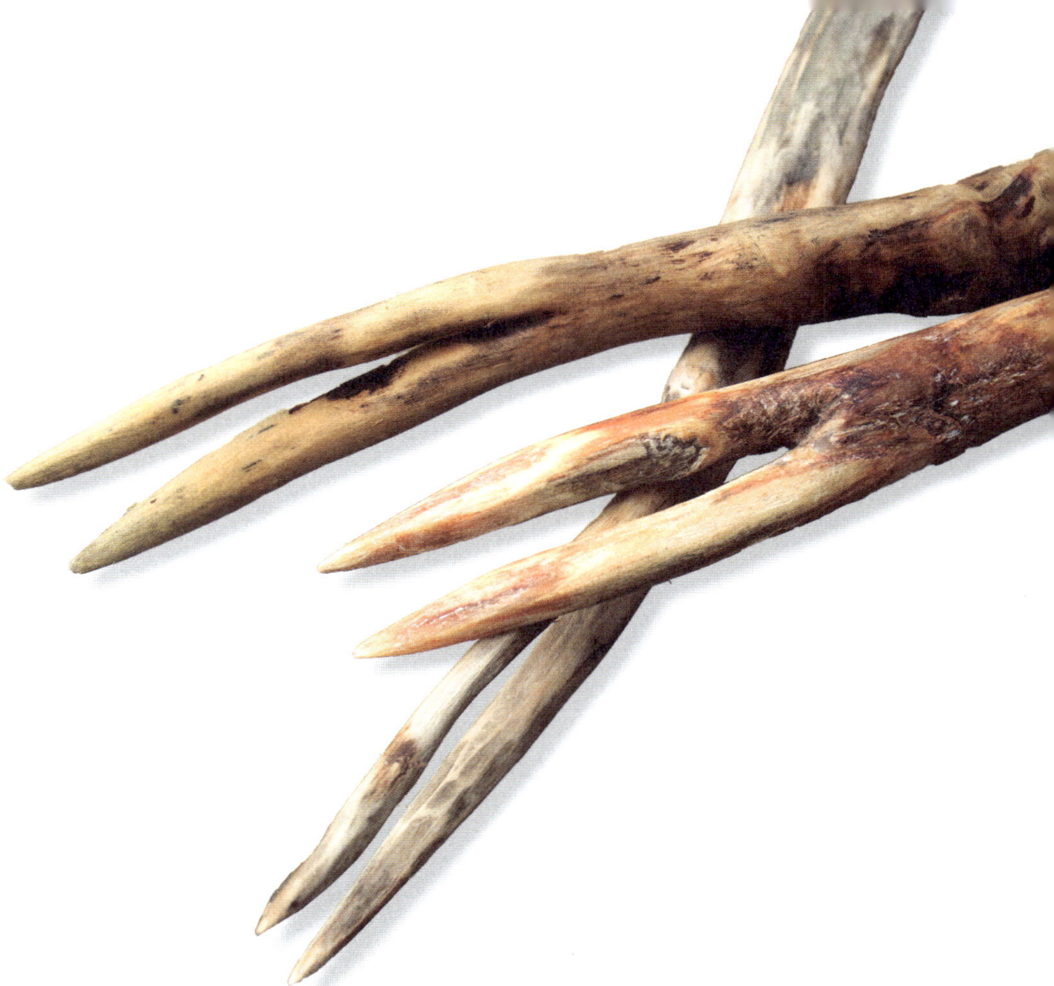

Wurzelgabel

Baumwurzeln sind formschön. Durch ihren besonderen Wuchs prägt sich eine Maserung aus, die in der oberirdischen Natur kaum zu finden ist.

Fichte Kiefer

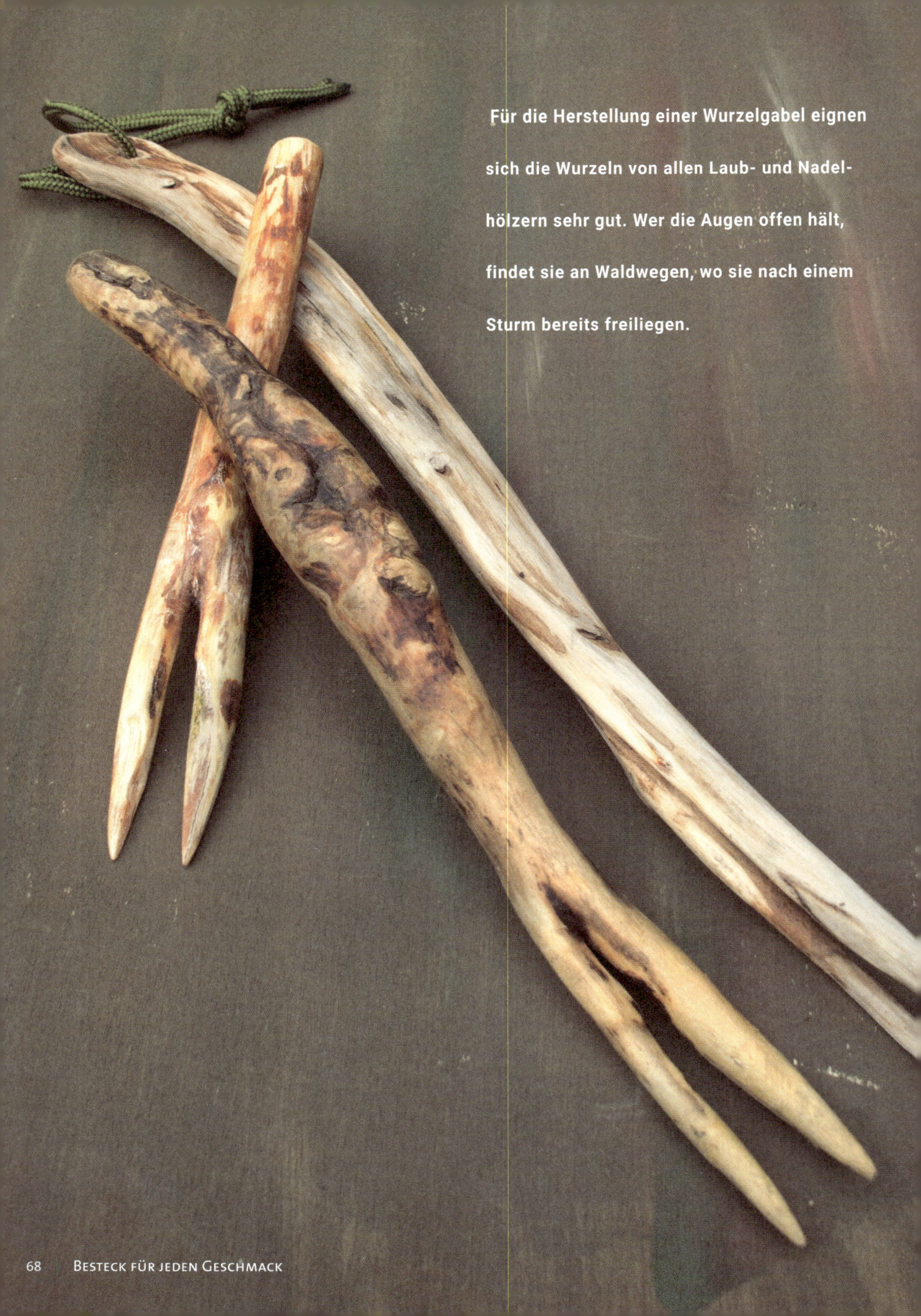

Für die Herstellung einer Wurzelgabel eignen sich die Wurzeln von allen Laub- und Nadelhölzern sehr gut. Wer die Augen offen hält, findet sie an Waldwegen, wo sie nach einem Sturm bereits freiliegen.

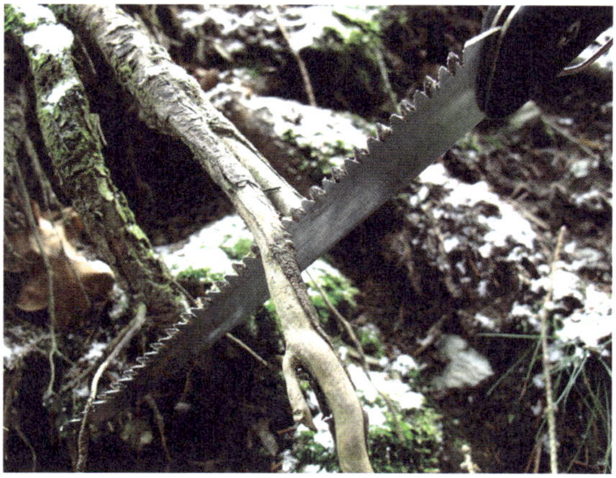

Die Wurzeln sollten abgestorben und trocken sein. Frische Wurzeln eignen sich nur, wenn man sie nach dem Schnitzen trocknen lässt. Frische Wurzeln sind zu elastisch, erst im trockenen Zustand werden sie fest und damit nutzbar.

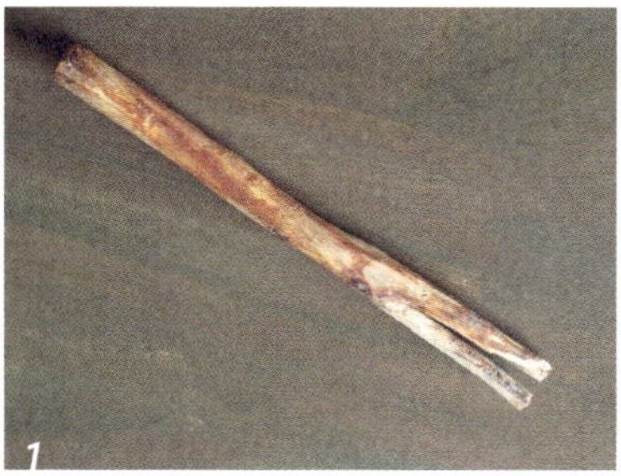

1

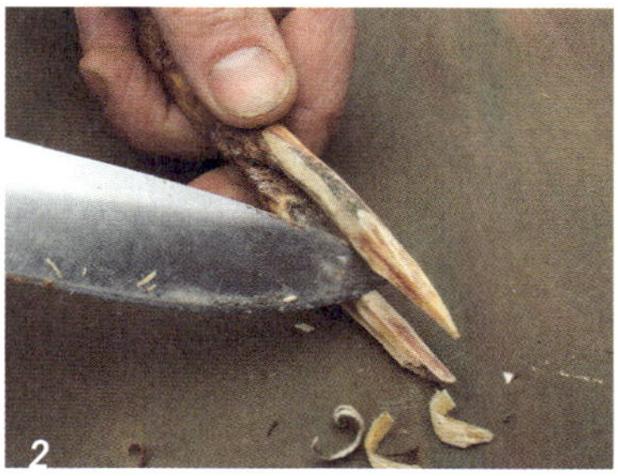

2

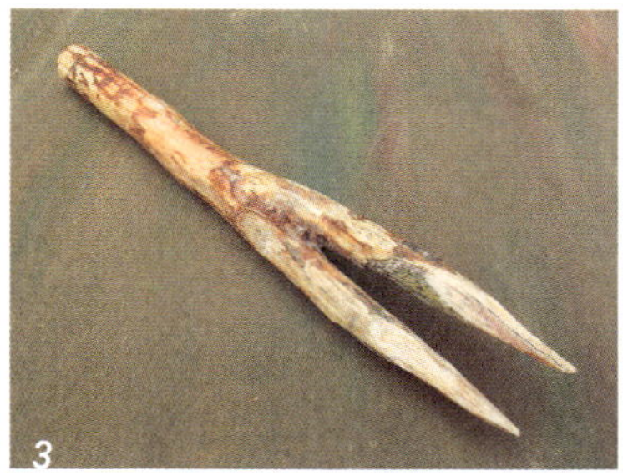

3

Die Herstellung ist recht einfach *[1]*. Die Gabelform ist bereits vorhanden. Die Wurzel wird auf die gewünschte Länge gekürzt. Mit dem Messer wird nun vorsichtig die Rinde von der Gabel entfernt. Der so entstandene Rohling erhält jetzt die Gabelspitzen. Diese werden mit dem Messer vom Körper weg *[2]* angespitzt > ***Grundschnitztechnik, Daumenschiebtechnik***. Fertig ist die Baumwurzelgabel.

Wer möchte, kann seine Gabel noch etwas schleifen und mit einem guten Leinöl einreiben. So erhält die Gabel noch den letzten optischen Schliff und die Oberfläche wird geschützt *[3]*.

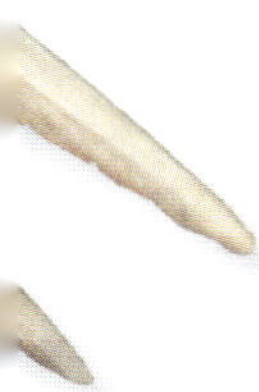

Tipp:

Fichten und Kiefern enthalten wertvolle Harze. Mit etwas Glück lassen sich solche «Harzgabeln» finden. Harz ist Wasser abweisend und die Gabel daher wasserbeständig, Harz besitzt zudem antibakterielle Eigenschaften.

GESCHIRR FÜR JEDES GERICHT

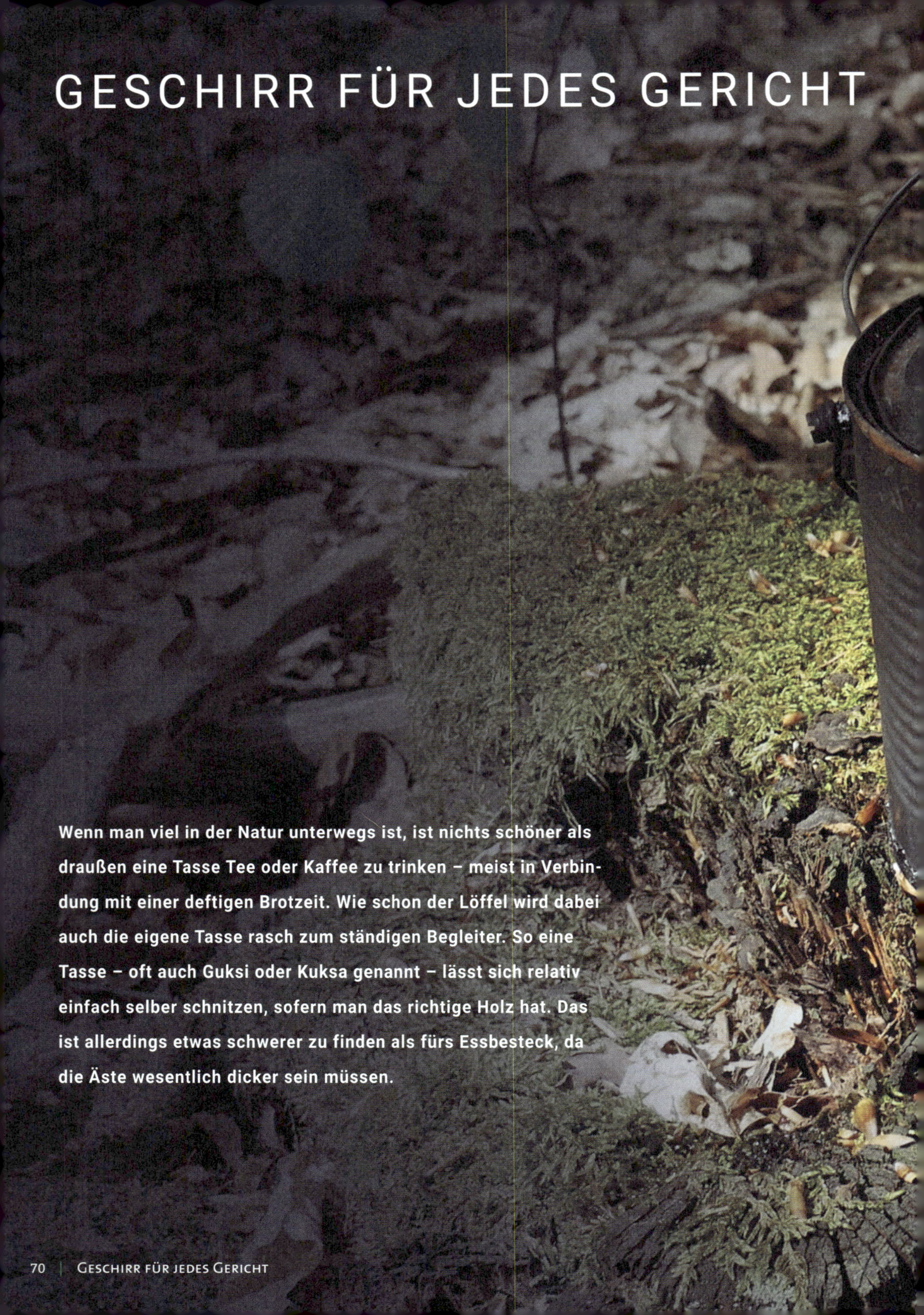

Wenn man viel in der Natur unterwegs ist, ist nichts schöner als draußen eine Tasse Tee oder Kaffee zu trinken – meist in Verbindung mit einer deftigen Brotzeit. Wie schon der Löffel wird dabei auch die eigene Tasse rasch zum ständigen Begleiter. So eine Tasse – oft auch Guksi oder Kuksa genannt – lässt sich relativ einfach selber schnitzen, sofern man das richtige Holz hat. Das ist allerdings etwas schwerer zu finden als fürs Essbesteck, da die Äste wesentlich dicker sein müssen.

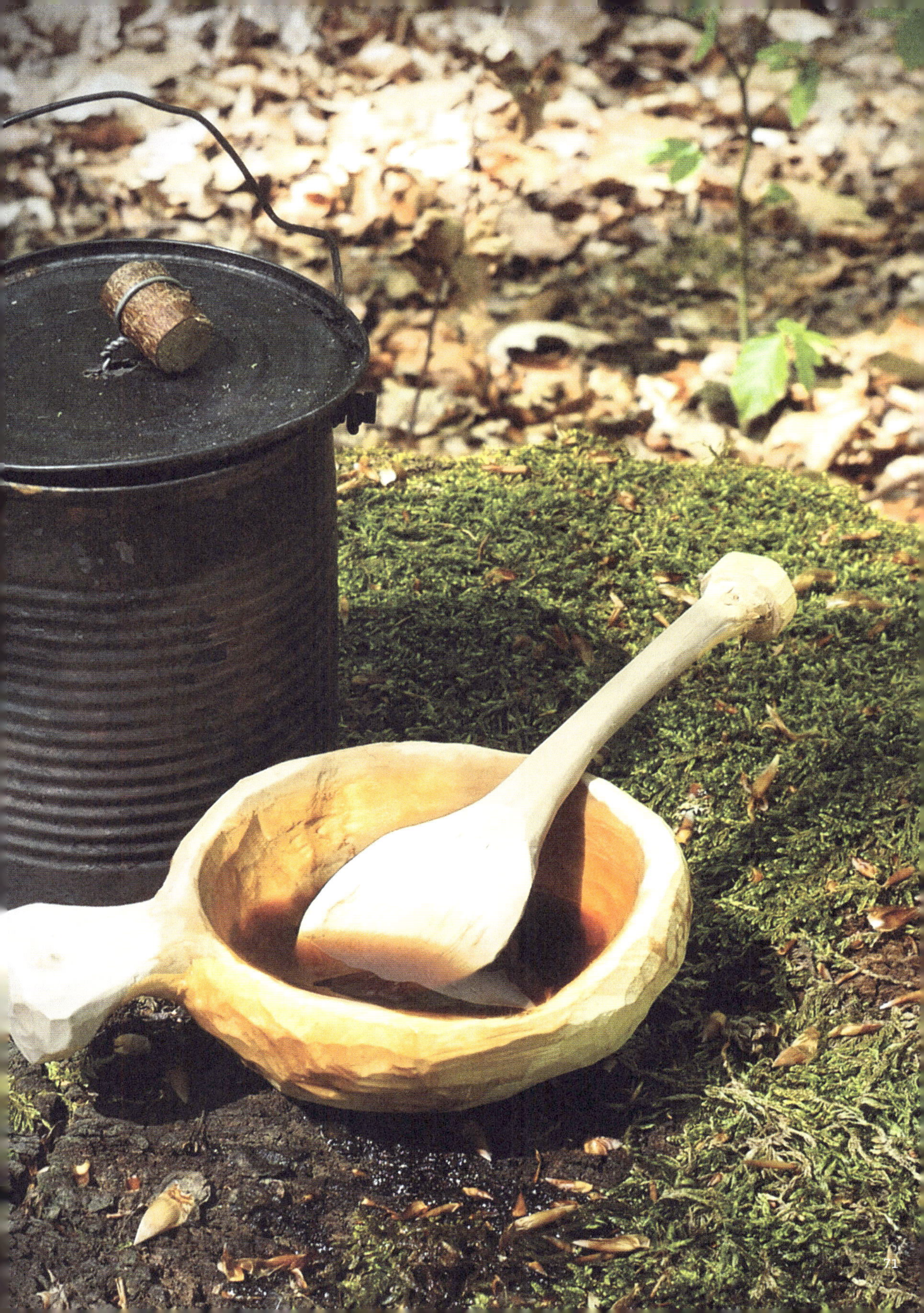

Geschirr schnitzen

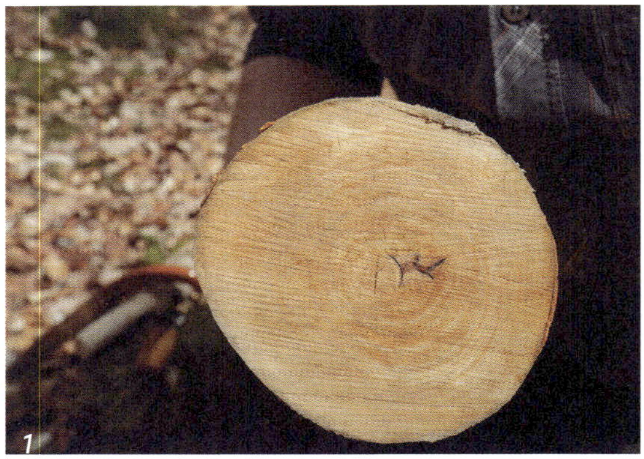

Für Tassen, Teller und Schalen ist Birkenholz ideal, da es sich sehr gut bearbeiten lässt. Auch hier ist es natürlich von Vorteil, wenn das Holz vollständig trocken ist, um zu verhindern, dass es später reißt. Jedoch ist es dann auch härter und man braucht mehr Kraft für die Bearbeitung. Da es weder erlaubt ist noch dem Naturschutz entspricht, im Wald einfach einen Baum zu fällen, ist etwas Geduld nötig, um ein geeignetes Stück Holz zu finden. Es lohnt sich deshalb z. B. nach Unwettern oder am Jahresanfang nach Abschluss der Baumschnittarbeiten in den Wald zu gehen. Dann hat man die besten Chancen, ein passendes Stück zu entdecken.

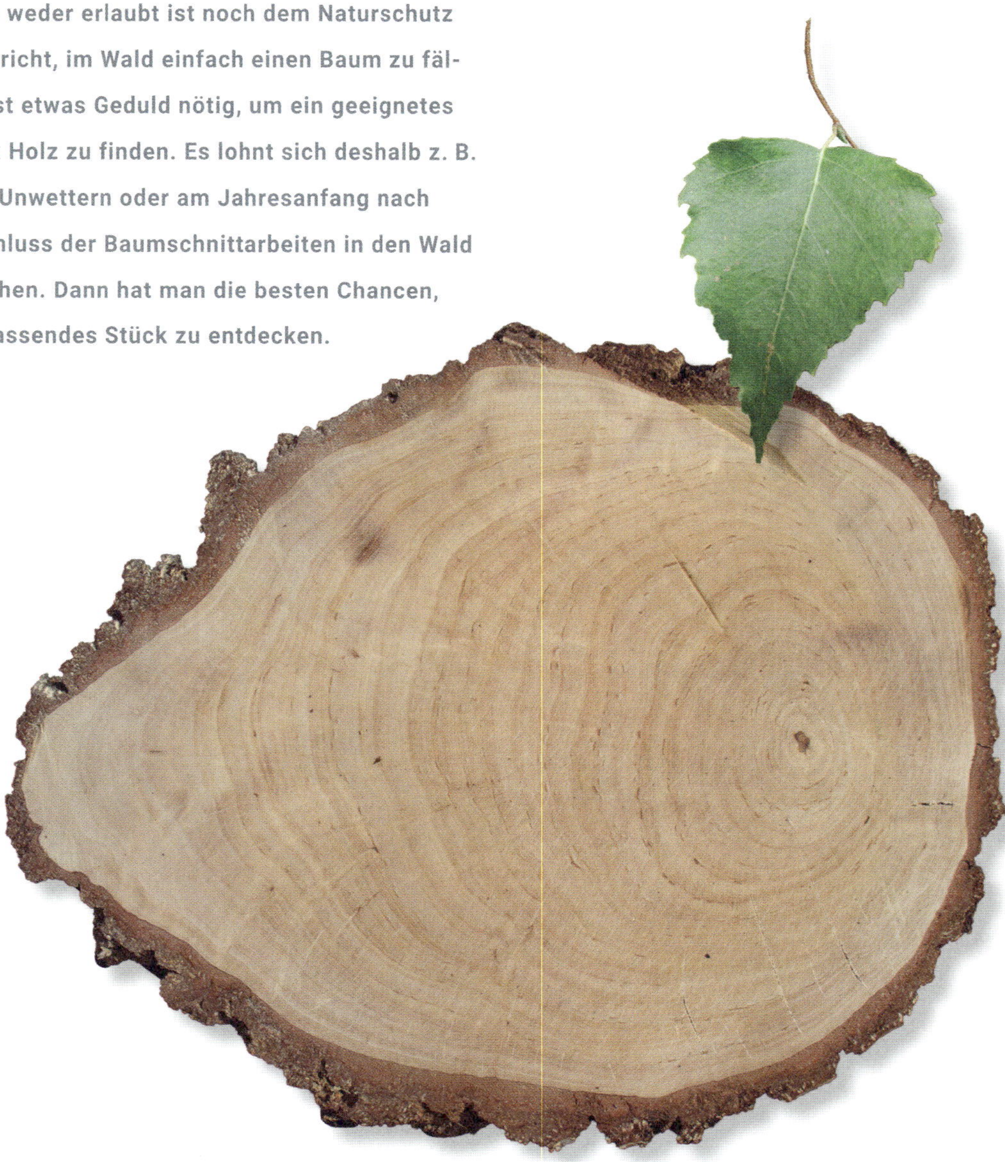

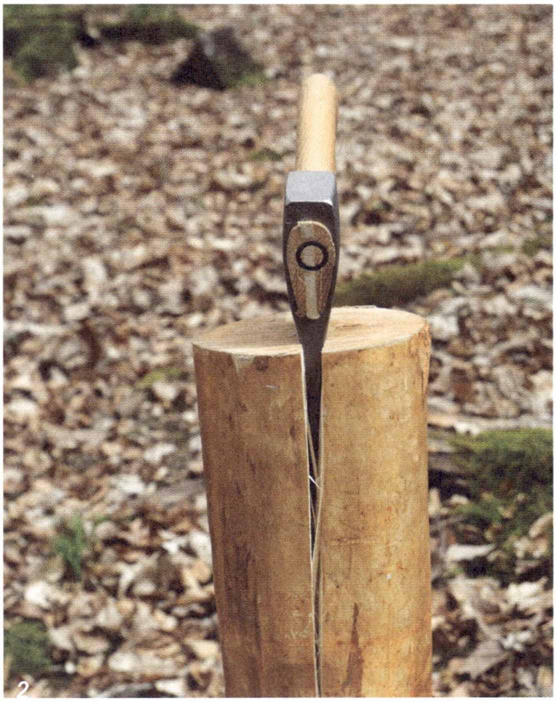

2

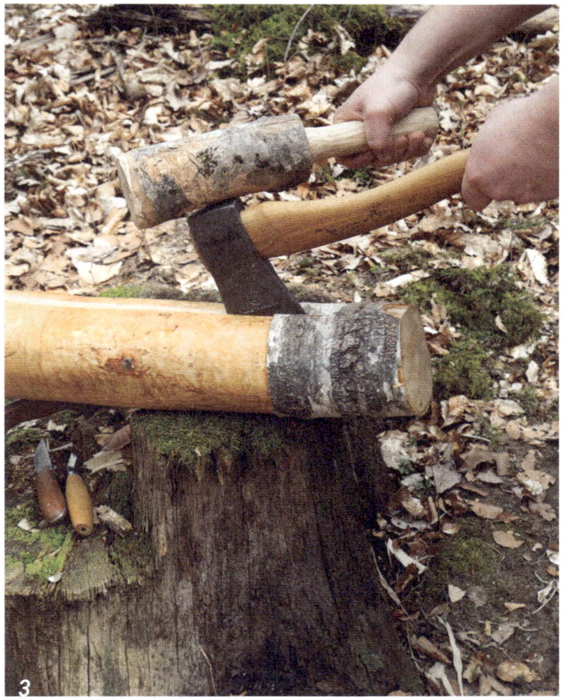

3

Hier wurde ein ca. 50 cm langer Stamm mit einem Durchmesser von ca. 15–18 cm verwendet. Aus diesem Stück wurden die hier gezeigte Tasse und die Essschale gefertigt. Der vergleichsweise geringe Durchmesser hat den Nachteil, dass das Geschirr keinen sehr hohen Rand haben kann. Hier war dies jedoch beabsichtigt, damit die Sachen weder zu groß noch zu schwer werden. Vor allem wenn das Geschirr rucksacktauglich sein soll, darf es nicht zu sperrig sein. Fertigt man die Ausrüstung dagegen für ein Basecamp oder seine Hütte, sollte der Stamm mindesten 25–30 cm Durchmesser haben, da das Gewicht in diesem Fall nur eine unterordnete Rolle spielt.

Ist schließlich das passende Stück gefunden, geht man folgendermaßen vor: Der Querschnitt des Stammes wird zunächst auf kleine Risse hin überprüft *[1]*. Dort wird dann die Schneide des Beils mittig angesetzt und vorsichtig mit Hilfe eines dicken Astes auf den Beilrücken geschlagen. So entsteht ein Riss, der anzeigt, wie das sich Holzstück aufspalten wird *[2]*. Danach legt man den Stamm auf einen festen Untergrund und treibt das Beil mit leichten Schlägen am Spalt entlang. Bei größeren Stämmen ist es ratsam, zusätzlich Keile einzuschlagen, um den Spalt zum Arbeiten offen zu halten *[3]*.

Auf diese Weise entstehen zwei Hälften, die nun auf ihre Eignung als Ausgangsmaterial geprüft werden. Stammholz reißt oft sehr ungleichmäßig, und die beiden Hälften sind unterschiedlich dick. Der dickste Teil des Holzes wird dann für die Tasse verwendet, die Essschale wird aus dem nächstdickeren Stück geschnitten. Bei allen Werkstücken ist wichtig, dass der Kern der Birke vor oder während des Arbeitsprozesses entfernt wird. Er weist eine leichte »Stabform« auf und ist gut erkennbar. Er sollte unbedingt weggeschnitzt werden, da beim Trocknen hier die Risse entstehen.

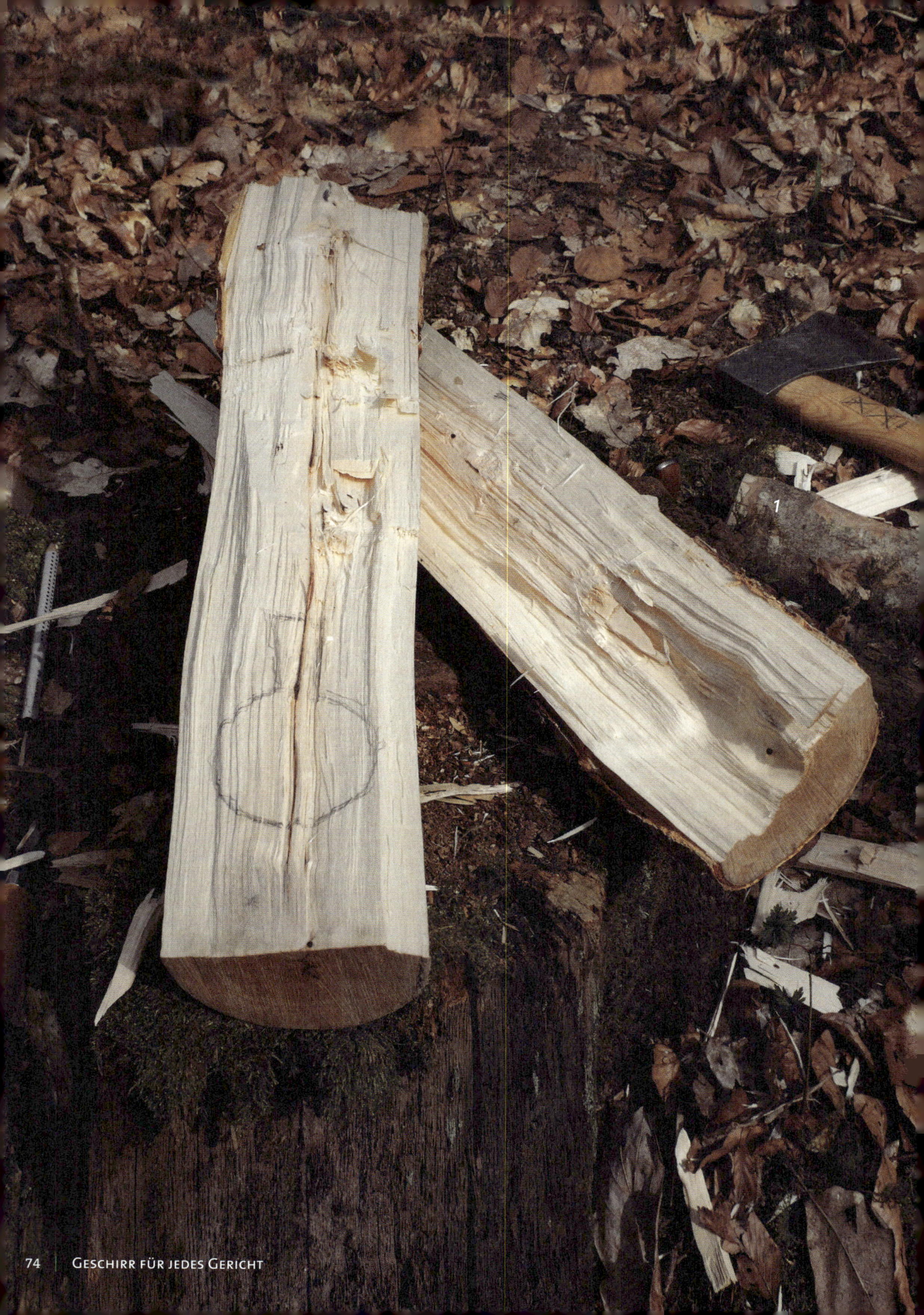
1

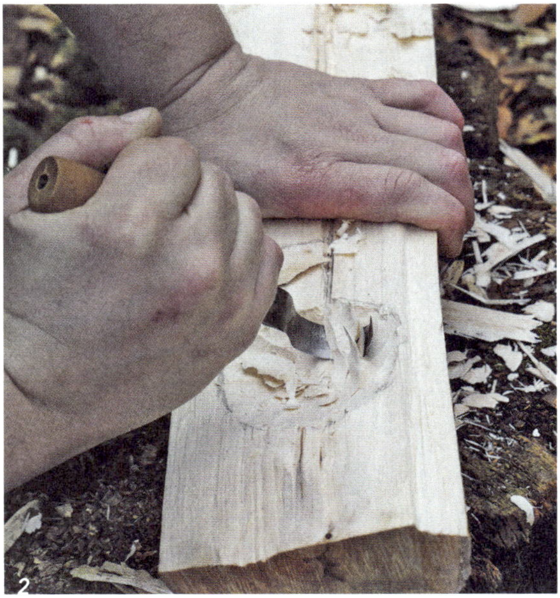
2

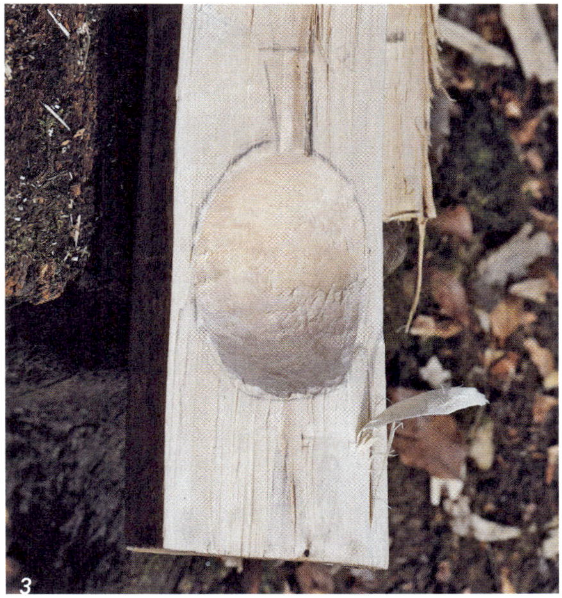
3

Kuksa

Wie bei der Herstellung des Löffels erleichtert man sich die Arbeit, indem man die Grundform der Tasse auf dem Holz vorzeichnet. Dafür sollte die Fläche vorab so flach wie möglich geschnitzt worden sein. ***[1]***. Es ist ratsam, die Tasse nicht schon zu Beginn auf ihre geplante Größe zuzusägen. Denn so erhält man sich mehr Greiffläche und kann mit entsprechend mehr Krafteinsatz arbeiten. Zudem sollte nach Möglichkeit der Tassengriff zum längeren Teil des Holzstückes hin zeigen, weil dieser erst zum Schluss geschnitzt wird. Die halbrunde Form des gespaltenen Stamms gibt dabei schon einen Teil der Tassenrundung vor. Es ist am einfachsten, wenn man zuerst die Vertiefung herausarbeitet. Dafür eignet sich ein Löffel- oder Schälmesser am besten ***[2]***.

Alternativ wäre der > ***Kreisschnitt*** mit dem Messer möglich, Allerdings dauert es mit dieser Technik unglaublich lange, bis ein gutes Ergebnis erzielt wird. Sofern kein Löffelmesser zur Verfügung steht, würde man bei dieser Materialstärke die Vertiefung wohl eher ausbrennen.

Mit Hilfe des Löffelmessers und dem > ***Drehschnitt***, kann man einen fast kreisrunden Hohlraum in die Tasse schnitzen, der auf das gewünschte Volumen hin ausgehöhlt wird. Danach werden sich alle weiteren Arbeiten an dieser Höhlung orientieren ***[3]***. Um die Arbeitstiefe zu ermitteln, nimmt man einen kleinen Stock und stellt ihn auf die tiefste Stelle in der Tasse. Dann legt man seinen Daumen auf den Tassenrand und berührt mit der Daumenspitze das Stöckchen. Am Berührungspunkt fasst man das Stöckchen mit Daumen und Mittelfinger und hält es an den Außenrand der Tasse.
Nun ist der Abstand zur Unterlage erkennbar, woraus sich die Dicke des Tassenbodens ableiten lässt. Das Ganze funktioniert anstatt des Stöckchens natürlich auch mit der Messerklinge.

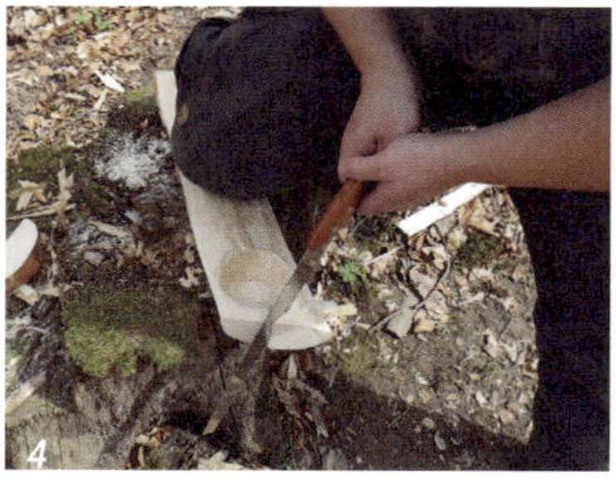

4

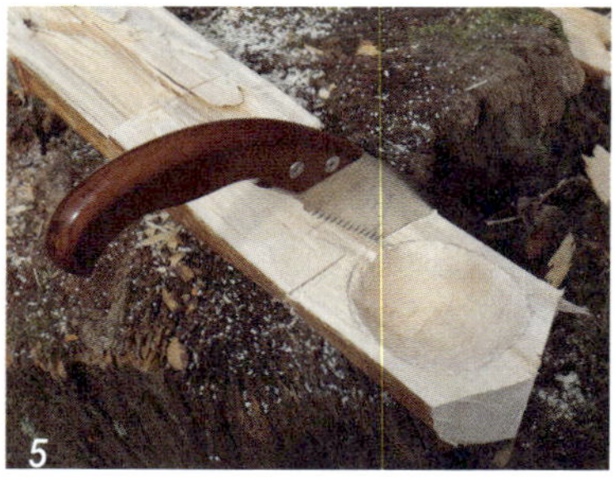

5

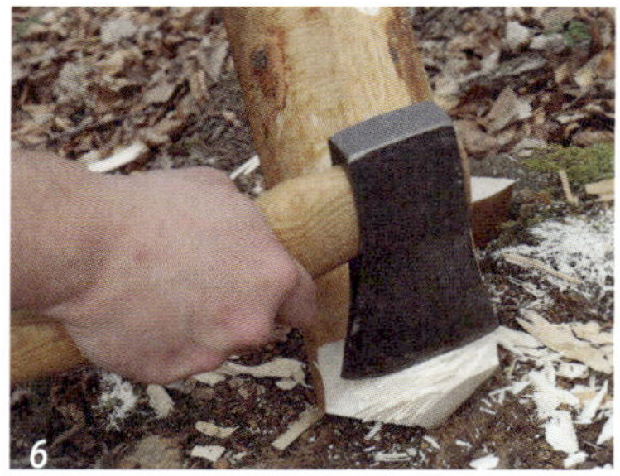

6

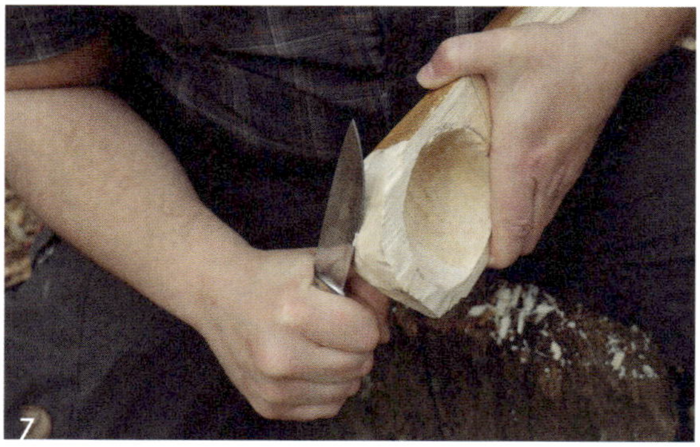

7

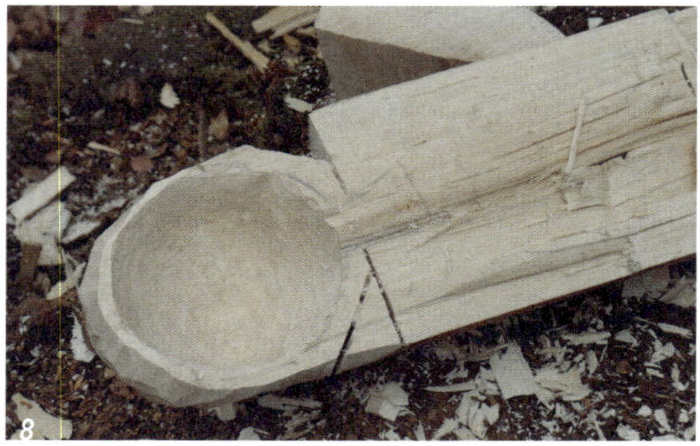

8

Ist das Ergebnis zufriedenstellend, wird der vordere Teil der Tasse vordefiniert, indem der Holzüberstand v-förmig abgesägt wird ***[4]***. Wie viel Holz dabei entfernt wird, hängt vom Wunschdurchmesser der Tasse ab. Jedoch sollten mindestens 6 mm Abstand zum inneren Tassenrand eingehalten werden, um ein Ausbrechen des Randes zu verhindern.

Im Anschluss daran kann auch der Übergang von Tasse zu Tassengriff eingesägt werden. Dabei wird bis zum vorgezeichneten Griffstück gesägt. Dieser Schritt ist sehr wichtig, damit bei der Bearbeitung der Tassenrückseite erkennbar ist, wie weit die Rundung zum Griff hin ausgearbeitet werden kann ***[5]***. Damit entsteht hier allerdings auch eine empfindliche Sollbruchstelle, deshalb ist es ab jetzt sehr wichtig vorsichtig weiter zu arbeiten, damit der Tassengriff hier nicht bricht.

Es gibt zwei Möglichkeiten, um den vorderen Teil der Tasse abzurunden: Zum einen kann man mit dem Beil arbeiten > *Leichtes Hacken*. Diese Technik sollte man jedoch vorher an einem Probestück geübt haben. Fühlt man sich im Umgang mit diesem Werkzeug sicher genug, stellt man das Werkstück mit der Spitze leicht schräg nach unten auf die Schnitzunterlage, fasst das Beil direkt unterhalb der Griffes und schlägt vorsichtig kleine Späne aus dem Werkstück. Indem das Werkstück immer wieder in unterschiedlichen Winkeln zum Beil gehalten wird, entsteht so die runde Form ***[6]***. Auf diese Weise erzielt man schnelle Fortschritte, die Methode birgt aber auch die Gefahr, dass man zu kräftig zuschlägt und dadurch einen Teil des Tassenrandes beschädigt.

Kraftaufwendiger, aber auch präziser kann man mit dem Messer arbeiten. Hier eignen sich sowohl der > *Kraftschnitt* als auch die > *Grundschnitztechnik* – oder beides im Wechsel. So kommt man zwar nicht ganz so schnell voran, hat aber gerade als Ungeübter mehr Kontrolle über das Werkstück ***[7]***. Bei diesem Arbeitsschritt geht es zunächst nur um die grobe Formgebung. Darum sollte der Rand auch nicht zu dünn ausgearbeitet werden, um zu vermeiden, dass das Werkstück bei der weiteren Fertigung bricht. Ist die gewünschte Form erzielt, kann man sich jetzt auch dem Bereich beim Griff zuwenden. Hierfür geht man beim Sägen ähnlich wie bei Vorderseite vor, allerdings werden hier nur zwei kleine Dreiecke ausgesägt, die in der optischen Verlängerung dem V an der Tassenspitze entsprechen ***[8]***.

Nun kann auch die zweite Hälfte der Rundung ausgearbeitet werden. Dabei hängt das weitere Vorgehen von der Griffgestaltung ab. Hier sollte ein kleiner Henkel entstehen, damit die Tasse gut in der Hand gehalten werden kann. Dafür wird das Holz auf der Rückseite bis kurz vor dem Griffende eingesägt. Dieser Schnitt dient als Schnittstopper und zur Orientierung ***[9]***. Jetzt wird der Stamm mit der unbearbeiteten Seite nach unten stabil auf den Boden gestellt und mit sehr viel Kraft und der > ***Grundschnitztechnik***, Richtung Griffende hin bearbeitet ***[10]***. In dieser Position wird dann auch der äußere Tassenboden so weit abgeflacht, dass die Tasse stabil steht. Hierfür reicht es bei einer kleinen Tasse meist aus, eine ebene Fläche von 2–3 cm Durchmesser zu schaffen.
Ist die grobe Grundform fertig, wird die Tasse am Griffende abgesägt mit ausreichend Spielraum, um den Griff noch nachformen zu können ***[11]***.

Ab hier wird nur noch mit minimalem Krafteinsatz weitergearbeitet, also präzise und vorsichtig geschnitzt. Dafür bietet sich vor allem die Technik > ***Zum Körper hin schnitzen*** an, dabei muss wie immer mit besonderer Vorsicht vorgegangen werden, um sich nicht zu verletzen ***[12]***.

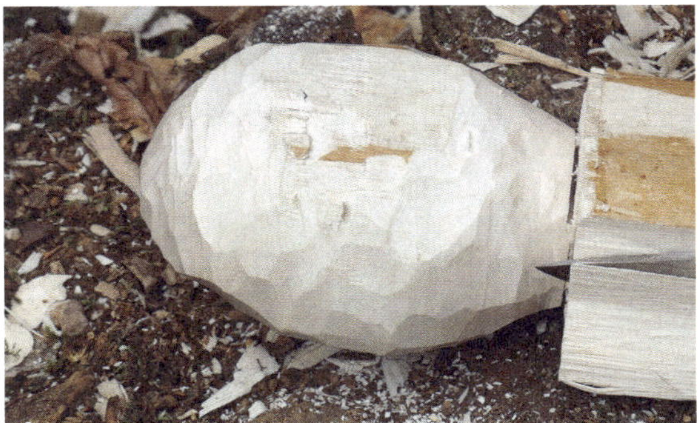
9

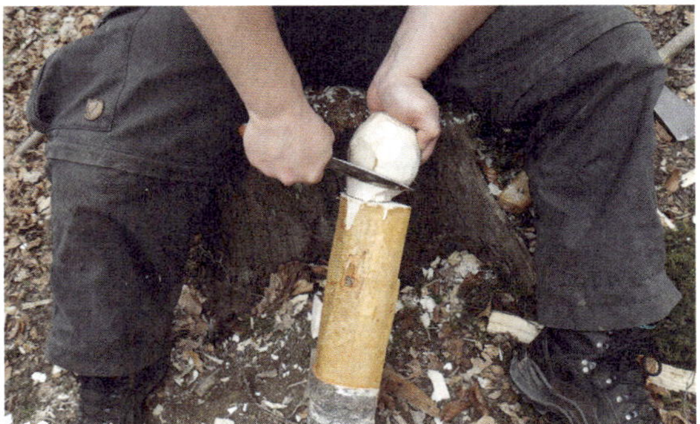
10

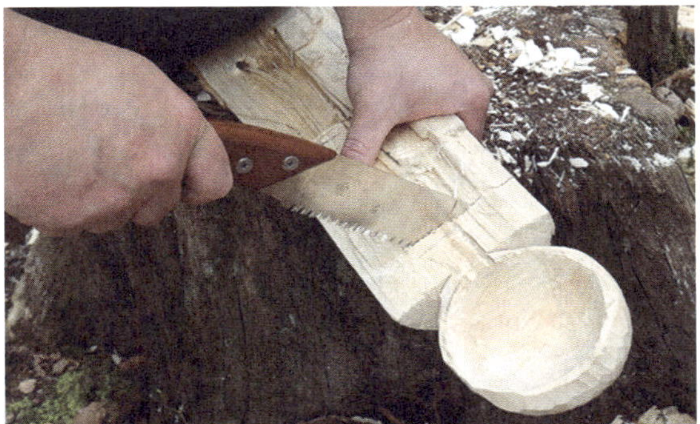
11

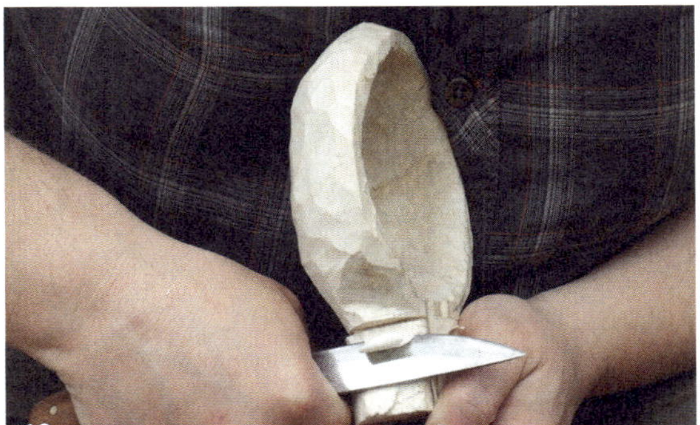
12

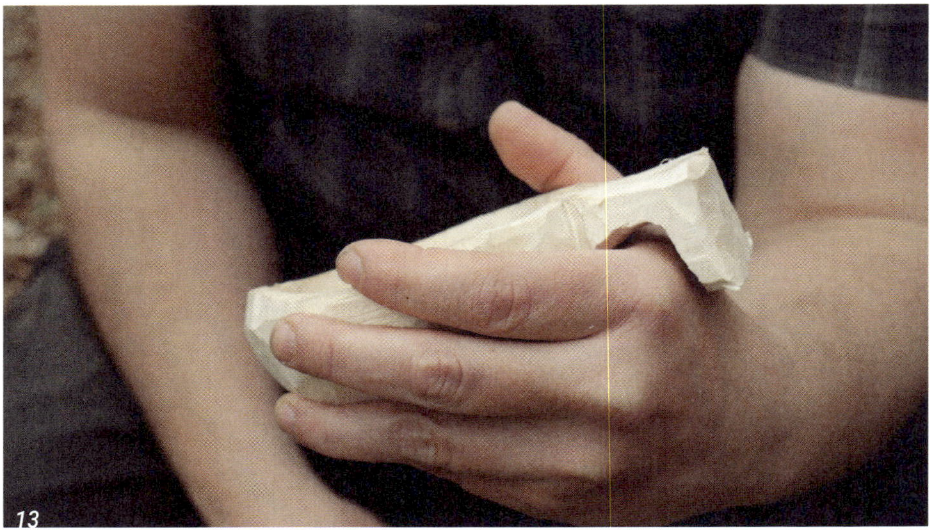

13

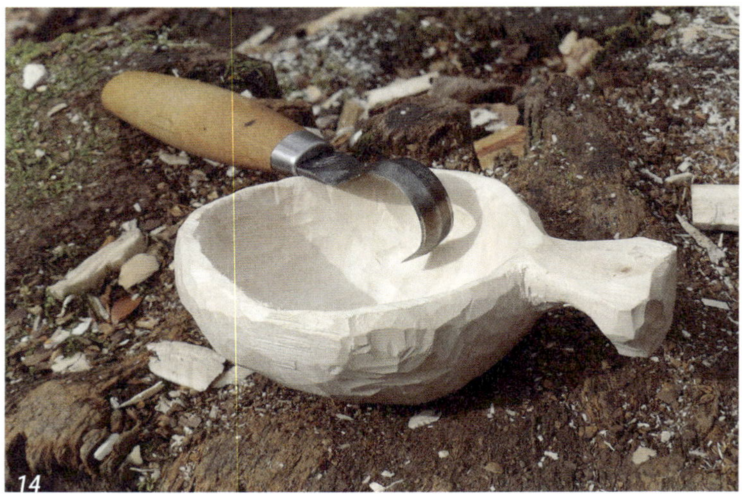

14

Mit der > ***Daumenschiebtechnik*** wird die Tasse nun von der einen Griffseite zur anderen einmal rundum bearbeitet bis eine gleichmäßig runde Form erreicht ist. Zudem entsteht bei diesem Schritt das typische Muster einer »Kuksa«, die nur mit dem Messer gefertigt wurde: viele kleine Schnittflächen, die sich aus der Schnitztechnik ergeben. Wie stark sie ausgeprägt sind, ist Geschmackssache. Ganz zum Schluss kann der Griff noch an die eigene Hand angepasst werden ***[13]***.

Nun ist die erste eigene, ganz individuelle Tasse geschnitzt, aus der man gut trinken kann. Man muss einfach sagen, dass ein kalter Schluck Wasser aus einer frisch geschnitzten Tasse ein wunderbares Erlebnis ist.

Auch wenn die Tasse jetzt schon benutzbar ist, können noch kleine Korrekturen angebracht werden. Wer sich sicher genug fühlt, kann z. B. das Volumen mit dem Löffelmesser noch etwas vergrößern, die

Innenseite der Tasse weiter glätten oder den Tassenrand abrunden oder abflachen, damit das Trinkvergnügen nicht etwa durch kleine Holzsplitter geschmälert wird ***[14]***.

Ist man mit dem Ergebnis zufrieden, darf man sich entspannt zurücklehnen und sein Werk betrachten. Hat man ganz trockenes Holz verwendet, braucht man sich nicht weiter um die Tasse kümmern.

Wer möchte, kann die Tasse noch mit Schleifpapier nachglätten und einölen.

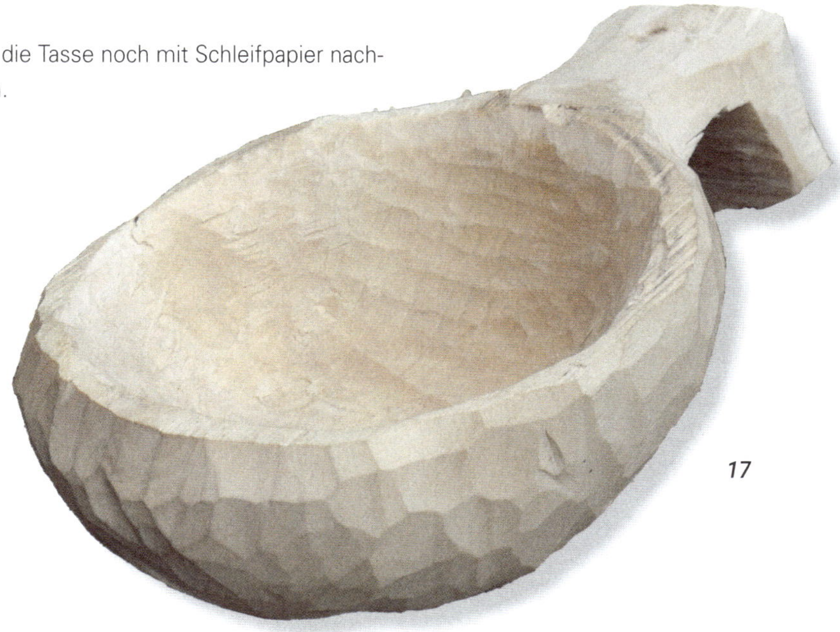

17

Tipp:

Wurde die Tasse aus feuchtem Holz geschnitzt, muss sie an einem dunklen kühlen Ort aufbewahrt werden. So kann das Holz in einer »ruhigen« Umgebung die noch enthaltene Feuchtigkeit langsam abgeben, dadurch reduziert sich das Risiko, dass das Werkstück reißt. Vor allem direkte Sonne führt häufig zu unmittelbaren Rissen. Hier wurde ein einfacher Weg gezeigt, um eine Holztasse zu schnitzen. Die traditionellen Kuksas aus Skandinavien wurden aus Birkenknollen geschnitzt. Diese sind hier sowohl schwierig zu finden als auch aufgrund ihrer Härte schwer zu bearbeiten. Zudem gibt es zahllose Ratschläge, wie mit der frisch geschnitzten Kuksa zu verfahren ist. Man solle sie Nassschleifen, stundenlang in Salzwasser kochen und danach über 6 Monate in Sägespänen trocknen. Zwar hat das alles seine Berechtigung, doch möchten wir die Dinge hier einfach halten und die LeserInnen dazu motivieren, einfach alles auszuprobieren. Dabei kann es passieren, dass ein Werkstück mehrfach anfertigt werden muss und dabei immer wieder neue Erfahrungen gemacht werden. Das Ergebnis lohnt sich jedoch immer.

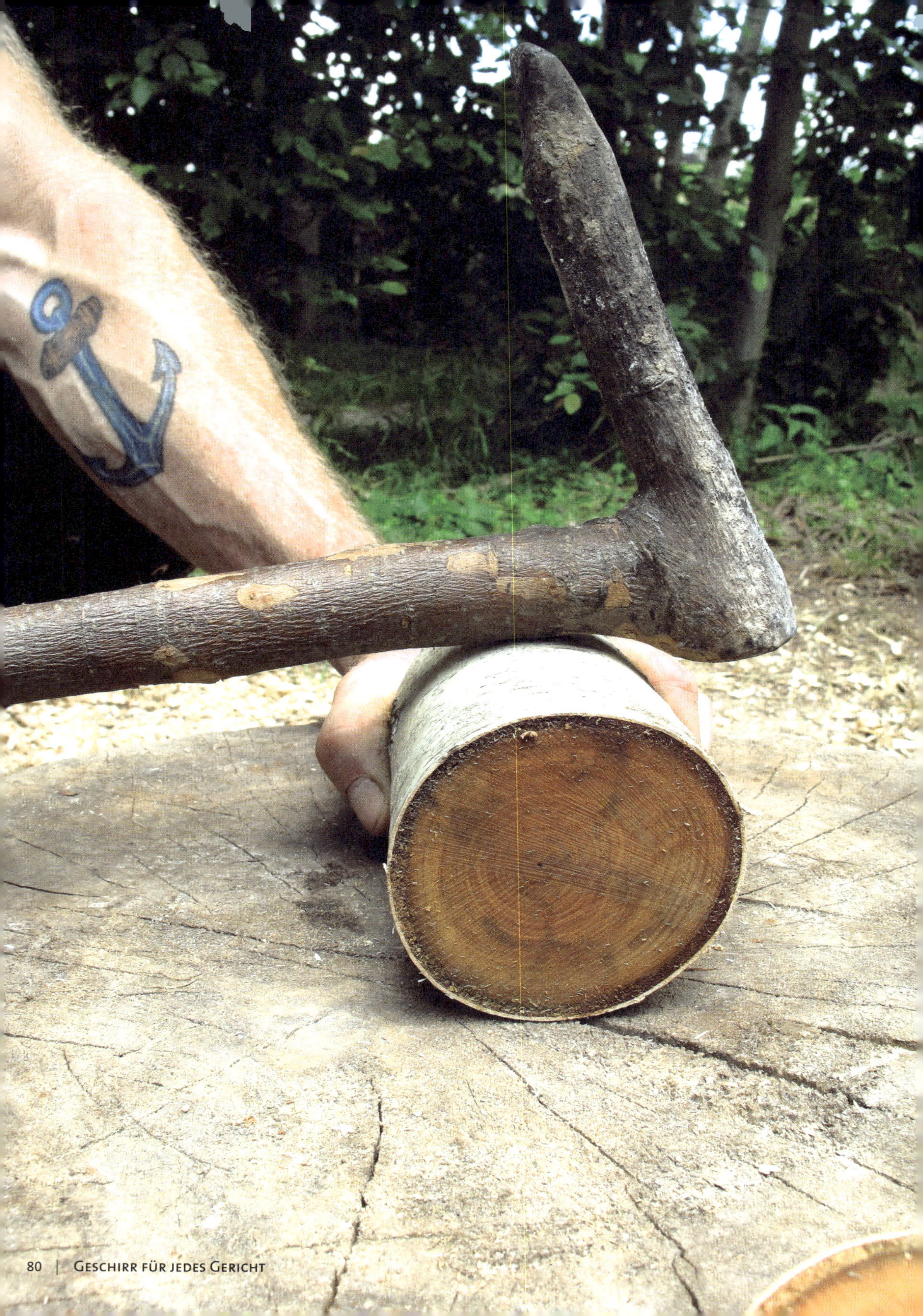

Birkenbecher

Für einen Birkenbecher braucht man einen starken Birkenast von etwa 8 cm Durchmesser und 13 cm Länge.

Bei der Auswahl des Astes muss besonderes Augenmerk darauf gelegt werden, dass sich die Rinde vom Stamm lösen lässt. Dafür sollte das Holz schon eine Weile im Wald gelegen haben, allerdings auch nicht zu lange, damit es nicht modrig oder spröde geworden ist. Um die Eignung des Astes zu prüfen, schneidet man sich am besten ein Stück davon ab, und klopft mit einem Stock am Rand auf die Rinde. Wenn sich die Schicht zwischen Rinde und Holz löst, ist der Baum für einen Becher geeignet. Bevor dann der Ast für den Becher abgesägt wird, sollte die Rinde zudem auf Risse und Löcher überprüft werden, damit er später nicht undicht ist.

Ist ein passender Ast gefunden, wird er mit einer Säge auf die gewünschte Länge gebracht und von beiden Seiten noch eine 2–2,5 cm breite Scheiben für den Becherboden und -deckel abgesägt. Dabei ist es wichtig sich – am besten durch eine entsprechende Markierung – zu merken, welche Scheibe auf welche Seite gehört, damit zum Schluss alles zusammenpasst. Dabei ist zu beachten, dass die Scheibe mit dem etwas größeren Durchmesser später als Deckel verwendet wird ***[1]***.

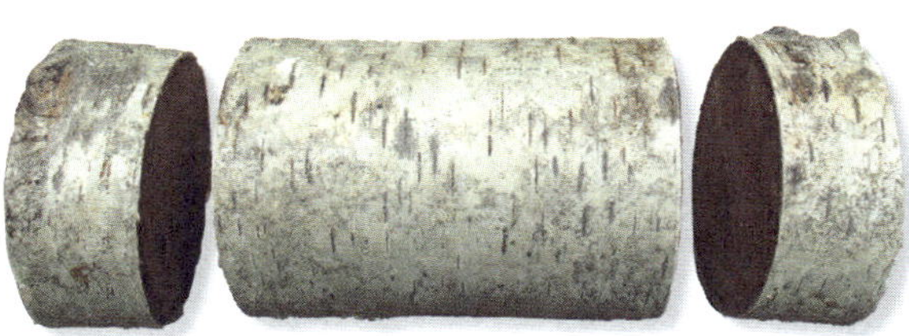

1

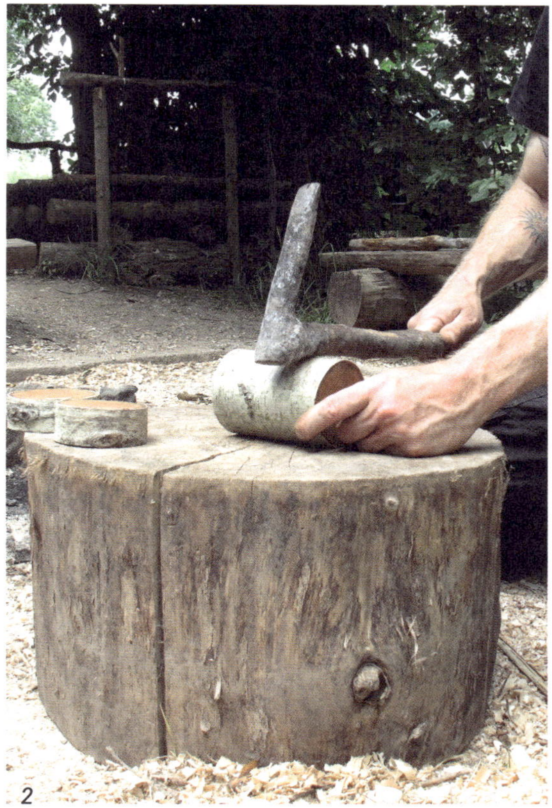
2

Als Nächstes wird ein ebener und glatter Untergrund gebraucht, auf dem der Ast gerollt werden kann. Der Untergrund darf keinerlei Unebenheiten aufweisen, damit die Rinde nicht beschädigt wird.
Nun wird durch kurze gezielte Schläge auf die Rinde mit einem glatten Stock oder dem Grabstock die Rinde vom Holz getrennt ***[2]***. Damit die Rinde dabei nicht einreißt, muss mit viel Feingefühl vorgegangen werden. Am besten man fängt links mit leichtem Klopfen an und arbeitet sich nach rechts vor. Danach wird der Birkenast nur wenig gedreht weiter geklopft. Hat sich die Schicht zwischen dem Holz und Rinde vollständig gelöst, wird das Holz aus der Rinde herausgeschoben. Dafür wird der Ast mit beiden Händen an der schmaleren Astseite so gegriffen, dass die Daumen oben auf das Holz drücken und die Fingerspitzen seitlich gespreizt auf der Rinde liegen ***[3]***.

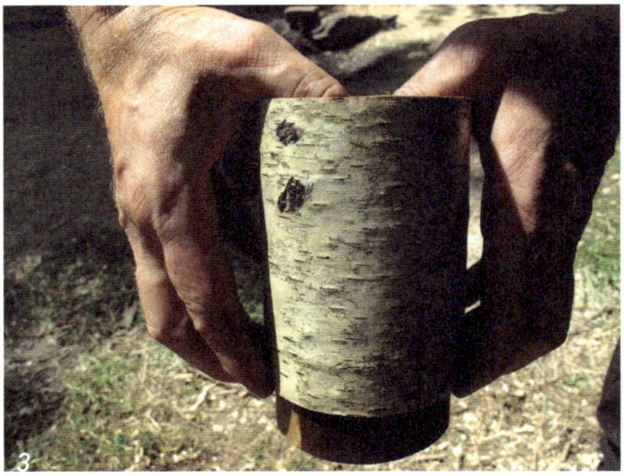

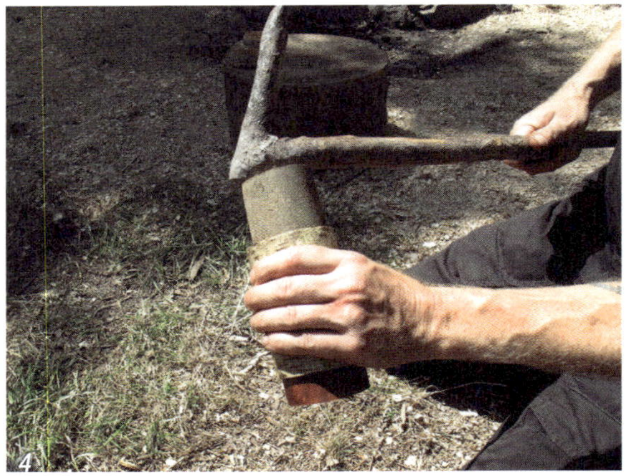

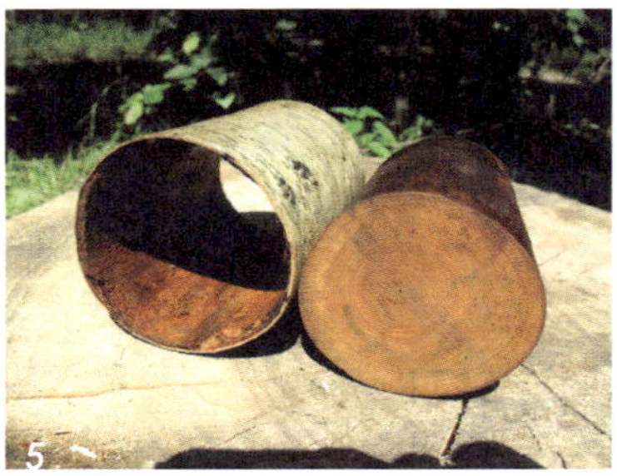

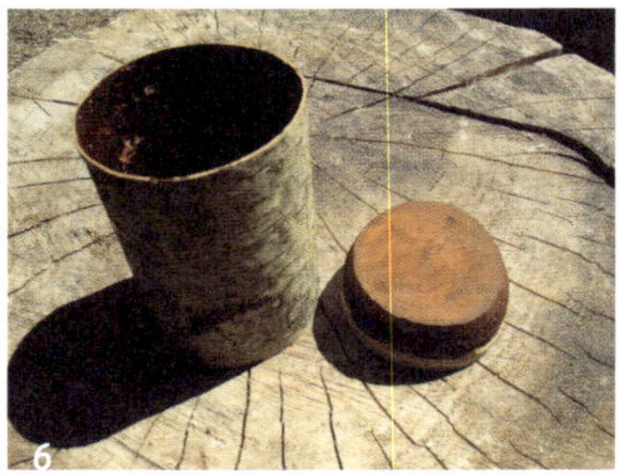

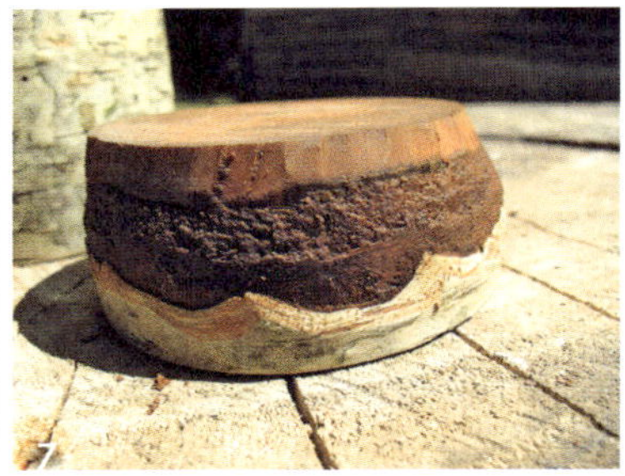

Achtung: Da Äste sich nach außen verjüngen, darf nur die dünnere Seite nach innen geschoben werden, sonst kann die Rinde reißen.

Spätestens jetzt zeigt sich, ob sich die Rinde beim Klopfen vollständig gelockert hat. Falls nicht, muss sie noch weiter geklopft werden *[4]*. Sobald das Holz 1–2 cm herausgedrückt worden ist, wird zum vollständigen Herausklopfen ein weiteres Stück Holz benötigt. Es sollte leicht dünner und etwas länger sein als das Werkstück. Das Klopfholz wird oben in den Rand aus Birkenrinde gestellt, und mit einem stabilen Holzstock darauf geschlagen. Mit etwas Geduld wird das zu lösende Birkenholz so vollständig aus der Rinde herausgeklopft mit dem Ergebnis einer 8–9 cm langen Rolle aus Birkenrinde.

[5]. Innen an der Rinde hängen dann noch Holzfasern, die mit einem Messer gut herausgeschält werden kann. Danach wird die Rinde mit Wasser gereinigt. Schließlich werden Boden und Deckel hergestellt. Dafür wird bei beiden Scheiben rundherum etwa die Hälfte der Rinde gelöst *[6 + 7]*. Damit der Deckel leichter schließt, wird seine innere Kante mit dem Messer noch etwas abgeschrägt. Dann wird der Boden in die Rindenhülle gedrückt und zusammengefügt sieht es wieder aus wie ein Ast. Wurde genau gearbeitet, ist der Becher nahezu wasserdicht. Durch die Befüllung wird er dann noch dichter, weil das Holz durch Feuchtigkeit aufquillt. Mit dem Deckel kann der Birkenbecher zudem verschlossen werden.

Tipp:

Mit etwas Pflanzenöl zwischen Holz und Rinde lässt sich das Holz leichter herausklopfen. Sollte der Becherboden etwas undicht sein, kann er von außen mit Baumharz abgedichtet werdet.

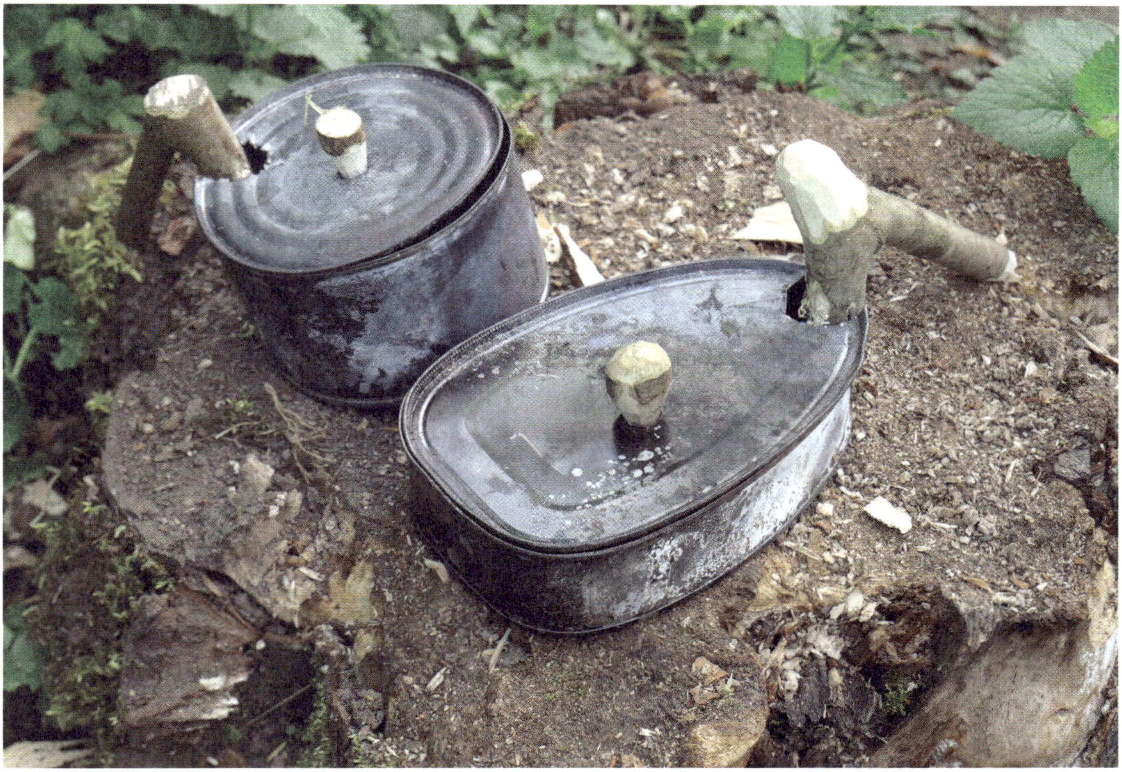

Dosentassen

... mit Holzhenkel

Lebensmitteldosen sind eine wunderbare Alternative zu gekauftem Kochequipment. Sie bieten sich für die Bushcraft-Küche besonders gut an, da sie lebensmittelecht und leicht zu finden sind – leider auch oft in der Natur. Es ist nicht so schlimm, wenn man sie verliert, und sie kosten kein Geld.
Mit ein wenig Fantasie lässt sich aus so einem Stück Blech eine Tasse oder eine kleine Ess-Schale fertigen. Das geht sehr einfach mit einem Schweizer Taschenmesser, das eine Stechahle hat. Die Dose sollte vorbehandelt sein > ***Dosen ausbrennen***. Ansonsten braucht man noch eine fingerdicke Astgabel aus Frischholz mit mindestens 20 cm langen Armen ***[1]***.

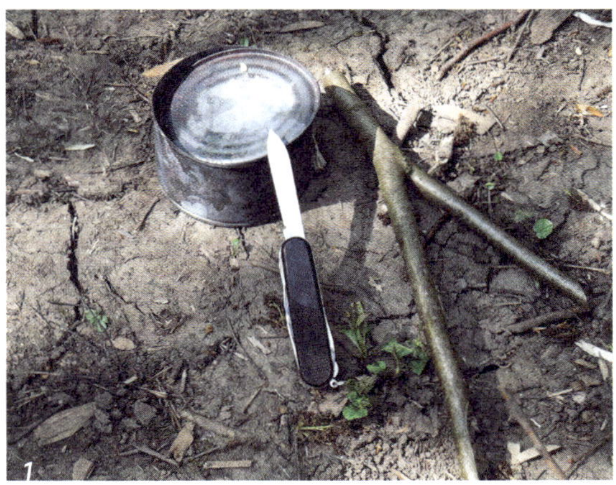
1

Zudem wird noch ein dünnes, entrindetes Stöckchen aus ganz trockenem Holz benötigt. Um einen stabilen Griff an der Dose anzubringen, wird ca. 1 – 1,5 cm unterhalb der Gabelung mit der Ahle ein Loch in einen

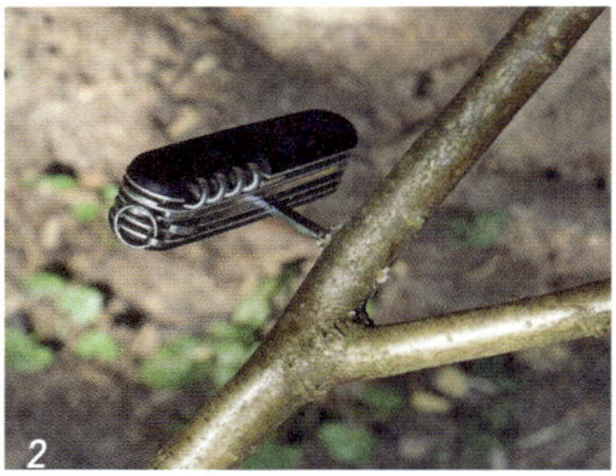
2

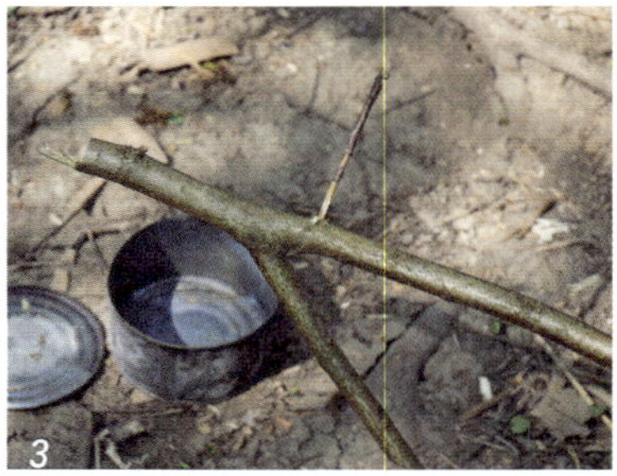
3

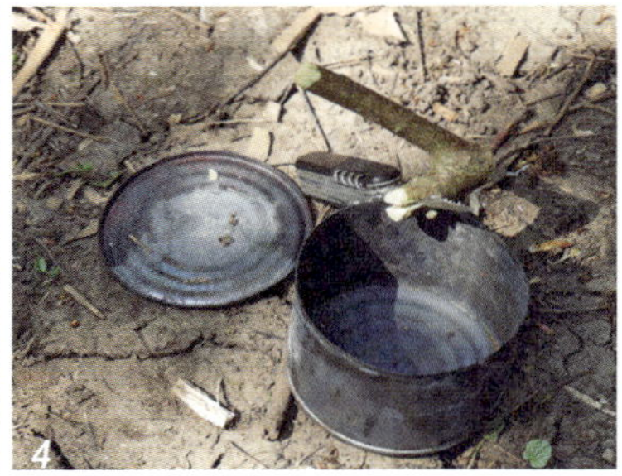
4

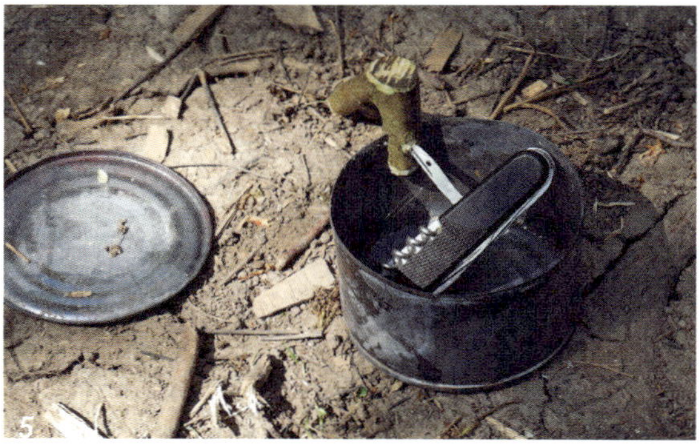
5

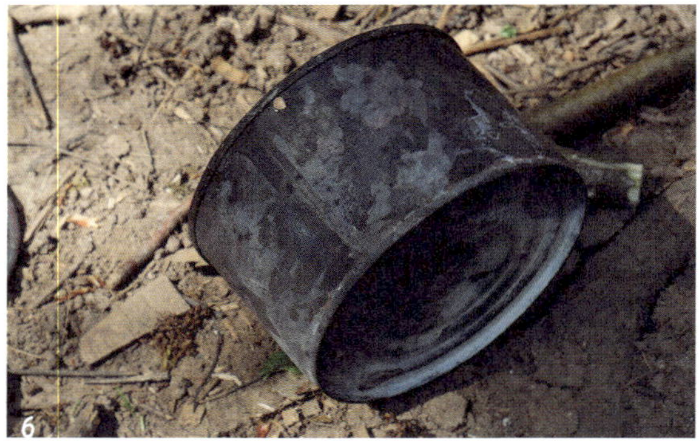
6

der Äste gebohrt *[2]*. Dabei setzt man nur sehr wenig Kraft ein, weil sonst der ganze Ast gespalten werden könnte und dann nicht mehr verwendet werden kann. Aus diesem Grund lässt man die Astgabel anfangs auch noch etwas länger, um auch dadurch die Gefahr des Reißens zu verringern. Nachdem der Ast durchbohrt ist, wird das dünne Stöckchen (Splint) so zurechtgeschnitzt, dass es sich mit leichtem Druck ganz durch die Bohrung schieben lässt *[3]*.

Da die Astgabel aus Frischholz und der Splint aus trockenem Holz bestehen, entsteht eine sehr starke Verbindung, denn das Frischholz trocknet mit der Zeit und presst sich um den Splint, sodass dieser nicht mehr verrutschen kann. Nun kürzt man die Astgabel auf Tassenlänge, dabei sollte der Teil, der später in die Tasse zeigt, ca. halb so hoch sein wie die Tasse selbst. Der andere Teil wird an der eigenen Hand abgemessen, damit man die Tasse später gut halten kann. Im Anschluss daran sägt man den Griff mit der Technik *> Sägen mit der Faser* an der Seite ein, die später auf den Tassenrand gesteckt wird *[4]*. Dabei sollte so nah wie möglich an die Gabelung herangesägt werden. Nun steckt man den Griff auf den Tassenrand und sticht mit der Ahle durch das Loch und den Blechrand *[5]*. Das Loch sollte sich nah am oberen Rand befinden, weil hier die Dosenwand am stärksten ist *[6]*. Ein Loch weiter unten wäre auch deshalb nicht wünschenswert, weil hier später Flüssigkeit austreten könnte. Nun wird der Splint durch den Griff und die Dose geschoben und bündig abgeschnitten *[7]*.

Damit die Getränke in der Tasse nicht zu schnell auskühlen, wird noch ein passender Deckel gefertigt. Dafür nimmt man den ursprünglichen Dosendeckel. **Achtung: Das funktioniert nur, wenn die Dose mit einem horizontal schneidenden Dosenöffner geöffnet wurde, weil der Deckel sonst zu klein ist. Alternativ nimmt man einfach einen Deckel einer etwas größeren Dose.**

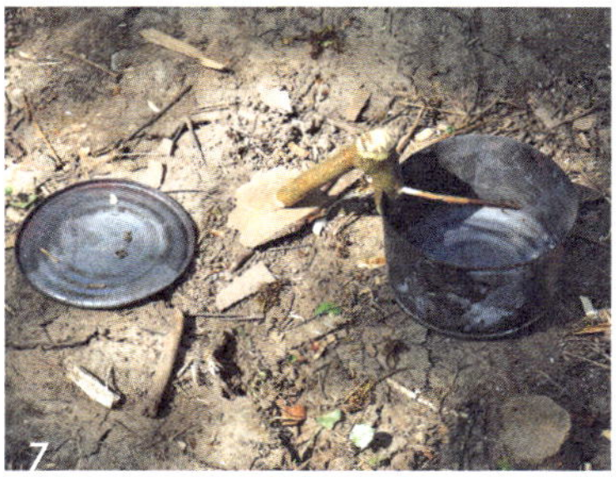

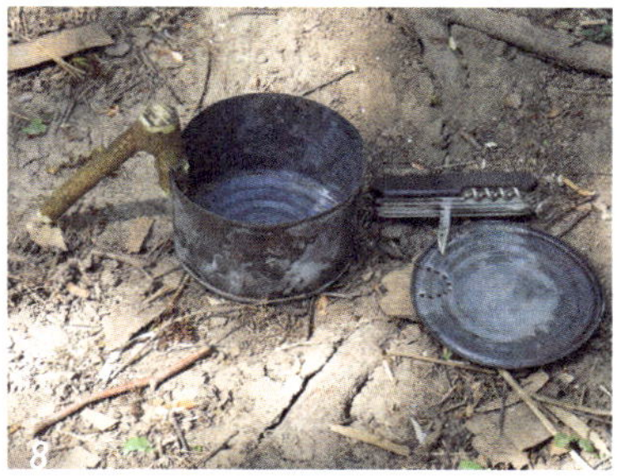

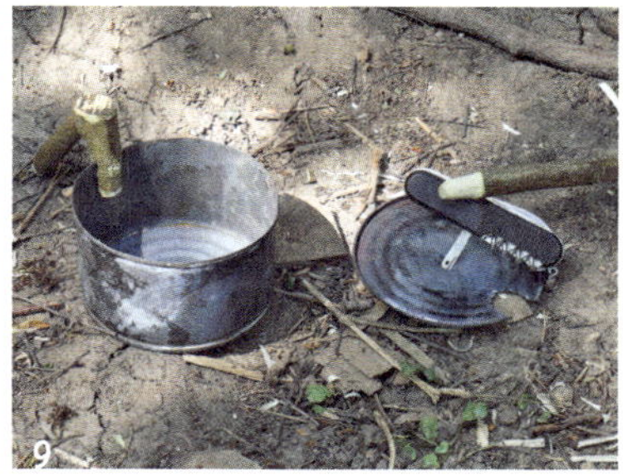

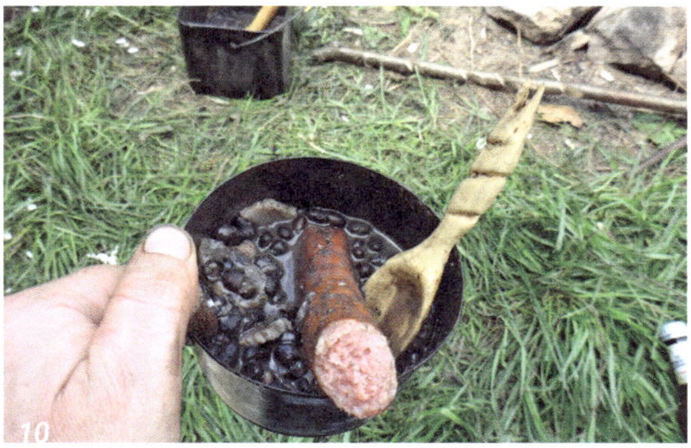

Damit der Deckel später auf die Dose passt, muss eine Aussparung im Deckel geschaffen werden. Hier kommt nochmals die Ahle des Taschenmessers zum Einsatz. Mit der Ahle werden am Rand des Dosendeckels im Halbkreis mehrere kleine Löcher hineingestochen ***[8]***. Der Halbkreis sollte dabei etwas größer sein, als der Henkel dick ist. Durch langsames Hinunterbewegen dieser halbkreisförmigen Perforation kann das Metallstück aus dem Deckel gelöst werden. Nun muss der Deckel nur noch durch einen kleinen Griff ergänzt werden, damit man sich später nicht die Finger verbrennt. Dafür sticht man mit der Ahle durch den Dosendeckel ***[9]***.
Dann spitzt man einen trockenen Ast flach an und drückt diesen mit etwas Kraft durch das Loch im Deckel. Da der Blechrand am Loch der Deckelinnenseite etwas »ausgefranst« ist, kann er nun um das Holz herum etwas festgedrückt werden. So kann das Holz nicht mehr aus dem Loch rutschen, es entsteht eine stabile Verbindung.

Nun kann man den Astgriff einfach auf Wunschlänge absägen und fertig ist die Upcycling-Bushcraft-Tasse oder auch Schüssel ***[10]***.

Mit etwas Kreativität ist es möglich, unglaublich viele Gegenstände aus solchen alten Dosen herzustellen. Schüsseln und Tassen in allen Varianten, so wie man sie gerne haben möchte.

Für den Bushcraft-Bereich gibt es enorm viel Ausrüstung, die man sich kaufen kann. Doch das ist häufig unnötig, denn das meiste kann man selber machen. Vor allem wenn man nicht so viel Geld hat oder noch ganz am Anfang dieses Hobbys steht. Dafür kombiniert man einfach sein Wissen über Naturmaterialien mit ohnehin anfallendem Wohlstandsmüll und verbindet damit Umweltbewusstsein mit Bushcraften, DIY und Upcycling.

Tipp:

Wenn man z. B. einen abnehmbaren Griff an einer Tasse haben möchte, führt man das gleiche Projekt nur mit trockenem Holz durch. Anstatt des Hohlsplintes nimmt man eine schmale Metallschraube, die man dann durch Griff und Dose stecken kann. Diese benötigt auch keine Gegenmutter, weil das Holz, sobald es mit Flüssigkeit in Berührung kommt, etwas aufquillt. Nach der Nutzung schraubt man die Schraube wieder heraus, und man hat eine Tasse mit abnehmbarem Griff.

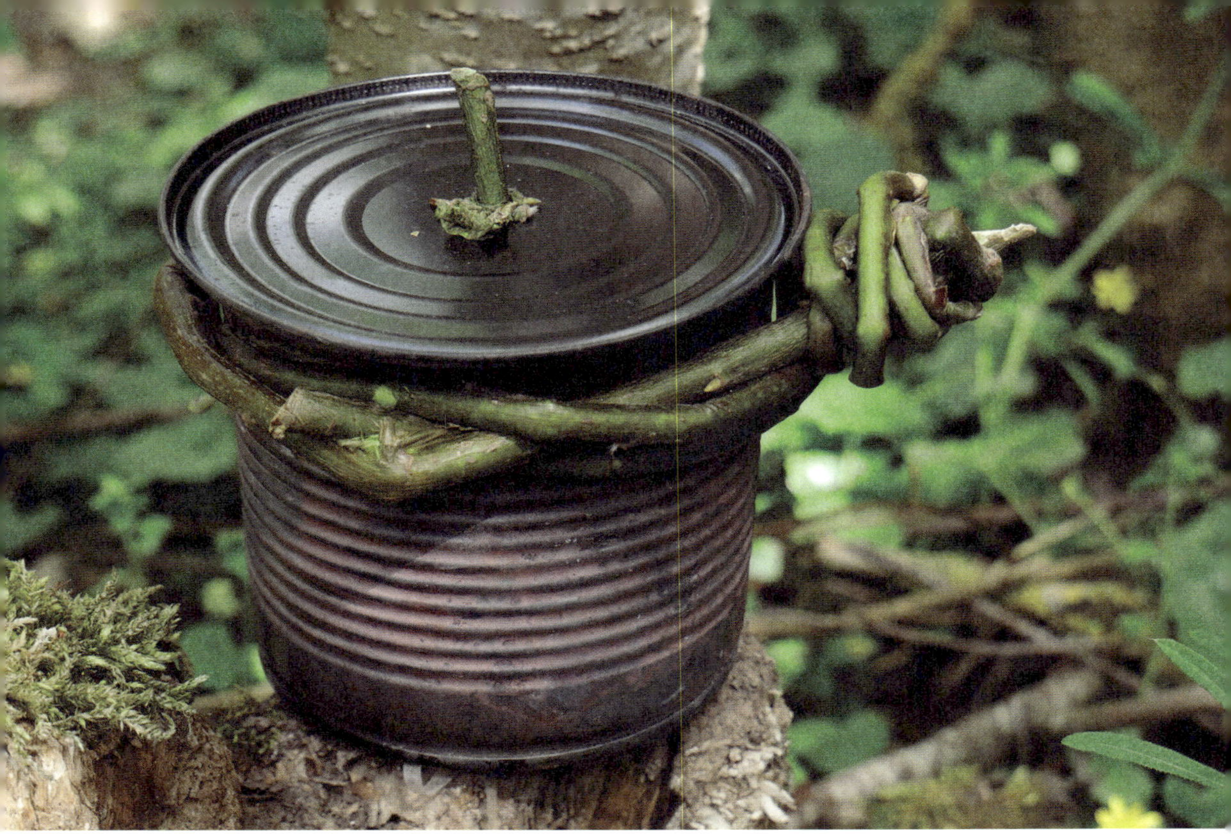

Dosentassen

... mit Weidenrutengriff

Zuvor wurde gezeigt, wie man sich relativ einfach eine langlebige Tasse aus einer Dose herstellen kann, die sich für einen festen Platz im selbst gemachten Kochequipment eignet.

Bei diesem Projekt soll es hingegen darum gehen, wie man relativ schnell eine Tasse improvisieren kann. Hier steht im Vordergrund, wie die Eigenschaften eines Naturmaterials bewusst genutzt werden können.
Die Weide ist eine vielfältig nutzbare Pflanze für den Bushcraftbereich. Das Holz lässt sich sehr einfach bearbeiten. Es ist relativ weich und gerade im getrockneten Zustand ein wirklich gutes Holz, um Feuer zu bohren. Die Rinde der Weide enthält einen Stoff, der schmerzlindernd wirkt, wenn er als Tee getrunken wird. Die Weidenruten, vor allem die Triebe, die im Frühling wachsen, sind ein wunderbares Bindematerial, das bei vielen Projekten anstatt einer Plastikschnur eingesetzt werden kann. Die meisten Körbe, die auch im Alltag genutzt werden, sind auch heute noch aus Weidenruten geflochten. Beim Bushcraften eignen sie sich durch ihre hohe Flexibilität besonders dazu, Holzkonstruktionen zu verbinden, wie es auch beim > ***Dörr- und Räuchergestell*** gezeigt wird.

Auch als Griff oder Henkel für Tassen sind sie bestens geeignet.
Eine Dose eignet sich immer als Gefäß, mit dem man Wasser schöpfen und woraus man trinken kann. Wenn man jedoch ein Heißgetränk wie einen Fichtennadeltee zubereitet, braucht man einen Greifschutz, um sich die Finger nicht zu verbrennen. Um einen solchen zu improvisieren, benötigt man lediglich ein paar frische Weidentriebe ***[1]***.

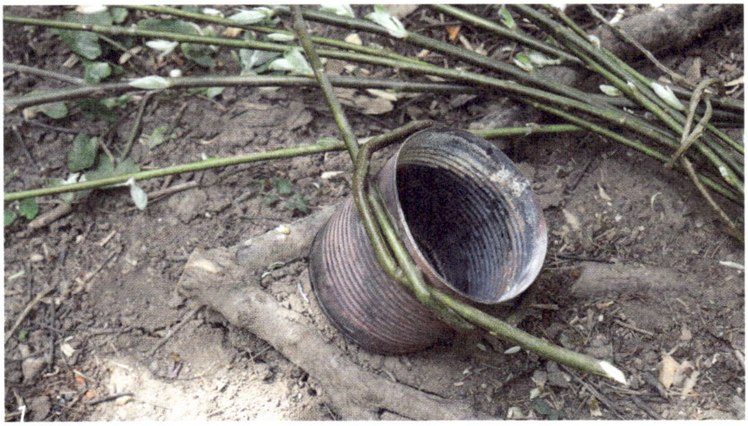

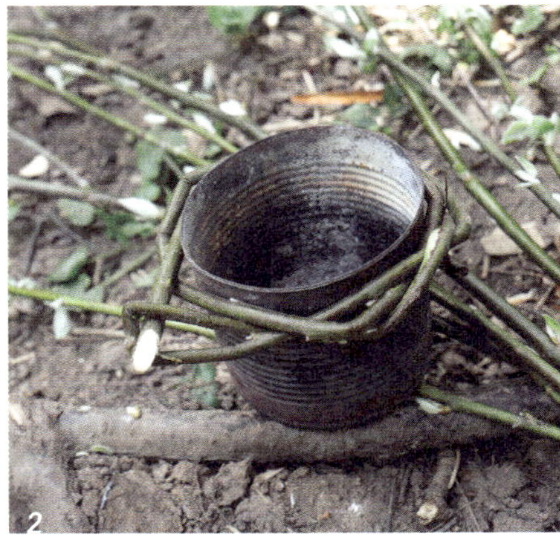

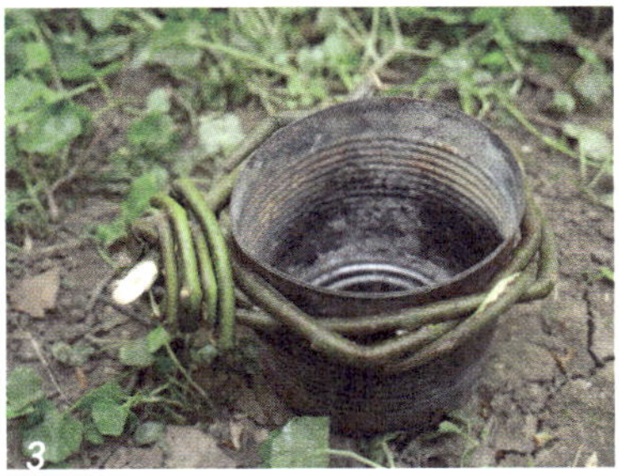

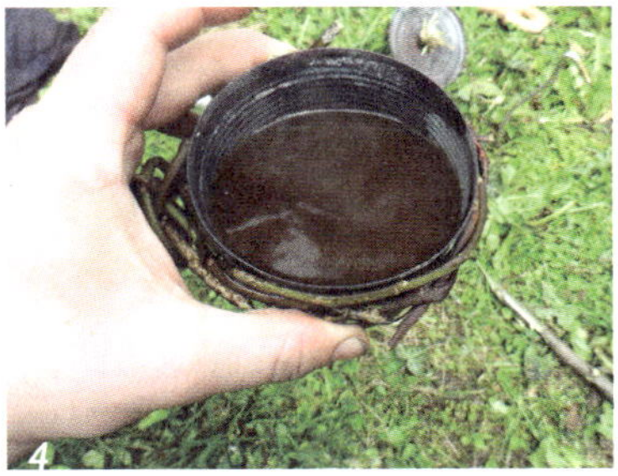

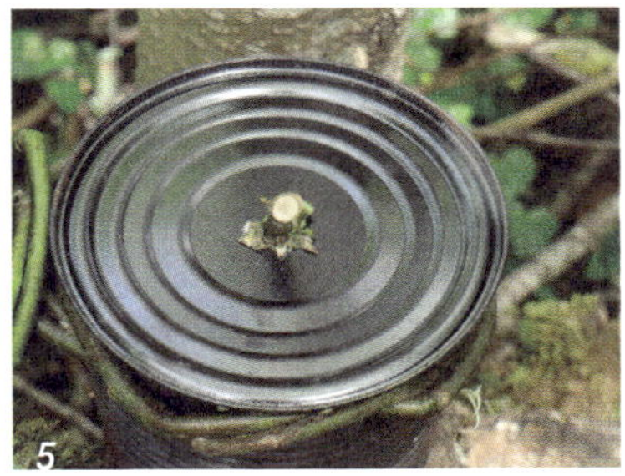

Aus diesen Trieben sucht man sich einen sehr biegsamen heraus und knotet ihn einmal um die Dose, bis man ein längeres und ein kürzeres Ende hat ***[2]***. Danach wird das längere Ende einfach immer weiter um die Tasse geflochten und zwar so, dass auf einer Seite der Tasse eine Schlaufe entsteht. Durch diese Schlaufe wird zum Schluss das Ende des kurzen Triebes gesteckt, nachdem man ihn einmal ganz um die Tasse herum geflochten hat ***[3]***.

Um diese Schlaufe wickelt man nun eine sehr dünne und ganz biegsame Weidenrute, damit eine Art Haltegriff entsteht ***[4]***.
Auch hier kann man sich schnell wieder einen Deckel improvisieren. Dazu sticht man einfach mit einer Ahle durch einen Dosendeckel und zieht ein wenig Weidenrute durch das entstandene Loch hindurch. So kann man den Deckel auch dann noch gut greifen, nachdem er vom Getränk heiß geworden ist ***[5]***. So entsteht in weniger als 5 Minuten eine Tasse, die einem mehrere Tage lang gute Dienste leistet. Leider verziehen sich die Ruten beim Trocknen meist so stark, dass der Griff nicht mehr passt. Dann lässt sich leicht ein neuer Griff flechten. Weide ist ein sehr dankbares Material, das man schnell ernten und ohne viel Vorbereitung verarbeiten kann.

Tipp:

Eine Dosentasse kann direkt in die Glut gestellt werden, um eine Tasse Tee zu kochen. So muss man gegebenenfalls nicht darauf warten, bis der Kochtopf leer gegessen ist.

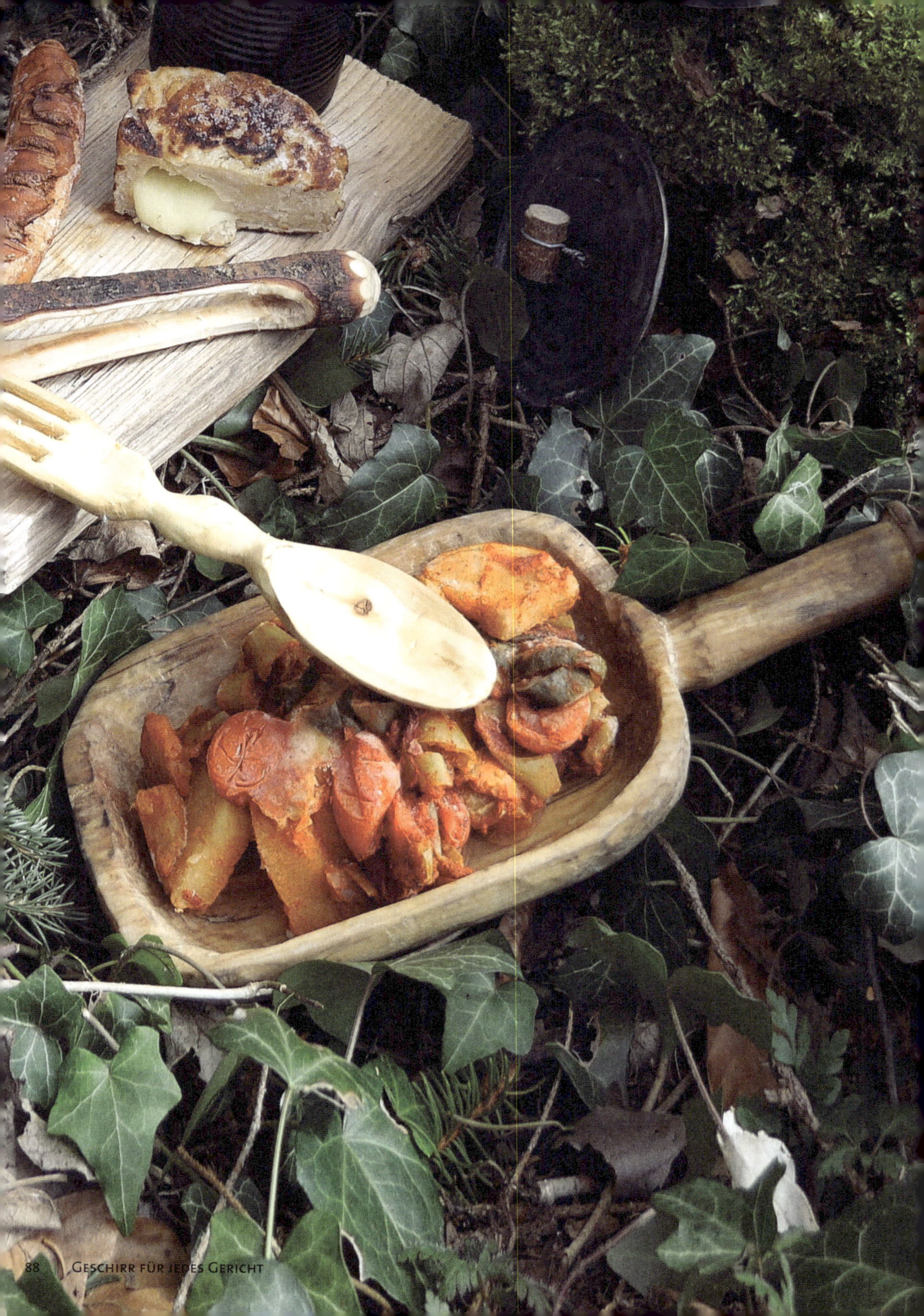

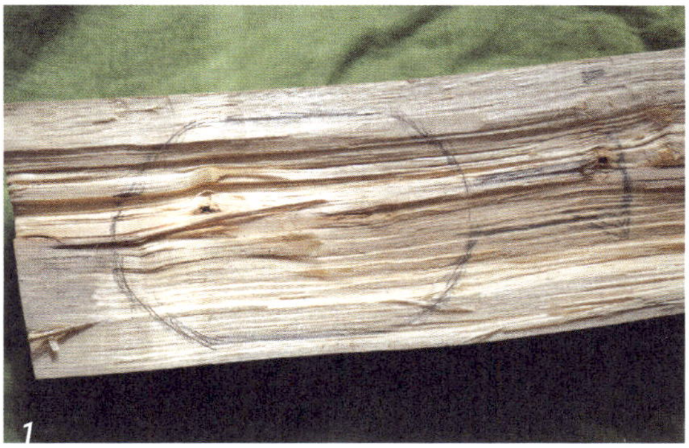

1

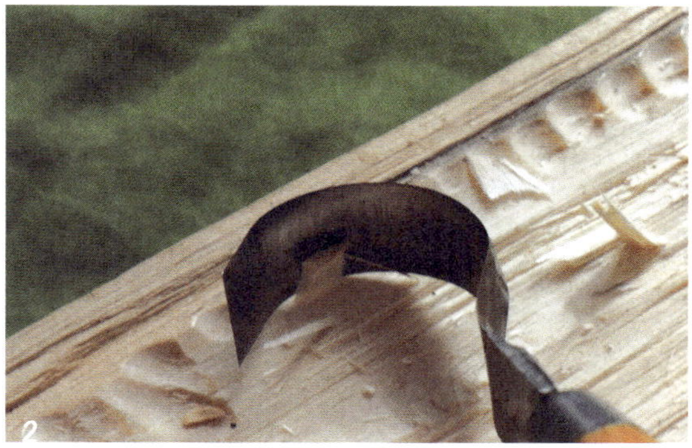

2

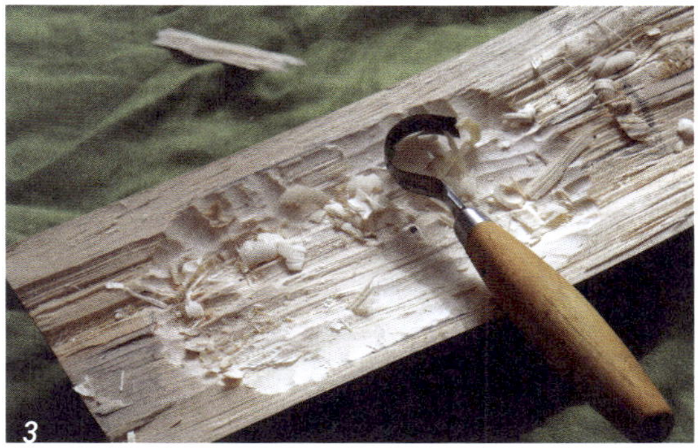

3

Holzschale

... geschnitzt

Auch wenn eine Essschale aus Holz beim Bushcraften kein »Muss« ist, trägt sie doch deutlich zum Esskomfort bei. Ist man mit viel Gepäck unterwegs, mag so manche BushcrafterIn auf das zusätzliche Gewicht verzichten wollen und argumentieren, dass man ja auch direkt aus dem Topf essen könne. Das stimmt natürlich und doch werden wir hier eine kleine Schale fertigen, die in jeden Rucksack passt. So oder so ist es einfach ein tolles Gefühl, am Lagerfeuer zu sitzen und sich aus dem Gemeinschaftstopf eine Portion Eintopf in die eigene Schüssel zu schöpfen. Besonders gut eignen sich dafür Schalen mit einem längeren Griff. Damit kann man sie gut halten und befüllen, ohne sich dabei die Finger zu verbrennen.

Für die Schale wird eine Spalthälfte der Birke verwendet, aus deren anderer Hälfte bereits die Kuksa hergestellt wurde. Zuerst wird der Grundriss angezeichnet *[1]*. Für eine Schale mit Griff muss das Holzstück nicht viel länger sein als das Endprodukt. Im Gegensatz zu vielen anderen Schnitzprojekten aus diesem Buch kann hier das Werkstück schon bei der Bearbeitung am Griff gefasst werden.

Zuerst wird mit dem Löffelmesser der Innenrand definiert. Dafür wird entlang der Zeichenlinie immer wieder mit einer leichten Drehbewegung des Handgelenks > ***Drehschnitt*** ins Holz gedrückt *[2]*. So verhindert man, dass Fasern ausreißen, wenn man danach mit mehr Kraft ins Holz schnitzt. Vor allem zu Beginn ist es wichtig, dass man dabei sehr vorsichtig vorgeht.

Am besten funktioniert dies, wenn man die Arbeit auf dem Waldboden oder einem Baumstumpf ausführt. Ist der Rand vordefiniert, kann man durch leichtes Arbeiten zum Körper hin > ***Werkzeugtechniken*** etwas mehr Holz abtragen. Die beiden Techniken werden abwechselnd eingesetzt bis eine flache Kuhle entstanden ist *[3]*.
Ist der Rand deutlich herausgearbeitet und schon eine leichte Rundung zu erkennen, kann immer mehr Kraft eingesetzt werden. Dabei wird wohldosiert zum Körper

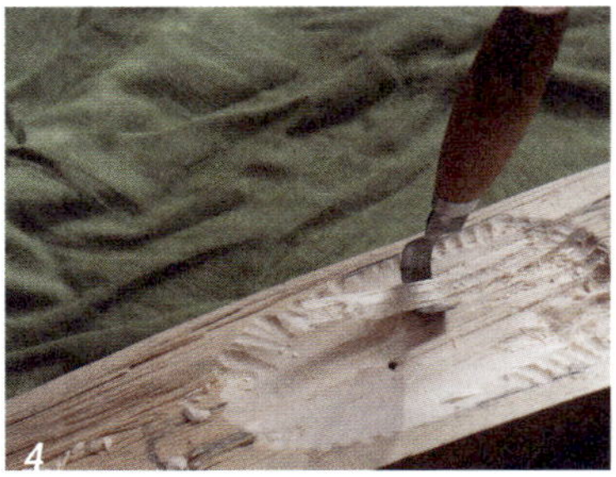
4

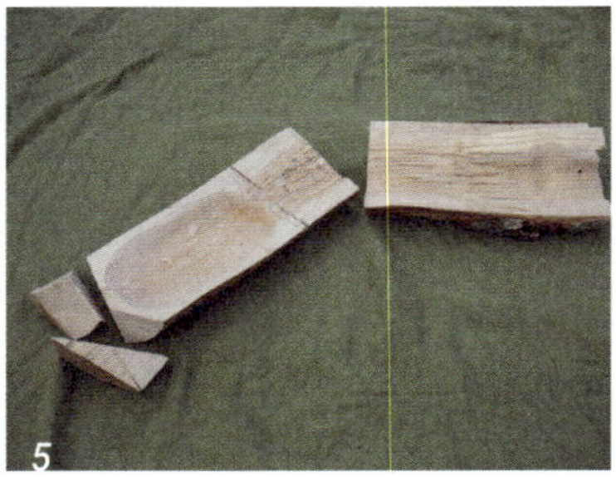
5

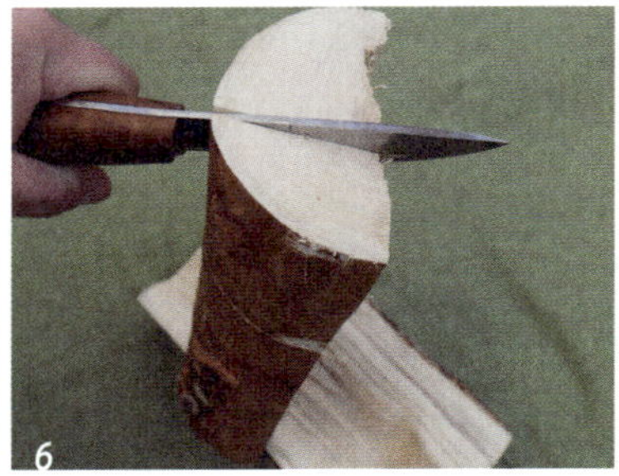
6

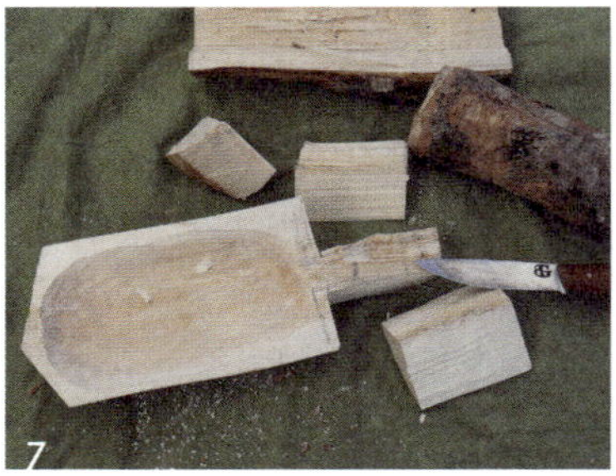
7

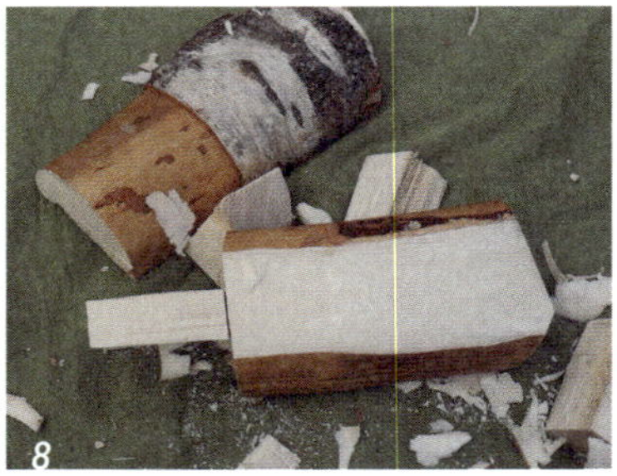
8

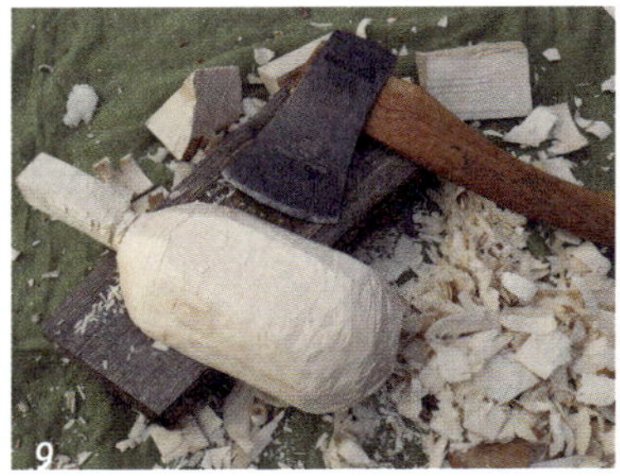
9

hin geschnitzt. Dies ermöglicht es, ganze Faserschichten aus dem Birkenholz zu entfernen, wodurch man schnell und gezielt vorankommt ***[4]***. Wenn sich das Werkzeug am Schüsselrand etwas verhakt, wird es vorsichtig abgesetzt und korrigiert, entweder durch den Drehschnitt oder man dreht das Werkstück um 180 Grad und versucht es von der anderen Seite.
Wie bei der Kuksa arbeitet man die gesamte Höhlung schon zu diesem frühen Zeitpunkt heraus. Später werden nur noch die Feinarbeiten erledigt.
Ist die Höhlung ausreichend tief, sägt man die Spitze der Schale v-förmig ab und am Übergang der Schale zum Griff von beiden Seiten bis zur Zeichnung ein. Ist das Werkstück deutlich länger als die Schale, wird der Griff passend gekürzt. Der Griff sollte dabei etwas länger als handbreit bleiben ***[5]***. Für die grobe Ausarbeitung des Griffs wird das Messer in der Verlängerung der seitlichen Einschnitte am oberen Ende Griffzeichnung angesetzt ***[6]***. Nun schlägt man mit einem Ast leicht auf den Klingenrücken, wie man es auch beim > ***Spalten mit Messer*** (Batoning) machen würde. Dafür ist kaum Kraft notwendig. Es ist dabei besser, viele leichte gezielte Schläge auszuführen, als einen starken. Dabei wird das überschüssige Holz ohne große Probleme entfernt. Dieser Vorgang wird auf der gegenüberliegenden Seite wiederholt ***[7]***.
Nun kann man sich der Rückseite der Schale widmen. Zuerst flacht man mit dem Messer die Unterseite der Schale ab, damit diese später beim Abstellen nicht umkippen kann. Dann wird am Übergang von Schale zu Griff ein Schnitzstopp eingesägt, dessen Tiefe sich an der gewünschten Griffunterkante orientiert ***[8]***.
Der Schnitzstopp ist hier sehr wichtig, weil von nun an mit dem Beil weitergearbeitet wird. Natürlich könnte die Schale auch mit dem Messer geschnitzt werden, jedoch würde man dafür sehr viel mehr Zeit und Kraft benötigen. Durch > ***leichtes Hacken*** wird die Schale nun in Form gebracht. Dabei ist es besonders wichtig, dass man mit dem Beil vorsichtig arbeitet und zwischen Hacken und Schnitzen abwechselt. Dafür wird die Schale auf den Boden gestellt und in wechselnden Winkeln gehalten, um die Rundung herauszuarbeiten. Am besten beginnt man an der Spitze und arbeitet sich zur Griffseite hin vor.

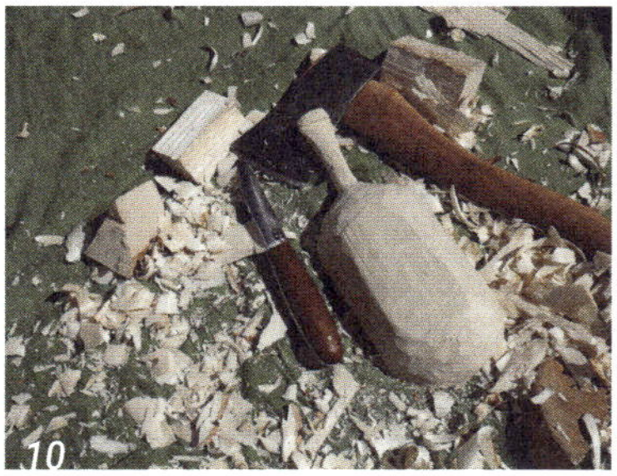

10

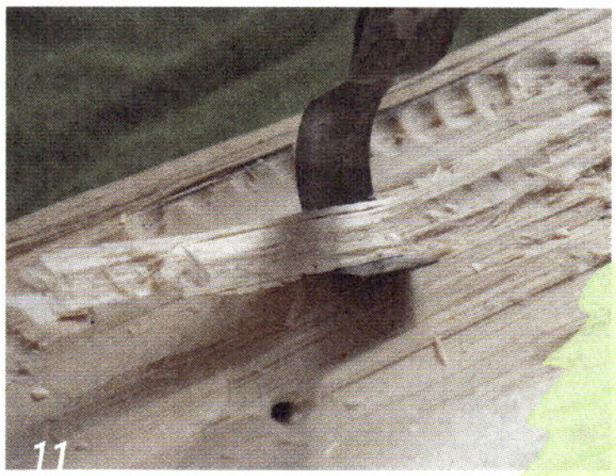

11

Tipp:

Holzbesteck und Geschirr sollte nach dem Benutzen gut trockengerieben werden. Auf keinen Fall in Plastiksäcken o.Ä. transportieren. Nicht ohne Grund hängen viele Rucksackwanderer die Holztasse außen an den Rucksack. Es ist wichtig, dass die Gegenstände an einem trockenen luftigen Ort ohne direkte Sonneneinstrahlung gelagert werden. Am besten hängt man sie auf, so werden Schimmel und Risse verhindert.

Hat man die Schale gut angezeichnet, geben die Rundungen des Stammes die seitlichen Rundungen der Schale vor, so dass hier nicht mehr viel Holz abgenommen werden muss *[9]*. Ist die gewünschte Form erreicht, kann auch der Griff ausgearbeitet werden, zuerst mit der > ***Grundschnitztechnik*** und danach mit der > ***Fingerschiebtechnik***. Er kann nach Belieben gestaltet werden. Hier ist es wieder eine »Hakenform«, damit die Schale zu Kuksa, Gabel und Löffel passt. Zudem kann die Schale so gut mit einer Schnur am Griff aufgehängt werden. Wer möchte, kann kurz vor Griffende wieder einen Schnitzstopp einsägen, der das Arbeiten erleichtert *[10]*. Sobald sich der Griff gut greifen lässt, können die Feinarbeiten an der Schale beginnen. Hier wird wieder nur mit Daumendruck gearbeitet und zum Schluss mit der Messerschneide, wie schon beim Löffel gezeigt, über das Holz gehobelt, um die letzten Fasern zu entfernen. Auch auf der Innenseite der Schale kann so gehobelt werden. Gröbere Unebenheiten werden vor dem Hobeln mit dem Löffelmesser entfernt *[11]*.

Wer möchte, kann die fertige Schale auch zu Hause noch nachschleifen. Im Anschluss füllt man die Schale mit Lein- oder Rapsöl und lässt sie so über Nacht stehen. So wird das Holz »imprägniert«. Man kann das Stück auch mit einem fetthaltigen Gulasch einweihen und danach mit einem Tuch sauber reiben – alles eine Frage des persönlichen Geschmacks.
Viele meinen, dass Holzbesteck und -geschirr nicht robust genug seien. Dagegen spricht, dass etliches Holzbesteck in der Outdoorszene schon jahrelang im Einsatz ist.

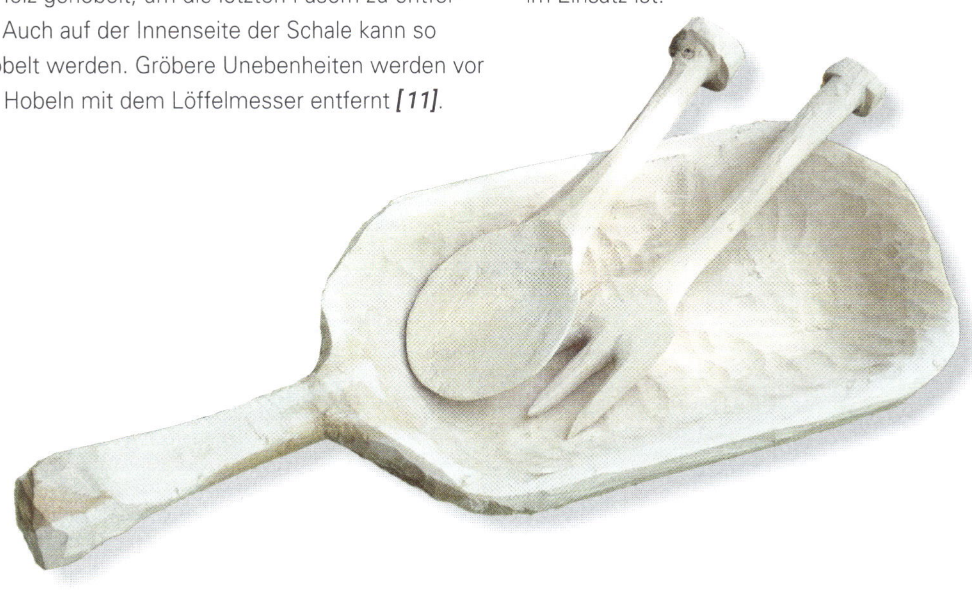

Holzschalen

... gebrannt

Der ursprünglichste Weg zur eigenen Ess-Schale führt übers Ausbrennen. Vor allem dann, wenn man nur ein Messer und eine Säge zur Verfügung hat oder gar nur ein Beil. Denn ein mittig gespaltener Holzstamm mit einer runden und einer flachen Seite eignet sich immer bestens zum Ausbrennen – sei es zu einer Schale, einem Teller, Löffel oder gar einem Kochtopf. Alles beginnt mit einem »Halbstamm«, so auch diese Ess-Schale.

Dafür können viele ungiftige Holzarten verwendet werden, sofern sie einigermaßen trocken sind und keine Risse haben > ***Glutbrennen***. Hier wurde Ahorn verarbeitet.
Der Halbstamm sollte etwa 20–25 cm lang und 15 cm breit sein.

Nachdem der Stamm auf diese Länge abgesägt ***[1]*** und mit dem Beil > ***Arbeiten mit dem Beil*** in zwei Hälften gespalten worden ist ***[2]***, wird die runde Außenseite einer Hälfte mit dem Beil so begradigt, dass man den Stamm waagrecht und stabil eben hinstellen kann ***[3]***. Erst wenn nichts mehr kippelt ***[4]***, wird die Glut auf der Oberseite in der Mitte länglich platziert und angepustet ***[5]***.
Das Auseinanderspalten des Stamms funktioniert auch mit dem Messer: Dafür wird er mit einem Keil gespalten > ***Spalten mit Messer und Keil*** und die Spaltfläche mit der > ***Grundschnitztechnik*** glatt geschnitzt.

Wie beim > ***Glutbrennen*** erklärt, wird die Glut immer wieder erneuert und zwischendurch die Holzkohlenreste mit einem passenden Stein, Messer oder spitzen Stock aus der Vertiefung geschabt ***[6]***.
Vorsicht: Nie mit dem Messer schaben solange das Holz noch glüht, da sonst die Kohlenstoffverbindung im Metall zerstört werden kann.

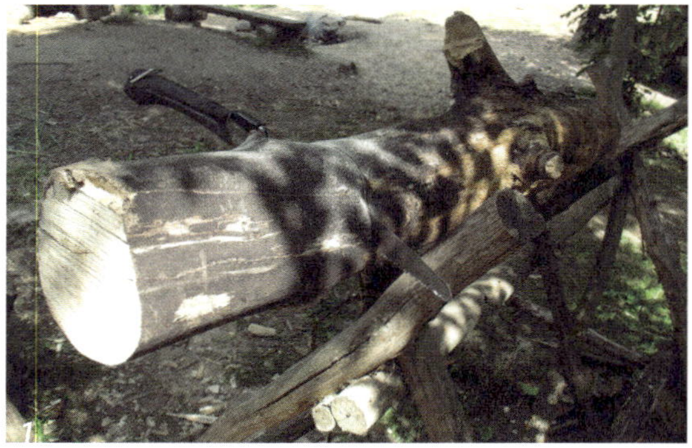
1

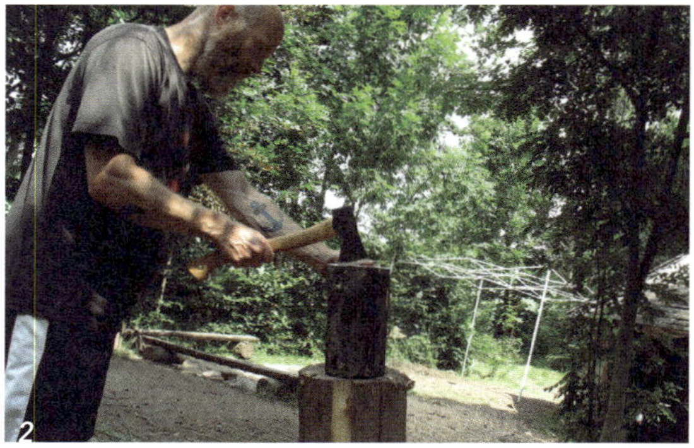
2

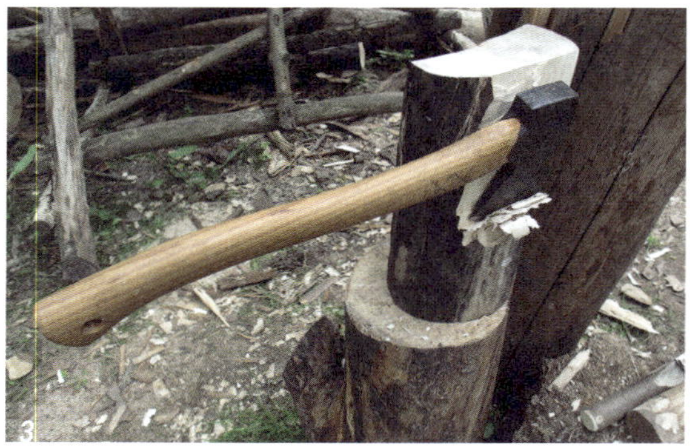
3

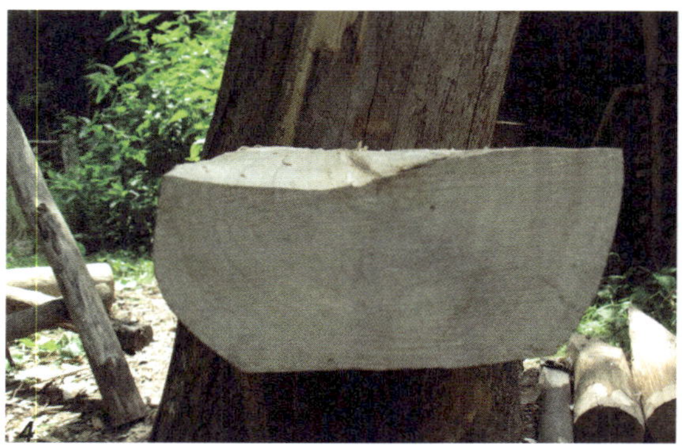
4

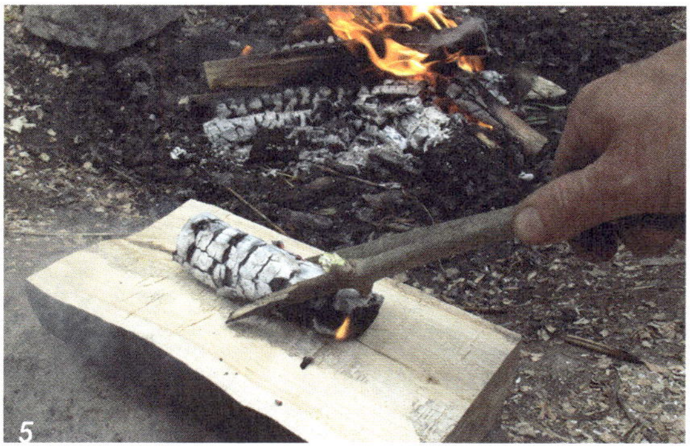

5

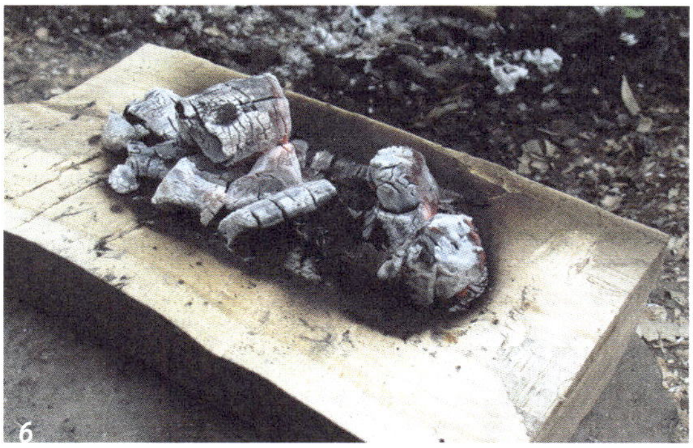

6

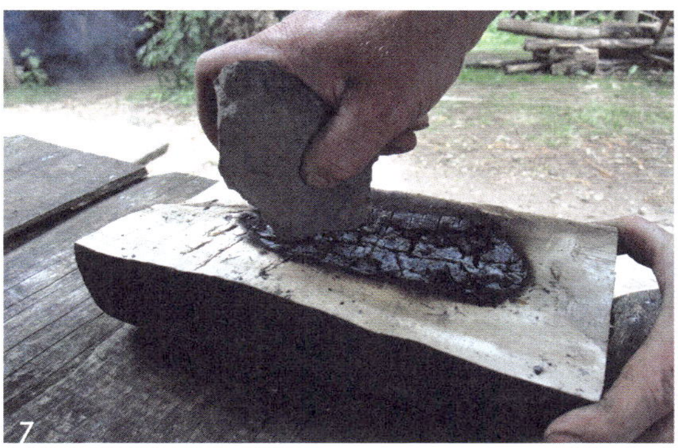

7

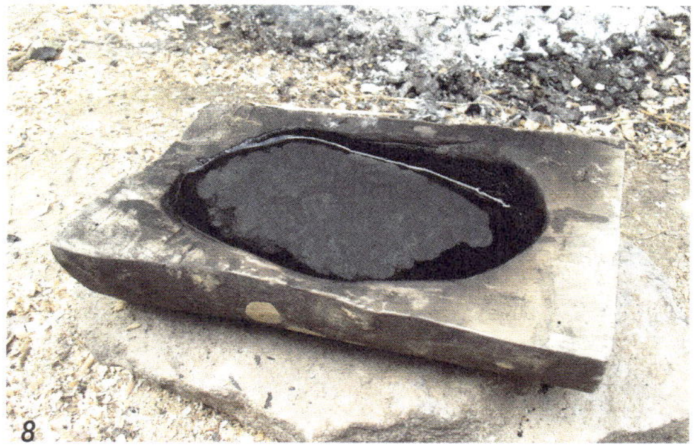

8

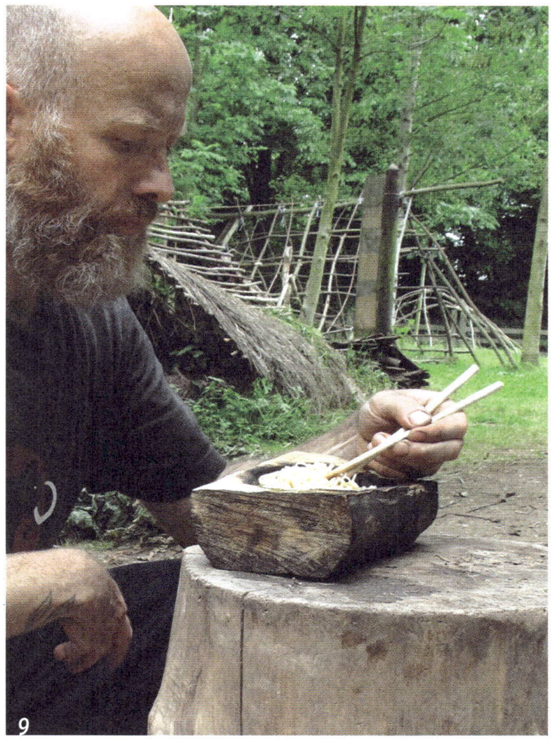

9

Ist die Gluthöhlung groß genug, wird sie sauber ausgeschabt ***[7]*** und mit Wasser so lange ausgespült, bis das Wasser keine schwarzen Rückstände mehr zeigt ***[8]***.
Damit ist die Essensschale zur Nutzung freigegeben und kann mit leckerem Selbstgekochtem gefüllt werden ***[9]***. Wer möchte, kann mit dem Messer noch die letzten Unebenheiten wegschnitzen oder Verschönerungen vorgenehmen.

Tipp:

Ähnlich wie bei der Birkenschale kann die ganze Schüssel von außen mit dem Beil in Form gehackt werden. Damit erspart man sich viel Arbeit und erhält ein schönes Ergebnis.

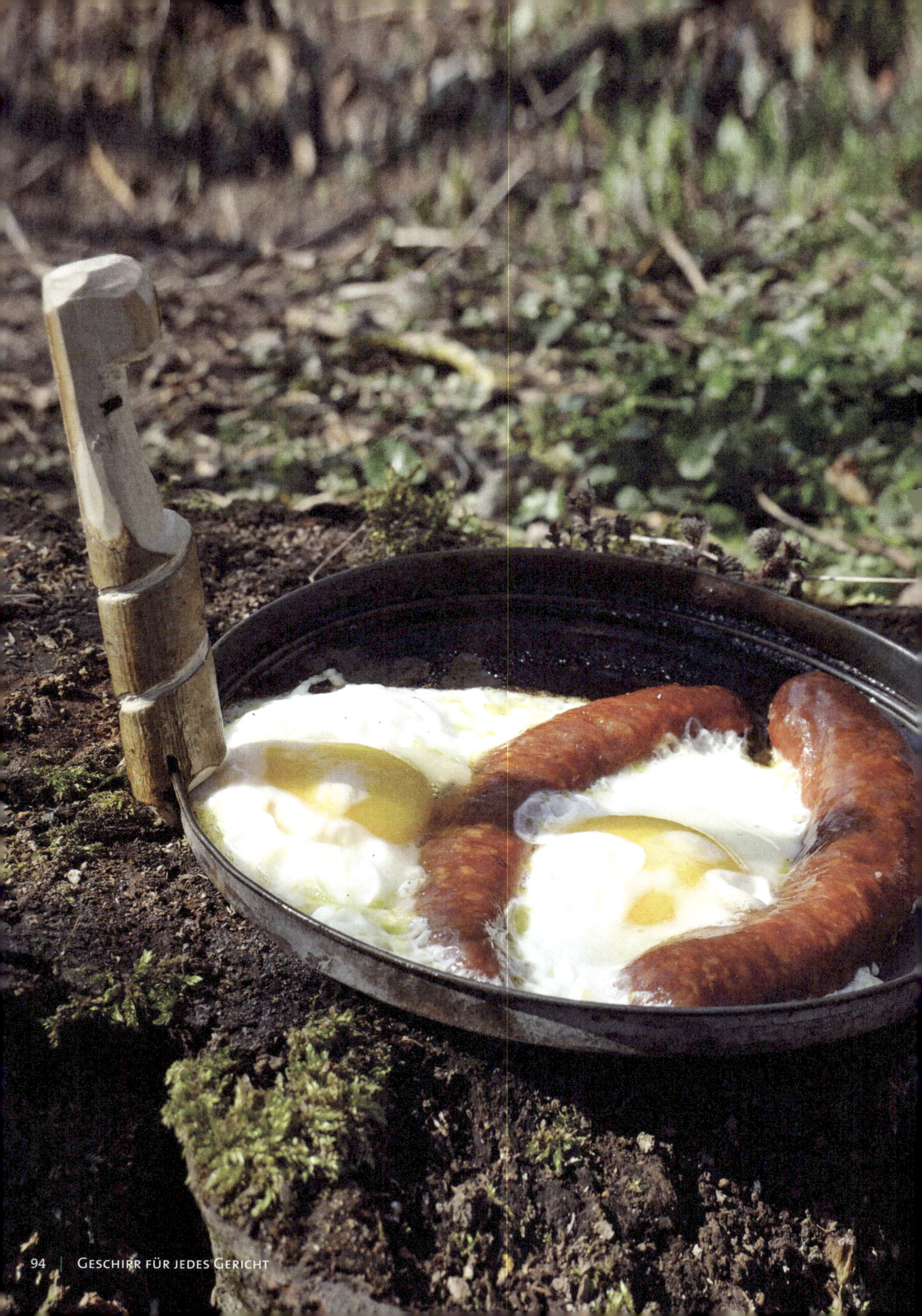

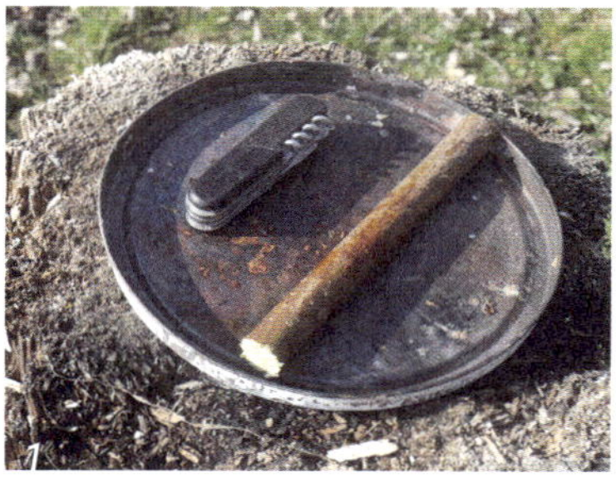

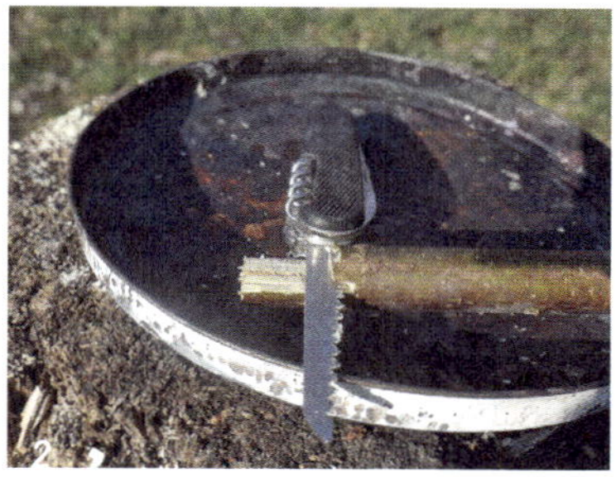

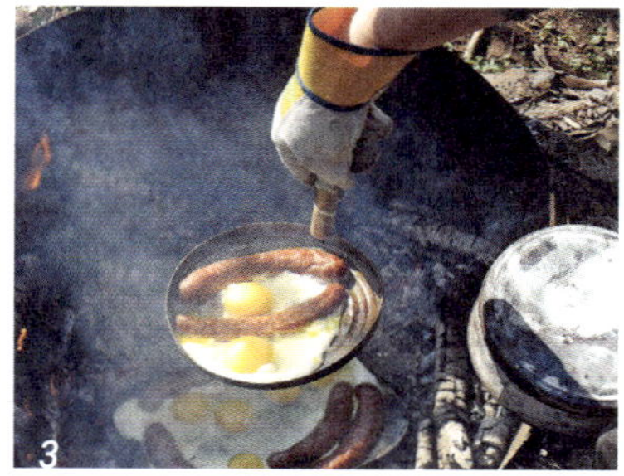

Dosenteller

Die Zusammenstellung des Kochequipments hängt auch immer vom Gewicht ab. Deshalb ist es sinnvoll, wenn sich Ausrüstungsgegenstände multifunktional benutzen lassen. Ein Teller ist zwar nicht unbedingt nötig, doch sehr komfortabel.

Der Teller sollte dann allerdings nicht zu schwer und auf jeden Fall hoch genug sein, dass man auch flüssige Gerichte einfüllen kann. Metallteller haben den Nachteil, dass sie sehr heiß werden können, doch den großen Vorteil, dass man darin auch kochen und braten kann. Um den Teller als Bratpfanne zu nutzen, benötigt man einen Holzgriff aus einem kleinen Stock, den man wie hier gleich als multifunktionalen Griff schnitzen kann, der sich dann auch für andere Pfannen und Töpfe einsetzen lässt.

Für einen Dosenteller benötigt man einen Deckel von einer Keksdose mit einem entsprechenden Rand ***[1]***. Der Deckel wird vor der Benutzung ausgebrannt. Es ist egal, ob der Deckel rund oder eckig ist. Ein runder Deckel hat den Vorteil, dass sich die Mitte nach unten wölben lässt, wodurch er beim Einsatz als Pfanne in heißer Asche und auf unebenen Böden besser stehen kann und auch etwas mehr Fassungsvolumen hat. Für die Wölbung hält man den Deckel mit beiden Händen fest und drückt mit den Daumen die Innenseite nach außen. Der Ast für den Griff sollte mindestens 15 mm dick ein. Es gilt: je größer die Pfanne, umso dicker sollte der verwendete Ast sein.

Der Ast wird von oben genau in der Mitte eingesägt. Dafür nutzt man die Technik > ***Sägen mit der Faser***. Der Sägeschlitz sollte dabei minimal tiefer sein als die Höhe des Tellerrands. Dann wird 5 mm oberhalb der Einsägung eine Asthälfte abgesägt ***[2]***. So entsteht eine kleine »Nase«, die den Tellerrand bei Druck nach außen festklemmt. So kann damit der Teller aus der Glut genommen und auch während des Essens festgehalten werden ***[3]***.

Mit dem Dosenteller zu kochen ist leicht. Man kann ihn direkt in die Glut stellen oder zwischen zwei Steine legen. Entscheidend ist, dass mit genug Fett gekocht wird, damit die Speisen nicht einbrennen ***[4]***. Auf dem Foto ist ein sehr großer Deckel zu sehen, der mit einem Griff allein nicht angehoben werden kann, sondern noch einen zweiten auf der gegenüberliegenden Seite braucht. Ist das Essen fertig, lässt es sich mit den Griffen einfach aus dem Feuer heben. Solange man alleine unterwegs ist, ist es Geschmacksache, ob man einen Teller braucht, eine Schüssel bevorzugt oder auf beides verzichtet. Doch sobald man in der Gruppe auf Tour geht, wird sich ein Dosenteller mit Haltegriff bewähren, da ja sicher nicht alle aus demselben Topf essen wollen.

Tipp:

Für die Fertigung des Griffs darf kein morsches Holz verwendet werden, weil es ausbrechen würde.

Wenn für die Herstellung eines Holzbretts die Zeit fehlt oder man einfach mal etwas anderes nutzen möchte, bietet sich eine Essensunterlage aus Schilfgras an.

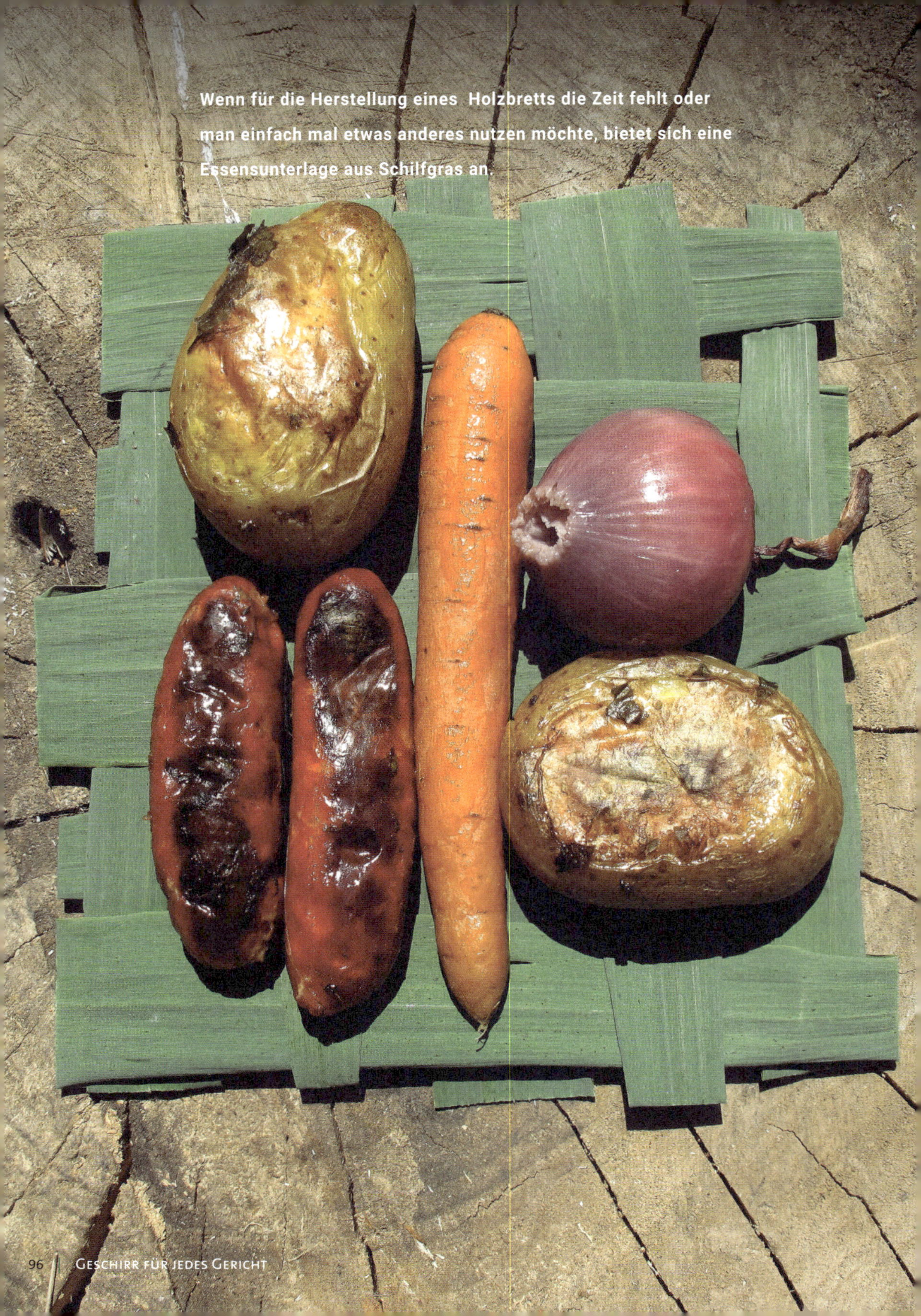

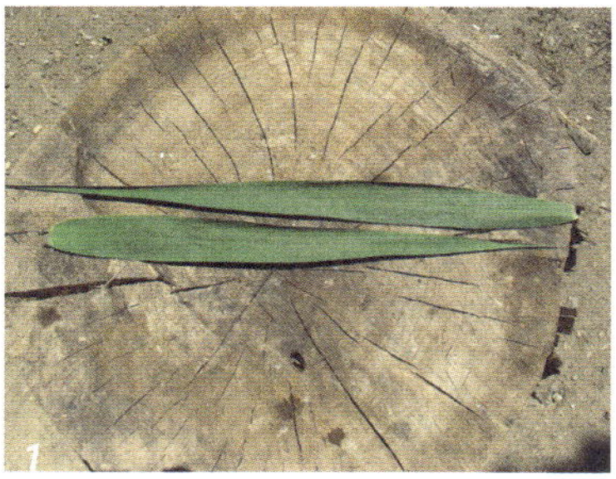

1

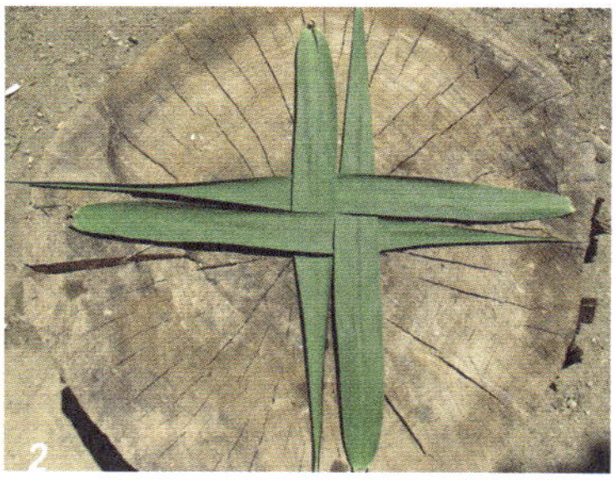

2

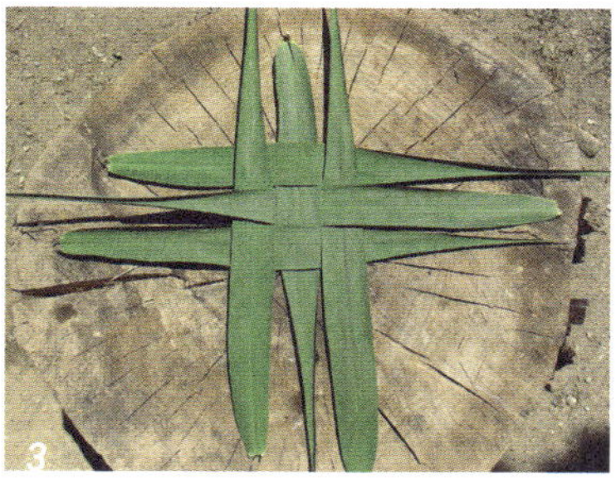

3

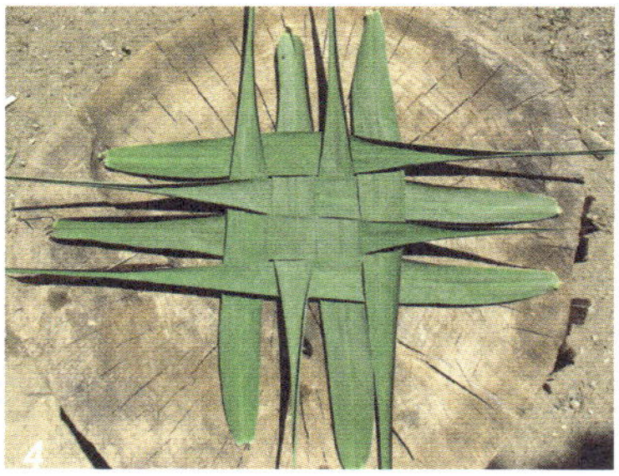

4

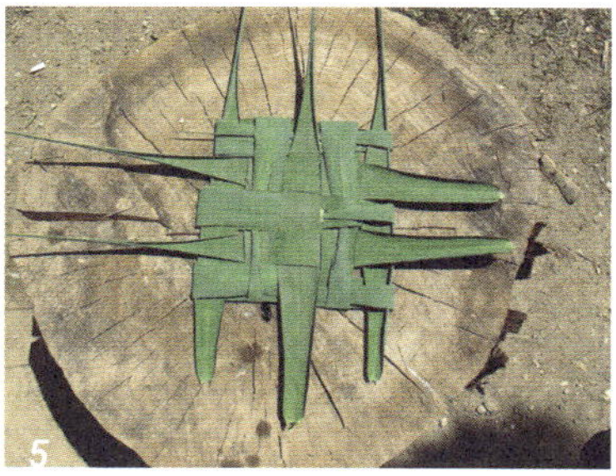

5

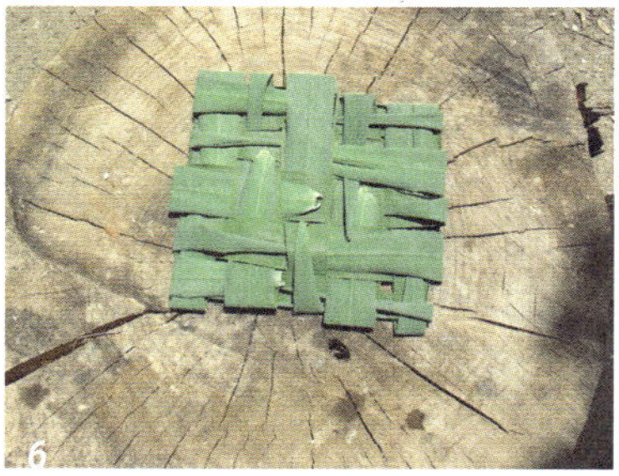

6

Essensunterlage

Schilfgras wächst an kleinen Gewässern oder an Seen. Seine langen schmalen Blätter sind somit hervorragend dafür geeignet, um daraus eine Unterlage zu flechten, auf der man das Essen sauber ablegen kann.

Für eine kleine Unterlage braucht man 10 Blätter, die sofort geflochten werden müssen, weil sie sich sonst zusammenrollen. Die ersten beiden Blätter werden längs nebeneinander gelegt, dabei zeigen die Blattspitzen in die jeweils entgegengesetzte Richtung *[1]*. Zwei weitere Blätter werden quer darauf gelegt, die Spitzen zeigen wieder in entgegengesetzte Richtungen *[2]*. Die über Kreuz liegenden Blätter werden nun miteinander verflochten *[3]*. Danach wird an jeder Seite nochmals vorsichtig ein weiteres Blatt hineingeflochten, so dass die Blätter immer im Wechsel über- und untereinander liegen *[4]*. Das so entstandene Flechtmuster sieht dann wie ein Schachbrett aus. Die Blätter werden nun so zurechtgezogen, dass an zwei gegenüberliegenden Seiten noch je ein Blatt eingeflochten werden kann und zum Schluss alle Blattspitzen gleichmäßig überstehen *[5]*.
Nun werden die überstehenden Blattabschnitte zu einer Seite hin umgeklappt und ins Flechtwerk unter ein anderes Blatt hineingeschoben. So entsteht ein gleichmäßiger und stabiler Rand *[6]*. Dreht man die Schilfgrasunterlage nun um, kann sie sofort genutzt werden, um das Essen darauf zu legen. Der Vorteil der Schilfgrasunterlage ist, dass sie schnell gemacht ist, der Nachteil, dass sie nur einen Tag zu gebrauchen ist, weil sie sich danach zusammenrollt *[7]*.

7

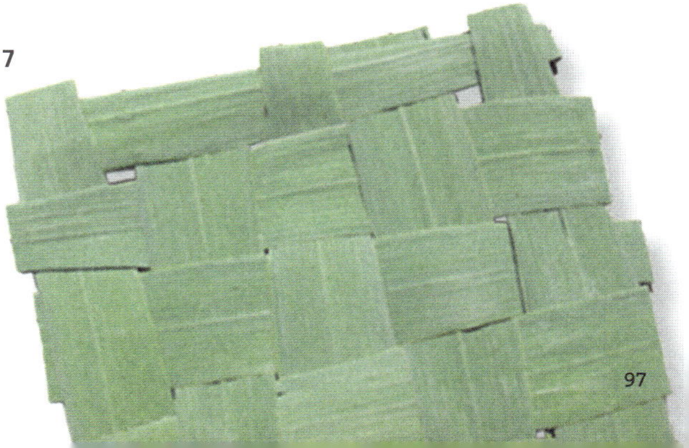

KOCHWERKZEUGE FÜR DIE CAMPKÜCHE

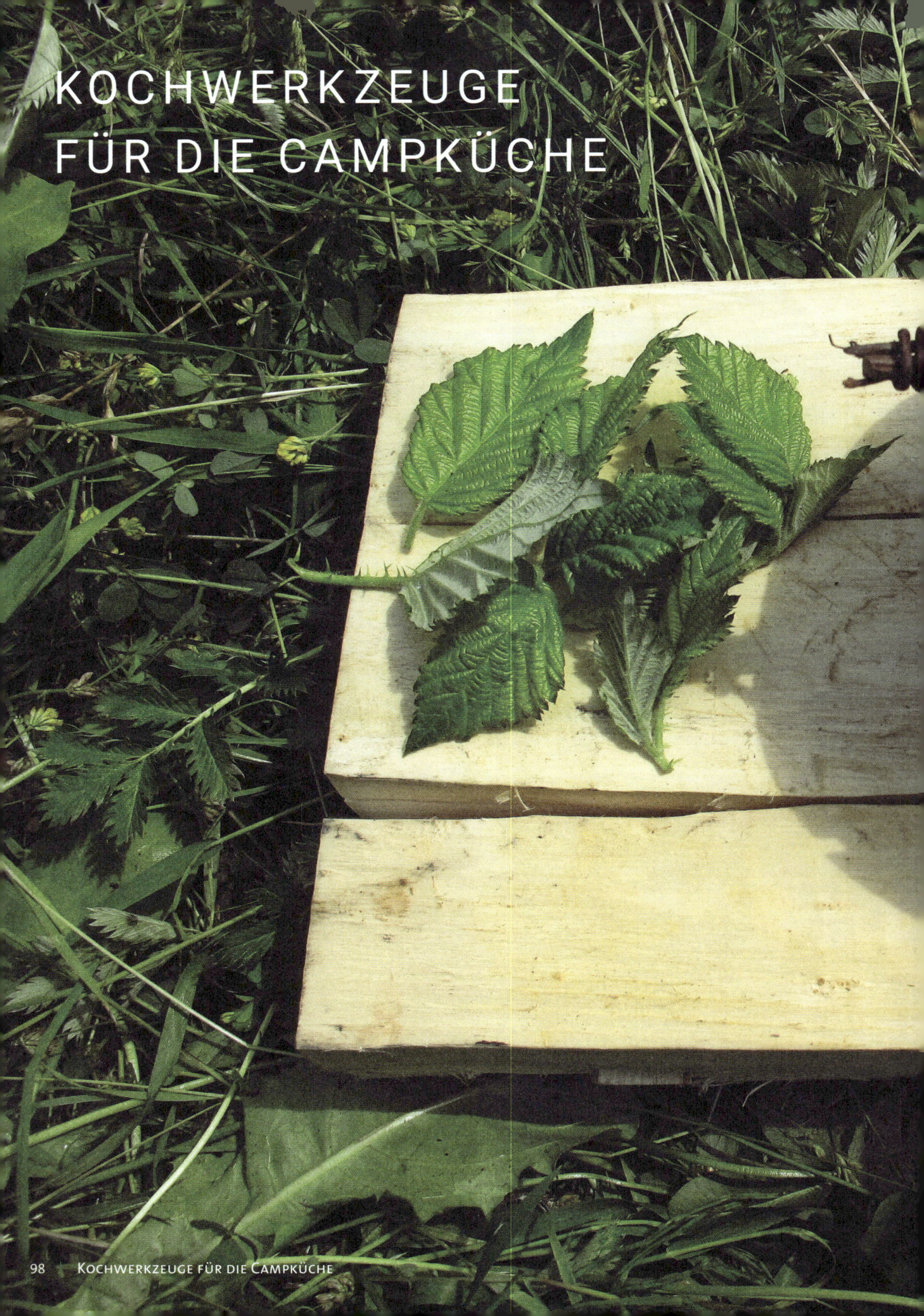

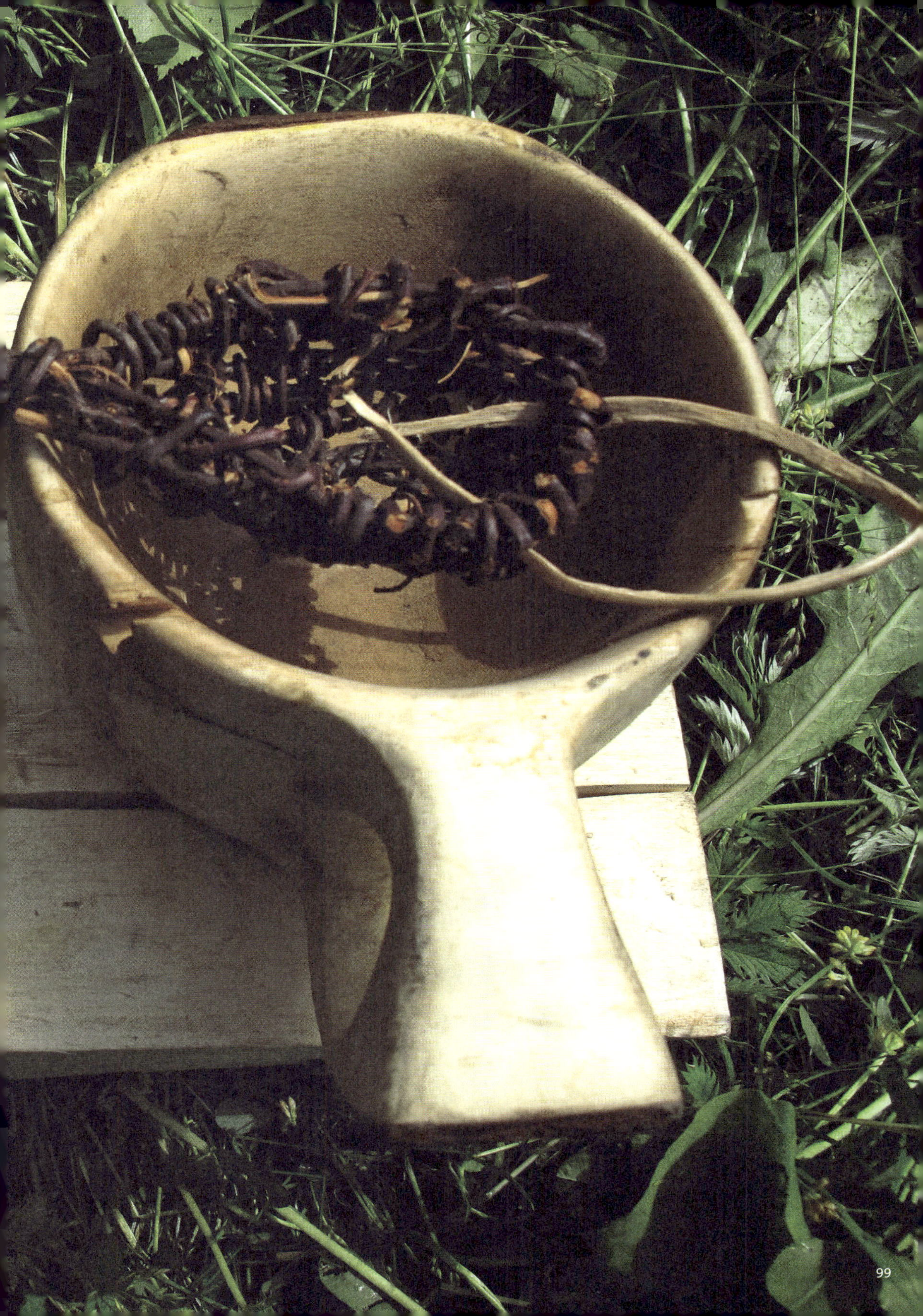

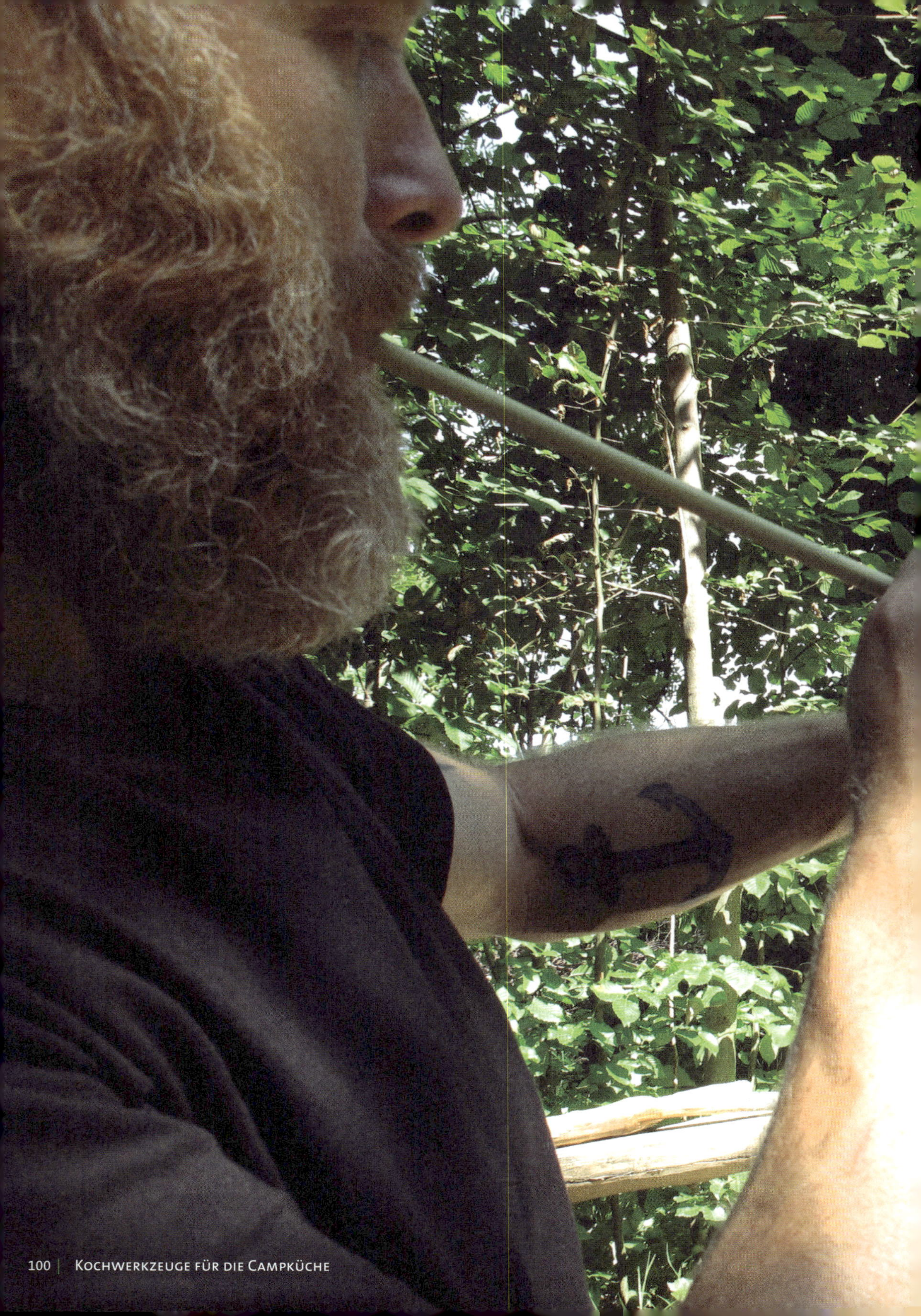

Kochlöffel

Für einen ausgebrannten Kochlöffel lässt sich fast jedes Holz verwenden. Besonders gut eignet sich allerdings Birke, weil sie sich gut bearbeiten lässt und dennoch ausreichend hart und damit haltbar ist. Birkenholz liegt vom Härtegrad her zwischen Hart- und Weichhölzern – ideal für die Herstellung von Besteck.

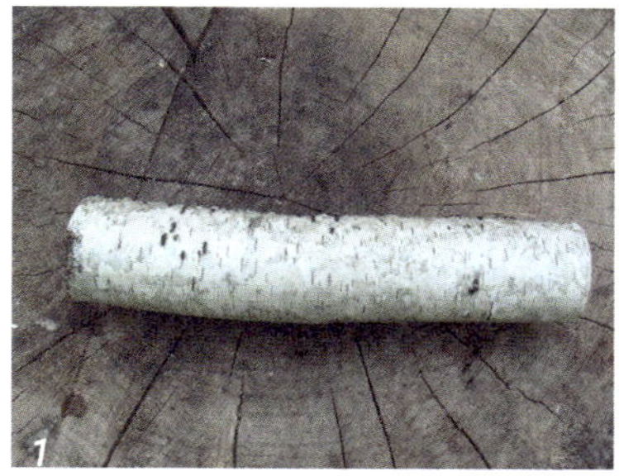

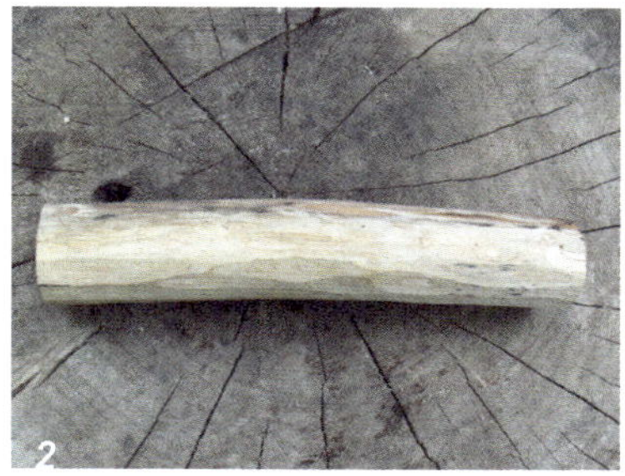

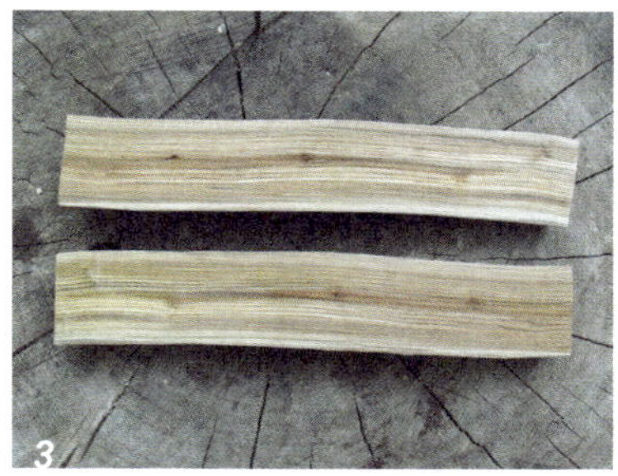

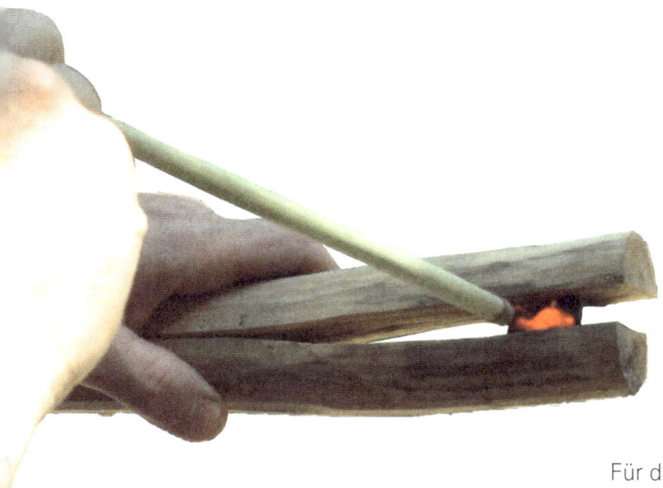

Für die Herstellung eines Löffels mittels Glut wird ein Ast mit einem Durchmesser von 5 cm und einer Länge von 15–17 cm gebraucht ***[1]***.
Dieser wird zuerst mit dem Taschenmesser komplett von seiner Rinde befreit, bis nur noch das blanke Holz zu sehen ist. Das geht bei Birkenholz sehr gut. Am besten funktioniert es, wenn man zuerst die eine Hälfte entrindet – dabei immer vom Körper weg schnitzen – und den Stock dann umdreht, um die andere Hälfte zu bearbeiten ***[2]***. Danach wird der Ast in der Mitte hochkant in zwei gleich dicke Hälften gespalten ***[3]***, siehe ***Werkzeugtechniken.***

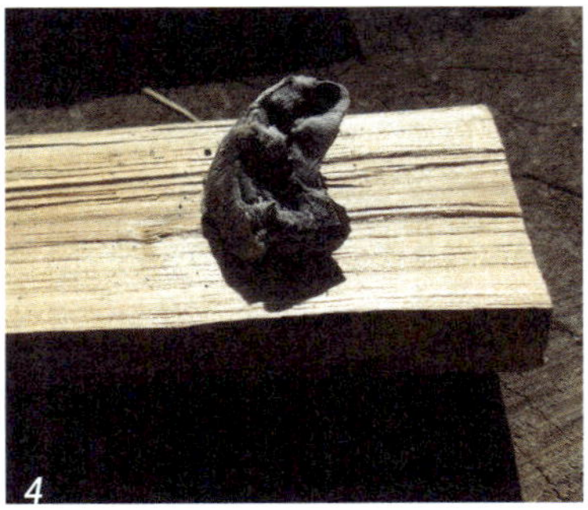
4

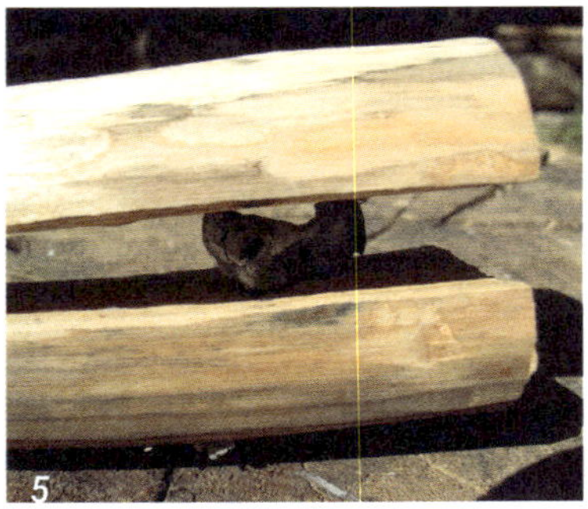
5

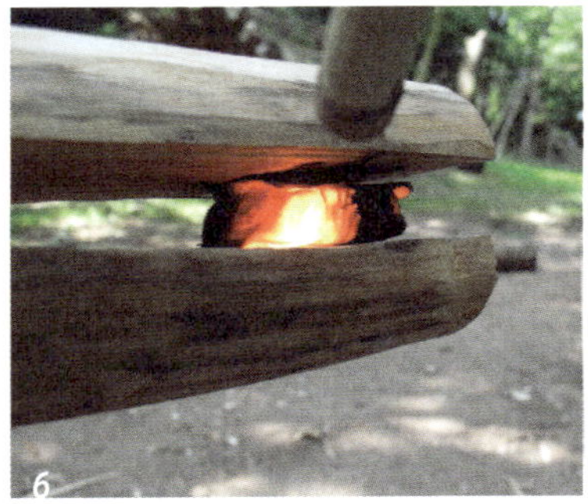
6

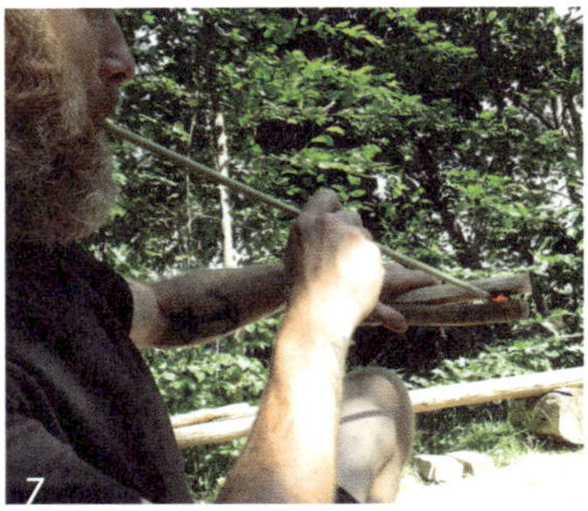
7

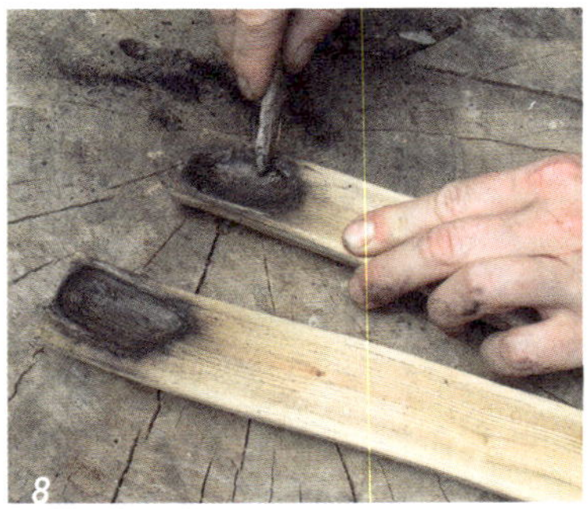
8

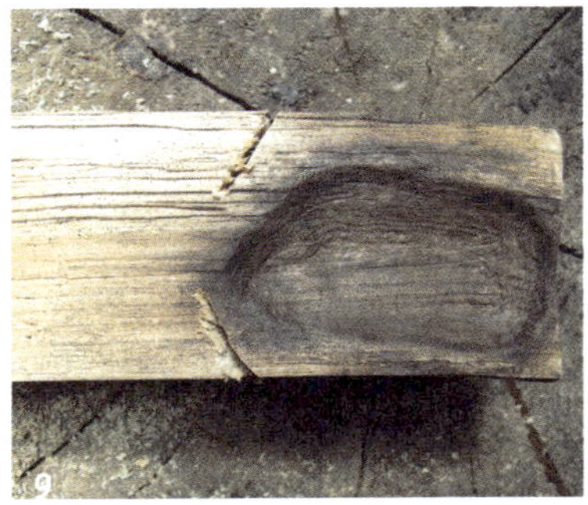
9

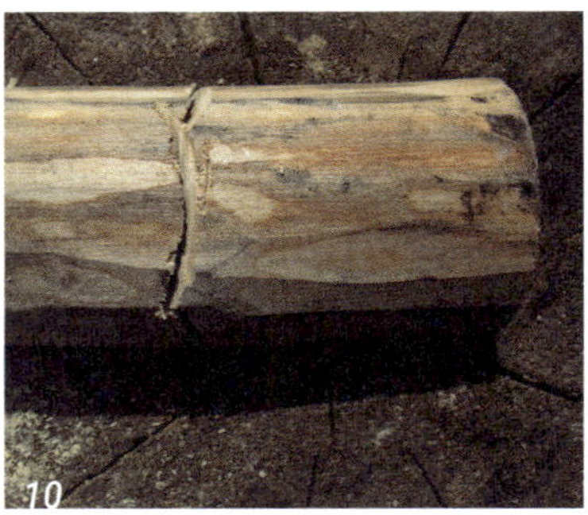
10

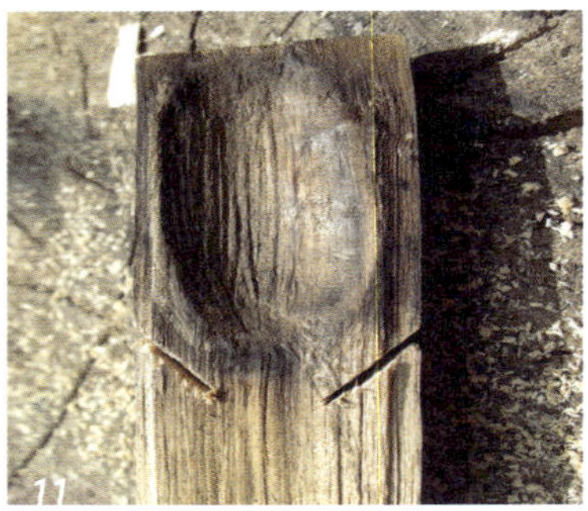
11

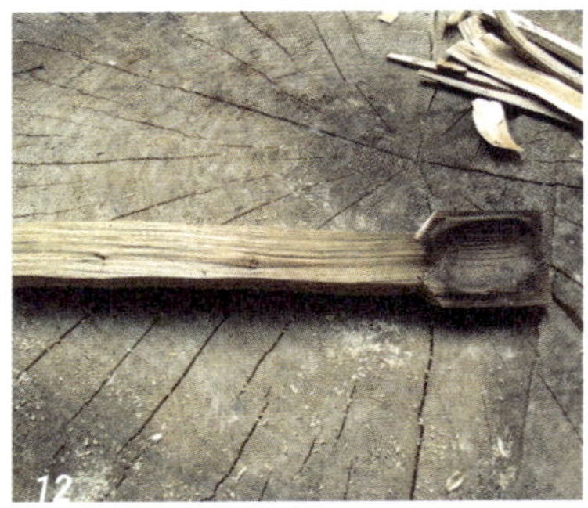
12

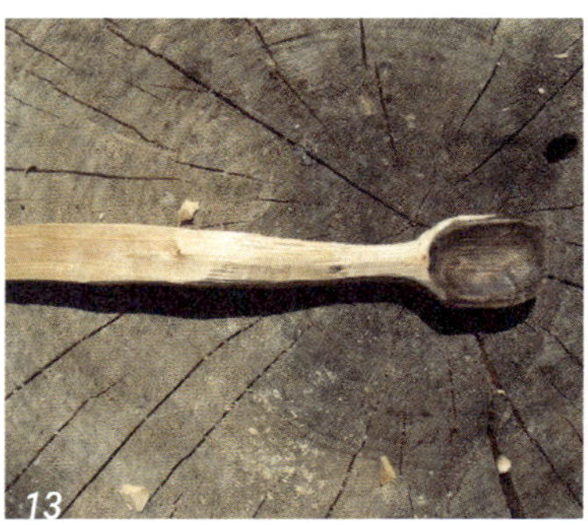
13

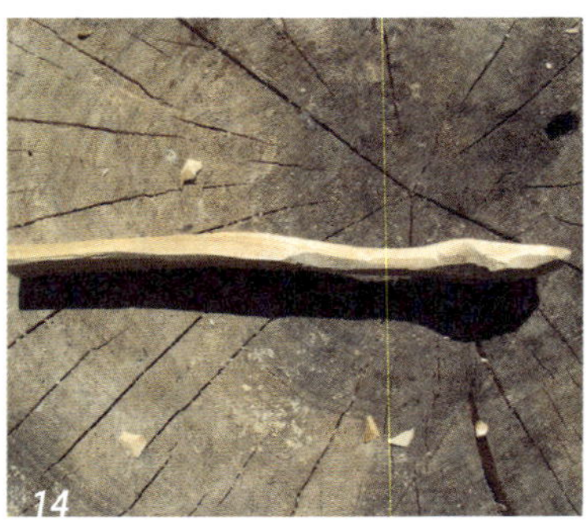
14

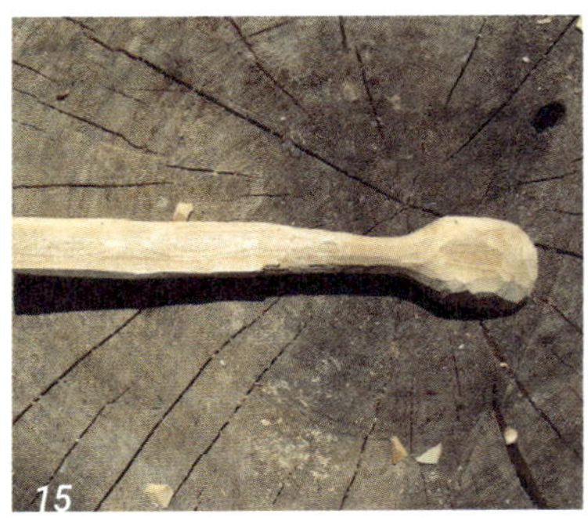
15

Glutbrennen: Mit einer Zange oder zwei Stäbchen wird etwas Glut neben das Feuer gezogen. Davon wird ein kleines Stück auf die flache Seite einer Asthälfte gelegt, mittig und etwa 2,5 cm entfernt von der geplanten Löffelspitze ***[4]***. Um die Glut zu fixieren, wird die zweite Asthälfte passgenau auf die erste gelegt ***[5]***. Um die Glut nun wieder ausreichend zum Glühen zu bringen, um die Löffelkuhlen auszubrennen, wird entweder auf die Glut geblasen oder mit dem Blasrohr Luft zugeführt ***[6 + 7]***.

Doch Vorsicht: nicht zu schnell und zu stark auf die Glut blasen, weil das Holz sonst reißen kann. Das Tolle an dieser Technik ist, dass so zwei Löffel gleichzeitig entstehen. Während des Brennprozesses muss die Glut immer wieder erneuert werden, weil die kleinen Glutstückchen schnell verlöschen. Zwischendurch wird das verkohlte Holz mit einem Stein, spitzen Stöckchen oder dem Messer abgeschabt ***[8]***. So wird sichtbar, wie weit sich die Glut bereits ins Holz gebrannt hat. Sobald die Löffelkuhlen tief genug sind, werden sie gründlich ausgeschabt bis nur noch unversehrtes Holz zu sehen ist ***[9]***.

Zurechtschnitzen: Zuerst werden etwas unterhalb der Löffelkuhlen rechts und links zwei schräge Schlitze als Schnitzstopp ins Holz gesägt ***[10]***. Die Schlitze enden jeweils an der geplanten Griffkante der Löffel. Danach werden die Asthälften aufgestellt, der ausgebrannte Teil zeigt dabei nach unten ***[11]***. Nun wird das Holz rechts und links vom geplanten Löffelstiel bis zu den Sägeschlitzen gespalten. So entsteht die grobe Löffelform.

Die weitere Ausarbeitung erfolgt mit dem Messer. Rund um die Laffe wird das Holz der gebrannten Rundung angepasst, indem vorsichtig kleine Holzspäne weggeschnitzt werden ***[12]***. Da die Fasern des Holzes über die Kanten des Löffels verlaufen, muss im Bereich der Vertiefung und Löffelkante vorsichtig gearbeitet werden, am besten immer etwas quer zur Faser schnitzen ***[13 + 14 + 15]***. Besonders gut geht das mit der > *Daumenschiebtechnik*. Der Griff kann dann entlang der Faser herausgeschnitzt werden.

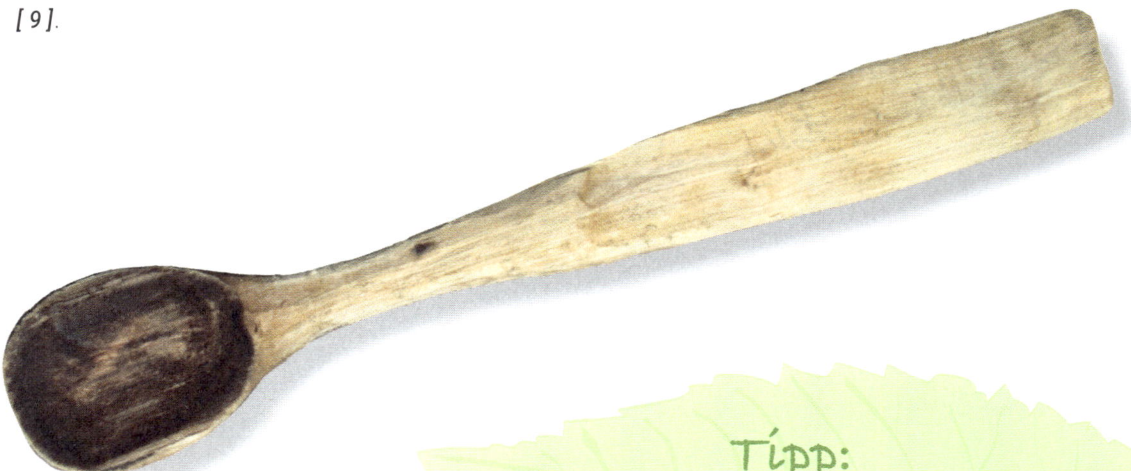

Tipp:

Wenn Holzbesteck nach dem Essen abgewaschen wird, stellen sich kleinste Holzfasern auf und der Löffel fühlt sich im Mund pelzig an. Dies ist normal und liegt an der Beschaffenheit des Holzes. Soll dies vermieden werden, kann der Holzlöffel auch wie früher einfach an einem Tuch abgewischt werden. Das Fett macht den Löffel glatt und wasserabweisend. Allerdings wurde der Löffel früher auch jeden Tag benutzt …

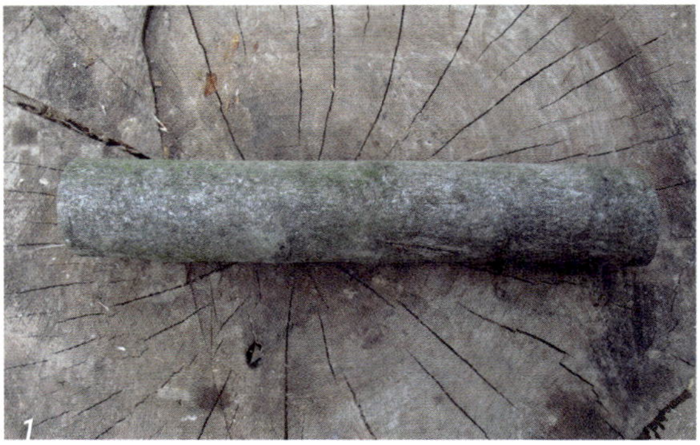

1

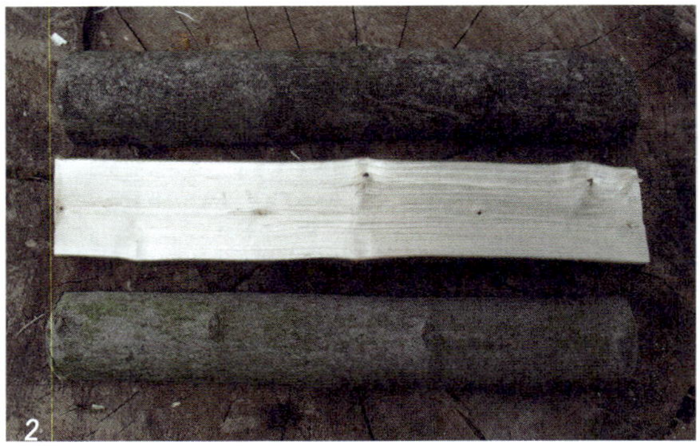

2

Pfannenwender

Für einen Pfannenwender kann jedes Holz verwendet werden. Es spielt dabei auch keine Rolle, ob es frisch oder trocken ist, morsch darf es aber nie sein. Hier wurde Ahornholz verwendet, das sich gut spalten und glatt schnitzen lässt. Es geht aber auch jedes andere ungiftige Holz.

Benötigt wird ein 25 cm langer, etwa 10 cm dicker Ast, der auf Länge gesägt wird ***[1]***.
Es ist von Vorteil, wenn die vordere Platte des Pfannenwenders schön breit ist, damit das Bratgut besser vom Pfannengrund oder Stein gelöst werden kann. Daran sollte man denken, bevor die Ränder mit dem Beil > ***Arbeiten mit dem Beil*** abgespalten werden, bis nur noch das Mittelstück in Form eines kleinen Brettes übrig bleibt ***[2]***.
Auf dieses Brett wird dann z. B. mit Holzkohle der Umriss des Pfannenwenders vorgezeichnet ***[3]***.

Die oberen Kanten der Platte werden wie eingezeichnet quer zur Faser eingesägt.
Dann wird das Brett mit der Platte nach unten senkrecht aufgestellt und mit dem Messer oder einem kleinen Beil das Holz entlang der Längslinien gespalten bis zum Sägeschnitt. So entsteht bereits die grobe Form ***[4]***.

Als Nächstes wird das Werkstück auf einen Holzuntergrund gestellt und die Platte mit einem scharfen Beil weiter abgeflacht, indem auf beiden Seiten kleine Späne abgehackt werden, bis eine Spachtelform entsteht, die vorne flach zuläuft ***[5]*** > ***Leichtes Hacken und Schnitzen mit dem Beil***. Danach wird die Platte noch mit dem Messer weiter abgeflacht bis alle Flächen schön glatt sind ***[6]***. Schließlich wird der Griff mit dem Messer noch etwas abgerundet – fertig ist der neue Pfannenwender.

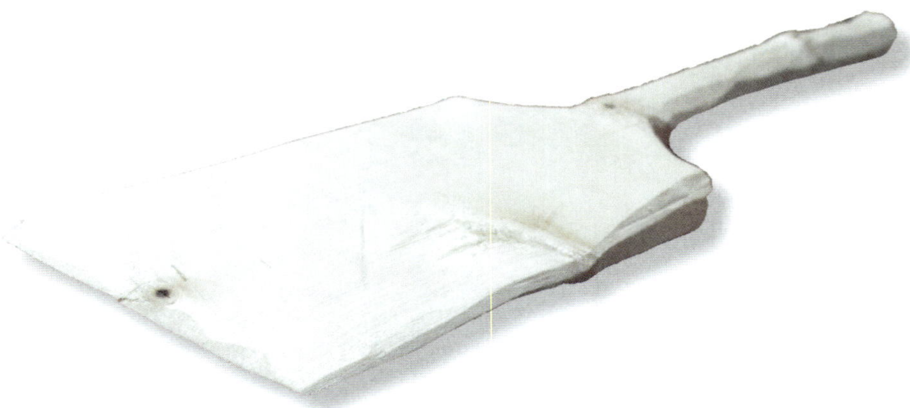

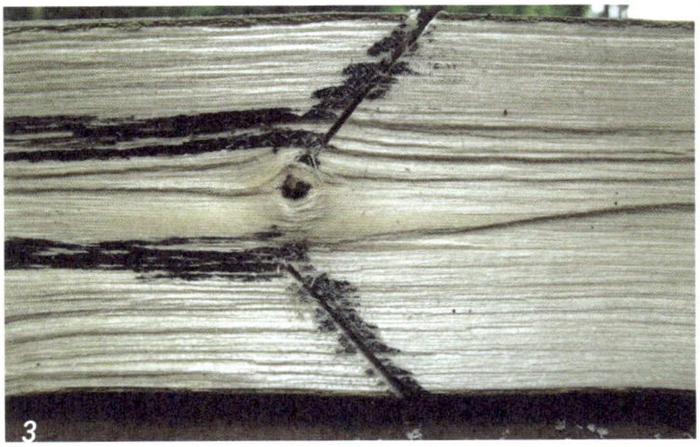
3

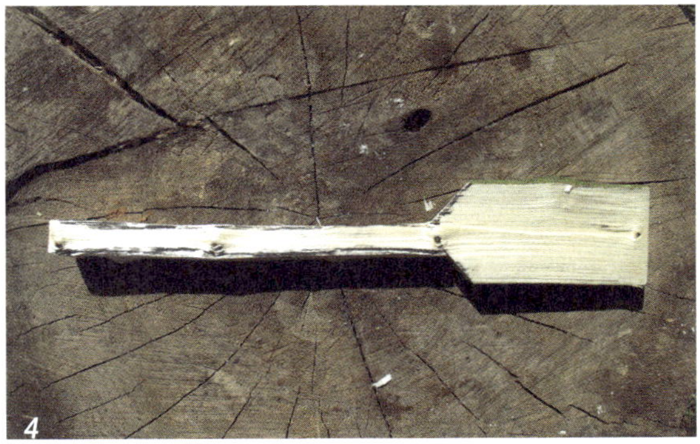
4

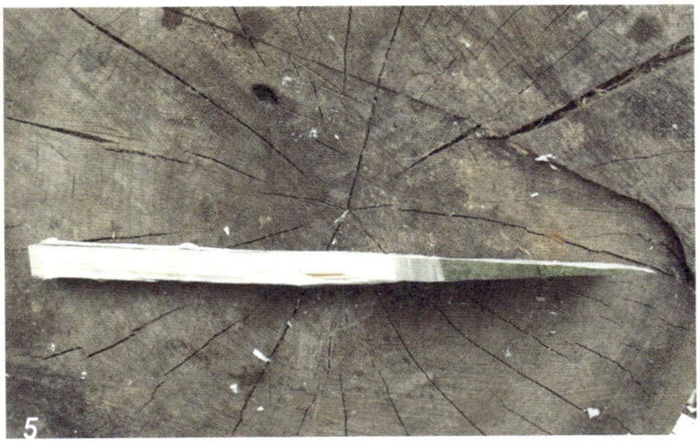
5

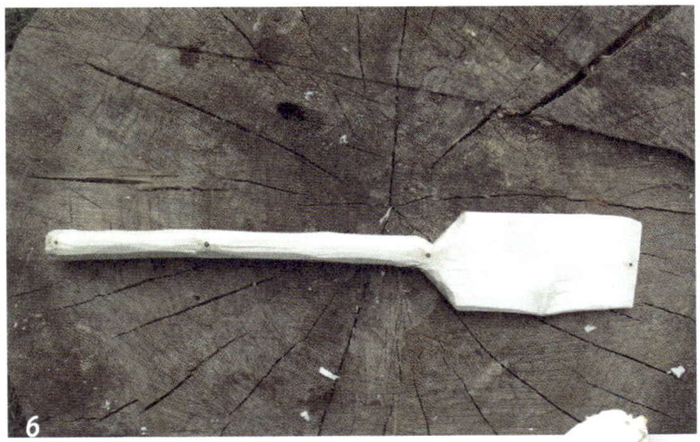
6

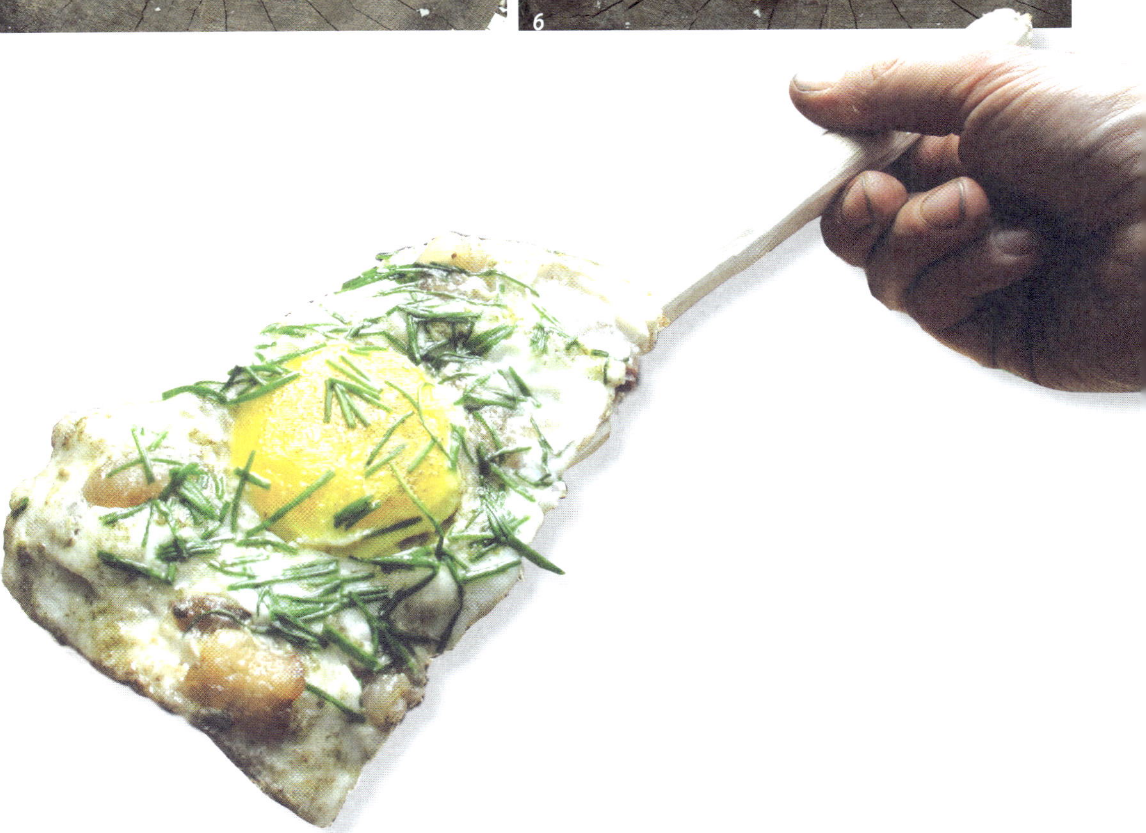

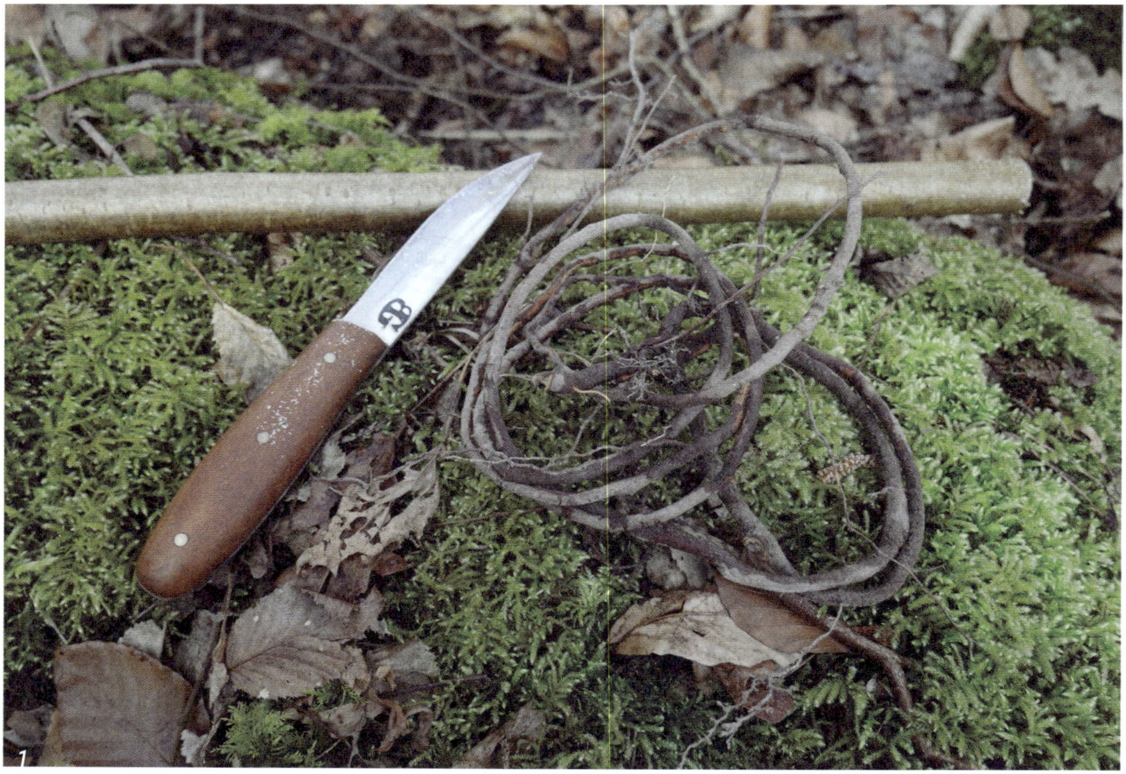

1

Zange

Eine Hohlzange ist beim Kochen und im Umgang mit Feuer sehr nützlich. Man kann damit sowohl das Grillgut wenden als auch das Feuer schüren und heiße Gegenstände aus den Flammen holen.
Eine Zange ist sehr schnell gemacht. Dafür benötigt man lediglich einen frischen Ast (z. B. Hasel) mit 2 cm Durchmesser und 60 cm Länge, ein Messer und etwas frische Fichtenwurzel ***[1]***.
Fichtenwurzel ist eine tolle Naturschnur, die sich vor allem solange sie ganz frisch ist, ganz leicht wickeln und knoten lässt. Es ist ganz einfach eine Wurzel zu ernten. Zuerst sucht man sich eine ausgewachsene Fichte. Dann wühlt man in ca. 150 – 200 cm Abstand zum Stamm die oberste Erdschicht auf. Das funktioniert mit den bloßen Händen oder man benutzt einen angespitzten Stock. Normalweise bekommt man recht schnell eine Wurzel zu fassen. Diese zieht man nun vorsichtig Stück für Stück aus dem Erdreich, bis man eine ca. 50 cm lange Schnur freigelegt hat. Die Fichtenwurzel sollte etwa 2–3 mm dick sein und so flexibel, dass man sie um die Hand herum aufrollen kann.
Nun knotet man die Fichtenwurzel im unteren Drittel des Stocks fest und wickelt sie noch ein- bis zweimal um den Stock herum. Dies stellt sicher, dass der Stock später nicht weiter als bis zu diesem Punkt gespalten wird. Nun setzt man das Messer am anderen Ende des Stocks an und spaltet ihn mit Hilfe der Einspalttechnik > ***Aufspalten mit dem Messer*** bis zur Wurzel auf ***[2]***. Das Messer wird entfernt und ein dünnes Stöckchen in den entstandenen Spalt geschoben, das dafür sorgt, dass die Zange immer geöffnet bleibt und nur noch mit etwas Kraft geschlossen werden kann ***[3]***. Hat man ausreichend getestet, ob sich die Zange gut öffnen und schließen lässt, wickelt man

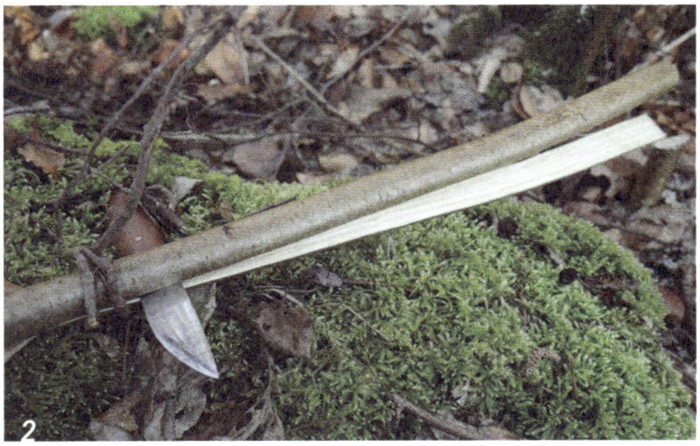

2

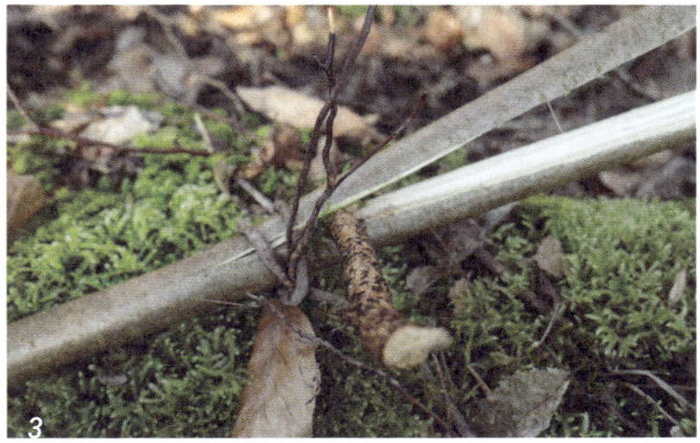

3

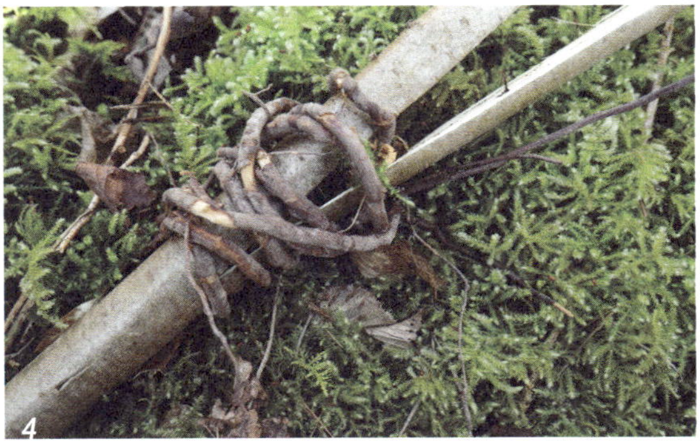

4

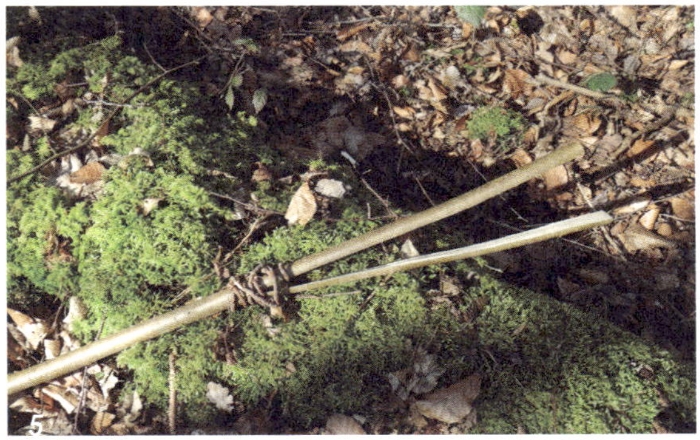

5

den Rest der Fichtenwurzel weiter um die Zange und das Stöckchen, damit dieses fixiert wird und nicht mehr herausfallen kann. Ist die ganze Wurzel verknotet, kann man die Überstände des Stöckchens rechts und links von der Zange abbrechen *[4]*.

Das Ergebnis ist eine brauchbare Zange aus Naturmaterialien, die sich einfach herstellen und ersetzen lässt. Dabei ist eine solche Zange lange haltbar, denn sie funktioniert auch noch, nachdem die einzelnen Komponenten getrocknet sind. Lediglich die Fichtenwurzel muss wahrscheinlich ersetzt werden, da sie schneller trocknet als der Haselast und mit der Zeit spröde wird *[5]*. Soll eine Zange gefertigt werden, mit der man auch heiße Steine oder Ähnliches aus dem Feuer holen kann, sollte sie ausreichend lang sein. Zum einen ist man bei einem heißen Feuer

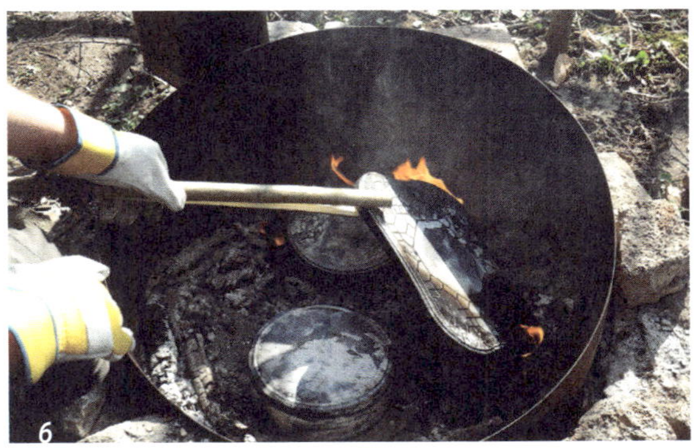

6

über jeden Zentimeter froh, den man auf Abstand gehen kann. Zum anderen muss das hintere Ende der Zange eine gewisse Länge haben, damit diese nicht so leicht ausbricht, auch wenn man etwas fester zugreifen muss. Wurde all dies beachtet, erhält man ein Kochunterstützungswerkzeug, das sich in wenigen Minuten herstellen und auch schnell wieder recyceln lässt *[6]*.

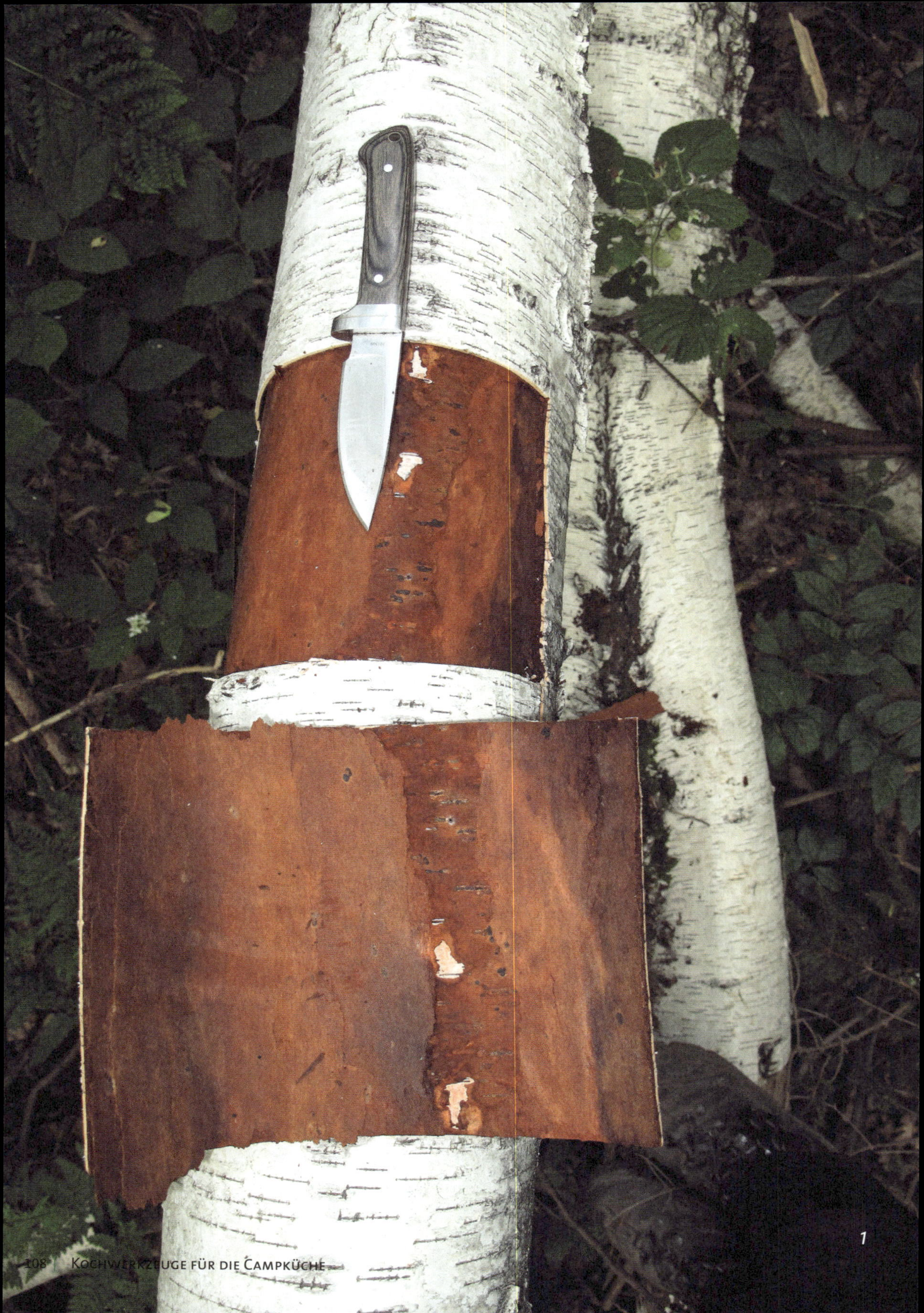

1

Rindenkelle

Eine Kelle kann aus reinen Naturmaterialen hergestellt werden. Dafür benötigt man ein Stück Birkenrinde, einen Ast, ein Stück Fichtenwurzel als Schnur und ein Messer. Bis auf Letzteres lässt sich alles bequem im Wald finden. Für die hier gezeigte Herstellungsform wird die Baumrinde gefaltet. Dazu eignet sich am besten Birkenrinde, weil sie sehr biegsam ist.

Wichtig: Birkenrinde wird nur von toten Bäumen geschnitten. Denn zum einen ist es nicht notwendig, Bäume dafür zu zerstören und zum anderen lässt sich die Rinde viel besser von Bäumen abschälen, die schon eine Weile liegen.

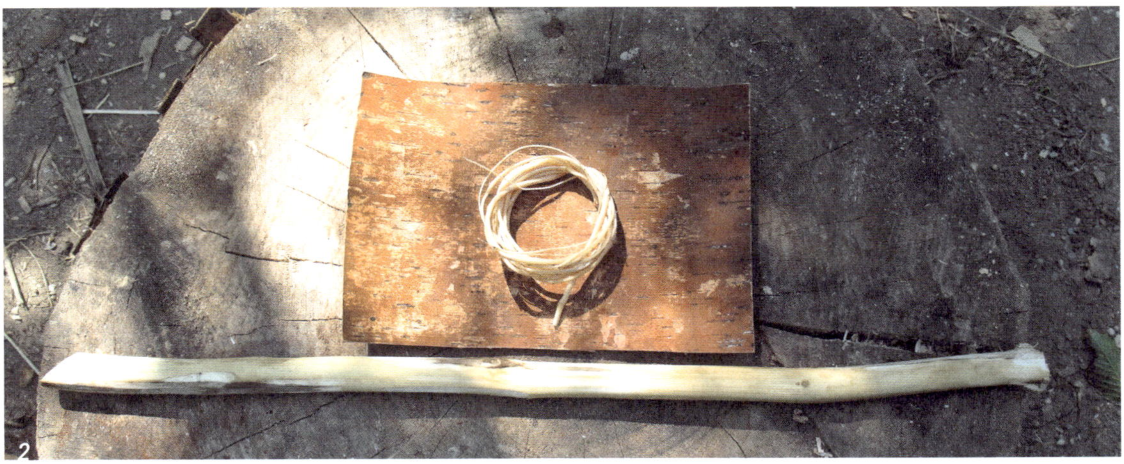

2

Ist ein Baum gefunden, wird die Rinde mit dem Messer oder einem scharfen Stein quadratisch eingeschnitten und vorsichtig abgehebelt. Das so gewonnene Birkenrindenstück muss von allen Holzresten befreit werden. Dafür wird mit dem Messer alles abgeschabt und mit Wasser sauber abgewischt ***[1]***. Als Nächstes wird ein daumendicker Ast gesucht, der sich als Kellenstiel eignet. Auch hier gilt wieder: es muss kein Frischholz sein. Es genügt ein Ast, der auf dem Boden liegt – Hauptsache er ist stabil genug ***[2]***.

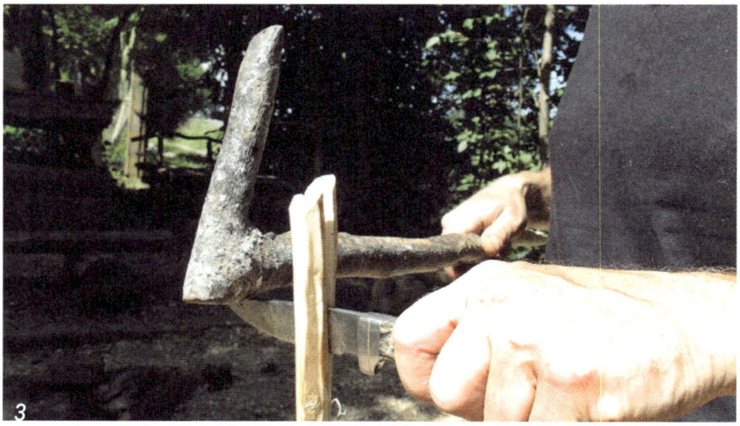

Um Kelle und Stiel zu verschnüren, werden nun noch ca. 50 cm Fichtenwurzel benötigt. Sie ist bei Fichten kurz unter der Erdoberfläche zu finden und lässt sich bestens wickeln.

Als Erstes wird der Stiel vorbereitet. Dazu wird der Ast entrindet und mit dem Messer alles entfernt, was nicht gefällt, verunreinigt ist oder zu Verletzungen führen könnte.
Als Nächstes wird die Fichtenwurzel geschält bis eine helle, fast weiße etwas glitschige Schnur übrigbleibt.

Tipp: Dafür wird die Wurzel einfach der Länge nach über den Messerrücken gezogen.
Dann wird der Ast senkrecht aufgestellt und die Messerklinge mittig auf der Schnittkante angesetzt, bevor mit einem anderen Stock vorsichtig auf den Klingenrücken geschlagen und das Messer ins Holz getrieben wird, bis ein etwa 10 cm tiefer Riss entstanden ist ***[3]***.
Danach wird das Birkenrindenquadrat auf einer glatten Unterlage kreisrund geschnitten. Der Durchmesser auf den Fotos beträgt etwa 15 cm ***[4]***.

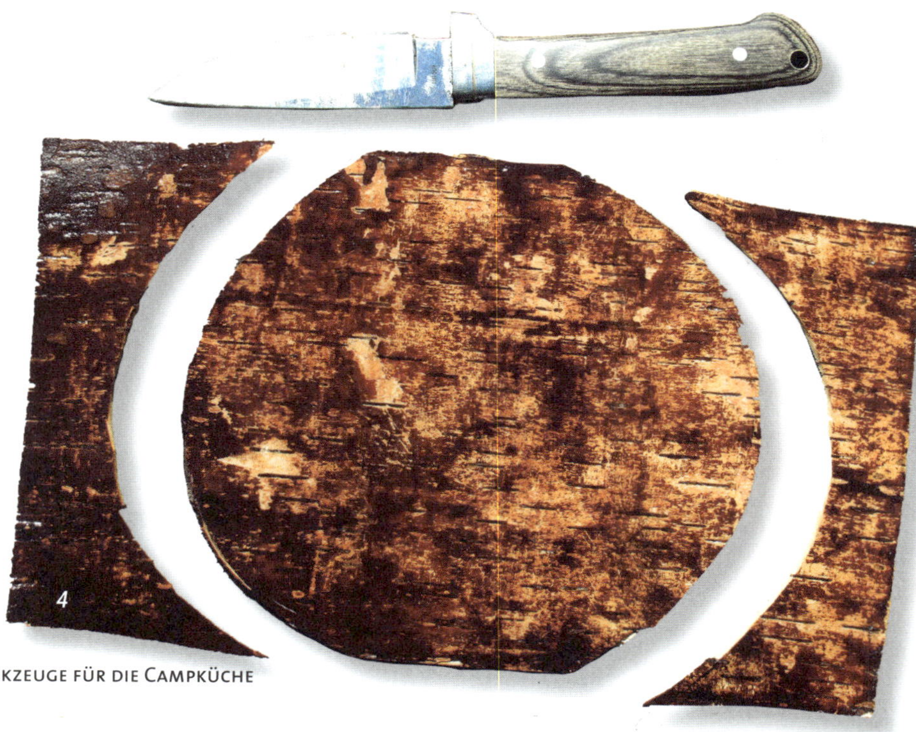

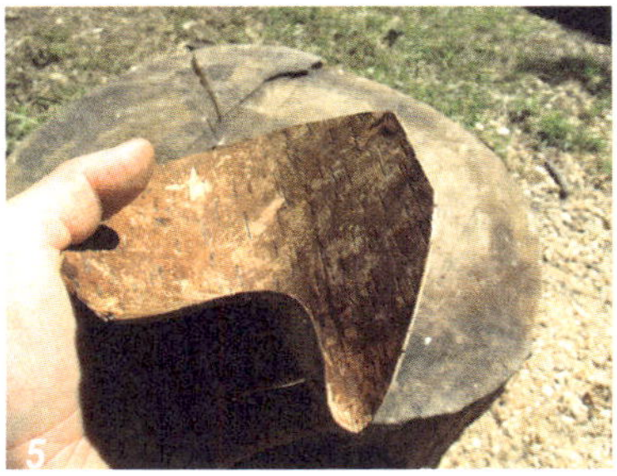

5

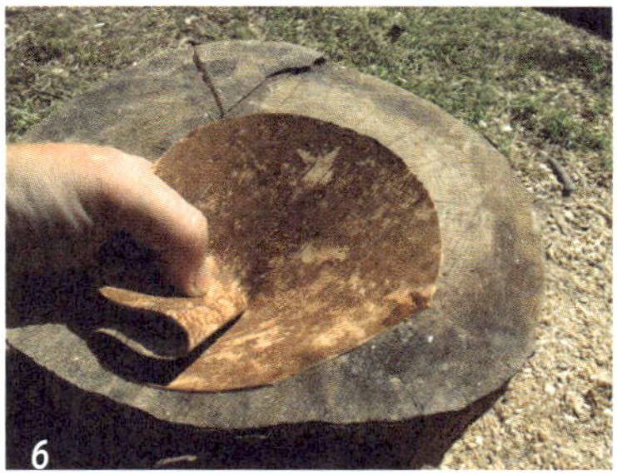

6

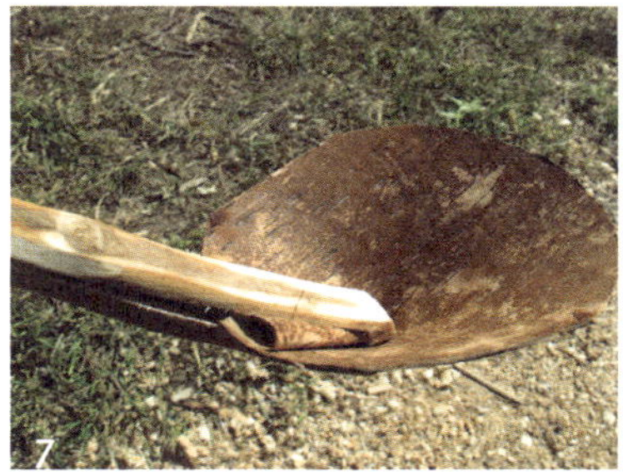

7

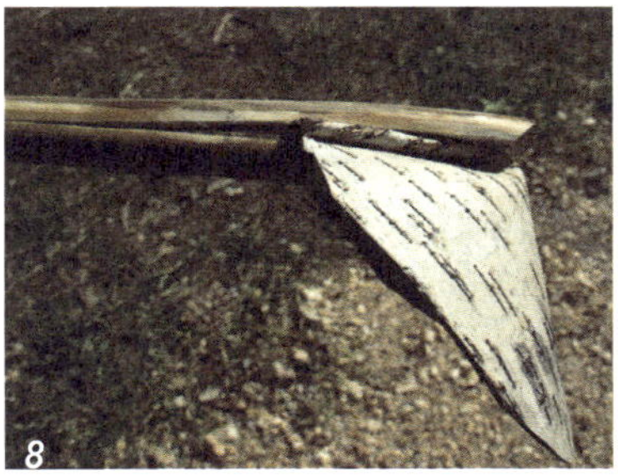

8

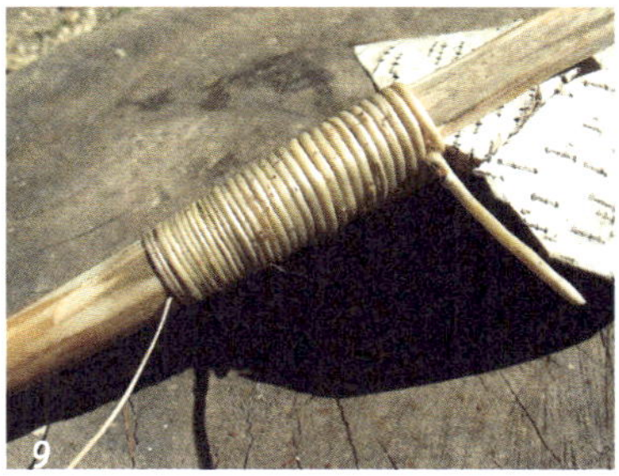

9

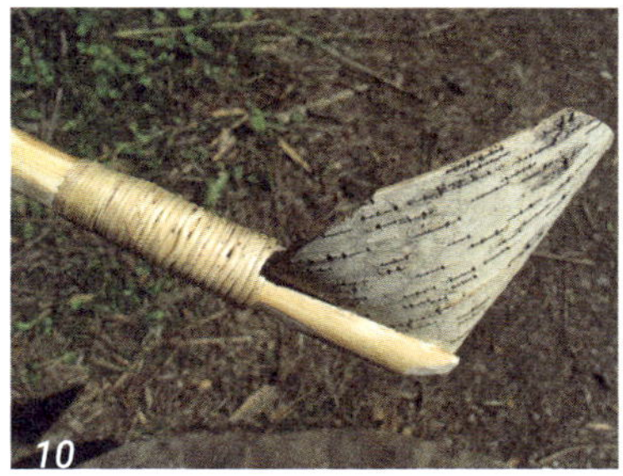

10

Mit einem Finger wird dann in der Kreismitte auf die Baumrinde gedrückt ***[5]***, mit der anderen Hand eine kleine Falte gelegt. So entsteht eine trichterartige Form ***[6]***.

Zu Befestigung des vorbereiteten Stiels wird nun mit der einen Hand die Rinde in Form gehalten und mit der anderen Hand wird das aufgespaltene Holz vorsichtig wie eine Klammer aufgesteckt ***[7]***.
Nun wird das dünne Ende der Fichtenwurzel so durch den Holzspalt im Stiel gesteckt, dass auf einer Seite noch 10 cm herausschauen ***[8]***.

Die Wurzel wird dann soweit wie möglich in den Spalt hinuntergezogen, bevor die Wurzel um den Stiel in Richtung Birkenkelle gewickelt wird ***[9]***.
Hier ist sorgfältiges Arbeiten angebracht – die Wurzel muss gleichmäßig und straff gewickelt sein, damit der Spalt sich schließt und fest mit der Kelle verbunden ist. Das Schnurende wird nun unter eine der letzten Wickelrunden gesteckt, fest angezogen und der Überstand abgeschnitten ***[10]***. Damit ist die Kelle fertig, mit der bequem Wasser geschöpft und das Essen aus dem Topf geholt werden kann ***[11]***.

Tipp:

Ist die Birkenrinde schon etwas steif und brüchig, wird sie wieder etwas geschmeidiger, wenn man sie in Wasser einlegt. Die Birkenrinde sollte vor der Verarbeitung auf mögliche Löcher überprüft werden. Kleinere Löcher können gut von außen mit Baumharz verschlossen werden.

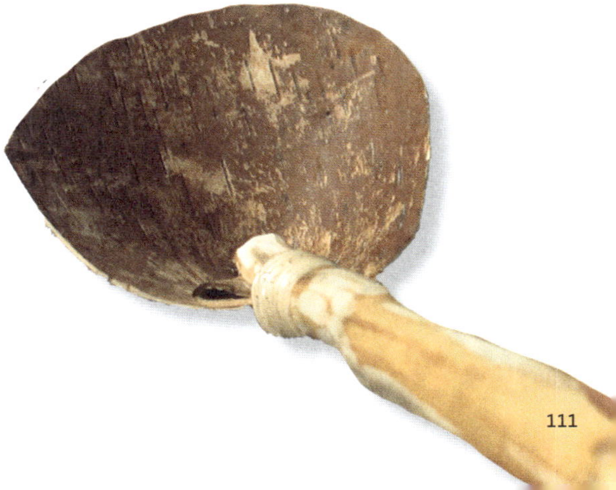

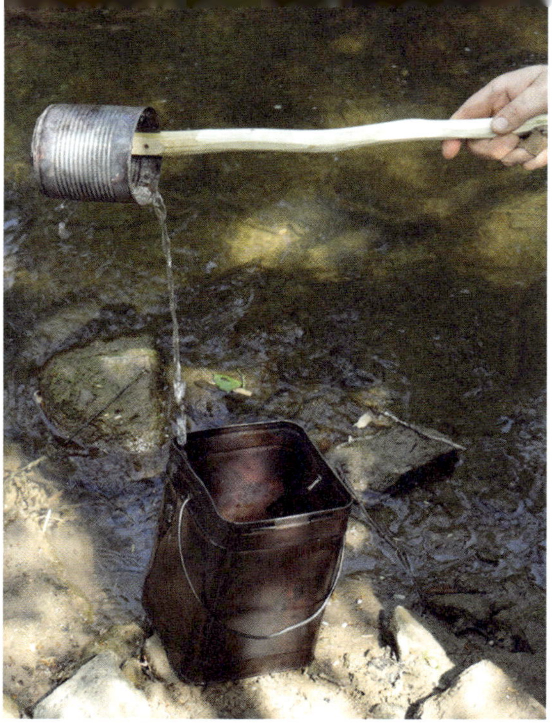

Das Holzstück wird auf den Boden gestellt und die Dose kopfüber immer wieder auf das Holzstück gerammt *[2]*. So wird der Dosenboden in eine halbrunde Form gehämmert *[3]*. Ist eine gute Rundung erreicht, sucht man sich einen Stock aus frischem Haselholz. Dieser sollte gut 1,5–2 cm dick sein. Nun geht man ähnlich wie beim Holzhenkel der Dosentasse vor. Das Holz wird quer eingesägt
> Sägen mit der Faser und mit der Ahle werden zwei Löcher ins Holz gebohrt, da die Kelle viel Gewicht aushalten muss. Für diese Bohrungen sucht man sich zwei trockene Hölzchen, die später als Splinte dienen. Die Splinte sollten sich mit leichtem Druck durch die Löcher schieben lassen, aber nicht zu fest sitzen *[4]*. Nun steckt man den Griff auf die Dose und sticht mit der Ahle durch die Löcher und auch durch die Dosenwand. Jetzt können die Splinte durch den Griff und die Dose gesteckt werden *[5]*.

Dosenkelle

Eine Schöpfkelle ist kein Kochwerkzeug, das man immer im Rucksack dabei hat. Doch in einer Campküche kann nur schwer darauf verzichtet werden. Nicht nur bei der Essensausgabe, sondern auch zum Wasserschöpfen oder Abmessen ist er gut zu gebrauchen.

Um eine stabile Dosenkelle zu basteln, benötigt man die gleichen Materialien wie für die ***> Dosentasse mit Holzhenkel***. Auch die Fertigung ist ähnlich, mit dem Unterschied, dass die Dose vor der Verbindung mit dem Holzgriff etwas bearbeitet wird. Die Dose sollte nicht zu groß sein, weil die gefüllte Kelle sonst zu schwer werden kann. Eine kleine Mandarinendose bietet sich hier beispielsweise an, oder etwas größer, eine 400-g-Wurstdose.
Die Kelle sollte einen runden Boden haben, um damit auch die Reste gut aus einem Topf herausschöpfen zu können. Um den Dosenboden rund zu klopfen, nimmt man ein stabiles Stück Holz, gut doppelt so lang wie die Dosenhöhe *[1]*.

Sind diese gut verankert, werden sie bündig abgeschnitten. Wenn der Stiel trocknet, schließt er sich um die bereits trockenen Splinte und wird so fest verzapft. Abschließend kann die Schöpfkelle noch etwas verschönert und funktionaler gemacht werden. Für eine langfristige Nutzung sollte der Stiel auf jeden Fall geschält werden, da unter der Rinde oft Ungeziefer sitzt, das dem Holz schadet. Zudem wurde bei dieser Kelle am oberen Ende des Stiels noch ein Haken eingeschnitzt, so wie es beim ***> Kochgestell mit der Pot-Hook-Notch*** später gezeigt wird. Damit lässt sich die Kelle jederzeit an einem Ast oder einer Schnur aufhängen oder auch als Kochhaken verwenden *[6]*.

Tipp:

Auch wenn der Dosendeckel hier nicht gebraucht wird, auf keinen Fall wegwerfen. Daraus lassen sich zum Beispiel ein Messer oder auch andere Werkzeuge herstellen.

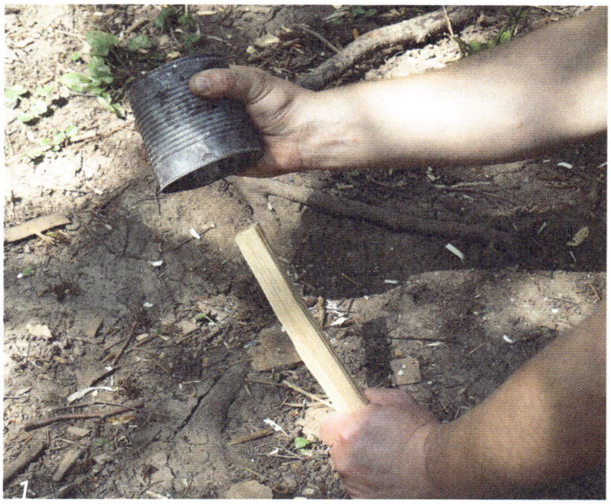
1

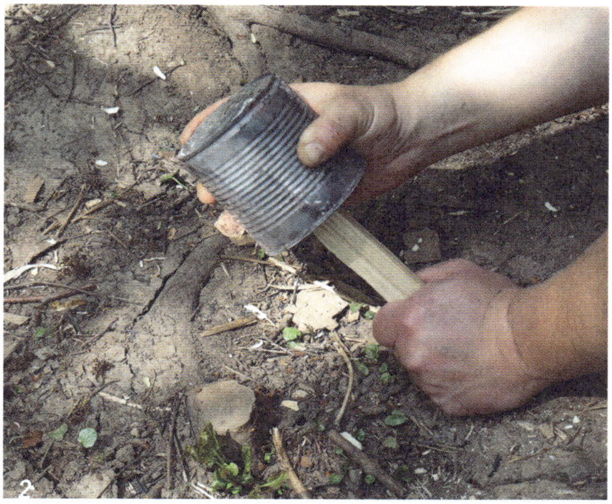
2

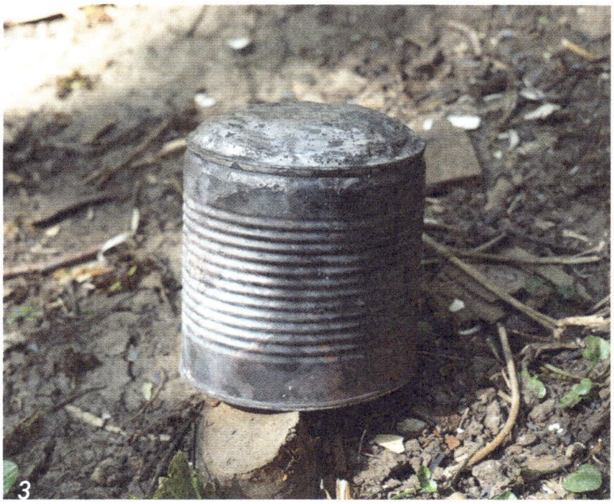
3

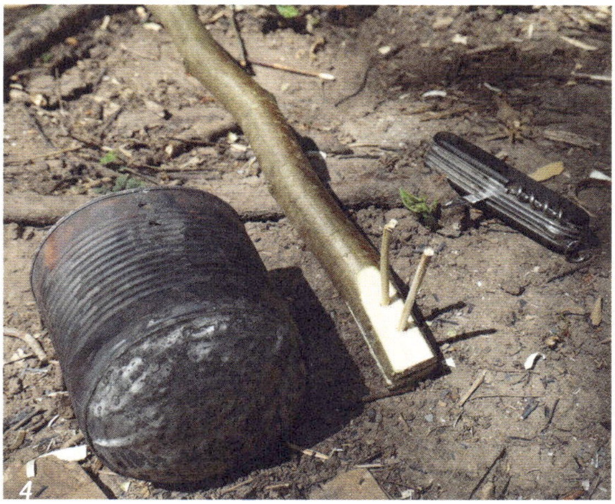
4

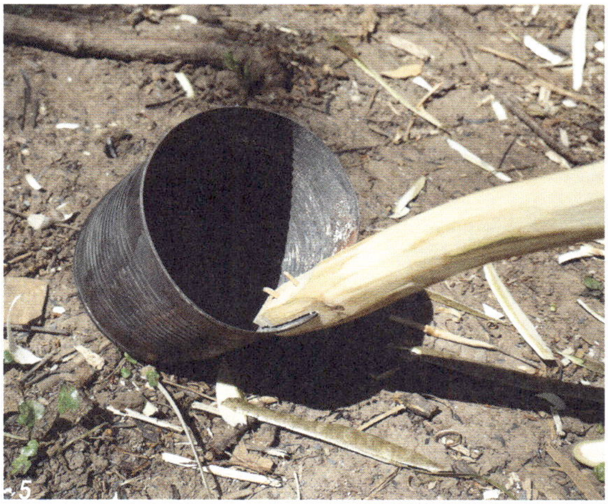
5

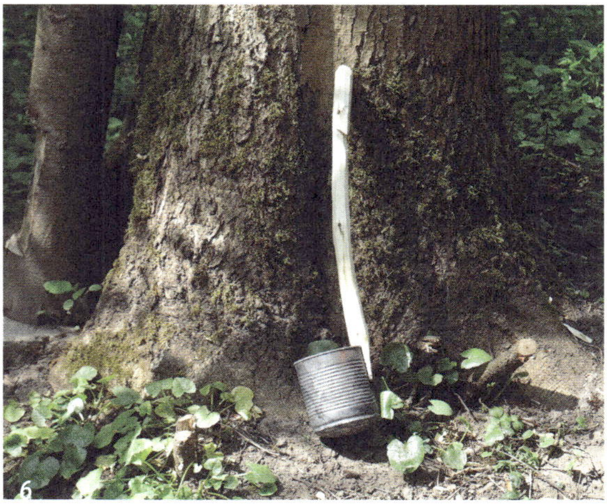
6

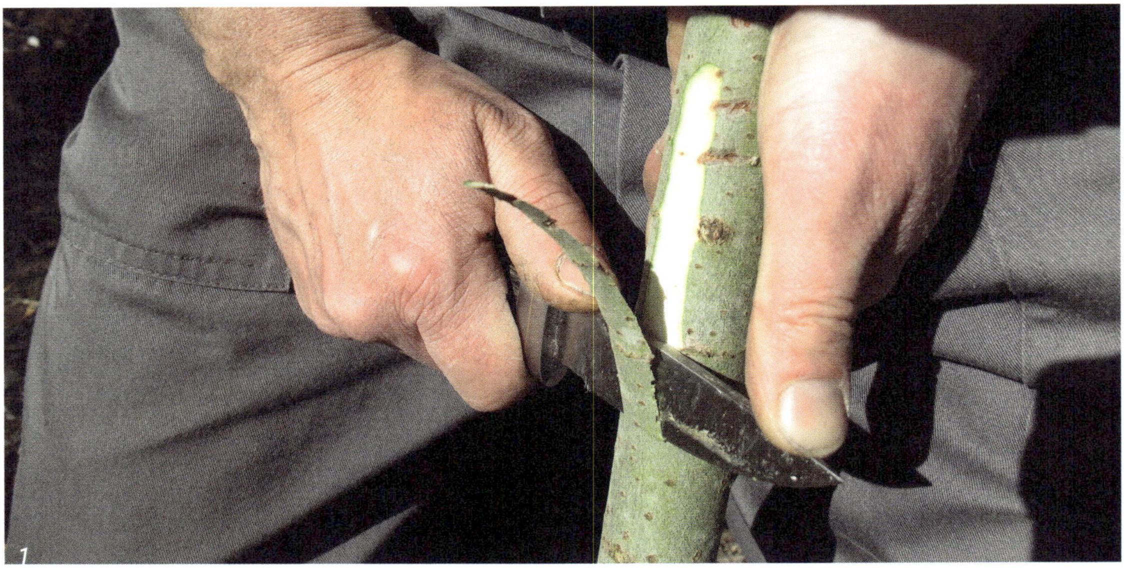

1

Bürste

Um die Feuer- oder Kochstelle sauber zu machen, braucht man eine Bürste. Für ihre Herstellung verwendet man am besten weiche Hölzer – weil sie flexibler sind und es sich damit besser bürstet. Auch die Verarbeitung ist etwas leichter.
Für die Bürste wird ein 3–4 cm dicker und etwa 25–30 cm langer Ast benötigt. Weide oder Esche eignen sich als weiche langfaserige Hölzer besonders gut.

Damit die Borsten ordentlich bürsten, sollten sie mindestens 7 cm lang sein. Je nach Länge des Stockes können sie auch länger geschnitzt werden. Am besten, man unterteilt sich den Stock in drei Teile und beginnt damit, vom mittleren kleine 7 cm lange Streifen nach unten bis zu dem ersten Drittel zu schneiden. Dabei wird der Ast aufgestellt und von oben dünne Streifen nach unten geschnitzt. Hier reicht es aus, wenige, schöne lange Streifen zu schneiden, damit der Astkörper nicht zu dünn wird. Diese Streifen werden später über die anderen gelegt ***[1]***.
Dabei wird der Stock nach jeder geschnitzten Borste immer etwas weiter gedreht – ähnlich wie beim »Featherstick« – bis man wieder beim ersten Streifen angelangt ist ***[2+3]***.
Dann wird der Stock umgedreht, um am anderen Ende wie vorher lange Streifen nach unten bis kurz vor den gegenüberliegenden Streifen zu schneiden. Hierbei muss man aufpassen, dass man in jene nicht hineinschneidet, ansonsten erhält man zwar noch längere Streifen, allerdings nicht mehr am Stock ... Es bedarf etwas Übung, die Streifen am Stock zu lassen. Die Streifen können so lang sein, dass kein Stiel mehr sichtbar ist. Der Stiel wird nicht gebraucht ***[4]***.
Wenn man jetzt die einzelnen Borsten vorsichtig nach unten streicht, hat man schon eine Bürste und der Stiel in der Mitte ist auch schon weg.
Jetzt klappt man die Streifen der ersten Schnitzrunde über diejenigen aus der zweiten nach unten und überdeckt sie. Diese müssten jetzt etwa gleich lang sein ***[5]***. Falls nicht, ist es nicht so schlimm. Entweder man schneidet sie vorne etwas ab oder lässt sie einfach so. Beides funktioniert gut. Damit die Borsten gut zusammenhalten, wird noch eine Schnur, hier wieder eine Fichtenwurzel, drumherum gebunden ***[6+7]***.

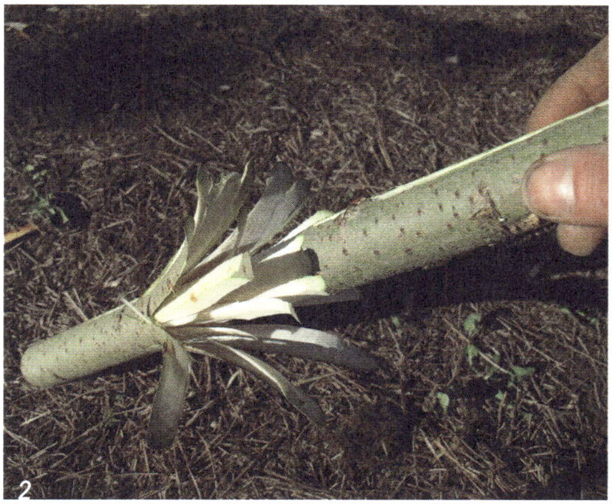
2

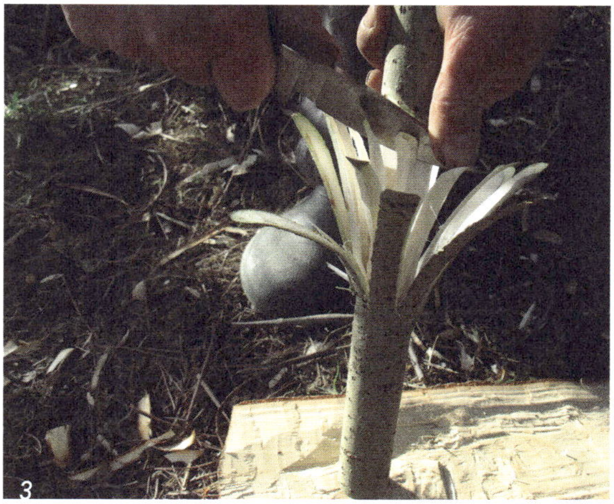
3

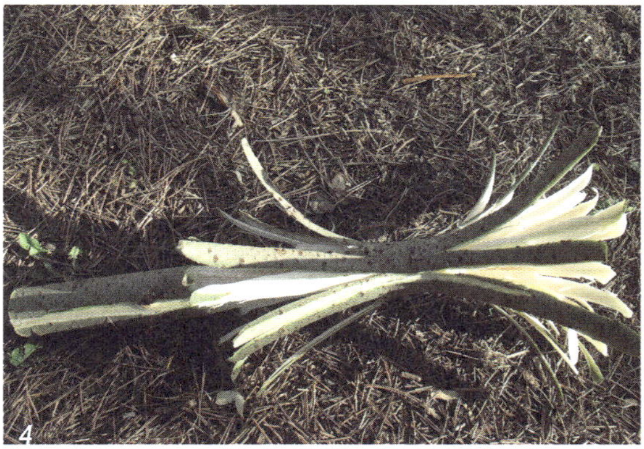
4

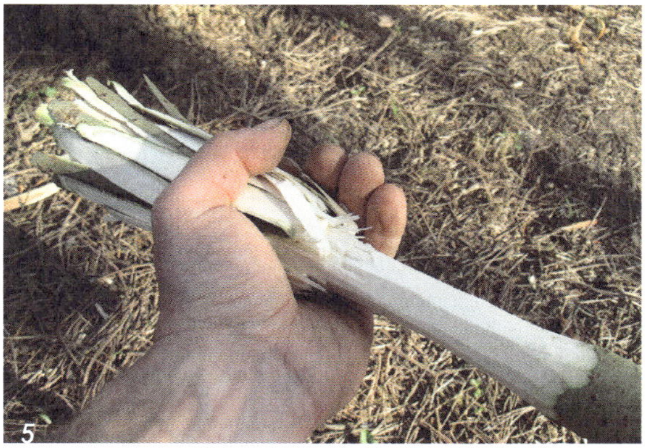
5

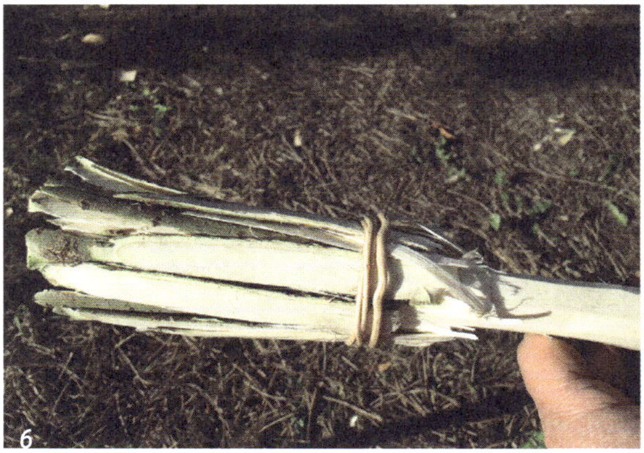
6

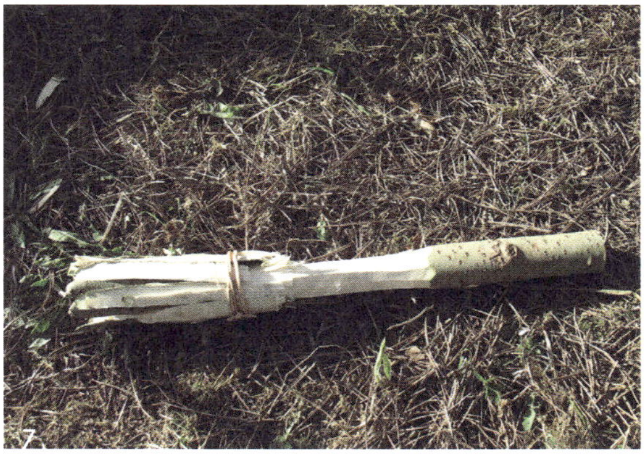
7

Tipp:

Wer die Bürste aufhängen will, kann noch ein Loch in den Griff bohren und eine Schnur durchziehen.

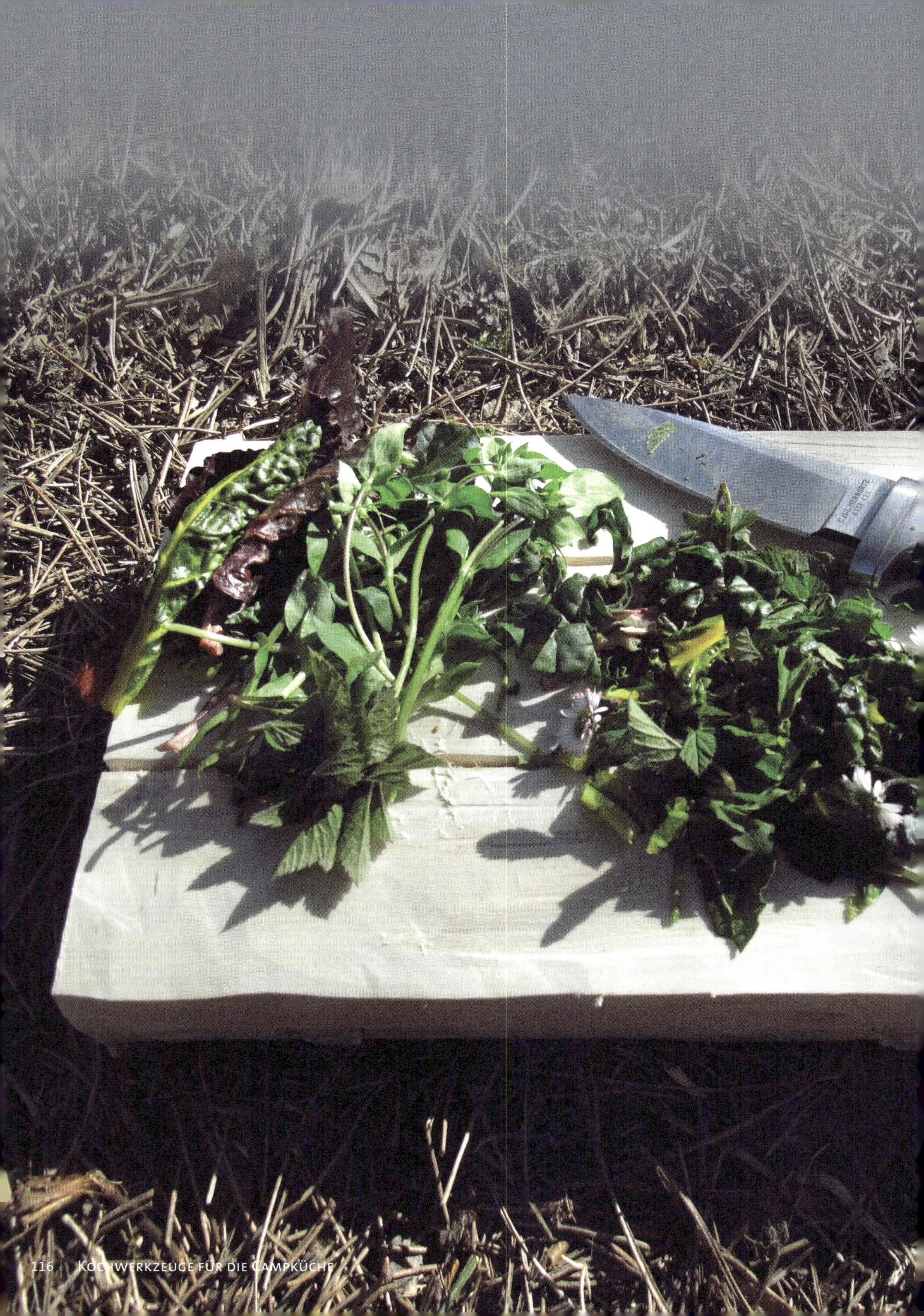

Schneidebrett

Für ein praktisches und vielseitiges Schneidebrett eignen sich Laubhölzer wie Weide, Birke, Pappel, Buche, Ahorn und Esche. Dabei haben etwas härtere Hölzer wie Buche, Ahorn oder Esche den Vorteil, dass die Schneideunterlage stabiler wird und sich gegenüber Schnittspuren robuster erweisen. Dafür sind die Hölzer jedoch anspruchsvoller in der Verarbeitung. Grundsätzlich sollte das Holz stabil und trocken sein, damit sich die Holzverbindungen nicht nachträglich lockern.

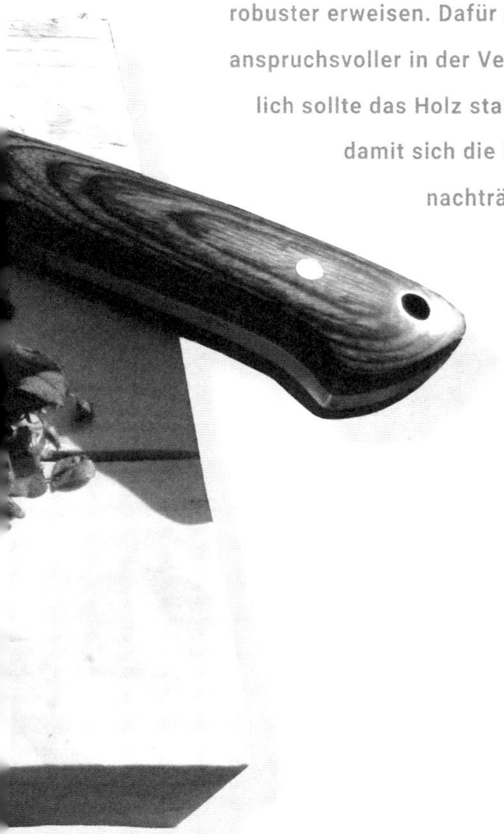

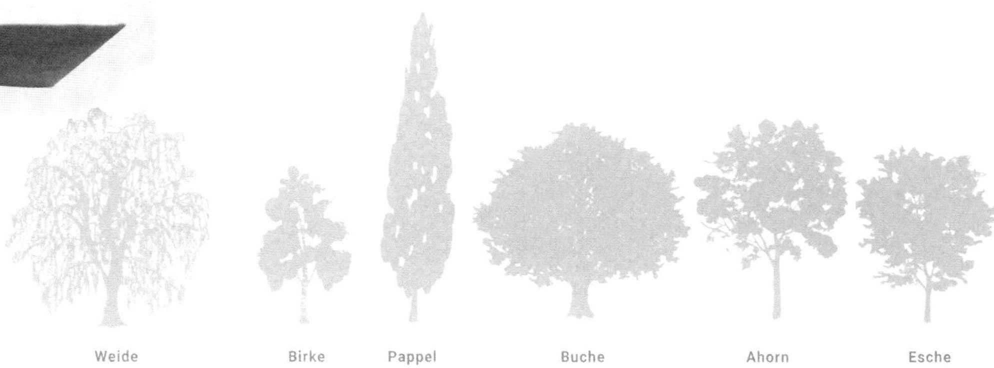

Für die Fertigung braucht man einen ca. 60 cm langen und ca. 10 cm dicken Ast ***[1]*** sowie einen dünneren Ast mit etwa 3 cm Stärke. Der dicke Ast wird in drei gleiche Teile von ca. 20 cm Länge gesägt ***[2]***.

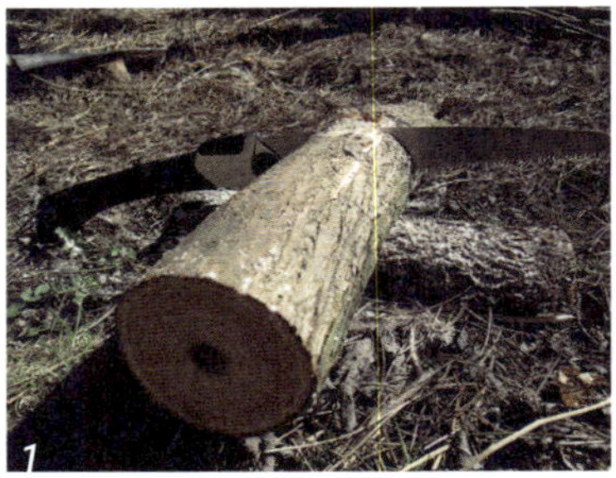

1

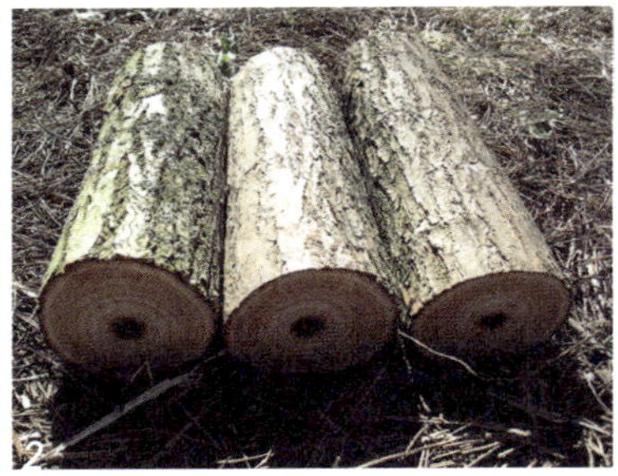

2

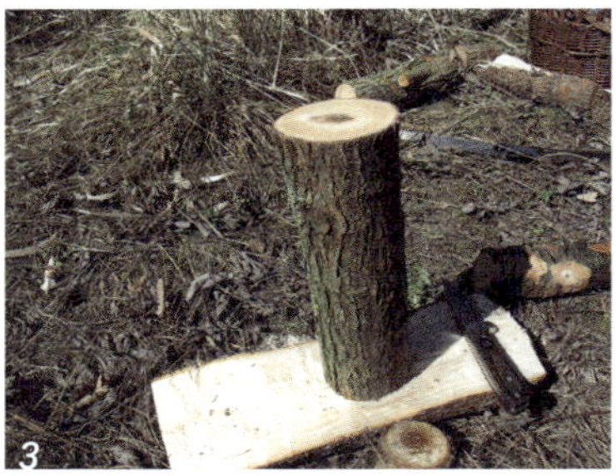

3

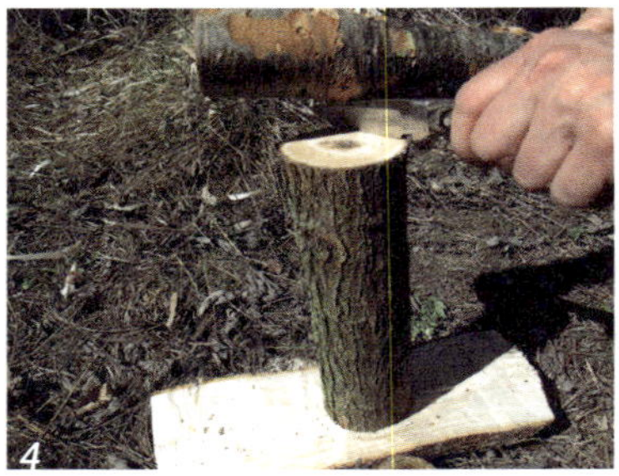

4

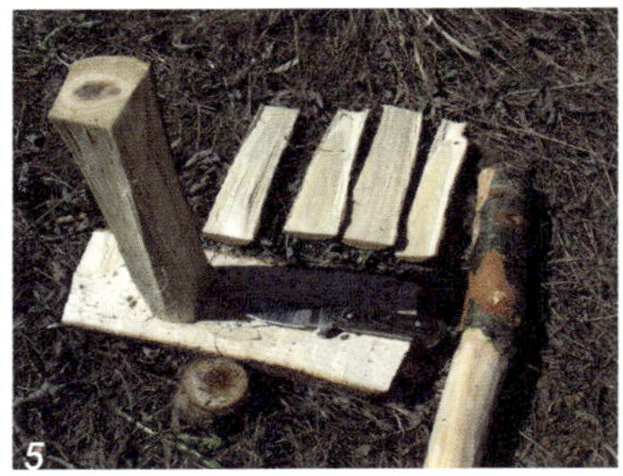

5

Danach werden die Hölzer senkrecht auf ihre Schnittfläche gestellt ***[3]*** und mit dem Messer jeweils die Ränder abgespalten ***[4]***, wodurch drei Vierkanthölzer entstehen > ***Aufspalten mit dem Messer.*** Diese werden mit dem Schnitzmesser so lange bearbeitet, bis sie sich gut zusammenfügen und eine ebene Oberfläche ergeben ***[5 + 6]***. Um die Hölzer zu einem stabilen Brett zu verbinden, wird hier nun eine Methode aus der Tischlerei angewendet, die sogenannte Schwalbenschwanzverbindung ***[7]***. Die Vierkanthölzer liegen eben und bündig nebeneinander, Unterseiten nach oben. Die Säge wird rechtwinklig über alle Hölzer hinweg mit ca. 5 cm Abstand zu einer der kurzen Kanten auf der Oberfläche schräg im 8–10-Grad-Winkel angesetzt. Es werden zwei Schnitte gesägt mit ca. 1,5 cm Abstand dazwischen ***[8 + 9]***. Das Schnittpaar gleicht von der Seite nun einem Schwalbenschwanz ***[10]***. Um das Holz zwischen den Sägeschnitten zu lösen, werden die Hölzer gedreht. Dann wird das Messer jeweils am Ende der Sägeschnitte angesetzt, das Holz angestochen, vorsichtig vollständig gelöst und seitlich herausgeschoben ***[11]***. Es entsteht eine Kerbe für die Verbindungsleiste.

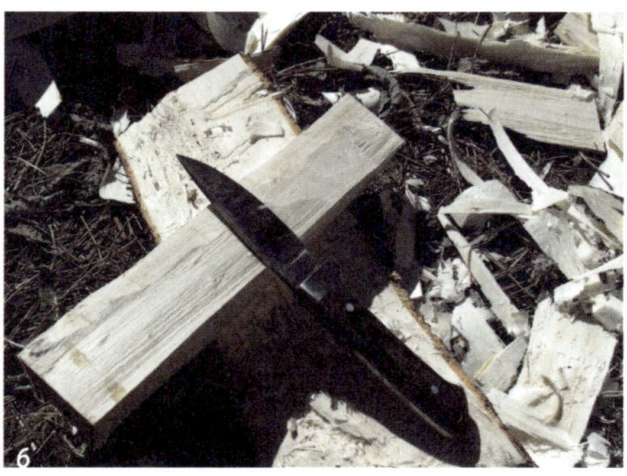

6

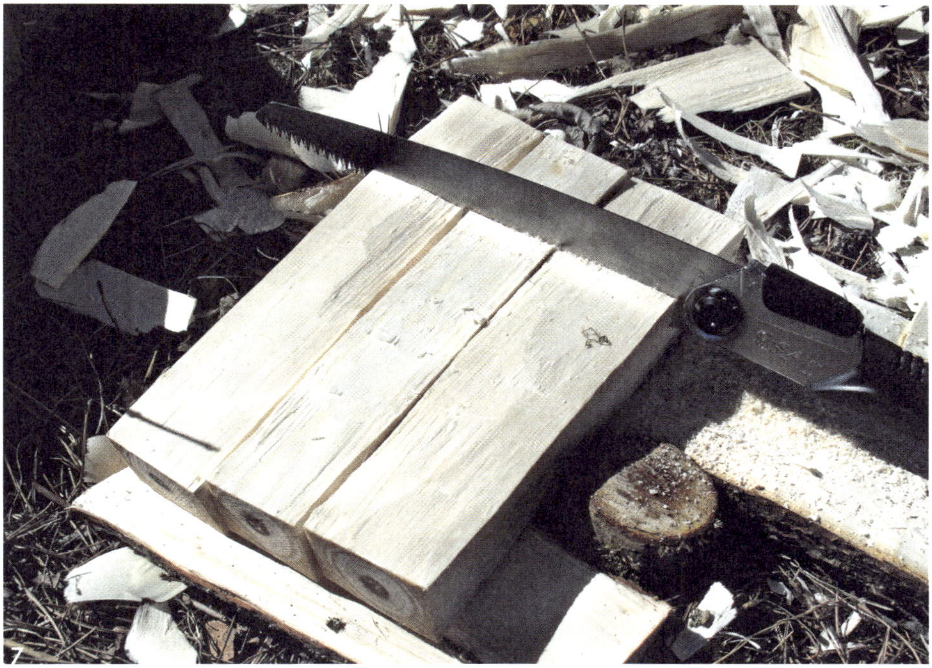

7

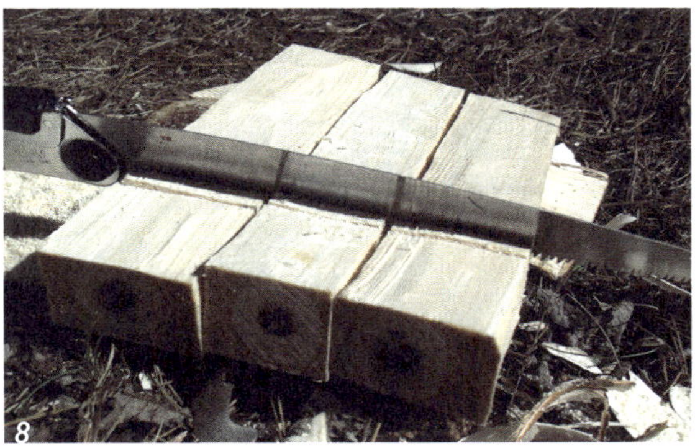

8

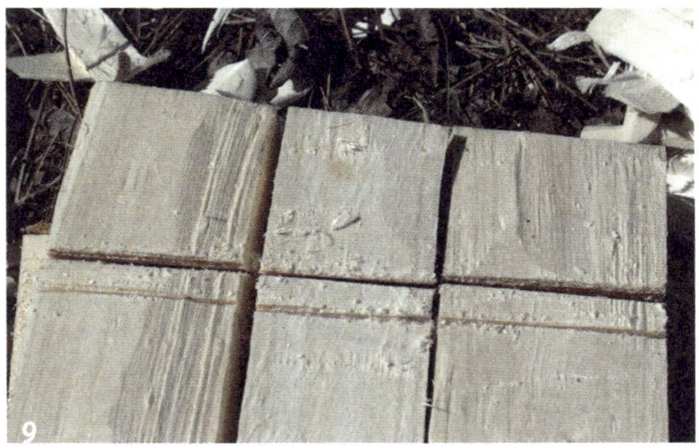

9

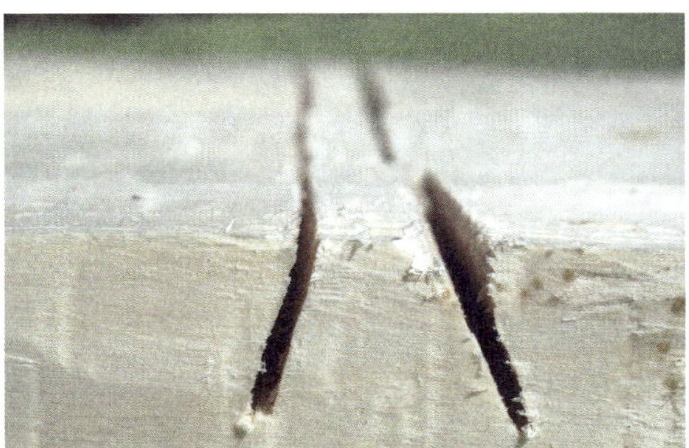

10

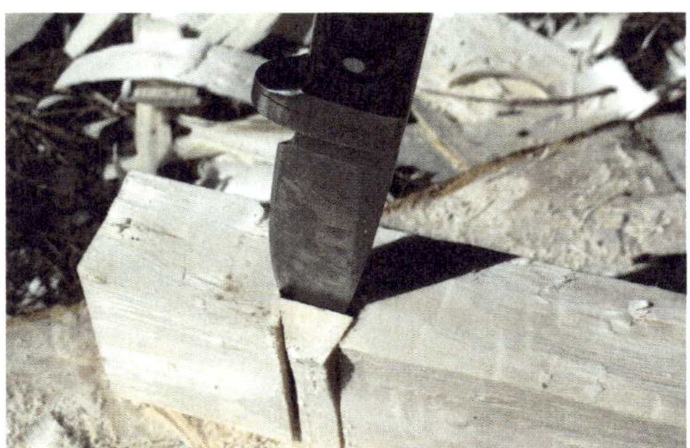

11

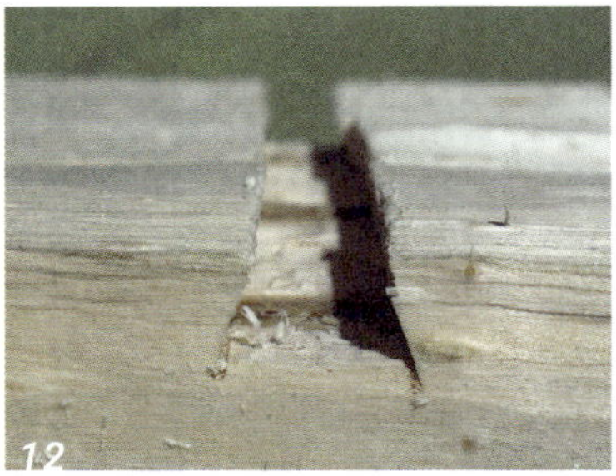
12

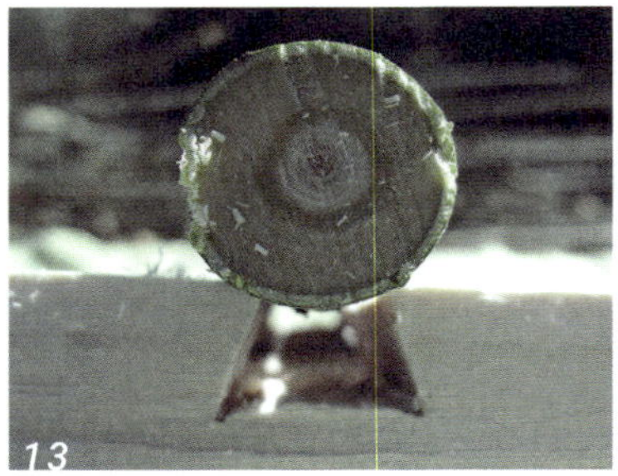
13

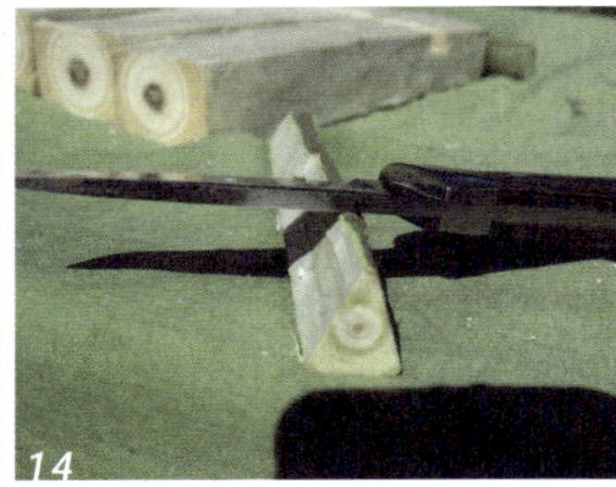
14

Für die zwei Verbindungsleisten kommt nun der dünne Ast zum Einsatz ***[12 + 15]***. Er muss deshalb mindestens doppelt so lang sein wie die Breite des Schneidbretts und etwas dicker als die Schwalbenschwanzkerbe ***[13]***. Der Ast wird zu zwei gleich langen Hälften auseinandergesägt. Mit dem Messer wird eine Asthälfte zu einer Dreikantleiste geschnitzt ***[14]***. Dabei ist es empfehlenswert, sich möglichst genau an den Maßen der Schwalbenschwanzkerbe zu orientieren ***[16]***.

Die Dreikantleiste wird dann sehr vorsichtig in die Kerbe der nebeneinanderliegenden Vierkanthölzer

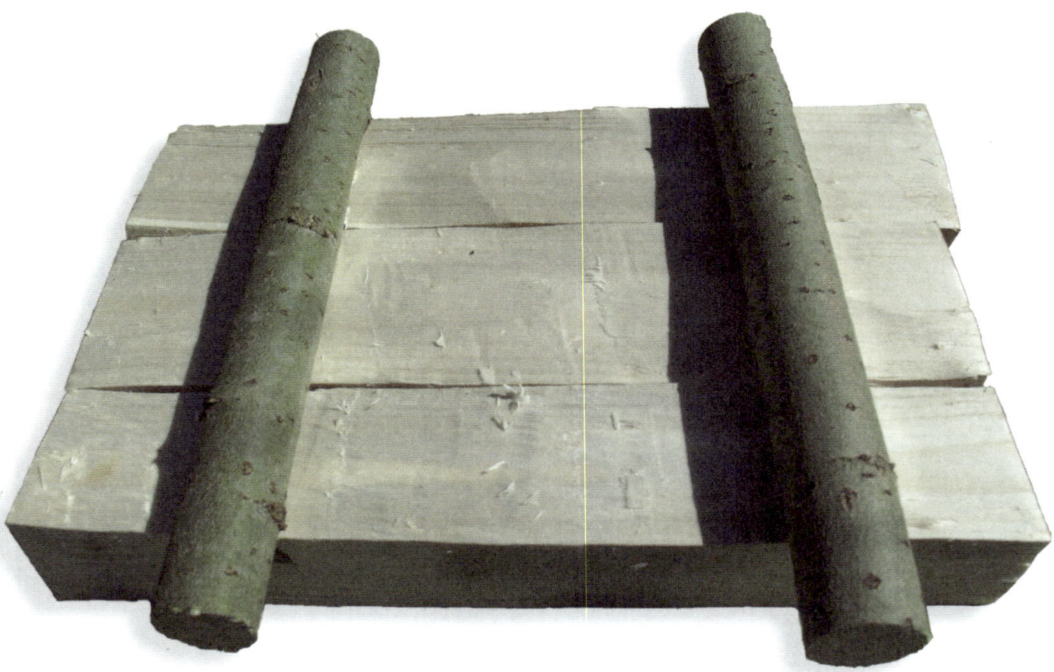
15

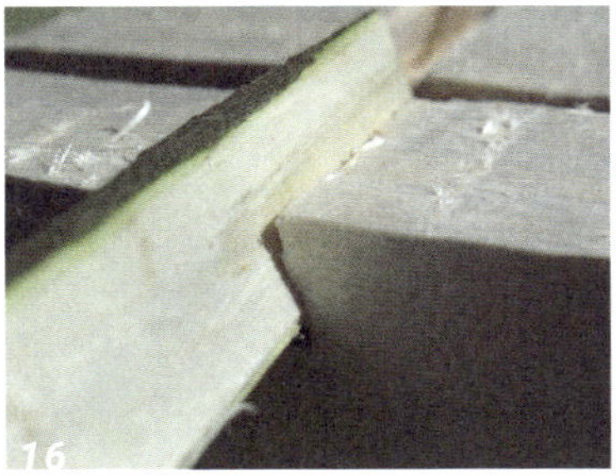

16

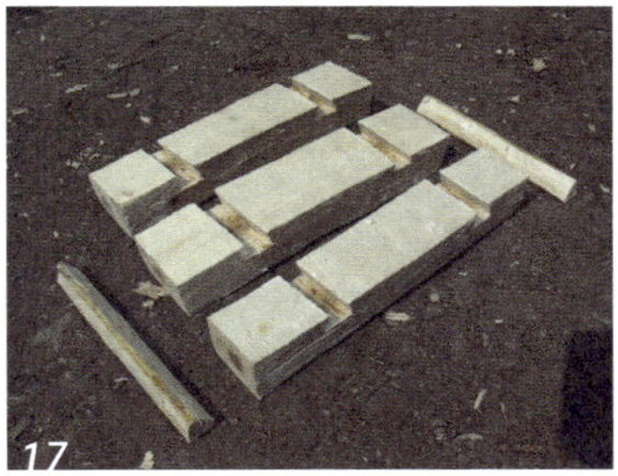

17

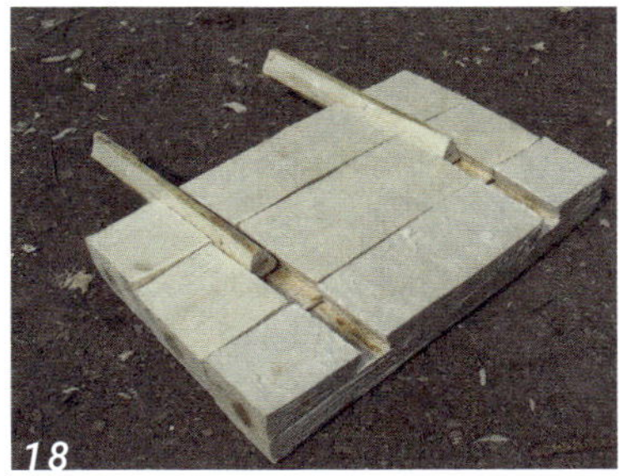

18

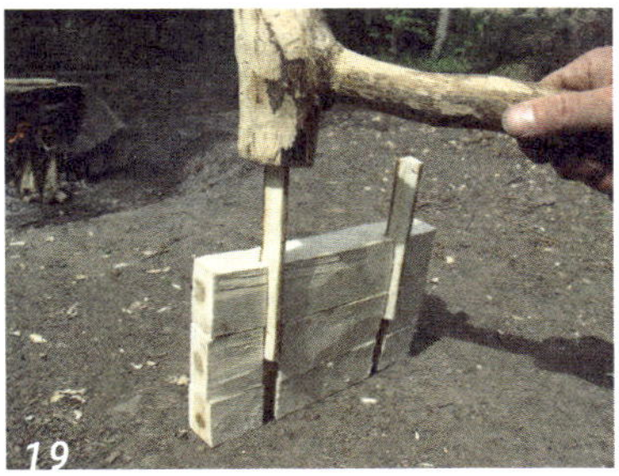

19

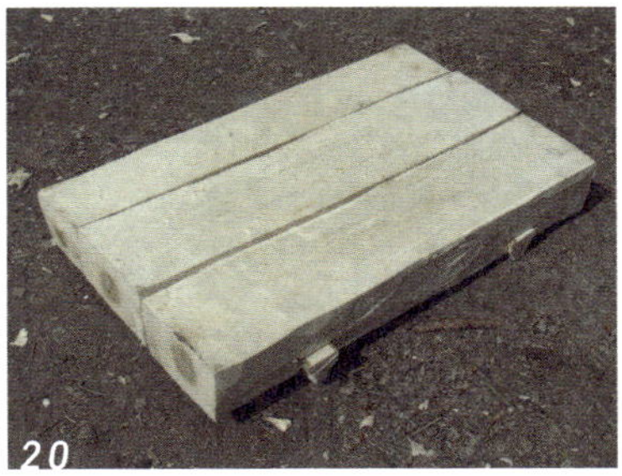

20

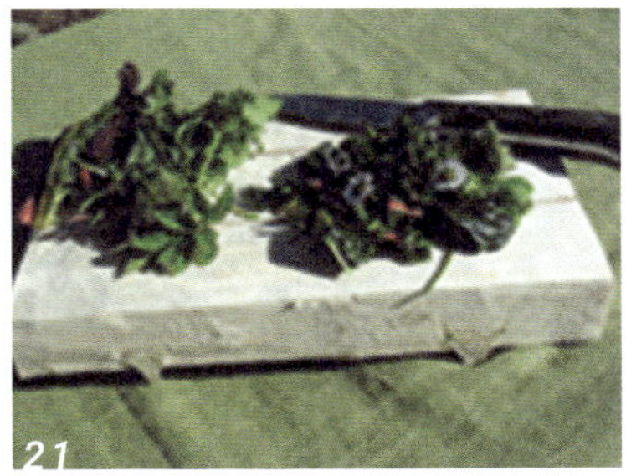

21

mit einem Holzstück hineingeklopft . Hier zeigt sich sofort, ob die Dreikantleiste gelungen ist: Ist sie zu dünn, klappert das Brett und fällt auseinander. Ist sie zu dick, lässt sie sich nur sehr schwer in die Kerbe einfügen und das Holz kann reißen.

Ist die erste Dreikantleiste eingepasst, wird analog zur ersten eine weitere Kerbe an der gegenüberliegenden Seite des Bretts angebracht. Bevor die Hölzer dann wieder auseinandergenommen werden, muss die Position der Hölzer durch kleine Kerben oder Striche gekennzeichnet werden, damit sie nach dem nächsten Schritt wieder passend zusammengefügt werden können *[19]*. Falls sich die erste Verbindungsleiste schwer entfernen lässt, wird sie vorsichtig mit einem anderen Holz herausgeklopft. Jetzt wird das Holz der zweiten Kerbe herausgelöst. Die drei Hölzer werden nun entsprechend den Markierungen nebeneinander gelegt, mit der späteren Schneidefläche nach unten.

Die drei Hölzer zeigen nun zwei durchgängige Schwalbenschwanz-Kerben *[17]*.

Zum Anbringen der Verbindungsleisten werden die Hölzer aufeinander gestapelt, die beiden Kerben weisen dabei senkrecht nach unten. Nun können die Verbindungsleisten vorsichtig von oben nach unten eingeklopft werden *[18 + 19]*. Bei Passproblemen das Holz mit dem Messer nachbearbeiten, ansonsten kann das Holz reißen *[20]*.

Sobald alles gut zusammenpasst und stabil ist, werden alle Holzüberstände weggeschnitten und die Schneidfläche nochmals mit dem Messer ausgeglichen *[21]*.

Tipp:

Analog zum Schneidbrett können auch weitere Unterlagen für andere Arbeiten hergestellt werden, beispielsweise um Holz zu spalten, was Kraft und Klinge schont.

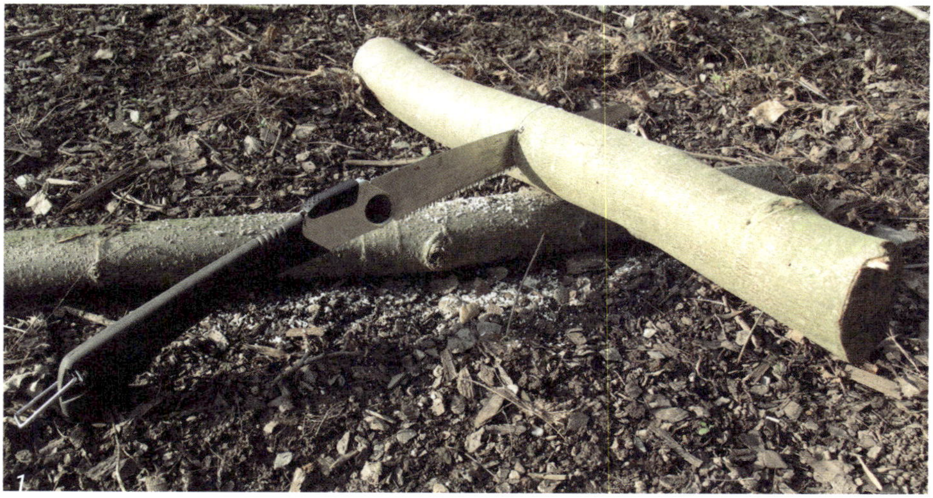

1

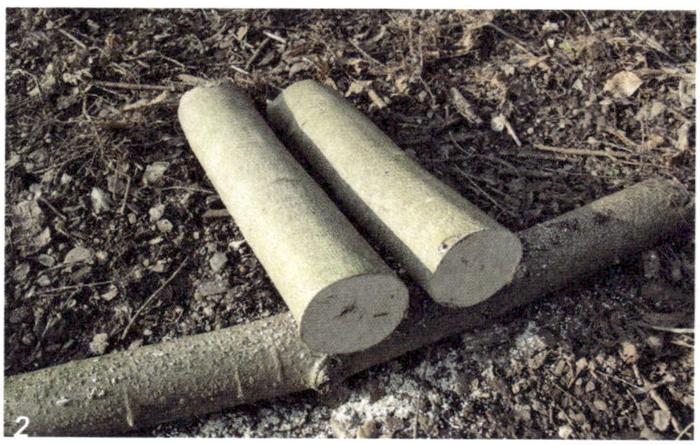

2

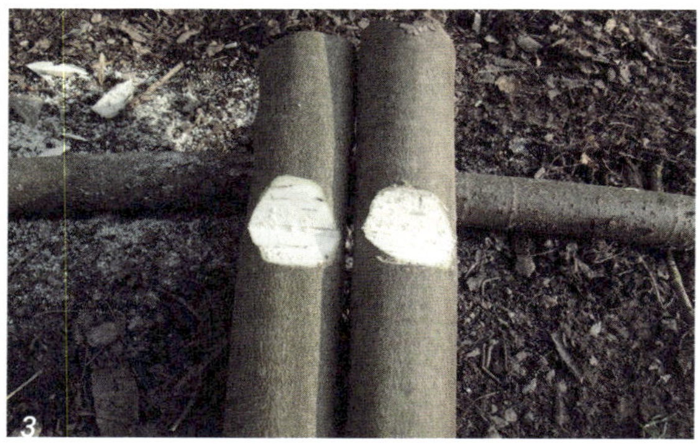

3

Schneideholz

Eine weitaus einfachere Alternative zum Schneidebrett, ist das Schneideholz. Dafür werden zwei Äste gebraucht mit einem Durchmesser von mindestens 10 cm und einer Länge von 30 cm oder mehr *[1 + 2]*.

Diese beiden Äste bilden den Unterbau der Konstruktion. Ein weiterer Ast wird für die Schneidfläche benötigt, entweder mit den gleichen Maßen wie die beiden anderen, besser ist es jedoch, wenn er etwas länger und dicker ist. Jedes ungiftige Holz kann verwendet werden, solange es nicht morsch ist, damit beim Schneiden keine Holzkrümel ins Essen gelangen.

Um eine stabilen Stand zu gewährleisten, werden die beiden gleich langen Äste für den Unterbau etwas in der Mitte v-förmig eingesägt *[3]*. Die Kerbenbreite sollte sich dabei an den Maßen des dritten Holzes orientieren, das später hier aufgelegt wird *[4]*.

Nun wird das dritte Holz in der Mitte aufgespalten > ***Spalten mit Messer und Keil*** *[5]*. Sollte das Holz nach dem Spalten sehr uneben sein, wird es noch etwas flach geschnitzt > ***Grundschnitztechnik***. Nun werden die zwei gleich langen Hölzer mit der Kerbe nach oben parallel zueinander auf den Boden gelegt.

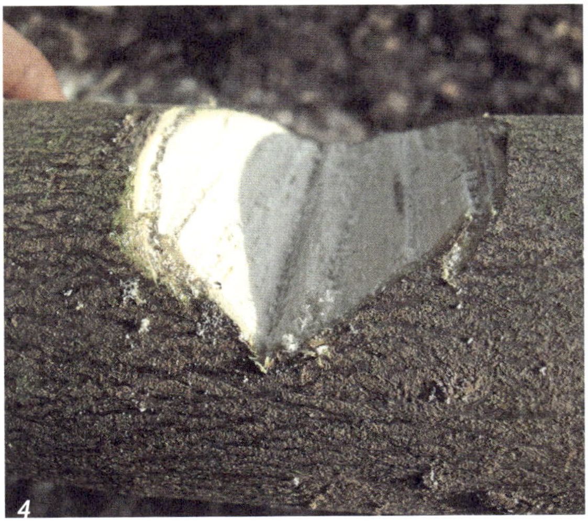

4

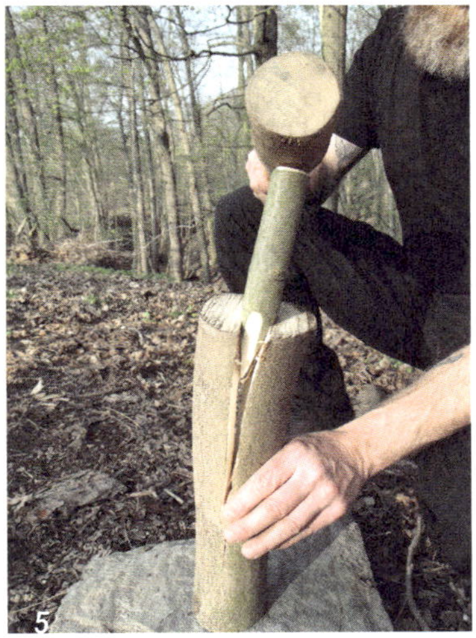

5

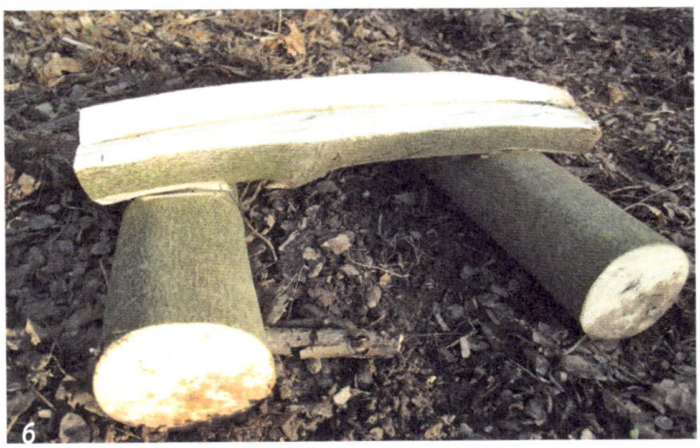

6

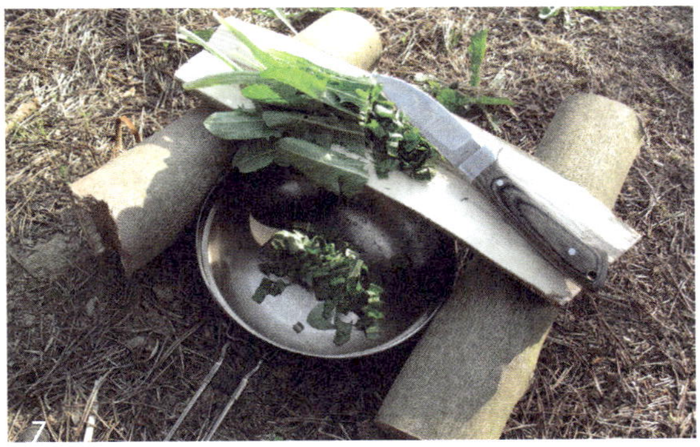

7

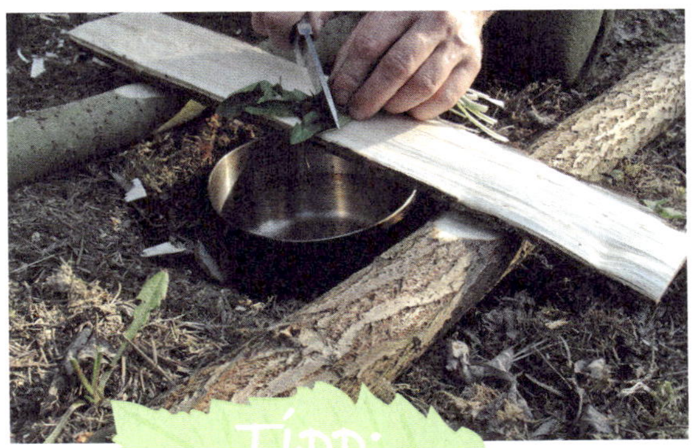

Damit sie nicht wegrollen, können sie mit kleinen Steinen fixiert werden. Das aufgespaltene Holz wird nun mit der flachen Seite nach oben auf die Kerben gelegt *[6]*.

Nun kann ein Topf, Teller oder eine Pfanne unter das Querholz geschoben werden – dem Gemüseschnippeln steht nichts mehr im Wege *[7]*.

Tipp:

Wenn die Konstruktion nicht hoch genug ist, um den Topf darunter zu stellen, kann man für den Topf auch ein kleines Loch graben, damit er etwas tiefer steht.

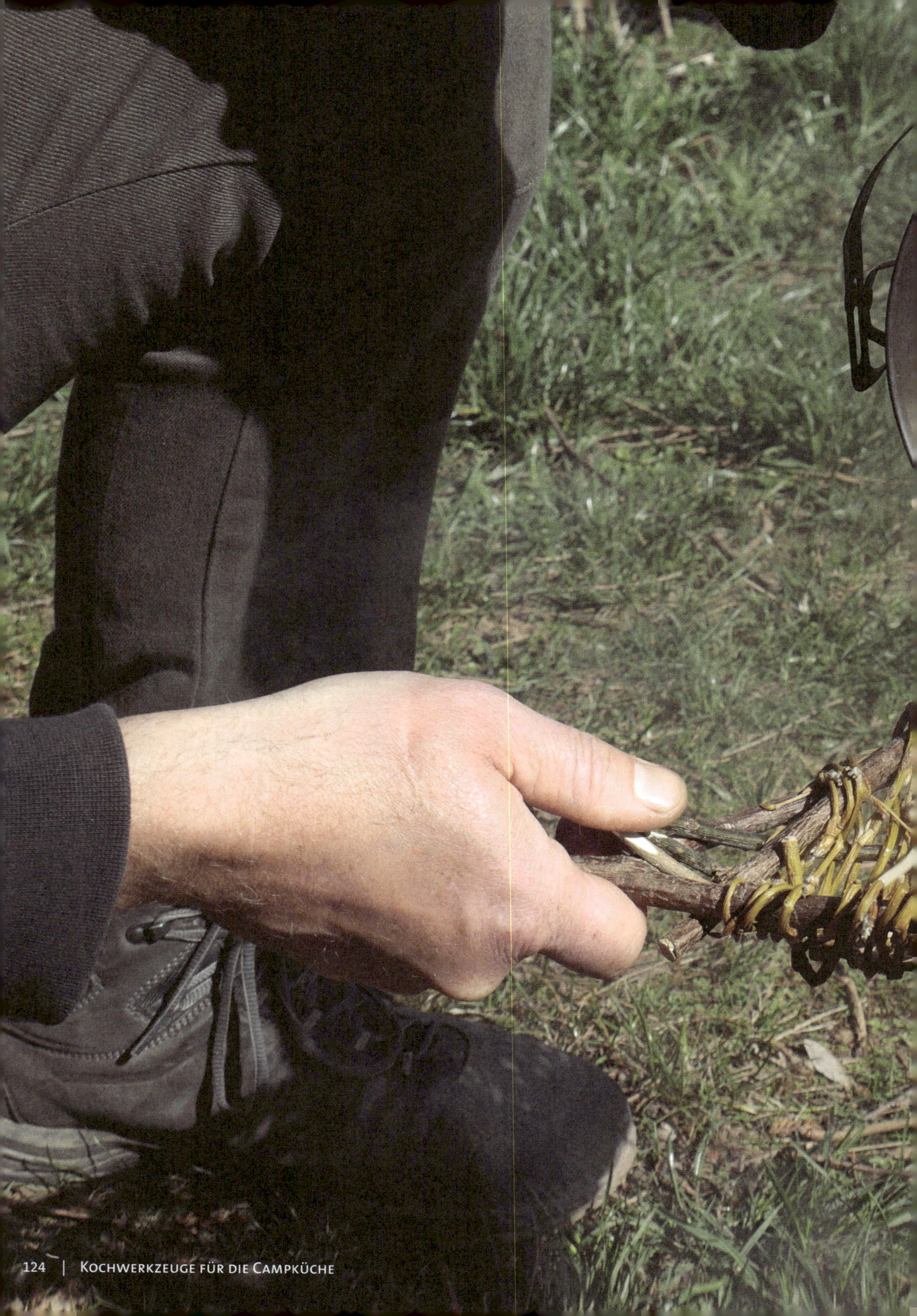

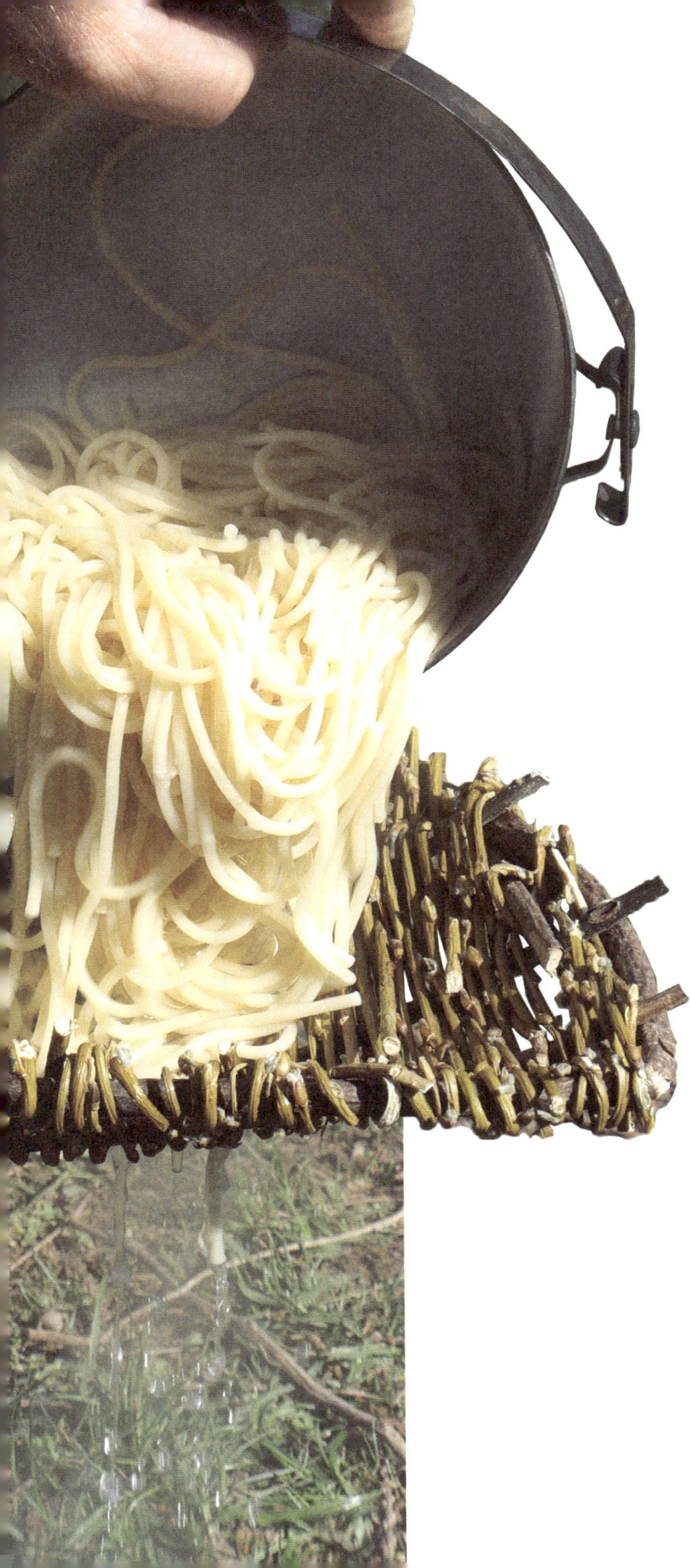

Sieb

Ein Sieb erweist sich in der Outdoorküche schnell als unentbehrlich. Sei es zum Abgießen von Nudeln, Reis und Kartoffeln oder zum Gemüsedünsten. Kurz, es erweitert das Spektrum der Zubereitungsmöglichkeiten. Und es macht jede Menge Spaß, ein solches Sieb zu flechten.

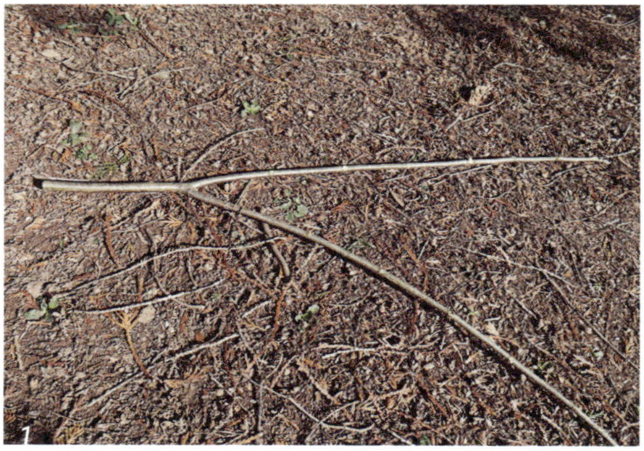

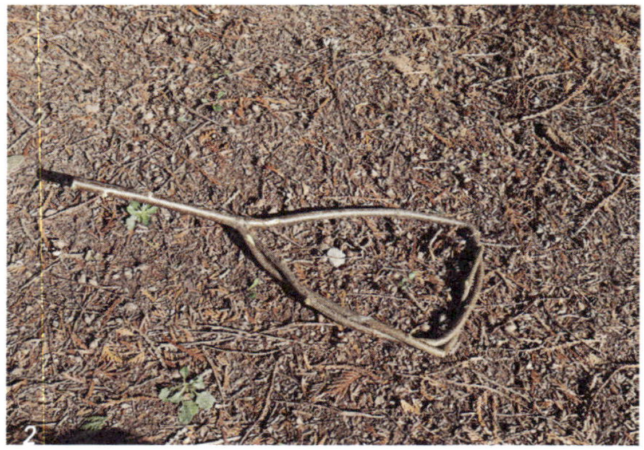

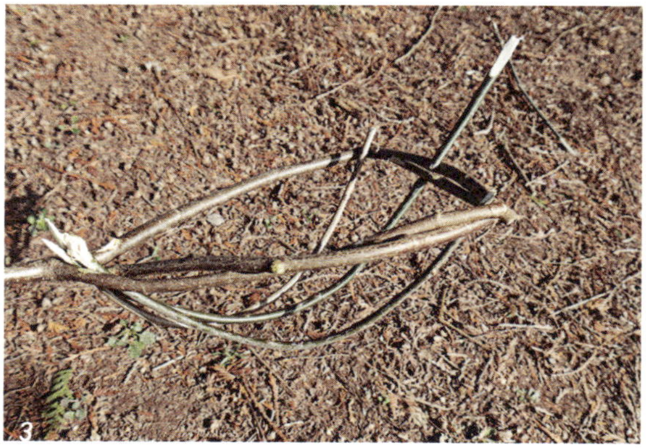

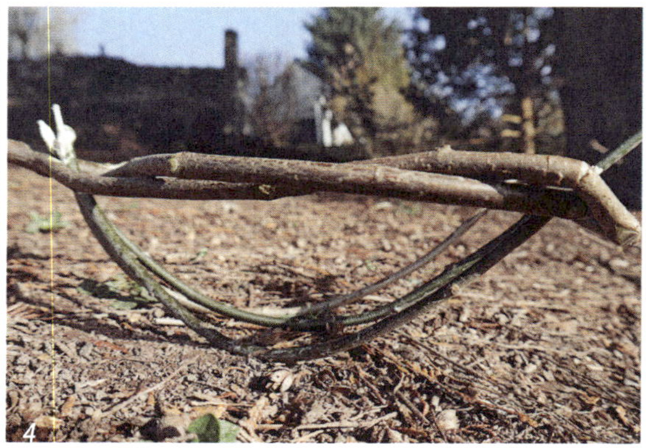

Für die Herstellung wird zunächst ein Grundgestell benötigt, das die Form vorgibt und in das dann die Materialien hineingeflochten werden. Hier besteht es aus einer 1 cm dicken Astgabel und drei je 30 cm langen und 5 mm dicken Zweigen. Die beiden Ast-Ruten müssen ausreichend lang und biegsam sein. Die Astgabel wird so zugeschnitten, dass vor der Gabelung noch 10 cm für den späteren Griff stehenbleiben ***[1]***.

Für dieses Grundgestell eignet sich nur frisches, biegbares Holz wie zum Beispiel Weide, Haselnuss oder Birke. Zum Einflechten taugt alles, was sich gut flechten lässt: Gras, Binsen, Wurzeln oder, wie hier, die Äste einer Trauerweide.

Zuerst werden die beiden Ast-Ruten x-förmig übereinandergeschlagen und auf der jeweils anderen Seite um den Ast gewickelt. So entsteht je nach Beschaffenheit des Holzes eine runde bis dreieckige Form, die sich selbst stabilisiert ***[2]***.
Als Nächstes werden die drei dünnen Zweige eingespannt. Einer in der Mitte, einer rechts zwischen Mitte und Rand und einer links zwischen Mitte und Rand. Die Zweige werden dabei an der Astgabel unter die Randwicklung der Äste geklemmt. Danach werden sie zu einer Rundung gebogen und auf der anderen Seite ebenfalls zwischen die Umwicklung geklemmt und gleichmäßig ausgerichtet – fertig ist das Grundgerüst ***[3–4]***.

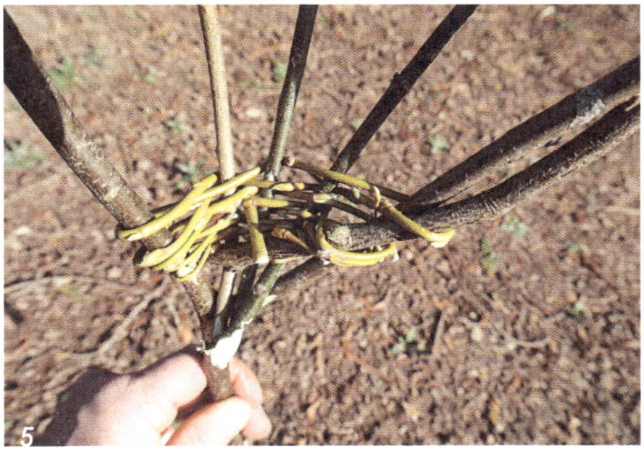

5

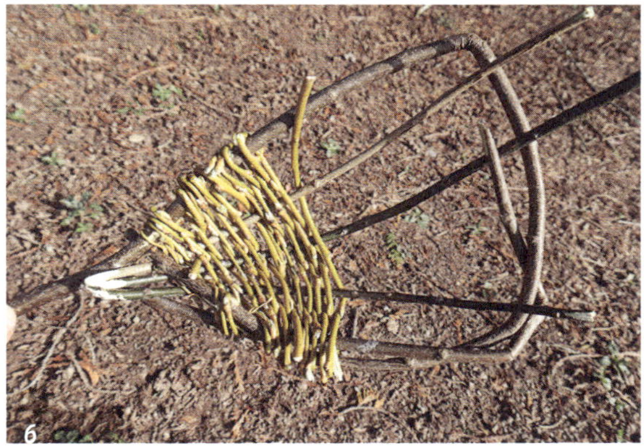

6

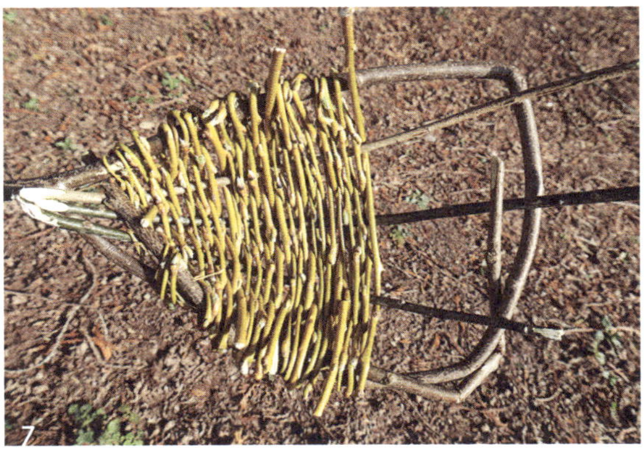

7

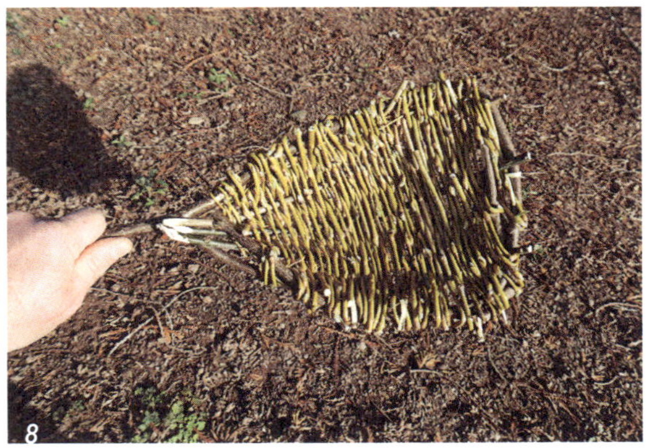

8

Mit dem Flechten wird an der Astgabel begonnen. Das Flechtmaterial wird dafür zunächst am Rand zwischen den Ästen eingeklemmt *[5–6]* und das lange Ende in die Zweige eingewoben. Vom Rand unter dem ersten Zweig durch, danach über den zweiten und unter dem dritten durch, um den Rand herum wieder zurück bis zum anderen Rand, immer im Wechsel – untendurch und obendrüber. So entsteht ein schönes Flechtbild.
Die Enden des Flechtmaterials werden einfach eingeklemmt oder sie enden so, dass sie von selber halten. Die Anfänge werden am Rand eingeschoben bis sie halten *[7–8]*. Alles, was übersteht, wird zum Schluss abgeschnitten *[9]*.

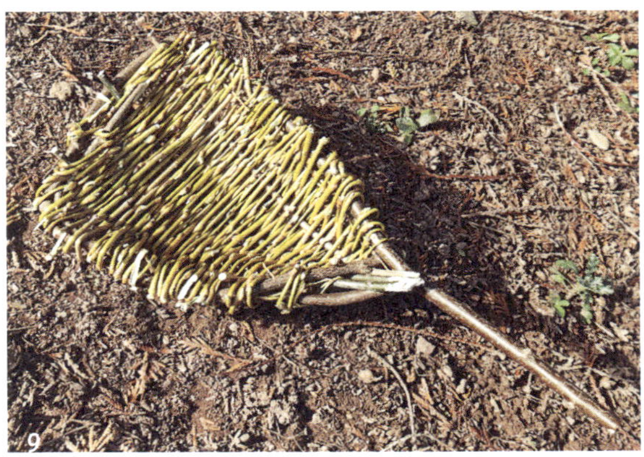

9

Tipp:

Wenn Ihr am Ende noch einen Querstab einzieht, hält das Sieb auch gut in jedem Topf.

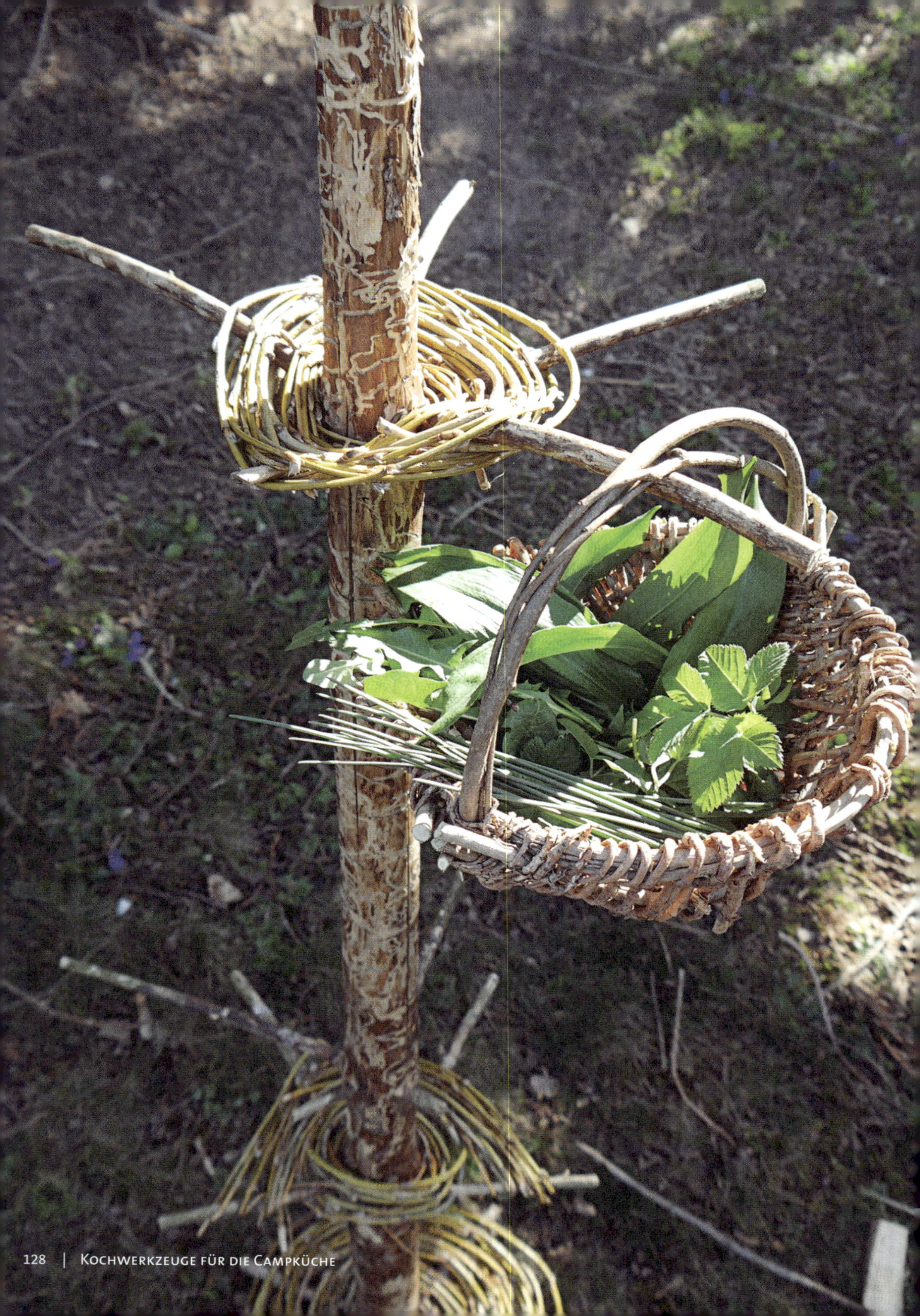

Henkelkorb

Ein Henkelkorb eignet sich bestens zum Sammeln und Transportieren von Beeren, Pilzen und Kräutern. Er ist vielseitig einsetzbar und sieht dazu noch schön aus.

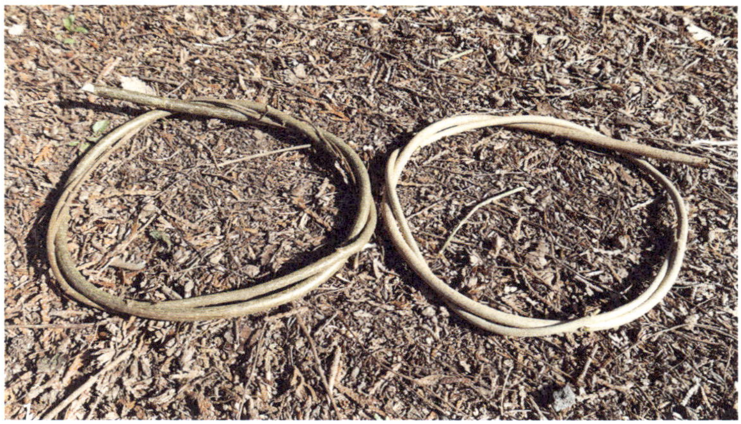

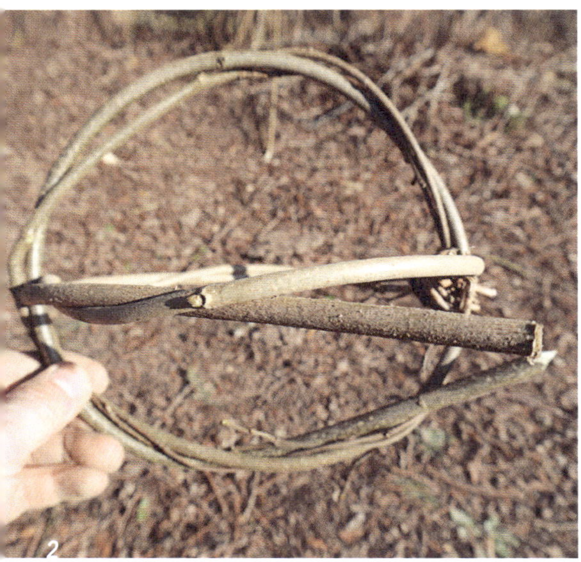

Für den Grundkörper eignet sich nur frisches und biegsames Holz wie Haselnuss, Birke, Weide oder Fichte. Für den Grundkörper werden zwei lange, dünne Ruten und vier kurze Zweige benötigt. Zum Ausflechten wird Fichtenwurzel verwendet. Darüber hinaus eignen sich auch Gras, Binsen oder Wilder Hopfen.

Zuallererst werden die beiden langen Ruten zu zwei Kreisen gebogen und zur Stabilisierung jeweils um sich selbst gewickelt. So halten sie zusammen und bleiben in der gewünschten Form ***[1]***.

Diese beiden Ringe bestimmen die Größe des Korbes. Hier wurde ein Durchmesser von 20 cm gewählt. Die beiden Ringe werden als Nächstes ineinandergefügt, der eine horizontal, der andere vertikal ***[2]***.

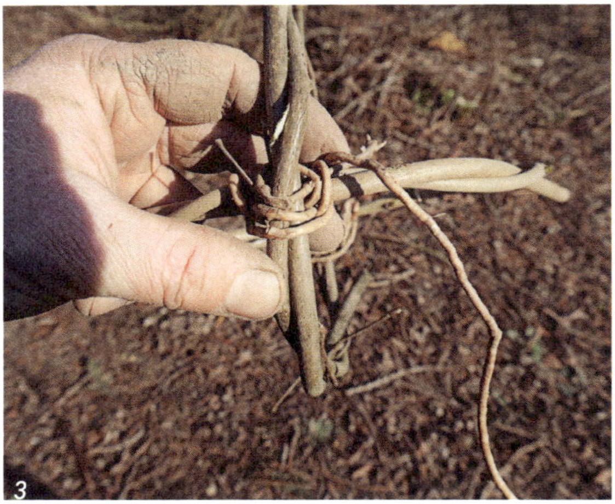

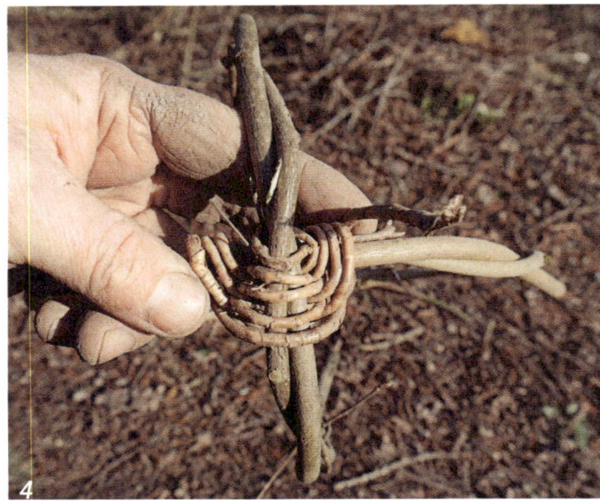

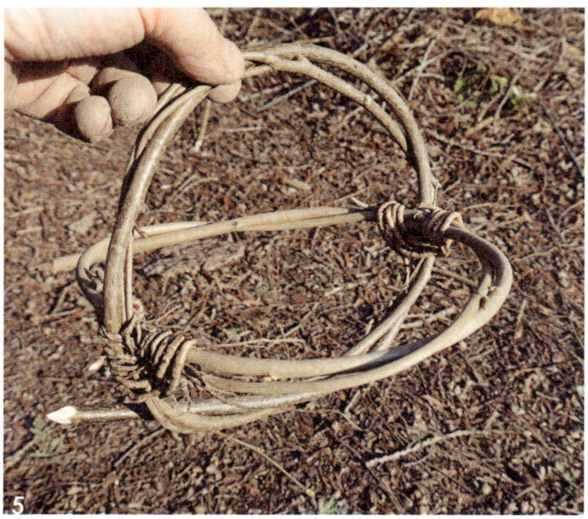

An den beiden Stellen, wo sie sich überkreuzen, werden sie mit Fichtenwurzel miteinander verbunden **[3]**. Dafür wird das eine Wurzelende dort jeweils zwischen die Ruten geklemmt und dann immer im Wechsel über und unter den Ruten durch geflochten für je mindestens fünf Runden **[4–5]**.

Als Nächstes kommen die vier kurzen Zweige zum Einsatz. Sie werden an den Enden etwas angespitzt **[6]** und in die Wurzelwicklungen auf beiden Seiten so eingeschoben und gebogen, dass Sie zusammen mit dem horizontalen Rutenring eine Halbkugel formen **[7]**. Hierbei darauf achten, dass die Äste einen gleichmäßigen Abstand zueinander haben.

6

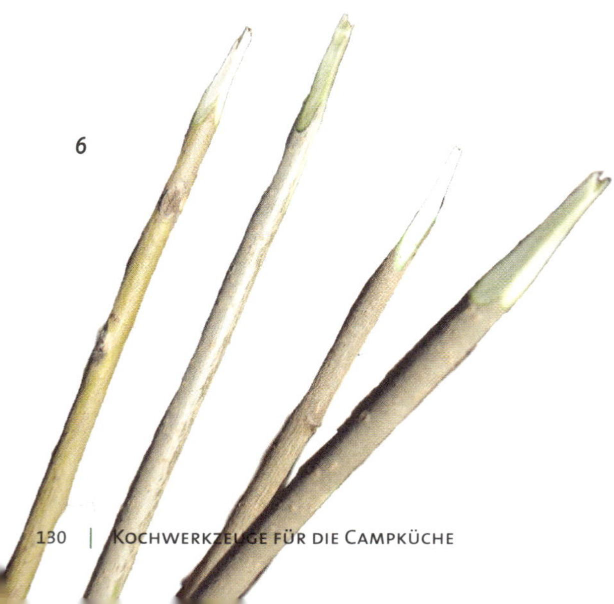

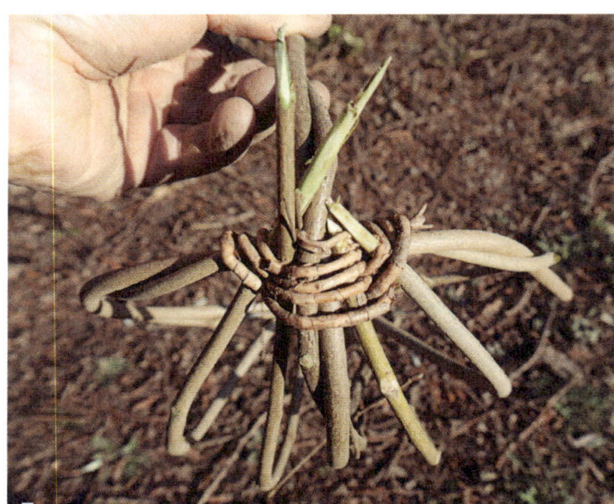

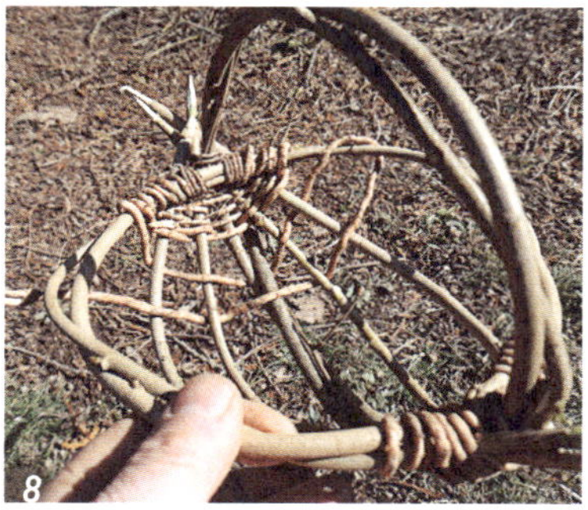

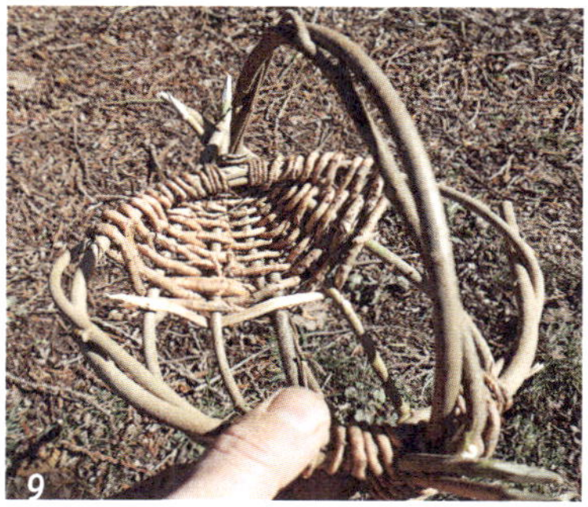

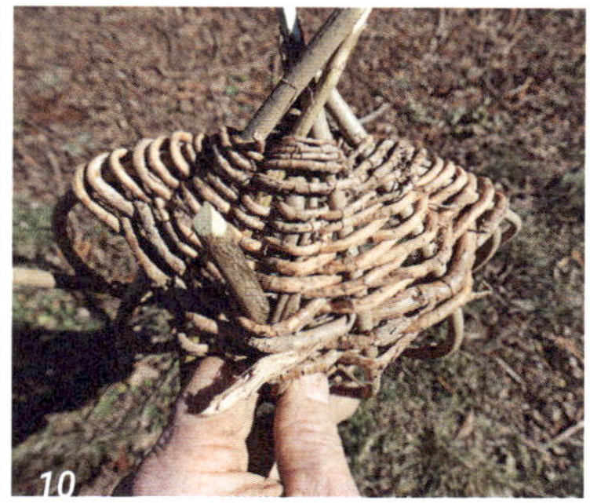

Damit ist das Grundgestell fertig und bereit zum Einflechten der Materialien. Die Vorgehensweise dabei ist recht einfach. Ein Ende des Flechtmaterials wird am Kreisrand in die Wurzelwicklung gesteckt und dann um die einzelnen Äste geflochten, immer im Wechsel, einmal oben drüber und beim nächsten wieder unten durch bis zum Rand, um den Rand herum und wieder zurück zum anderen Rand. Ist das Flechtmaterial verbraucht, hält das Ende entweder von selbst oder wird einfach in die Wicklung gesteckt. Das neue Wurzelende wird dort angesetzt, wo das vorherige aufgehört hat und dort weitergeflochten ***[8–10]***. Mit dem Einflechten des Materials sollte dabei von den beiden Seiten zur Mitte hin gearbeitet werden ***[11]***. Das sorgt für mehr Stabilität und ein gleichmäßigeres Flechtbild. Das Ganze wird so lange wiederholt, bis das Flechtwerk vollständig geschlossen ist ***[12]***.

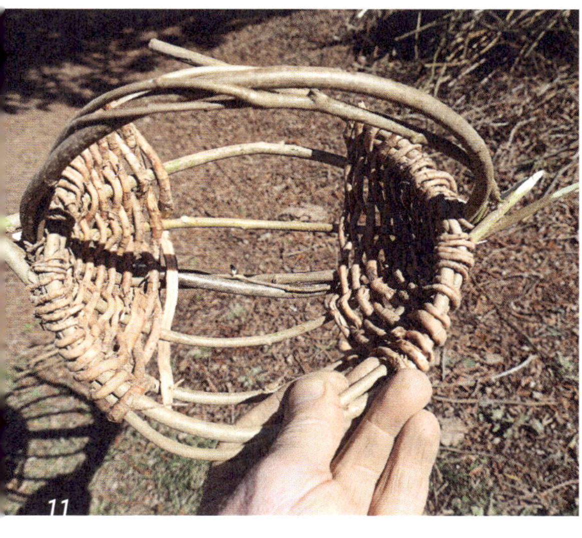

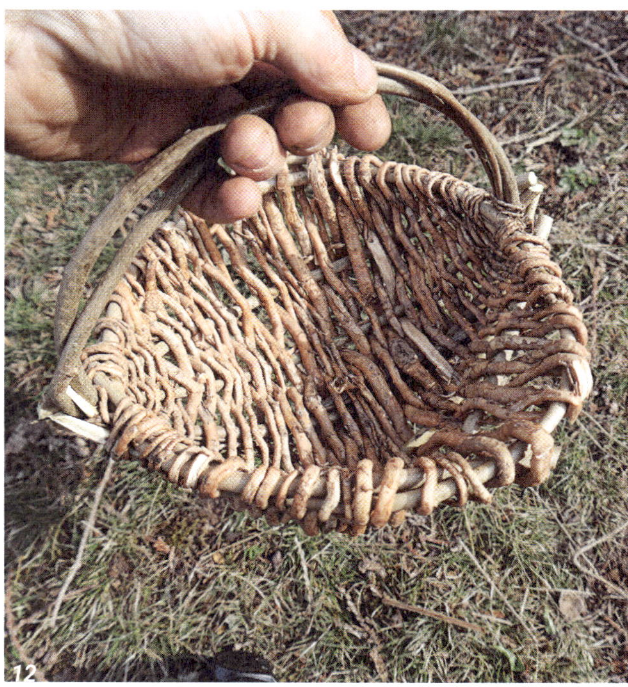

Viel Spaß beim Sammeln mit dem neuen Korb!

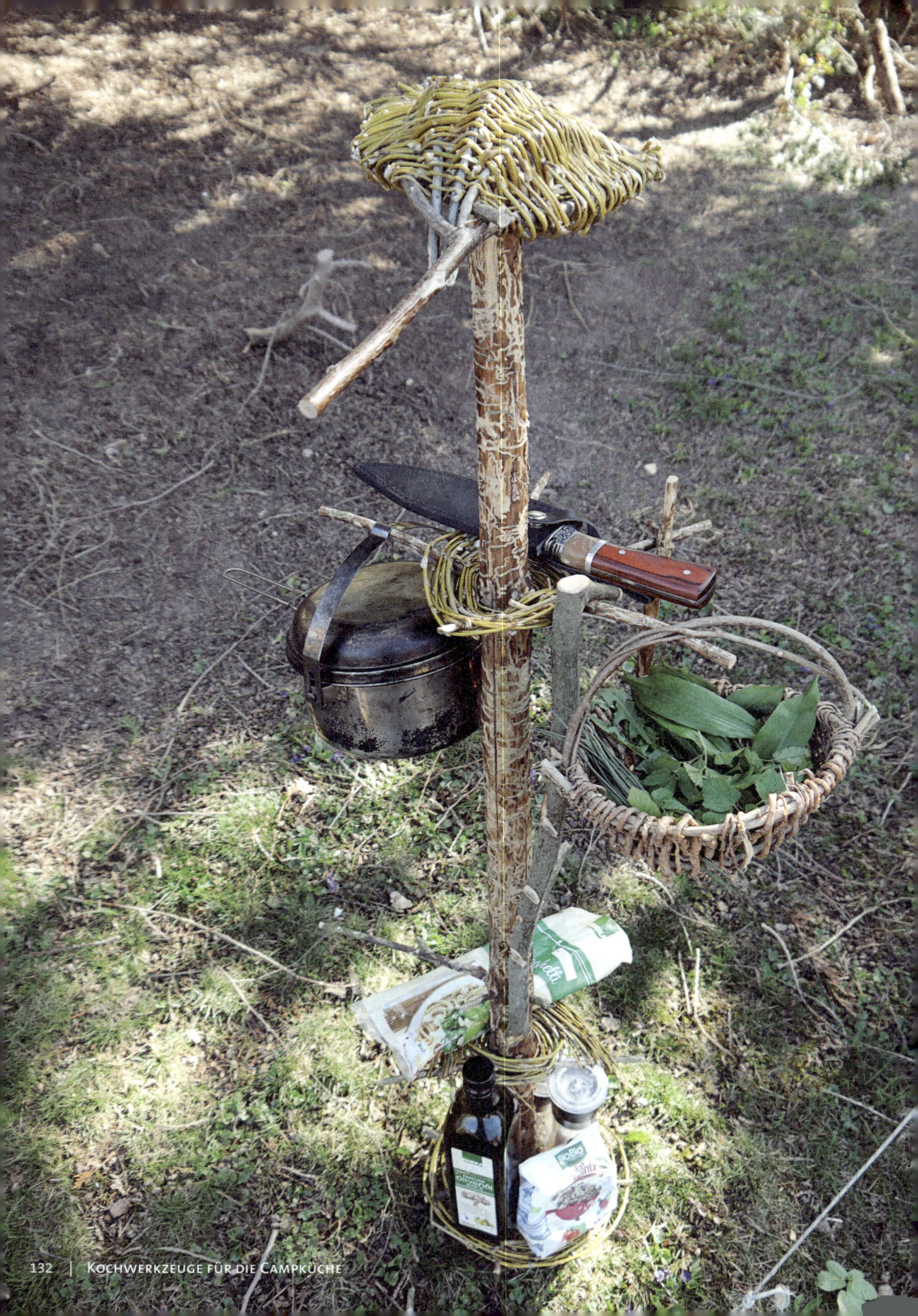

Etagere

Eine Etagere kann wie ein kleines Küchenregal zur Ablage von Lebensmitteln, Gefäßen und Utensilien verwendet werden. So bleibt alles übersichtlich, sauber und in Griffhöhe.

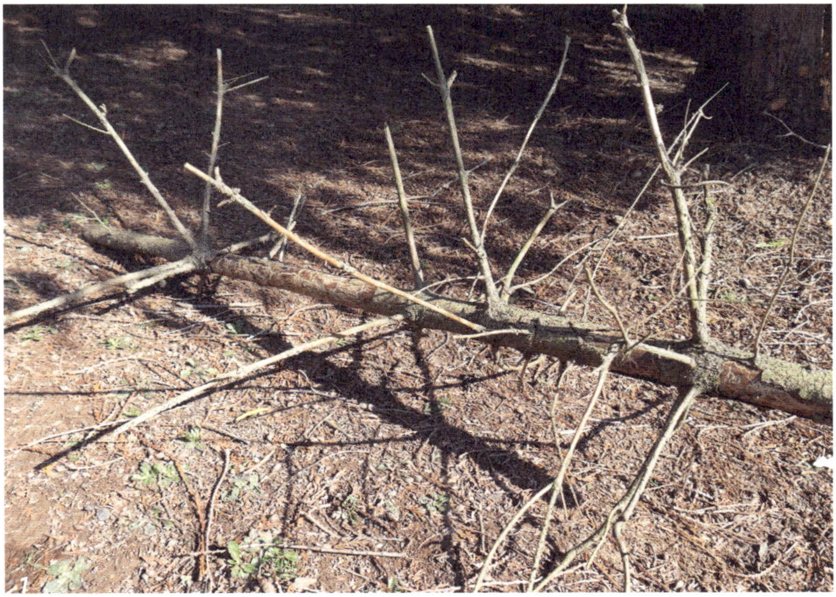

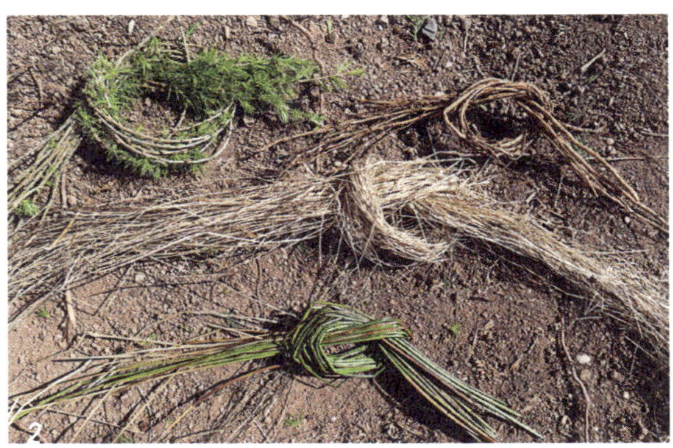

Für die Fertigung wird eine tote, noch stabile kleine Fichte benötigt. Diese eignet sich deshalb besonders gut, weil ihre Äste bereits etagenweise wachsen und damit ein ideales Grundgestell bilden. Beispielsweise kann ein Weihnachtsbaum so eine weitere Verwendung finden oder ein bereits umgefallener Baum aus dem Wald *[1]*.
Als Flechtmaterial können die dazugehörigen Fichtenwurzeln, Lärchenzweige, dünne lange Weidenruten, Gras oder Binsen verwendet werden *[2]*.

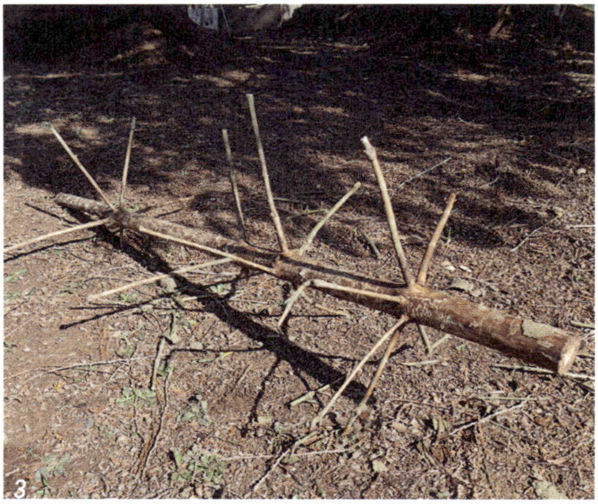
3

Ist ein passendes Exemplar gefunden, wird es so zugeschnitten, dass mindestens zwei Ast-Etagen mit möglichst vielen, nach außen abstehenden Zweigen stehenbleiben ***[3]***. Unterhalb der ersten Etage, also dort, wo der Stamm dicker ist, müssen noch etwa 20 cm vom Stamm dranbleiben ***[4]***. Umso mehr Äste eine Etage besitzt, desto schöner wird später die Flechtarbeit.

Die Äste können zu Beginn auf die gleiche Länge gekürzt werden. **Achtung:** Zum Flechten wird immer eine ungerade Zahl an Ästen gebraucht.

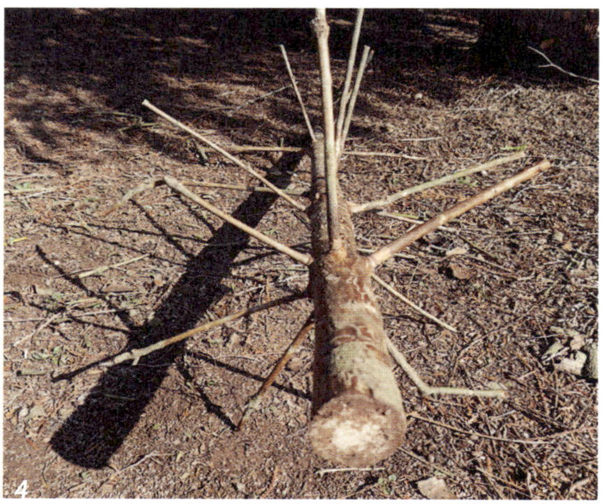
4

Nachdem das Grundgestell soweit vorbereitet ist, kann mit dem Flechten begonnen werden. Hier wird vom Stamm nach außen gearbeitet. Dafür hält man mit einer Hand ein Ende des Flechtmaterials an einem Zweig fest und legt das lange Ende im Kreis um die anderen Zweige, immer Wechsel, über den ersten Zweig, dann unter dem zweiten Zweig durch, über den dritten Zweig drüber und so weiter ***[5]***.

Ist das eine Flechtmaterial verbraucht, wird das Ende in das Flechtwerk gesteckt und an dieser Stelle wieder neues Material angesetzt und kreisförmig verflochten bis eine geflochtene »Etage« entstanden ist. Falls die Fichte keine ungerade Astanzahl aufweist, kann dort, wo der Abstand zwischen zwei Ästen am größten ist, einfach einen weiterer ergänzt werden. Der Ast wird dafür zwischen die ersten Wicklungen gesteckt und einfach hineingeflochten.

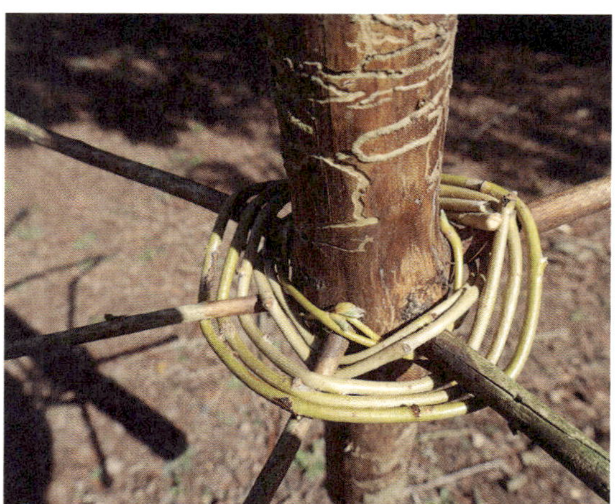
5

Erst wenn die Etage fertig geflochten ist, werden die Enden der Äste gekappt ***[6]***. Zum Schluss wird unten an der dicken Stammseite noch eine Spitze dran geschnitzt ***[7]***, womit die Etagere dort stabil in den Boden gesteckt werden kann, wo sie gebraucht wird.

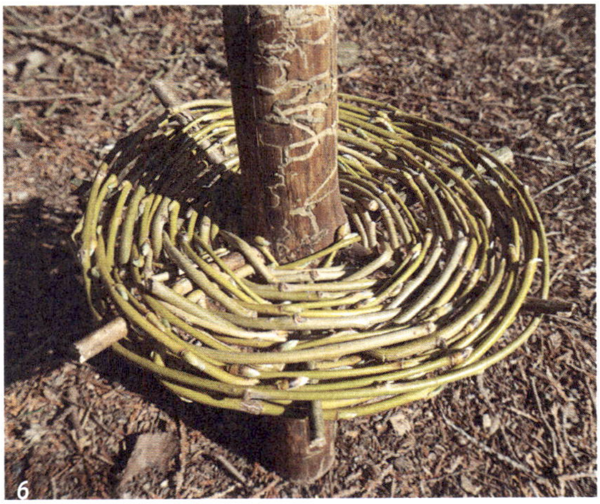

6

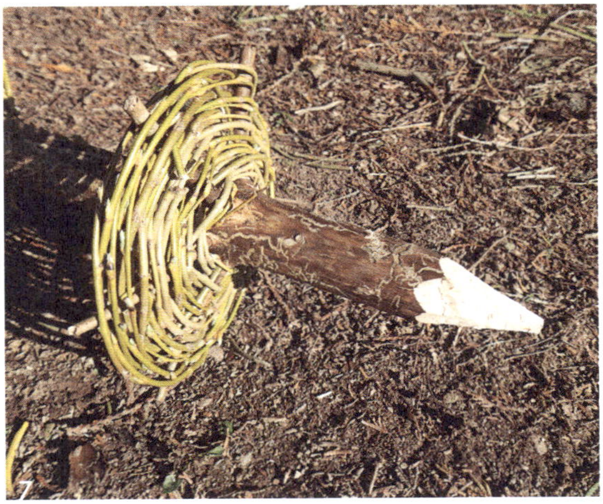

7

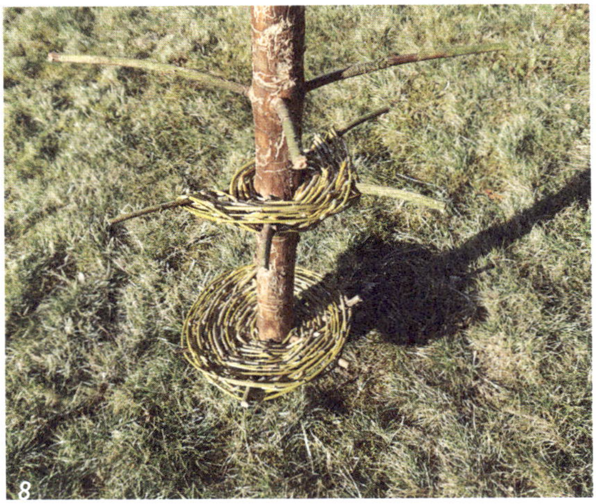

8

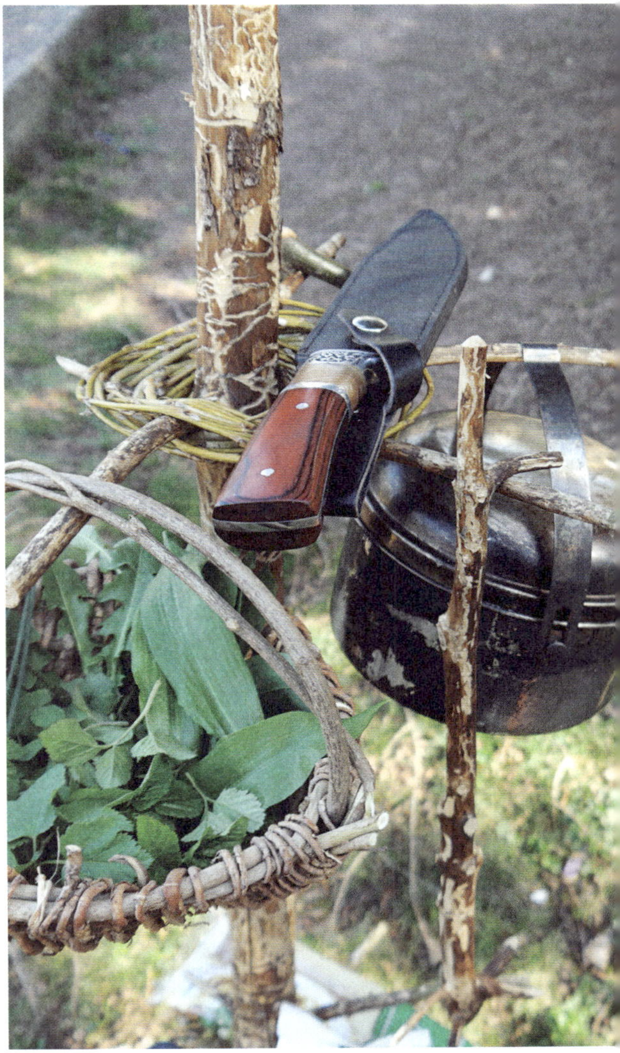

Tipp:

Lässt man zwischen den geplanten Etagen ein paar Äste mehr am Stamm, kann daran noch mehr aufgehängt werden, was nicht auf der Erde liegen soll *[8]*. Zudem kann die Etagere auch als Besteckablage zum Trocknen nach dem Abwasch verwendet werden. Einfach ausprobieren!

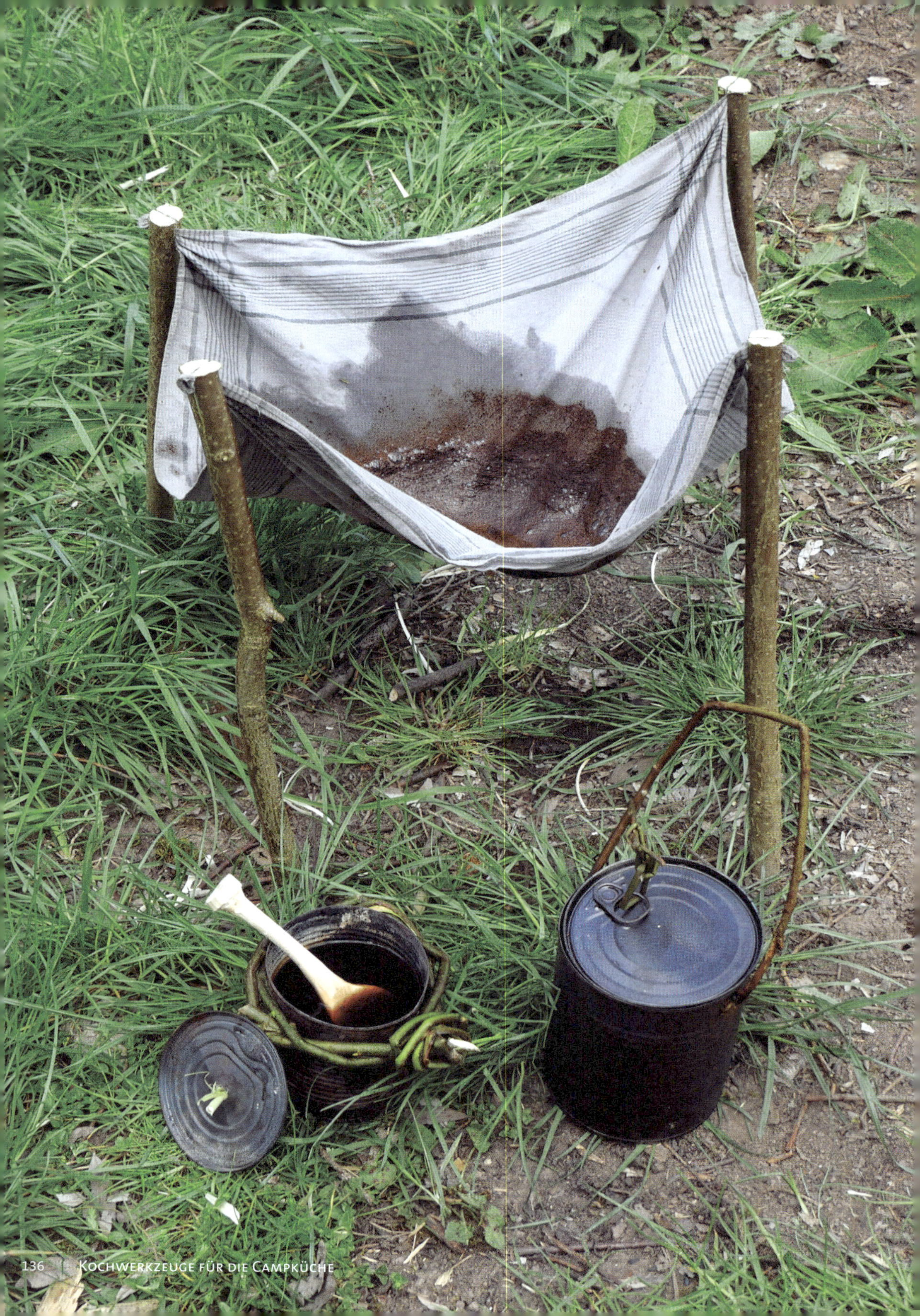

Kaffeefilter

Über die richtige Kaffeezubereitung erhitzen sich schon im Alltagsleben die Gemüter. Auch im Bushcraft-Bereich gibt es dazu unglaublich viele Vorschläge, damit man auch draußen nicht auf das geliebte Heißgetränk verzichten muss. Oftmals ist es auch hier so, dass sich Kaffee in der Natur vermeintlich nur mit extrem teurer Ausrüstung zubereiten lässt, die man kaufen soll. Wer es braucht, kann sich ganze Kaffeesysteme für den Outdoorbereich zulegen und muss weder auf Espresso noch Latte Macchiato verzichten.

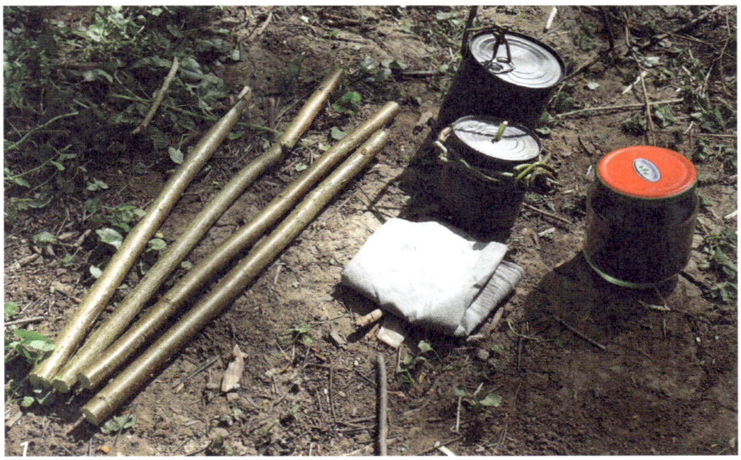

1

Egal wie man sonst dazu steht, ein richtig guter Kaffee ist nach wie vor der Filterkaffee. Dieser lässt sich auch am Feuer ohne viel Aufwand lecker zubereiten. Dafür benötigt man nicht viel. Eine Tasse, einen Topf, ein Messer, vier ca. 40 cm lange daumendicke Stöcke, etwas Kaffeepulver und ein Stofftaschentuch *[1]*. Dies sollte man ja als BushcrafterIn sowieso immer in der Hosentasche haben. Natürlich funktioniert auch jedes andere wasserdurchlässige Textil, auch ein T-Shirt oder ein Halstuch eignen sich zum Filtern.

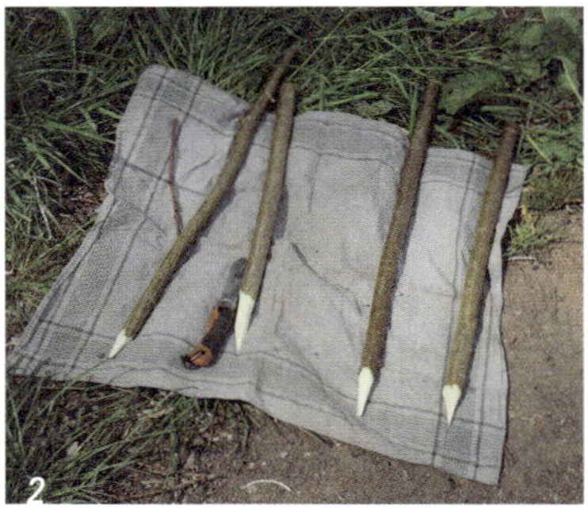

2

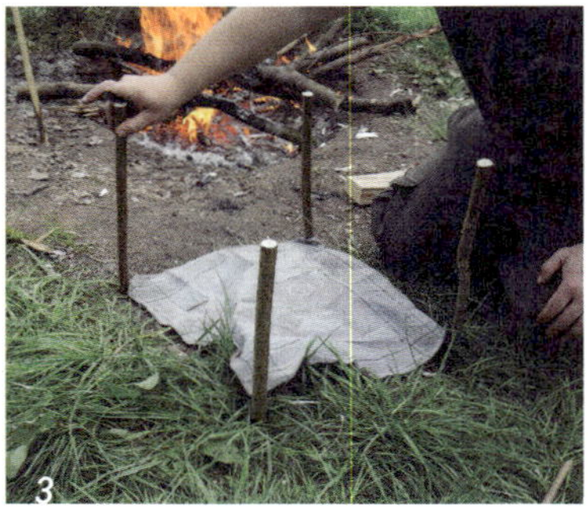

3

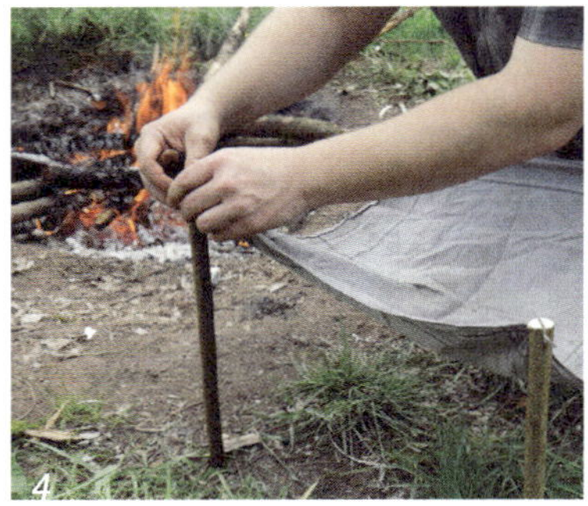

4

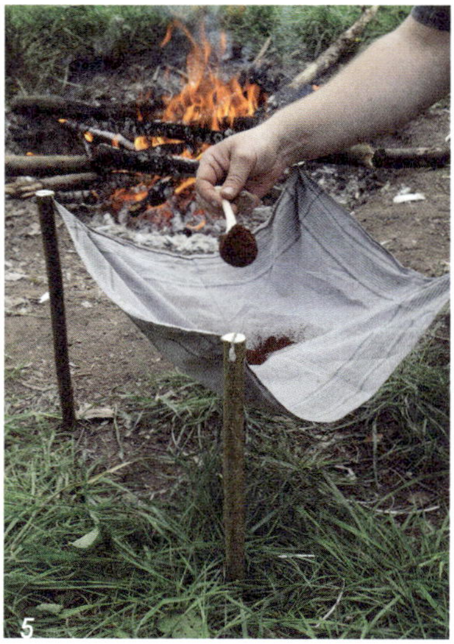

5

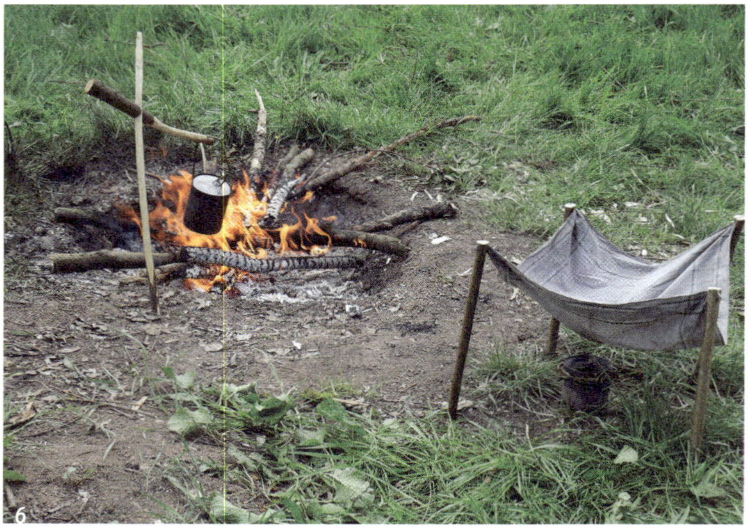

6

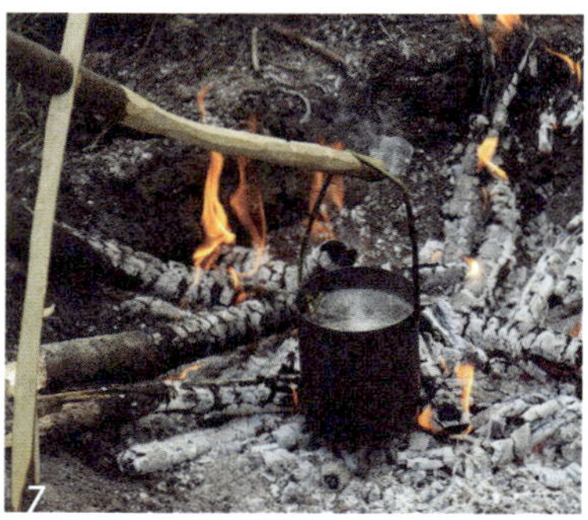

7

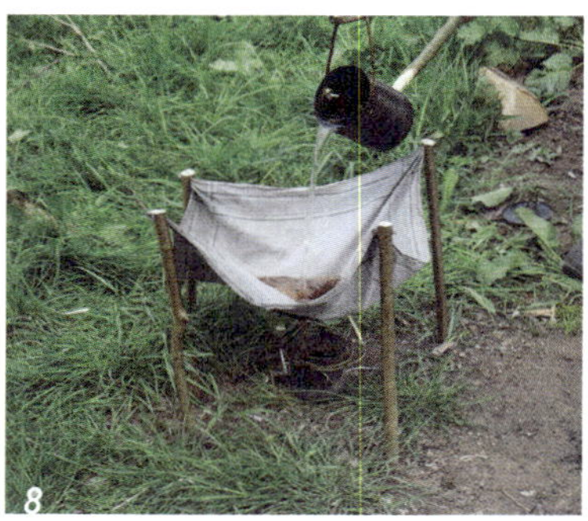

8

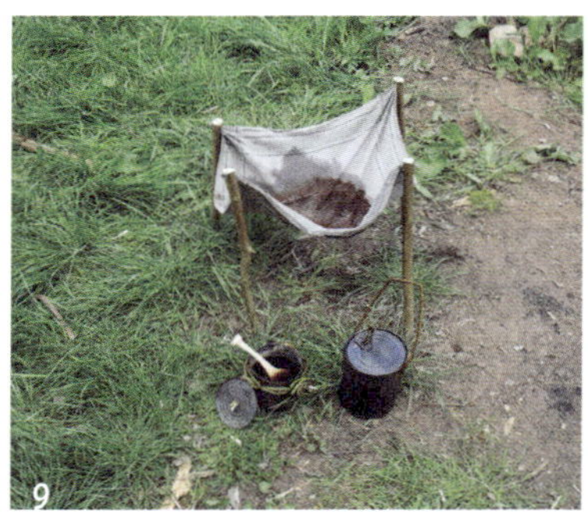

9

Möchte man sich nun eine gute Tasse Kaffee machen, spitzt man sich dafür zuerst vier Stöcke mit dem > ***Kraftschnitt*** an ***[2]*** und rammt sie dann in den Boden. Der Abstand zwischen den Stöcken sollte dabei den Seitenlängen des Taschentuchs entsprechen. Stehen die Stöcke stabil, werden alle vier Äste mit der Aufspalttechnik > ***Aufspalten mit dem Messer*** eingespalten ***[3]***.

Dabei sollte der Spalt nicht zu tief geraten, damit die Äste nicht in zwei Hälften zerbrechen. Wenn man nun sein Messer in den Spalt klemmt, kann man von oben einen der Taschentuchzipfel durch den Spalt ziehen ***[4]***. Zieht man das Messer raus, klemmt der Stoff im Holz fest. Dies wird an allen vier Seiten wiederholt.
Es entsteht eine kleine sackartige Tasche, die nicht zu sehr unter Spannung stehen sollte.

Nun gibt man die gewünschte Kaffeemenge in die Mitte des Tuchs. Dabei sollte das Häufchen eher flach als hoch sein, damit sich der Kaffee beim Aufgießen gut verteilen kann ***[5]***. Nun wird etwas mehr, als die eigentlich benötigte Wassermenge über dem Feuer erhitzt. Dafür bietet sich das > ***Kochgestell mit Schwalbenschwanzverbindung*** an ***[6]***.

Das Wasser sollte auf jeden Fall sprudelnd kochen, bevor man mit dem eigentlichen Kaffeefiltern beginnt ***[7]***. Dafür wird die Tasse unter das Tuch gestellt, genau dort, wo das Tuch am tiefsten durchhängt. Das Tuch sollte die Tasse allerdings nicht berühren. Dann nimmt man den Topf vom Feuer und gießt das Wasser langsam ins Tuch ***[8]***. Das Wasser sammelt sich wie in einem Filter und tropft an der tiefsten Stelle in die Tasse.

Ist die Tasse voll, kann man sich den Kaffee schmecken lassen. Das Pulver lässt sich problemlos noch für eine weitere Tasse verwenden ***[9]***.

Am besten funktioniert diese Methode mit hochwertigeren Kaffeepulvern, die einen sehr geringen Wasseranteil haben, da diese bei gleichem Gewicht ergiebiger sind. Das Taschentuch lässt man in der Sonne trocknen und kann das Kaffeepulver dann einfach abklopfen.

Natürlich gibt es viele weitere Möglichkeiten Kaffee zu machen, so hat der Instantkaffee hat vor allem im Backpackerbereich seine Berechtigung. Auch der klassische Cowboykaffee, bei dem das Kaffeepulver zusammen mit dem Wasser der Kanne aufgekocht wird, ist eine wohlschmeckende Alternative, die sich am Feuer sehr leicht zubereiten lässt. Mit dieser Taschentuch-Filtermethode soll vor allem gezeigt werden, dass es oft möglich ist, Equipment, das man sowieso dabei hat, auf unterschiedliche Weisen einzusetzen und damit auch zu improvisieren. Der schönste Effekt dabei ist, dass kein zusätzlicher Müll produziert wird.

Tipp:

Der gleiche Aufbau lässt sich auch als »Rührschüssel« für Teige verwenden. Dafür braucht z. B. nur eine kleine Dose Mandarinen und ca. 300 Gramm Mehl. Zuerst gibt man das Mehl in das Taschentuch, dann werden die Mandarinenstücke in das Mehl gelegt. Das Ganze wird dann vorsichtig mit der Hand vermischt. Ist der Teig noch zu mehlig, gießt man so lange von der Mandarinenflüssigkeit nach, bis man eine leicht geschmeidige Masse hat. Diese kann man dann genauso in der Dose backen, wie im Beitrag > ***Backdose*** beschrieben.

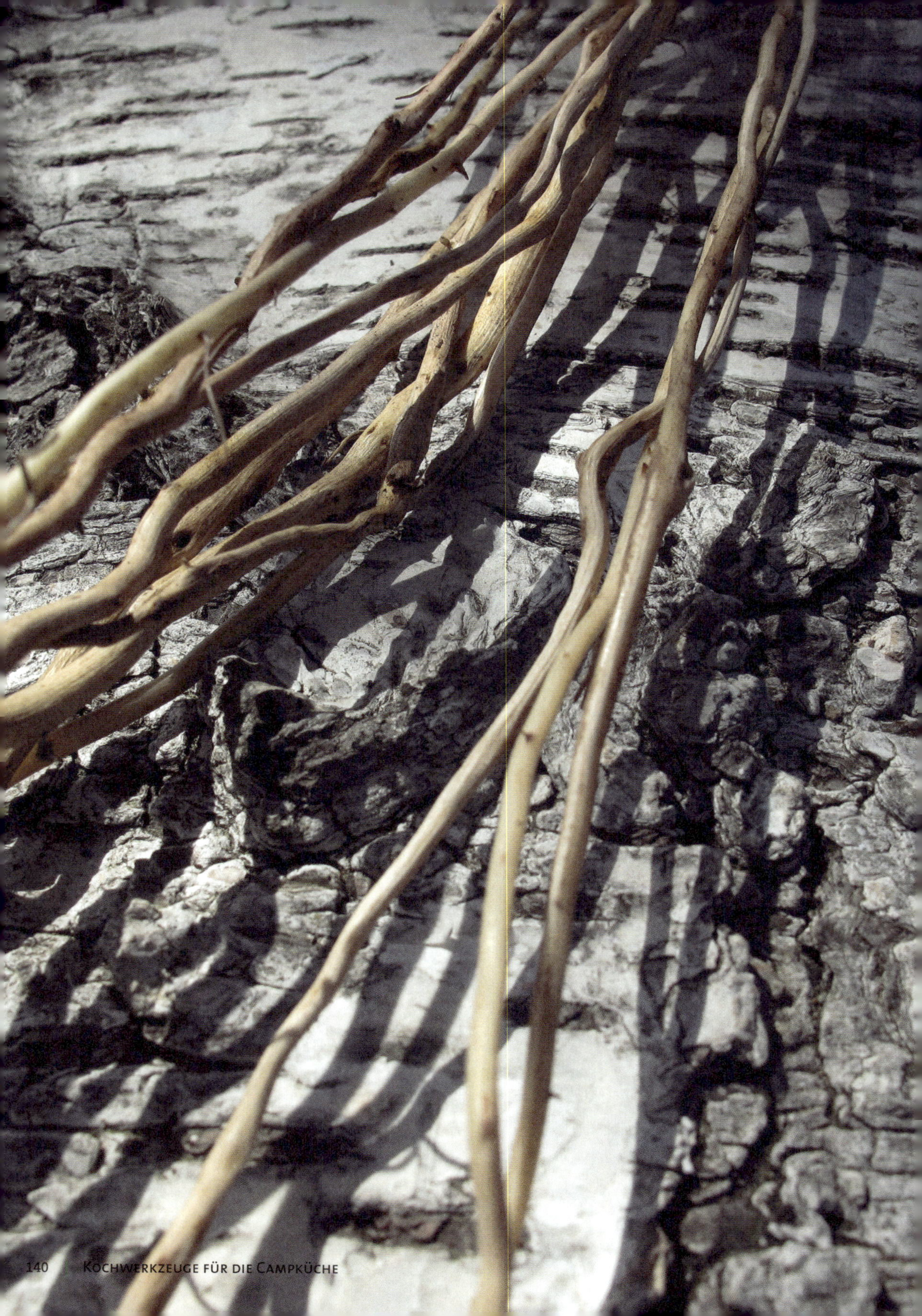

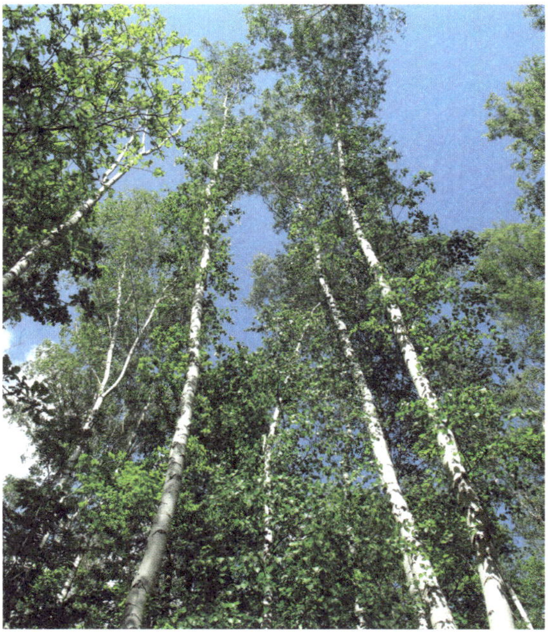

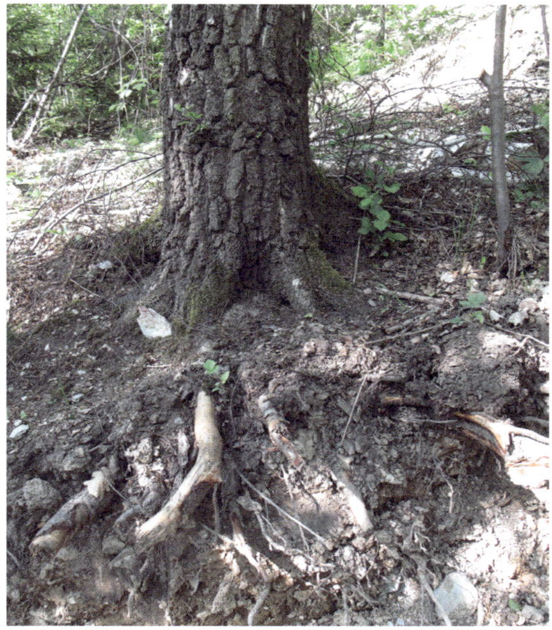

Teesieb

Für ein Teesieb kann eine Birken- oder Fichtenwurzel verwendet werden, weil sich beide gut zum Flechten eignen. Die Wurzeln müssen frisch sein, denn nur dann sind sie ausreichend biegsam und lassen sich gut miteinander verweben.

Eine wunderbare Sache, so ein Sieb zu flechten und dann bei der Wildkräutertee-Zubereitung einzusetzen – Teetrinken ist gesund …

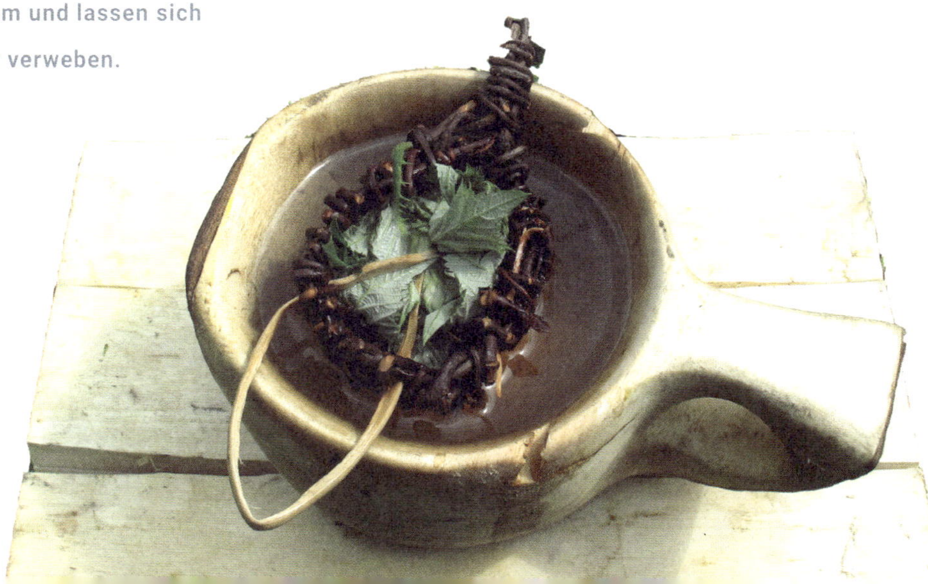

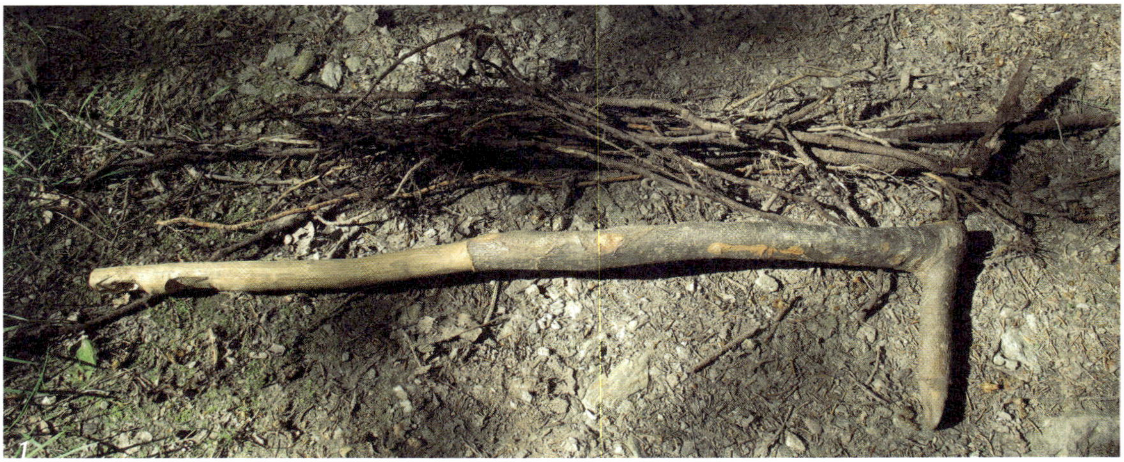

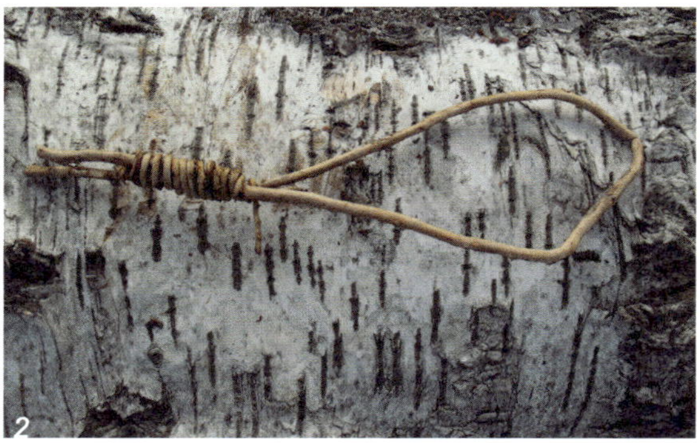

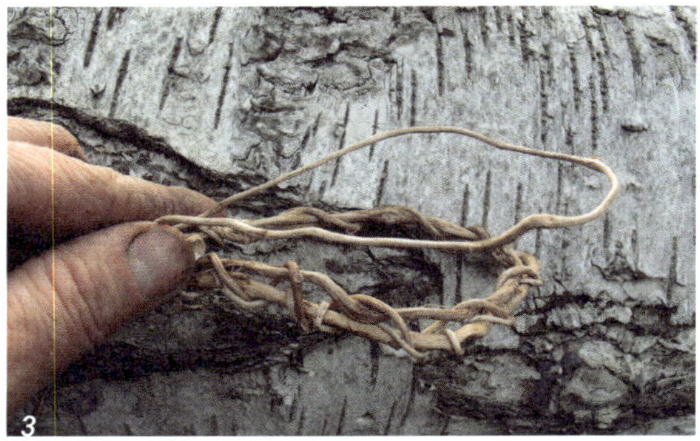

Zunächst werden einige Wurzeln ausgegraben und von ihrer Rinde befreit *[1]*. Hat man eine Handvoll Wurzeln zusammen, wird eine davon zu einer Schlaufe gelegt und die Enden hinten zusammengebunden, woraus sich Griff und Siebrahmen ergeben *[2]*.

Für das Sieb werden dann ausgehend vom Rand weitere Wurzeln nach innen hin mit immer kleineren Schlaufen ineinander verwoben *[3]*, so lange, bis das Flechtwerk vollständig geschlossen ist.
Dafür nimmt man als Nächstes eine weitere lange Wurzel, steckt ein Ende in die Umwicklung am Griff und legt eine weitere, etwas kleinere Schlaufe unter die erste *[4–6]*. Die Wurzel muss so lang sein, dass sie reicht, um damit beide Schlaufen rundherum zu umwickeln und zu verbinden *[7–8]*.

Nach diesem Prinzip wird das Sieb dann weiter geflochten. Die nächsten Wurzeln werden wieder in den Griff gesteckt und in jeweils etwas kleinere Schlaufen gelegt. Danach wird die jeweils letzte mit der vorletzten Schlaufe verflochten, bis sich das Loch in der Mitte schließt *[9]*. Die Größe des Teesiebes kann jeder selbst bestimmen.

Tipp:

Mit einer weiteren etwas stabileren Wurzel kann gegenüber dem Griff noch eine Halterung eingeschoben werden, mit der das Sieb auf dem Topf- oder Tassenrand abgestützt werden kann. Dazu müssen nur die beiden Wurzelenden ins Sieb geschoben werden *[10–12]*. Die Variante kann auch gut genutzt werden, um Teeblätter festzuklemmen. Dafür wird die Wurzel über Kreuz nach innen durchs Sieb geschoben.

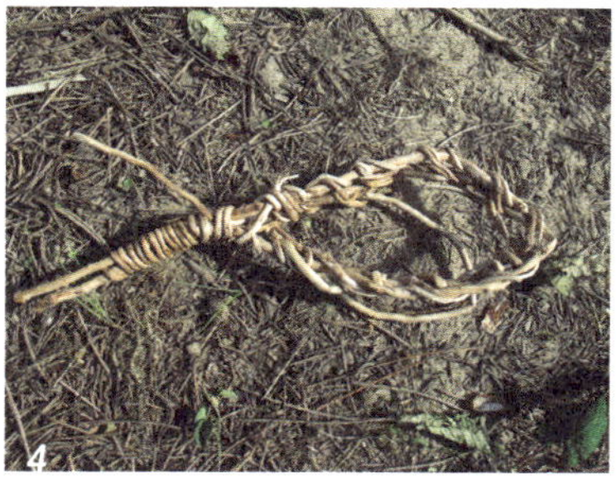
4

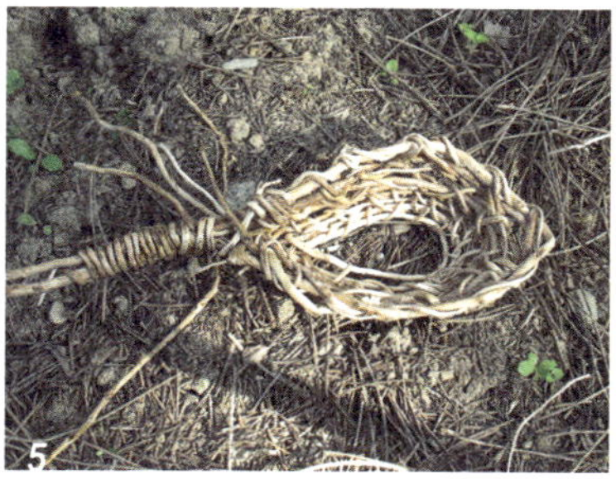
5

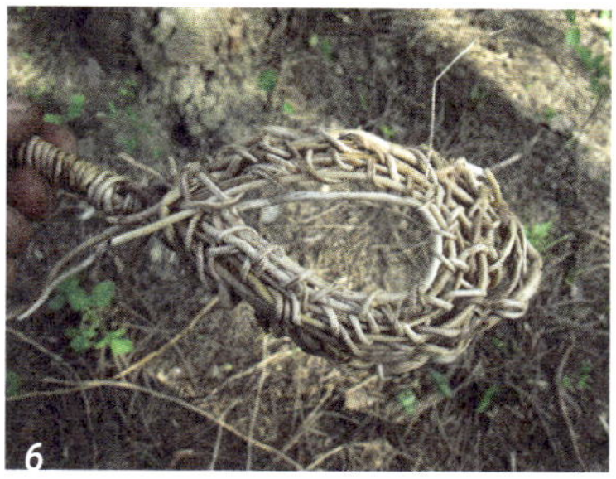
6

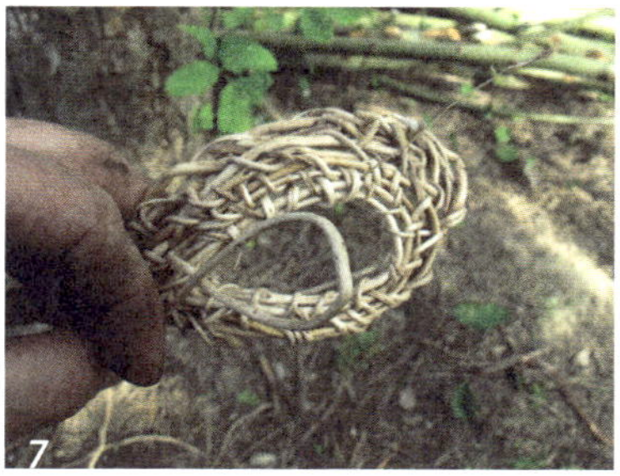
7

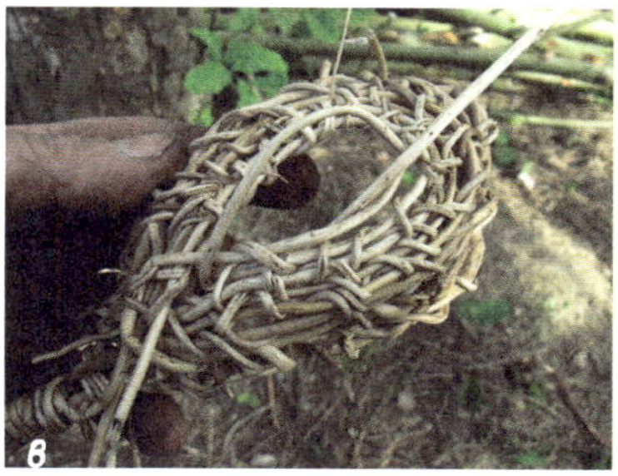
8

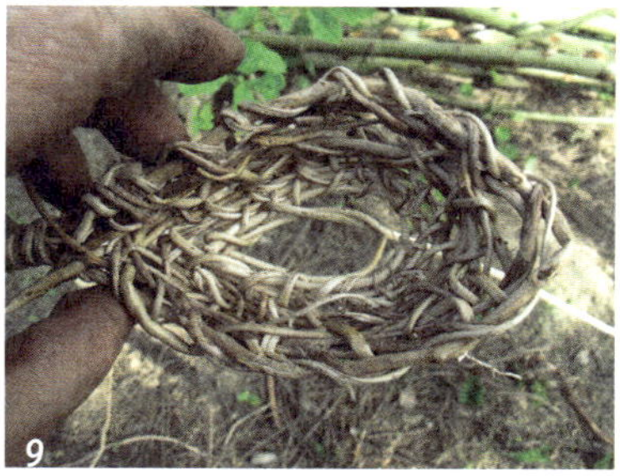
9

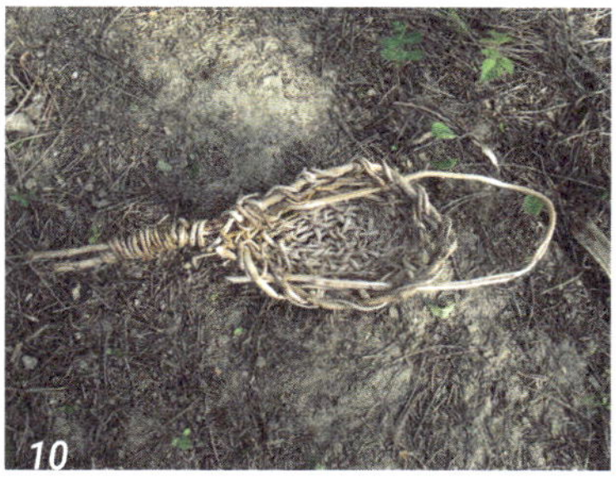
10

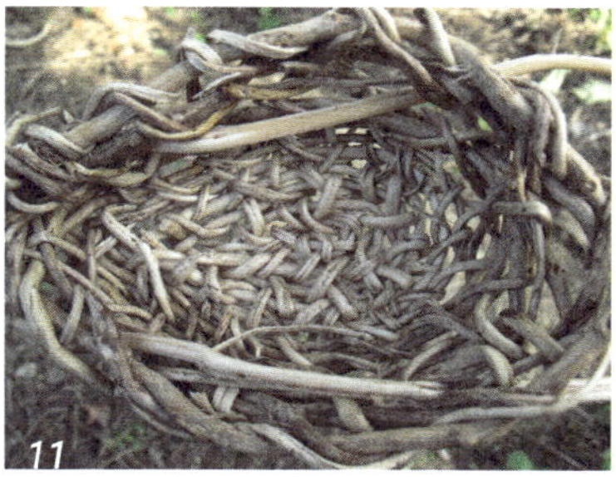
11

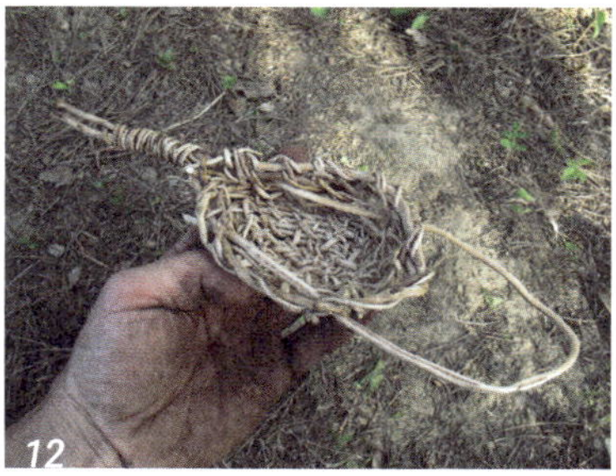
12

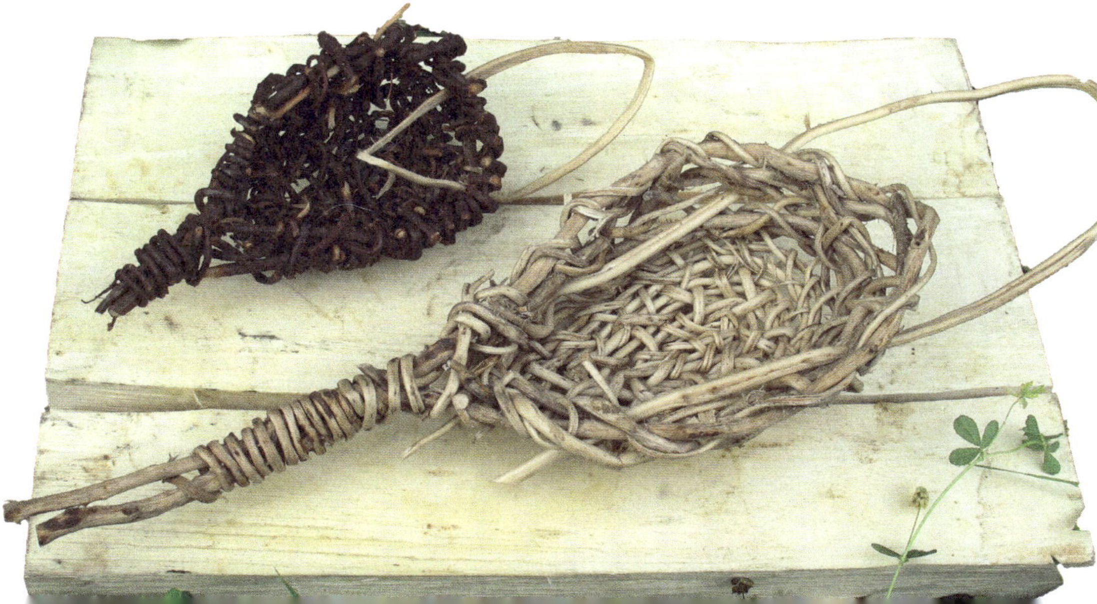

KOCH- UND GRILLUTENSILIEN FÜR ALLE GELEGENHEITEN

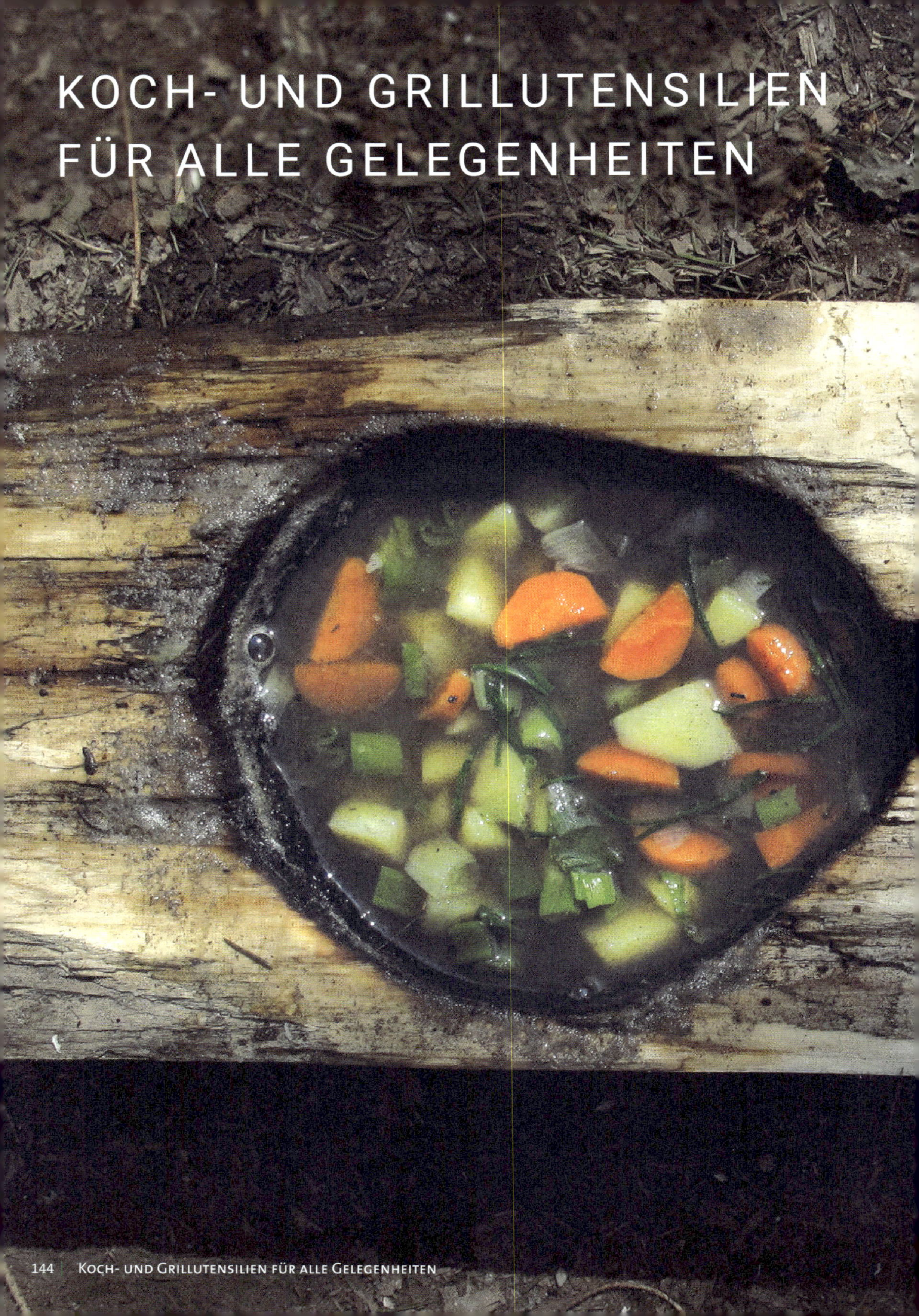

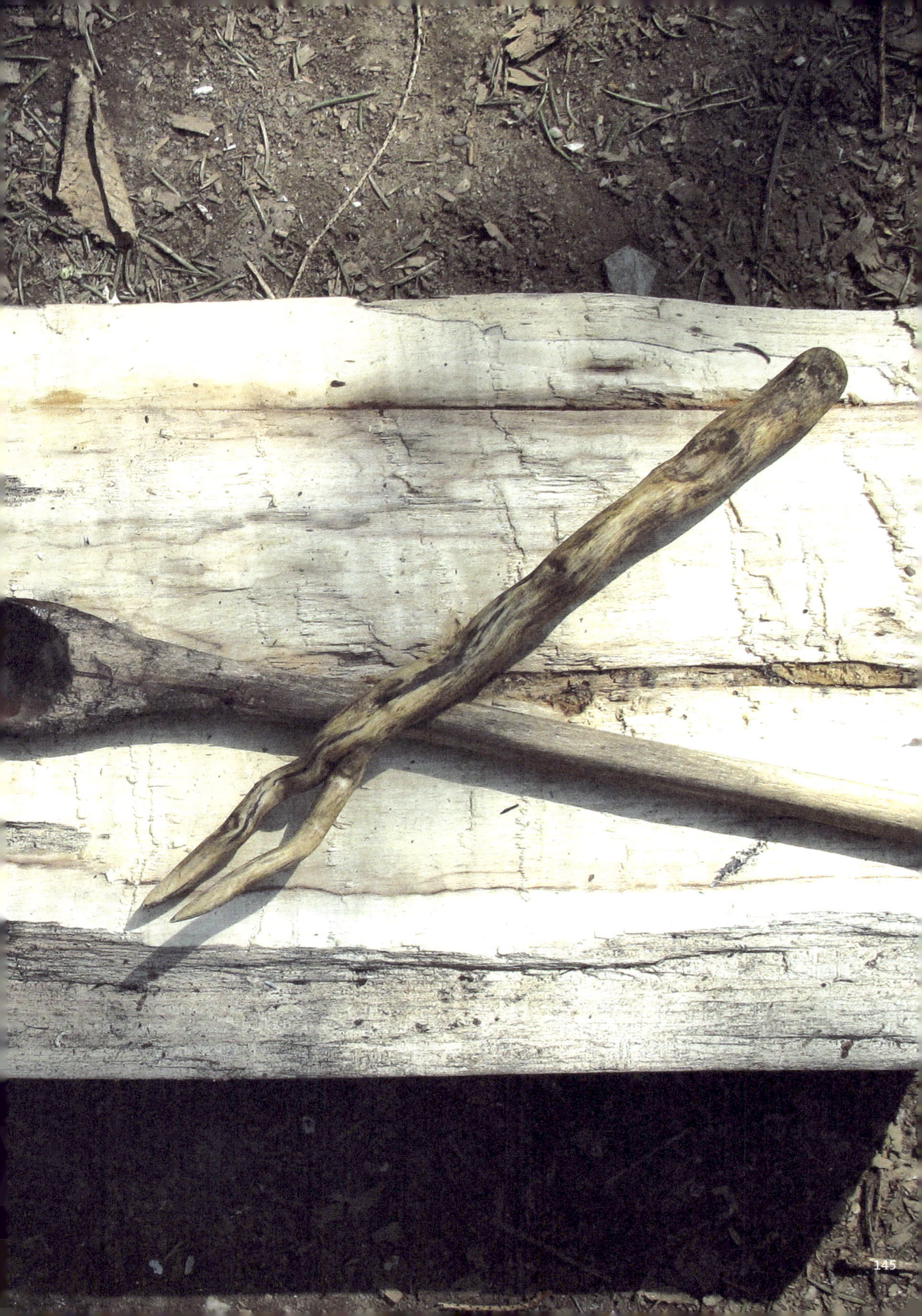

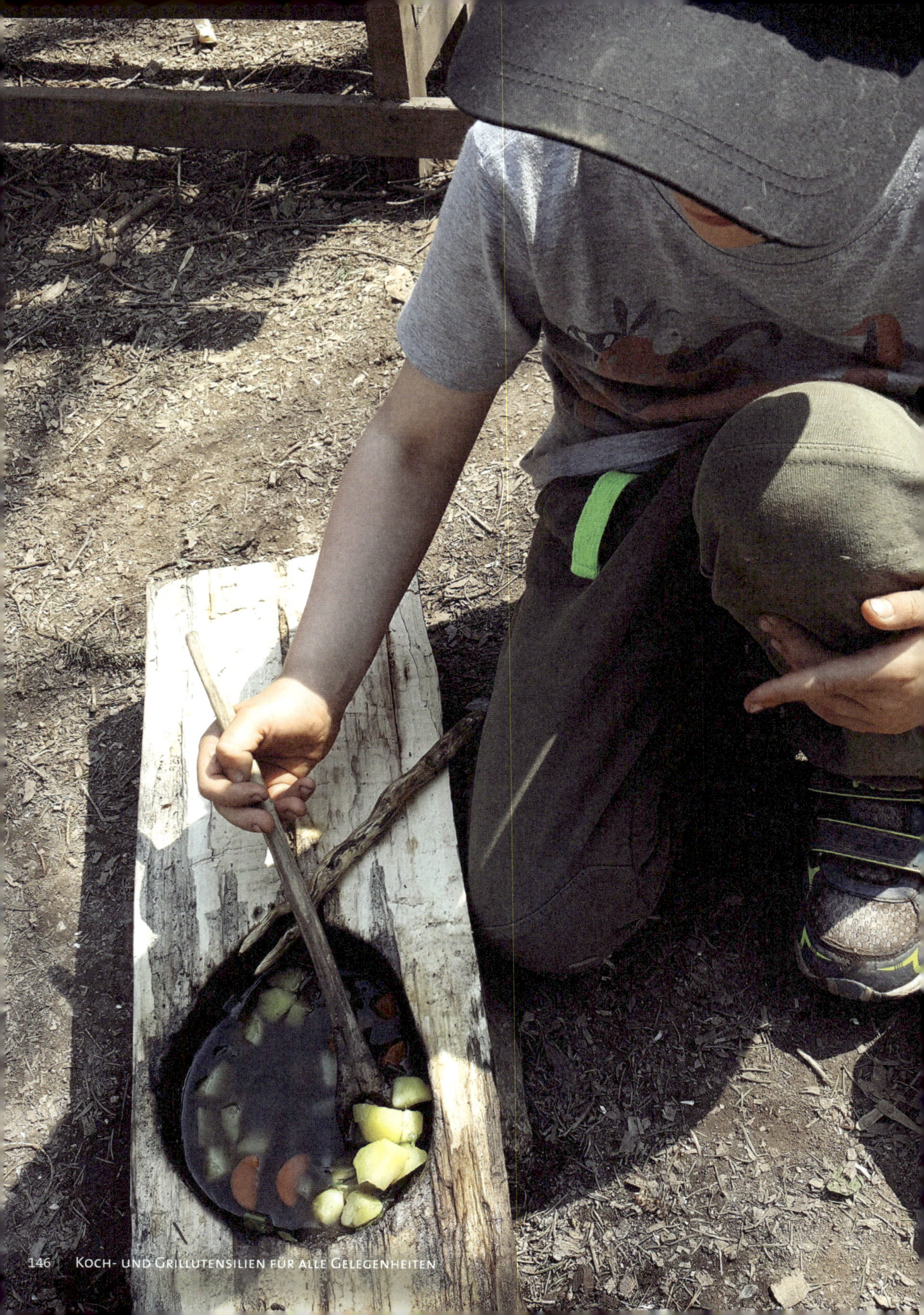

Holzkochtopf mit heißen Steinen

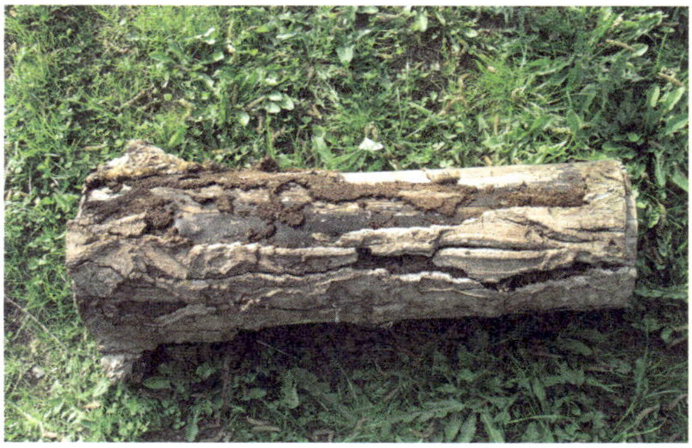

Der Topf gehört zu den ältesten Zivilisationsgütern und wird bis heute aus den unterschiedlichsten Materialien hergestellt. Ein Kochtopf aus Holz stellt eine Besonderheit dar, weil er mit heißen Steinen betrieben wird.

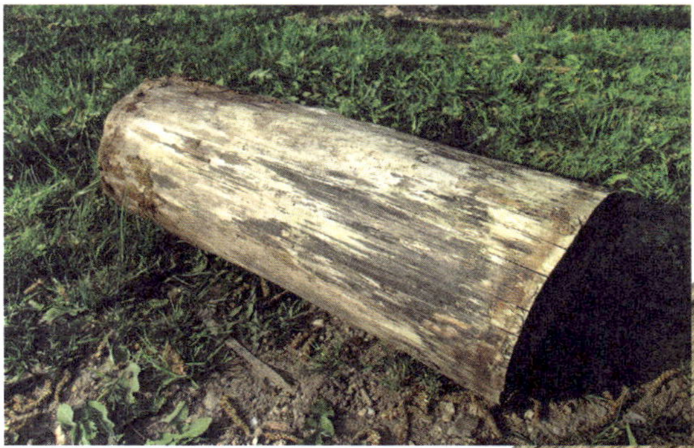

Für einen Holzkochtopf benötigt man einen gespaltenen Stamm zum Beispiel aus Birke, Linde, Ahorn, oder Pappel. Der Stamm sollte 50 cm lang und 20 cm dick und schon etwas trocken sein, aber nicht moderig und möglichst keine Risse haben. Lässt man den Stamm etwas länger, kann ein Teil davon gleich als Schneideunterlage genutzt werden.

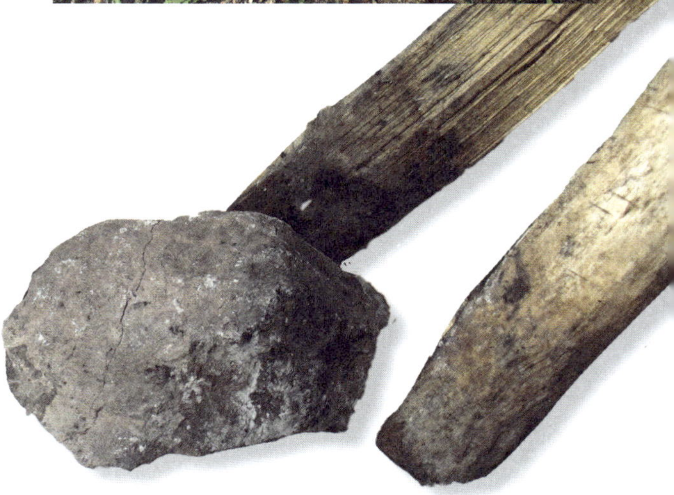

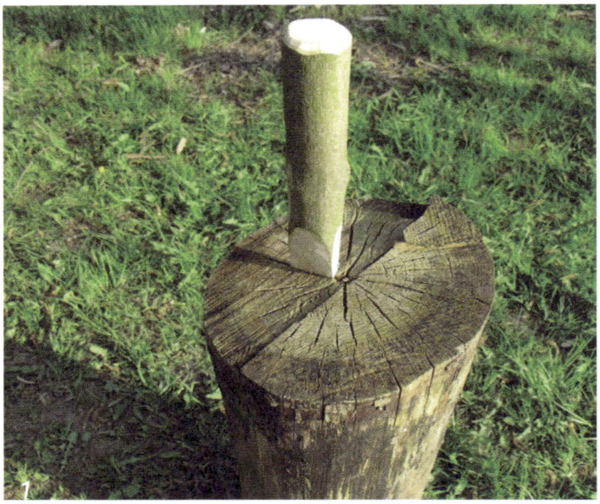

Der Stamm wird in der Mitte mithilfe von Holzkeilen gespalten. Dafür spaltet man mit dem Beil den Stamm ein wie bei > ***Holz spalten mit Hilfsmittel*** und schlägt dann in den entstandenen Spalt Holzkeile ein *[1+2]*.
Diejenige Hälfte, die weniger Risse aufweist, kann dann dazu verwendet werden, eine Kuhle auszubrennen *[3+4]*.

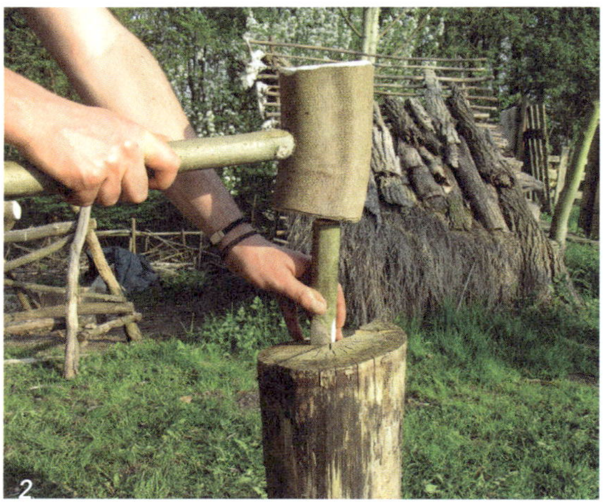

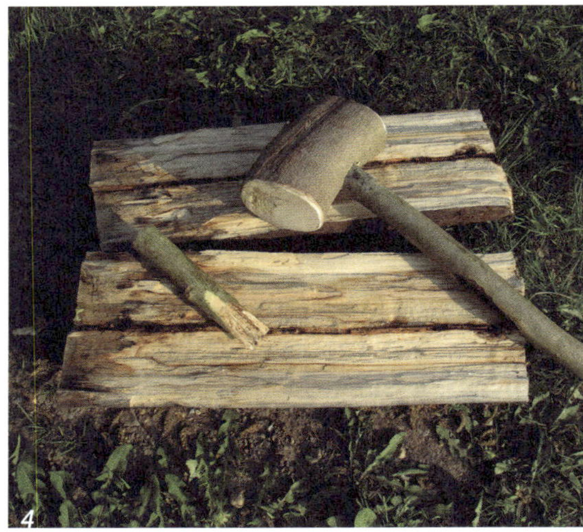

Die Stammhälfte wird nun dafür auf ihre runde Außenseite gelegt *[5]* und mit einer Zange oder Ähnlichem werden die ersten Glutstückchen mittig auf das äußere Drittel der Holzfläche gelegt und leicht angepustet. So brennt sich die Glut etwas nach unten und nach außen ein. Sind die Glutstückchen verglüht, werden sie ersetzt. Sobald eine kleine Mulde zu erkennen ist, kann das verbrannte Holz z. B. mit einem Stein herausgeschabt werden *[6]*.

Danach wird weitere Glut eingefüllt. Je größer das ausgebrannte und ausgeschabte Loch wird, desto mehr Glut passt hinein und desto schneller erfolgt der Ausbrennprozess *[7]*.

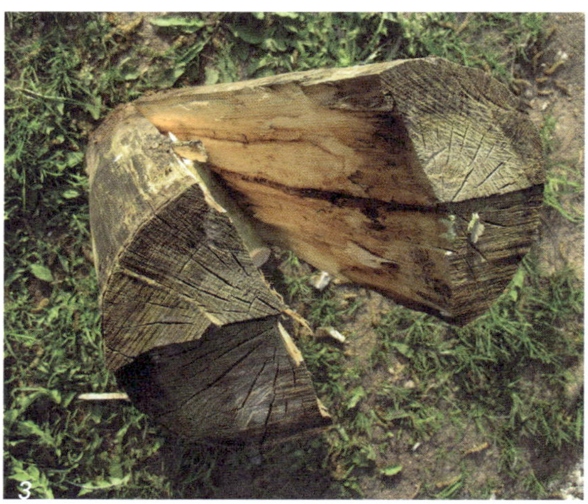

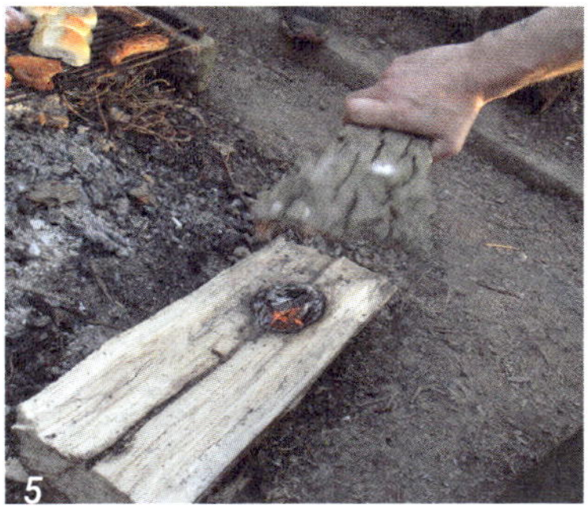

5

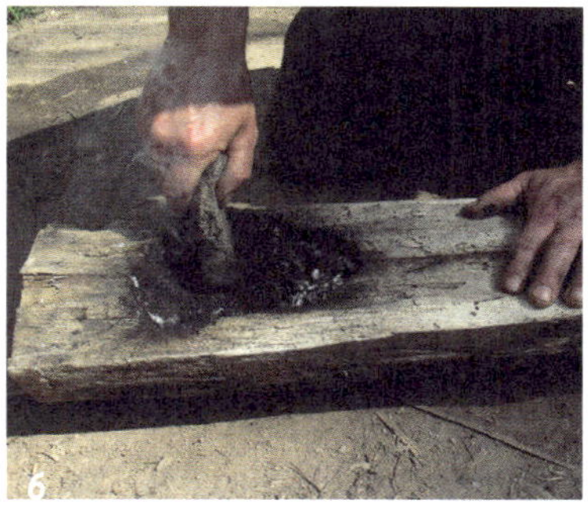

6

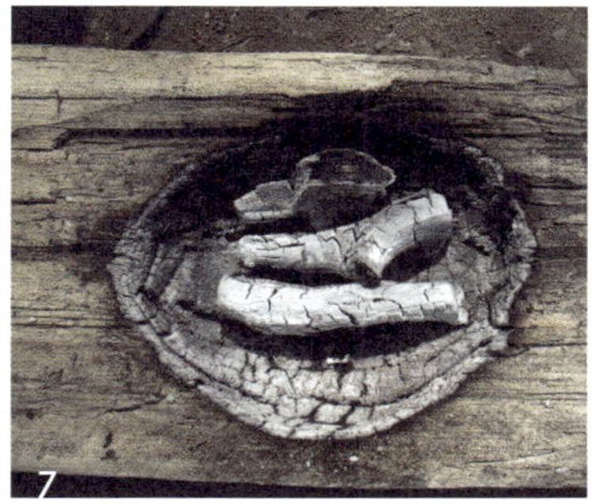

7

Vorsicht, die Glut darf sich nicht zu tief einbrennen, damit der Stamm an der Unterseite noch etwas abgeflacht werden kann, damit er waagrecht und stabil liegt ***[8]***.

Die ausgebrannte Mulde sollte etwa ein bis zwei Liter Flüssigkeit fassen können. Ist sie groß genug, wird das verkohlte Holz sorgfältig ausgeschabt. Alle schwarzen Anteile müssen entfernt und alles sollte glatt geschabt werden ***[9]***.

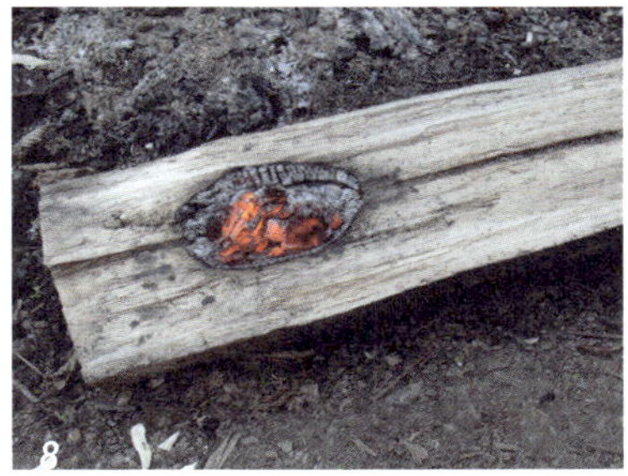

8

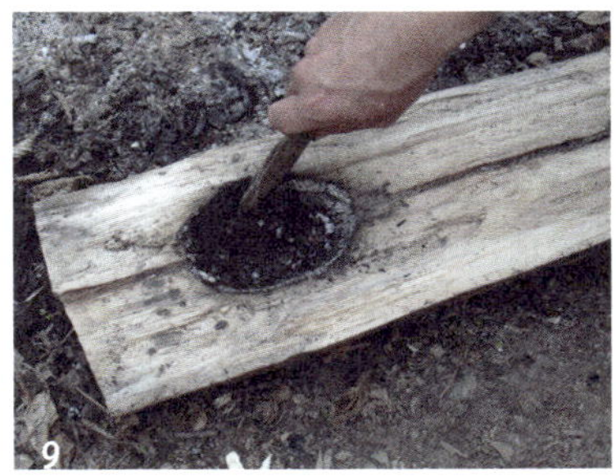

9

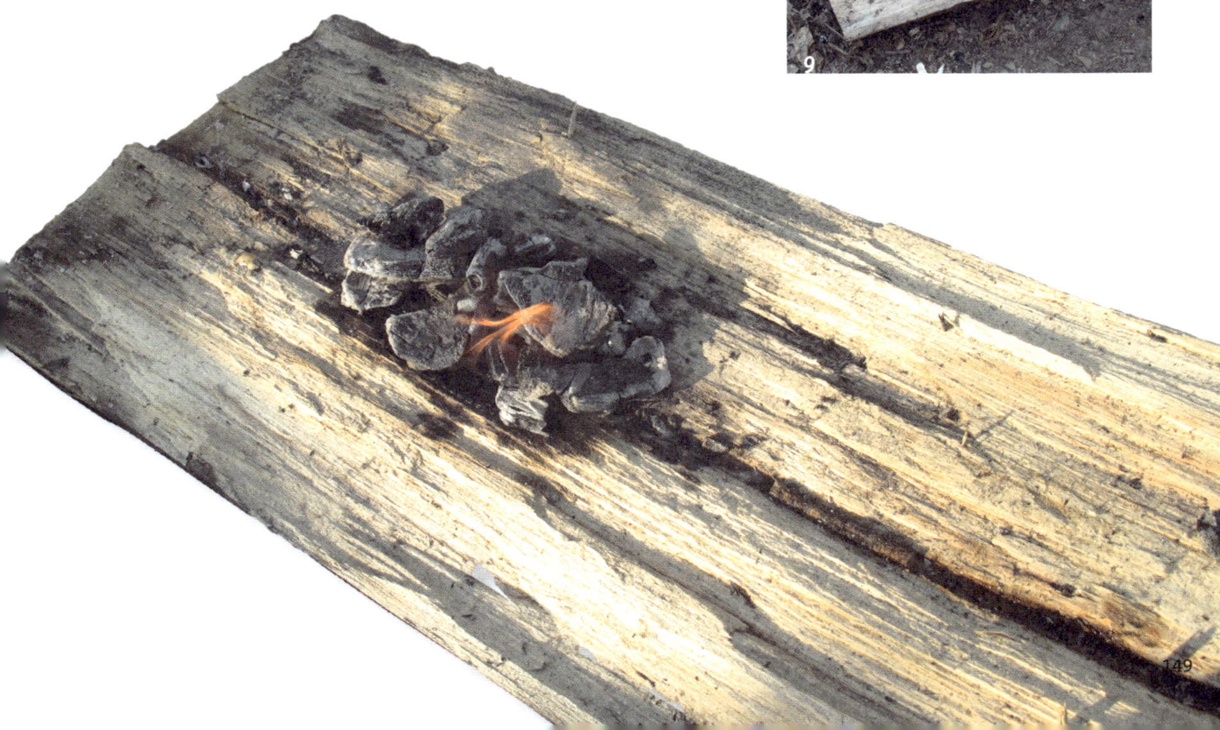

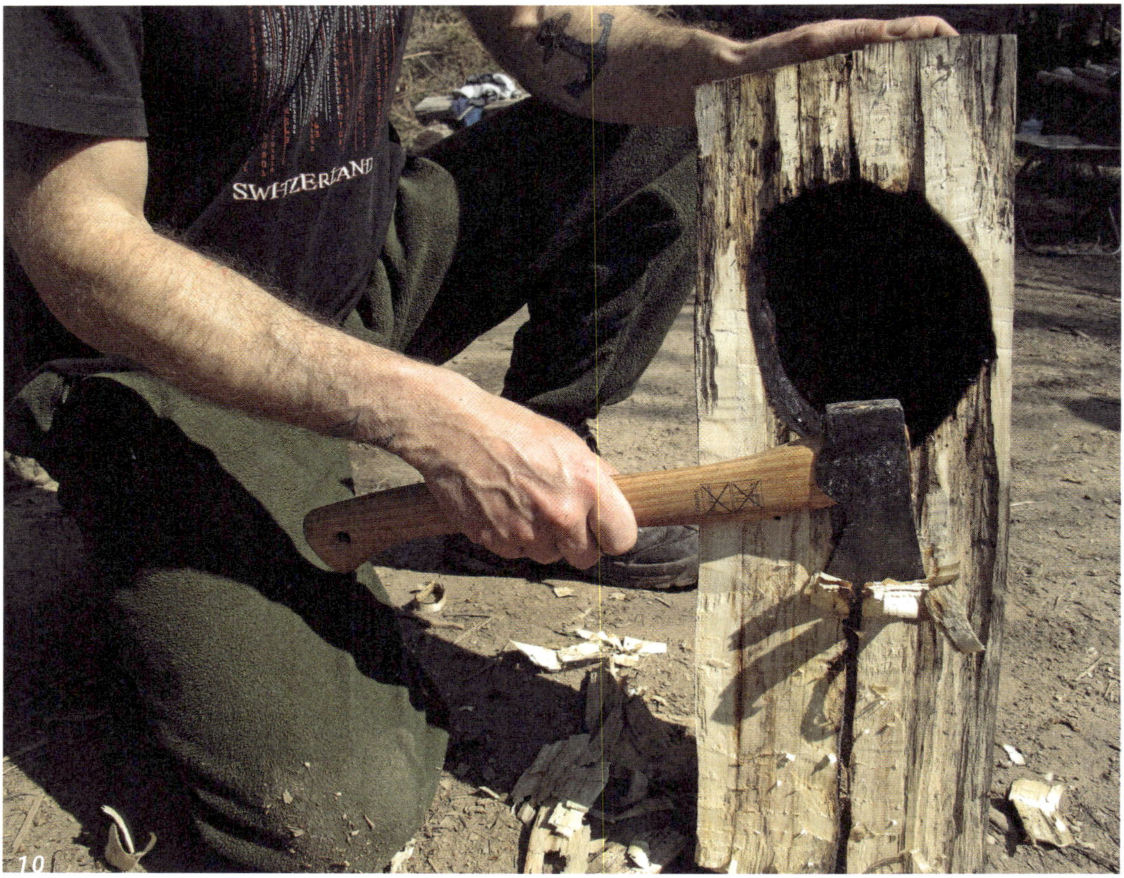

10

Anschließend wird der Topf mit Wasser so lange ausgespült bis das Wasser keine schwarze Verfärbung mehr zeigt. Nun wird der Stamm hochkant aufgestellt und mit dem Beil vorsichtig an der Unterseite, also an der runden Außenseite, etwas Holz abgespalten, bis eine gerade Fläche entsteht > *Leichtes Hacken*.
So erhält er eine stabile Auflagefläche und rollt nicht zur Seite, wenn gekocht wird. Schließlich wird die Oberseite noch mit einem Beil sorgfältig begradigt. Dadurch entsteht direkt neben dem »Kochtopf« eine saubere Arbeitsfläche ***[10]***. Das hat den Vorteil, dass die Zutaten später direkt neben dem Topf geschnitten und gewürzt und mit dem Messer in den Topf geschoben werden können ***[11]***.

Nun wird zum Gemüse Wasser hinzugegeben ***[12]***. Für den Betrieb des Topfes braucht man mindestens drei heiße Steine. Zum Wasserkochen werden dafür Steine, die vorher im Feuer erhitzt worden sind, ins Wasser getaucht. Nachdem die Steine mit einer > ***Zange*** oder dem > ***Glutkartoffelhalter*** aus dem Feuer genommen worden sind, müssen sie abgeklopft werden, damit die Asche abfällt.

Die Steine werden nacheinander immer nur eingetaucht und nach kurzer Zeit wieder durch einen heißen ausgetauscht – ein Stein liegt im Wasser, zwei im Feuer. Steine speichern die Hitze sehr gut und das Wasser kocht damit sehr schnell – da hält keine Kochplatte mit ***[12]***.

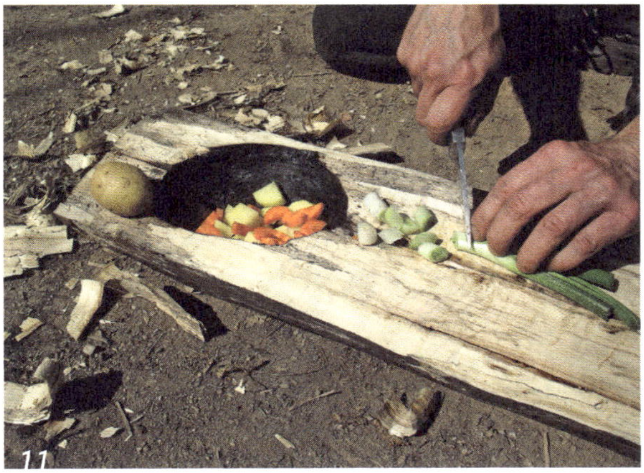

11

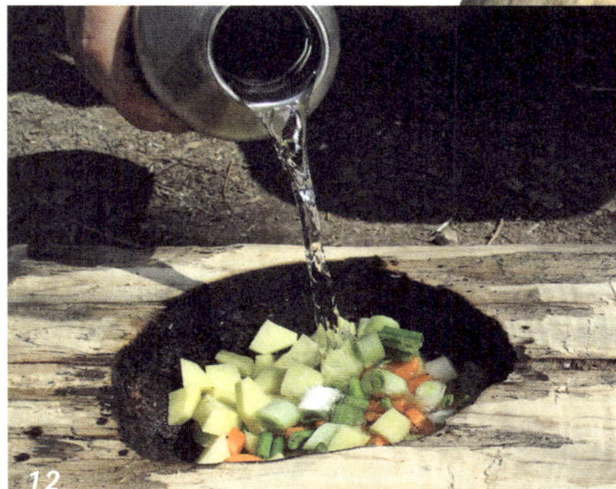

12

VORSICHT! Die Steine müssen LANGSAM ins Wasser getaucht werden, weil sie sonst zerspringen können und man sich dabei sowohl ernsthaft verbrennen kann als auch kleine Steinsplitter ins Essen gelangen können. Ein zerspringender Stein kann sehr gefährlich sein!

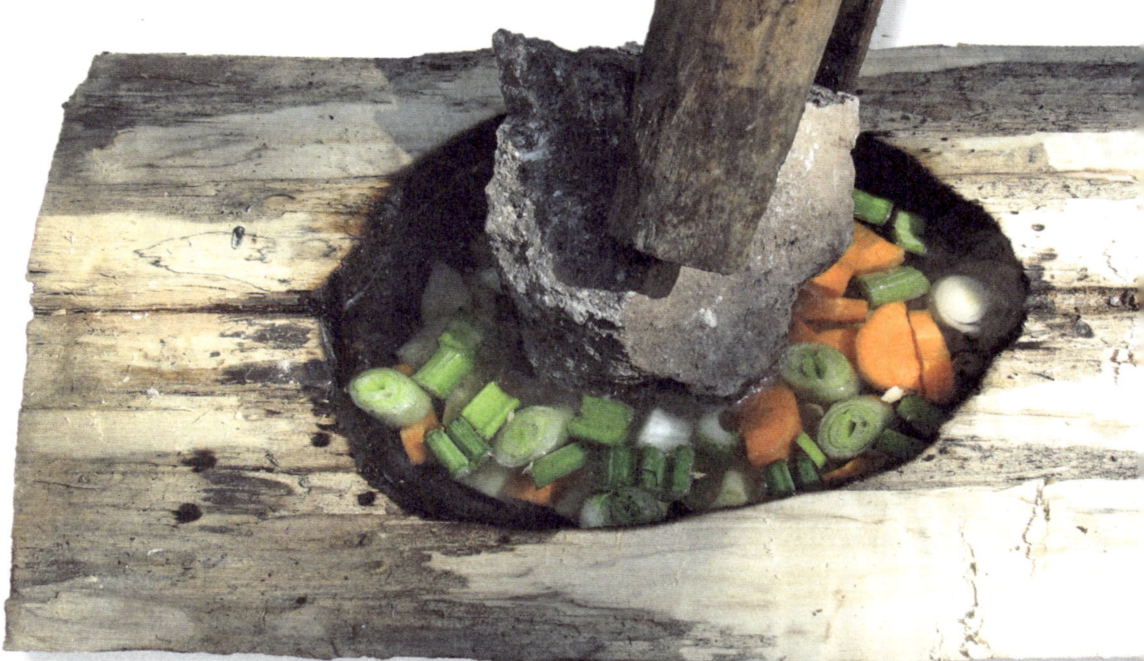

13

Jeder würde sagen, dass man in einer Baumrinde nicht kochen kann, weil die Rinde Feuer fangen würde. Das habe ich früher auch gedacht. Mittlerweile habe ich es ausprobiert und weiß jetzt, dass die Baumrinden nicht brennen, solange sie mit Wasser gefüllt sind. Es ist immer wieder ein Vergnügen, einen solchen Topf zu bauen und zu beobachten, dass kein Wasser ausläuft und dieses zum Kochen zu bringen.

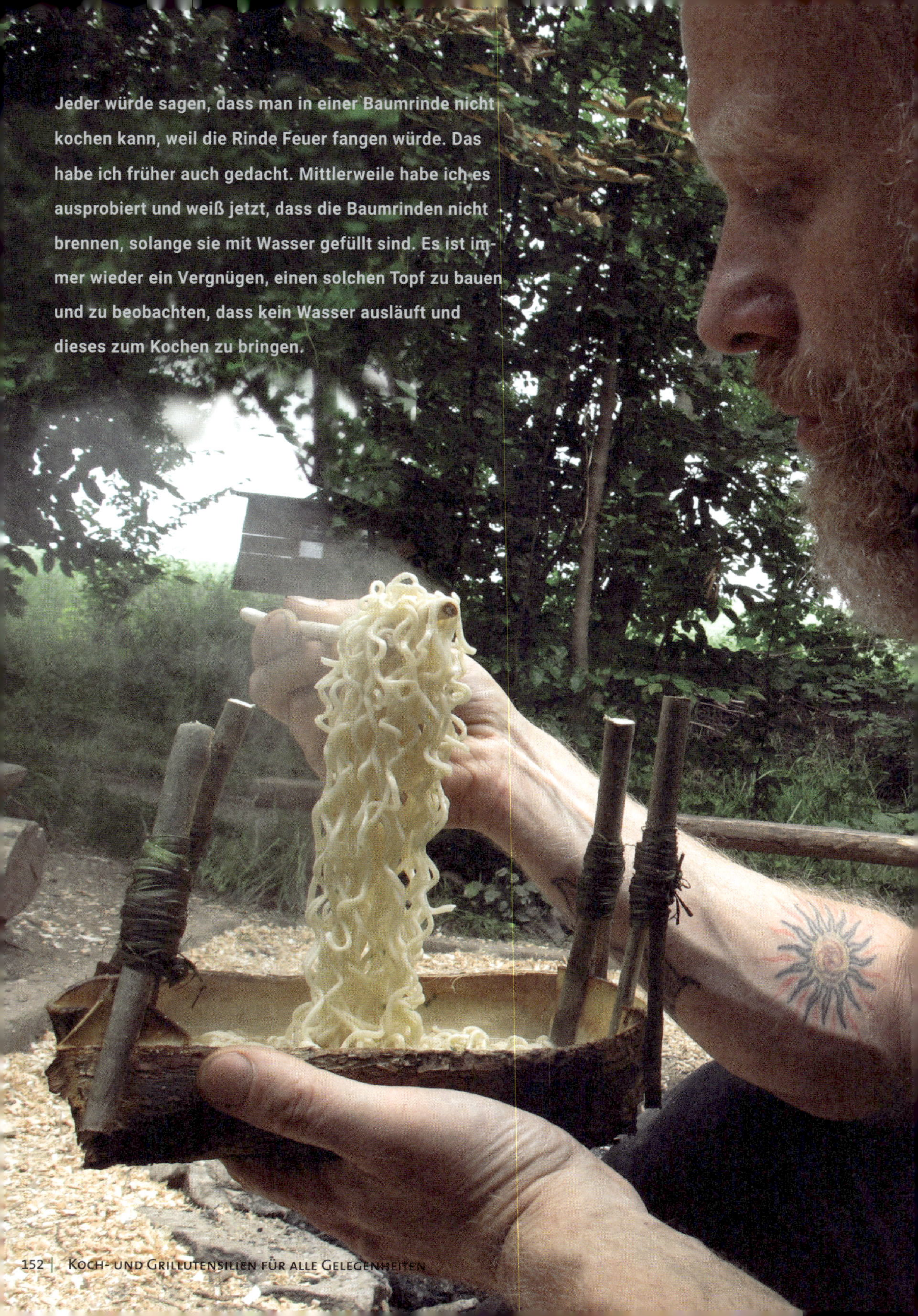

Rindentopf

Geeignete Holzsorten dafür sind zum Beispiel: Fichte, Kiefer, Weide, Ahorn und Esche. Die Herausforderung besteht zunächst darin, einen frischen Baum zu finden, der nicht mehr steht. Für solche Töpfe fälle ich keine Bäume.

Mein Motto ist: Das was ich finde, bestimmt den Tag und was ich herstelle. Dieser Topf wurde aus einem frischen Weidenast gefertigt, der drei Tage vorher in einem Garten bei Sägearbeiten liegengeblieben ist.

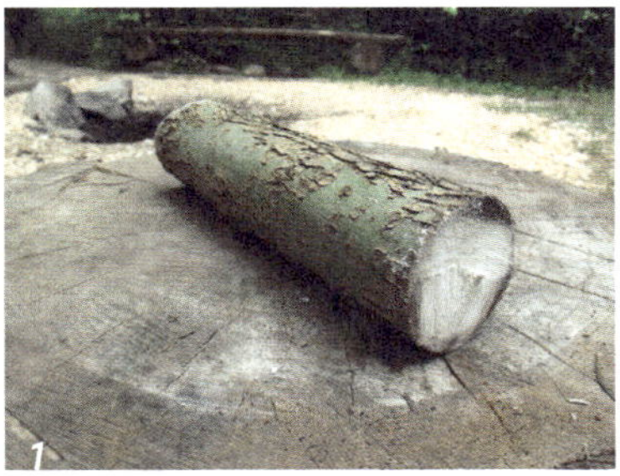

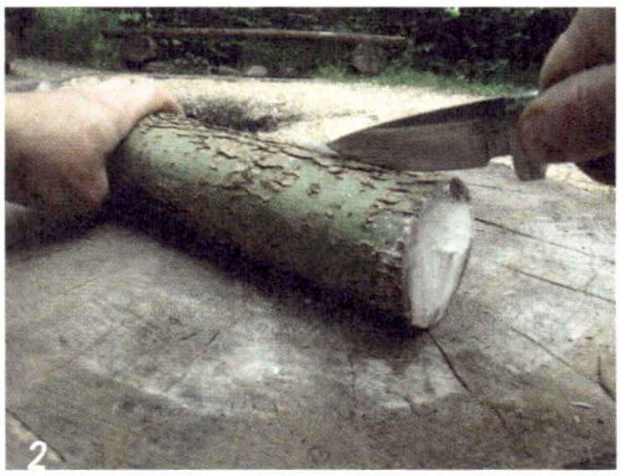

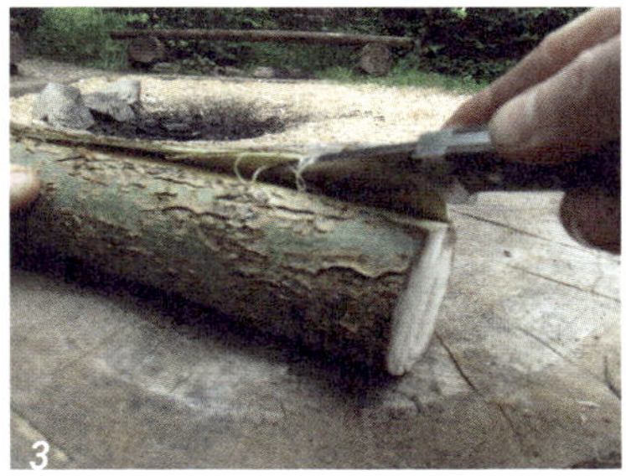

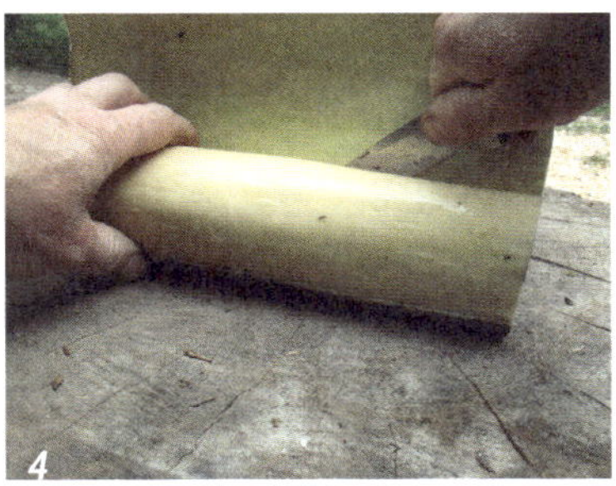

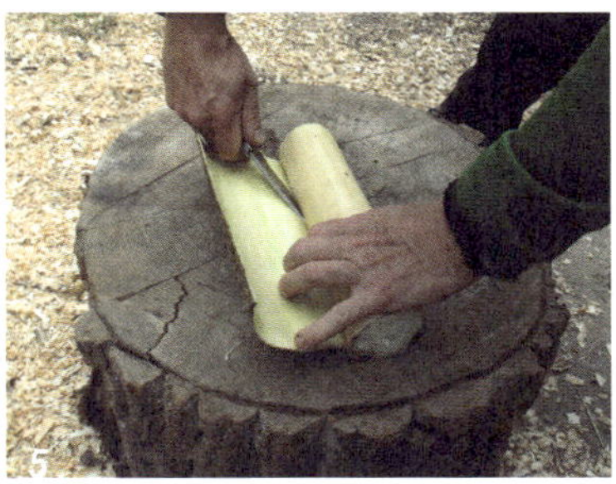

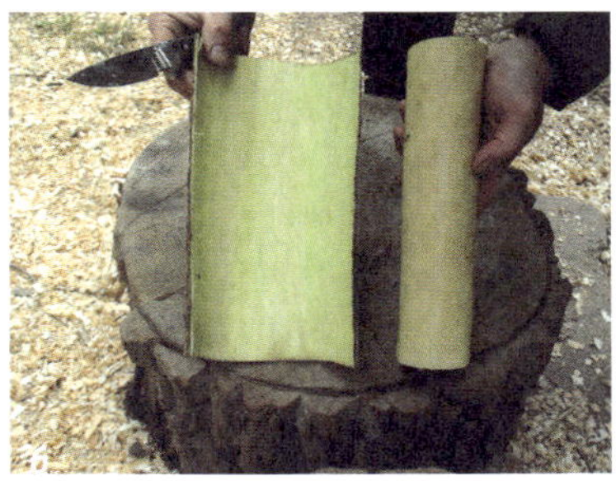

Je frischer das Holz desto besser. Frische Rinde lässt sich leichter vom Holz abschälen und ist flexibel. Am besten gelingt dies von Ende März bis Anfang Juli. Ist die Rinde trocken, wird sie starr und reißt beim Biegen.
Das Holz sollte einen Durchmesser von etwa 10 cm haben und 25 bis 30 cm lang sein ***[1]***. Der Baum oder Ast wird auf der gesamten Länge eingeschnitten ***[2]***. Mit der Spitze des Messers fängt man an, die Rinde vom Rand her über die gesamte Länge leicht abzuheben ***[3]***. Sobald die Klinge darunter passt, wird die Rinde mit kleinen Schnitten zwischen Holz und Rinde abgelöst. Dafür braucht man Gefühl und Geduld ***[4]***. Die Rinde löst sich nur in kleinen Schritten. Dabei darf nicht in die Rinde geschnitten werden ***[5]***, weil der Topf dann undicht wird. Ist die gesamte Rinde abgelöst, folgt der nächste Schritt ***[6]***.

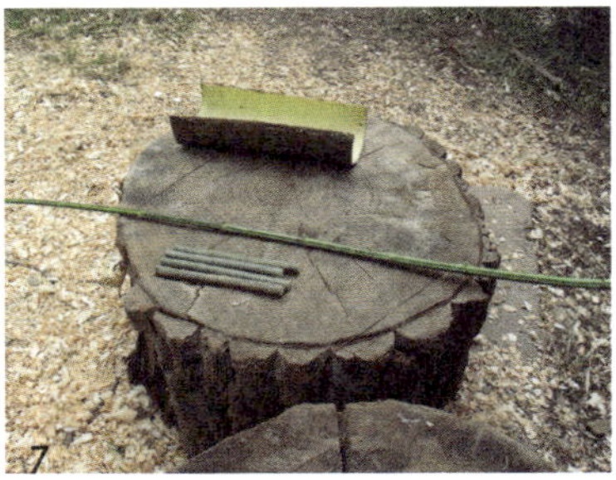

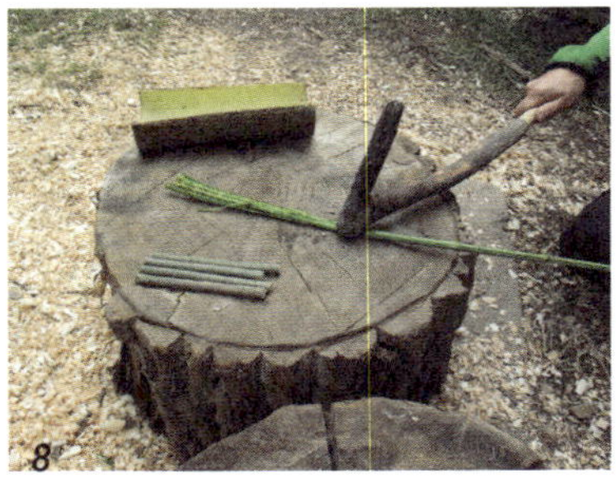

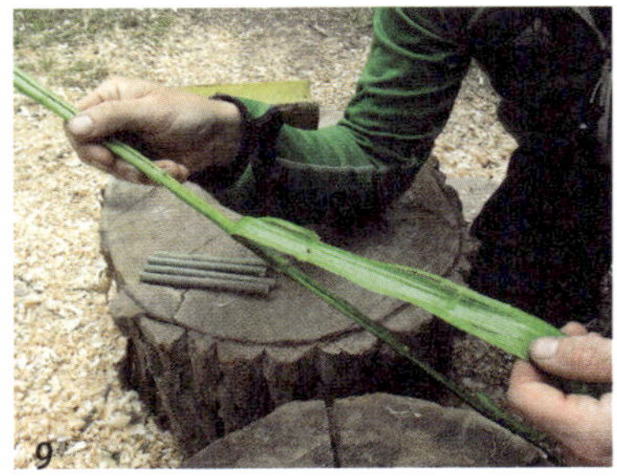

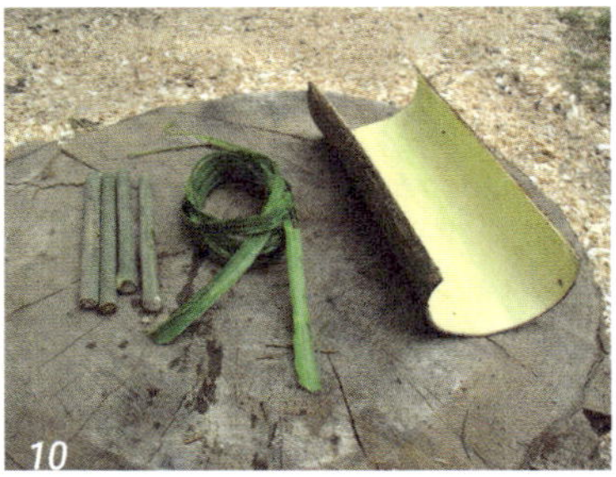

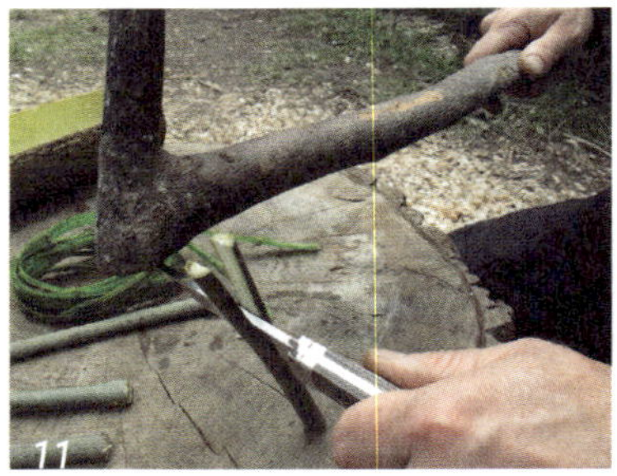

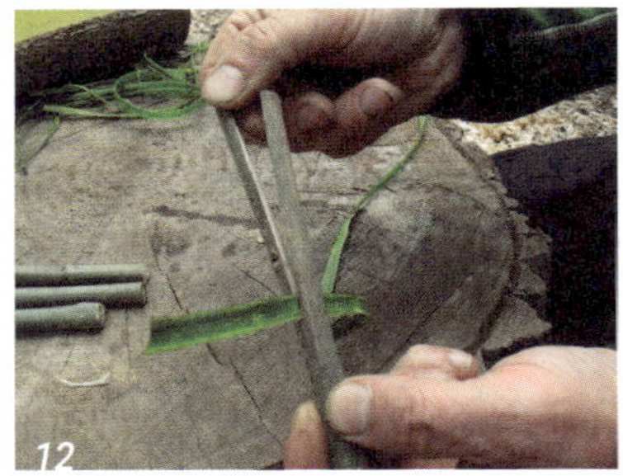

Fürs Feststecken der Rinde werden vier Klammern gebraucht. Diese werden aus einem 10 cm langen und einem Zentimeter dicken Ast gefertigt *[7]*. Um zu verhindern, dass sich die Klammern aufspalten, werden sie in der Mitte mit einer Schnur, Wurzel oder Pflanzenfaser umwickelt.

Hier wurde eine von den Blättern befreite Brennnessel verwendet, deren Stängel mit dem Grabstock vorsichtig breitgeklopft wurden *[8]*, so dass sich die Außenhaut des Brennnesselstängels vom Mark löst *[9]*.

So können vier Streifen als Schnuren auseinander gezupft werden *[10]*. Alle vier Klammern werden mit dem Messer bis zur Hälfte gespalten *[11]*. Die Klammern müssen aus frischem Holz gefertigt werden, weil sie sonst an der Außenseite Feuer fangen.
Der Spalt der Klammer wird etwas geöffnet *[11]* und ein Brennnesselstreifen hineingelegt, 10 cm schauen noch heraus *[12]*. Der Rest wird links und rechts um die Klammer gewickelt und das Ende dann mit den überstehenden 10 cm verknotet *[13–15]*.

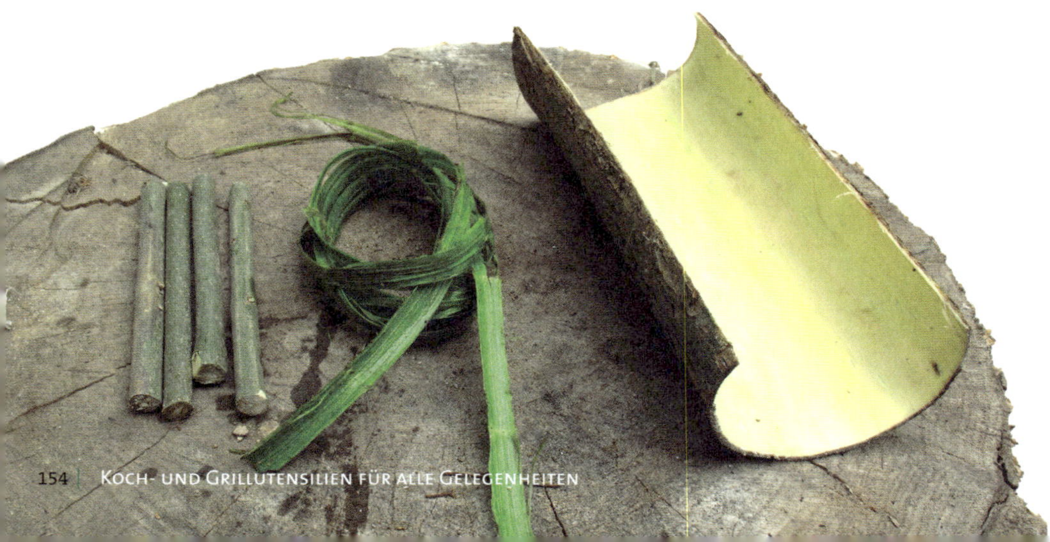

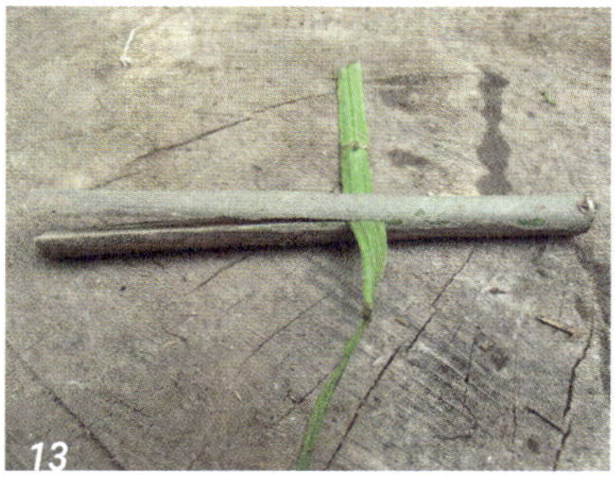
13

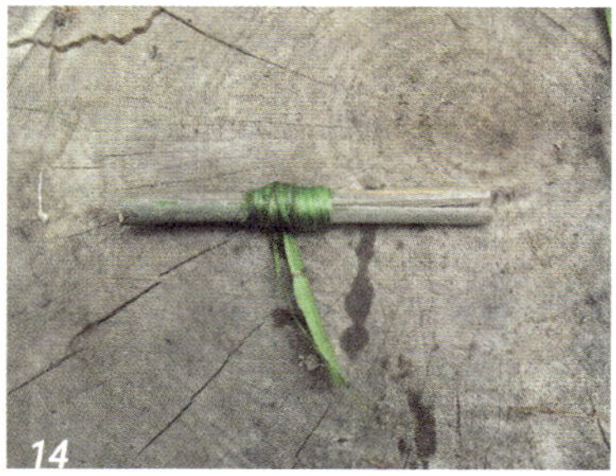
14

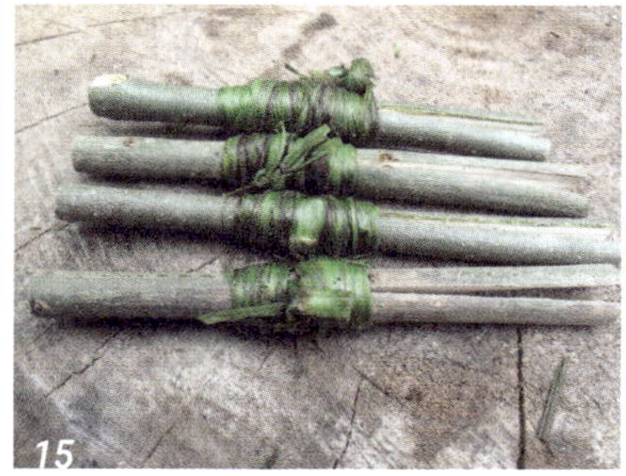
15

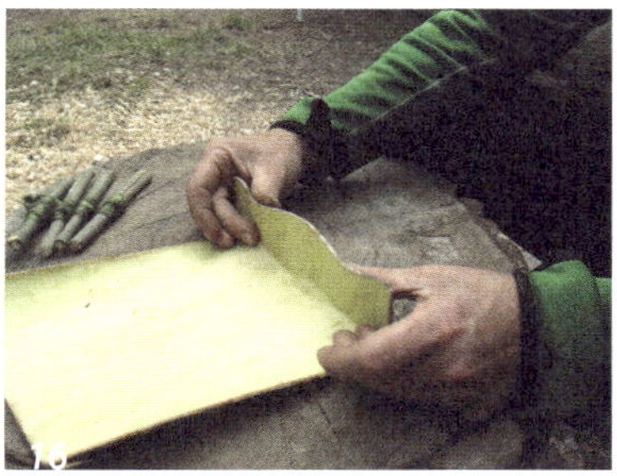
16

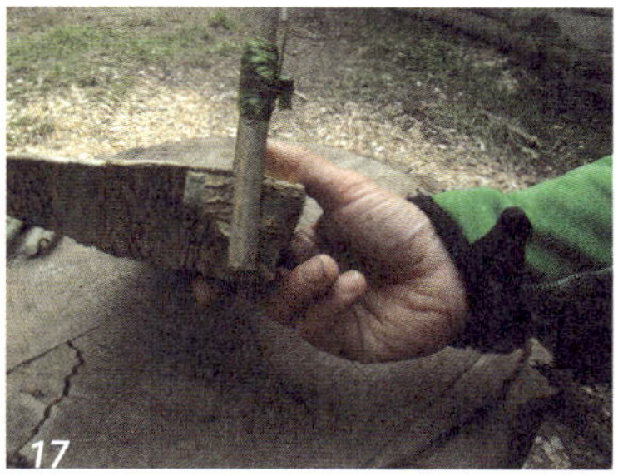
17

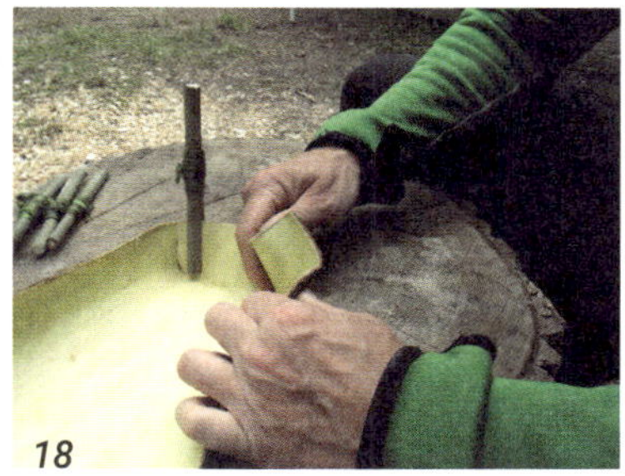
18

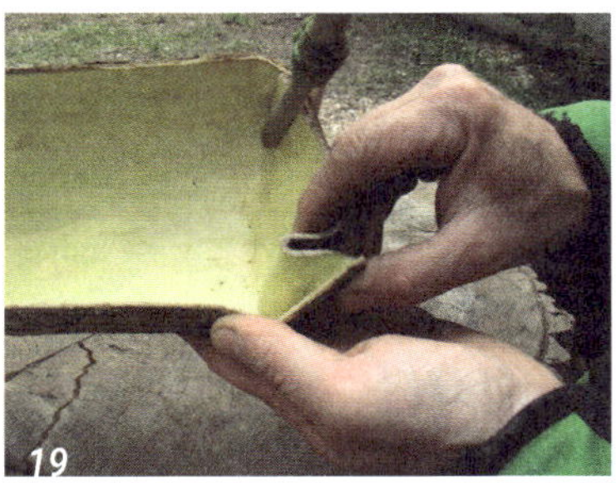
19

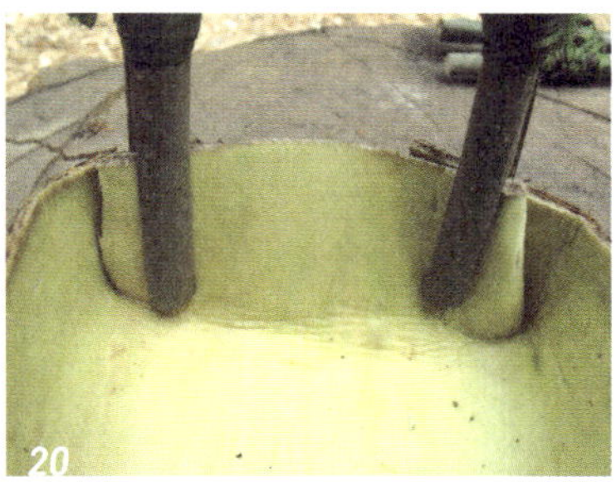
20

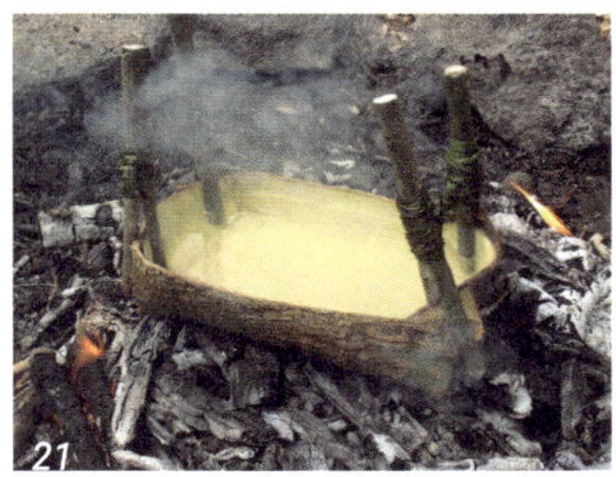
21

Danach wird die Baumrinde in eine Schalenform gebogen – nicht zu flach aber auch nicht zu hoch. Die Seiten werden nacheinander vorsichtig nach oben gebogen *[16]*. So entsteht in jeder Ecke eine Falte *[17]*, die nach außen umgeklappt und jeweils mit einer Klammer festgeklemmt wird *[18–20]*.

Nun kann Wasser eingefüllt werden und der Topf darf auf die Glut. Wichtig ist, dass der Baumrindentopf nicht in einer Flamme steht, sondern immer nur auf der Glut! *[21]*
Natürlich dauert alles etwas länger als zu Hause am Herd, aber allein die Tatsache, dass es funktioniert und ein schöner Topf entstanden ist, entschädigt alles. Es macht Spaß und »entschleunigt«.

Ich koche in so einem Baumrindentopf gern chinesische Mie-Nudeln, habe aber auch schon Kartoffeln und Fleisch zubereitet, alles ist möglich.
Wer die Nudelvariante bevorzugt, kann sich noch ein paar Stäbchen dazu schnitzen. Einfach zwei trockene dünne Äste abschneiden und mit dem Messer die Rinde entfernen.

So geht chinesisch essen im Wald.

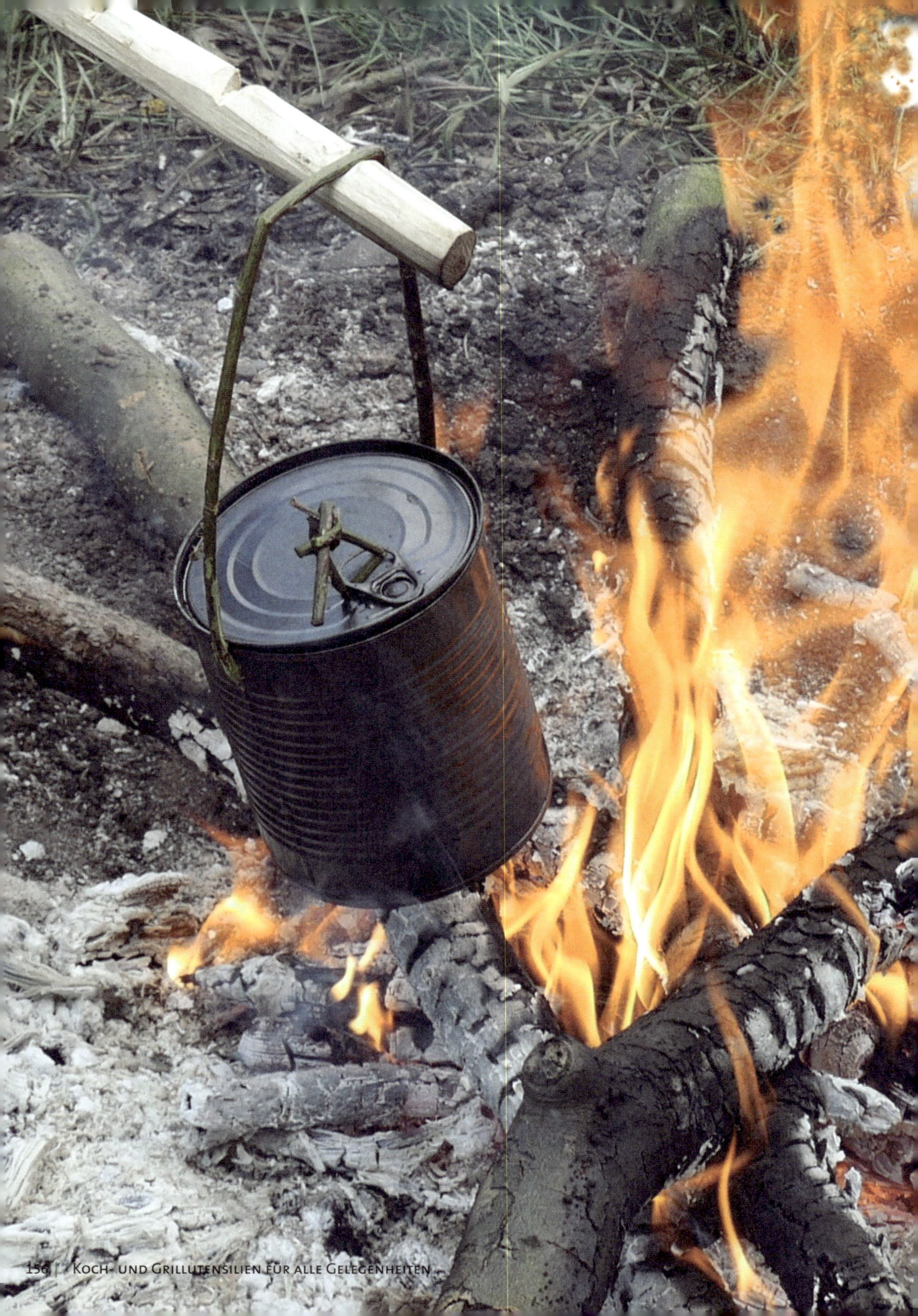

Dosentopf

Das wichtigste Teil in der Bushcraftküche ist der Kochtopf. Eigentlich braucht man gar nicht mehr, um draußen zu kochen. Zudem ist er nicht nur ein Kochgerät, sondern man kann auch wunderbar aus ihm essen, was eine Schüssel überflüssig macht.

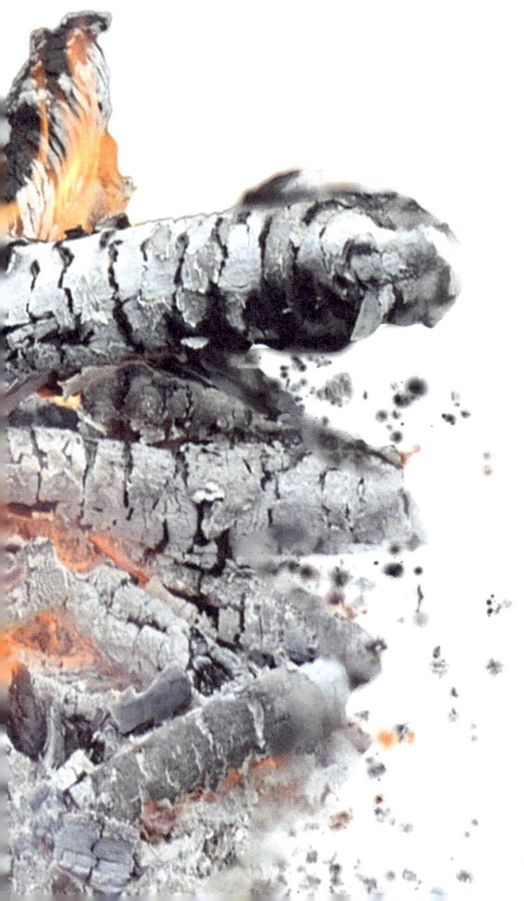

Aus diesem Grund wurde der > *Löffel* auch mit einem kleinen Haken versehen, da er so beim Essen und Umrühren nicht in den Topf rutschen kann. Er ist ein richtiges »MuFu« (Multifunktions-)Teil – man kann damit auch Wasser schöpfen und transportieren, Pflanzen sammeln und noch vieles mehr. Der Topf an sich spielt in der heutigen Zeit und in unserer Region natürlich keine so wichtige Rolle mehr wie früher, als er noch im Mittelpunkt einer Gemeinschaft stand und über dem Feuer hing, an dem man später auch gemeinsam saß. Darin köchelte die Suppe oder der Eintopf, in den alles hineinkam, was man zum Essen zur Verfügung hatte.
Da ein langlebiger Topf aus Naturmaterialien nur sehr schwer herzustellen ist, hat er im Outdoorbereich vor allem für die SurvivalistInnen einen hohen Stellenwert. Zum einen, um Wasser abzukochen und zum anderen, um Nahrungsmittel so zuzubereiten, dass möglichst wenig Flüssigkeit und Nährstoffe verloren gehen.

Der Dosentopf entstand aus dem Gedanken heraus, einen robusten Topf mit minimalem Material herzustellen. Die zündende Idee dazu kam während einer Waldwanderung. Jemand hatte wieder mal seinen Müll, darunter auch etliche Lebensmittel- und Getränkedosen, einfach in der Natur liegen lassen. Warum also diesen Wohlstandsmüll nicht nutzen und in sinnvolle Gegenstände umwandeln? Zudem findet man Metalldosen (leider) überall auf der Welt. So ist die Idee des ersten Dosenkochtopfs entstanden.

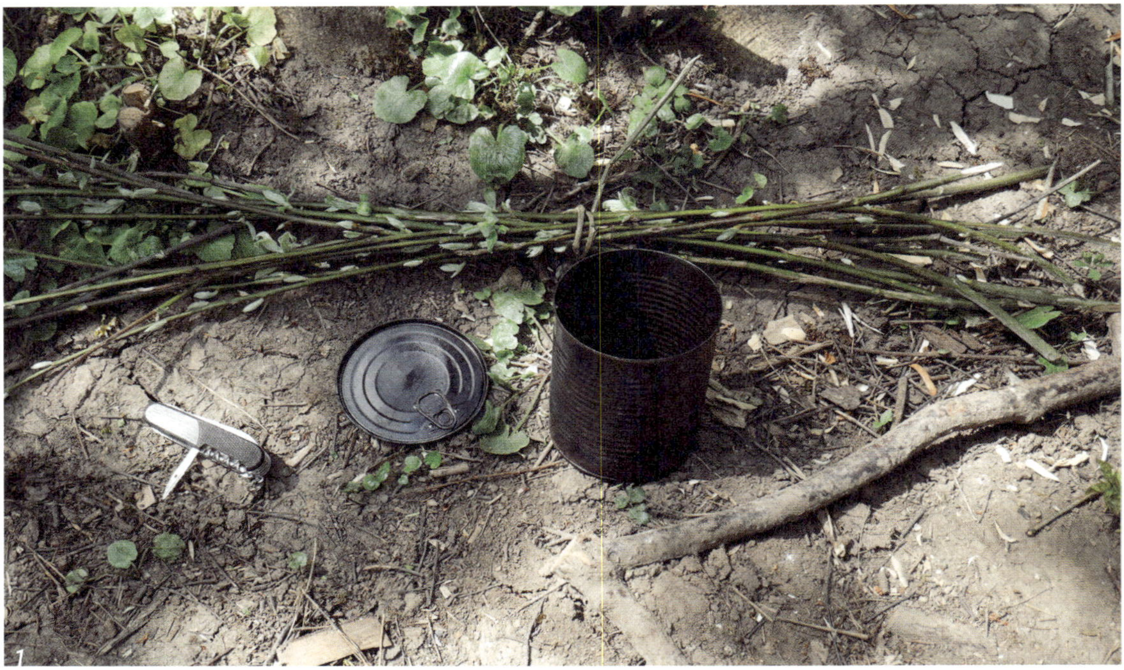

1

Seine Fertigung ist einfach. Man braucht nur eine Dose mit Deckel sowie ein paar ganz frische Weidenruten oder Fichtenwurzeln *[1]*. Sehr hilfreich ist ein Taschenmesser mit Stechahle, um das Weißblech zu durchbohren. Zuerst nimmt man die Dose und sticht ca. 5 mm unterhalb des Randes durchs Blech und wiederholt dies auf der gegenüberliegenden Seite *[2]*. Ein einfacher Kniff, um die gegenüberliegende Seite genau markieren zu können, ist, durch das schon bestehende Loch zu blicken und so genau zu sehen, wo auf der anderen Seite eingestochen werden muss.

Als Nächstes wird eine flexible Weidenrute von innen vorsichtig durch eines der Löcher geführt und mit einem einfachen Überhandknoten verknotet. Der Knoten sollte dabei nicht zu fest angezogen werden, da die Rute sonst reißt *[3]*. Dann wird die Rute von außen durch das zweite Loch gesteckt und auch verknotet. Vor dem Durchstecken sollte man sicherstellen, dass die Löcher groß genug sind. Da der Rand sehr scharfkantig ist, wird die Rute sonst stark zerkratzt und gegebenenfalls auch aufgespalten *[4]*. Schließlich kann man noch ein Stück Weide als Griff am Deckel befestigen, um ihn auch in heißem Zustand gut abnehmen zu können und: fertig ist der Topf *[5]*. Diese Version des Topfes ist die Lösung für den »Notfall«.

Für die Fertigung eines haltbaren Topfs fürs persönliche Kochequipment benötigt man ein Stück verzinkten Draht, dessen Enden zu Schlaufen gedreht wurden sowie zwei Schrauben mit Gegenmutter *[6]*. Diese werden anstatt der Weidenrute durch die Bohrlöcher und die Schlaufen gesteckt und mit den Muttern festgeschraubt. In den Deckel sticht man zwei kleine Löcher und zieht etwas Draht hindurch, der mit einem kleinen Stück Holz verdrillt wird als Griff – fertig *[7]*.

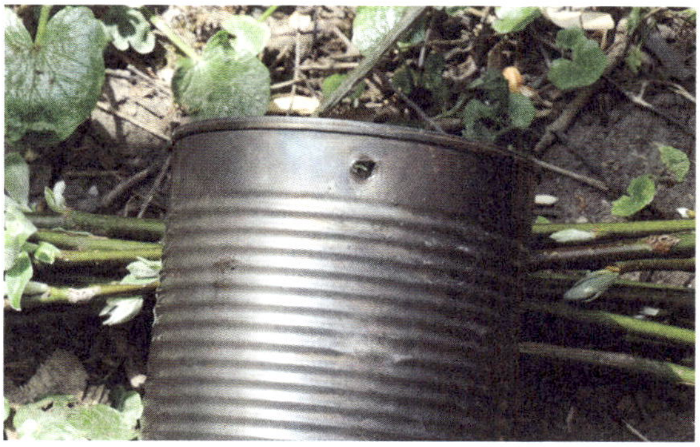

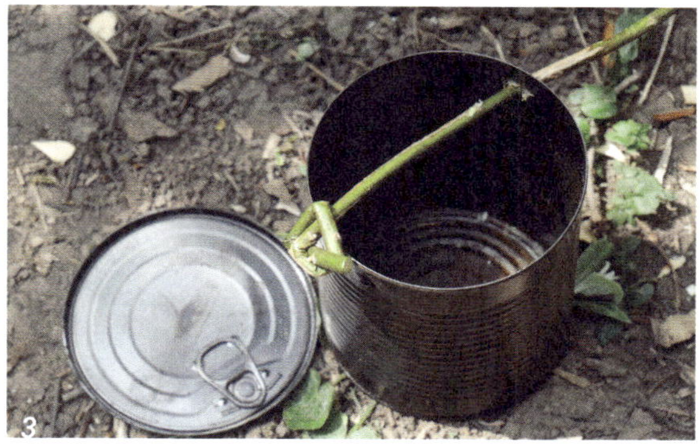

3

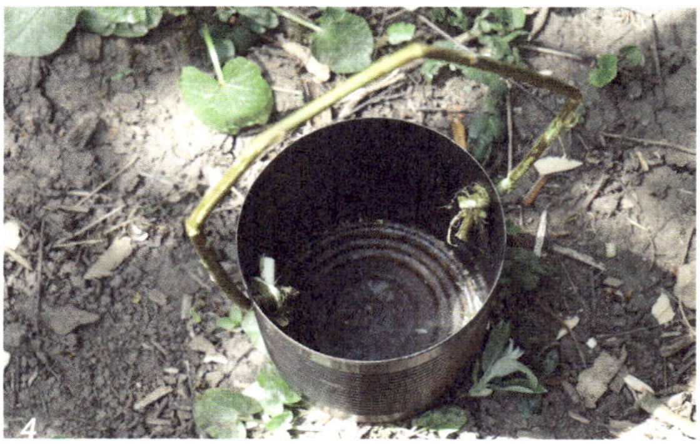

4

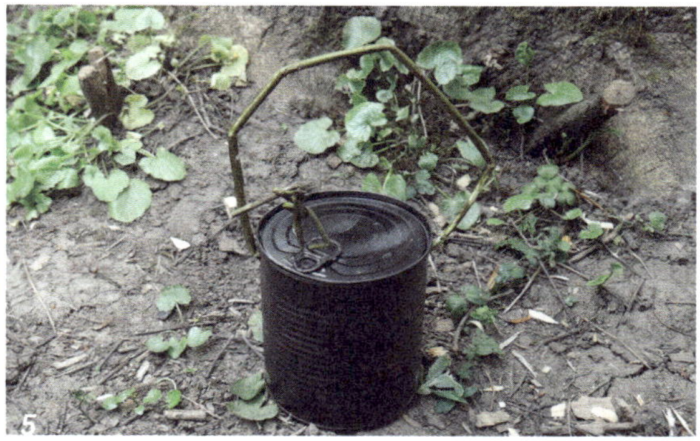

5

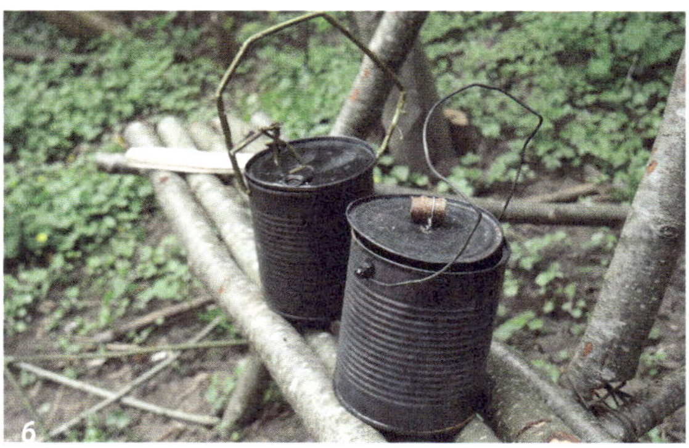

6

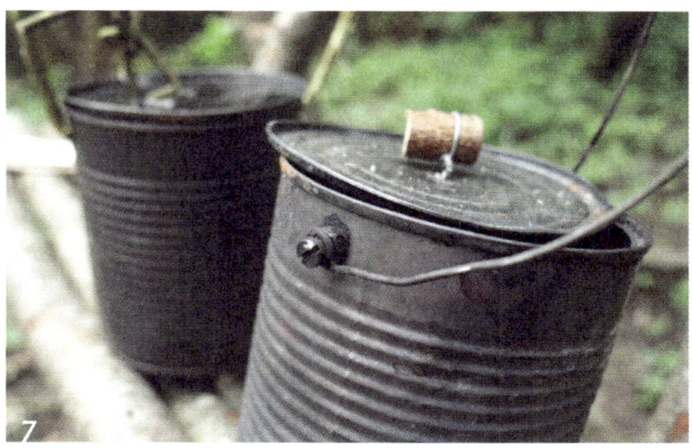

7

Tipp:

Damit der Topf lange hält und sofern eventuell vorhandene Beschichtungen sauber entfernt worden sind, sollte man ihn so behandeln wie bei > ***Dosen ausbrennen*** beschrieben. Insbesondere das regelmäßige Einölen ist wichtig. Übrigens: Eine Standard-Ravioli-Dose reicht auf Tour von der Größe her für eine Person aus. Es gibt wahrscheinlich kein leichteres Kochequipment zu kaufen, außer man möchte viel Geld in ein Titanprodukt investieren.

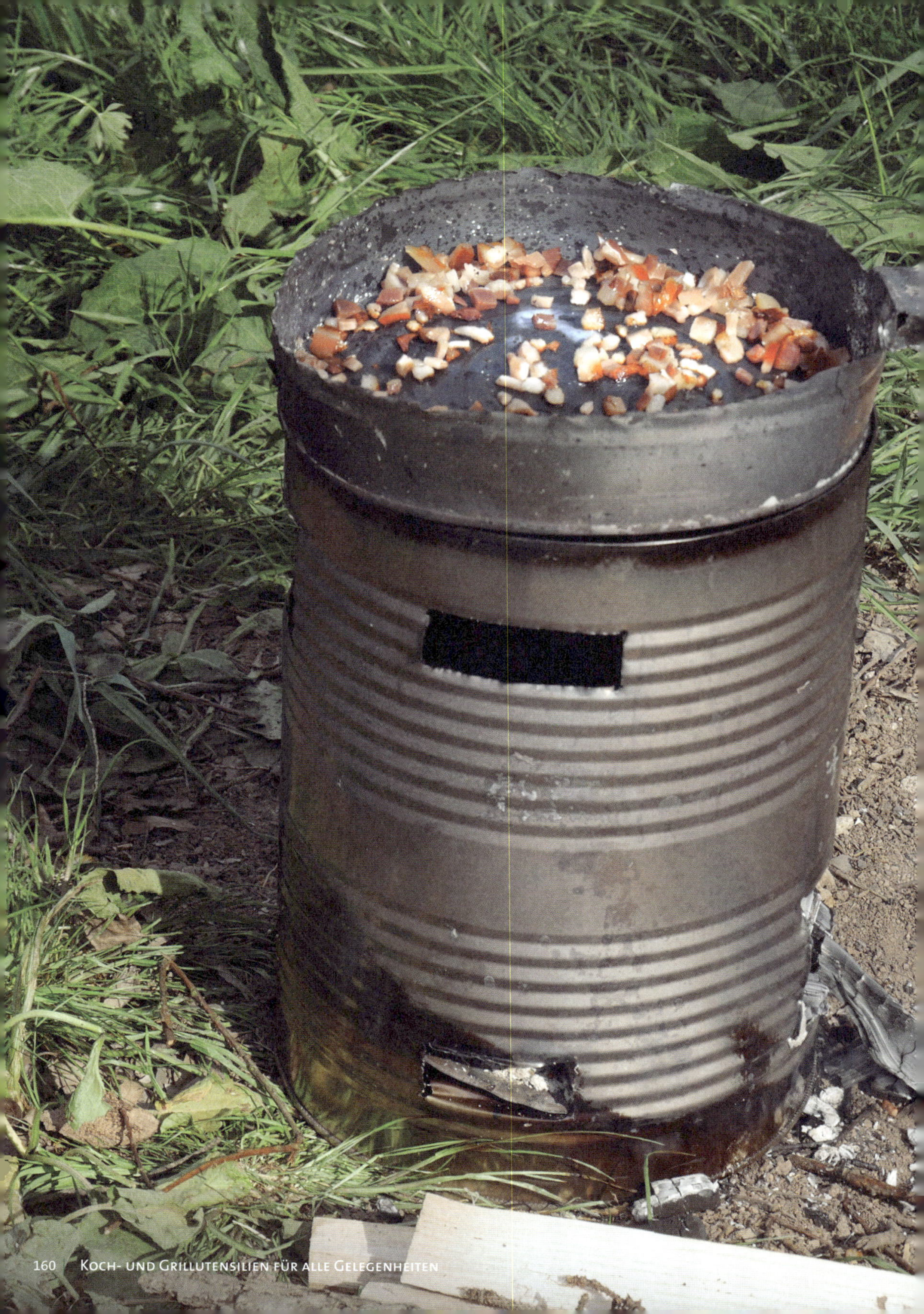

Dosenpfanne

Aus einer Konservendose eine Bratpfanne zu machen, gehört nicht unbedingt in den Bereich Bushcraft. Stattdessen stehen hier ganz klar die Campküche und der Gedanke des Upcyclings im Vordergrund. Das Projekt bietet sich auch für Jugendgruppen oder PfadfinderInnen an, weil so für die Lagerküche alles selber gemacht werden kann. Für dieses Kochequipment reichen dann allerdings auch keine haushaltsüblichen Dosengrößen mehr aus, sondern man benötigt Dosen aus der Gastronomie.

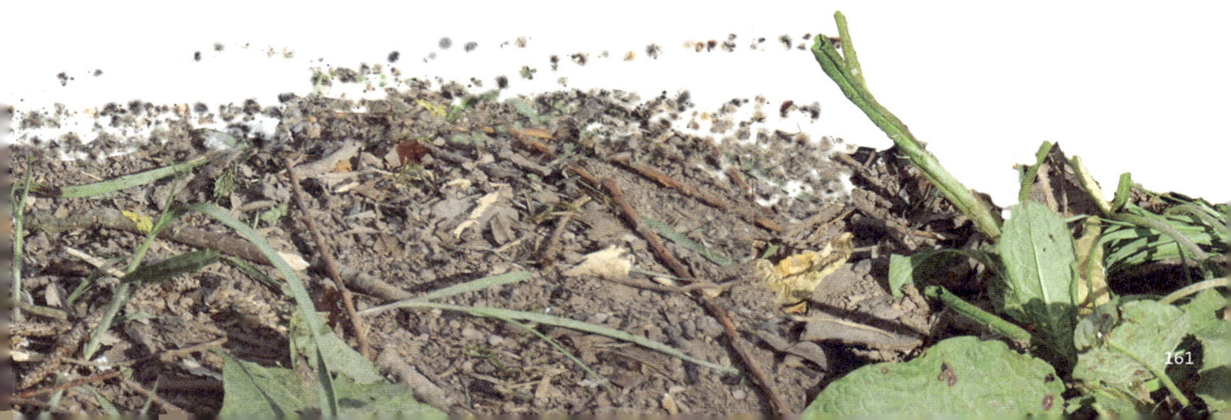

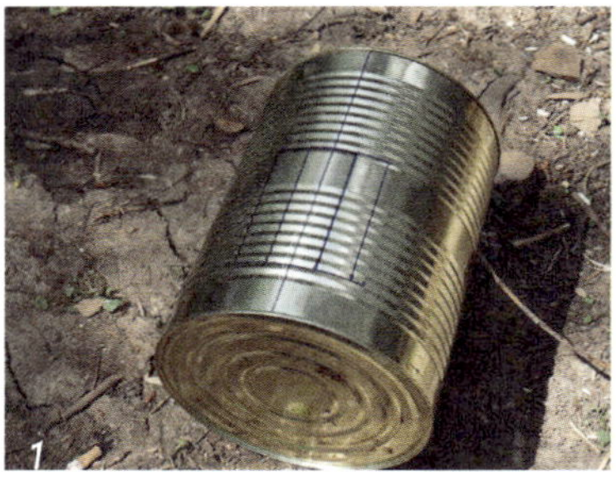

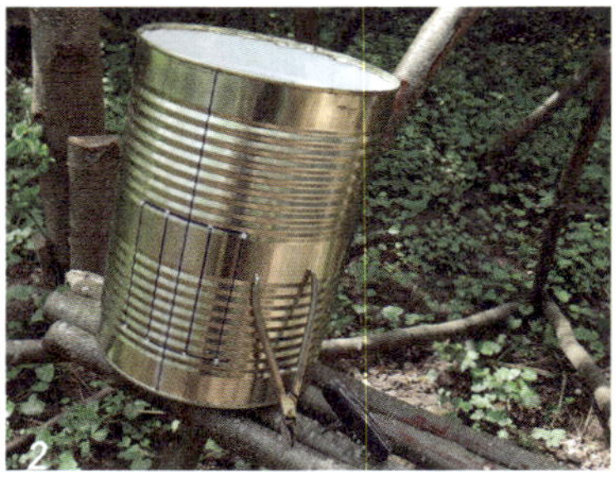

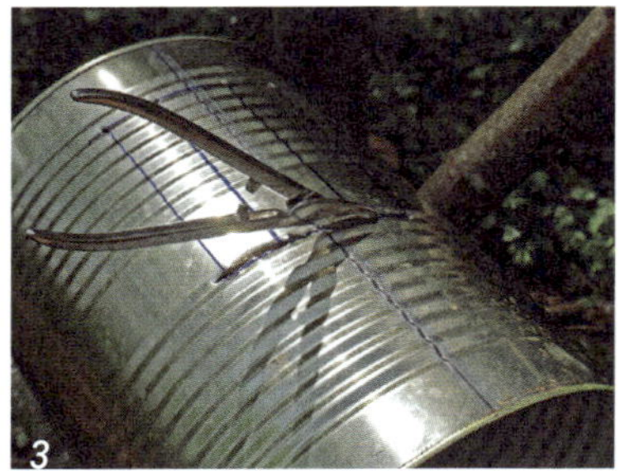

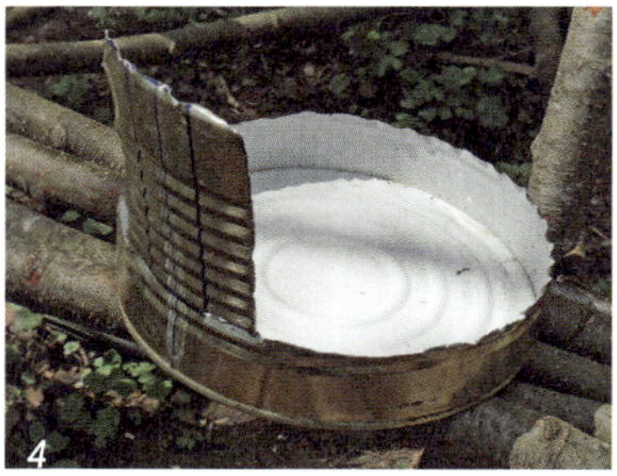

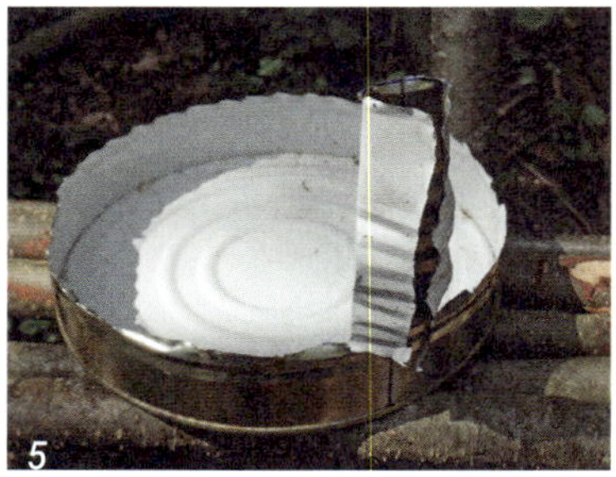

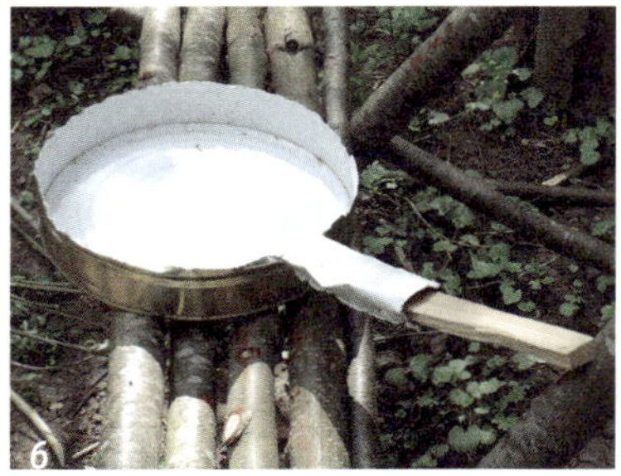

Die Dose auf den Fotos hat ein Fassungsvermögen von 10 Litern. Sie würde sich auch für den > ***Dosentopf*** mit Naturhenkel eignen, natürlich mit einem entsprechend starken Henkel wie beispielsweise dem Drahtgriff eines alten Farbeimers. Die hier gezeigte Bratpfanne lässt sich optimal mit dem > ***Dosenkocher XL*** kombinieren.

Ist die passende Dose gefunden, werden als Erstes die Linien für den Zuschnitt des Bleches angezeichnet. In der gewünschten Pfannenhöhe zeichnet man eine 12 cm lange waagrechte Linie mit einem großen, 16–20 cm hohen Rechteck darüber. Das Rechteck wird dann noch in drei gleichmäßige Felder eingeteilt ***[1]***. Nun wird an den Schnittpunkten der Linien mit der Ahle des Schweizer Taschenmessers jeweils ein kleines Loch ins Blech gebohrt. Diese Löcher bilden die Ansatzpunkte zum Schneiden ***[2]***. Dafür eignet sich am besten eine Blechschere, insbesondere wenn man mit Kindern arbeitet. Aufgrund der scharfen Schnittkanten sollte man zu- dem Arbeitshandschuhe tragen. In einer Notsituation wäre es auch möglich, die Dose mit dem Messer zuzuschneiden, allerdings wird hiervon ausdrücklich abgeraten, weil es die Verletzungsgefahr stark erhöht und das Messer stumpf wird ***[3]***.

Zuerst wird an der oberen Linie des Rechtecks entlanggeschnitten, danach arbeitet man von oben nach unten entlang der Seitenlinien. Auf der geplanten Pfannenhöhe wird dann entlang der eingezeichneten waagrechten Linie einmal ganz um die Dose herum geschnitten, bis man an wieder auf der anderen Seite des Rechtecks ankommt. Nun sind nur noch der Dosenboden und das ausgeschnittene Rechteck übrig ***[4]***.

Schließlich werden noch die inneren Kanten der beiden äußeren Rechtecke auch auf Pfannenhöhe eingeschnitten, bis nur noch das mittlere Rechteck mit dem Dosenboden verbunden ist. Jetzt können die beiden äußeren Blechrechtecke als Halterung des Pfannenstiels nach außen gebogen werden ***[5]*** und dann der ganze Griffhalter nach unten.

Ein passender Stock, in die Halterung gesteckt, vervollständigt und stabilisiert nun den Griff, so dass man die Pfanne auch gut gefüllt herumtragen kann ***[6]*** und man sich nicht bei der Benutzung die Finger verbrennt.

Tipp:

An den Schnittkanten stehen überall noch kleine Metallreste über. Diese können durch Ausbrennen der Pfanne > ***Dosen ausbrennen*** entfernt werden, da sie dabei einfach verglühen. Wer ganz sicher gehen möchte, kann die Ränder nach dem Ausbrennen noch mit etwas Schleifpapier nachbehandeln, damit es zu keinen Verletzungen kommt. Die Pfanne sollte nach jeder Nutzung geölt werden, damit man lange Freude an ihr hat und darin z. B. auch mal ein leckeres Pfannenbrot backen kann.

Kochtipp Pfannenbrot

Die Zubereitung eines Pfannenbrots ist sehr einfach. Für 1–2 Personen werden 200 g Mehl mit einer Prise Salz in eine Schüssel oder den Taschentuch-Kaffeefilter gegeben und langsam mit Wasser und bestenfalls noch etwas Öl vermischt und mit der Hand zu einem Teig geknetet. Wer das Brot noch aufpeppen möchte, kann zusätzlich Gewürze wie Knoblauchrauke oder Bärlauch beimischen. Der Teig ist fertig, wenn er sich leicht von den Fingern und der Schüssel lösen lässt. Aus dem Teig werden kleine Fladen geformt und in der Pfanne mit etwas Fett oder Öl goldbraun ausgebacken. Das Brot kann auch direkt in der Glut oder auf einem heißen Stein gebacken werden.

Kochtipp Spiegelei

Am besten gelingt ein Ei in der Dosenpfanne, wenn man eine sehr fettige Wurst oder auch Speck hat. Für VegetarierInnen bietet sich Rapsöl oder noch besser, Sesamöl an. Mit diesen Ölen kann man sehr heiß anbraten.

Eier mit Speck sind ja allseits bekannt und beliebt. Vor allem am Feuer schmeckt aber auch eine Wurst richtig gut dazu. Hier wurde eine richtig deftige Bauernbratwurst verwendet. Diese hat den Vorteil, dass sie stark gewürzt ist und relativ viel Fett enthält. Durch die Gewürze und den hohen Salzanteil – leider auch oft durch Konservierungsstoffe – wird die Wurst auch nicht so schnell schlecht, wenn man diese auch mal länger im Rucksack herumträgt. Dies gilt natürlich auch für angeräucherte oder andere Dauerwürste und macht sie auch für Touren mit einer Übernachtung interessant. Zudem benötigt man keine weiteren Gewürze, da die Wurst alles mitbringt, um das Essen abzurunden.

Eier sollten immer ganz transportiert werden, vor allem wenn man etwas länger unterwegs ist. Sobald ein Ei nicht mehr in der Schale ist, verdirbt es recht schnell. Das Braten ist sehr einfach. Man legt die Pfanne direkt in die Glut oder stellt sie zwischen zwei Steine. Dann wird die Wurst in Scheiben geschnitten oder der Länge nach halbiert und in die heiße Pfanne gelegt. Langsam tritt der Saft der Wurst aus und wird durch Hin- und Herbewegen der Wurst gut in der Pfanne verteilt. Hat sich der Fettfilm gleichmäßig verteilt, werden die Eier hineingeschlagen und am besten ganz durchgebraten. Jetzt noch ein wenig Pfannenbrot ins Ei gestippt und fertig ist ein gutes Frühstück.

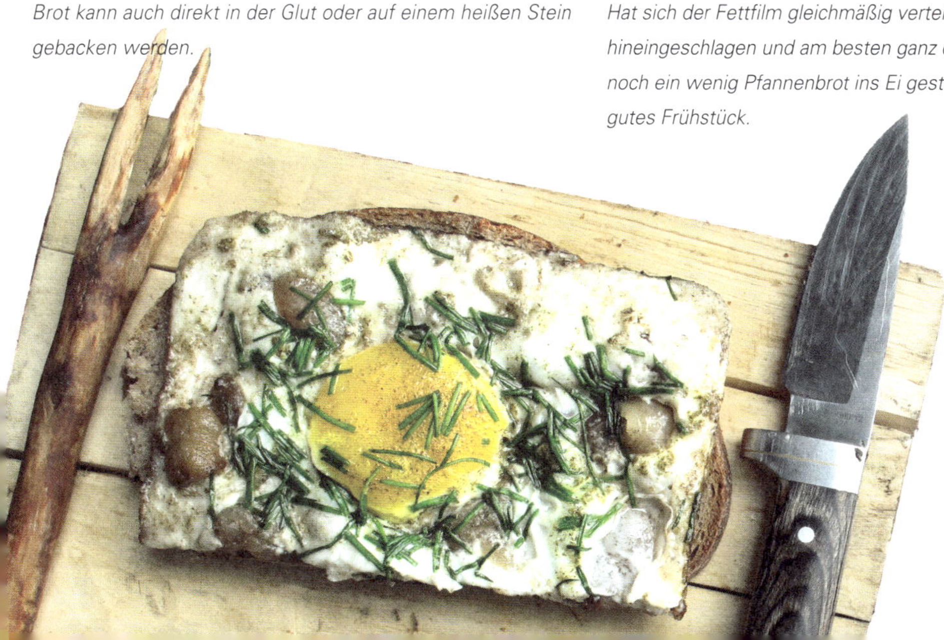

Tipp:

Eier können gut in alten Toilettenpapierrollen transportiert werden. So werden sie geschützt und schlagen in der Vesperbox nicht gegeneinander.

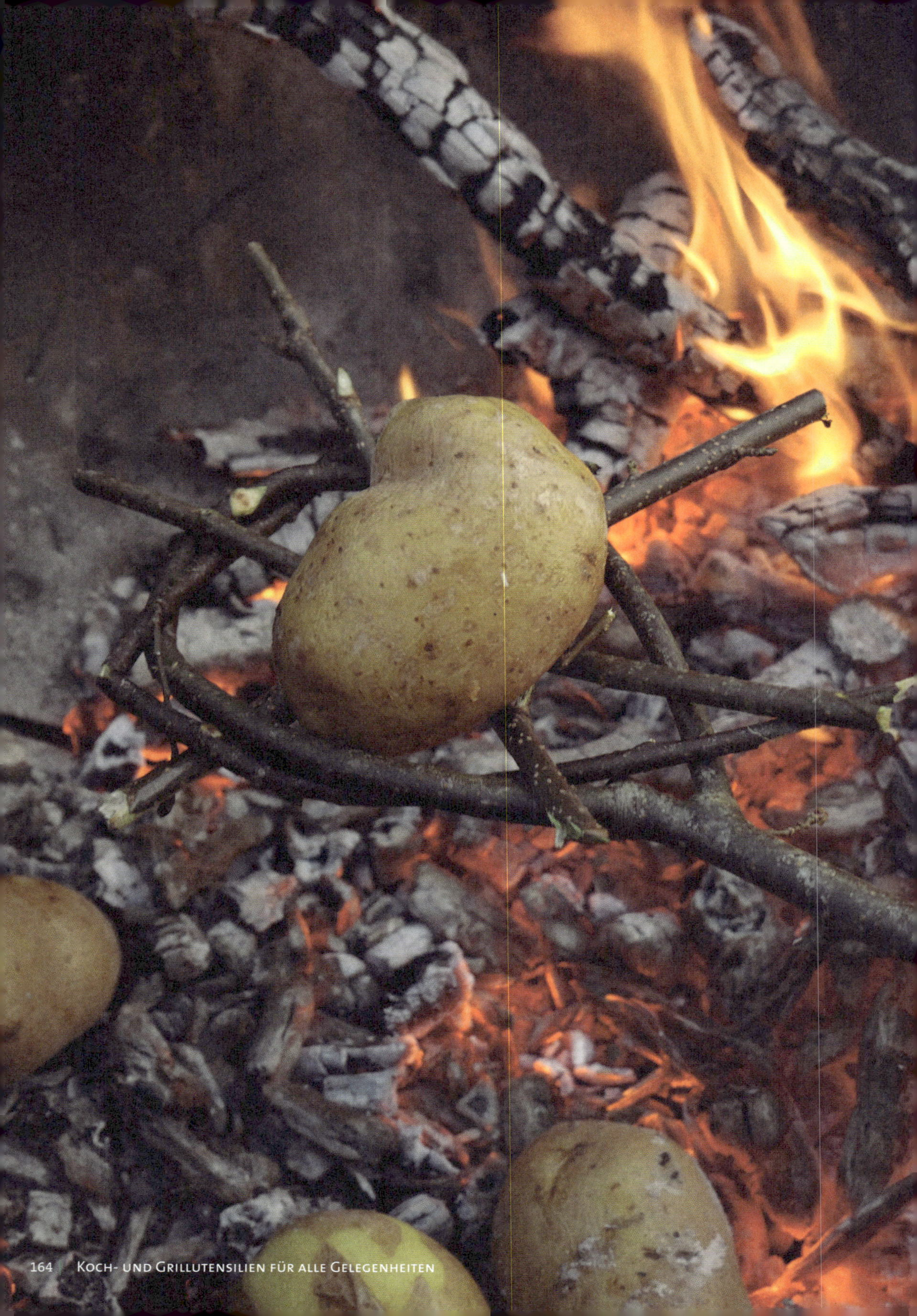

Grillwerkzeuge aus Astgabeln

Oft lässt sich mit ganz wenig Aufwand Equipment herstellen, welches das Kochen am Feuer stark vereinfacht und das Lagerleben erleichtert. Dafür nutzt man einfach Formen, die von der Natur vorgegeben sind. Astgabeln von ungiftigen Bäumen eignen sich prima als Grundmaterial, um sich schnell etwas für die Lagerfeuerküche zu improvisieren.

Grillspieß

Mit einer einfachen und auch relativ dünnen, maximal kleiner-Finger-dicken Astgabel ist es ein Leichtes, einen Grillspieß zu improvisieren. Dafür schneidet man sich diese einfach von einem Strauch oder Baum ab. Je nachdem wie sie eingesetzt werden soll, lässt man einen langen Haltegriff daran stehen, oder schneidet den Ast knapp unterhalb der Gabelung ab ***[1]***. Wenn man das Ganze mit der Hand übers Feuer halten oder auf einer anderen Astgabel ablegen möchte, braucht man die Verlängerung. Will man die Gabel dagegen zwischen zwei Steinen über die Glut etc. legen, wird keine Verlängerung benötigt. Wenn man sein Essen auf einen Stock schiebt, ist es

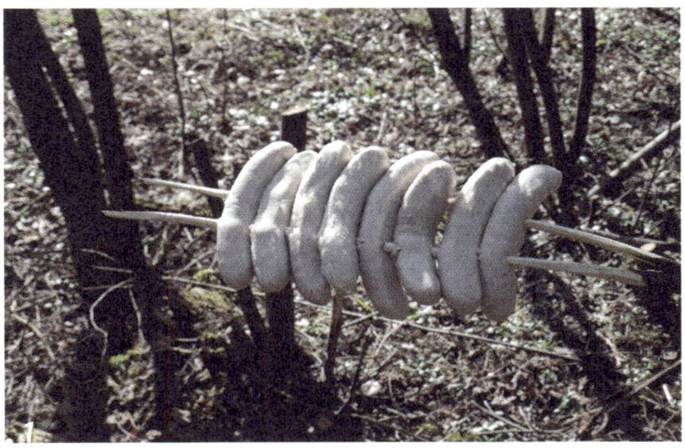
1

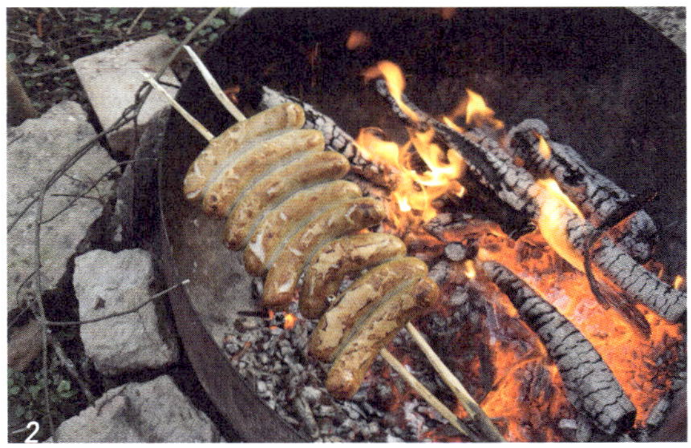
2

immer besser, ihn vorher zu schälen, damit sich das Grillgut einfacher »auffädeln« lässt. Zudem geraten dann keine eventuell in der Rinde enthaltenen Bitterstoffe ins Essen. Eine Astgabel hält die Nahrung wesentlich besser fest, als ein einzelner Stock. Vor allem kann so z. B. auch ein Scheibe Fleisch nicht mehr verrutschen, und dann passiert es auch nicht, dass immer nur der schwerste Teil des Grillguts über dem Feuer hängt, wie man es auf Wandergrillplätzen häufig beobachten kann. Ein weiterer Vorteil der Astgabel ist, dass man sehr viel Grillgut auffädeln und in einem Zug wenden kann ***[2]***.

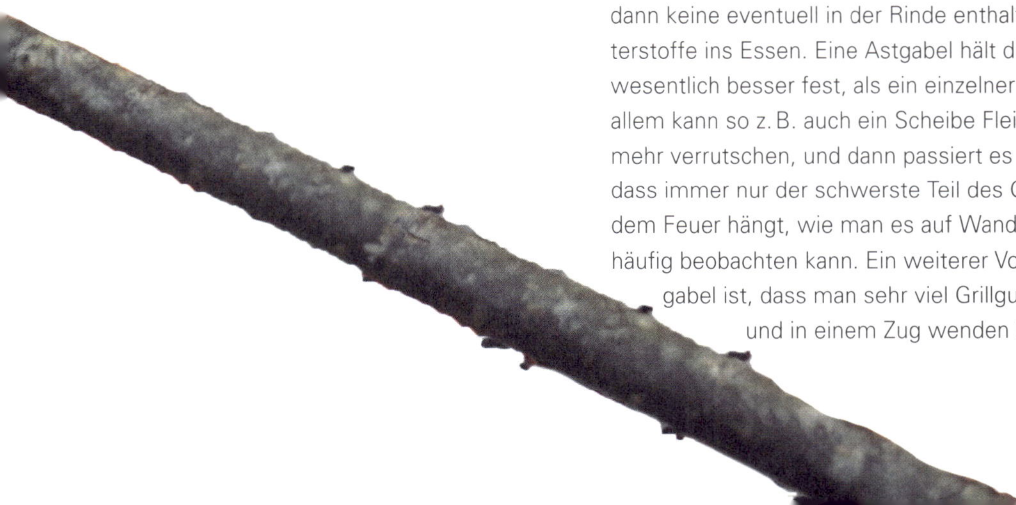

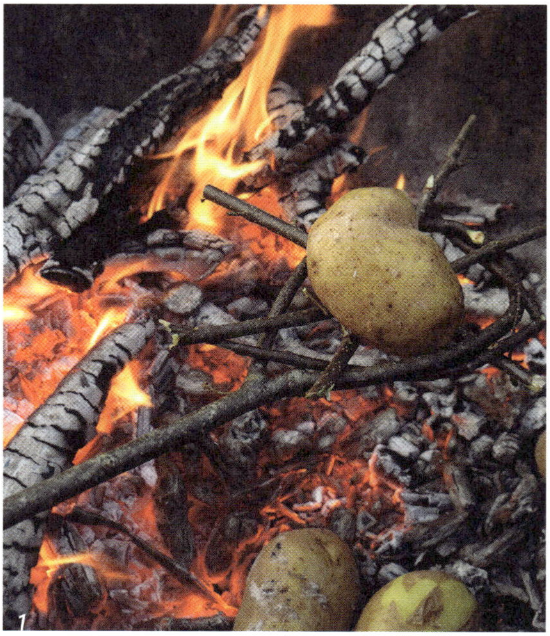

1

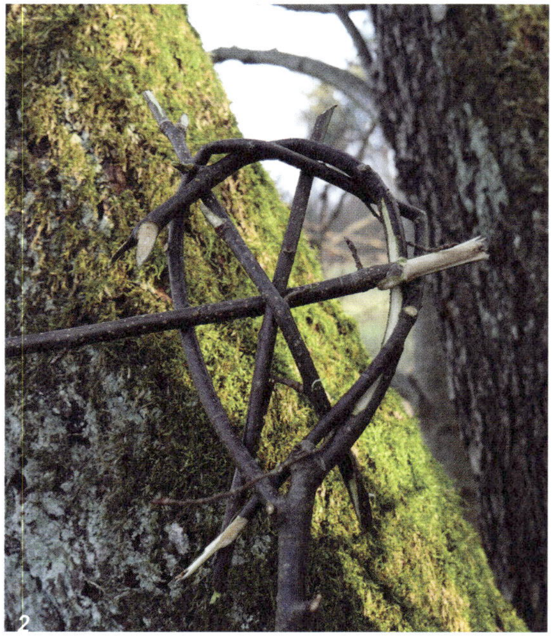

2

Glutkartoffelhalter

Ein weiteres nützliches Werkzeug aus einer Astgabel ist ein kleiner Halter, mit dem man Knollen und Ähnliches problemlos aus der Glut holen kann ***[1]***. Gegenüber einer Zange hat er den Vorteil, dass sich damit auch unhandliche oder runde Gegenstände wie z. B. Steine ohne Mühe aus der Glut heben lassen. Eine Zange hat hier manchmal den Nachteil, dass das Greifgut herausrutscht. Wer einen solchen Halter herstellen möchte, sucht sich wieder eine Astgabel, bei der die Äste der Gabelung etwa so dick sind wie der kleine Finger. Es ist von Vorteil, wenn die Gabelung weit gespreizt ist. Die Äste sollten frisch sein, damit der Heber in der heißen Glut nicht so schnell verbrennt. Der Ast, an dem sich die Gabelung befindet, darf ruhig etwas dicker sein, weil er ja später die Last tragen muss. Nun nimmt man die Äste der Gabelung und biegt diese Stück für Stück leicht über den Daumen in die Richtung, in der später die Gesamtrundung verläuft. Dieses Vordefinieren ist wichtig, damit die Äste später nicht brechen. Nun flechtet man vorsichtig die beiden Äste übereinander, sodass eine ovale bis runde Form entsteht. Hier kann man nun durch Einflechten weiterer kleiner Äste eine Art »Netz« schaffen, das die Kartoffel später festhält, sodass man diese aus der Glut heben kann ***[2]***. Natürlich lässt sich der Heber auch anders verwenden. Man kann ihn auch dazu nutzen, um z. B. Fisch oder Fleisch direkt über der Glut zu braten. BushcrafterInnen wissen sich in den meisten Fällen zu helfen, zu improvisieren und Bekanntes zu Neuem zu verbinden.

Tipp:

Wenn man solche improvisierten Gerätschaften länger verwenden möchte, kann man diese zwischendurch immer wieder in Wasser tauchen. Durch das Wässern bleibt das Holz flexibel und trocknet in der Hitze nicht so schnell aus.

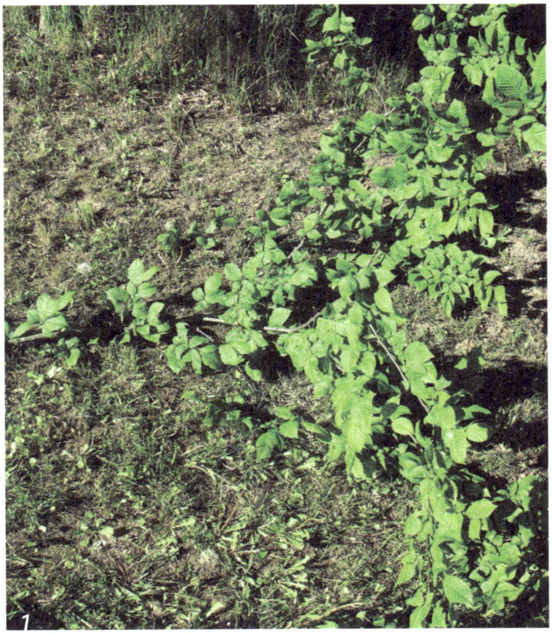

1

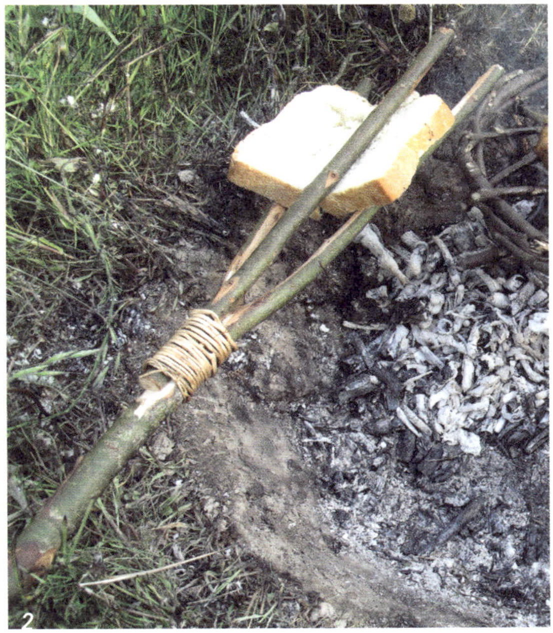

2

Brothalter

Ein Brothalter dient dazu, eine Brotscheibe über dem Feuer zu rösten. Er funktioniert mit einem einfachen Klemmsystem.
Benötigt wird ein längerer, ca. 2 bis 2,5 cm dicker Ast mit einer kleinen Astgabel am oberen Ende. Er sollte so lang sein, dass er über die Glut reicht, ohne dass Gefahr besteht sich die Finger zu verbrennen. Als Klemmstock wird ein ca. 25 cm langer Ast benötigt. Zudem braucht man einen ca. 60 cm langen Draht oder eine Fichtenwurzel, um den Klemmstock an der Gabel festzubinden. Das Holz muss frisch sein, weil das Feuer sonst den Brothalter verbrennt. Am besten eignen sich Haselnuss, Weide und Esche *[1]*.

Die Astgabel sollte etwa 15 cm lang sein, so dass eine Scheibe Brot bequem darauf liegen kann. Dann wird am langen Stock die Auflagefläche für den Klemmstock vorbereitet.

Dafür wird die Astrundung unterhalb der Gabelung ca. 10 cm flach geschnitzt > *Grundschnitztechnik*.
Passend dazu werden 10 cm am Ende des kurzen Astes abgeflacht.

Astgabel und Klemmstock werden nun an den begradigten Stellen aufeinandergelegt und mit dem Draht verbunden. Der Brothalter sieht jetzt aus wie eine kleine dreizinkige Heugabel. Das Brot wird zwischen den mittleren Ast und die Astgabel geklemmt *[2]*.

Tipp:

Ist kein Draht zur Hand, kann auch eine lange dünne Wurzel verwendet werden. Fichtenwurzeln eignen sich besonders gut, da sie sehr viel Feuchtigkeit enthalten und lange der Hitze widerstehen können.

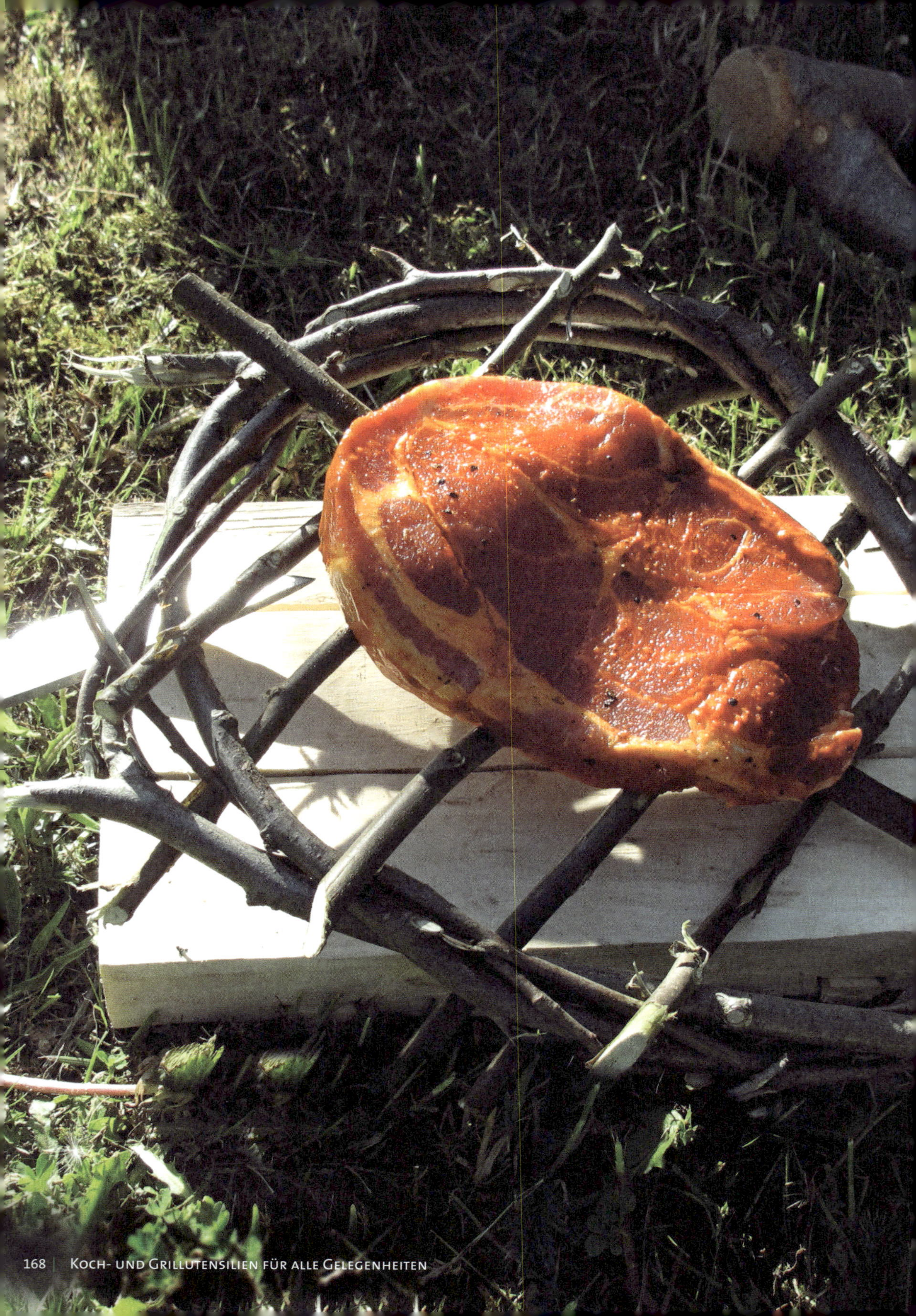

Einweggrill

Für einen Einweggrill braucht man auf jeden Fall frisches Holz, weil die Feuchtigkeit in den frischen Trieben dafür sorgt, dass der Grill über der Glut nicht sofort austrocknet oder gar abbrennt. Am besten eignen sich Haselnuss oder Weißbuche dafür.
Ein Einweggrill kann auf verschiedene Weisen hergestellt werden, ich zeige hier eine davon.

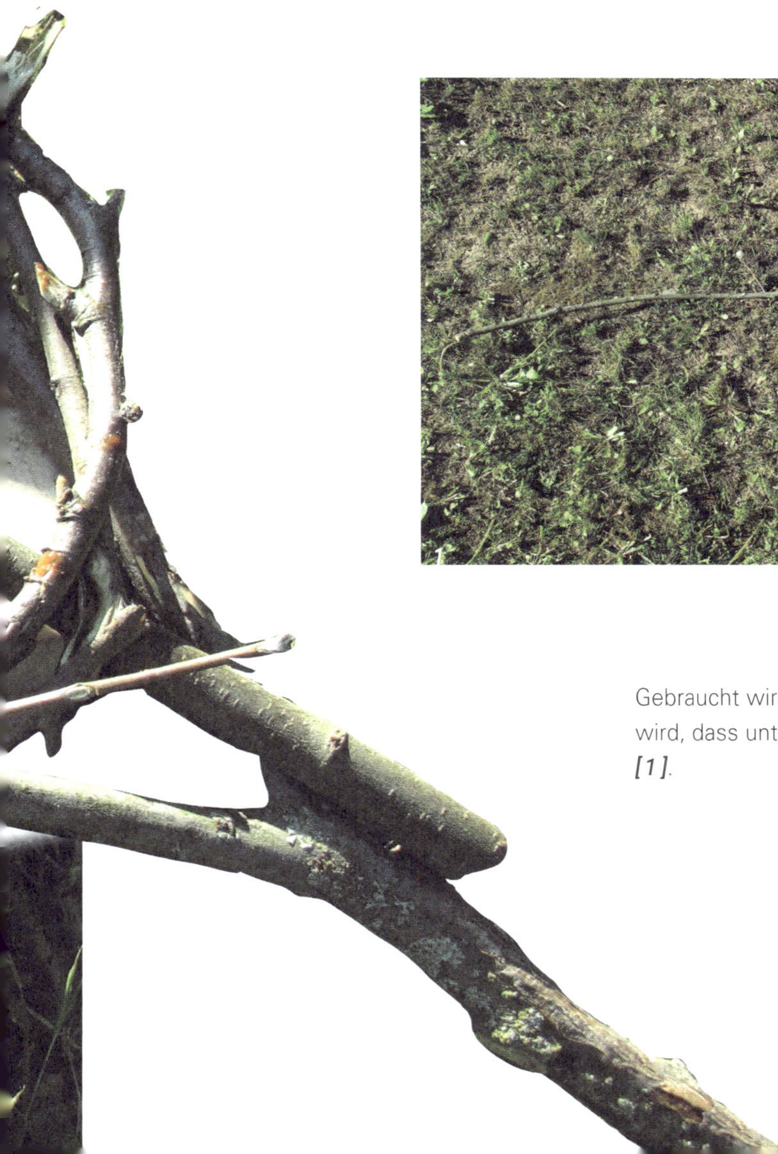

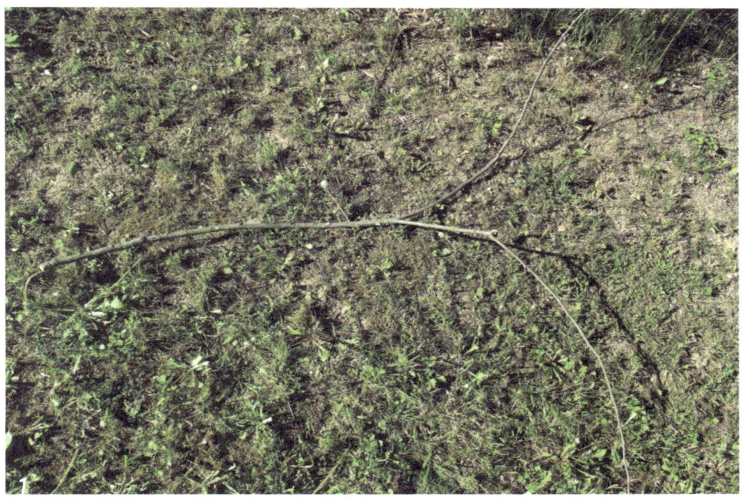

Gebraucht wird eine Astgabel, die so abgeschnitten wird, dass unten noch ein kurzer Stiel dran bleibt *[1]*.

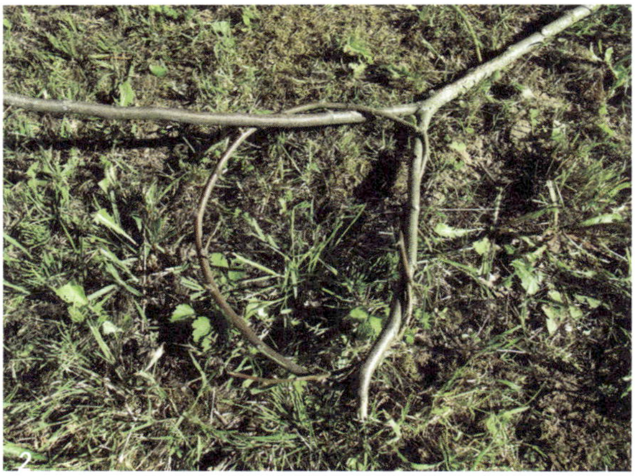

2

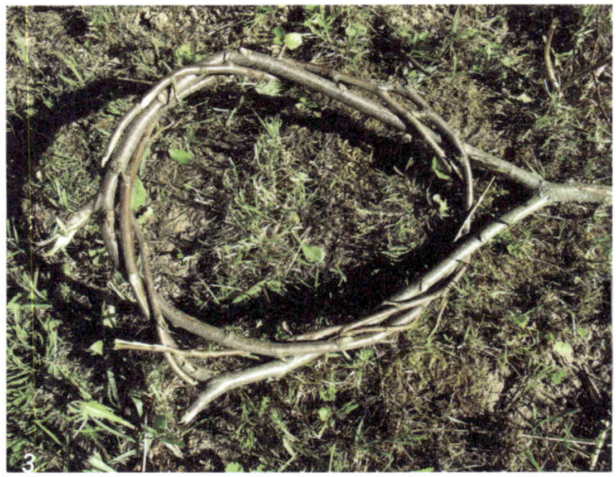

3

Mit dieser Astgabel kann man den Grill dann gut von der Grillstelle nehmen und als Auflage nutzen. Die zwei oberen Äste der Astgabel bleiben an der Gabel. Sie werden einfach zu einem »O« ineinander geflochten ***[2]***.

Beide Zweige werden oben zu einem »X« über Kreuz gelegt und auf der jeweils gegenüberliegenden Seite nach unten gebogen. Dabei werden die Astspitzen zur Fixierung um die Astgabel gewickelt ***[3]***.

Wie beim > ***Glutkartoffelhalter*** wird ein etwas längerer Ast längs genau in die Mitte gelegt und zwar so, dass eine Seite genau auf der Astgabel liegt und die andere Seite genau in der oberen Mitte des »O« ***[4]***.

Damit die Konstruktion auch hält, wenn das Grillgut darauf liegt, müssen noch kleine Äste eingeflochten werden, die schräg hineingebogen werden – immer einen nach dem anderen im Wechsel. Der erste Ast wird vom unteren linken Rand nach innen über den mittleren Ast bis unter den rechten Rand geschoben. Der nächste läuft über den linken äußeren Ast in die Mitte, unter dem mittleren Ast durch und wird mit Spannung auf den rechten Rand geschoben ***[5]***.

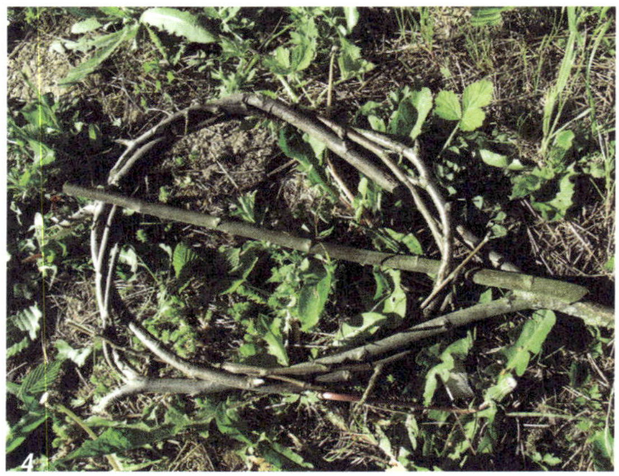

4

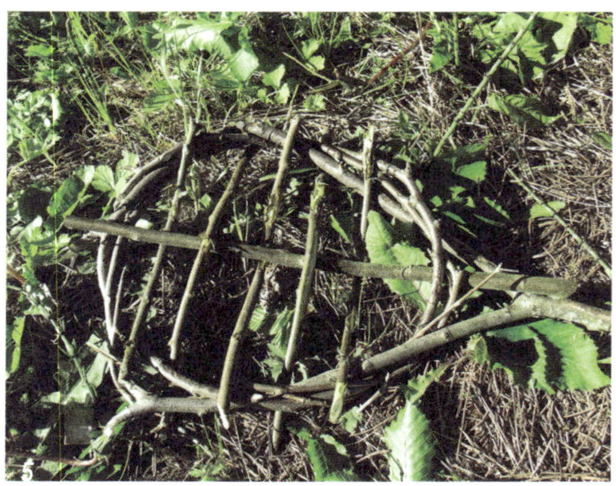

5

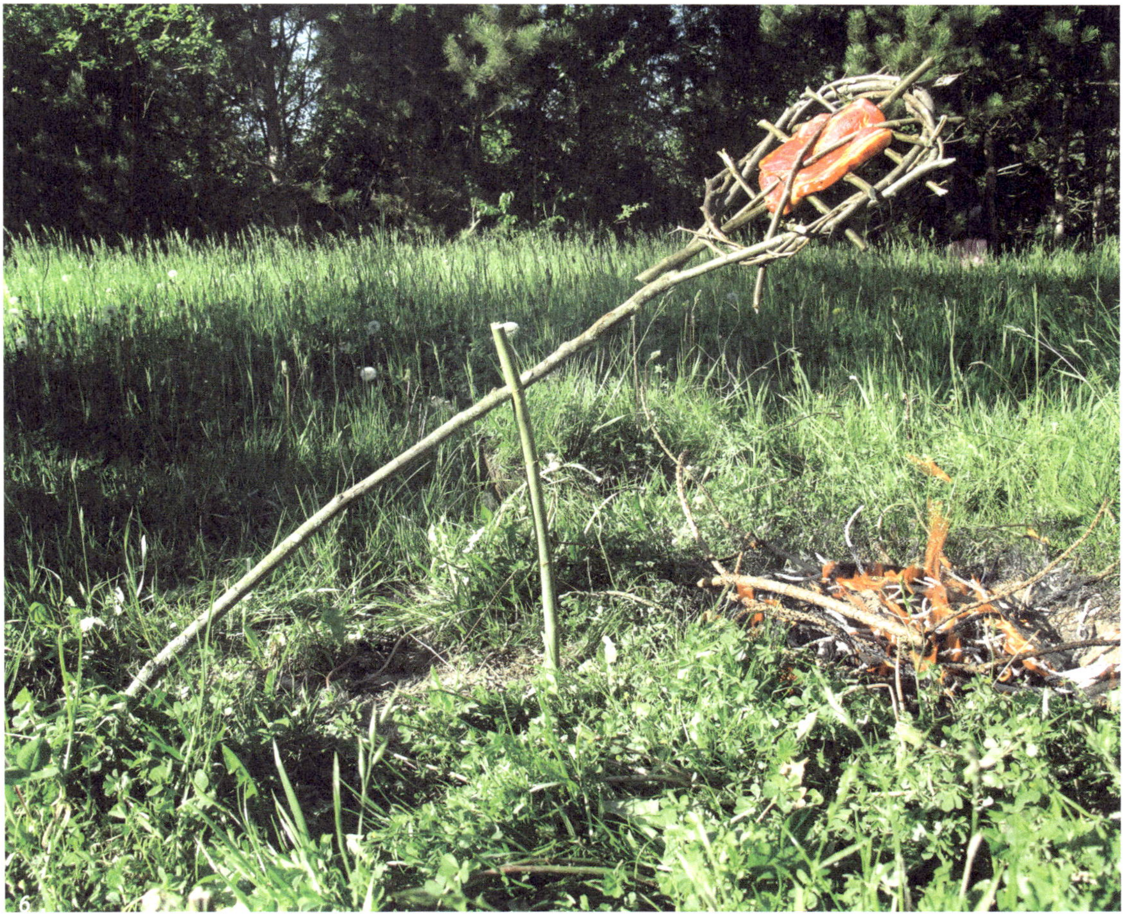

6

So werden immer weitere Äste eingeflochten bis ein »Grillrost« entstanden ist, auf den das Essen gelegt werden kann. Durch die Spannung der kleinen Äste ist die Konstruktion recht stabil. Das Grillgut kann durch zwei überkreuzte Äste auf dem Einweggrill fixiert werden ***[6]***.

So ein Grill hält nicht ewig. Für ein paar Würste reicht er jedoch sehr gut aus. Durch die Hitze zieht sich das Holz zusammen und verliert so seine Spannung. Deshalb lockern sich die Grillstäbe nach einiger Zeit. Nach längerem Einsatz sollte man den Grill mit Vorsicht behandeln, sonst fällt das Essen in die Glut.

Tipp:

Am besten gelingt das Grillgut, wenn man einen guten Abstand zu den Flammen einhält. Noch besser ist es jedoch, wenn der Grill über die Glut gelegt wird. Dafür legt man einfach ein paar Steine um die Feuerstelle, um den Holzgrill darauf auflegen zu können. Am besten schiebt man vorher mit dem Grabstock Glut unter die passende Stelle und legt den Holzgrill darüber. Essen drauf und los geht es!

KOCH- UND GRILLSTELLEN FÜR JEDES FEUER

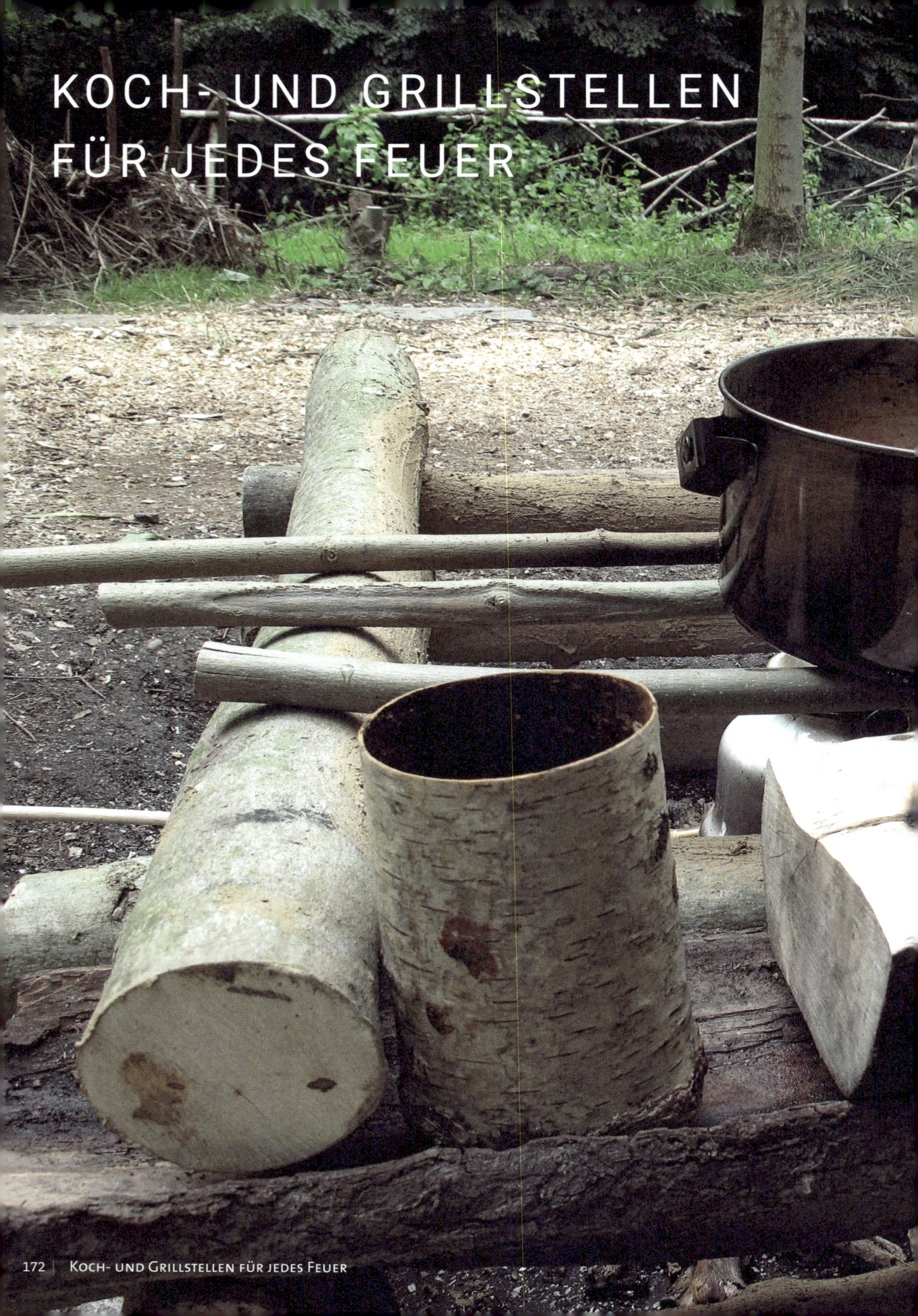

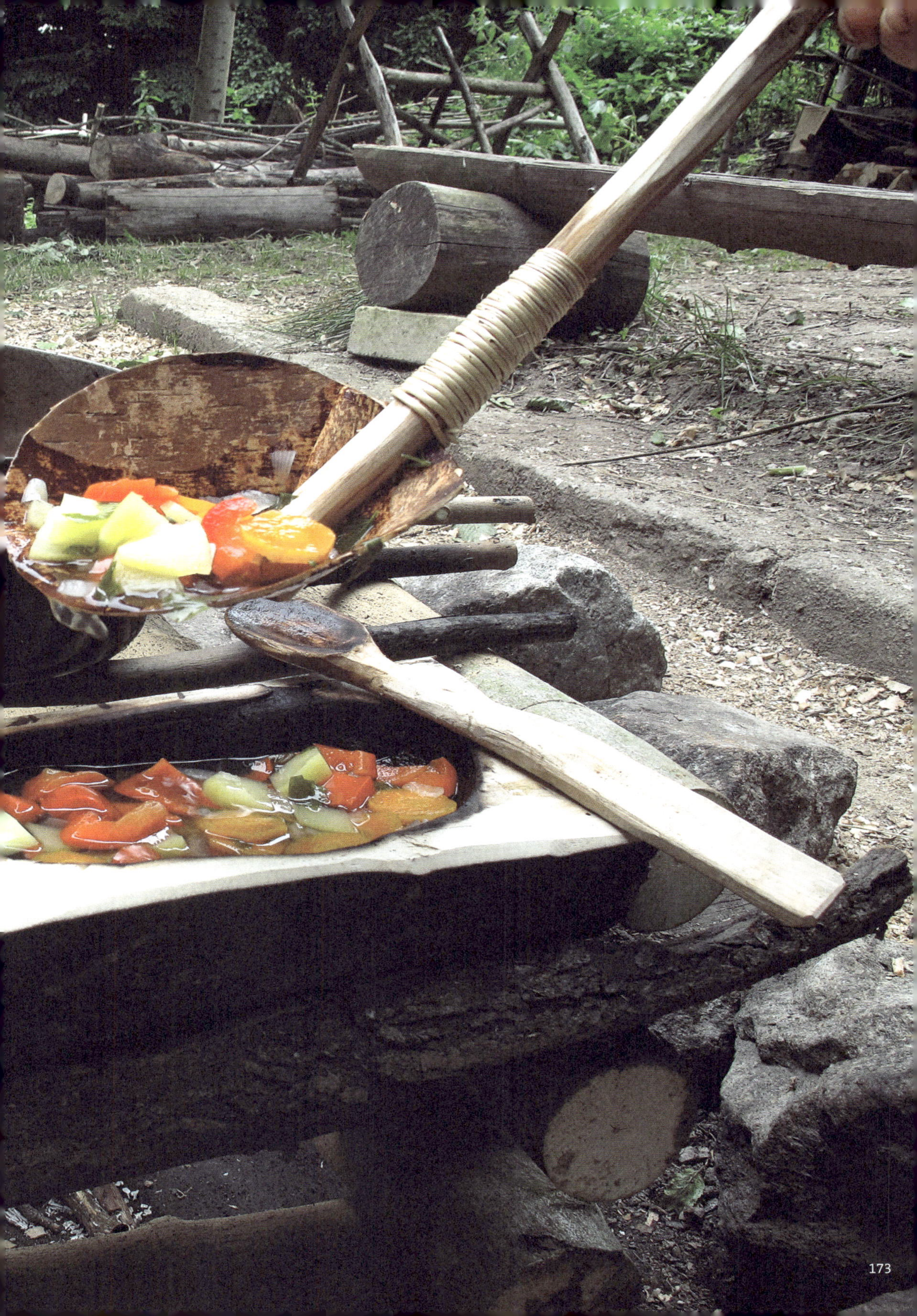

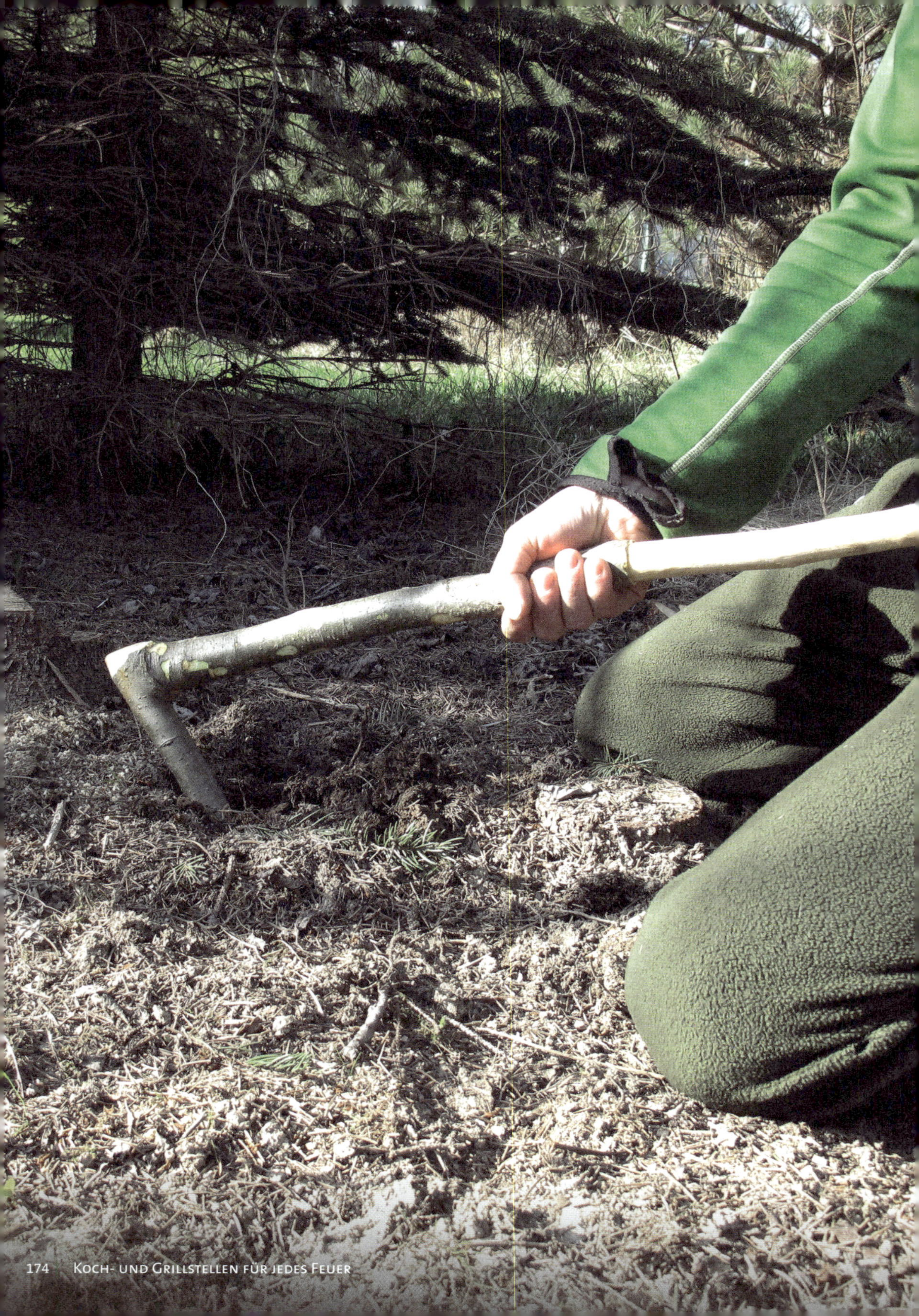

Grabstock

Dieses Werkzeug ist ein absolutes Multi-Tool und gehört zu den ältesten Werkzeugen überhaupt. Er wird noch heute von mehreren Urvölkern zum Ausgraben von Wurzeln, Knollen und Ähnlichem verwendet.

Je nach Region und Nutzung gibt es unterschiedliche Varianten und Herstellarten. Doch ein Grabstock besteht immer aus Hartholz wie zum Beispiel Buche, Eiche, Esche, Ahorn oder verschiedenen Obstgehölzen. So nutzt er sich nicht so schnell ab und bricht auch deutlich seltener, als wenn er aus Weichholz gefertigt würde. Die gezeigte Variante besitzt einen rechtwinkligen Griff aus einer gewachsenen Astgabel. Eine gewachsene Astgabel ist eine sehr stabile Verbindung, weil die Holzfasern hier besonders dicht gewachsen sind und deshalb nur schwer brechen.

Als Material sucht man sich einen umgestürzten Baum oder große Äste, die der Sturm abgebrochen hat und auf überprüft sie nahezu rechtwinklig abstehende Äste. Das Holz darf auf keinen Fall morsch sein. Gibt das Holz eine passende Form her, wird der Stock in der benötigten Länge herausgesägt ***[1]***.

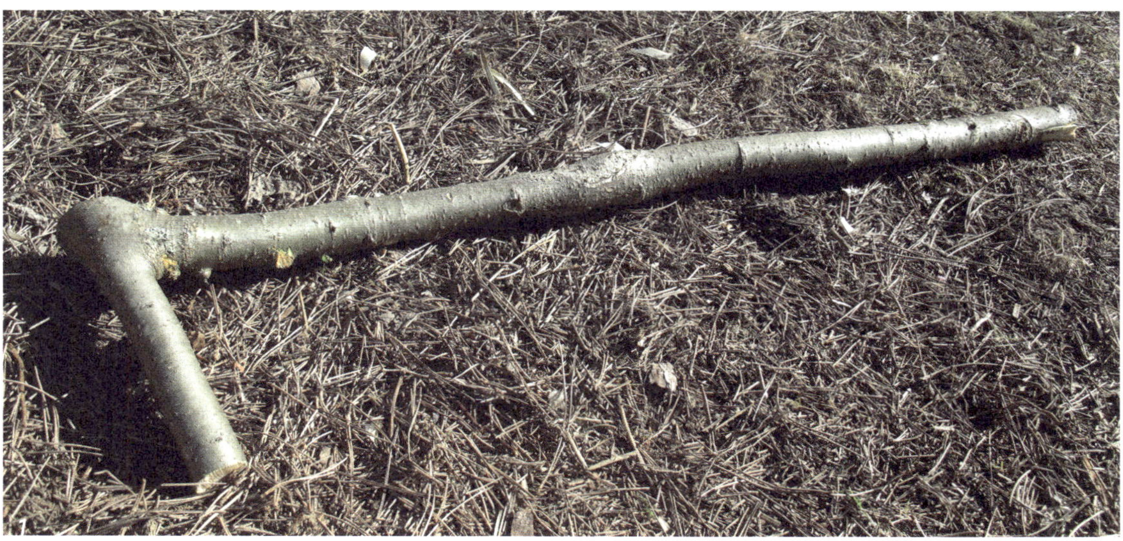

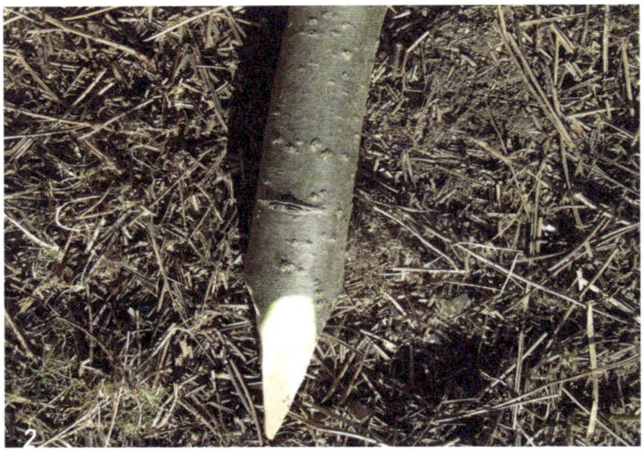

2

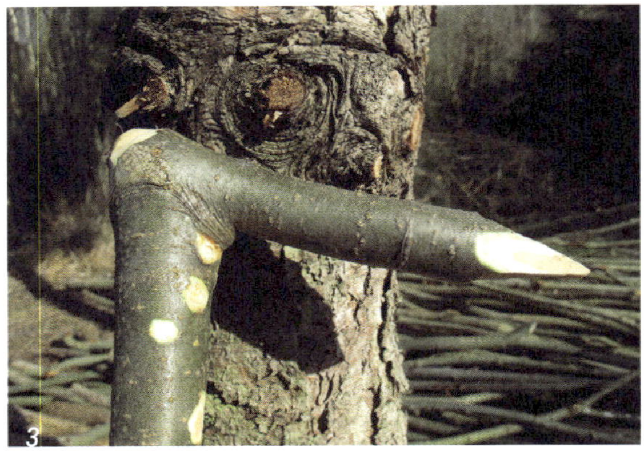

3

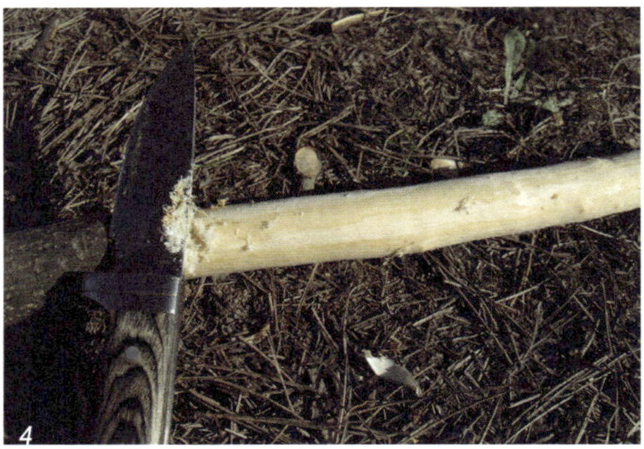

4

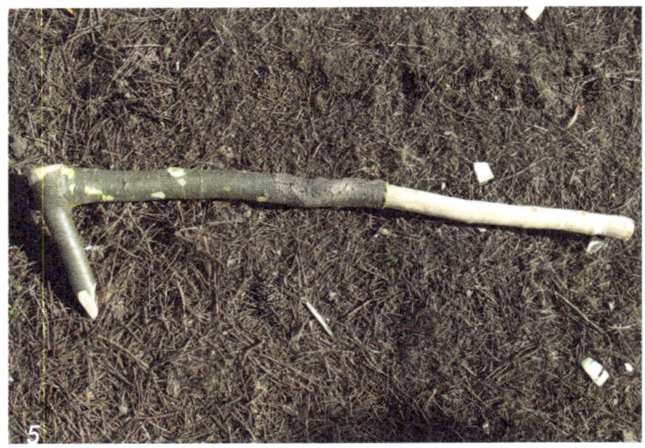

5

Dieser Rohling wird nun auf spitze Astreste oder Holzsplitter hin untersucht, und alles, woran man sich verletzen könnte, wird weggeschnitzt. Die kurze Seite, die einer Hacke ähnelt, wird nun keilförmig zugespitzt ***[2]***. Dazu setzt man zuerst die > ***Grundschnitztechnik*** ein, später dann gegebenenfalls auch noch die > ***Daumenschiebtechnik***.

Die Ecken der Spitze sollten ebenfalls leicht abgeflacht werden, damit die Fasern bei der Nutzung nicht auseinandergedrückt werden. Zudem sollte der »Hinterkopf« der Hacke mit dem > ***Powercut*** abgerundet werden, um die Verletzungsgefahr beim Hacken zu reduzieren und den Stock griffiger zu machen ***[3]***.

Damit hat man schon ein Werkzeug, mit dem man leicht Löcher hacken kann, um z. B. eine Feuerstelle vorzubereiten > ***Kreuzfeuerstelle***. Auch lässt sich der Grabstock gut gut dafür nutzen, um das Feuer zu schüren oder um Äste oder Früchte von Bäumen zu sich heranziehen.

Von manchen Urvölkern soll er sogar dazu genutzt worden sein, um Tiere zu jagen, indem er wie ein Wurfholz eingesetzt wurde. Da es hier jedoch ums Kochen und nicht ums Jagen geht, wurde der Stock so konstruiert, dass er auch als Topfhalter genutzt werden kann. Dafür wird die hintere Hälfte des Stockes von der Rinde befreit. Das geht ganz einfach, indem man mit etwas Druck mit dem Messerrücken über die Rinde reibt ***[4 + 5]***.

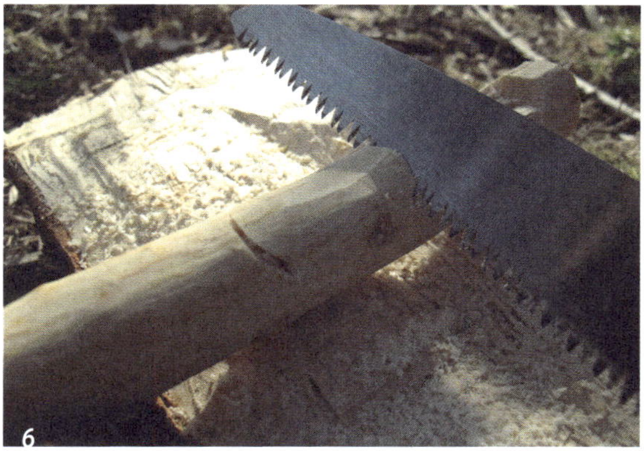
6

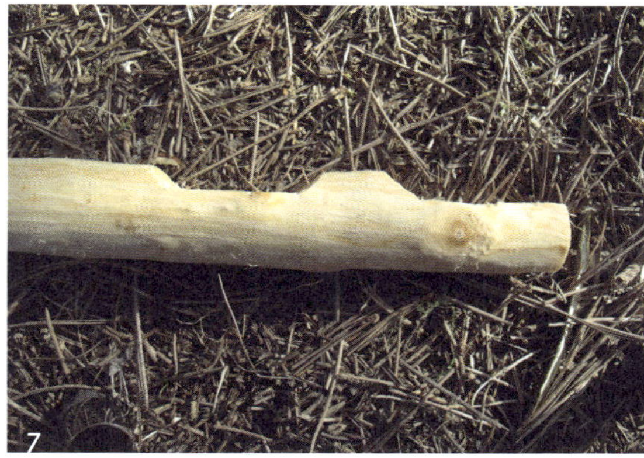
7

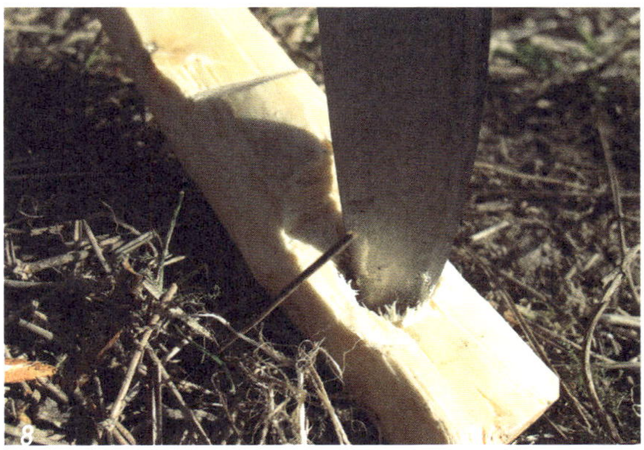
8

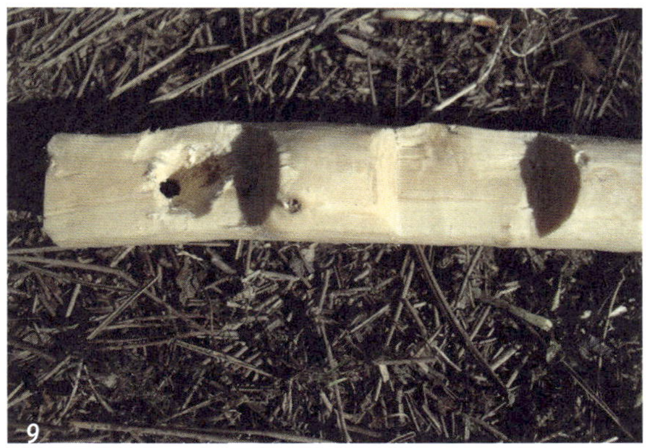
9

Nun werden am Ende des Stocks drei Einsägungen vorgenommen ***[6]***. Danach werden mit Hilfe der > ***Daumenschiebtechnik*** die Zwischenräume der Einsägungen herausgeschnitzt ***[7]***.

Die weiter entfernte Kerbe dient dabei dazu, ein Seil daran festbinden zu können, ohne dass es abrutscht. An der anderen Kerbe sollte ein Austauschhaken angebracht werden, damit der Grabstock dann beispielsweise einfach am > ***Dreibein*** angebracht werden kann. Dafür muss man lediglich mit dem Messer ein Loch in die Mitte der Kerbe schneiden > ***Kreisschnitt [8 + 9]***.

Tipp:

Der Grabstock ist ein ideales Werkzeug für alles, was mit Feuer und Essen zu tun hat. Man kann damit Essen in die Glut schieben, aus dem Feuer ziehen, Glut hin und her bewegen oder aufhäufeln. Ist der Stiel schön lang, ist er wie eine Verlängerung des Arms, man verbrennt sich nicht die Hände.

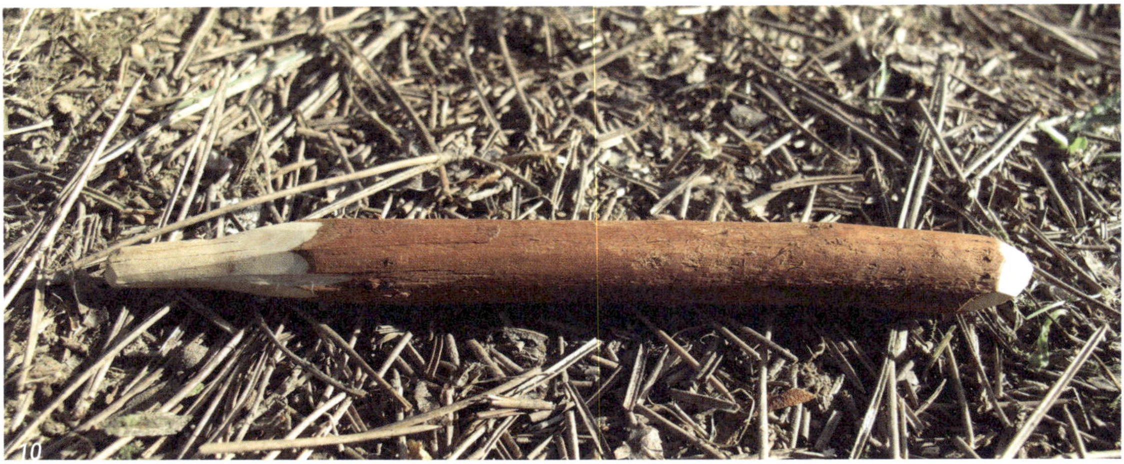

10

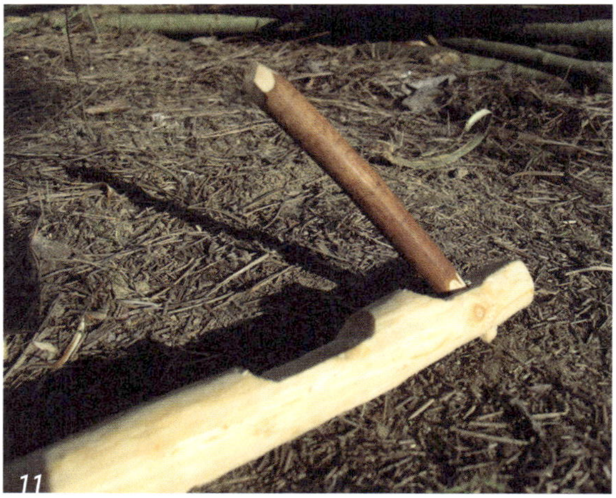

11

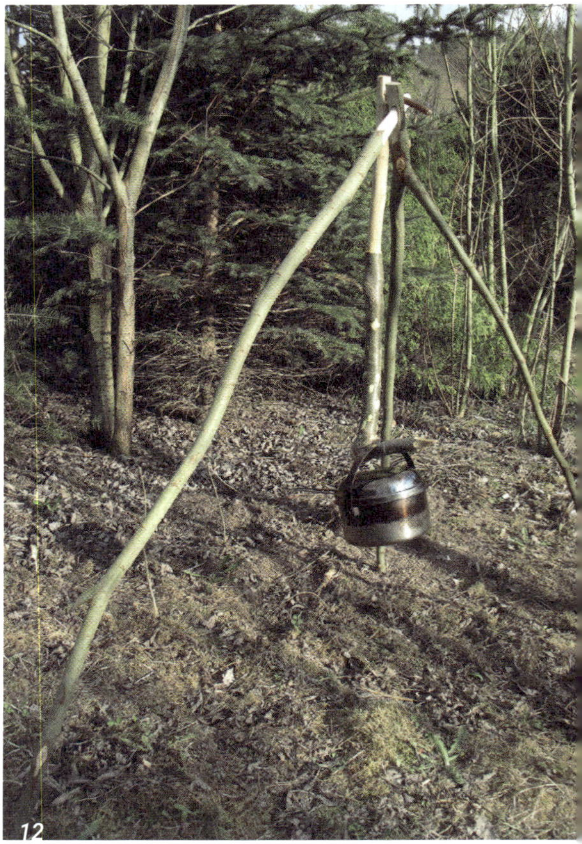

12

Nun sucht man sich ein ganz trockenes Stück Holz, am besten wieder ein Hartholz. Es sollte mindestens 15 cm lang sein. Dieses wird dann auf der einen Seite rund angespitzt > *Grundschnitztechnik* ***[10]*** und auf der anderen Seite leicht abgeflacht > ***Begradigungsschnitt***. Die Spitze muss dabei so geschnitzt werden, dass sie gut in das Loch der Kerbe passt. Im besten Fall neigt sie sich in Richtung des Hackenkopfes ***[11]***.

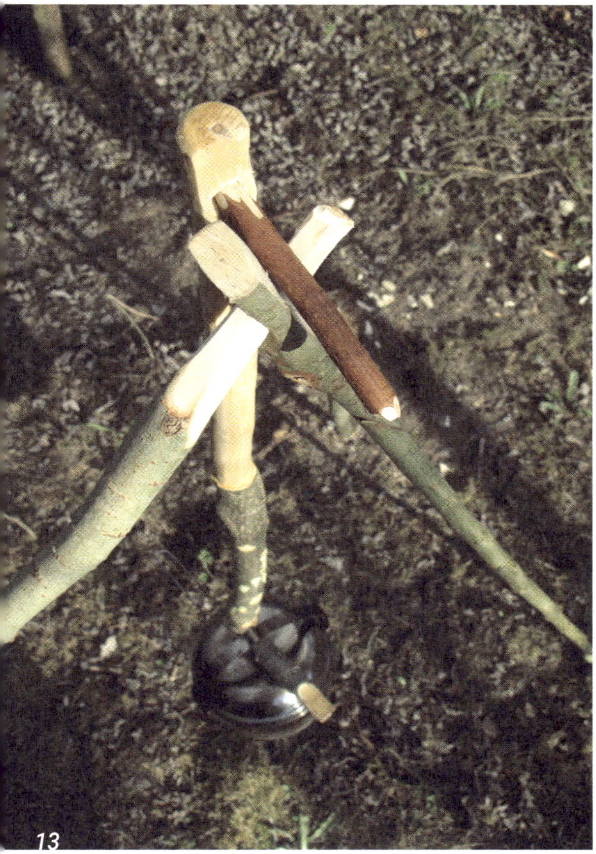

13

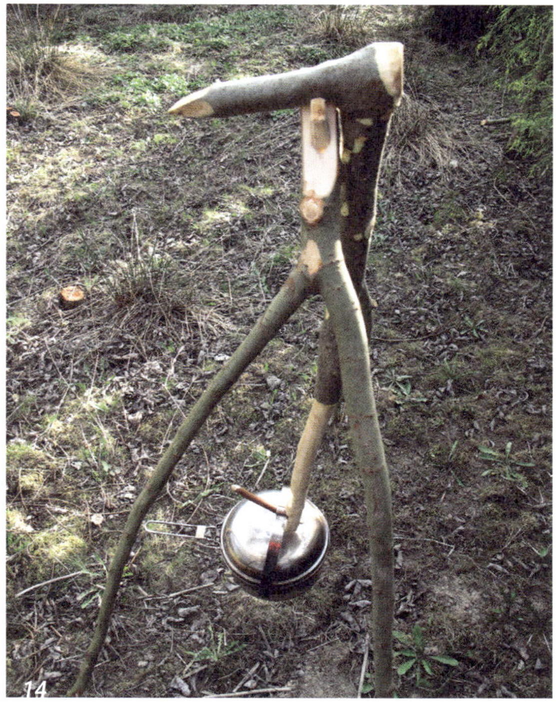

14

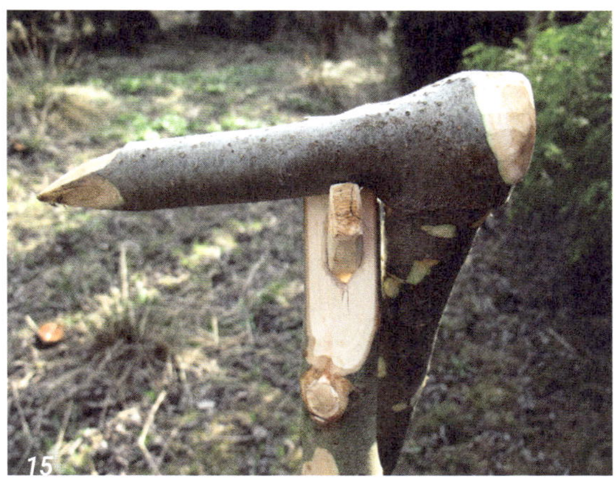

15

Nun kann der Grabstock-Topfhalter ganz einfach am Kochgestell angebracht werden ***[12 + 13]*** und einem leckeren Gulasch steht nichts mehr im Wege.

Natürlich funktioniert die Konstruktion auch umgekehrt: Der Grabstock wird mit der Hacke oben eingehängt und der Topf wird ans Stöckchen gehängt ***[14 + 15]***.

Tipp:

Wenn die Aufhängung höhenverstellbar sein soll, kann man über die gesamte Hälfte des Stockes gelochte Kerben anbringen. Um die Topfhöhe zu regulieren, muss dann nur der angespitzte Stock versetzt werden.

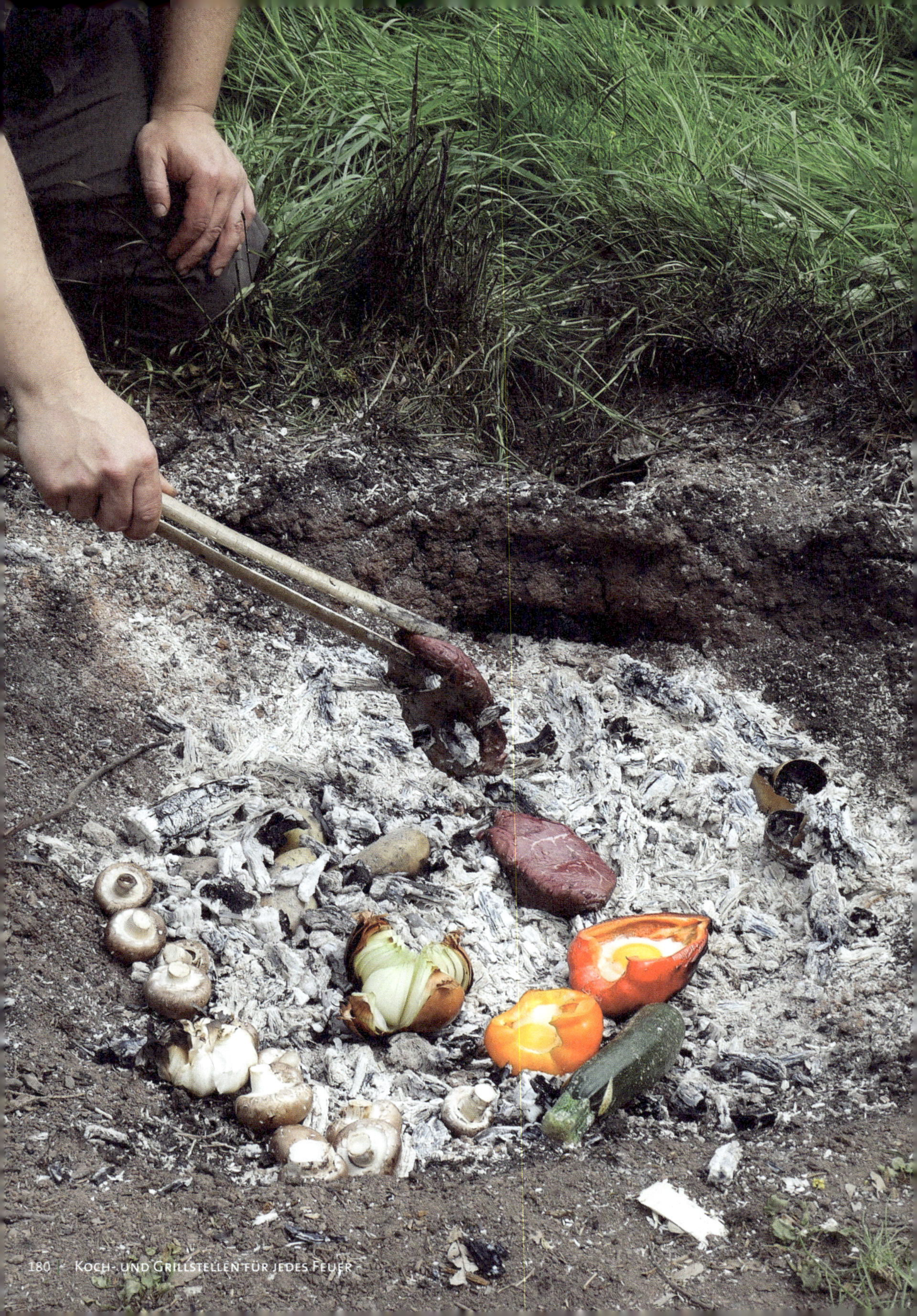

Glutgrillen

Die einfachste Methode der Essenszubereitung ist das Grillen in der Glut. Besonders leicht gelingt es mit Gemüse, Knollen, Pilzen und Fleisch. Die Zubereitung setzt kaum Vorbereitung voraus und es fallen weder Müll noch Abfallprodukte an. Die Schale der meisten Gemüsesorten und Knollen macht es möglich, diese direkt in die Glut zu legen. Bei vielen Sorten, z. B. Aubergine oder Zwiebeln lässt sich die Haut nach dem Garen einfach abstreifen.

Auch Eier können direkt in die Glut geschlagen werden, dabei muss man aber damit rechnen, dass ein Teil davon in der Glut verloren geht oder verbrennt. Besser bereitet man das Ei in einer ausgehöhlten Paprika oder Kartoffel zu. Um in der Glut zu kochen, entzündet man ein Feuer und lässt es ganz herunterbrennen, bis keine Flamme mehr zu sehen ist. Erst dann kann das Gemüse in die Glut gelegt werden.

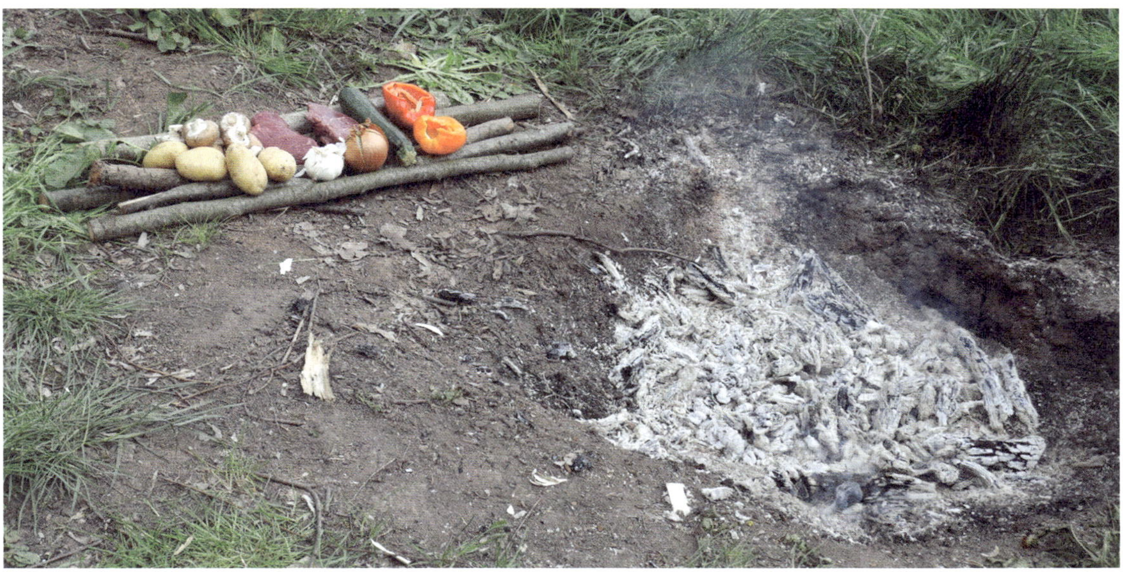

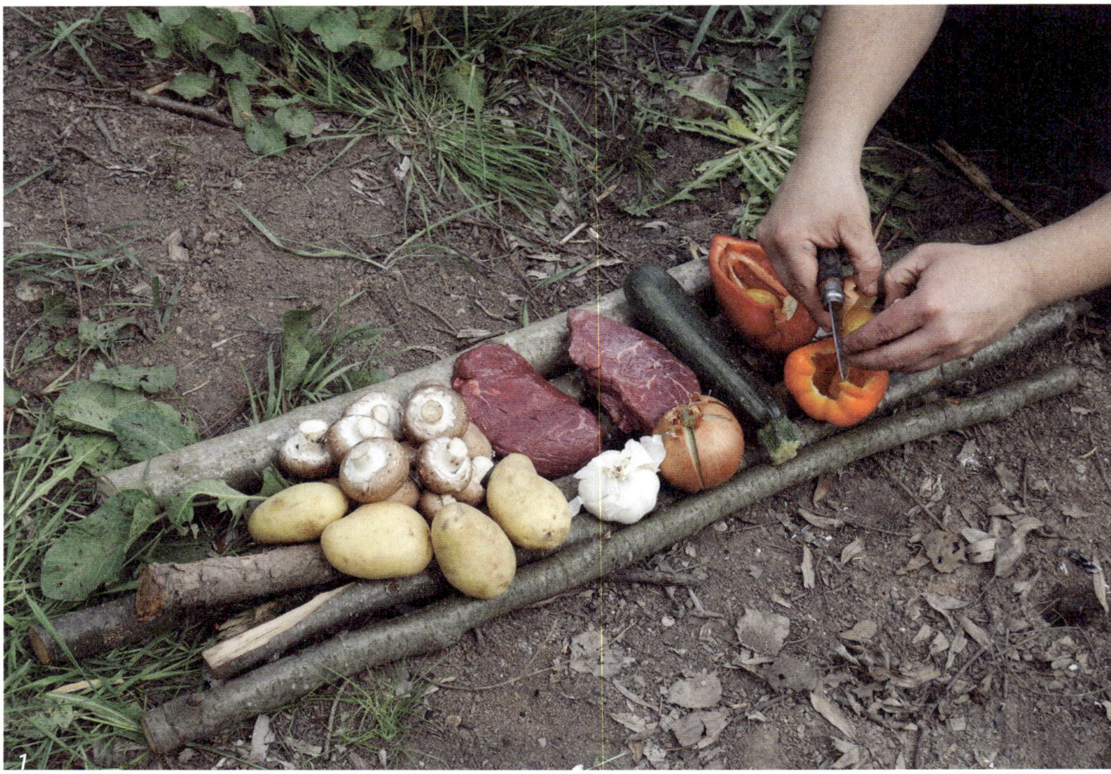

1

Dabei sollte man beachten, dass Knollen wie Kartoffeln wesentlich länger brauchen als z. B. eine Zucchini. Zwiebeln und Knoblauchzehen können am Stück und mit Schale in die Glut gelegt werden, wobei Zwiebeln in der Mitte kreuzförmig eingeschnitten werden sollten, damit sie gleichmäßig durchgaren ***[1]***.

Das Fleisch wird erst ganz zum Schluss dazugelegt Durch die hohe Hitze schließen sich die Poren des Fleisches sofort und es bleibt erstaunlich wenig Asche am Fleisch kleben. Mit etwas Erfahrung kann man in der Glut sogar ein Steak ohne Probleme »medium« braten ***[2]***.

Die so gegarten Lebensmittel haben ein starkes Raucharoma und schmecken sehr intensiv, sodass auf Gewürze verzichtet werden kann ***[3]***.

Auch wenn es auf den ersten Blick ungewöhnlich erscheinen mag: Kochen/Braten in der Glut ist eine uralte Kochmethode, mit der das Essen gut durchgegart wird, ohne dass der Wasseranteil der Speisen vollständig verloren geht. Noch heute gibt es Urvölker, die vor allem Fleisch direkt in die Glut legen, was sich in vielen Regionen der Erde auch allein schon deshalb anbietet, weil es nicht überall große Steine oder frisches Holz gibt, auf die man das Grillgut legen könnte. Trotz all dieser Vorteile werden die meisten wohl nur im Notfall auf diese Garmethode zurückgreifen, die nicht nur mit gekauften Zutaten gut funktioniert, sondern auch mit solchen direkt aus der Natur.

Tipp:

Brennnesseln kann man ohne Probleme verzehren, nachdem sie in der Glut lagen, weil dabei die Brennhaare abbrennen. Auch die Wurzel des Löwenzahns wird genießbar, nachdem sie vorher in der Glut stark erhitzt worden ist.

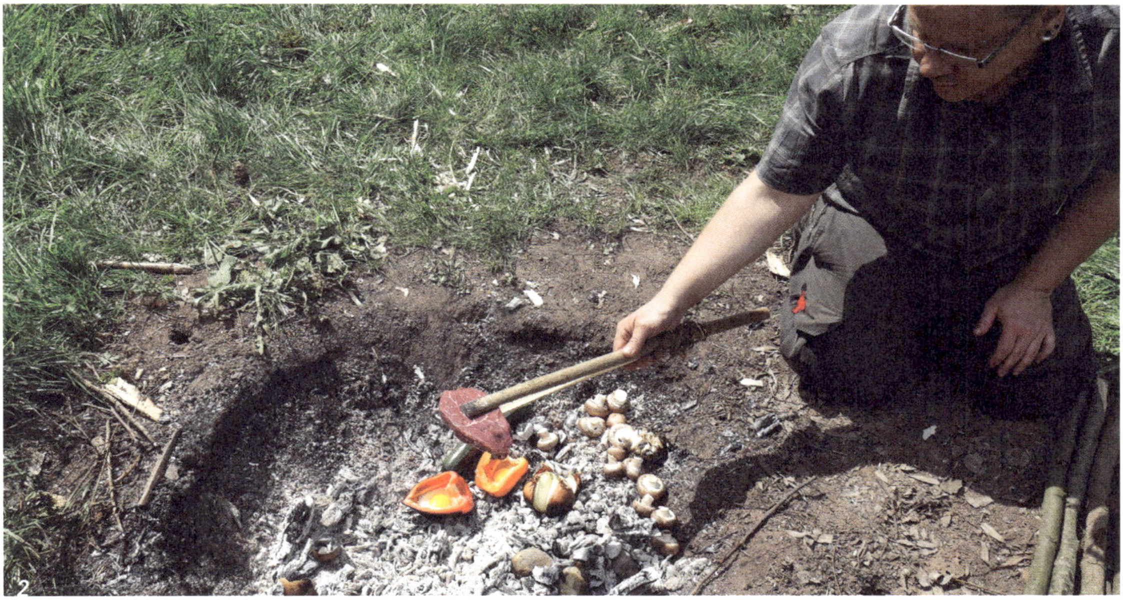

2

Kochtipp: Fleisch im Blättermantel

Auch größere Fleischstücke können ganz leicht in der Glut gegart werden, ohne dass man einen Grill dafür benötigt. Gebraucht werden lediglich ein paar Blätter der Großen Klette, Schilfgras oder Maisblätter um das Fleisch darin einzuwickeln. Dabei sollten das Fleisch zwei bis drei Lagen Blätter umschließen.

Wichtig ist eine gute Glut. Mit dem Grabstock oder anderen Hilfsmitteln wird etwas Glut zur Seite gezogen. Die mit Blättern umwickelten Fleischstücke werden dann dort direkt auf die Glut gelegt und etwas Glut um und auf die Blätter gehäufelt.

Tipp: Mit einem frisch geschnitzten Holzspieß lassen sich die Blätterpakete zusammenstecken und zusammen in die Glut legen.

Auch Kohlrouladen können so leicht zubereitet werden. Dafür nimmt man die äußeren Blätter eine Kohlkopfs und verwendet sie zum Einwickeln.

Das Hackfleisch wird nach Belieben mit Pfeffer, Salz, Zwiebeln und Knoblauch gewürzt, manche geben auch noch Semmelbrösel oder Senf dazu. Aus der Hackfleischmasse längliche Rollen formen, alles in die Krautblätter wickeln und ab in die Glut. Mit Salzkartoffeln ergibt das ein perfektes Bushcraftessen. Aus dem restlichen Kohlkopf kann man sich noch einen leckeren Krauteintopf kochen.

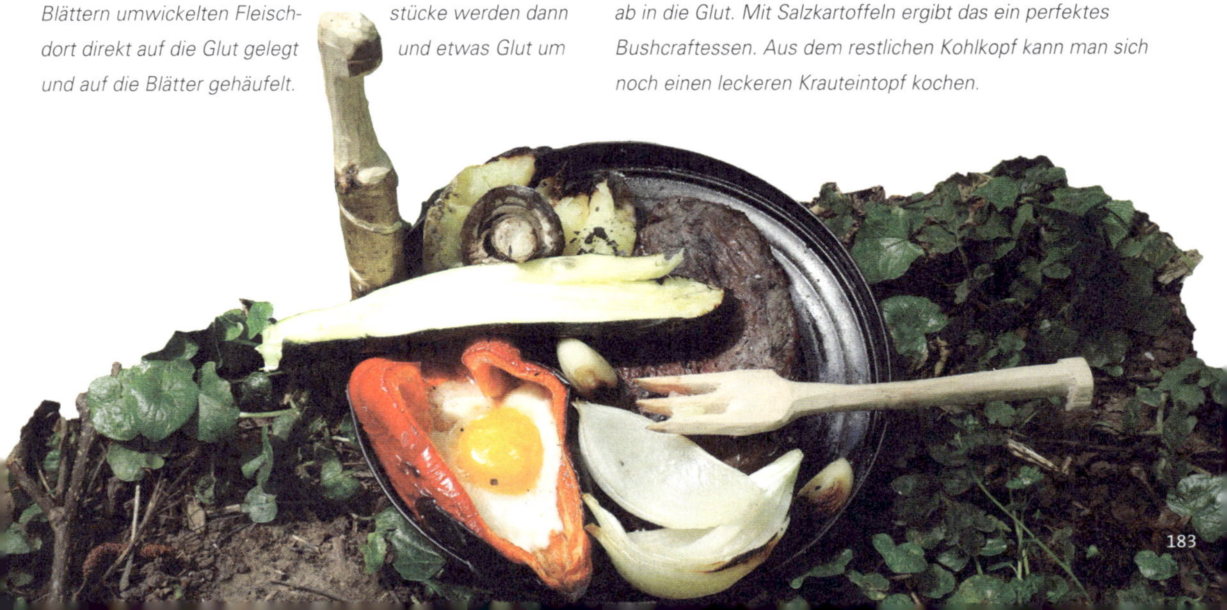

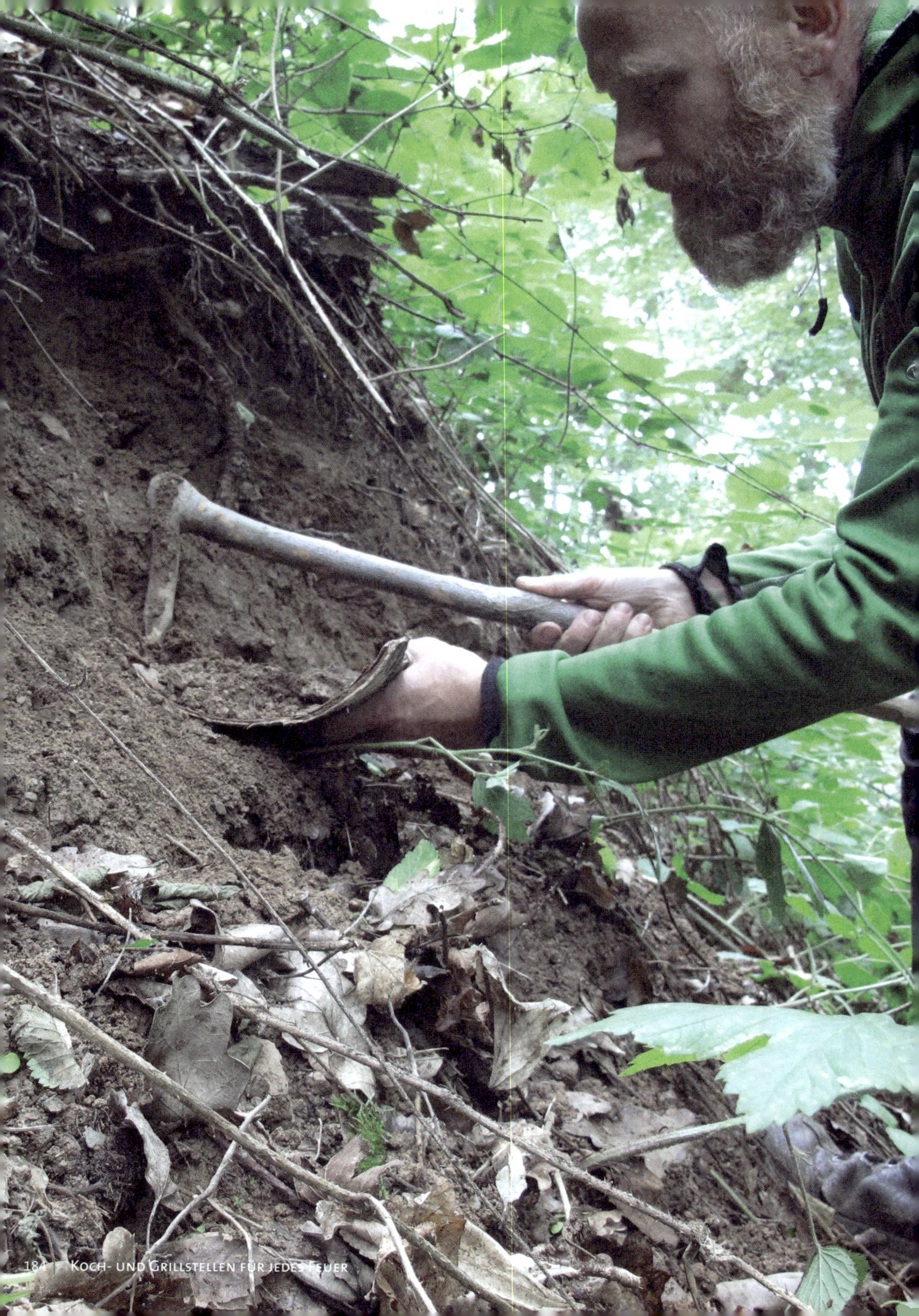

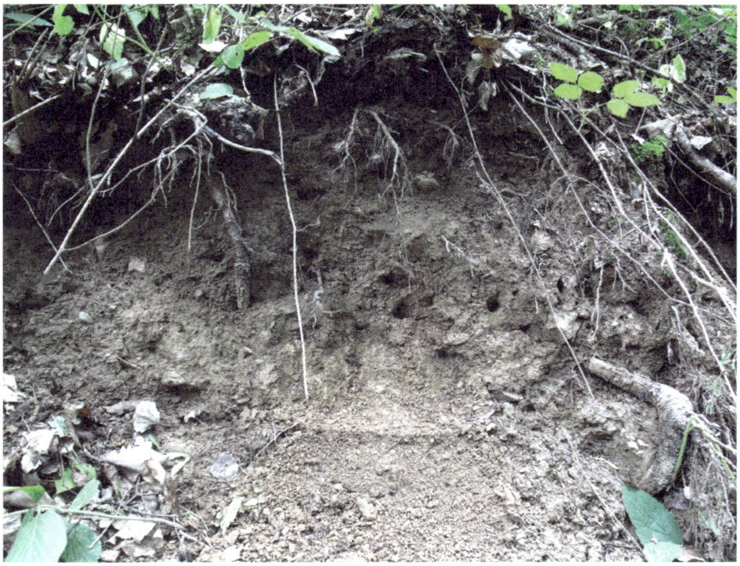

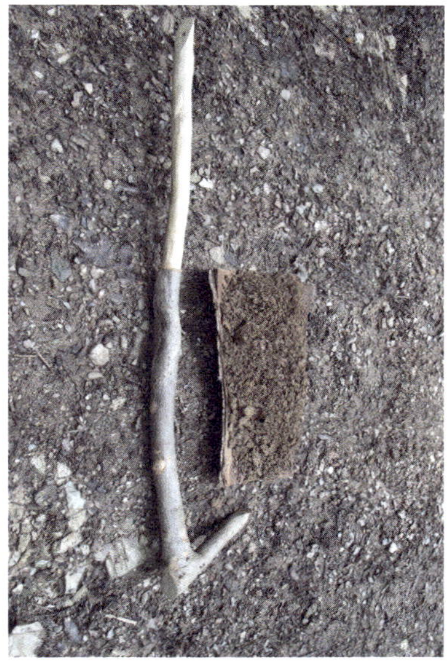

Garen im Lehmmantel

Lehm ist aus der Outdoorküche nicht mehr wegzudenken, denn es ist ein Material, das vielseitig und leicht zu verarbeiten ist und der perfekte Ersatz für die Aluminiumfolie darstellt. Aluminiumfolie steht mittlerweile im Verdacht, krank machende Schadstoffe ans Essen abzugeben, und allein die Gewinnung und Herstellung von Aluminium ist eine Katastrophe für die Umwelt.

Alufolie wird nach der Mahlzeit weggeworfen. Lehm hingegen kann beliebig oft benutzt werden. Dafür muss der harte Lehm einfach nur wieder in Wasser eingeweicht werden. Danach steht er sofort wieder für neue Kochprojekte zur Verfügung. Lehm lässt sich fast überall finden, im Wald oder auf Wiesen – man muss nur danach graben. Manchmal liegt er etwas tiefer, aber oft findet sich die Lehmschicht direkt unter dem Mutterboden.

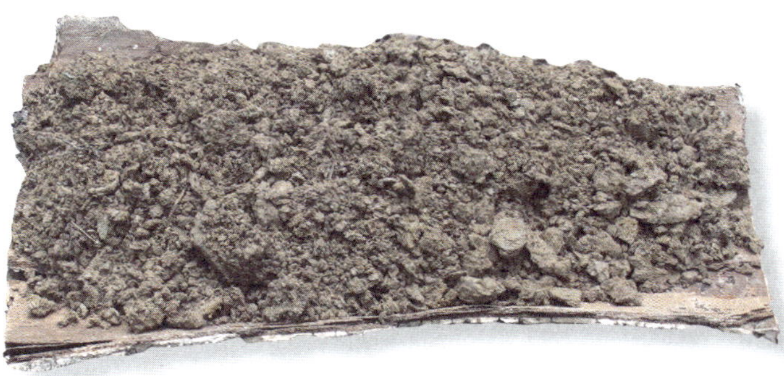

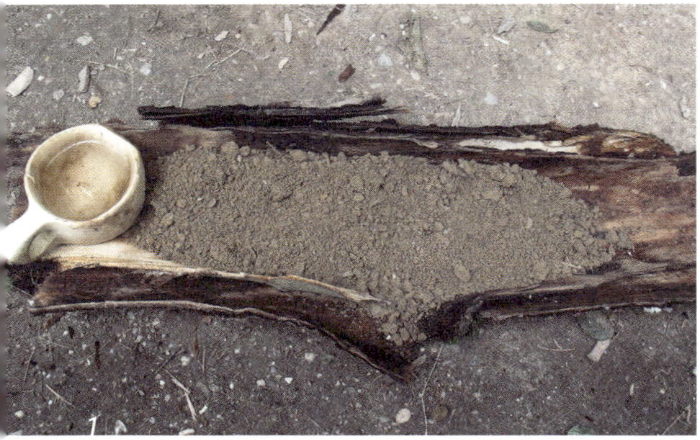

Um den Lehm zu transportieren, eignet sich ein größeres Stück trockene Baumrinde *[1]*. Zudem braucht man ein paar große Pflanzenblätter. Zum Schutz vor Schmutz und der großen Hitze werden die Zutaten immer zuerst in Blätter eingewickelt, sie würden sonst völlig verbrennen. Zum Einwickeln und Braten eignen sich die Blätter der Großen Klette besonders gut. Denn die Blätter sind gesundheitlich unbedenklich und geben kaum Eigengeschmack ab *[2]*.

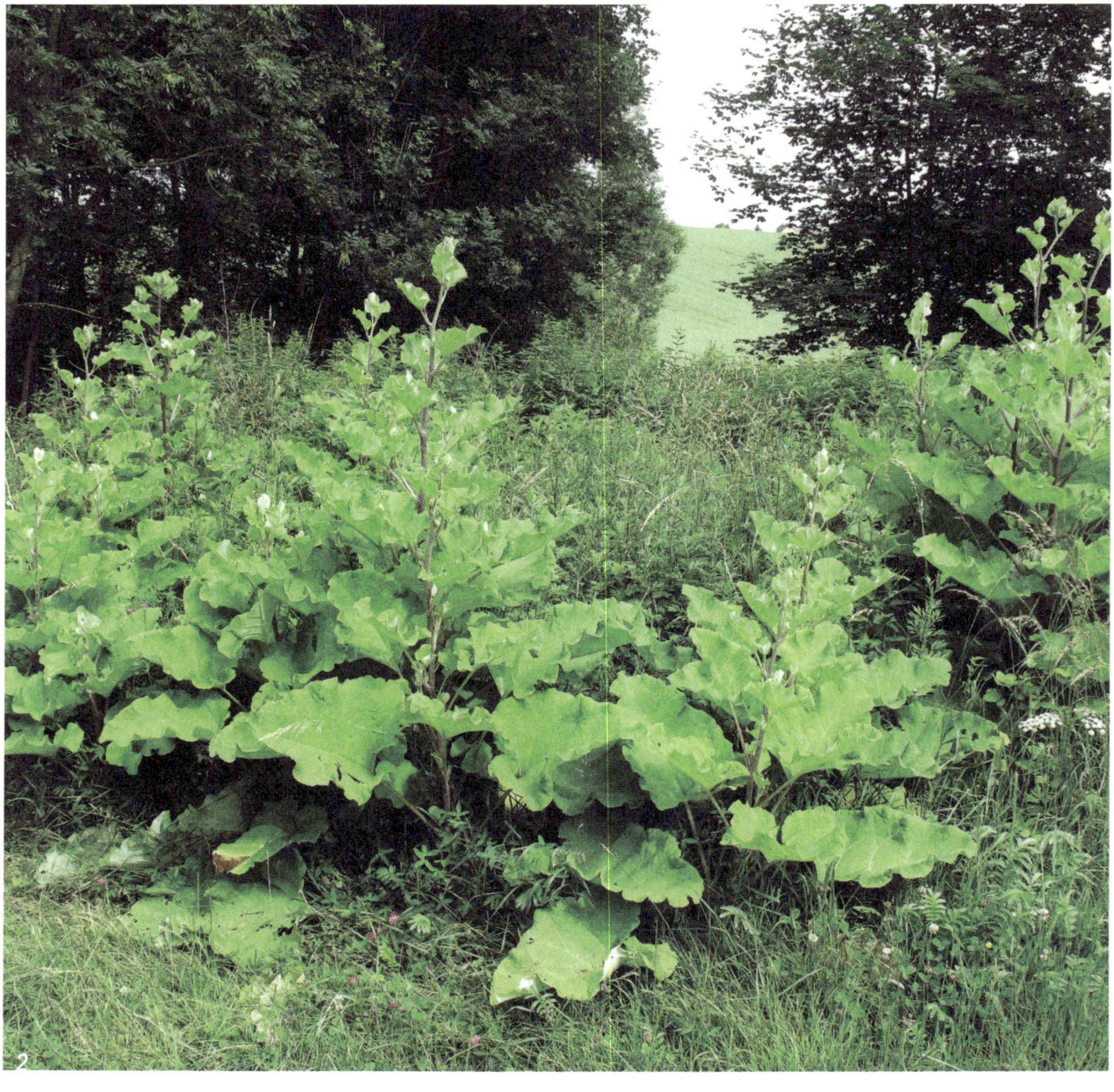

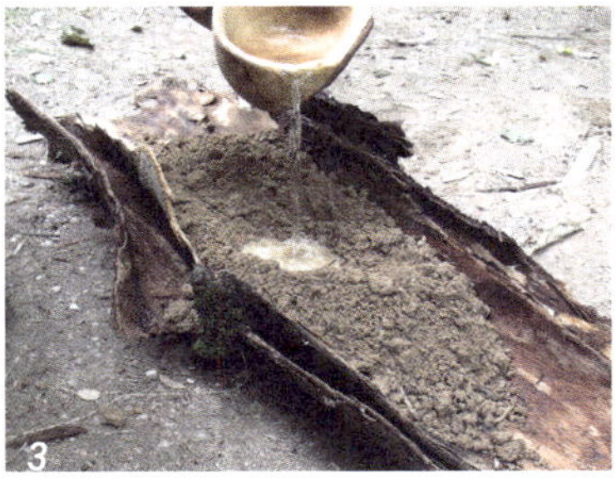

3

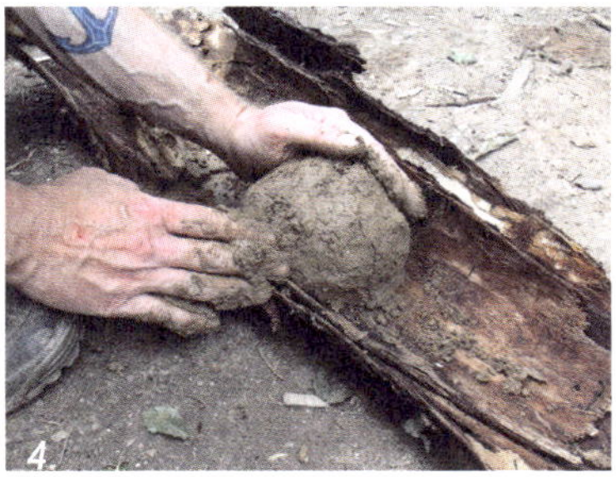

4

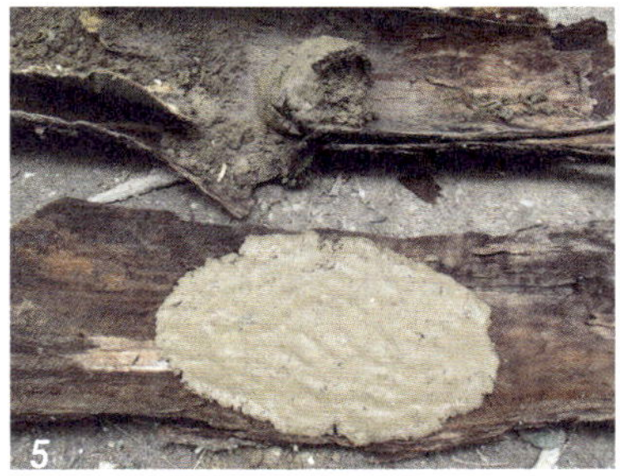

5

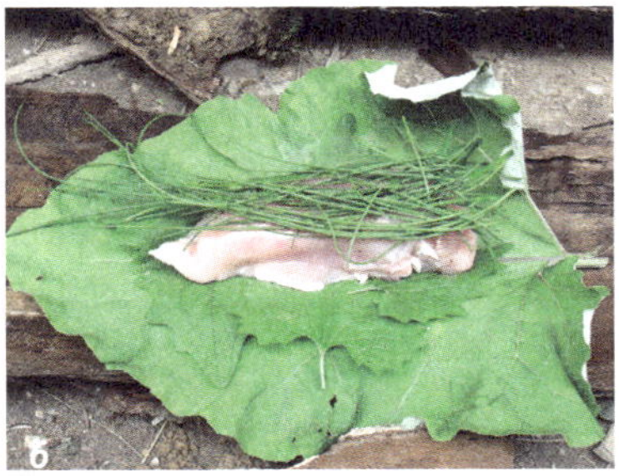

6

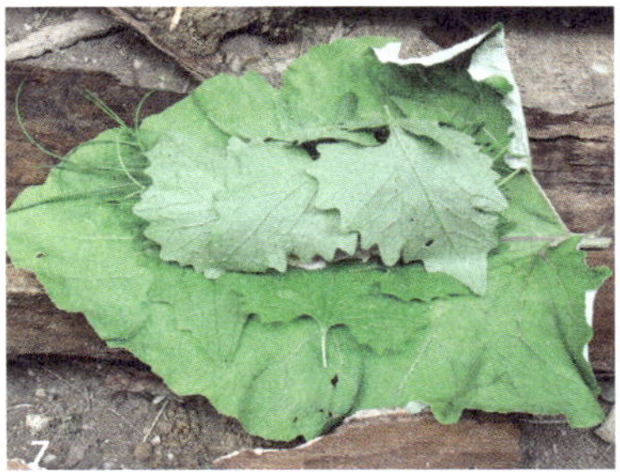

7

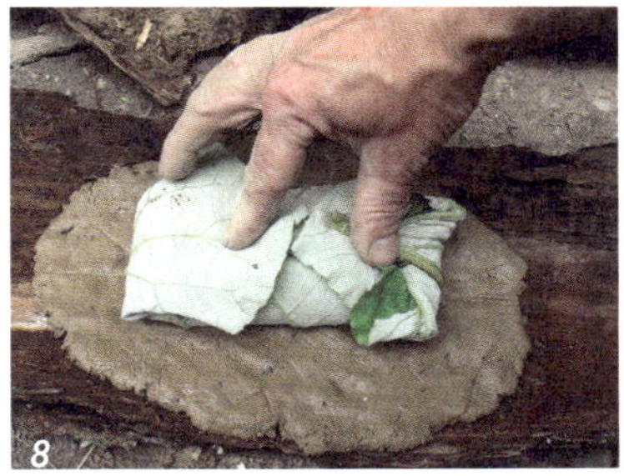

8

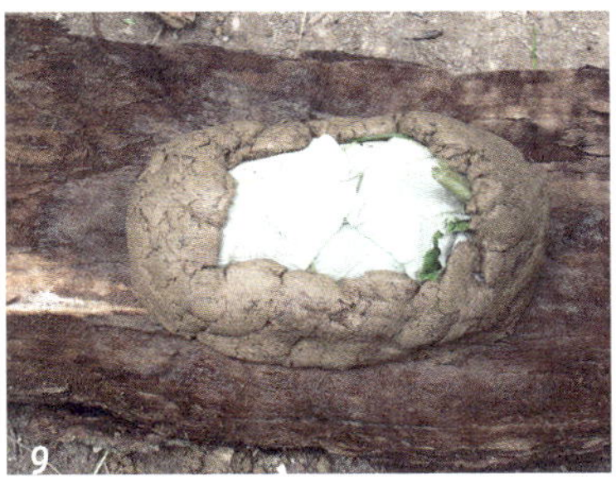

9

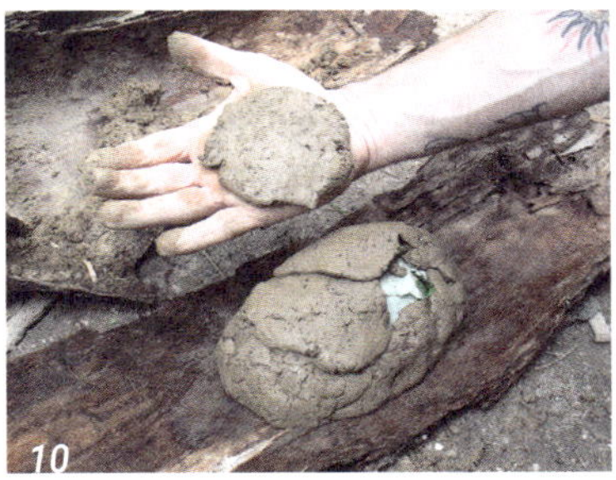

10

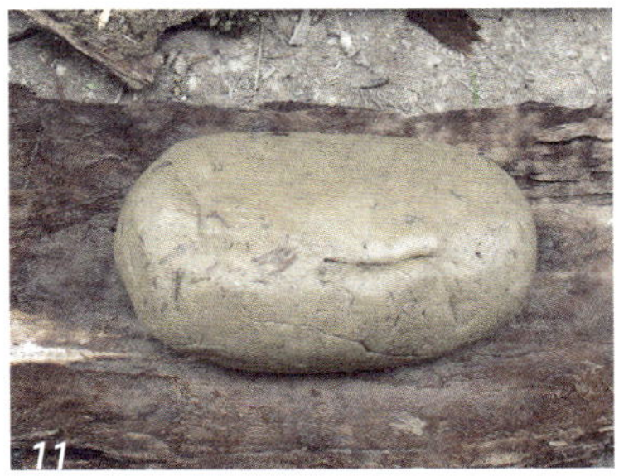

11

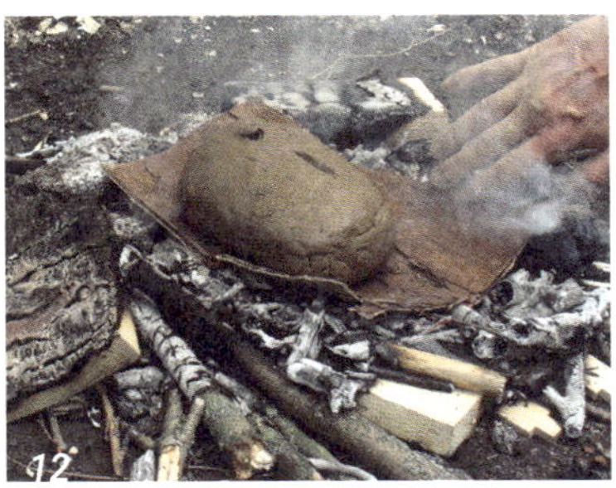

12

Für die Umhüllung der Zutaten mit Lehm wird dieser zuerst mit Wasser geschmeidig gemacht ***[3]*** und auf einer Baumrinde zu flachen Fladen geknetet ***[4+5]***. Auf den ca. 1 cm dicken Fladen werden dann das Klettenblatt und gegebenenfalls passende Kräuter gelegt ***[6]***. Hier wurden Knoblauchrauke und Schnittlauch mit eingewickelt ***[7]***. Das Blatt wird so um die Zutaten gewickelt, dass alles vollständig abgedeckt ist ***[8]***. Erst dann wird alles komplett mit Lehm ummantelt ***[9]***. Reicht der Lehmfladen dafür nicht aus, werden weitere Fladen ergänzt, bis das Blatt nicht mehr zu sehen und die Lehmhülle geschlossen ist ***[10+11]***. Die Lehmfladen werden dann vorsichtig miteinander verschmiert und in die Glut gebettet ***[12]***.

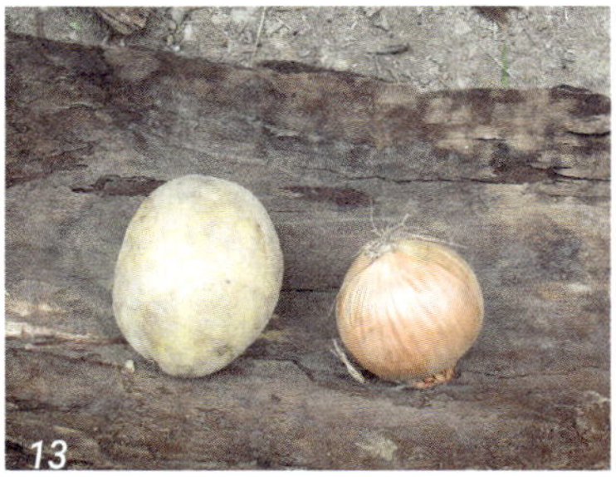

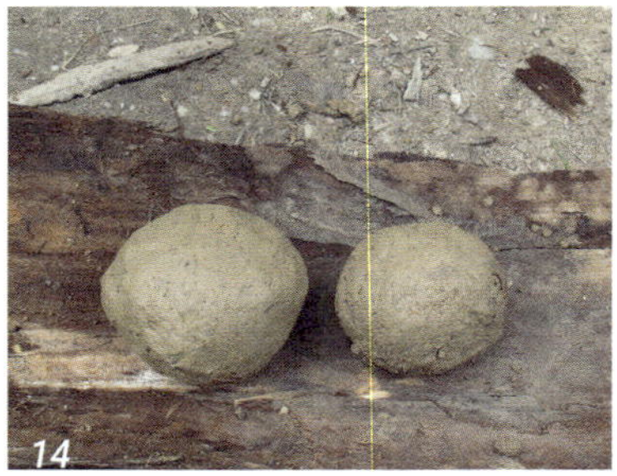

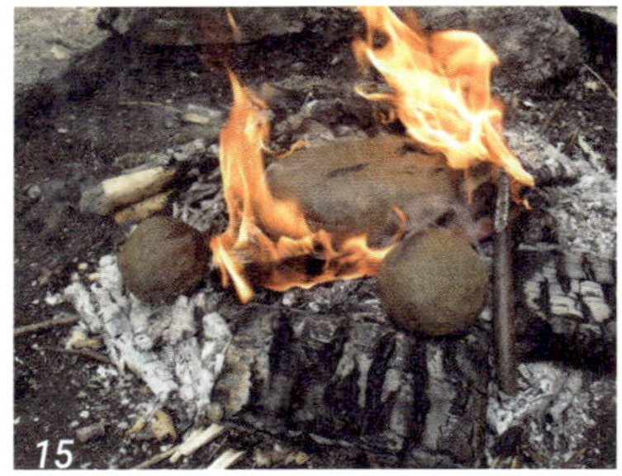

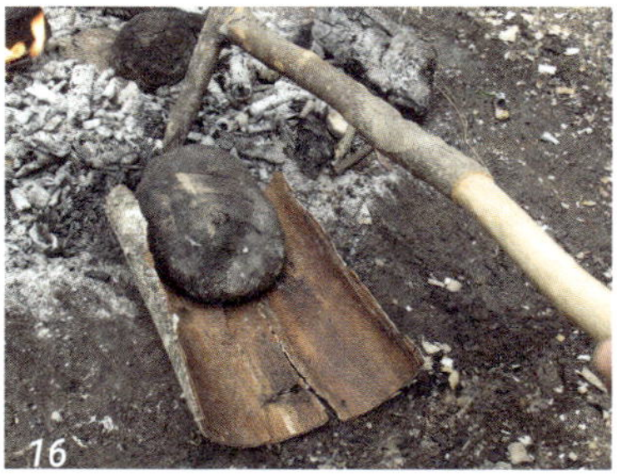

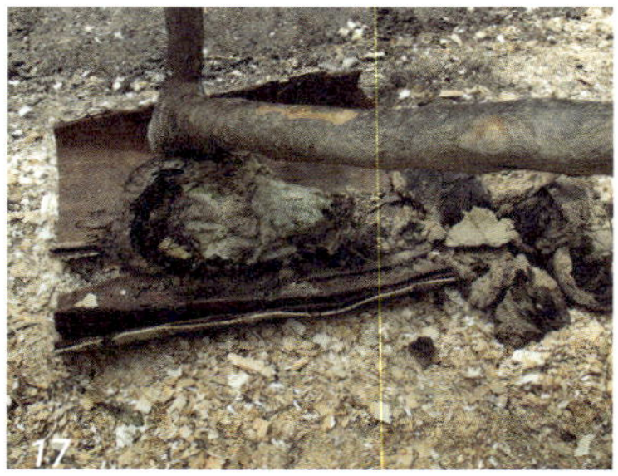

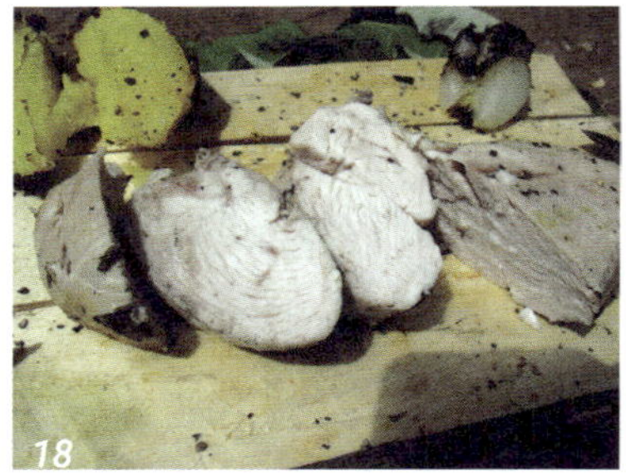

Im Lehmmantel können mittlerweile Gemüsesorten oder auch ein ganzes Huhn zubereitet werden. Der Fantasie sind hier keine Grenzen gesetzt. Die hier gezeigte Hühnerbrust mit Kartoffeln und Zwiebel zubereitet ***[13 + 14]*** hat eine Garzeit von etwa 35–40 Minuten ***[15]***.

Nach der Garzeit werden die Lehmpakete aus dem Feuer geschoben und mit der stumpfen Seite des Grabstockes zerbrochen ***[16 + 17]***.

Das Schöne ist, dass beim Garen im Lehmmantel keine Feuchtigkeit verloren geht. Das Fleisch bleibt deshalb schön saftig – ein absolutes Geschmacks-Highlight ***[18]***.

Da der Lehm die Hitze des Feuers noch lange nachspeichert ist Vorsicht geboten, wenn das Gargut aus den Lehmhüllen genommen wird – dabei nicht die Hände verbrennen! ***[19 + 20]***

Danach werden die Zutaten gewürzt und aufs selbstgebaute Brett gelegt – das Auge isst ja schließlich mit …

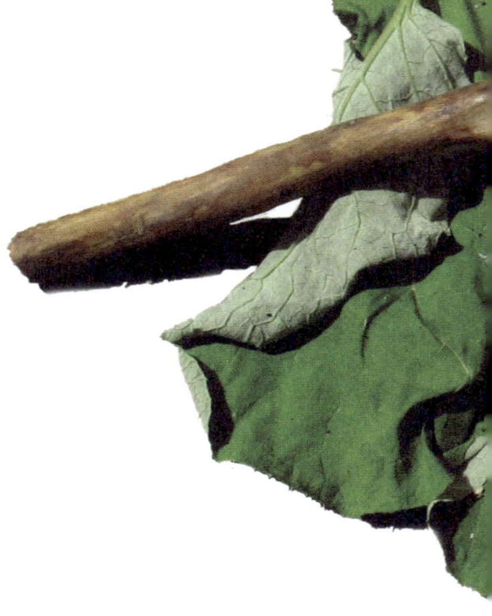

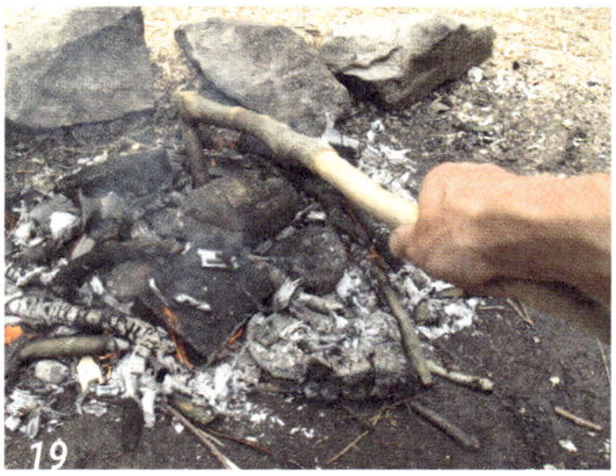

19

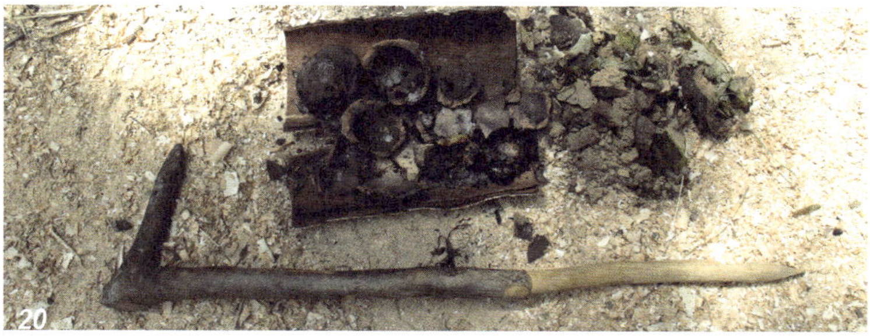

20

Kochtipp

Eine Lende vom Wildschwein oder Reh wird mit grobem Salz und Pfeffer eingerieben. Dazu werden Knoblauchzehen und Rosmarinstängel gegeben. Dann wird das Ganze kurz in einem guten Olivenöl gewälzt und in die Blätter gewickelt – Lehm drumrum und für 40 Minuten in die Glut.

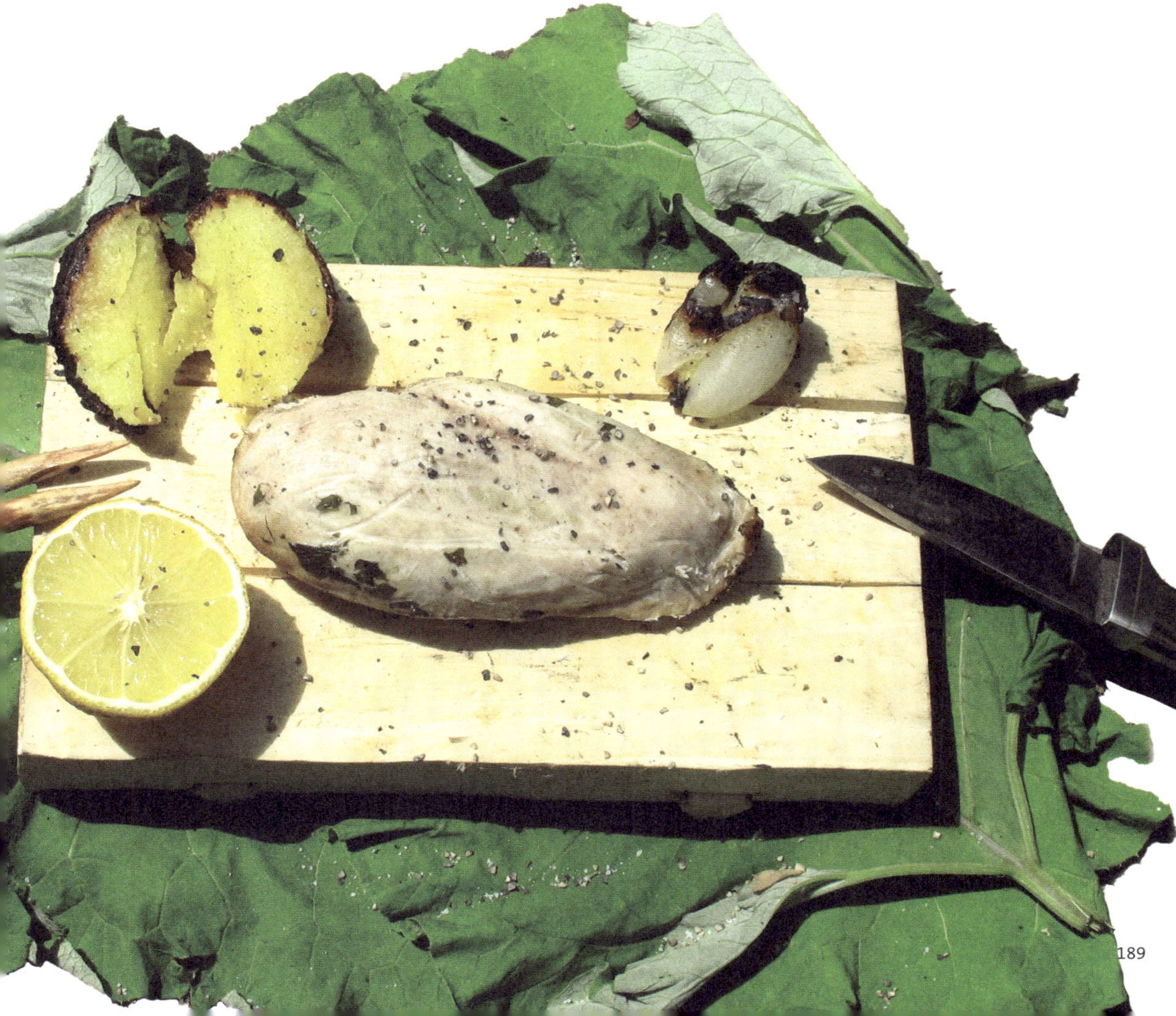

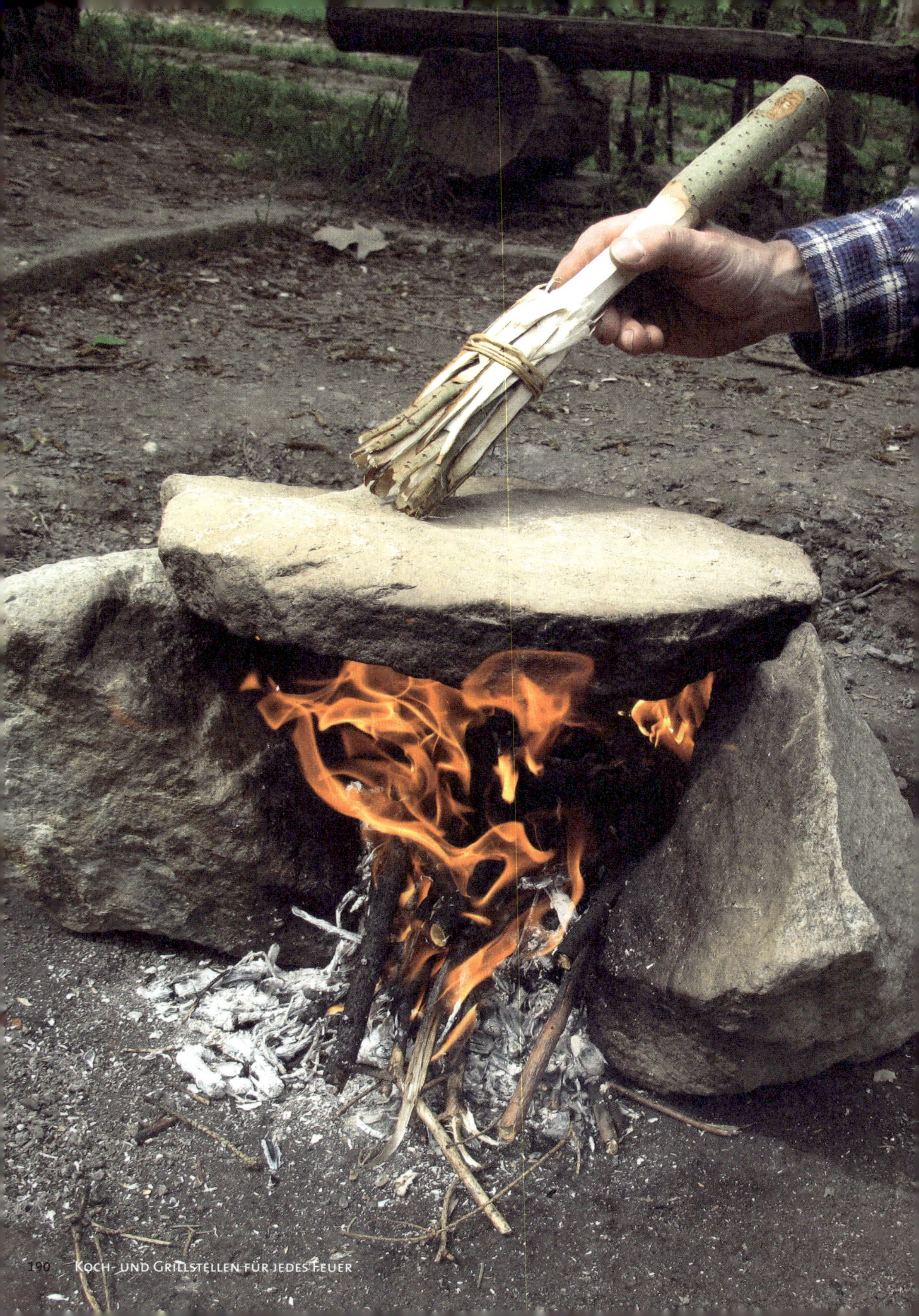

Heißer Stein

Braten und Backen auf einem heißen Stein gehört zu den Lieblingsmethoden der Autoren. Das Prinzip ist einfach. Ein Stein wird über offener Flamme stark erhitzt und kann dann als Brat- oder Backfläche genutzt werden.

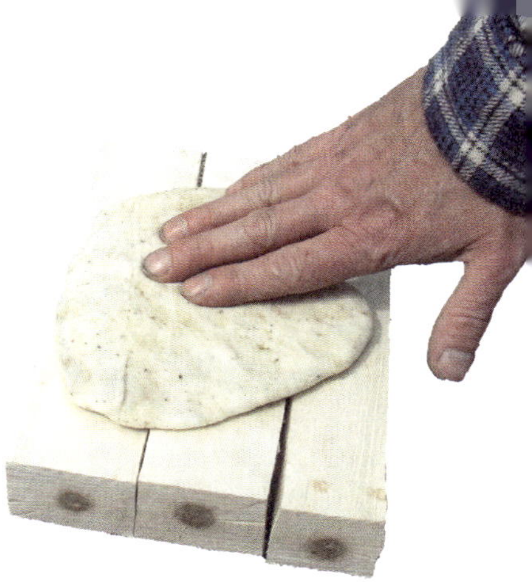

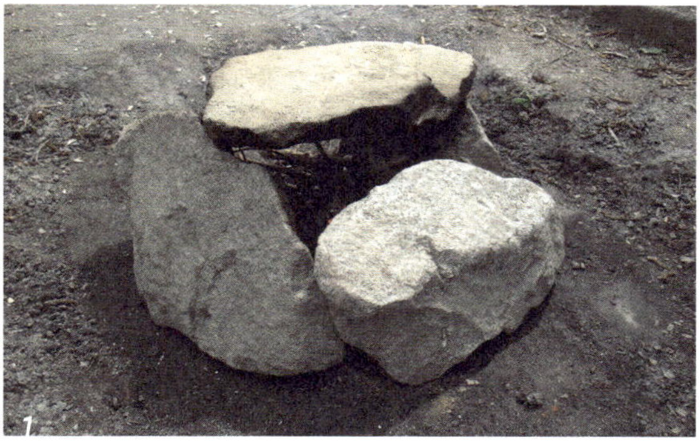

1

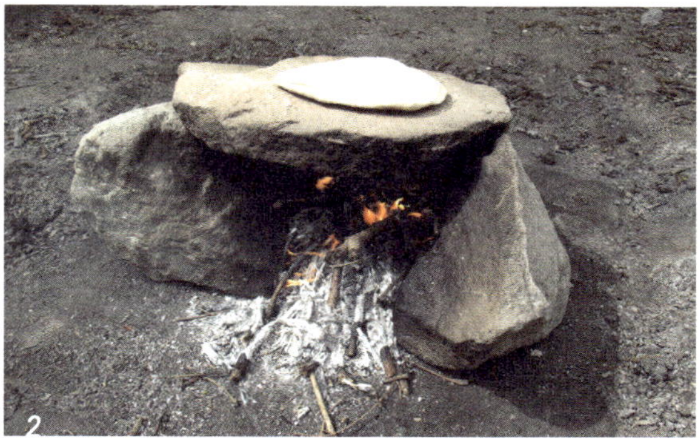

2

Hier wurde Granit verwendet *[1]*, der sich erfahrungsgemäß bestens eignet, doch auch zahlreiche andere regionale Steinarten eignen sich gut, wie beispielsweise Schiefer, Basalt oder Kieselsteine; weniger geeignet sind Kalk- oder Sandsteine.

Die Herausforderung besteht darin, draußen einen ausreichend großen und flachen Stein zu finden. Gelingt dies nicht, kann auch ein kleinerer verwendet werden, der direkt in die Glut gelegt und so erhitzt wird.

Am einfachsten ist es, zwei Steine mit etwas Abstand voneinander so hinzustellen, dass sie nicht umfallen. Auf diese Steine wird waagerecht der Bratstein gelegt. So gelangt ausreichend Luft ans Feuer.

Der Stein braucht etwas Zeit um ausreichend heiß zu werden. Doch dann bleibt die Hitze lange genug im Stein gespeichert, um darauf bequem Fleisch zu braten oder ein Fladenbrot zu backen.

Tipp:

Bei Wind oder falls die Steine kippeln und der Bratstein nicht stabil liegt, wird hinten ein weiterer dritter Stein direkt unter dem Bratstein dazu gestellt. Er verhindert, dass zu viel Wind ins Feuer hineinbläst. So entsteht eine Art Ofen. Unten wird geheizt und oben drauf gebraten.

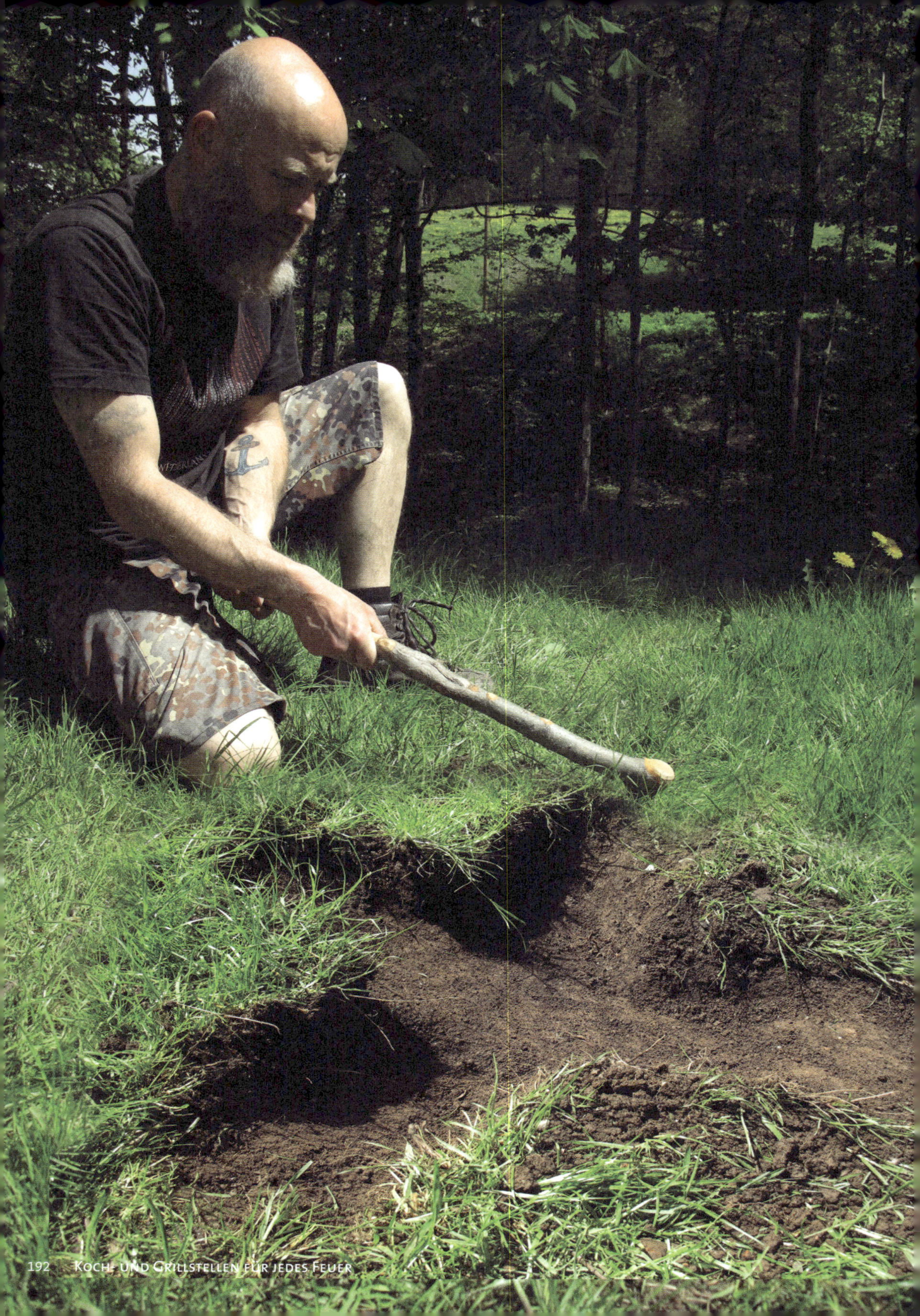

Kreuzfeuerstelle

Einen Topf direkt ins Feuer zu stellen ist einfach, hat aber den Nachteil, dass entweder kein Holz aufgelegt werden kann oder der Topf sonst sehr unsicher auf Hölzern steht, die ungleichmäßig verbrennen und die Gefahr steigt, dass der Topf ins Feuer kippt. Das wäre fatal ... der Inhalt des Topfs landet im Feuer, es gibt nichts mehr zu essen oder zu trinken und im schlimmsten Fall geht auch noch das Feuer aus.

Um solche »Katastrophen« zu vermeiden, wurde die Kreuzfeuerstelle erfunden. Die Voraussetzung dafür ist ein weicher Boden.

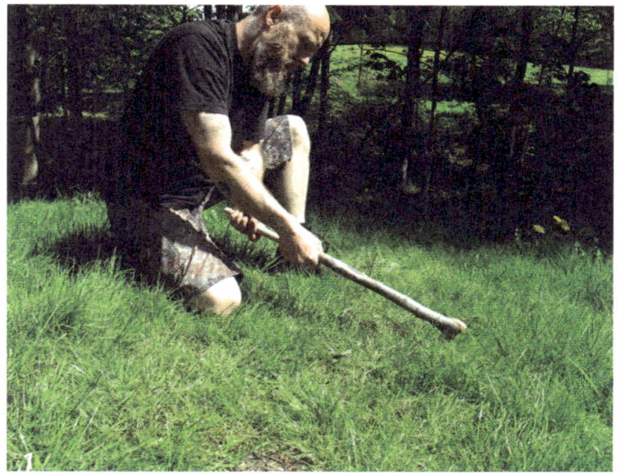

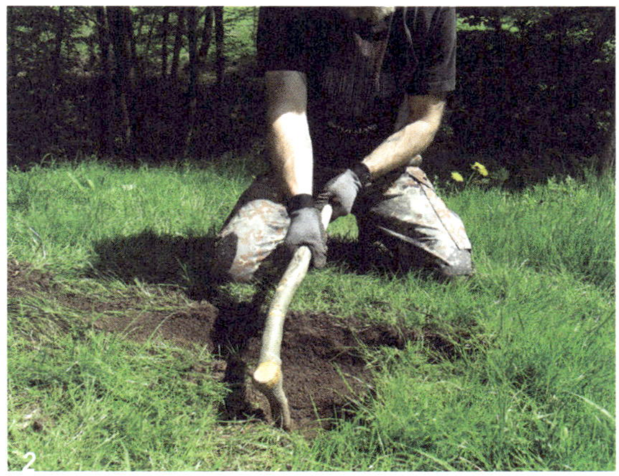

Mit einem Grabstock wird ein Kreuz in den Boden gegraben. Es darf nicht zu klein sein und sollte etwa die 3–4-fache Topfbreite haben, weil sonst das Holz in der Mitte alles verstopft und so die Luftzufuhr blockiert wird ***[1 + 2]***. Die beiden sich überkreuzenden Gräben sollten etwa 15–20 cm breit sein ***[3]***.

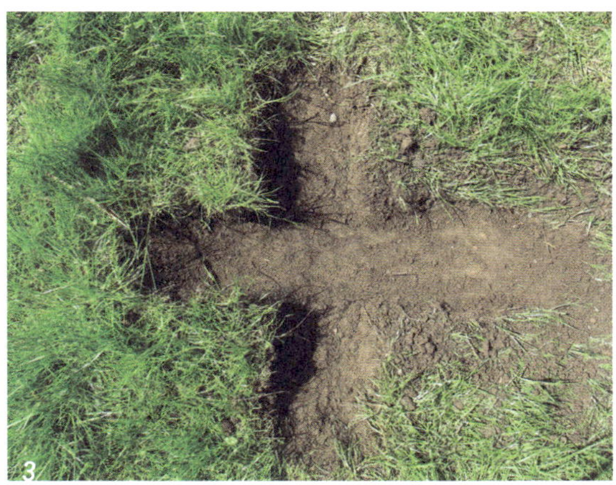

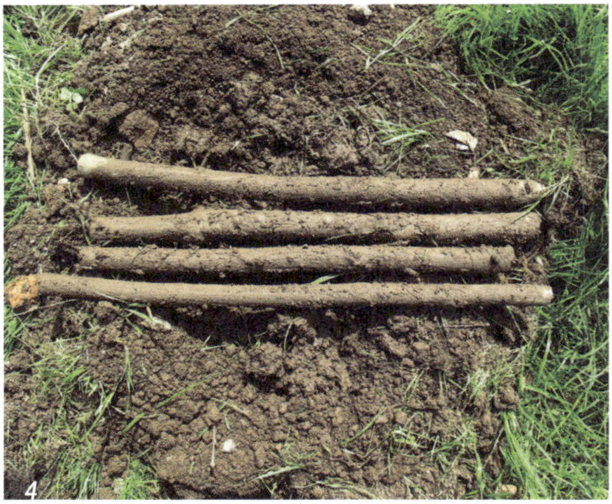

4

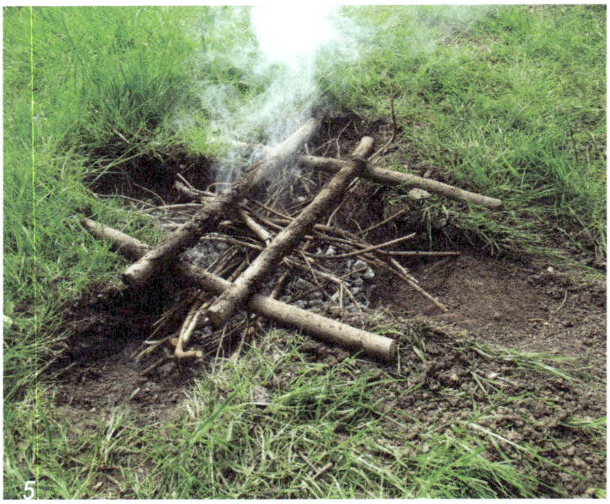

5

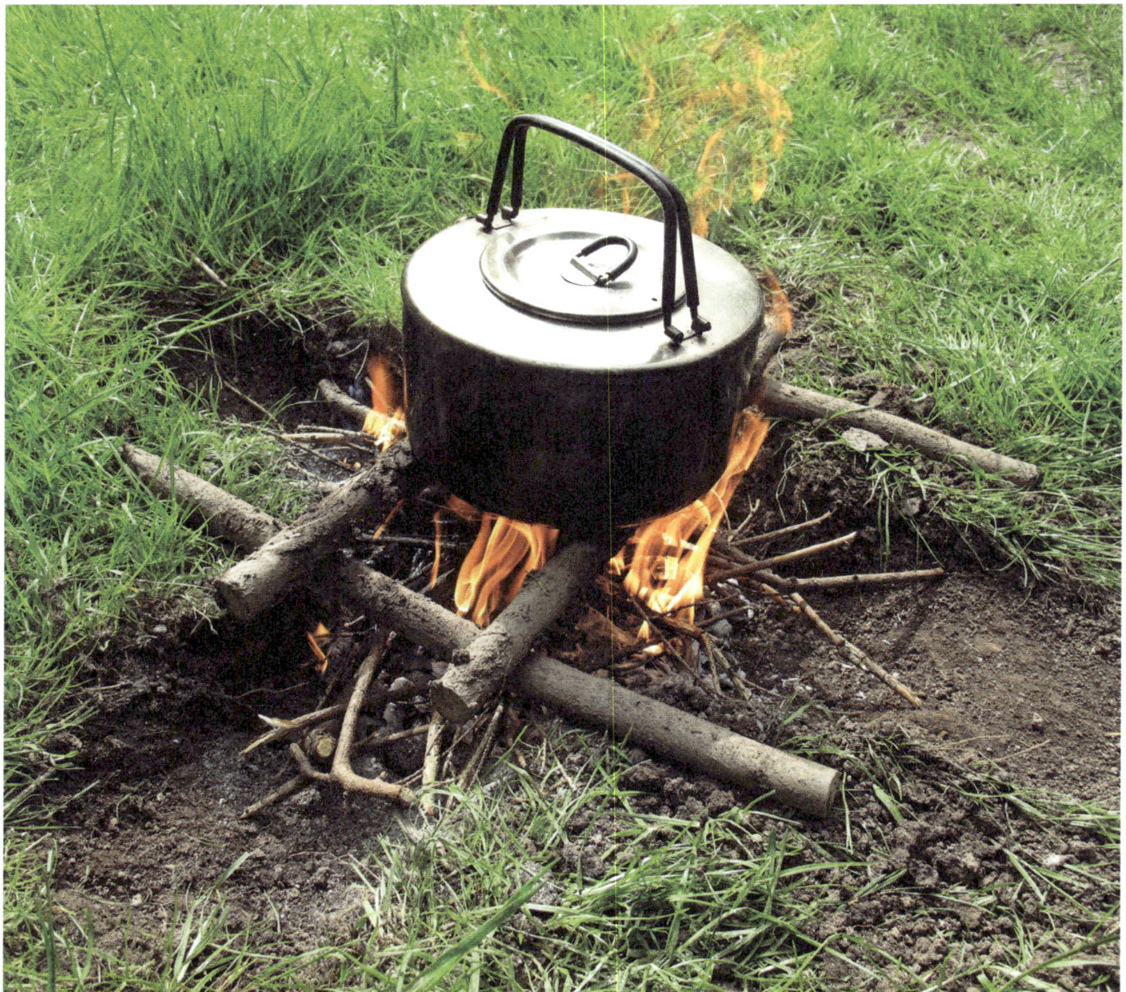

6

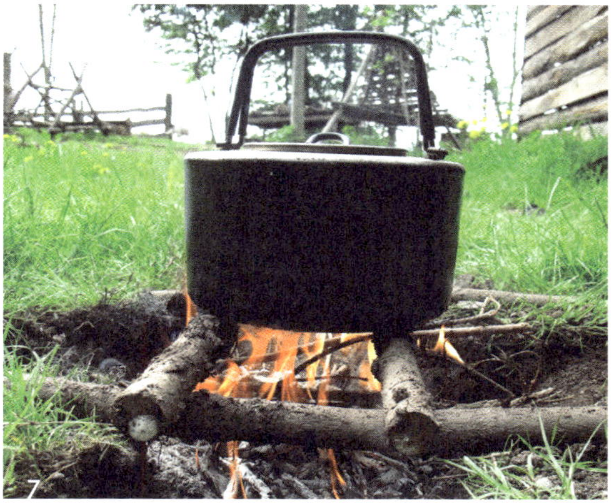

7

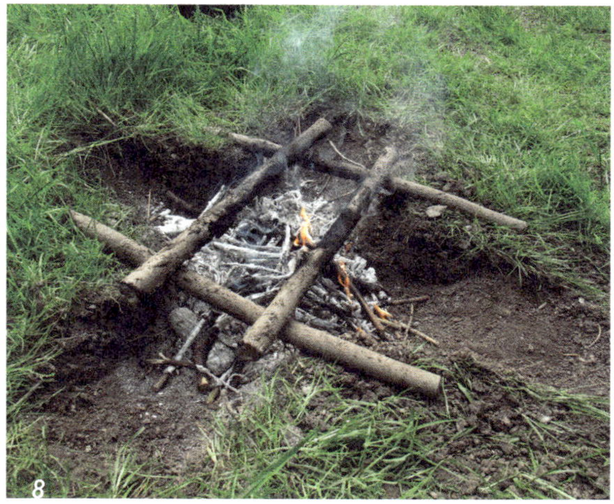

8

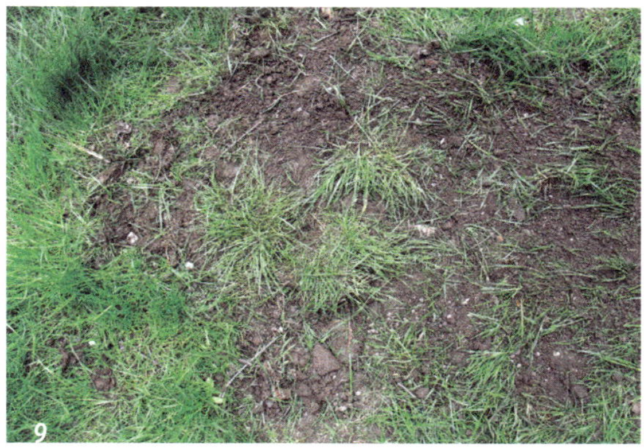

9

Weil hier nur kleine Hölzer aufgelegt werden und man nicht jedes Mal losrennen möchte, wenn die Äste verbrannt sind, muss das Brennmaterial vorab gesammelt werden. Zudem werden vier Stöcke benötigt, die stabil genug sind, um einen Topf mit Wasser zu tragen. Die vier Stöcke werden dick mit nasser Erde oder Lehm bestrichen und quer über die Feuerstelle gelegt *[4]*.
Zwei etwas weiter außen und zwei etwas weiter innen, sodass der Topf richtig gut darauf stehen kann *[5]*.
Die Erde oder der Lehm schützt das Holz ausreichend lang, um bequem darauf zu kochen.

Durch die vier Öffnungen des Grabenkreuzes gelangt genügend Luft ans Feuer und es wird weniger Feuerholz benötigt. Die Flamme befindet sich direkt unter dem Kochtopf und wird vom Wind kaum gestört *[6 + 7]*.

Vorsicht: An dieser Methode lässt es sich sehr einfach erklären, dass man vor dem Entzünden eines Feuers immer sichergehen sollte, dass unter der Feuerstelle keine Baumwurzeln verlaufen. Denn Wurzeln können so in Schwelbrand geraten, was im schlechtesten Fall dazu führen kann, dass sich der Brand durch die Wurzel frisst und dann an ganz anderer Stelle Feuer ausbricht. Gerade Nadelhölzer haben ein oft meterweit verzweigtes Wurzelwerk. Zu solchen Wurzelbränden kommt es vor allem in Gebieten, in denen es Monokulturen mit Fichten und Tannen gibt.

Tipp:

Nach dem Kochen wird das Feuer wieder gelöscht *[8]* und die ausgehobene Erde wieder ins Kreuz geschoben. So werden zum einen alle Flammen erstickt und zum anderen sieht niemand, dass an dieser Stelle gekocht wurde *[9]*.

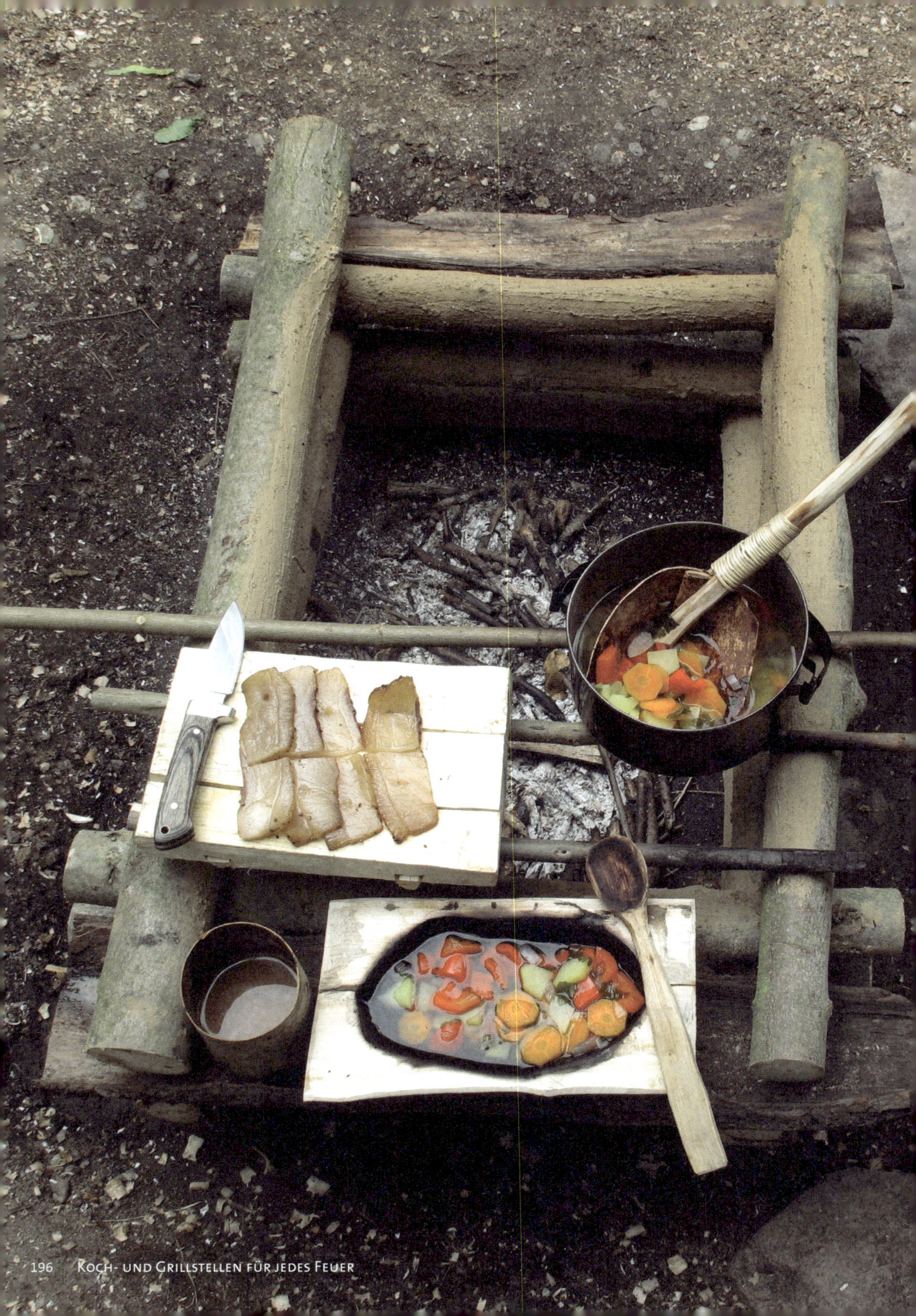

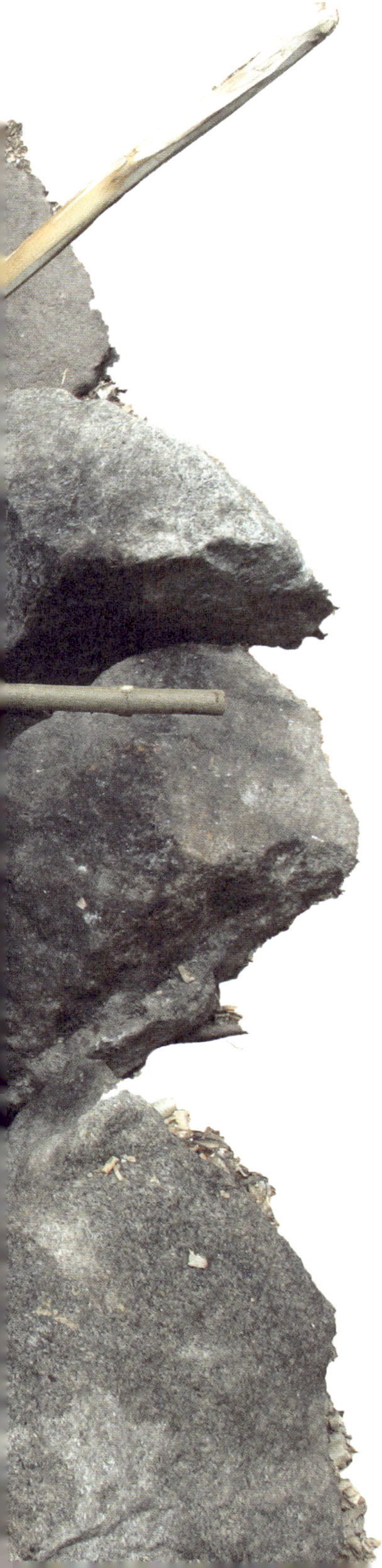

Etagen-Feuer-Gestell

Mit einem Etagen-Feuer-Gestell kann gleichzeitig mit mehreren Töpfen auf unterschiedlichen Höhen gekocht werden. Für das Gestell werden 70 cm lange und 50 cm lange starke Äste gebraucht mit einem Durchmesser von mindestens 10 cm. Damit das Holz nicht anbrennt, muss es entweder frisch sein oder die Hölzer werden zur Feuerseite hin mit Lehm eingeschmiert, so dass keine frischen Bäume dafür gefällt werden müssen.

Dies entspräche nicht der Philosophie des Bushcraftens und sollte grundsätzlich vermieden werden. BushcrafterInnen verzichten so gut es geht darauf lebendes Holz zu verwenden.

Wie schon beim Kreuzfeuer gezeigt, schützt der Lehm das Holz längere Zeit vor dem Feuer.

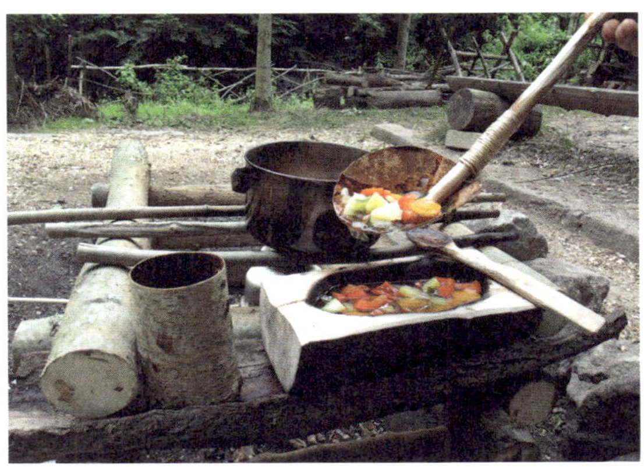

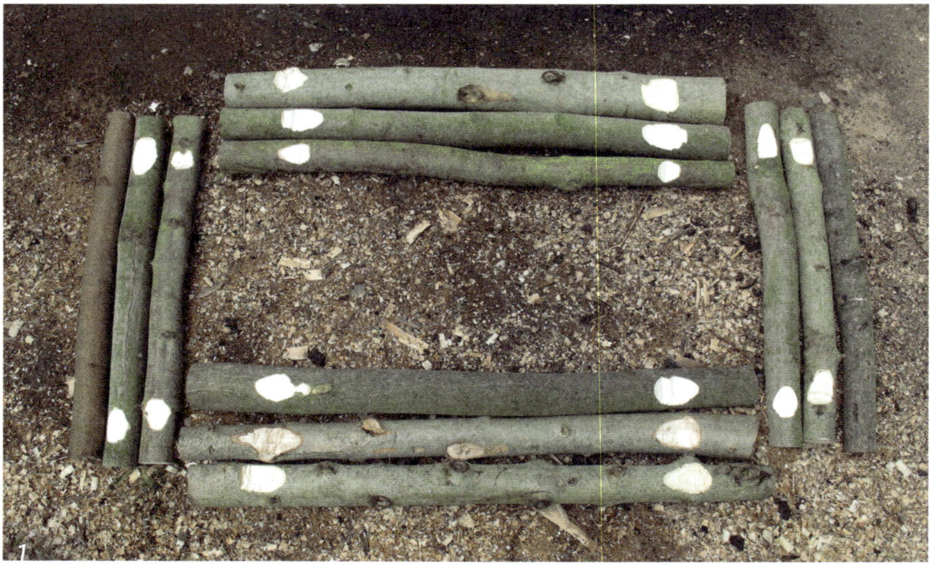

1

Vier von den kurzen und sechs von den langen Hölzern werden an den Enden mit der Axt eingekerbt. Die Kerben dienen als Auflage für die darauf liegenden Querhölzer. Dadurch wird die Konstruktion stabilisiert, ansonsten würden die Rundhölzer einfach wegrollen und die Konstruktion zusammenbrechen, keine schöne Vorstellung, vor allem wenn dabei die Töpfe ins Feuer fallen ***[1]***.

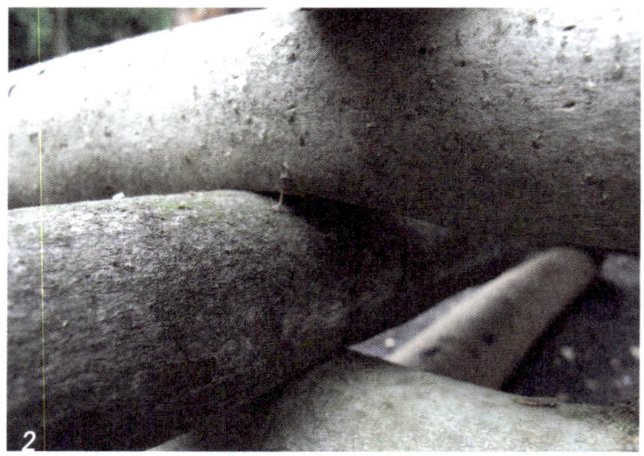

2

Zuerst werden zwei kurze Hölzer (ohne Kerbe) parallel auf den Boden gelegt. Darauf werden an den Außenseiten jeweils zwei lange Hölzer gelegt mit den Kerben nach unten ***[2]***.
Danach werden auf die gleiche Weise wieder zwei kurze auf die langen Hölzer gelegt und so weiter, bis alle Hölzer verbaut sind. So entsteht ein Rechteck aus abwechselnd aufeinanderliegenden Hölzern, dabei bilden zwei lange Hölzer den Abschluss ***[3]***.
Dieses Feuer-Gestell lässt sich nun flexibel verwenden. Auf jeder »Etage« können Stäbe eingeschoben werden, um Töpfe darauf zu stellen oder daran aufzuhängen. Um Töpfe darauf zu stellen eignen sich Eisenstäbe am besten, doch man kann auch Holzstangen mit Lehm einschmieren, damit sie nicht verbrennen. So kann man die Töpfe mit den Stäben etwas an den Rand schieben und das Essen warm halten.

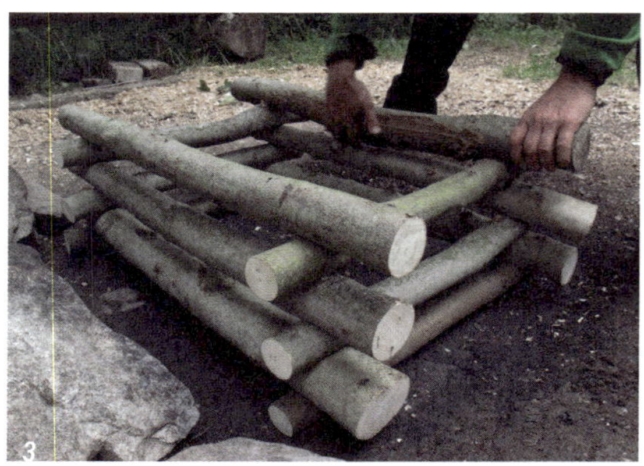

3

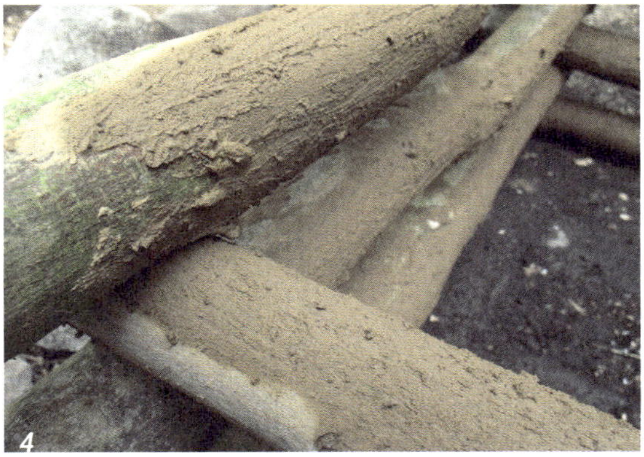
4

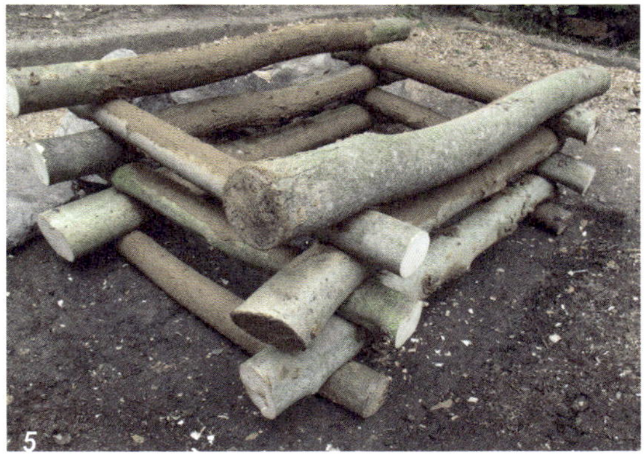
5

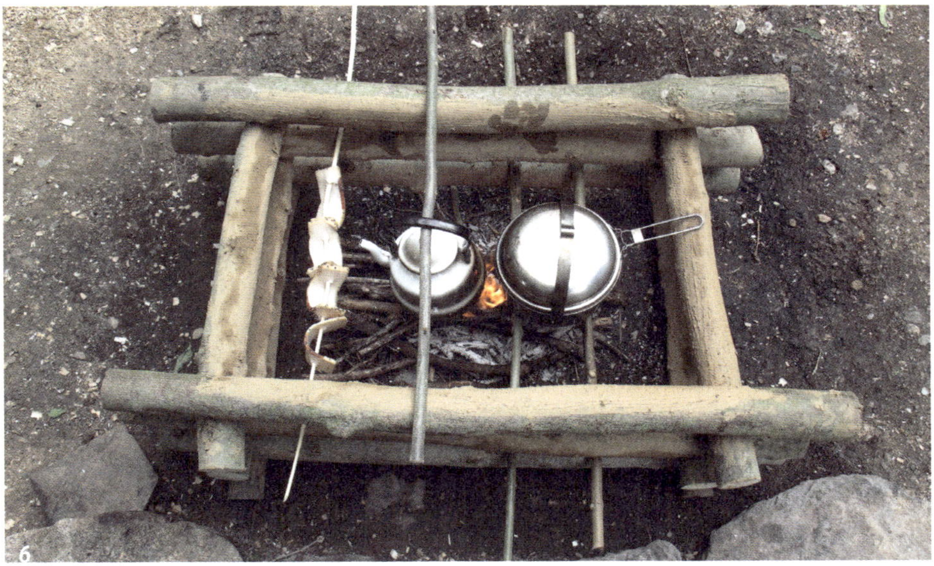
6

Auf das Gestell können nach Belieben Spieße mit allerlei feinen Speisen gelegt werden, je nachdem, worauf man Appetit hat.
Das Holz schützt das Feuer vor dem Wind und bekommt dennoch genügend Sauerstoff, um gut zu brennen – eine multifunktionale Kochstelle.
Wie auf den Fotos ***[4–6]*** zu sehen ist, sind die Hölzer vom Feuer noch nicht einmal schwarz geworden. Das Feuer trocknet während des Kochens die Hölzer und diese können nach dem Essen zu einem wärmenden Feuer in die Mitte gelegt werden. So kann man nach einem leckeren Essen mit den Freunden satt ums warme Feuer sitzen – einfach wunderbar.

Tipp:

Wenn man etwas längere Hölzer nimmt und die Kerben etwas weiter innen anbringt, erhält man an den Außenseiten einen größeren Überstand, auf den noch ein Brett oder Rinde gelegt oder eingeschoben werden kann als Abstellmöglichkeit für Tassen, Besteck, Schneidebrett und Sonstiges.

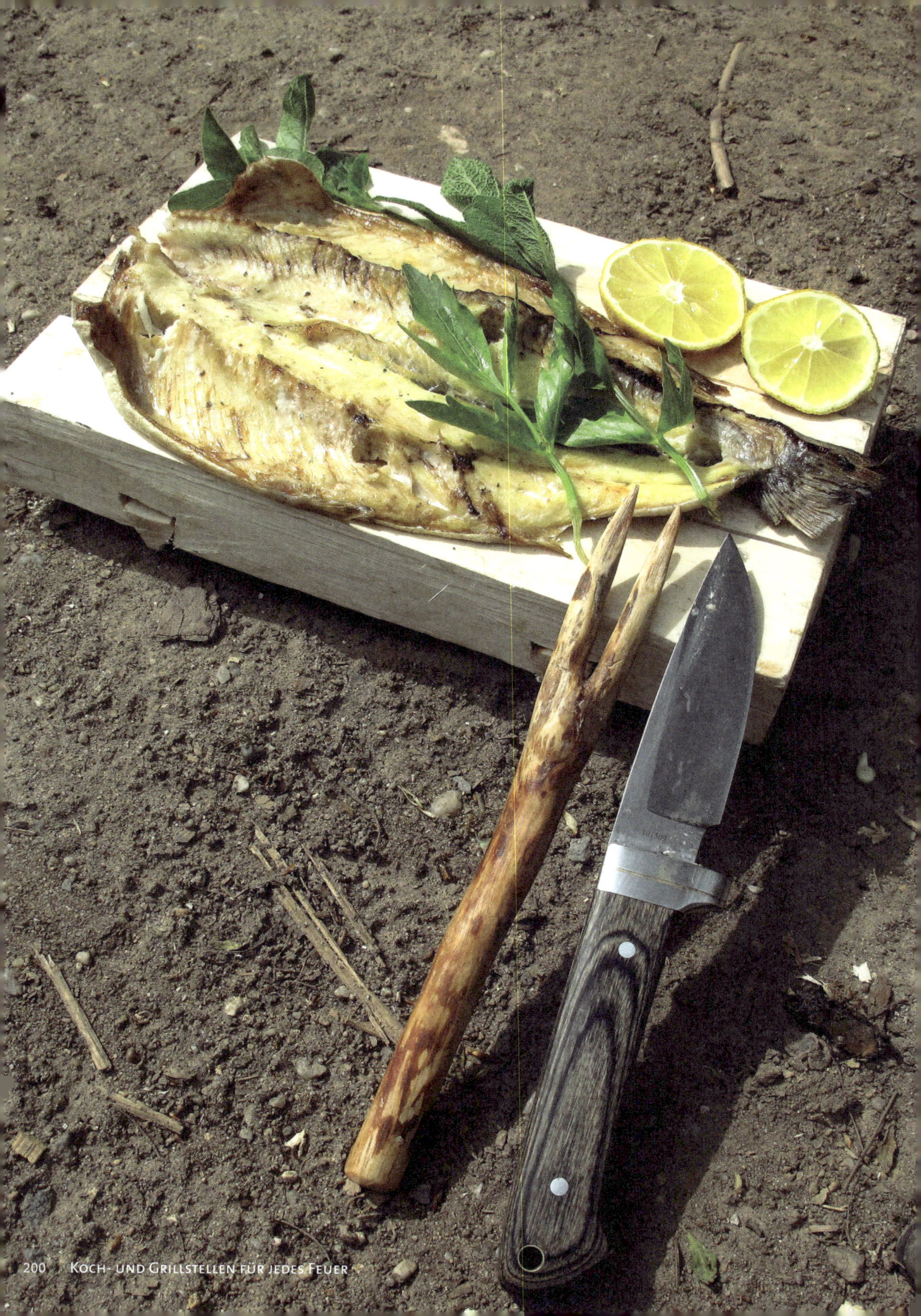

Fischbrett

Um Fisch am Lagerfeuer zu garen, ist ein Fischbrett eine tolle Alternative. Die meisten BuscrafterInnen verwenden dafür Weichhölzer, zum Beispiel Fichte, Pappel, Linde, Weide oder Kiefer, weil sie leicht zu bearbeiten sind.

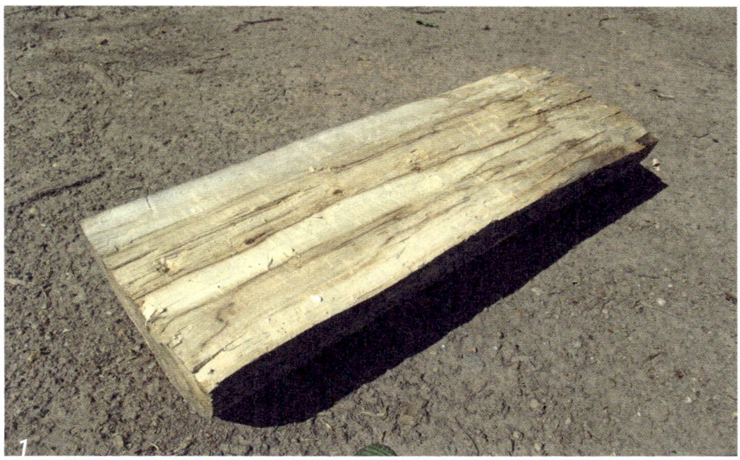

1

Kochtipp

Der Fisch wird nach dem Garen am Brett mit grobem Pfeffer und Salz bestreut und mit etwas Zitrone beträufelt. Dazu werden Kartoffeln gekocht und alles zusammen mit Kräuterbutter angerichtet. Guten Appetit.

Hier wird ein Pappelstamm verarbeitet, der vorher in der Mitte mithilfe von Holzkeilen und einem Holzhammer gespalten wurde > ***Holz spalten mit Hilfsmittel, längs*** oder > ***Spalten mit Messer und Keil*** *[1]*.

So sind zwei Stämme mit einer glatten Fläche entstanden. Die Enden werden mit einer Säge rechtwinklig abgeschnitten, damit das Fischbrett später hochkant ans Feuer gestellt werden kann.

Ein Fisch wird mit 6 kleinen Holzspießen am Brett befestigt, entsprechend werden 6 Löcher benötigt, die im Mittelbereich des Brettes gebohrt werden ***[2]***.
Für ihre Positionierung ist es hilfreich, sich längs des Bretts eine Mittellinie vorzustellen.

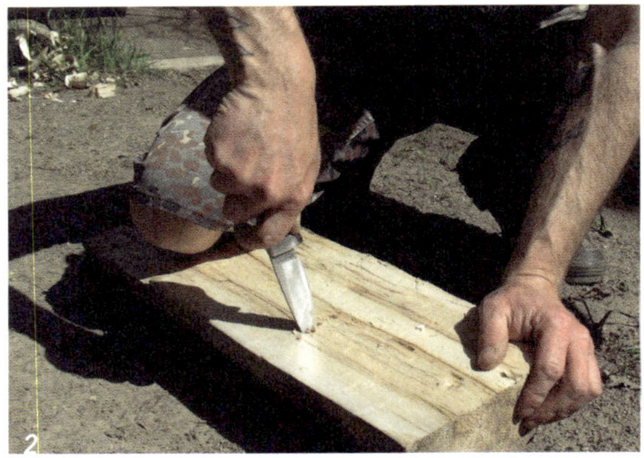

2

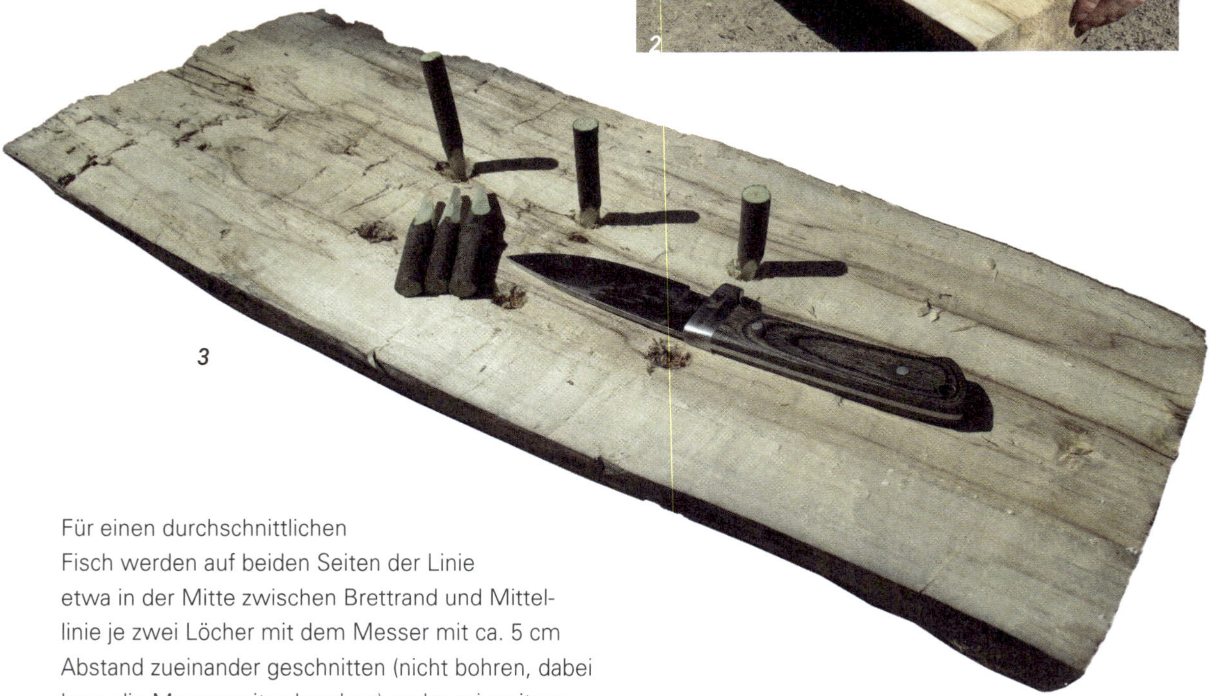

3

Für einen durchschnittlichen Fisch werden auf beiden Seiten der Linie etwa in der Mitte zwischen Brettrand und Mittellinie je zwei Löcher mit dem Messer mit ca. 5 cm Abstand zueinander geschnitten (nicht bohren, dabei kann die Messerspitze brechen) und zwei weitere Löcher im Bereich der Mittelinie oben und unten, ebenfalls mit ca. 5 cm Abstand zu den beiden nächstgelegenen seitlichen Löchern. So ergibt sich die Form eines länglichen Sechsecks ***[3 + 4]***.

Je nach Fischgröße werden die Löcher weiter auseinander gezogen oder durch zusätzliche ergänzt.
Die kleinen Holzspieße werden aus frischem Holz gefertigt. Esche, Haselnuss, Ahorn oder Birke eignen sich besonders gut. Die Holzspieße sind 5 cm lang und 1 cm dick. Die ca. 1,5 cm langen Spitzen werden vorsichtig mit dem Messer > ***Grundschnitztechnik*** vom Körper weg angespitzt.

Ist das Fischbrett einsatzbereit, kann der Fisch präpariert werden. Dafür wird er auf dem Schneidbrett auf der Bauchseite aufgeschnitten, auseinandergeklappt ***[4]*** und mit der Rückenseite nach unten mit den Holzspießen flach auf das Fischbrett genagelt ***[5 + 6]***.
Nun kann das Brett ans Feuer gestellt werden.
Allerdings muss man darauf achten, dass der Fisch vollständig durchgart ***[7]***.
Das geht jedoch auch ohne große Flammen schnell.
Das Fischbrett sollte nicht in der Glut stehen, sondern mit etwas Abstand zum Feuer aufgestellt werden ***[8]***.

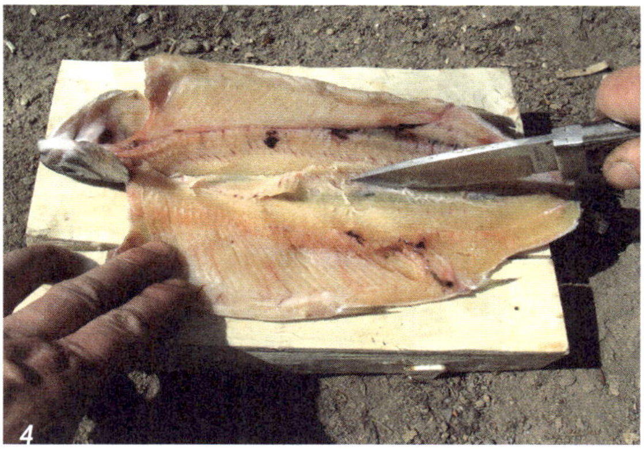
4

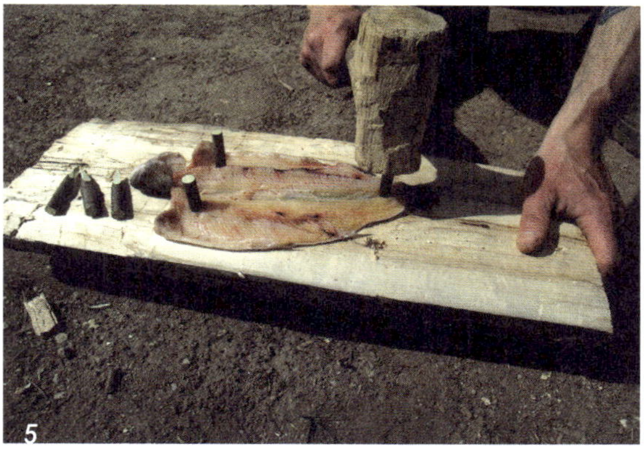
5

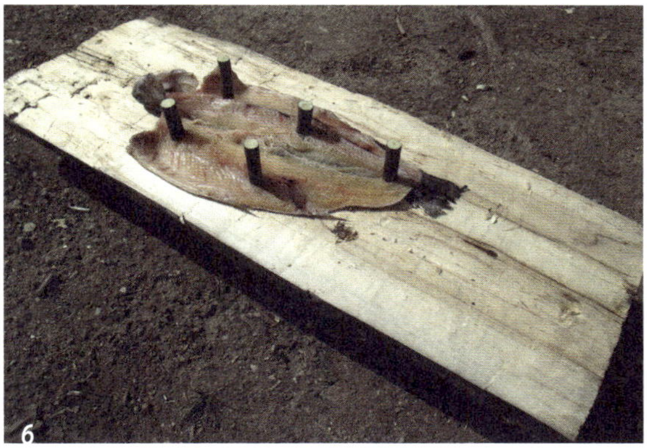
6

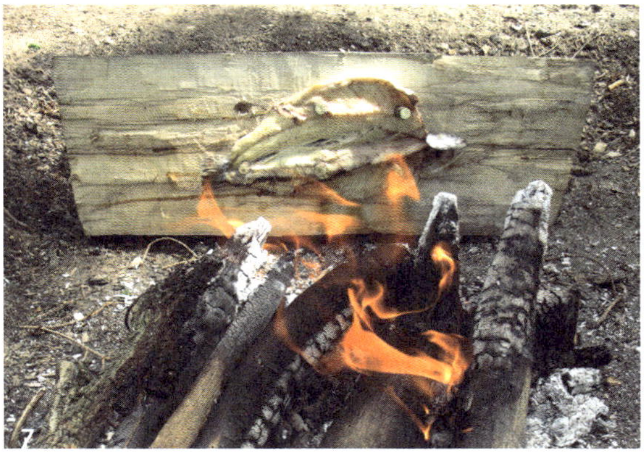
7

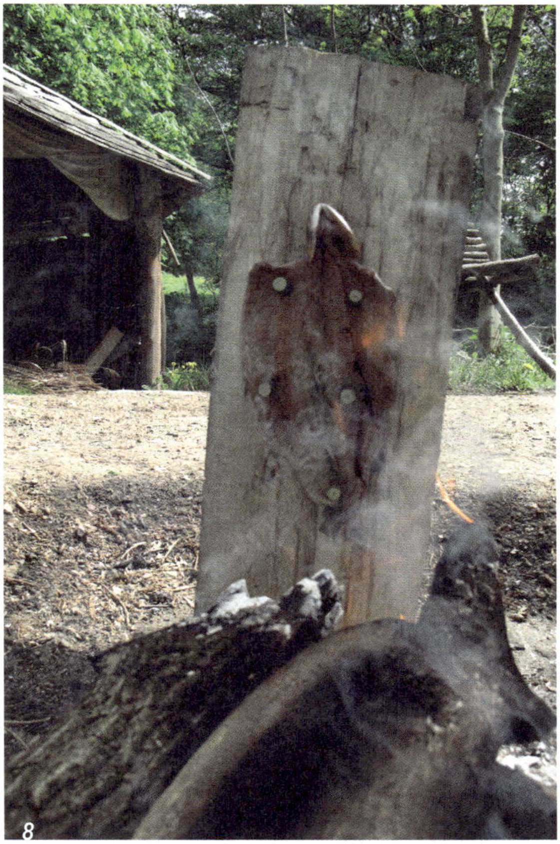
8

Tipp:

Normalerweise bleibt das Holz bei ausreichendem Abstand zum Feuer unversehrt. Ist das Holz des Bretts zu trocken oder das Feuer zu groß, ist es ratsam, das Brett vorher anzufeuchten oder ein dünne Lehmschicht aufzuziehen. Das schützt das Holz vor dem Verbrennen. Wir legen das Holz auch gern auf die Längsseite, so wird der Fisch gleichmäßiger gegart.

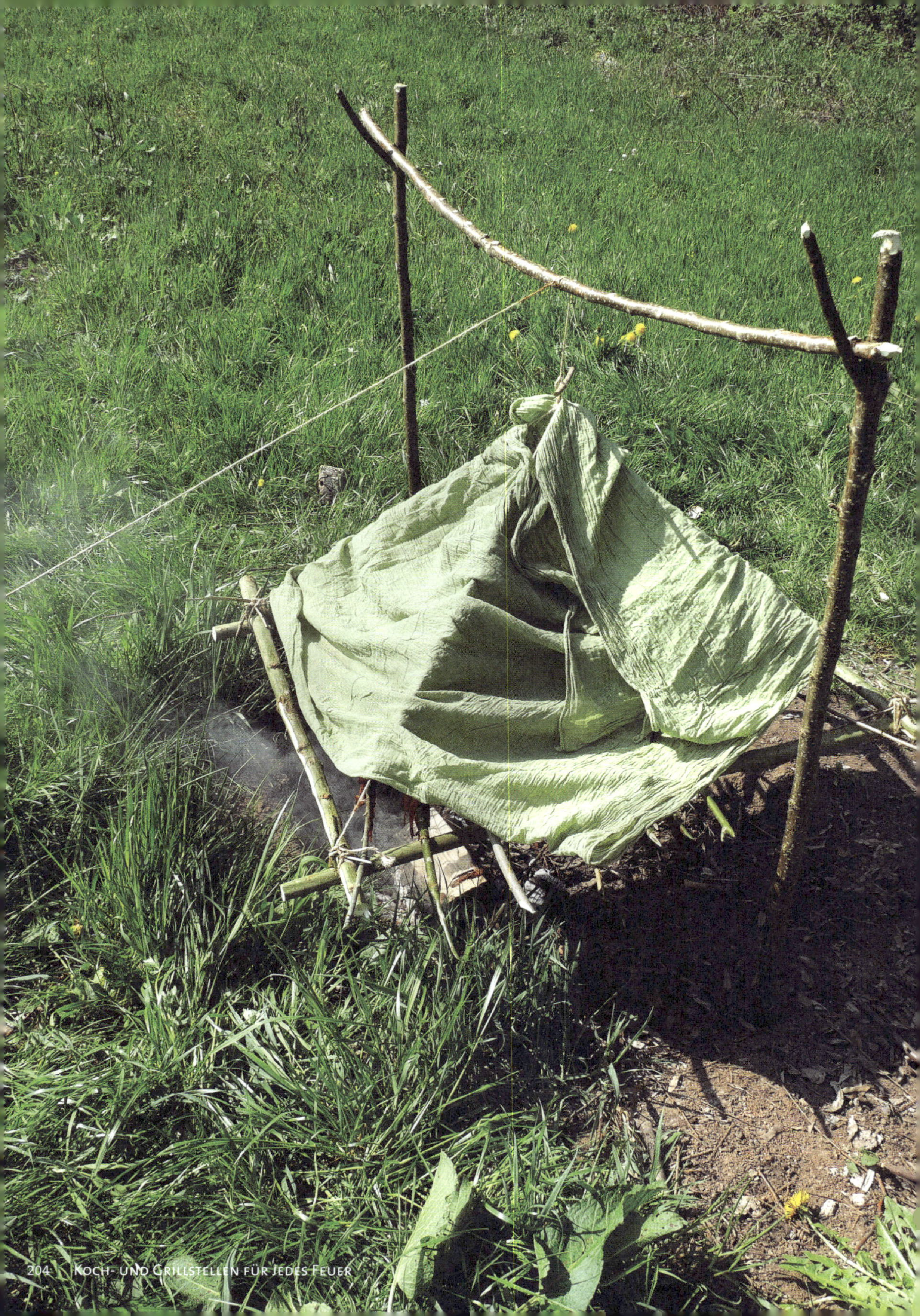

Dörr- und Räuchergestell

Eine der ältesten Methoden, um Lebensmittel lange haltbar zu machen, ist das Dörren (Trocknen) oder das Kalträuchern. Wobei Letzteres als Variante des Dörrens angesehen werden kann, die dazu dient, dem Lebensmittel zudem Aroma zu verleihen und Ungeziefer fern zu halten.

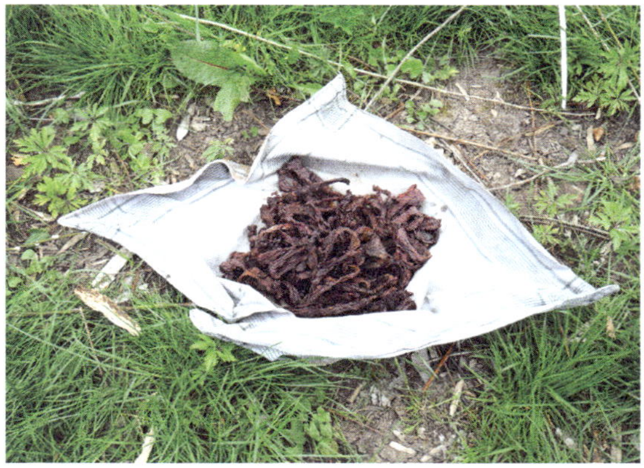

Mittlerweile ist vielen der amerikanische Begriff »Jerky« bzw. »Beef Jerky« geläufiger. Bei diesen Methoden wird dem Lebensmittel, meistens Fleisch, während des Trocknungsprozesses Flüssigkeit entzogen und der Verrottungsprozess der Nahrung gestoppt. Eine weitere Konservierungsmöglichkeit ist das Warmräuchern. Allerdings wird hier die Nahrung mehr gegart als getrocknet. Somit bleibt mehr Feuchtigkeit im Räuchergut zurück und das Lebensmittel verdirbt nach wenigen Tagen.

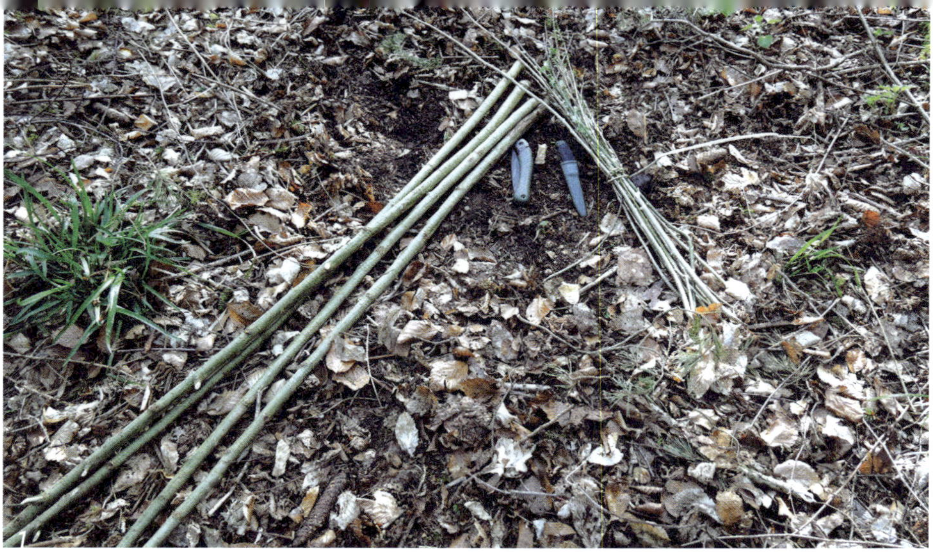

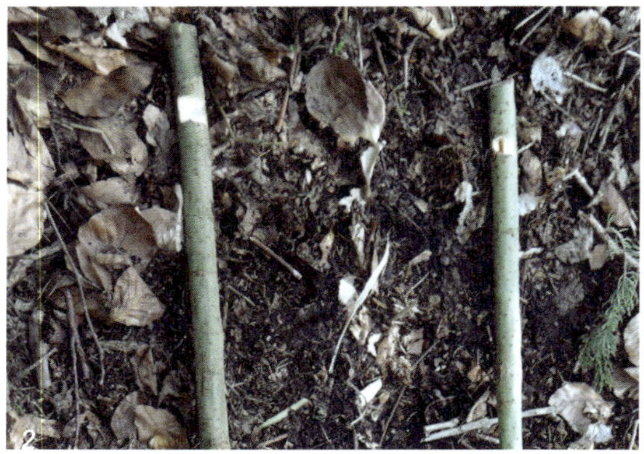

Dörren zur Haltbarmachung eignet sich nicht nur für Fleisch und Fisch, sondern auch für Gemüse oder Pilze und führt stets zu sehr wohlschmeckenden Ergebnissen. Selbst unbehandelter Tofu erhält durch Kalträuchern eine besondere Note.
Will man draußen in der Natur Lebensmittel trocknen, sollte man dafür einen langen Sonnentag ohne Gewitterwarnung wählen. Als Material für ein Dörrgestell benötigt man lediglich ungiftige Hölzer, ein kleines Feuer, Messer, Säge und in unserem Fall etwas Schnur. Allerdings ist es nicht ratsam, in deutschen Wäldern zu räuchern, da Feuermachen im Wald für Menschen ohne Sondergenehmigung nicht erlaubt ist. Zudem kann es zu sehr starker Rauchentwicklung kommen, was im schlimmsten Fall zu einer Waldbrandmeldung führen könnte. Die Aufnahmen für dieses Projekt wurden deshalb auf einem Privatgelände gemacht, das am Waldrand liegt.

Für die Herstellung eines Dörrgestells sucht man sich fünf daumendicke Äste für den Rahmen und ein gutes Dutzend dünnere Äste, etwas dicker als ein Bleistift ***[1]***.
Hier wurde Weide gewählt, da sich das Holz sehr leicht bearbeiten lässt. Nun werden fünf der dickeren Äste auf die gleiche Länge zugesägt. Dann werden zwei der Äste an beiden Seiten ca. 5 cm von der Spitze entfernt eingekerbt. Am besten sägt man für die jede Kerbe zwei parallele astbreite Schlitze. Die Schlitze sollten maximal bis zur Mitte des Astes gesägt werden um ein Brechen zu verhindern. Der Zwischenraum kann nun einfach mit der > ***Daumenschiebtechnik*** entfernt werden ***[2]***.

Jetzt werden die beiden Stöcke parallel zueinander ausgerichtet und die beiden anderen Äste in die Kerben gelegt, sodass ein Quadrat entsteht. Da das Gerüst nicht sehr lange halten muss, müssen an den aufgelegten Ästen keine Gegenkerben geschnitzt werden. Zur Stabilisierung ist es jedoch sinnvoll, auch in der Mitte noch einen zusätzlichen Stab (ohne Kerbe) aufzulegen ***[3]***.

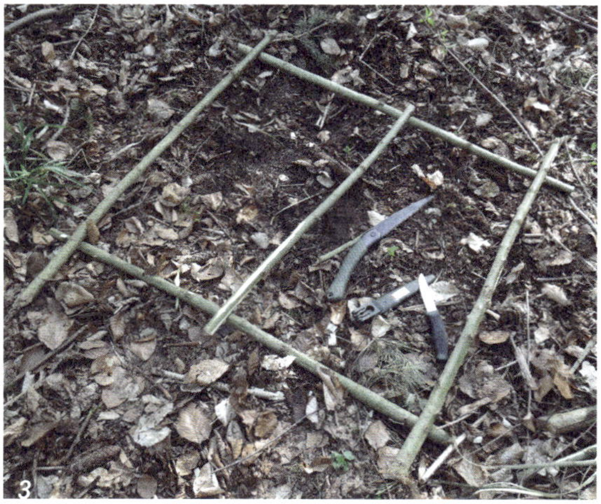

3

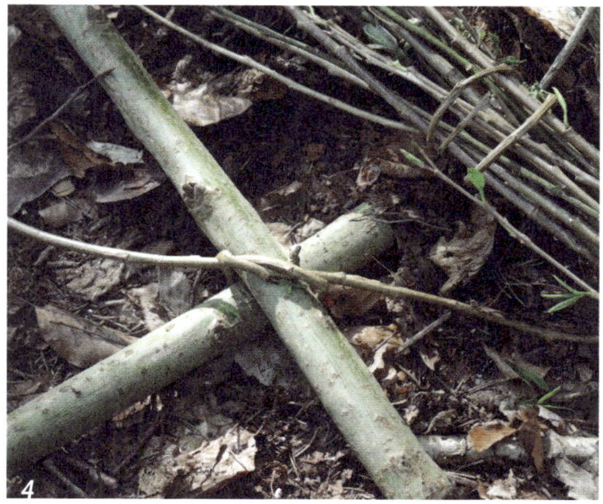

4

Ist man mit dem Grundgerüst zufrieden, kann der Rahmen verknotet werden. Hierfür können sowohl eine normale Schnur oder auch frische, am besten noch grüne Weidentriebe verwendet werden. Im Frühjahr kann man übrigens auch Haseltriebe nehmen. Diese werden unter einem der Verbindungskreuze durchgeführt und mit einem einfachen Überhandknoten befestigt ***[4]***.

Die zwei überstehenden Enden werden nun wieder mit einem einfachen Knoten unter dem Kreuz durchgeführt, so dass an allen Seiten des Holzkreuzes eine Schnurverbindung verläuft. Die Spitzen der Rute werden noch um die Stränge des Knotens gewickelt, damit die Ruten sich nicht lösen ***[5]***.

Dieser Vorgang wird an allen Verbindungspunkten wiederholt, bis ein gut verknotetes Quadrat einsteht. Hier muss man sehr sorgfältig vorgehen, da die Äste und Ruten während des Dörrvorgangs noch schrumpfen. Die Kunst liegt darin, die Weidenruten sehr fest zu verschnüren, ohne diese dabei zu zerreißen ***[6]***.

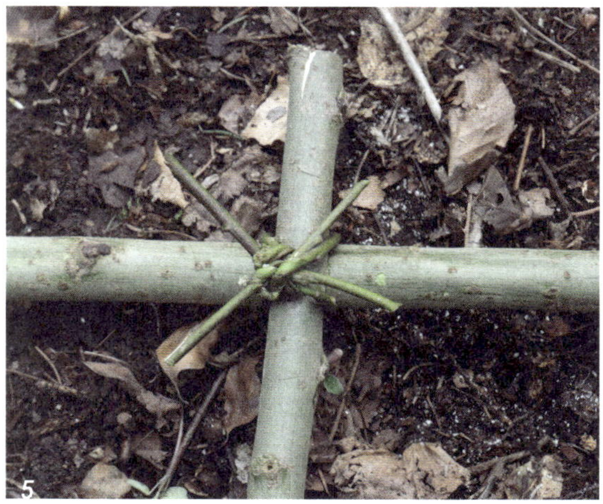

5

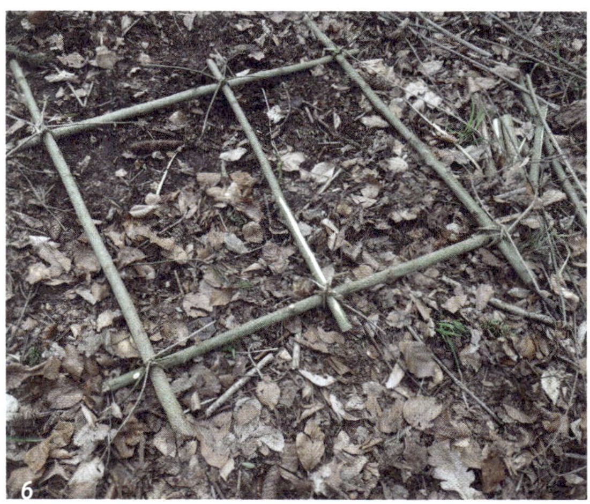

6

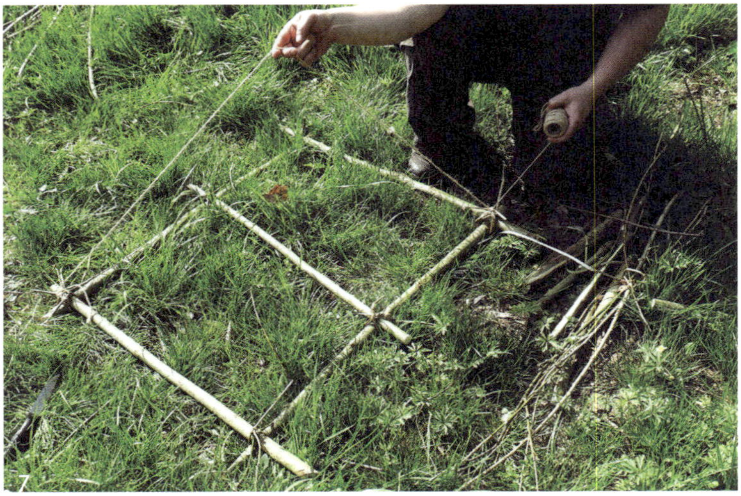

7

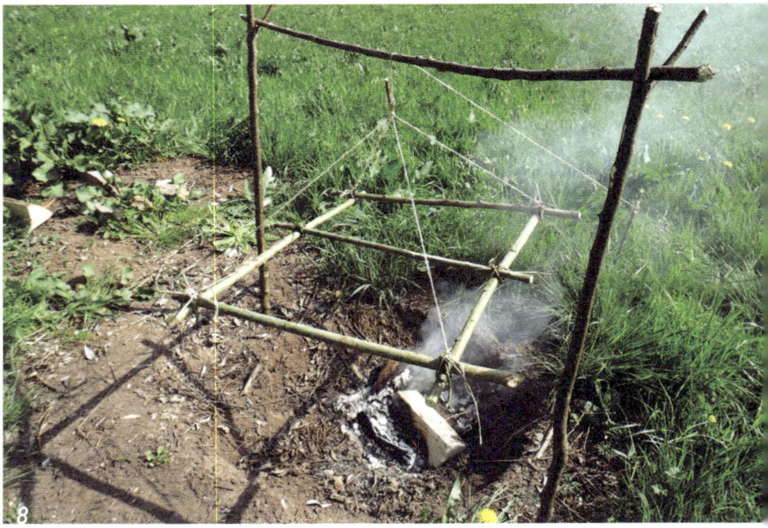

8

Ist der Rahmen stabil verknotet, werden diagonal von Ecke zu Ecke zwei Seile eingebunden, so dass eine kleine »Pyramide« entsteht ***[7]***. An der Spitze der Pyramide wird ein langes Seil befestigt, an dem später die ganze Konstruktion aufgehängt wird. Jetzt werden neben der Feuerstelle zunächst zwei, mindestens 1,20 m hohe Astgabeln in den Boden geschlagen. Darauf wird ein stabiles Querholz gelegt, wodurch eine Vorrichtung entstanden ist, über die die Räucherplattform gehängt werden kann ***[8]***.

So wird es auch möglich, die Höhe des Räucherguts jederzeit zu variieren. Das Jerky sollte nie mehr als Handwärme ausgesetzt werden, damit es nicht anfängt zu garen. Handwarm bedeutet, dass man die Hand problemlos auf Höhe des Dörrgestells über die Glut halten kann. Die Höhenverstellung an sich funktioniert über einen tief in die Erde eingeschlagenen Stock, um den das Seil locker gewickelt wird. Durch Auf- und Abwickeln des Seils verändert sich die Positionshöhe des Gestells ***[9]***.

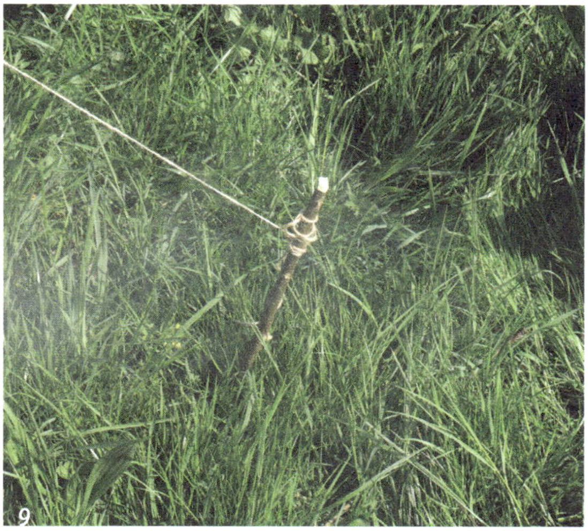
9

Sind diese Vorbereitungen abgeschlossen, geht es an die Fleischzubereitung. Am besten eignen sich Rindfleisch und Wild. Auf Geflügel und Fisch sollte man, besonders am Anfang, verzichten, da diese Fleischsorten schnell verderben.
Zuerst wird das Fleisch in 2–3 mm dicke Streifen geschnitten *[10]*. Die besten Ergebnisse erzielt man, wenn das Fleisch wirklich nur wenige Millimeter dick ist, wobei die Breite und Länge der Streifen nur eine untergeordnete Rolle spielen.
Für den Fall, dass größere Mengen Fleisch gedörrt werden sollen, weil man z. B. Wild erlegt hat und Kühlmöglichkeiten fehlen, sollte man das geschnittene Fleisch nun noch etwas im Schatten ruhen lassen. Dadurch entsteht eine Patina, die es Insekten erschwert, ihre Eier ins Fleisch zu legen. Währenddessen muss das Fleisch jedoch bewacht und vor Insekten geschützt werden. Da hier kalt geräuchert wird und das Fleisch nur kurze Zeit ohne Kühlung war, kann nach dem Schneiden gleich mit dem Salzen und Würzen begonnen werden, wobei übrigens auch ein ungewürztes Fleisch nach dem Räuchern sehr gut schmeckt *[11]*. Salz hilft natürlich zusätzlich dabei, den Trocknungsvorgang zu beschleunigen, da es das Wasser aus dem Fleisch zieht, und scharfes Paprikapulver und Pfeffer schmecken ohnehin immer *[12]*.

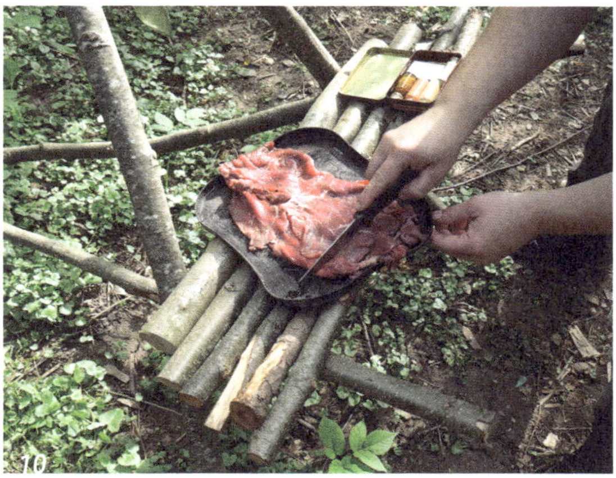
10

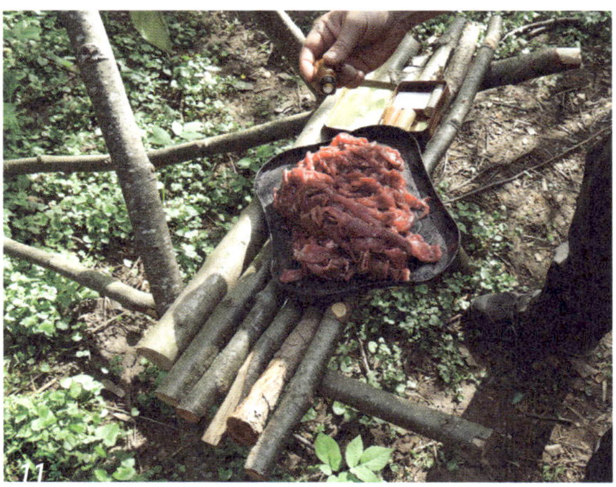
11

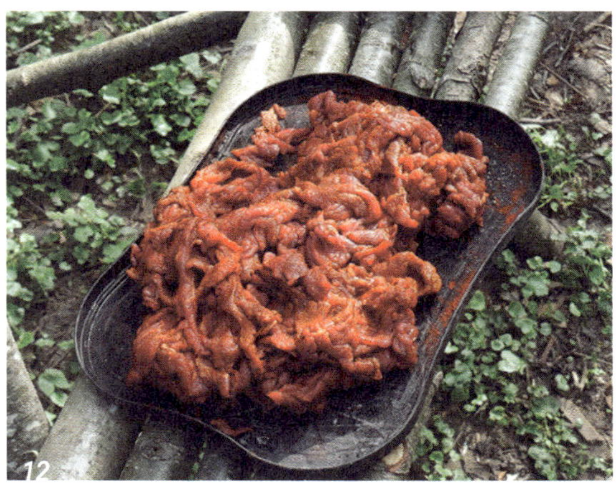
12

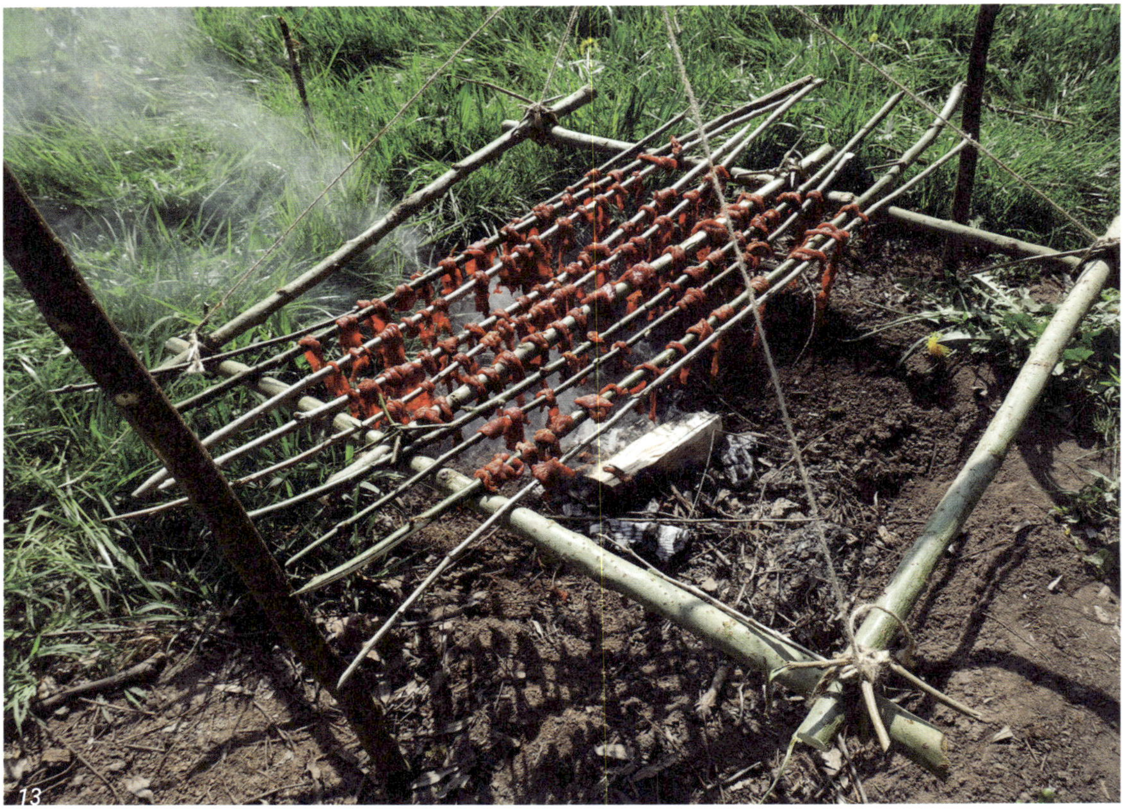

13

Nun werden die zuvor gesammelten dünneren Äste auf Gestelllänge zugeschnitten und die Fleischstreifen draufgelegt. Die Streifen sollten dicht nebeneinander auf die Äste gelegt werden, allerdings ohne sich zu berühren *[13]*.

Liegen die Äste mit allen Fleischstreifen auf dem Dörrgestell, wird eine Decke, ein Poncho oder eine Zeltbahn so um die Pyramide gelegt, dass kein Spalt mehr offen ist *[14]*. In diesem Räucherzelt sammeln sich nun der Rauch und die Wärme, sowohl vom Feuer als auch von der Sonne, sodass eine effektive und langsame Trocknung einsetzen kann.

Eine einfache Raucherzeugungsmethode ist, ungiftige Wiesenkräuter wie z. B. Knoblauchrauke oder nasses Holz in die Glut zu werfen.

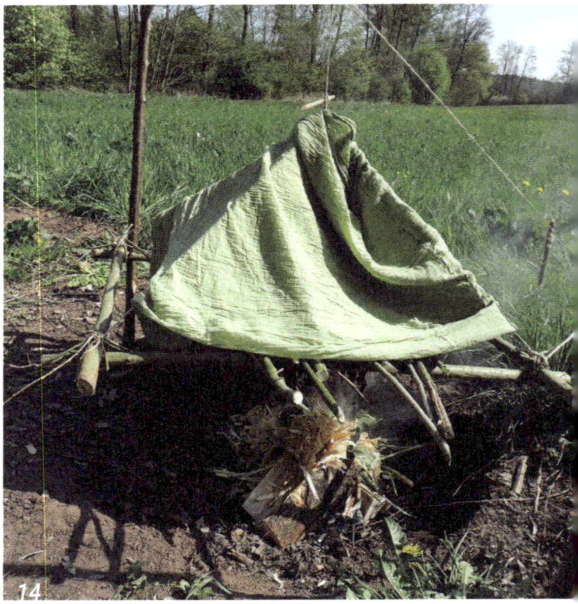

14

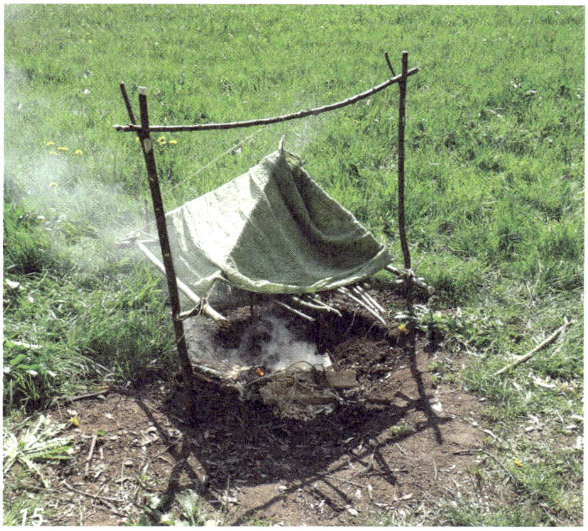

15

Wer hat kann auch Holzspäne verwenden, die vor Gebrauch gewässert werden müssen, damit sie nicht sofort in Flammen aufgehen ***[15]***. Hier sollte man keine harzhaltigen Späne wie z. B. Tanne verwenden, denn sie machen das Dörrgut meistens bitter. Es versteht sich von selbst, dass man nur Pflanzen und Hölzer verwenden sollte, die man zu 100 % identifizieren kann und weiß, dass sie ungiftig sind.

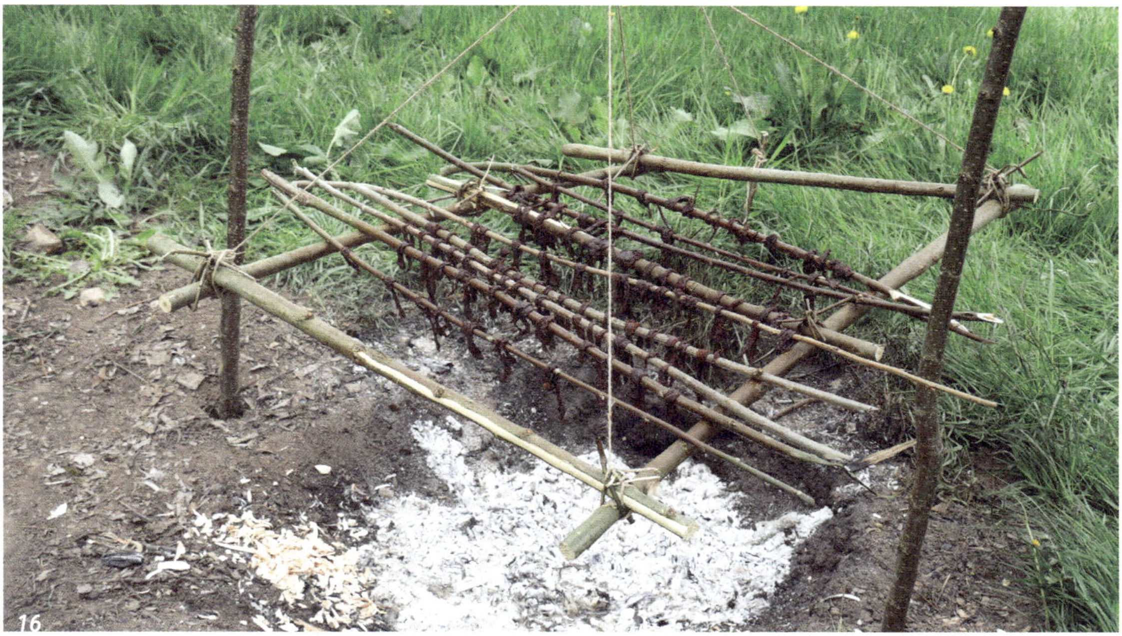

16

Ab jetzt heißt es warten und darauf achten, dass die Hitze nicht zu groß wird. Auf keinen Fall dürfen sich hohe Flammen entwickeln, da sie die Hitze schnell steigern und das Jerky sonst im eigenen Saft gebraten wird, anstatt das Wasser langsam zu verlieren. Zudem sind die Flammen gefährlich für den Überwurf – er könnte Feuer fangen. Das Dörren sollte mindesten 8–10 Stunden dauern, damit ein gutes Ergebnis erzielt wird ***[16]***.

Ist das Fleisch am Abend noch nicht trocken genug, kann der Prozess auch am nächsten Tag fortgesetzt werden. Das Fleisch ist fertig, wenn es sich trocken anfühlt und beim Kauen eine leicht gummiartige bis zähe Konsistenz aufweist. Hat man es zu lange darauf gelassen, wird es eher bröselig, lässt sich aber trotzdem noch gut essen und vor allem in Suppen verwenden. Selbst gemachtes Jerky schmeckt sehr viel besser als gekaufte Produkte. Leider dauert seine Herstellung sehr lange. Dabei darf man nicht vergessen, dass sich das Fleischgewicht je nach Fleischqualität beim Dörren um bis zu 60 % reduziert. Dabei verliert »billiges« Fleisch deutlich mehr an Gewicht als z. B. Biofleisch. Sehr wichtig ist, dass das Dörrfleisch niemals in einem luftdicht verschlossenen Behälter aufbewahrt wird. Zum einen kann es so schneller verderben, zum anderen könne Giftstoffe entstehen, die für Menschen sehr schädlich sind.

Tipp:

Hat man keine Schnur, sondern nur Weidenruten zur Verfügung, kann das Gestell auch als feste Verbindung aufgebaut werden. Hierzu werden vier mindestens 80 cm lange Stäbe um die Feuerstelle herum in den Boden gesteckt und in ca. 50 cm Höhe eingekerbt. An diesen Kerben wird nun der Gestellrahmen mit Weidenruten befestigt. Über die vier Pfosten wird wieder ein Stoff gelegt, anstatt einer Pyramide entsteht ein »Würfel«. Bei dieser Variante muss allerdings deutlich stärker aufs Feuer geachtet werden, da das Dörrgut nicht höhenverstellbar ist.

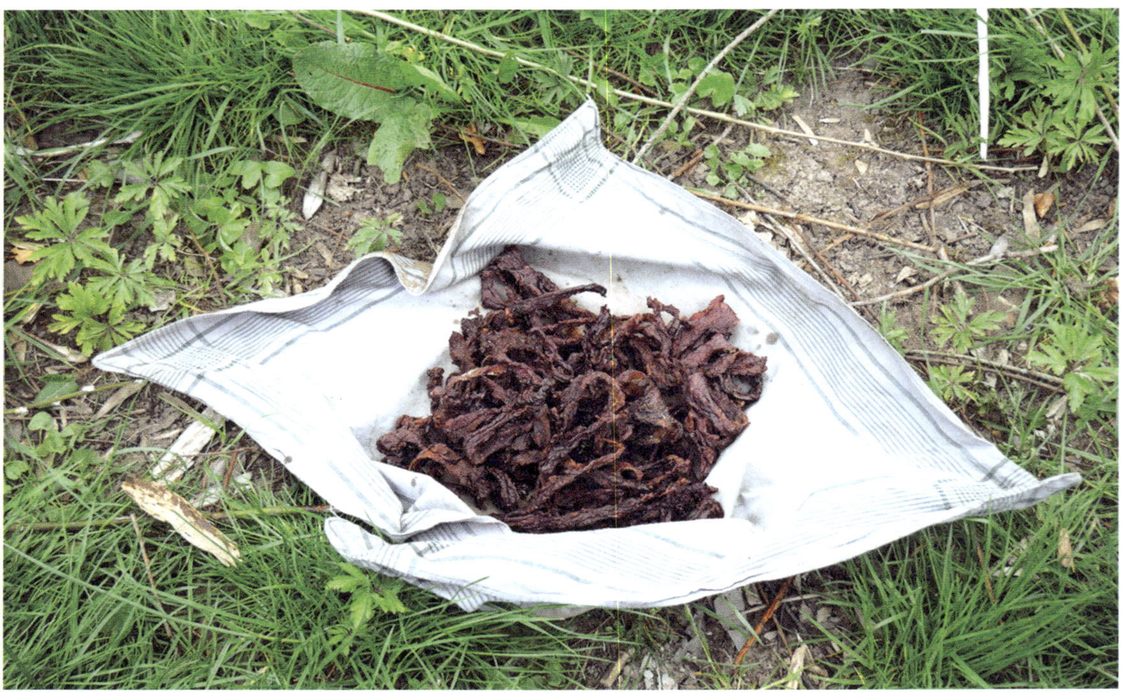

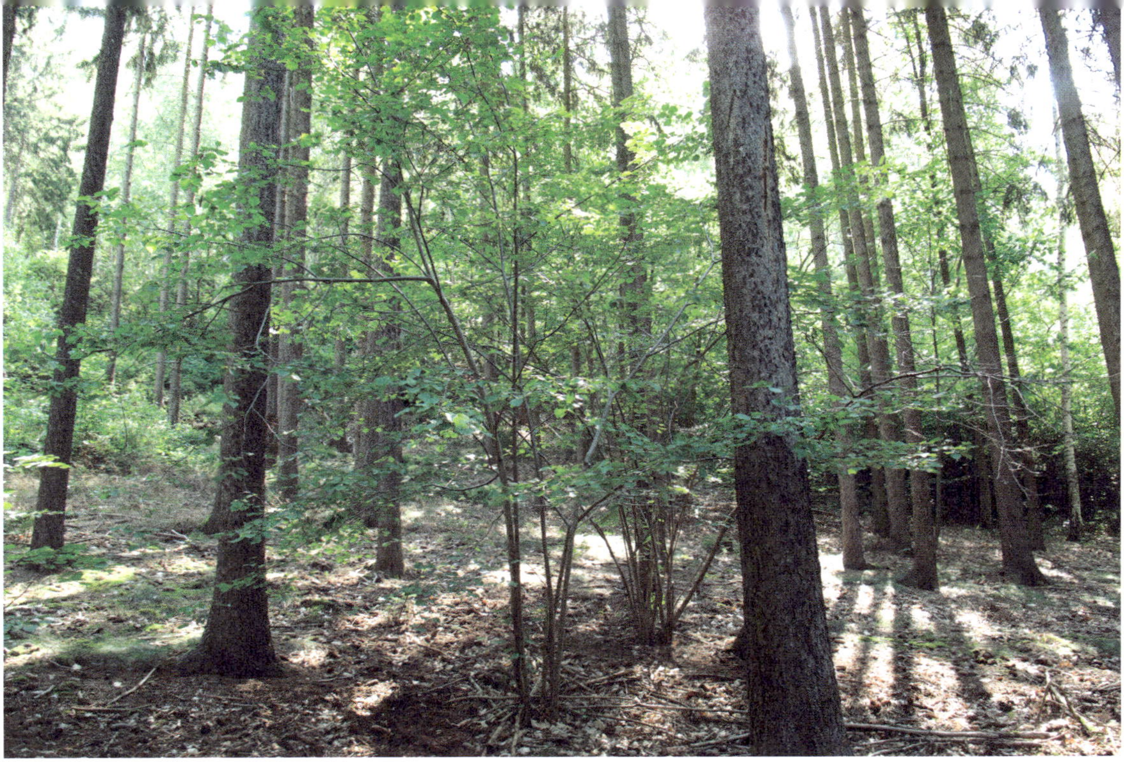

Kochtipp: »Beef Jerky«

Wie Dörrfleisch gewürzt und damit zugleich der Dörrprozess unterstützt werden kann, wurde vorab gezeigt. Eine sehr einfache Variante, die auch in einer Survivalsituation anwendbar ist, ist die Behandlung des Fleisches mit Asche. Dafür wird die weiße Asche eines heruntergebrannten Feuers genutzt. Damit wird das Fleisch bestreut, was die Trocknung und Konservierung verbessert.

Wer eine große Menge Jerky herstellen möchte, beginnt am besten bereits am Tag vorher zu Hause mit den Vorbereitungen. Das Fleisch wird wieder in dünne Streifen geschnitten, wofür sich Minutensteaks oder Rouladenfleisch besonders gut eignen. Sehr schmackhaft wird es, wenn es vor dem Räuchern einen ganzen Tag lang mariniert wird. Für die Marinade gibt man je nach Geschmack eine gute Portion Sojasoße in eine Schüssel, zu gleichen Teilen Zwiebelpulver und Knoblauchpulver, etwas Pfeffer und ausreichend Salz – der Salzgehalt darf in der Marinade ruhig etwas höher sein. Mit noch etwas Paprikapulver und Tomatenmark ergibt sich ein Grundrezept für eine Fleischmarinade, die beliebig variiert werden kann. Wer es scharf mag, gibt noch Chilipulver zu. Um etwas Süße einzubringen, bieten sich zusätzlich Honig oder Ahornsirup an. Auch Currypulver oder Koriander können verwendet werden. Der Geschmacksvielfalt sind keine Grenzen gesetzt. Wer mag, kann auch Rotwein, Whisky oder ein dunkles Bier verwenden. Wichtig ist jedoch, dass die Marinade nicht zu flüssig wird, weil das Fleisch zusätzlich noch Wasser abgibt. Alle Gewürze werden deshalb zusammen zu einer Paste verrührt, die sehr intensiv schmecken sollte.

Marinade und Fleisch gut vermischen und für 12 Stunden in den Kühlschrank gestellt. Danach wird das Fleisch in einem Abtropfsieb für weitere 12 Stunden in den Kühlschrank gestellt.

Das Fleisch kann dann am nächsten Morgen direkt aufs Räuchergestell gehängt werden. Bei Sonnenuntergang hat man das beste Jerky der Welt – weil selbst gemacht.

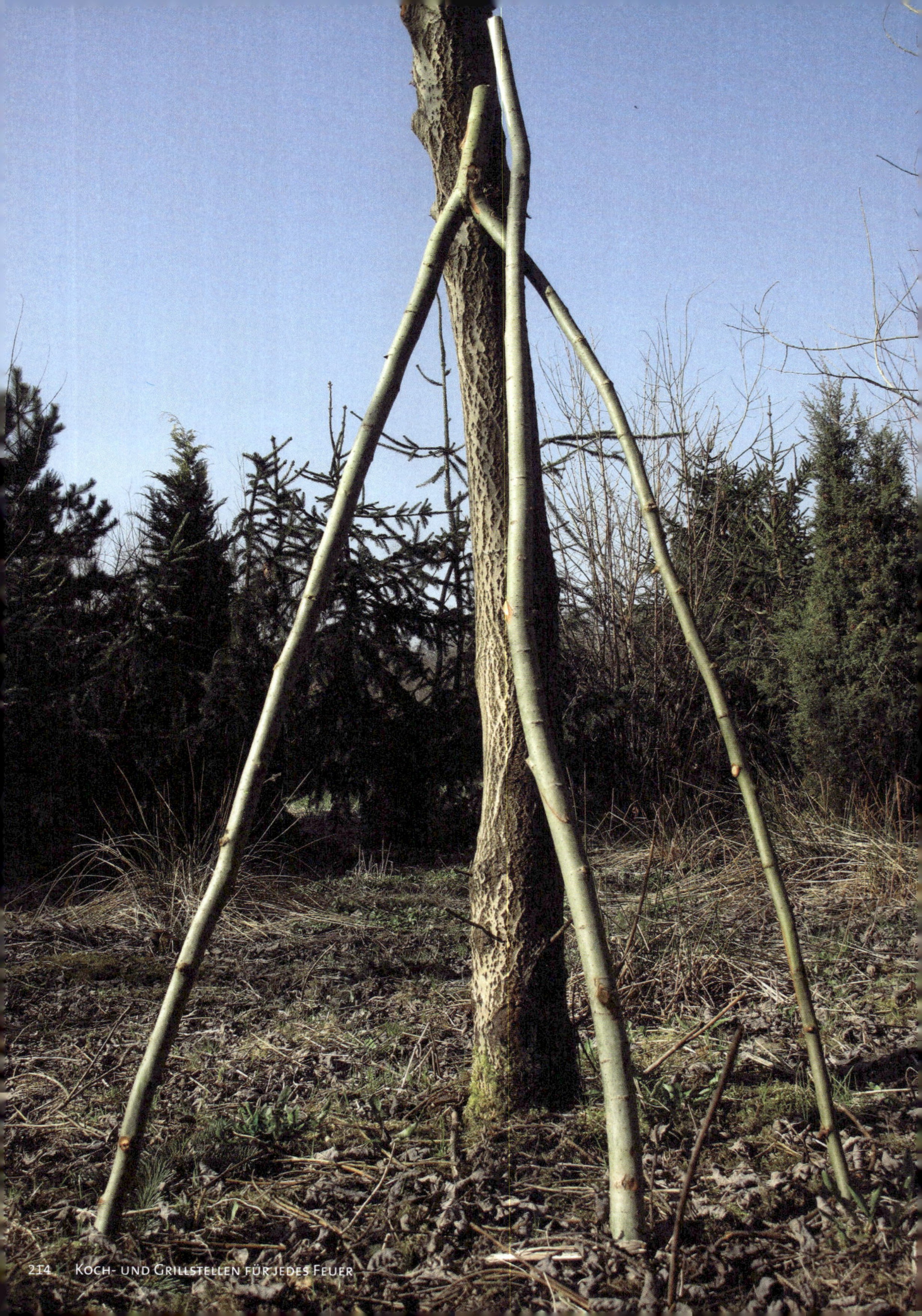

Dreibein

Ein Dreibein dient als Aufhängung für Töpfe, Pfannen und Roste über der Feuerstelle. Die hier gezeigte Konstruktion basiert auf einer Steckverbindung ohne zusätzliche Schnur. Der Aufbau ist sehr einfach, es kann platzsparend gelagert werden und ist immer einsatzbereit.

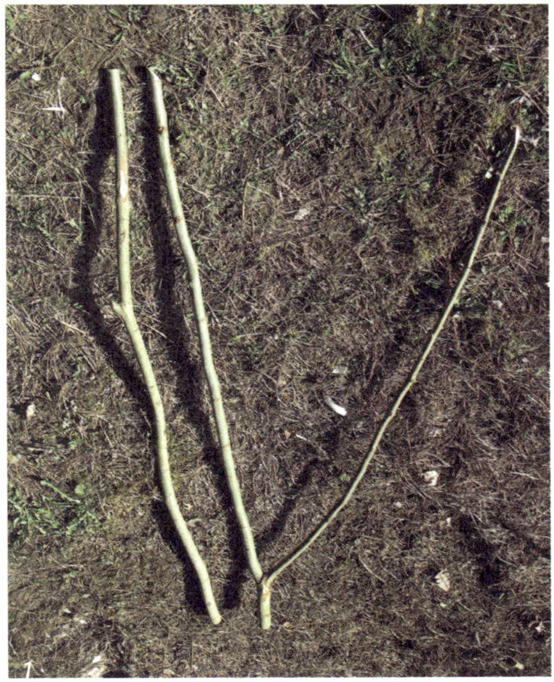

Benötigt werden eine lange Astgabel in Form eines »V«, die an der Spitze noch eine kleine Verlängerung hat und ein weiterer gerader Ast, der etwas länger ist als die Astgabel. Geeignet sind alle stabilen Holzarten. Die Höhe des Dreibeins bestimmt sein »Konstrukteur« ***[1]***.

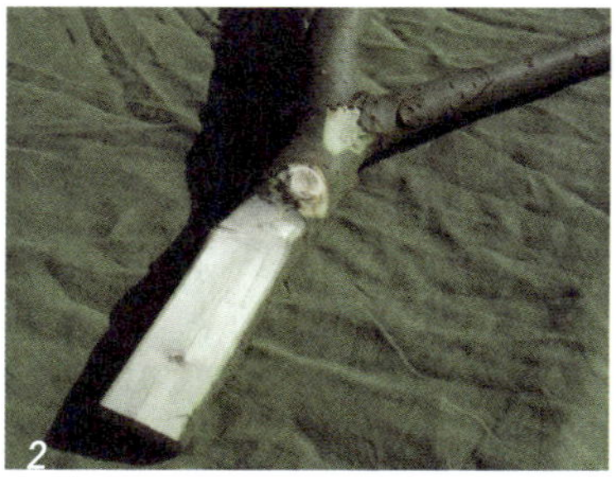

2

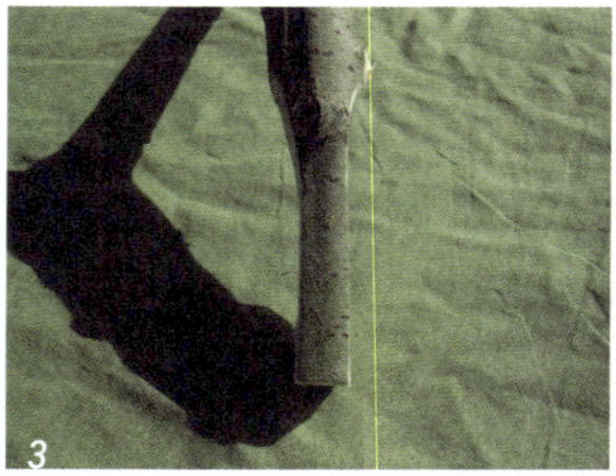

3

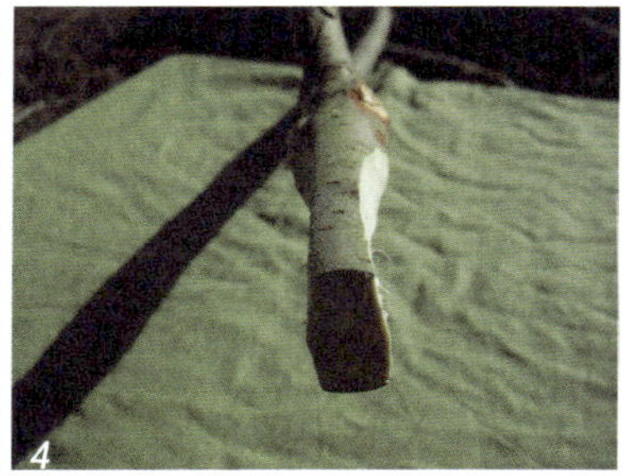

4

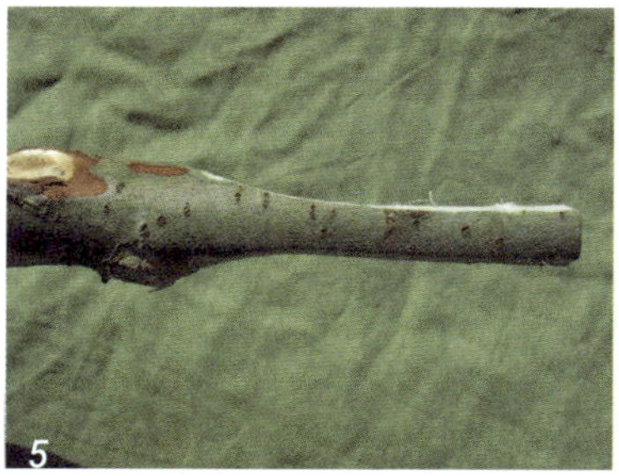

5

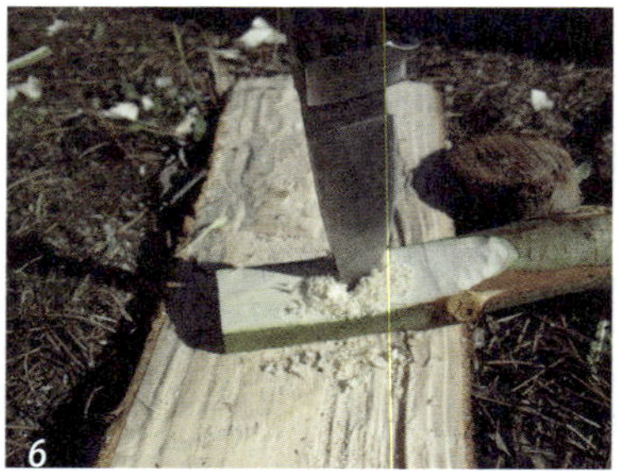

6

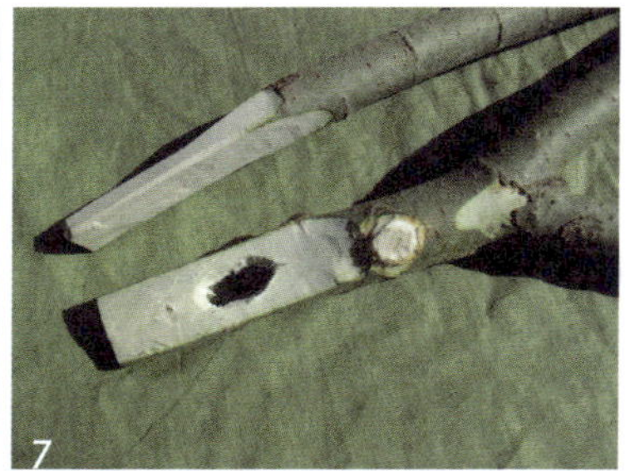

7

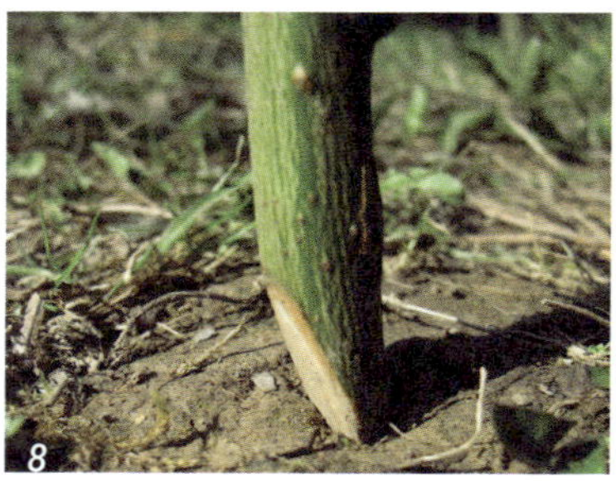

8

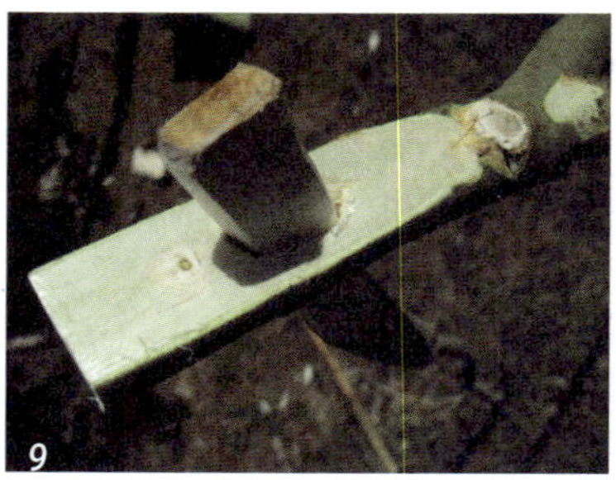

9

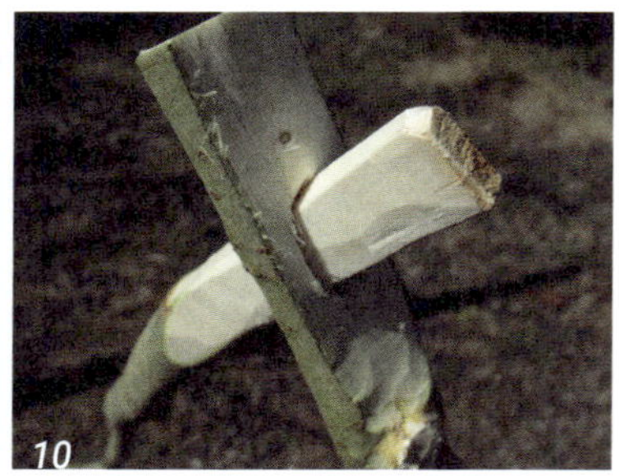

10

Zunächst legt man die Astgabel auf eine stabile Unterlage. Die Spitze zeigt dabei nach vorn vom Körper weg ***[2]***.

Die Verlängerung der Astgabel wird zunächst auf einer Seite mit dem Messer abgeflacht ***[3]***, bevor sie um 180 Grad gedreht und die gegenüberliegende Seite ebenfalls abgeflacht wird ***[4]*** > ***Grundschnitztechnik***. Die Verlängerung ähnelt nun einem kleinen Brett, in das ein Verbindungsloch geschnitzt werden kann ***[5]***.

Dafür wird zunächst mit dem > ***Kreisschnitt*** das Loch geschnitten ***[6]***, bevor es nach oben und unten zu einer länglich-ovalen Form erweitert wird ***[7]***. Ein sogenanntes Langloch entsteht.
Damit der andere Ast durch dieses Loch durchgesteckt werden kann, wird er auf allen Seiten auf einer Länge von ca. 10 cm passend flachgeschnitzt ***[8]*** – nun müssen die Hölzer nur noch zusammengesteckt werden ***[9]***, wobei man sehr vorsichtig vorgehen sollte, damit das Loch durch die Hebelwirkung nicht ausbricht ***[10]***. Fertig ist das Dreibein ***[11]***!

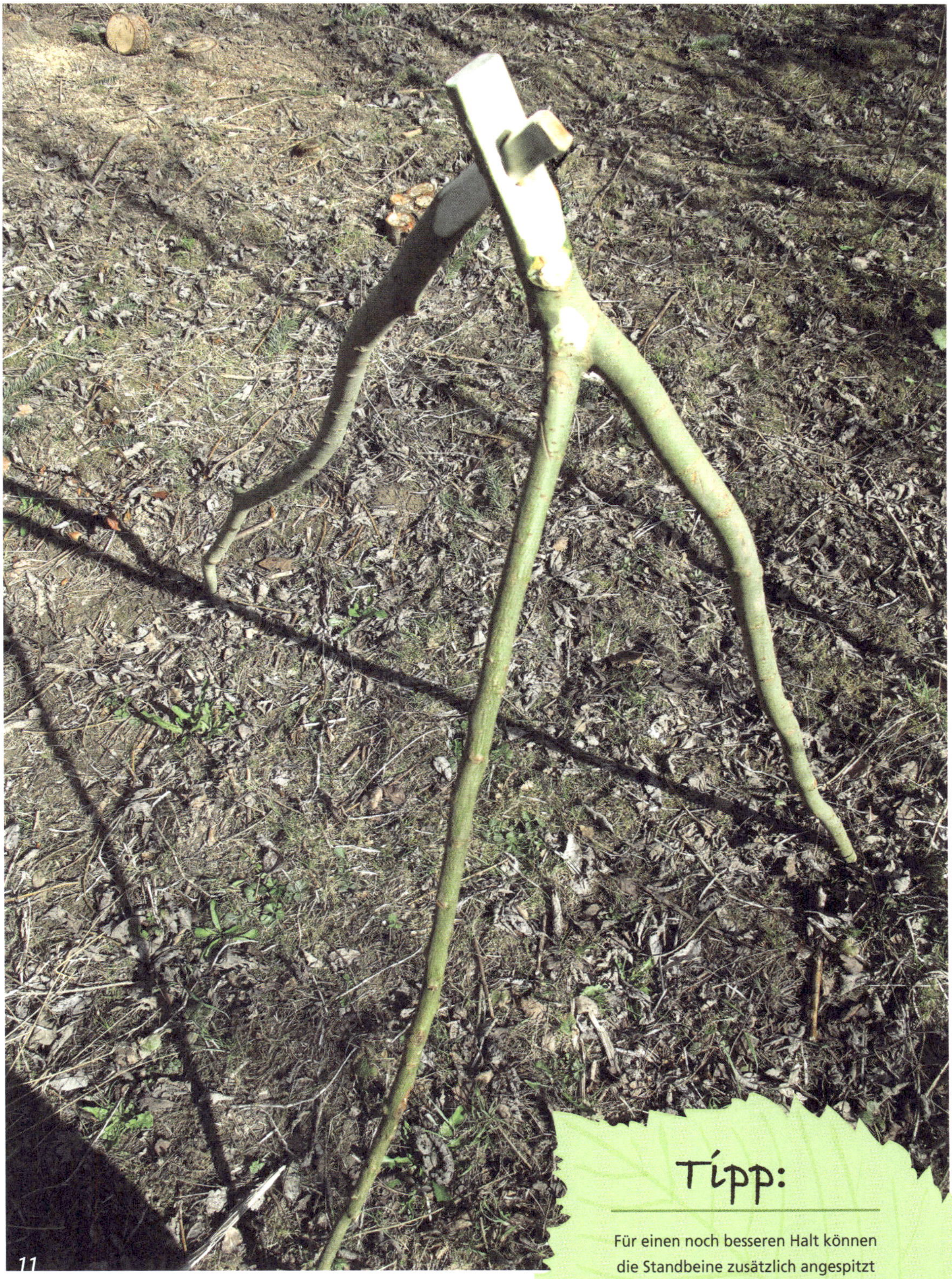

Tipp:

Für einen noch besseren Halt können die Standbeine zusätzlich angespitzt oder schräg angeschnitten werden, damit man sie in die Erde stecken kann.

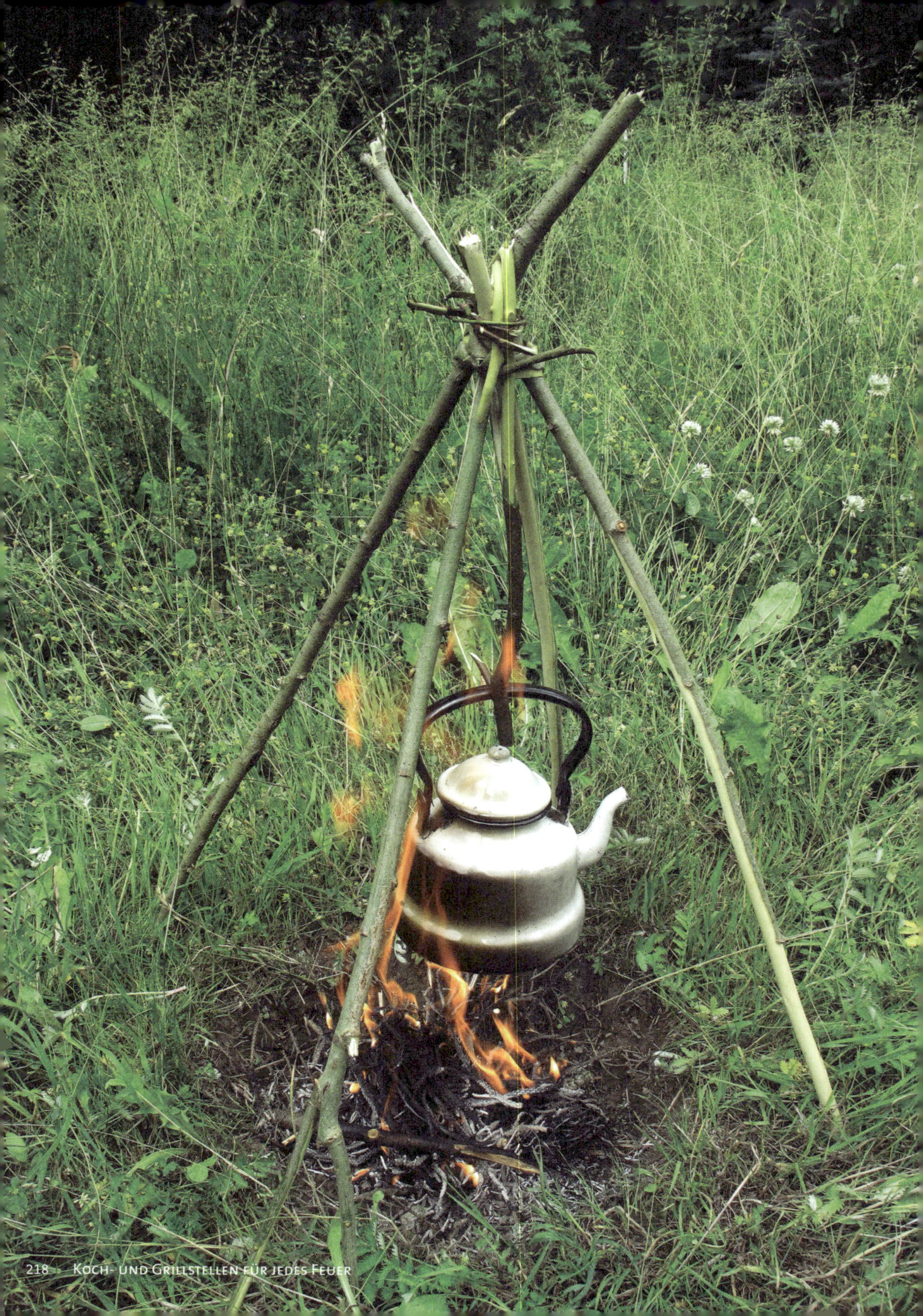

Vierbein

Das Vierbein ist eine einfache Topfaufhängung aus vier zusammengebundenen Ästen. Die Holzsorte spielt dabei keine Rolle, entscheidend ist nur, dass das Holz frisch ist.

Idealerweise wird vorab mit einem Grabstock ein Loch in die Erde für die Feuerstelle gegraben ***[1]***. Das hat den Vorteil, dass die Stöcke einerseits nicht so lang sein müssen, das Feuer andrerseits eine natürliche Begrenzung besitzt und die Feuerstelle abschließend wieder abgedeckt werden kann.

Mit einem stabilen Stock werden mehrere 15 cm tiefe Löcher schräg in die Erde gestoßen ***[2]***. Die Löcher sollten dabei dicht aneinander liegen und zum Schluss einen Kreis bilden. Ist der Lochkreis vollständig, wird mit dem Grabstock der Grasdeckel abgehoben ***[3 + 4]*** und es ergibt sich die Vertiefung für die Feuerstelle ***[5]***.

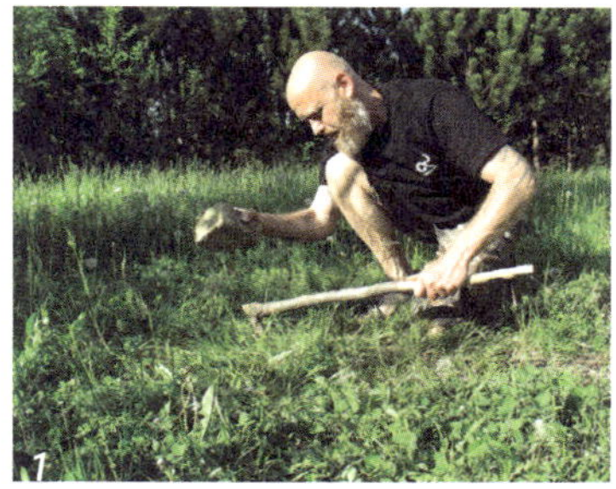
1

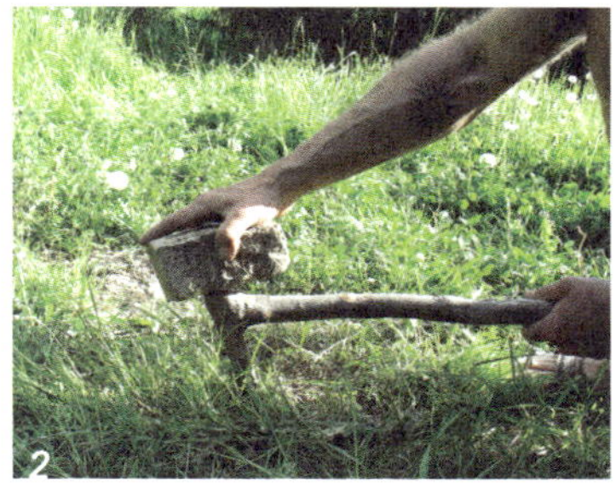
2

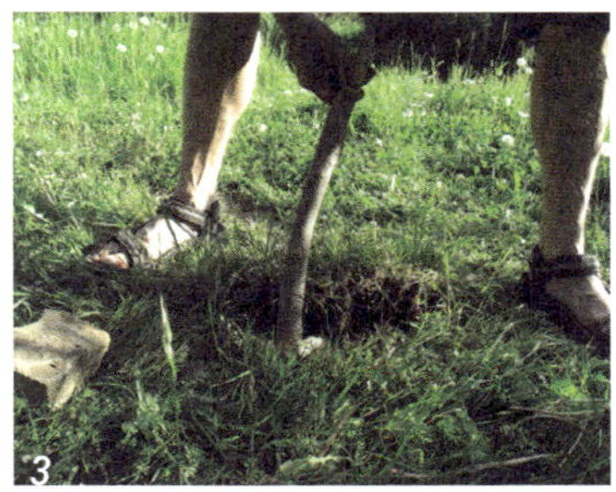
3

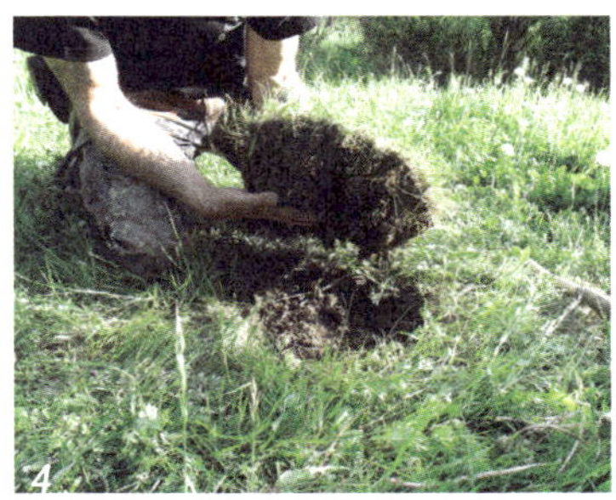
4

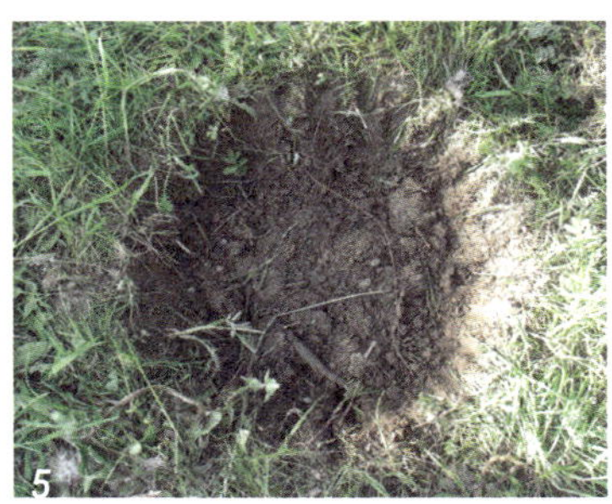
5

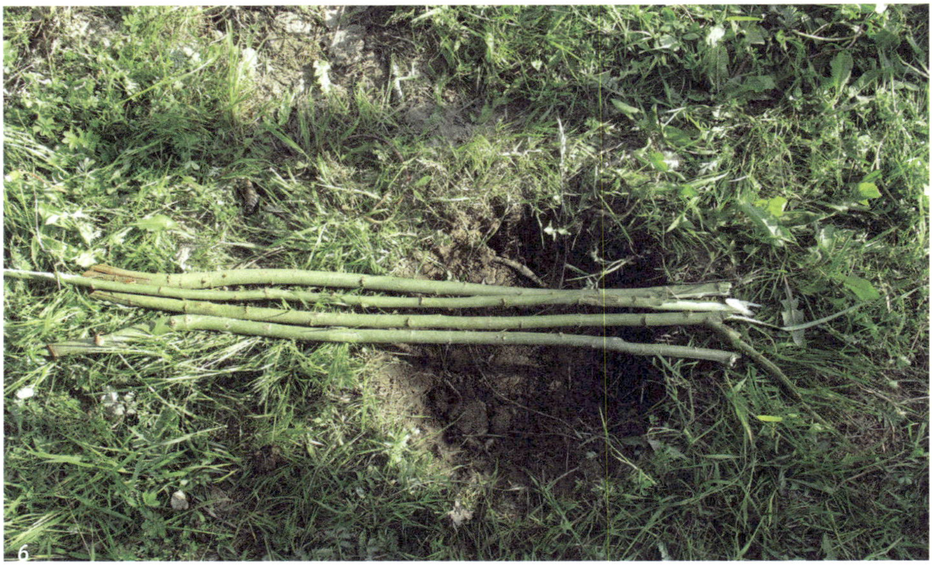

6

Für das Vierbein selbst werden vier 70 cm lange mit der Grundschnitztechnik angespitzte Äste benötigt ***[6]***, die an vier Seiten direkt neben dem Loch in die Erde gesteckt werden. Dabei kann man sie entweder gleich schräg in die Erde stecken, so dass sie sich oben in der Mitte berühren oder man steckt sie gerade in die Erde und zieht sie oben dann einfach zusammen ***[7]***.

Danach werden die Äste oben zusammengebunden. Dazu kann man Baumrinde, Wurzeln, Gras oder dünne Äste verwenden ***[8]***.

Als Topfhaken dient ein dünner, von Blättern befreiter Ast. Hier wurde ein Birkenast verwendet. Seine Länge wird dabei auf die Feuerstelle abgestimmt. Vor dem Abschneiden des Astes darauf achten, dass er unten noch eine Astgabelung hat, an die später der Topf gehängt werden kann ***[9]***. Der Ast wird oben mit einem Messer gespalten > ***Aufspalten mit dem Messer*** und mit den Händen vorsichtig bis zur Hälfte aufgespreizt. So kann der aufgespaltene Ast um die zusammengebundenen Äste geschoben werden.

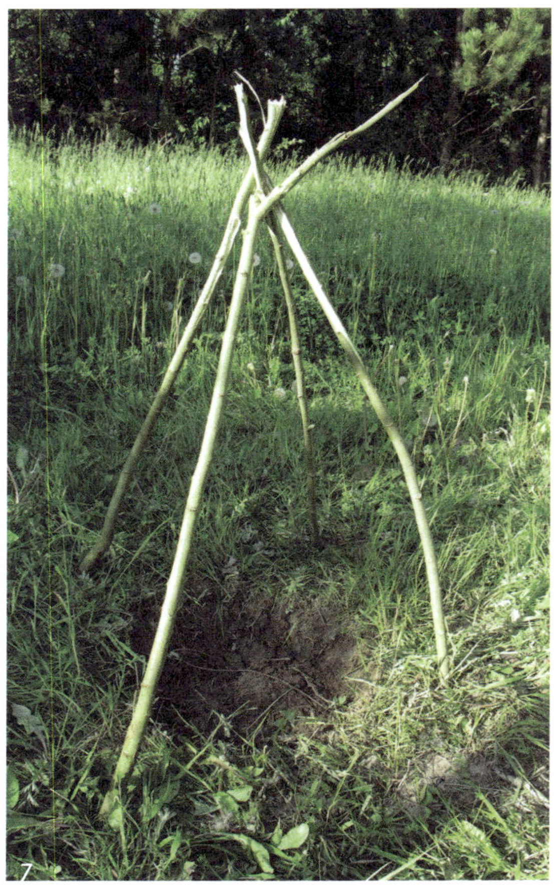

7

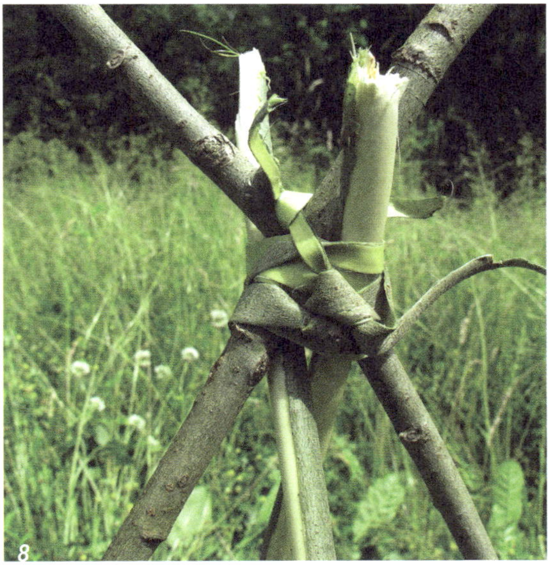

8

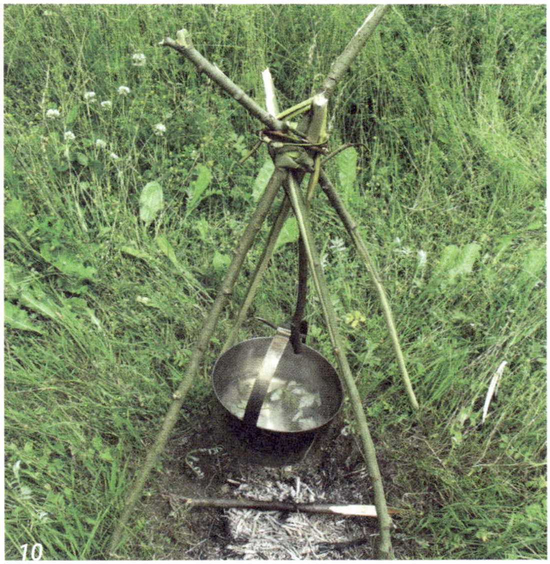

10

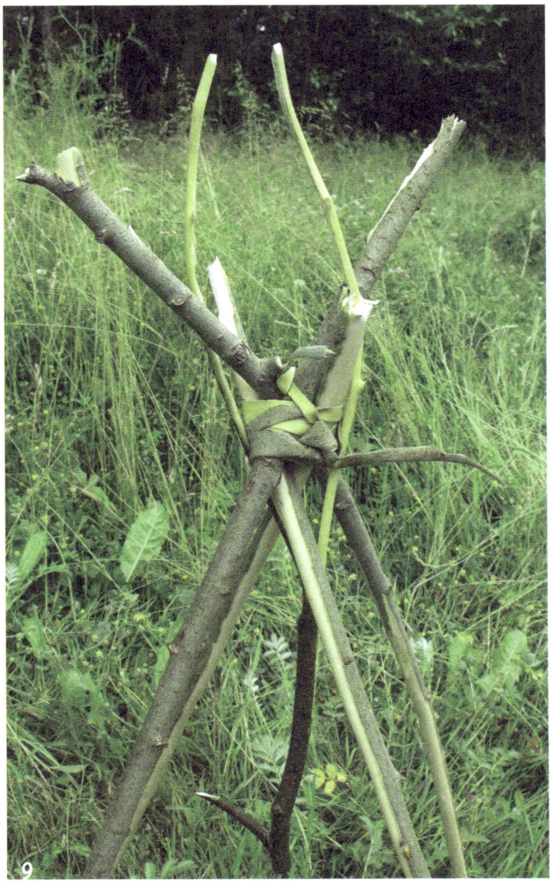

9

Seine Befestigung muss so stabilisiert werden, dass er nicht wieder nach unten rutscht, sobald ein Topf daran hängt.

Dafür werden die oben überstehenden Äste über Kreuz gezogen und nach unten in die Vierbeinverschnürung gesteckt. Wem diese Verbindung noch zu instabil ist, kann alles auch noch ein zweites Mal verschnüren ***[10]***.

Ist das Holz zu starr und lässt sich nicht biegen, reicht es aus, die zwei herausschauenden Äste oben über Kreuz zu legen und zu verschnüren.

Tipp:

Wer einen Weiden- oder Lindenast zur Verfügung hat, kann die Äste schälen und die Rinde gleich zum Zusammenbinden verwenden. Bei der Dimensionierung der Äste sollte immer berücksichtigt werden, dass der Topf einen sinnvollen Abstand zum Feuer braucht. Ist der Topf zu weit oben, muss ein großes Feuer gemacht und viel Holz gesammelt werden. Hängt der Topf zu tief, passt überhaupt kein richtiges Feuer mehr drunter.

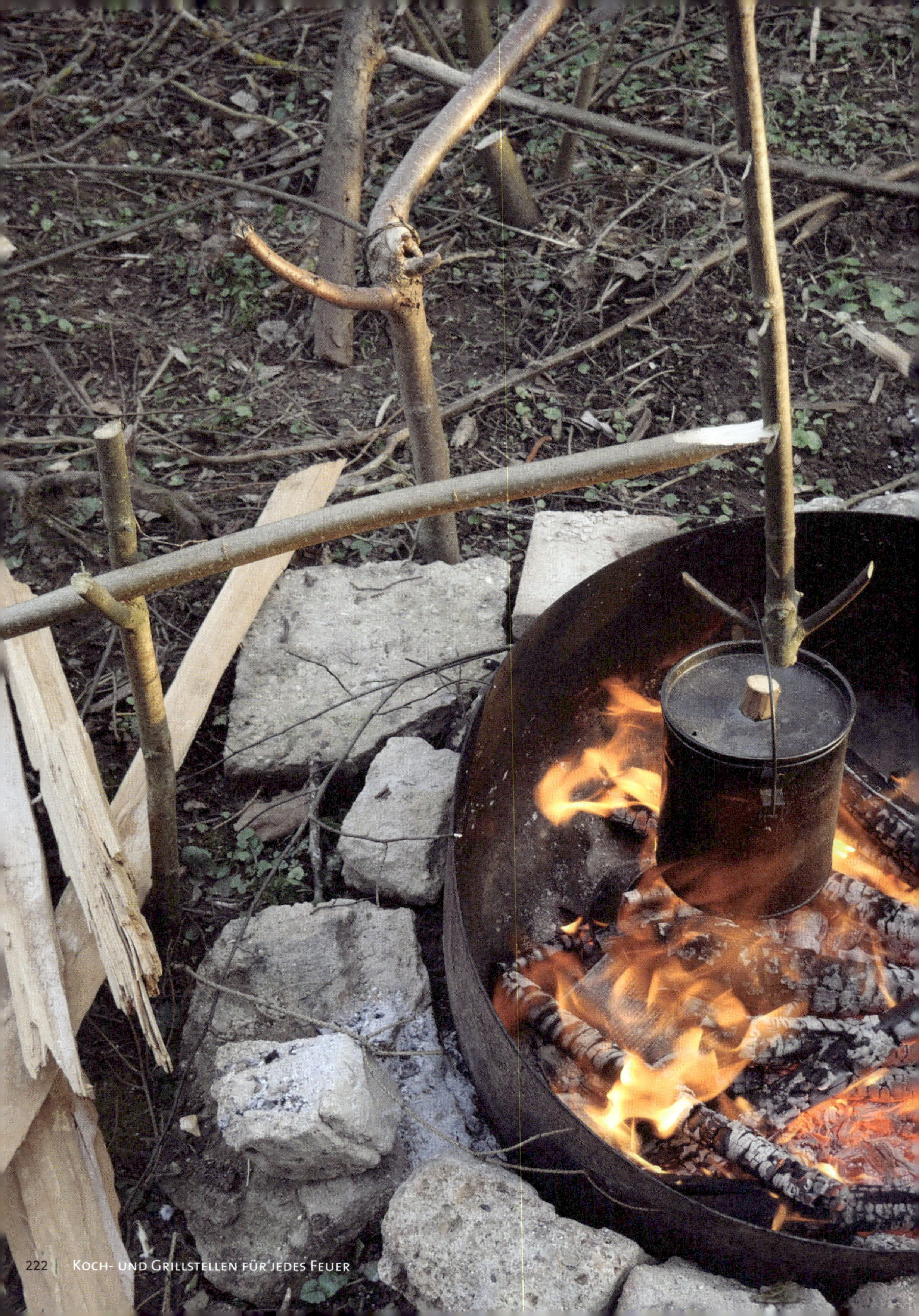

Kochgestell mit der Pot-Hook-Notch

Ein wirklicher Klassiker für Kochgestelle beim Bushcraften ist eine Kerbe, die als »Pot Hook Notch« bezeichnet wird. Frei übersetzen könnte man die englische Bezeichnung mit »Topfhänger-Kerbe«.

Diese Kerbe ermöglicht es, aus einer Astgabel eine Kochtopfaufhängung zu schnitzen, die sich vielseitig einsetzen lässt. Vor allem ist sie sehr schnell geschnitzt, sodass man kein extra Material mit sich herumtragen muss. Zudem lassen sich mit dieser Kerbe viele Kochgestelle bauen, die ohne Schnur oder Seil auskommen. Wenn man eine solche Kerbe schnitzen möchte, benötigt man ein Messer und eine Astgabel mit mindestens einer Abzweigung, so dass sich ein Haken ergibt. Wobei sich auch mehrere Abzweigungen und damit Haken anbieten, wie später noch gezeigt wird.

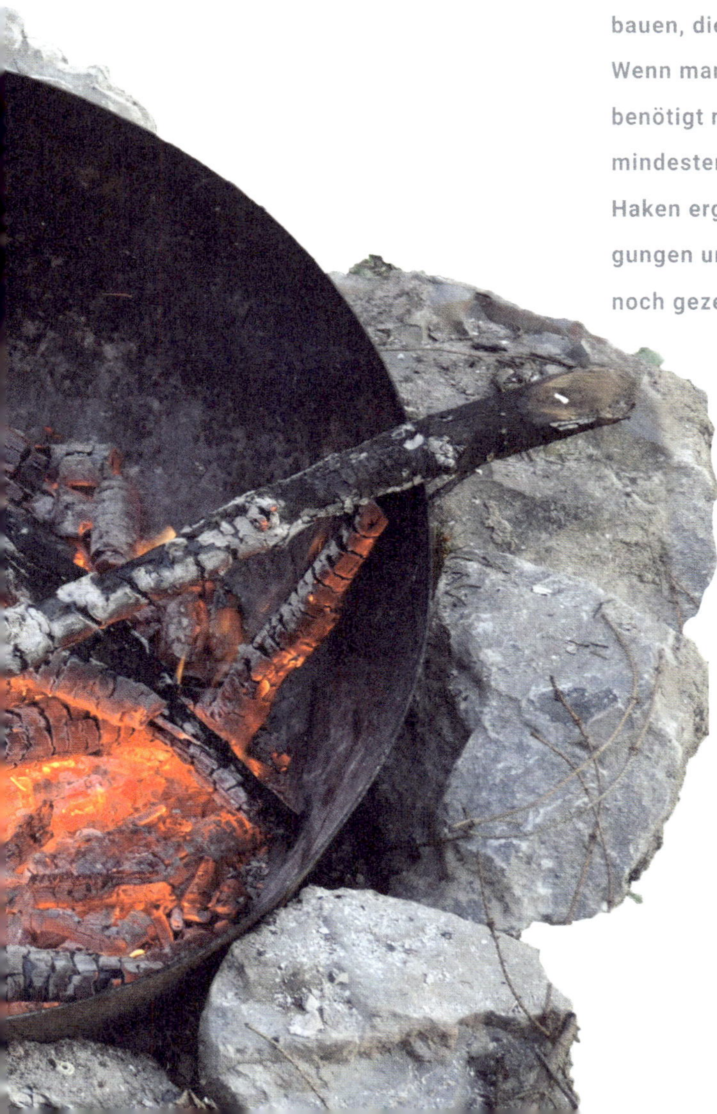

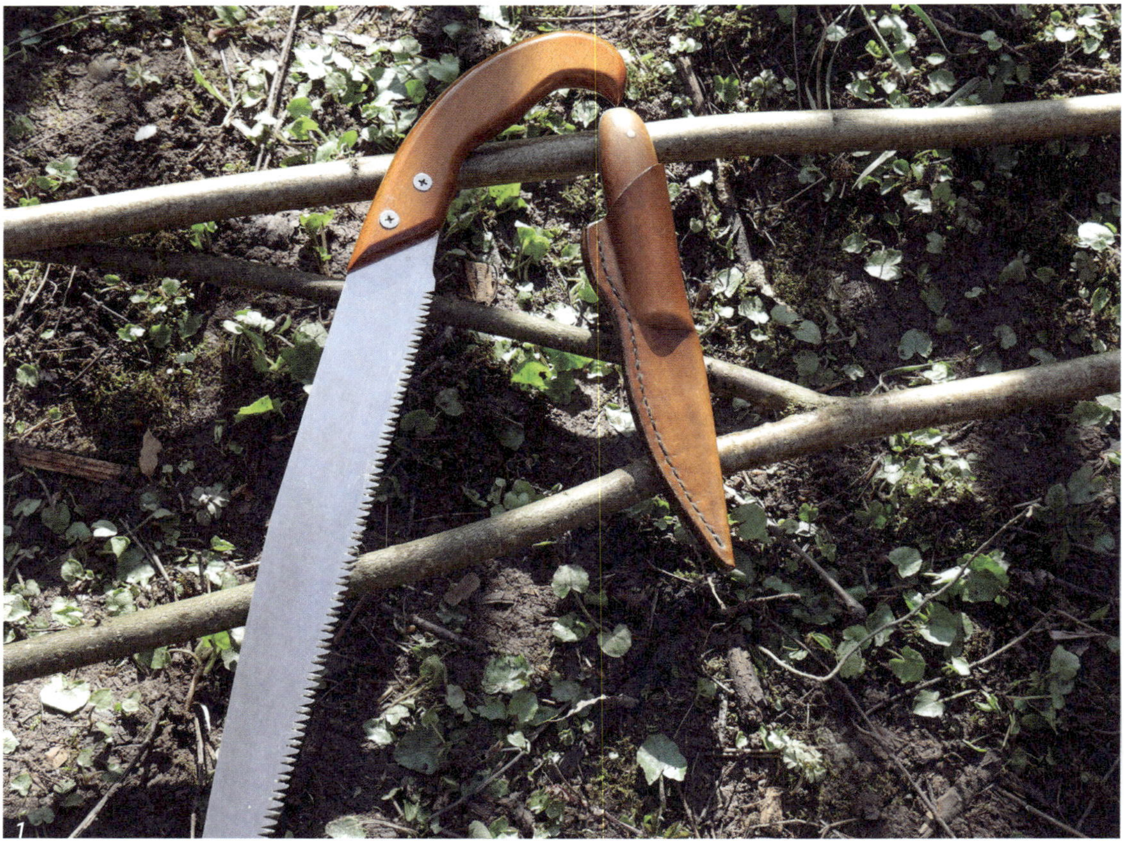

1

Es ist sinnvoll, einen Ast zu wählen, an dem man mehr als eine Kerbe anbringen kann, so ist die Möglichkeit zur Höhenverstellung gegeben, wenn man dies möchte ***[1]***.

Eine gute Länge sind ca. 40 cm, da so ohne Probleme drei bis vier Kerben eingeschnitzt werden können. Die Astgabel, die hier verwendet wird, ist nur zeigefingerdick. Bei dieser Art der Aufhängung benötigt man meistens keine richtig dicken Äste, da die Hauptbelastung nach unten geht und sich auf einen Punkt konzentriert, sodass die Stärke des Astes nur eine untergeordnete Rolle spielt. Zur Verdeutlichung: Der auf Seite 222 gezeigte Holzhaken war in der Lage ohne Probleme 2 Kilo Gewicht zu halten.

Mit der ersten Kerbe beginnt man nahe an der Spitze. Dafür legt man das Holz auf einen festen Untergrund und drückt mit dem Messer ein Kreuz in das Holz ***[2]***.

Nun kann man mit der Messerspitze und der > ***Daumenschiebtechnik*** vorsichtig die oberste Holzschicht der Kerbe entfernen ***[3]***. Dabei bleibt nur das Dreieck für den späteren Haken stehen, an dem der Kochhaken aufgehängt wird ***[4]***. Der Vorgang des Messereindrückens und Abhebens der einzelnen Holzschichten wird nun so lange wiederholt, bis ein klar zu erkennender Haken entstanden ist ***[5]***.

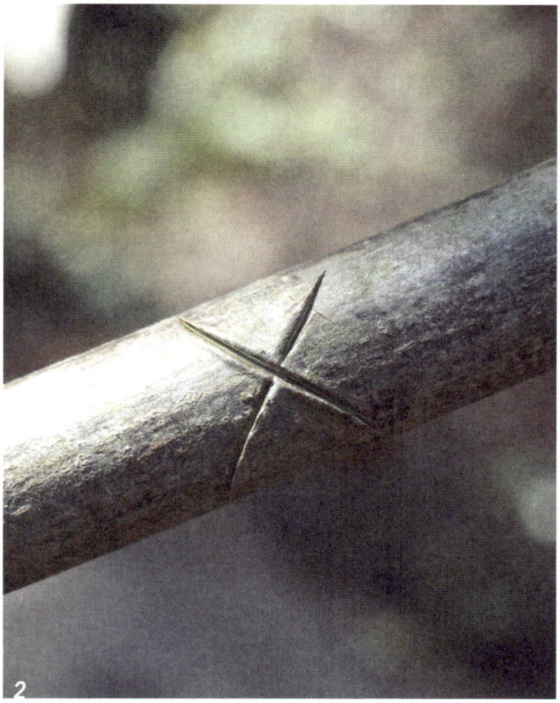
2

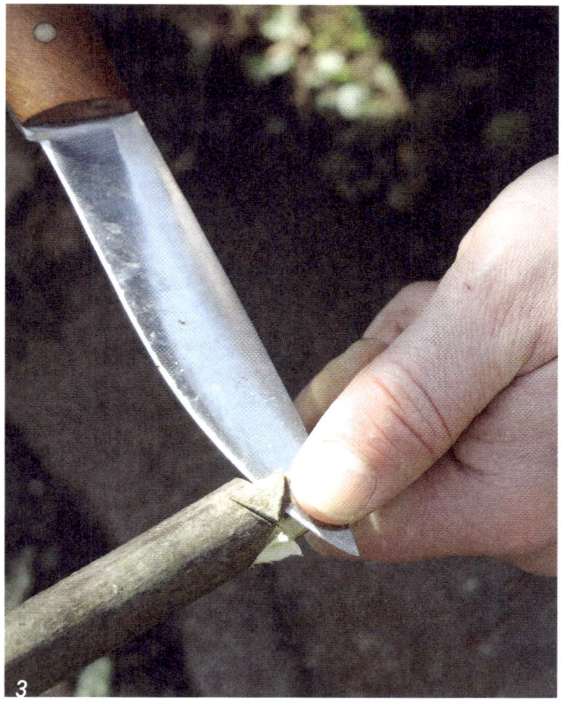
3

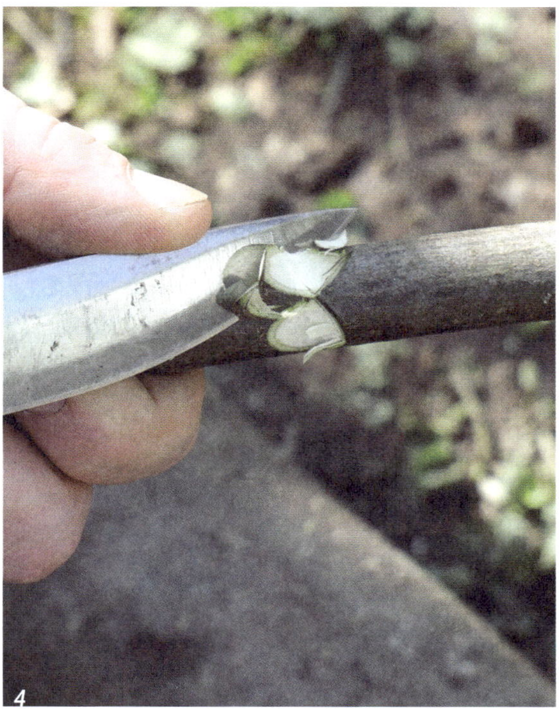
4

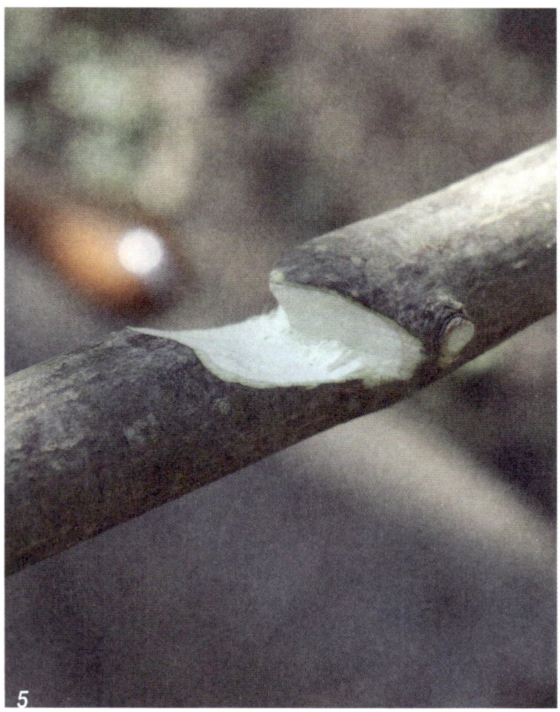
5

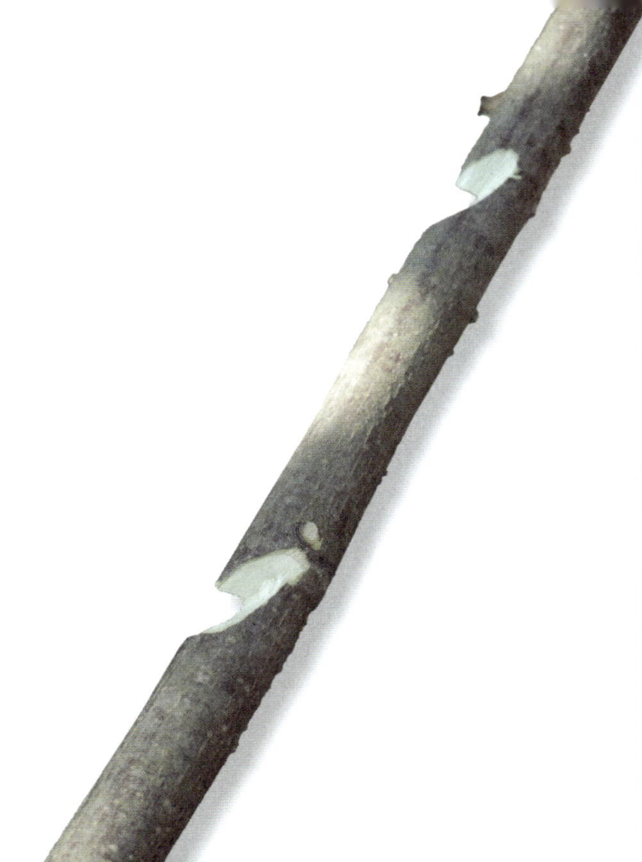

6

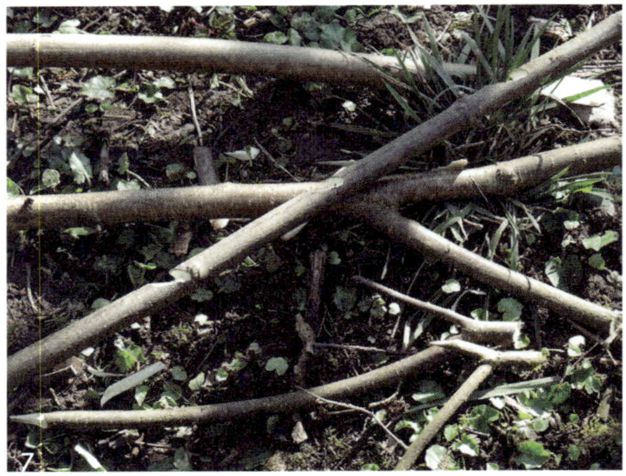

7

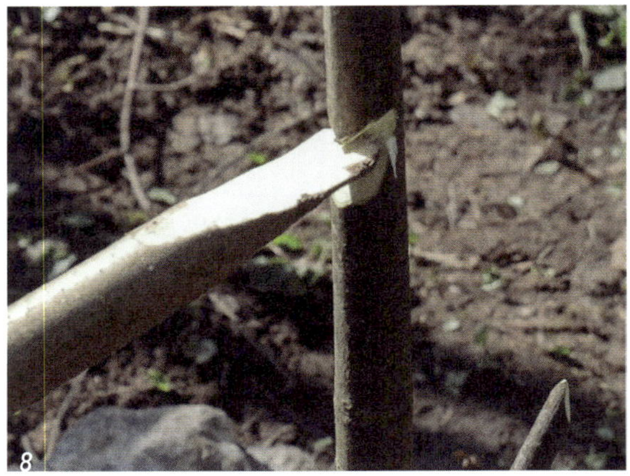

8

Solche Kerben können nun über die ganze Länge des Holzes verteilt werden, je nachdem wie groß die ganze Aufhängung später werden soll ***[6]***.

Um damit nun einen Kochtopf über das Feuer zu hängen, benötigt man eine weitere, etwas größere Astgabel, zwei kleinere Astgabeln, etwa so dick wie der kleine Finger sowie einen ca. 180 cm langen mindestens daumendicken Trägerast ***[7]***. Zunächst wird an der dickeren Seite des Trägerastes eine sehr flach auslaufende Spitze geschnitzt. Hier werden später die Kerben aufgesetzt, wenn der Topf über dem Feuer hängt ***[8]***.

Dann wird die etwas dickere Astgabel angespitzt und nahe der Feuerstelle in den Boden gesteckt. Darauf wird der Trägerast gelegt ***[9]***. Es ist jedoch wichtig, dass der Trägerast, der später das ganze Gewicht des Kochtopfs tragen muss, zuvor tief in den Boden gesteckt worden ist, damit er nicht nach vorne überkippen kann. Zur zusätzlichen Sicherung werden noch die beiden kleinen Astgabeln zu einer Art »Hering« geschnitzt und am Ende des langen Stabes des Trägerastes in die Erde gesteckt ***[10]***.

So kann jener durch das Gewicht des Essens nicht einfach aus dem Boden gezogen werden. Auf diese Weise erhält man ein Kochgestell, das sich ohne viel Mühe in der Höhe anpassen lässt und ganz ohne Schnur auskommt.

Der Aufhänge-Haken lässt sich aufgrund der Topfhänger-Kerben einfach nach oben oder unten verstellen, so dass man immer die optimale Kochtemperatur

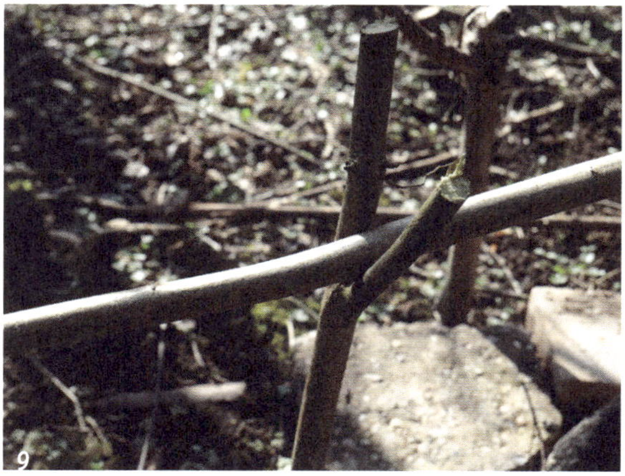

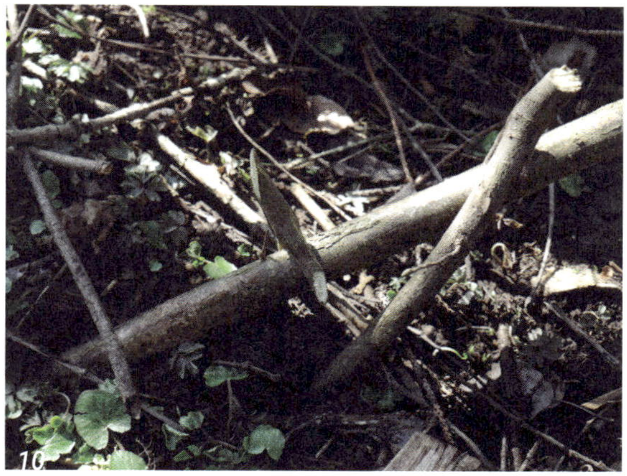

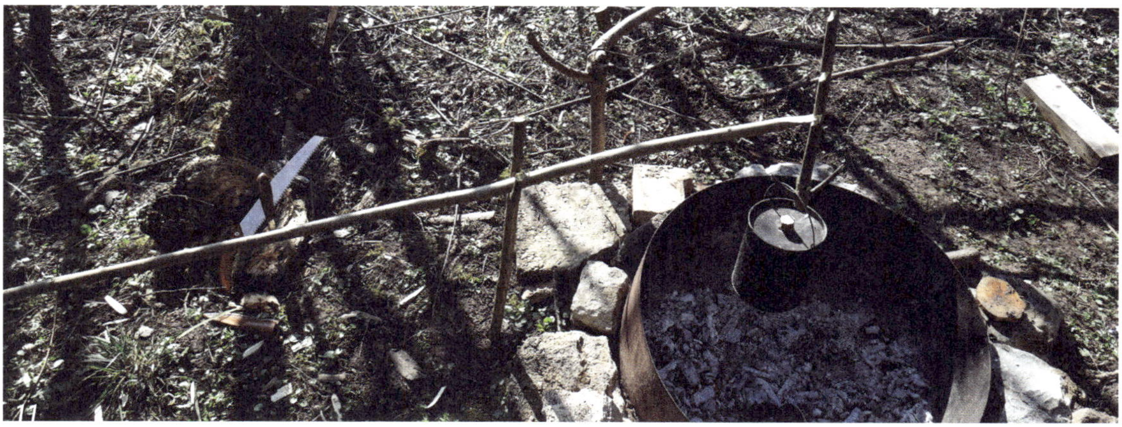

erreicht. Zudem kann man den Kochtopf sehr leicht etwas in Schwingung versetzen, um das Kochgut gleichmäßig zu erhitzen *[11]*.

Wenn man die Konstruktion zum ersten Mal betrachtet, wirkt sie sehr instabil. Dies ist jedoch ein Irrtum, da das Gewicht durch die Hakenform der Kerbe auf einen Punkt zentriert wird, sobald ein Topf dranhängt. So ist es fast unmöglich, dass der Haken vom Hauptholz rutscht und der Topf ins Feuer fällt. Natürlich kann ein solcher Haken über eine lange Zeit hinweg verwendet und auch mit anderen Kochgestellen aus diesem Buch kombiniert werden. So kann man diesen z. B. auch mit Hilfe von Weidenruten an einem Drei- oder Vierbein anbringen oder an einer Stange quer zum Feuer aufhängen, wie es beim > ***Dörr- und Räuchergestell*** gezeigt wurde. Gewiefte BushcrafterInnen haben einen Wanderstock dabei, der über eine flache Spitze verfügt und so den Trägerast, an dem die Pot-Hook-Notch angehängt wird, ersetzt. Wie das genau geht, wird wohl ein anderes Mal beschrieben werden müssen …

Tipp:

Der Haken, der die Tophänger-Kerbe ausmacht, lässt sich vielfältig einsetzen. So lässt sich dieser auch optimal als Seilhalter-Kerbe für geschnitzte Zeltheringe verwenden oder auch als Pfeil-Einhängung bei einer Speerschleuder.

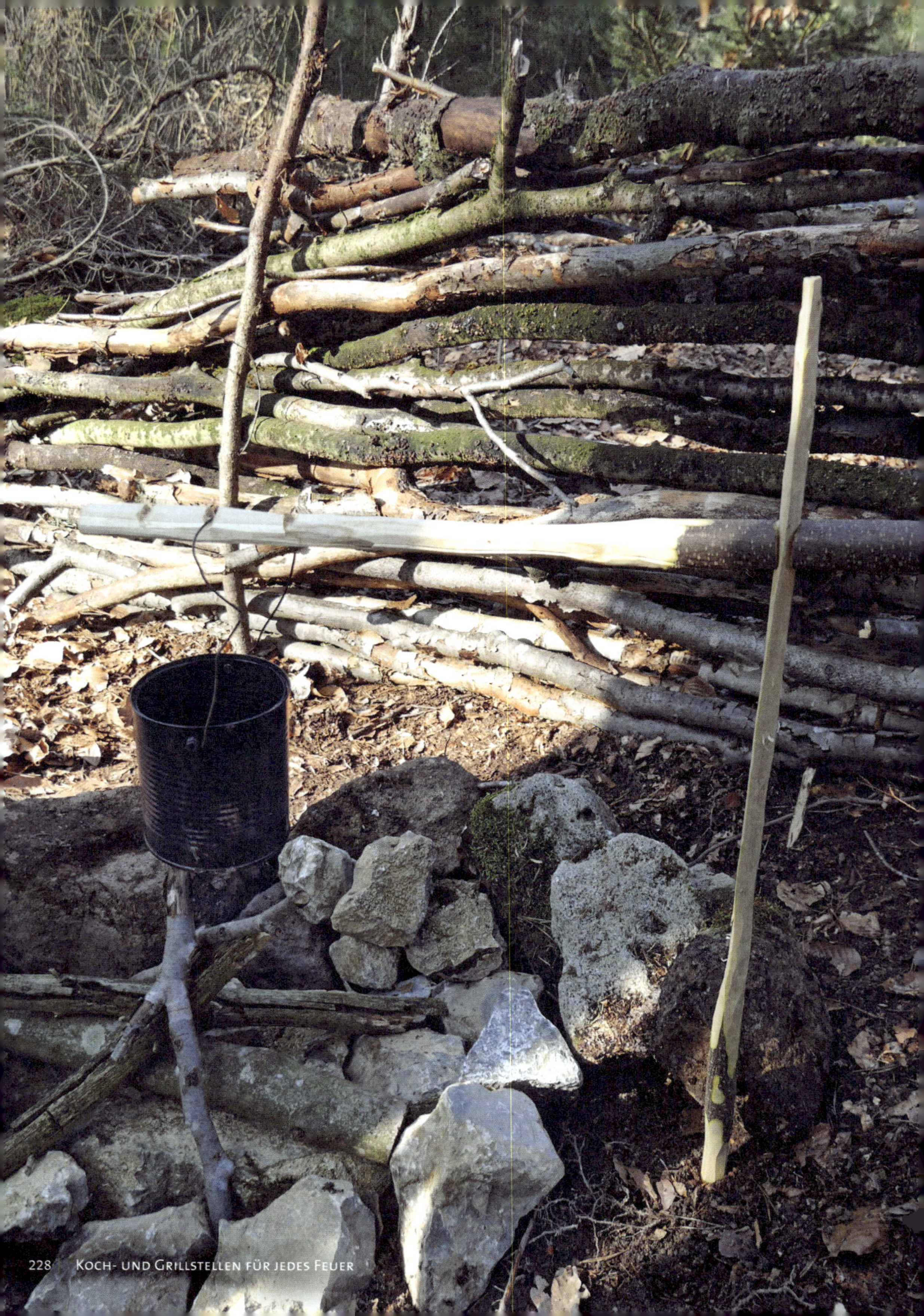

Feuerkran mit Schwalbenschwanzverbindung

Ein sehr schönes Projekt ist der Bau einer höhenverstellbaren Topfaufhängung mit einer Schwalbenschwanzverbindung. Mehr noch als um die Zweckmäßigkeit der Vorrichtung geht es hier um das Projekt als wunderbare tolle Schnitzübung.

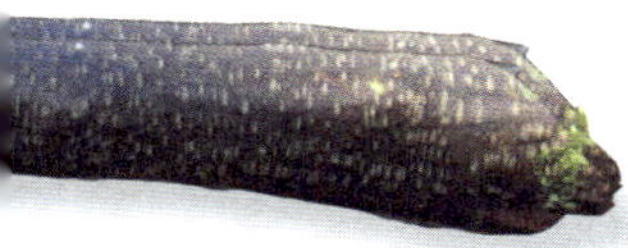

Die Schwalbenschwanzverbindung wird auch im Möbelbau gerne verwendet. Hier dient sie dazu, ein Kochgestell zu bauen, das sich durch das Eigengewicht des Auslegerarmes selbst festklemmt. Dadurch wird es höhenverstellbar und über die Bodenverankerung auch schwenkbar. Trotzdem muss hier erwähnt werden, dass diese Verbindung nicht zu den stabilsten Verbindungen von Kochgestellen gehört, es sei denn man nutzt sehr starke Äste, die viel Gewicht tragen können. Sobald man für mehr als eine Person kocht, bieten sich andere Kochgestelle wie z. B. das mit der > *Pot-Hook-Notch* mehr an.

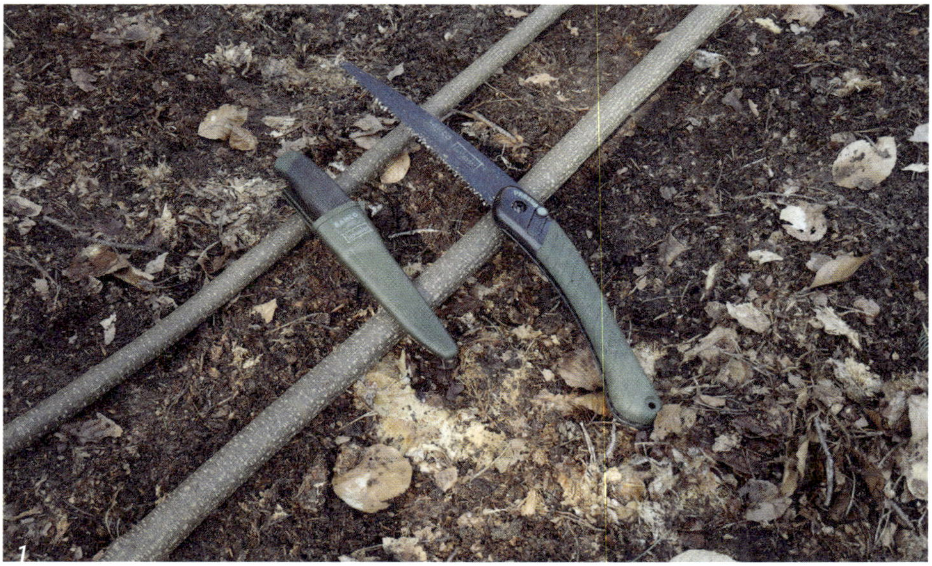

Für die Fertigung des Gestells benötigt man zwei unterschiedlich dicke Äste. Nimmt man dafür Grünholz, ist damit zu rechnen, dass das Gestell nach dem Trocknen nutzlos wird. Es passiert häufig, dass die Verbindungen durch eventuelle Schrumpfungsprozesse des Holzes nicht mehr passen oder sich komplett verziehen.
Hier wurden beim Bau zwei 40 cm lange Äste benutzt. Wobei der Trägerast etwa 2,5 cm und der Ausleger mindestens 1,5 cm dick sein sollte ***[1]***.

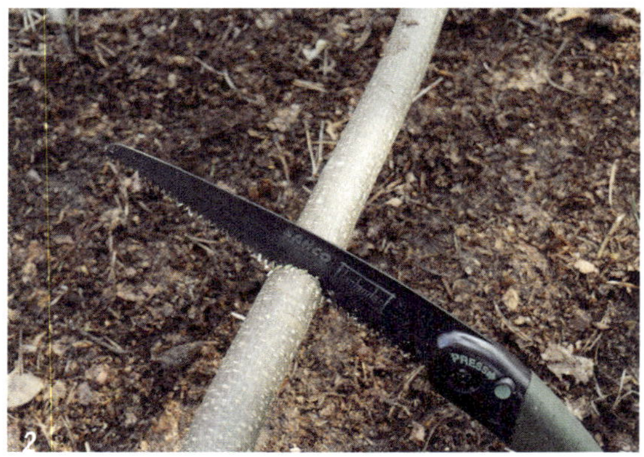

Der Auslegerast wird im hinteren Drittel zweimal eingesägt, so dass ein umgekehrtes V entsteht. ***[2]***. Der Abstand zwischen den Sägeschnitten sollte dabei etwas mehr als die Hälfte des Durchmessers des Auslegerastes betragen ***[3]***.

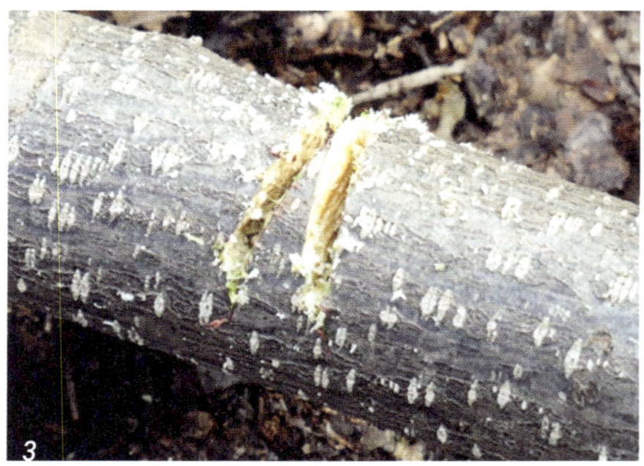

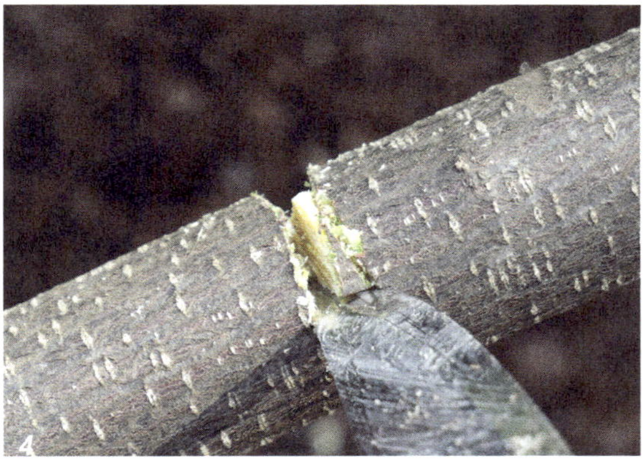

4

Nun wird mit der > ***Daumenschiebtechnik*** und der Messerspitze der Mittelteil zwischen den Sägeschnitten herausgelöst ***[4]***. So entsteht ein Trapez, das später für die Verkantung der Aufhängung sorgt. Daher kommt auch der Name Schwalbenschwanzverbindung ***[5]***.

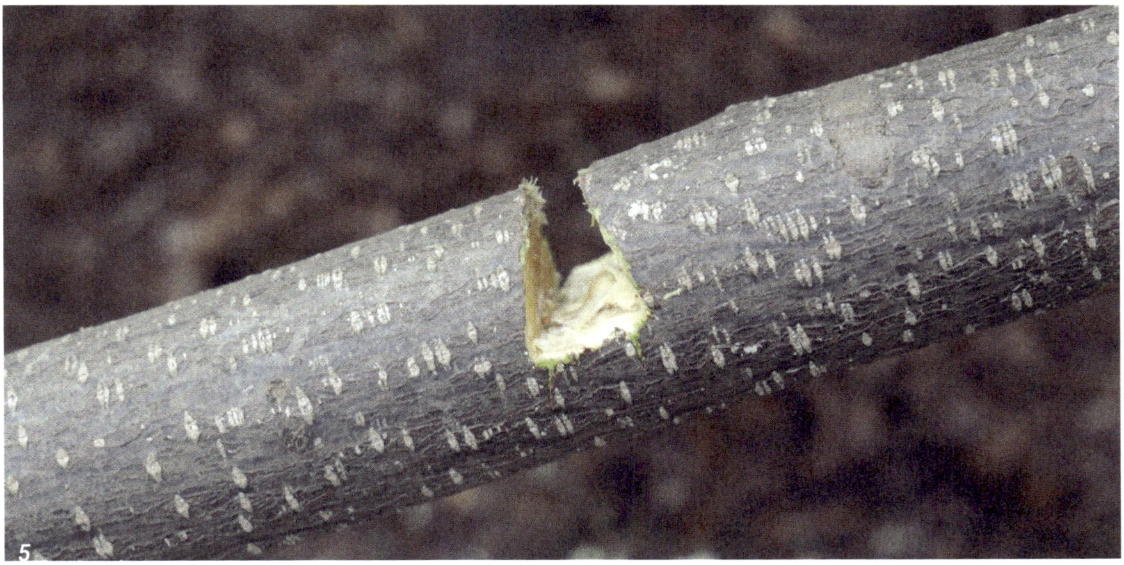

5

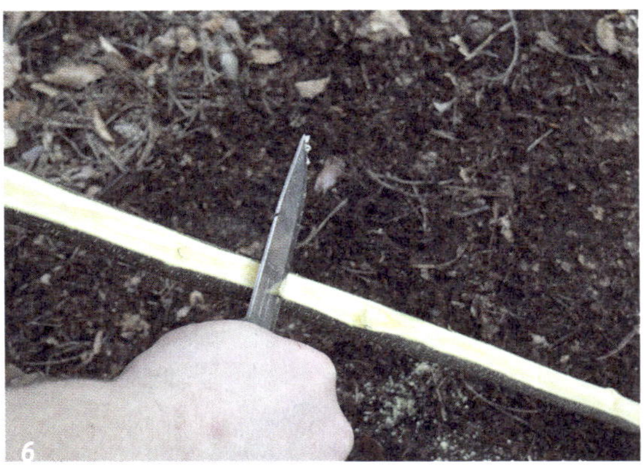

6

Der Trägerstock wird nun zu einem Dreikantholz umgeschnitzt. Dafür werden drei Seiten des Stockes mit der > ***Grundschnitztechnik*** zuerst leicht flach geschnitzt, sodass eine gleichmäßige dreieckige Grundform entsteht ***[6]***.
Diese Grundform wird dann im oberen Teil des Trägerastes auf die trapezförmige Kerbe des Auslegerastes angepasst.

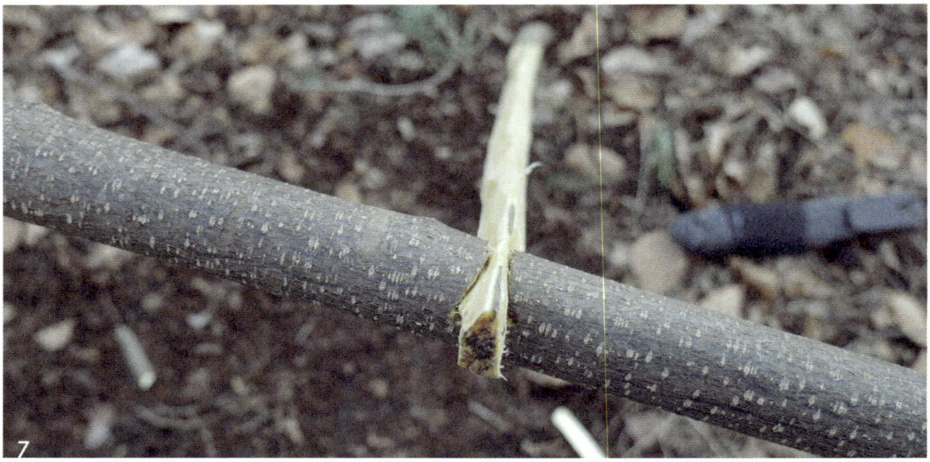

7

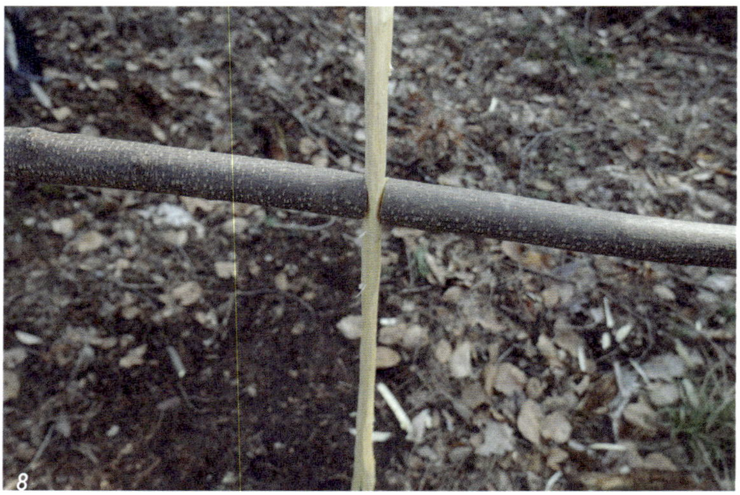

8

Dabei sollten die beiden Teile dann so gut ineinander passen, dass sie leicht beweglich sind ***[7]***. Sobald an dieser Stelle die Form passt, kann diese mithilfe der Grundschnitztechnik auf den ganzen Träger übertragen werden. Die Herausforderung besteht dabei darin, die drei Flächen über die ganze Länge des Astes so gleichmäßig zu schnitzen, dass eine Kerbenführung ohne Blockierung möglich ist ***[8]***. Lässt sich der Ausleger über die gesamte Länge ohne Probleme nach oben und unten verstellen, ist die Konstruktion so gut wie fertig. Der Ausleger sollte sich nun in ganz waagrechter Position gut verstellen lassen und sobald ein Gewicht oder Druck auf die Spitze gebracht wird, sofort blockieren, damit der Topf später in Position gehalten wird. Nun wird der Ausleger noch weiter bearbeitet. Aus Gewichtsgründen kann er etwas schmaler geschnitzt werden, dies ist jedoch nicht zwingend, wichtiger ist, an seiner Spitze mindestens eine Kerbe einzusägen, um den Topfhenkel darin einhängen zu können ***[9]***. Denn die Verbindung neigt sich im Einsatz ja leicht in Richtung Feuer, was im schlechtesten Fall

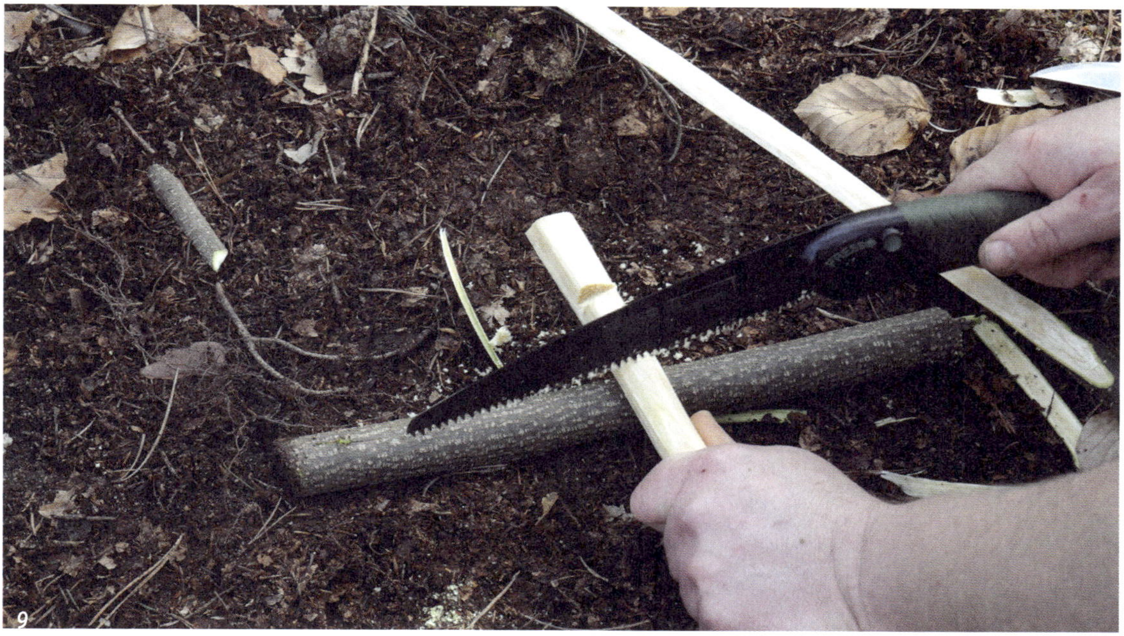

9

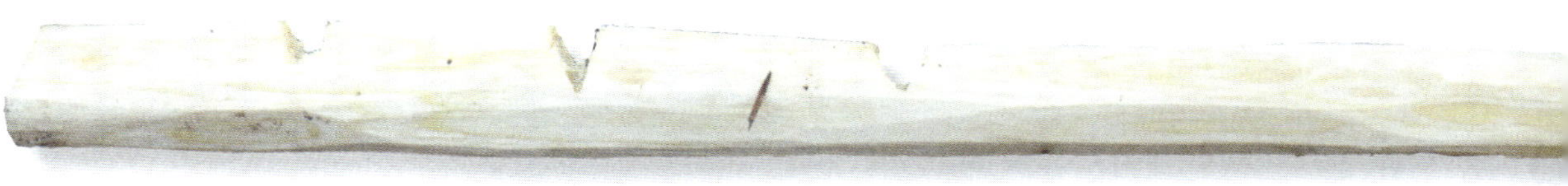

10

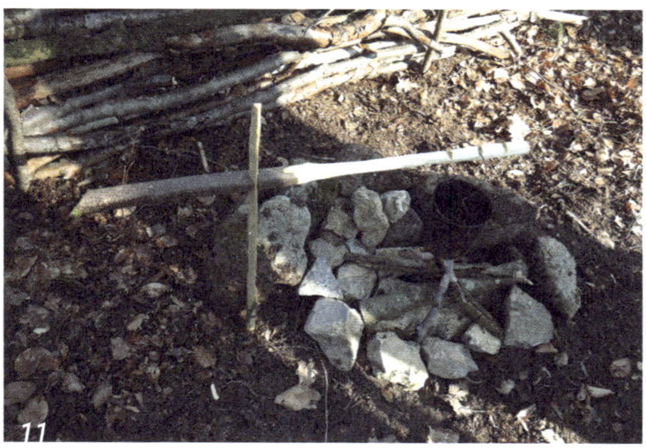

11

dazu führen kann, dass der Topf abrutscht ***[10]***. Schließlich wird nun noch der untere Bereich des Trägerastes mit dem > ***Powercut*** angespitzt, in die Erde gesteckt und die Verbindungen dann zusammengesteckt. Einem warmen Essen oder Getränk steht nun nichts mehr im Wege ***[11]***.

Tipp:

Dieses Kochgestell lässt sich sehr einfach auseinander- und zusammenbauen. Die Einzelteile können gut am Rucksack, z. B. in der Wanderstockhalterung, befestigt und mitgenommen werden, um sie unterwegs zu nutzen, ohne sie immer wieder neu schnitzen zu müssen.

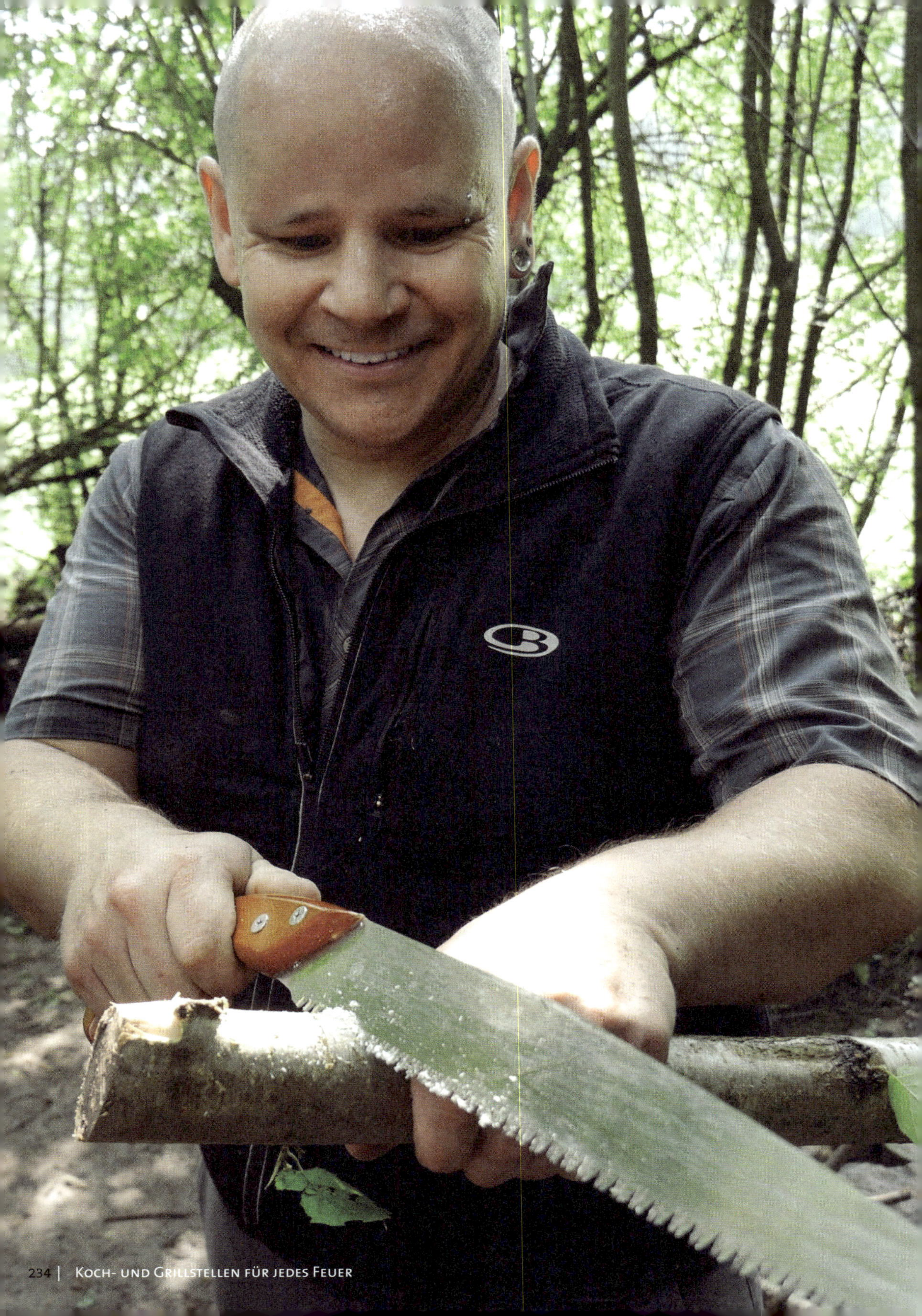

Kochgestell – schwenk- und höhenverstellbar

Wenn man mehrere Tage an einem Ort ist oder ein Camp hat, lohnt es sich, ein etwas stabileres Kochgestell zu bauen. Dabei ist es besonders praktisch, wenn sich dieses Kochgestell sowohl in alle Richtungen schwenken lässt als auch höhenverstellbar ist.

So macht das Kochen deutlich mehr Freude und man hat gute Kontrolle über die Hitze. Da man Schnur in der Natur oft nur begrenzt zu Verfügung hat, wird das gesamte Gestell ganz aus Holz gebaut. Dafür braucht man eigentlich nur ein Messer, aber eine Säge erleichtert die Arbeit erheblich.

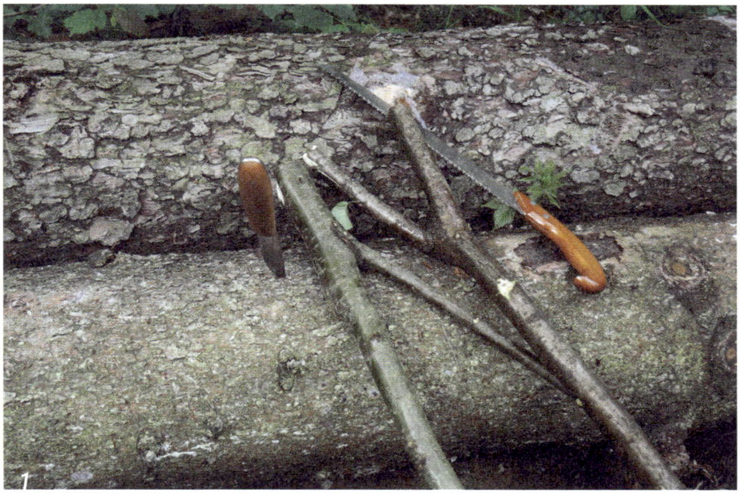

1

Man besorgt sich zwei dicke Äste mit Astgabeln am Ende. Hier bietet sich wieder das Holz des Haselstrauches an. Gerade beim ersten Versuch ist es leichter, frisches Holz zu verwenden, da dieses noch ausreichend flexibel ist. Dabei sollte der als Hauptträger vorgesehene Ast am Ende eine Astgabel haben, die in einer V-Form endet und beim andern sollte die Astgabel am Ende wie ein Haken eingesetzt werden können ***[1]***. Der Ast mit der V-Form sollte mindestens 4 cm dick und ca. 1,5 m lang sein und der Ast mit dem Haken 2,5–3 cm dick und ca. 1,10 m lang sein.

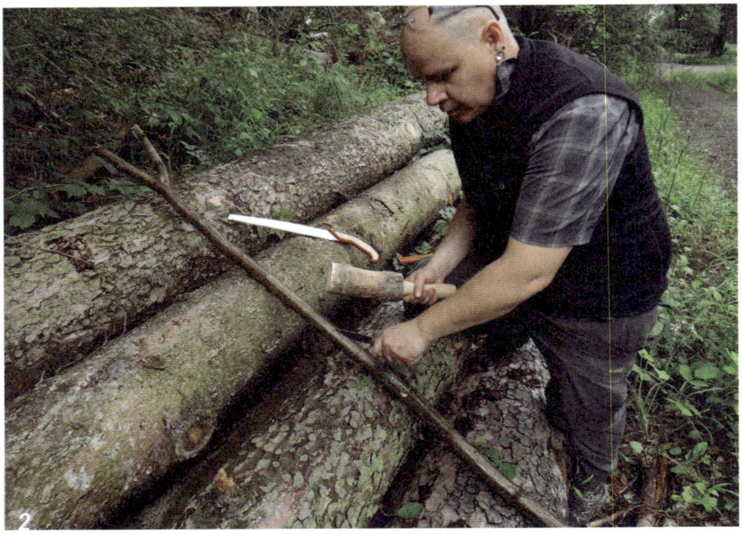

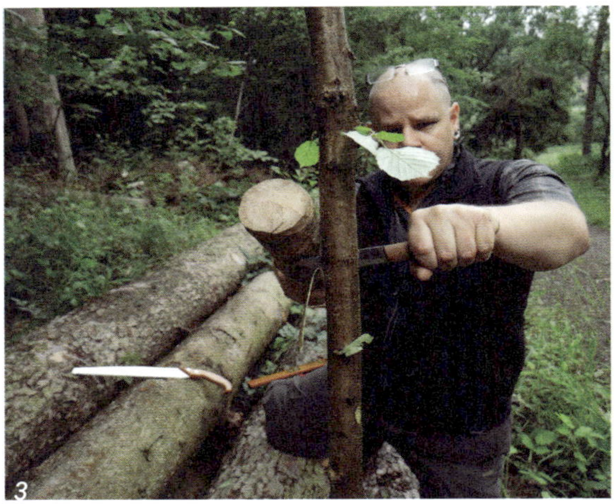

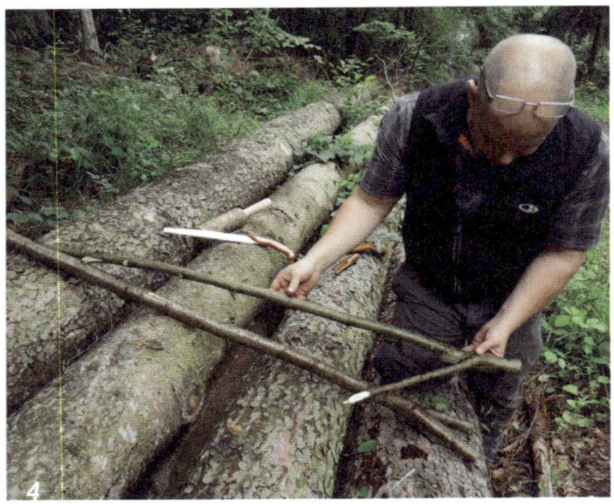

Nun wird der dickere Ast etwa 80 cm von der V-Form entfernt an der Oberseite mit einer Variante der > ***Einspalttechnik*** aufgespalten. Dafür setzt man die Klinge in der Mitte des Astes an und schlägt dann wohldosiert so lange mit einem Ast auf den Messerrücken bis die Klinge auf der anderen Seite des Trägerastes austritt ***[2]***. Es ist wichtig, den Ast so mittig wie möglich aufzuspalten, damit der Schlitz nicht ausreißt. Nun wird der Ast aufrecht gestellt und so lange vorsichtig auf die Messerspitze, die ja auf der anderen Seite ausgetreten ist, geschlagen, bis der Spalt sich auf ca. 25 cm verlängert hat ***[3]***.

Nun setzt man den Ast mit dem Hakenende an der Mitte des Spalts an und misst die Länge ab, die der Ast später haben soll. Es ist wichtig, dass die Mitte des Hakens und die Mitte der V-Form dabei eine gerade Linie bilden und der Ast mit dem Haken mindestens 10 cm länger ist als die Länge, die man abgemessen hat ***[4]***.

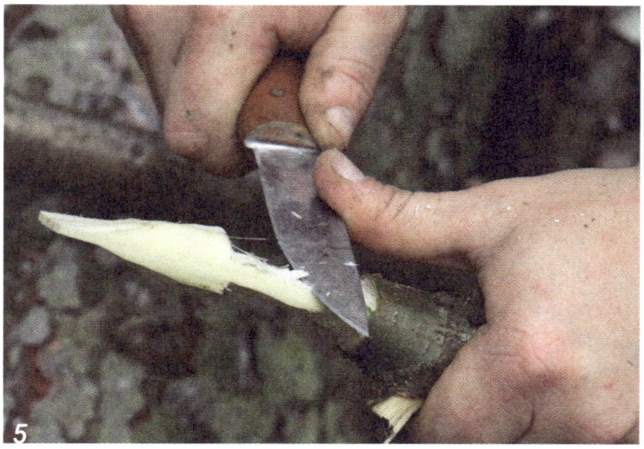

5

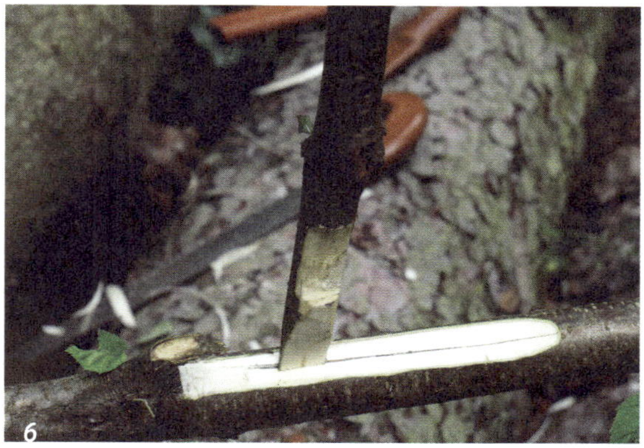

6

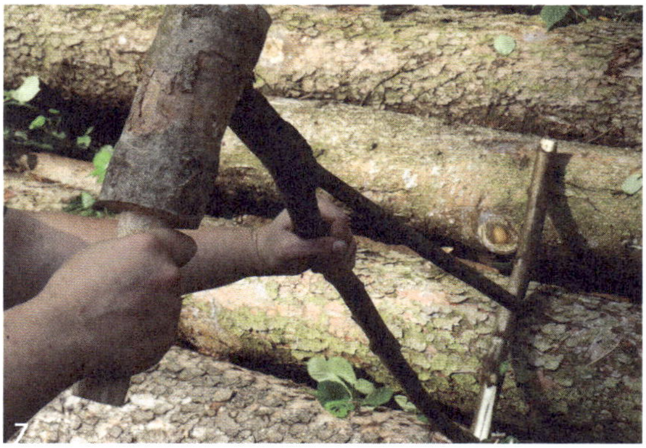

7

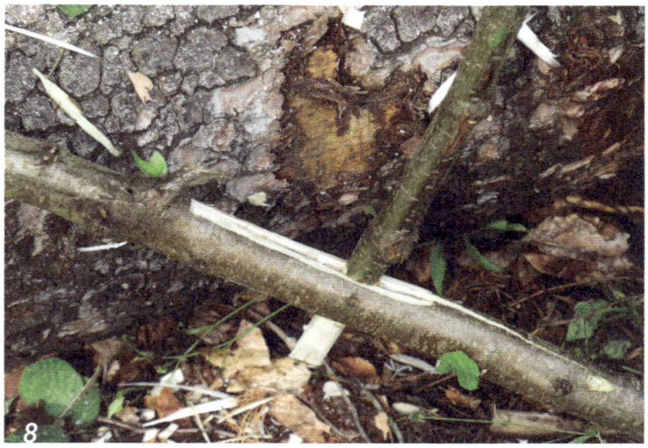

8

Daraufhin wird der Ast mit dem Haken auf die gewünschte Länge plus die 10 cm abgesägt oder abgeschnitzt. Am abgesägten Ende wird nun eine ca. 5 cm lange flache v-förmige Spitze herausgearbeitet, wofür sich die > ***Grundschnitztechnik*** am besten eignet. Hinter der Spitze werden auf der jeweils gegenüberliegenden Seite zwei Kerben herausgearbeitet. Dafür bietet es sich an, vorher jeweils zwei Schlitze einzusägen und den Zwischenraum mit Hilfe der > ***Daumenschiebtechnik*** herauszuschnitzen ***[5]***.

In diesen beiden Kerben wird sich später der Trägerast festklemmen. Darum sollten die Kerben auch etwas länger sein als der Ast mit der v-förmigen Astgabel dick ist. Zudem muss die Spitze dabei in Relation zum Haken am Ende um 90 Grad versetzt angebracht werden, damit das System später funktioniert. Nun setzt man die Spitze mittig auf dem Spalt an und drückt diesen leicht in die Vertiefung. Dazu legt man den Ast auf den Boden oder eine sehr stabile Unterlage ***[6]***. Nun schlägt man mit wohldosierter Kraft und einem schweren Ast oder Holzhammer hinten auf die Astgabel. Dabei sollte sehr gerade auf den Ast geschlagen werden, damit der Spalt nicht ausreißt ***[7]***.

Wenn man die Spitze vollständig durch den Spalt getrieben hat, klemmt sich der Trägerast in den Kerben hinter der Spitze fest und lässt sich auch nicht mehr entfernen ***[8]***. Nun treibt man neben der Feuerstelle einen mindestens 5 cm dicken Stamm so tief in den Boden, dass er sich nicht mehr einfach umdrücken

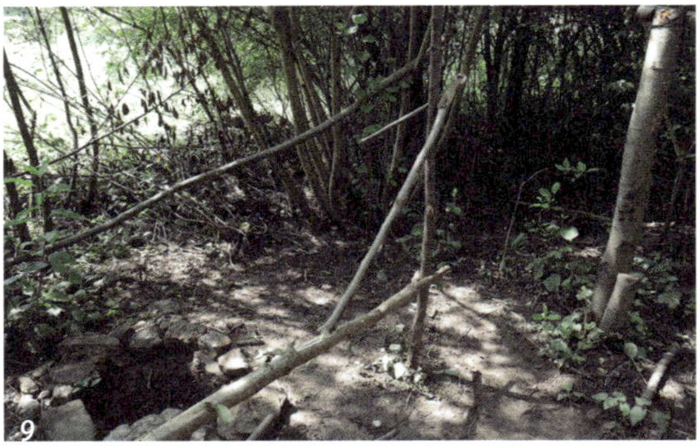
9

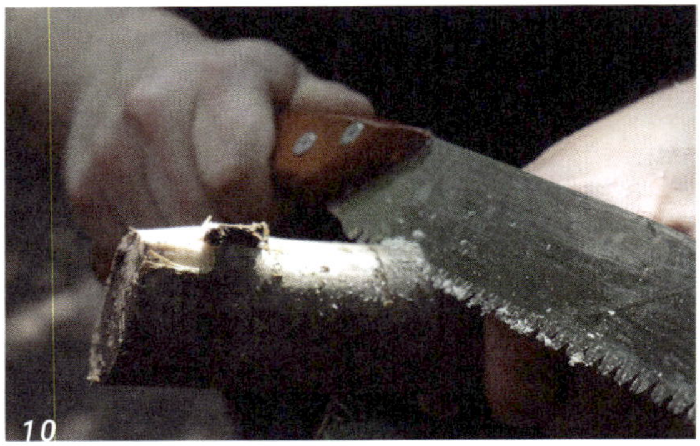
10

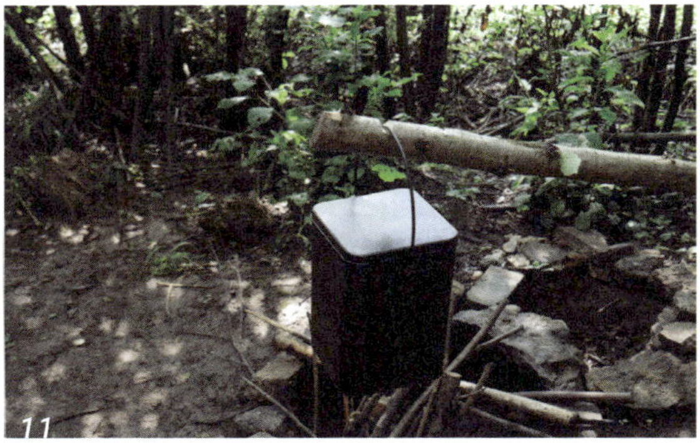
11

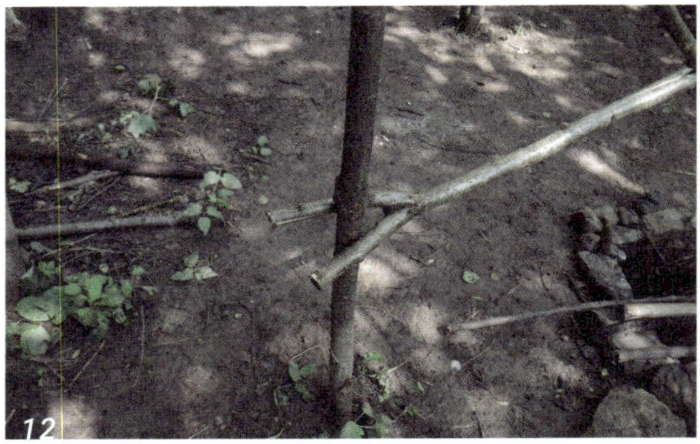
12

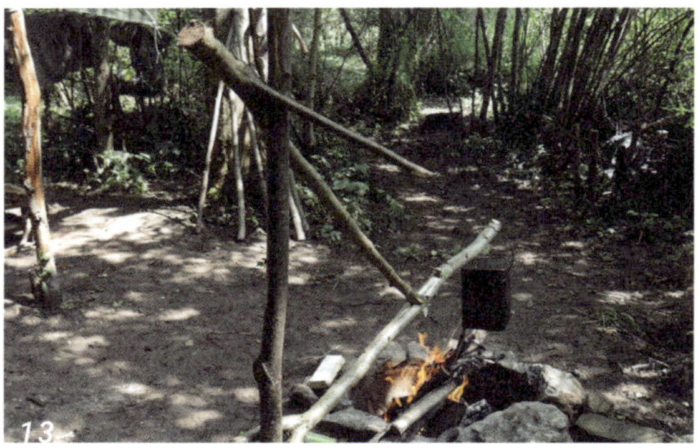
13

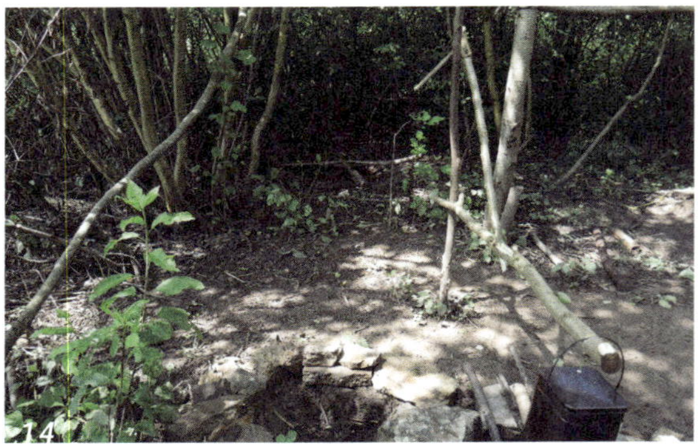
14

lässt. An diesem wird nun das Gestell mithilfe der Astgabeln angebracht ***[9]***. Nun werden am Trägerast noch eine oder auch mehrere v-förmige Kerben eingesägt oder eingeschnitzt ***[10]***.

Diese Kerbe(n) sollten nach Möglichkeit genau über dem Punkt der Feuerstelle liegen, an dem später das Kochfeuer brennen wird. So kann der Kochtopf in der optimalen Position angebracht werden ***[11]***. Bedingt durch die sich selbst haltende Konstruktion des Gestells ist es möglich, das ganze Kochgestell in der Höhe zu variieren, selbst dann, wenn der Topf schon angehängt ist. Dafür muss lediglich die v-förmige Gabel etwas nach oben oder unten versetzt werden ***[12]***.

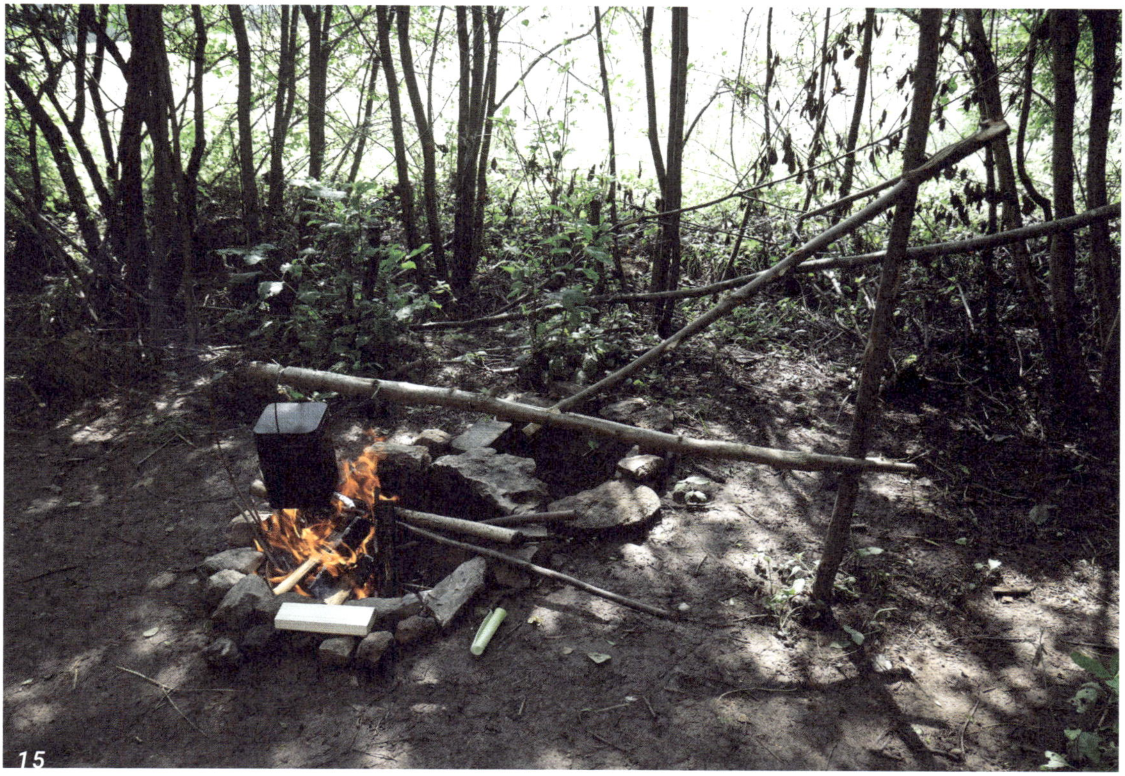

15

Der Haken des anderen Astes hält dabei das Gewicht während des Verstellvorgangs. Ist der untere Teil verstellt, kann auch der obere Teil nachjustiert werden, sodass es immer möglich ist, das Essen in optimaler Höhe aufzuhängen ***[13]***.
So hat man immer die richtige Entfernung zur Flamme, egal ob man kocht oder die Speisen nur warm halten möchte. Zudem kann das Gestell konstruktionsbedingt um 360 Grad geschwenkt werden, da die Astgabeln frei beweglich sind und sich durch ihr Eigengewicht alleine am eingeschlagenen Stamm festklemmen. Auf diese Weise hat man sich ein Kochgestell gebaut, an dem man lange Freude haben kann und das sich auch für ein festes Lager anbietet ***[14–15]***. Das Schöne hierbei ist, dass das Gestell umso stabiler wird, je länger es steht. Denn wenn die Verbindungen austrocknen, zieht sich das Holz zusammen, was für mehr Stabilität in der Klemmverbindung sorgt. Selbst wenn der Trägerast irgendwann einmal brechen oder ausreißen sollte, ist dieser leicht aus Frischholz zu ersetzen. Alle andern Teile können einfach weiterverwendet werden. Ein weiterer Vorteil dieser Konstruktion ist, dass geübte BushcrafterInnen, das ganze Gestell in weniger als einer Dreiviertelstunde aufbauen können.

Tipp:

Wenn man den Ast vor und nach der aufgespaltenen Stelle mehrfach fest mit Fichtenwurzeln umwickelt, wird ein weiteres Reißen des Astes unterbunden.

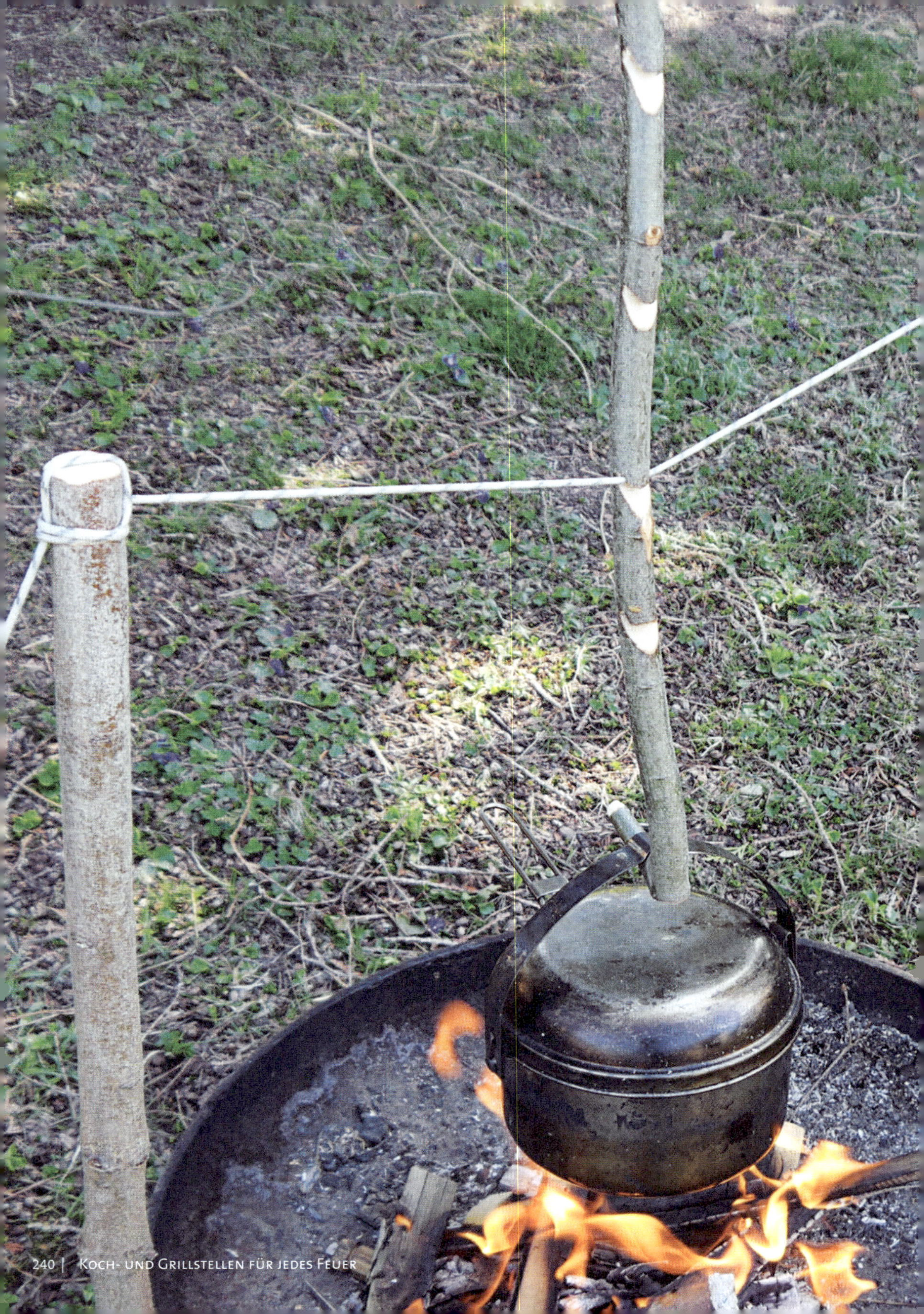

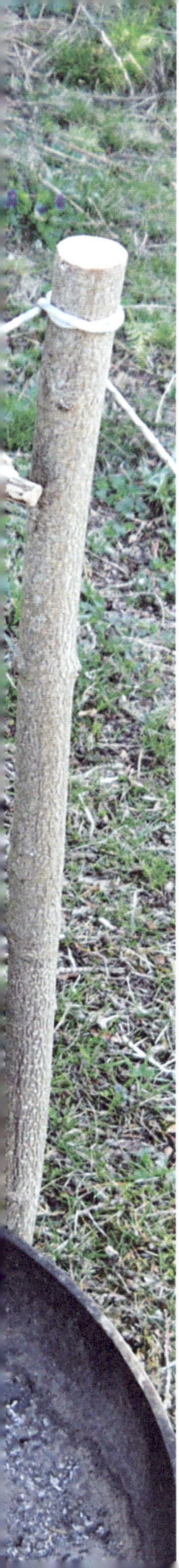

Topfaufhängung – höhenverstellbar

Eine weitere Variante einer stabilen, höhenverstellbaren Topfaufhängung mit dem Vorteil, dass der Topf mithilfe des verlängerten Topfhalters leicht abgenommen oder in der Höhe verstellt werden kann, ohne dass dabei der heiße Henkel angefasst werden muss.

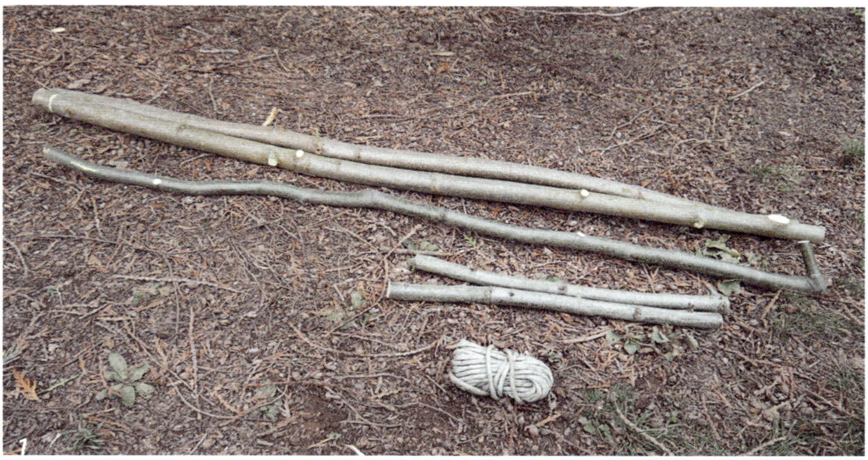

Für die Konstruktion werden zwei Stöcke von 1 m Länge und 3 cm Durchmesser sowie ein etwa 60 cm langer, 1,5 cm dicker Stock benötigt. Dieser Stock muss am unteren Ende eine kleine Astgabel haben, an der später der Topf aufgehängt wird. Zudem zwei kurze Stöcke von 25 cm Länge mit ebenfalls mit 1,5 cm Durchmesser, die als Holznägel zum Abspannen der Schnur eingesetzt werden. Dazu noch eine 3 m lange, stabile Schnur ***[1]***.

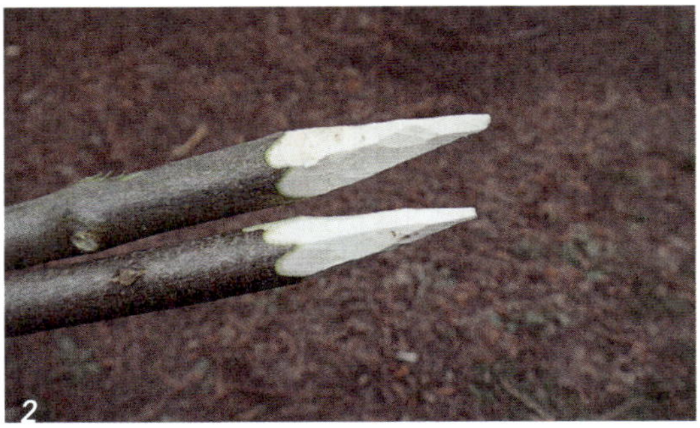

2

Zuerst werden die beiden langen Stöcke an einem Ende angespitzt *[2]*. Auf der anderen Seite wird 3 bis 5 cm vor dem Ende ringsherum eine Kerbe für die Schnur eingeschnitten *[3]*. Die beiden Stöcke werden rechts und links von der Feuerstelle in den Boden eingeschlagen. Danach werden die kurzen Stöcke, die als Holznägel eingesetzt werden, angespitzt *[4]*.

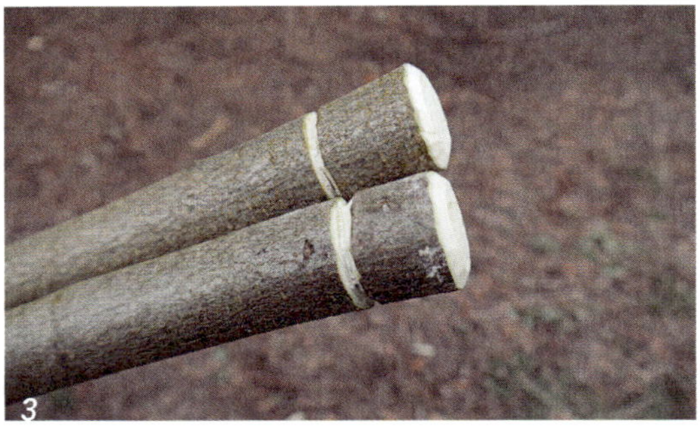

3

Danach wird die Schnur gespannt. Dabei sollten die Stöcke weiterhin immer parallel bleiben. Dafür wird als Erstes wird an einem Ende der Schnur eine kleine Schlaufe geknotet und mit etwas Abstand zum ersten Stock an einem Holznagel befestigt und in die Erde gesteckt. Dann wird die Schnur hoch zum ersten Stock geführt und zweimal straff um die Kerbe gewickelt. Danach wird sie weiter über die Feuerstelle zum zweiten Stock geleitet und wiederum zweimal fest um dessen Kerbe gebunden und schließlich mithilfe des zweiten Holznagels und etwas Abstand zum zweiten Stock mit einer weiteren Schlaufe abgespannt. Bevor alle Stöcke und Holznägel endgültig eingeschlagen werden, sollte die Schnur stramm gespannt sein und alle Hölzer in einer Linie stehen *[5]*.

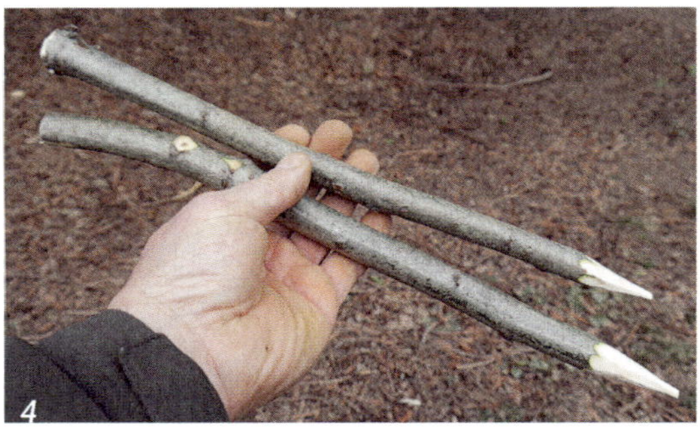

4

Für den Topfhalter wird der Ast mit der Astgabel verwendet. Die Astgabel bildet den Haken für den Topf *[6]*. Deshalb wurde der Ast genau unterhalb der Astgabel abgesägt und stellt nun den unteren

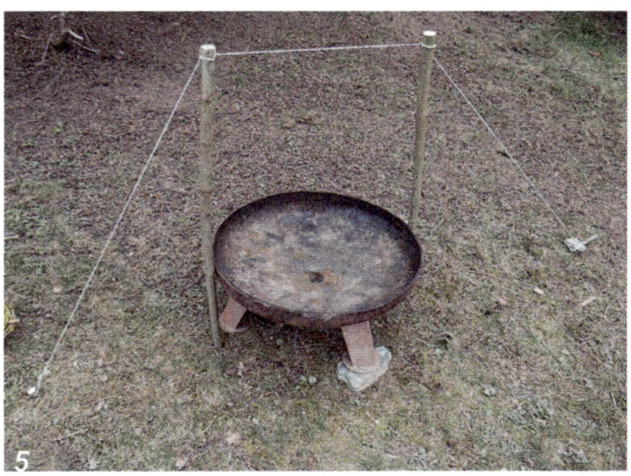

5

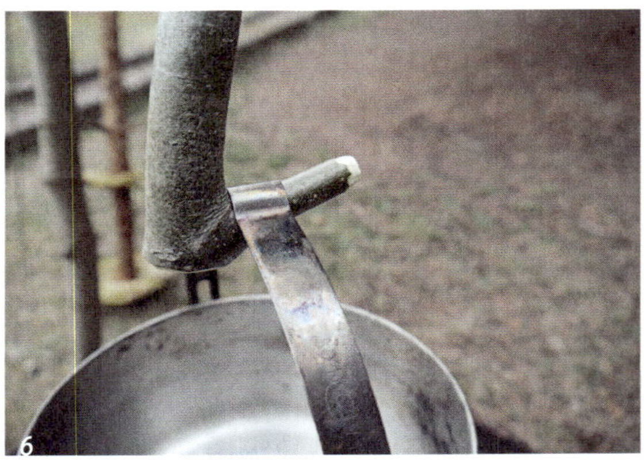

6

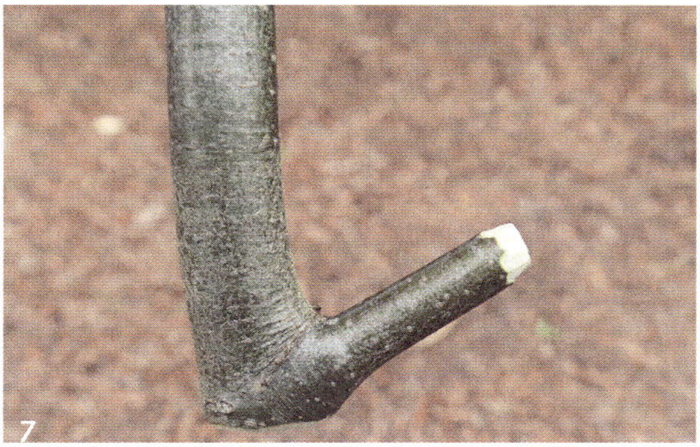

7

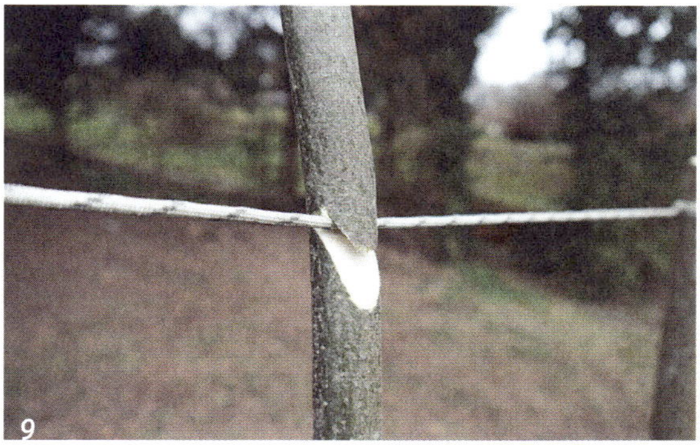

9

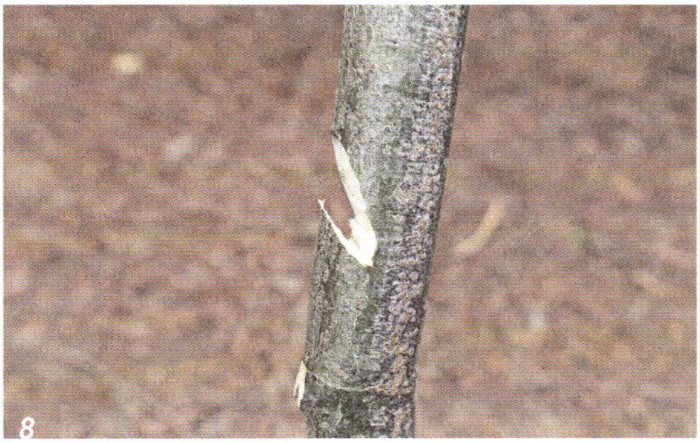

8

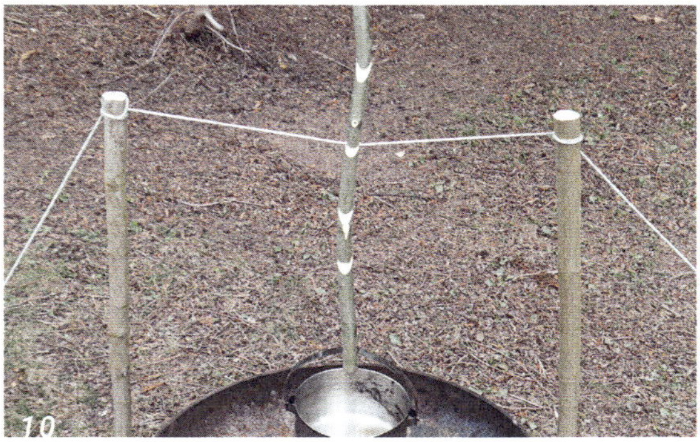

10

Teil der Aufhängung dar *[7]*. Nach oben hin werden nun alle überstehenden kleinen Äste abgeschnitten. Dann wird der Ast umgedreht, sodass der Haken oben ist und der Ast daran festgehalten kann, während nun die Kerben einfach schräg nach unten hinein gesägt werden *[8]*. **Achtung:** Die Kerben müssen dabei auf der gegenüberliegenden Seite der Astgabel liegen, damit das Gewicht des Topfes gut ausgeglichen wird. Der Topfhalter kann nun an einer der Kerben in die gespannte Schnur eingehängt werden *[9]* und jederzeit in der Höhe verstellt werden *[10]*.

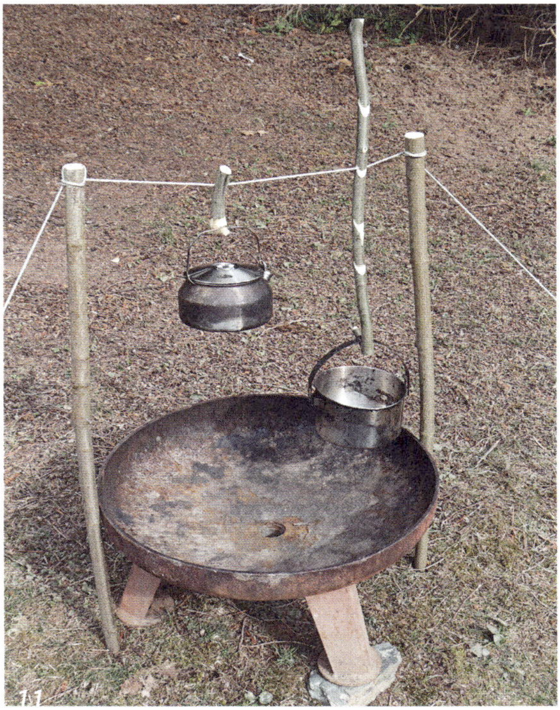

11

Tipp:

Auf diese Weise lassen sich auch allerlei andere nützliche Haken verschiedener Größen schnitzen, die nicht nur für Töpfe geeignet sind *[11]*. Lasst Eurer Kreativität freien Lauf.

ÖFEN FÜR DIE FRISCHE LUFT

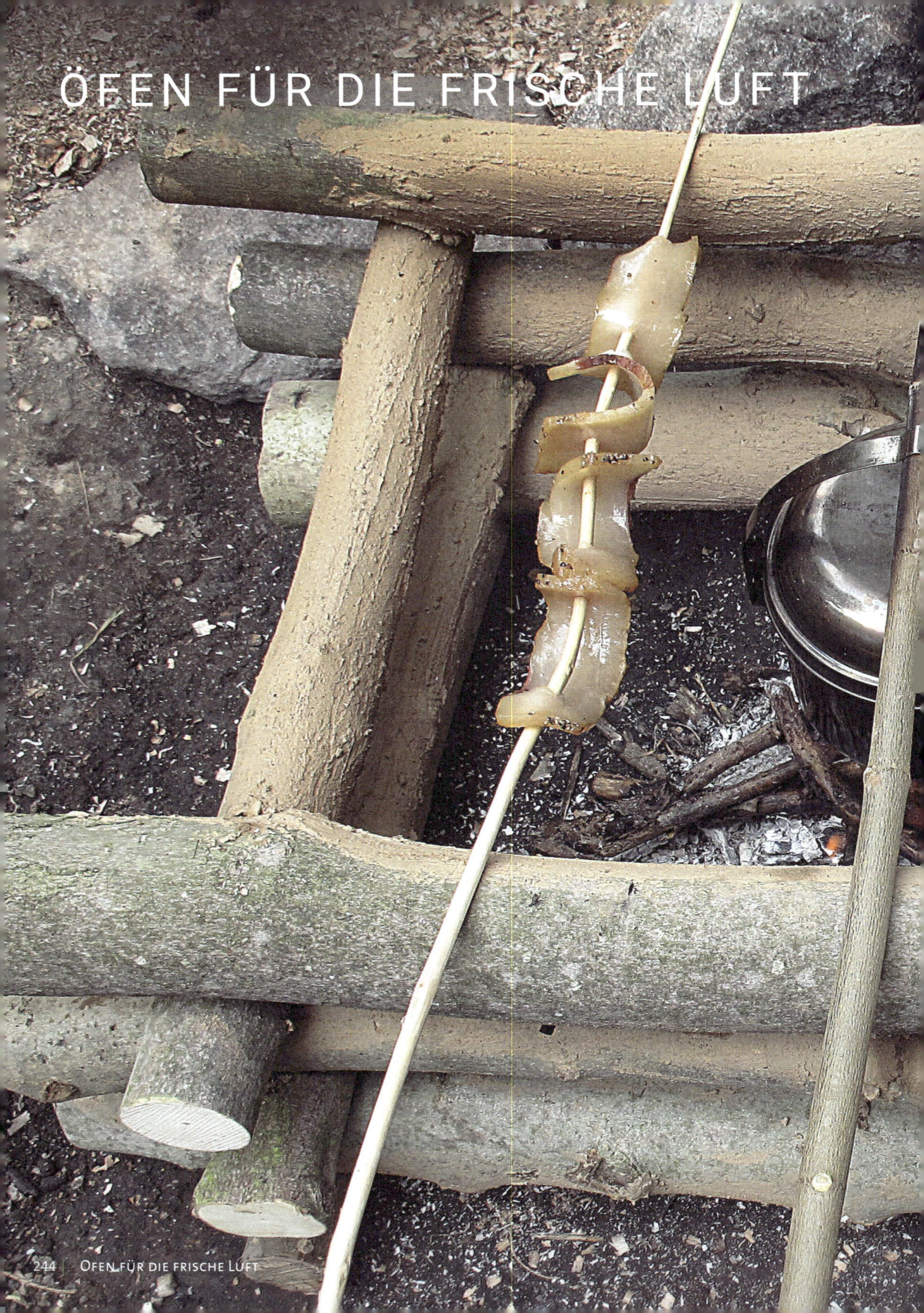

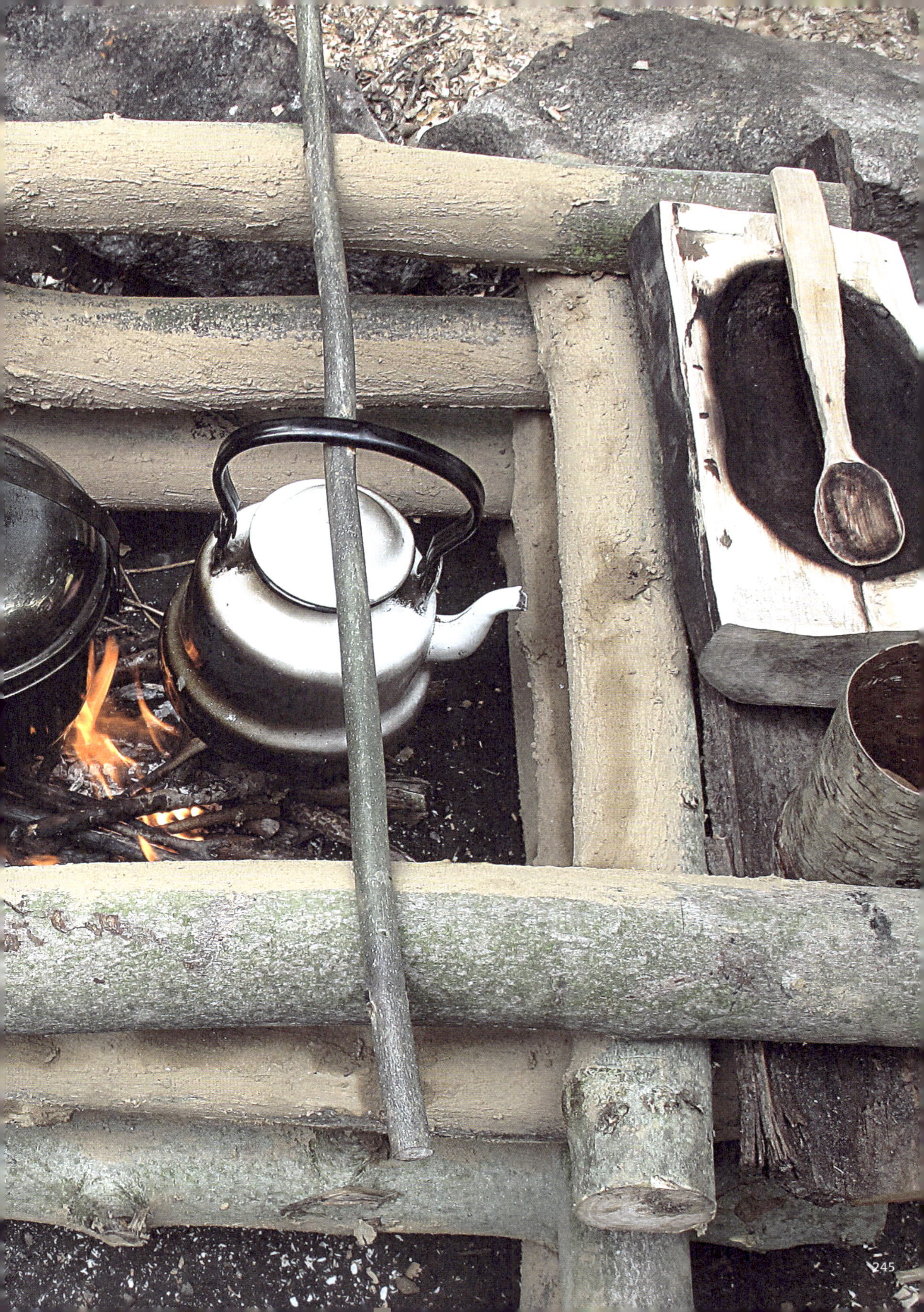

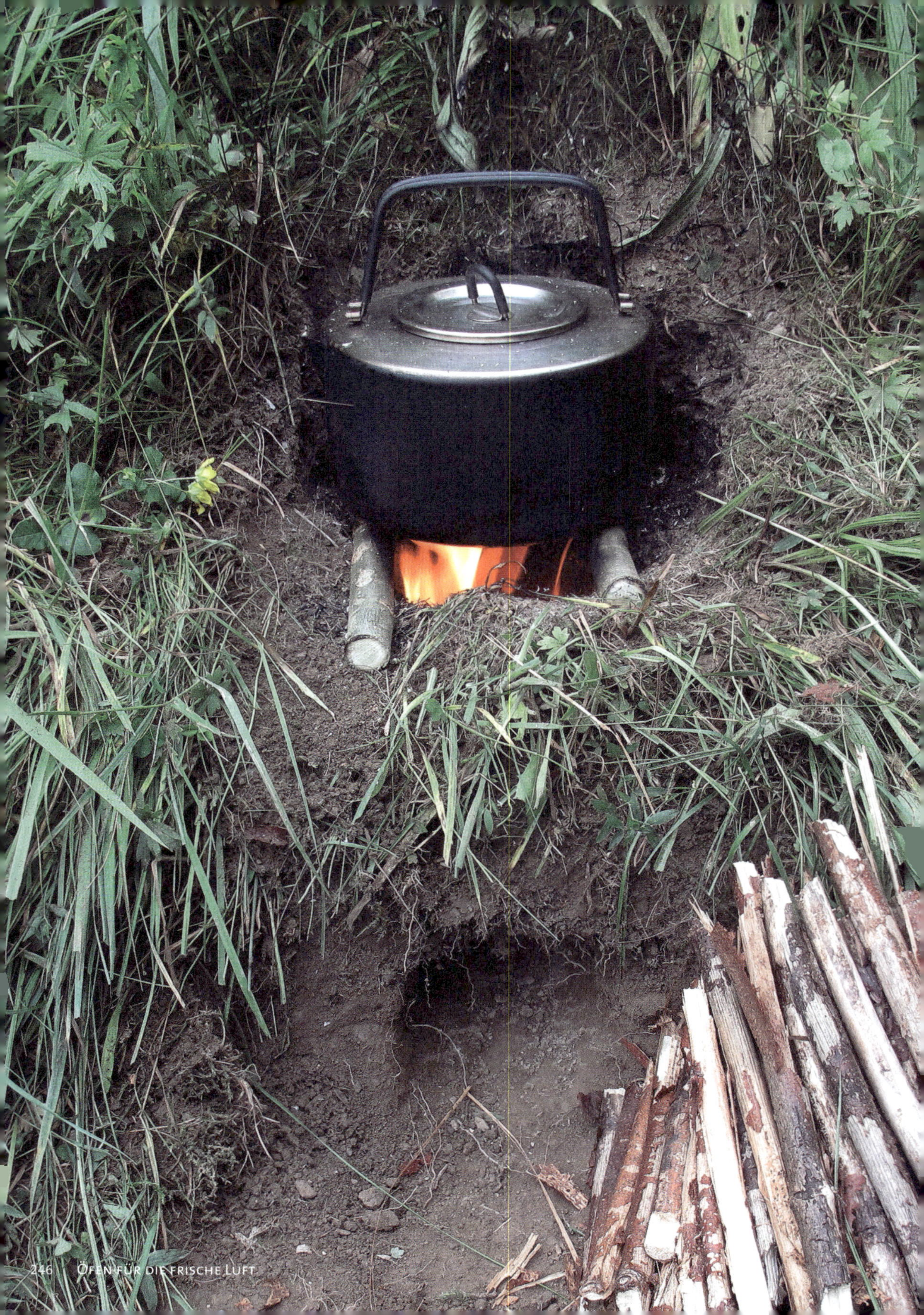

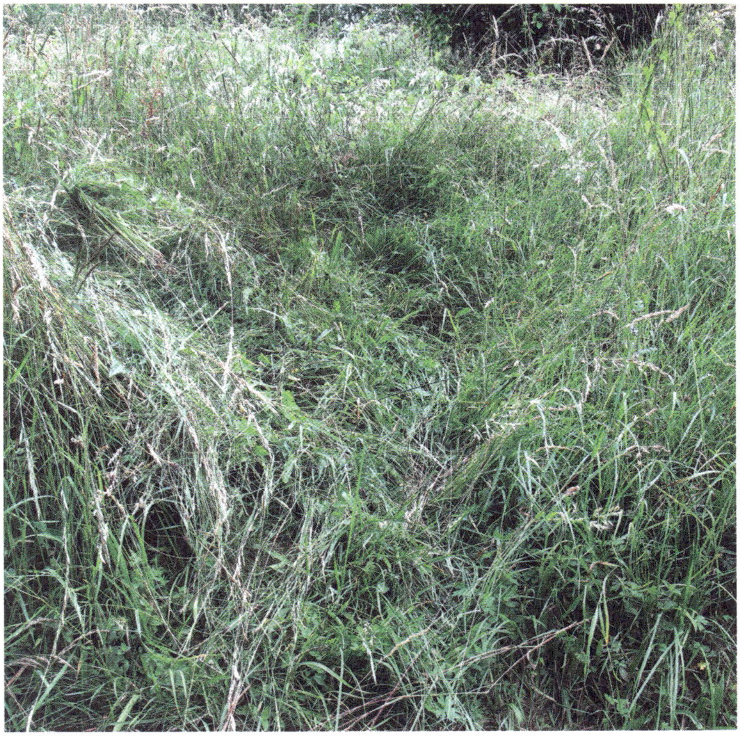

Hangofen

Gibt es in der Nähe einen steilen Hangabschnitt, kann er für den Bau eines Hangofens genutzt werden. Es sollte sich dabei um einen Erd- oder Lehmhang handeln. Mit sandigem Boden kann es dagegen passieren, dass der Ofen zusammenbricht.

So ein Ofen lässt sich leicht und schnell herstellen und funktioniert hervorragend. Er verbraucht wenig Holz und wird nur mit kleinen Ästen gefüttert. Die Flamme befindet sich genau unter dem Topf und hat von unten eine optimale Sauerstoffversorgung.

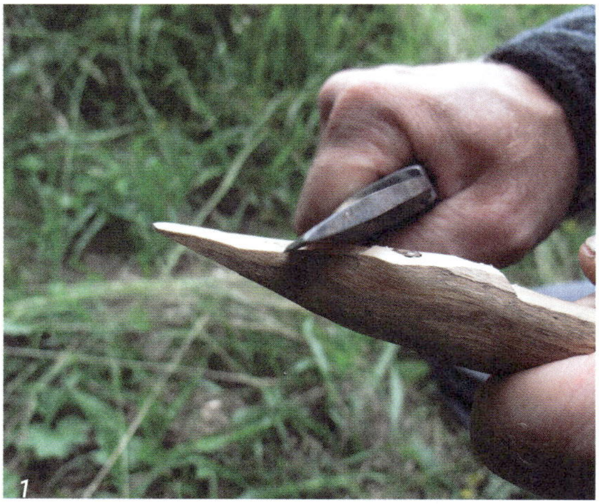

1

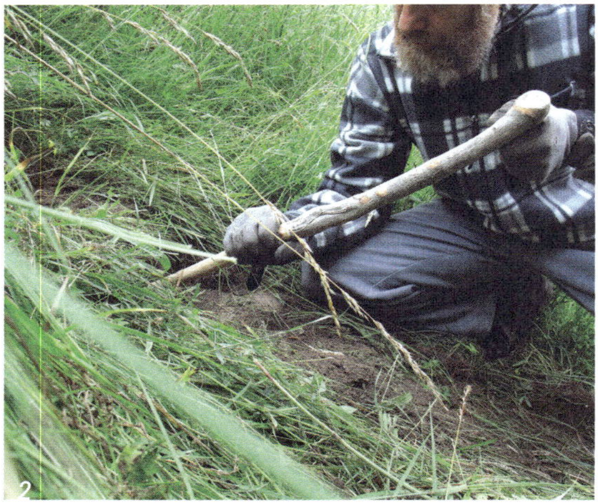

2

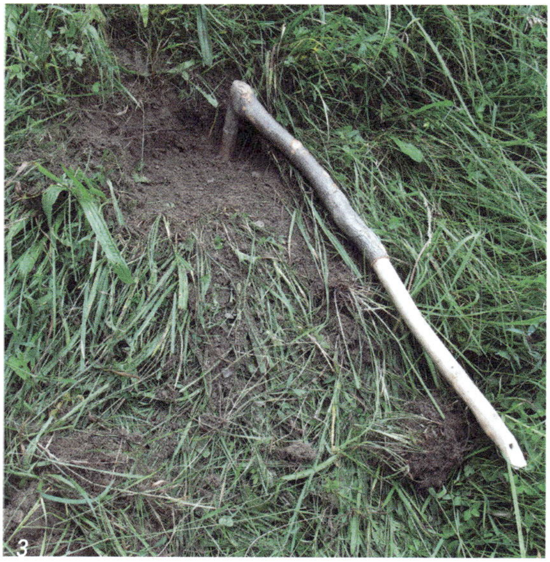

3

Benötigt wird ein Grabstock, der an einer Seite flach zugeschnitten > ***Grundschnitztechnik*** wird wie ein Spatel ***[1]***. Damit werden im Folgenden vier Flächen in den Hang gestoßen, sodass eine zweistufige Treppe entsteht ***[2]***.

Für die oberste Stufe wird mit dem Grabstock einige Male nebeneinander senkrecht in die Erde gestoßen, um eine Fläche zu erzeugen, die etwas breiter ist als der Kochtopf ***[3]***. Darunter wird dann waagerecht in den Hang gestoßen bis sich eine Grassode löst und abheben lässt. So entsteht die erste Stufe. Für die zweite Stufe wird dieser Vorgang etwas darunter wiederholt ***[4]***.
Beide Stufen werden nun unterirdisch miteinander verbunden. An der oberen Stufe wird dafür Erde mit dem Grabstock kreisförmig gelockert und herausgeholt bis ein Loch entsteht, das etwa so tiefe ist , dass es bis auf die Höhe der darunterliegende Stufe hinunterreicht. Dann wird über der unteren Stufe in der Mitte ein waagerechtes kleines Loch gegraben bis man zum senkrechten Loch von der oberen Stufe durchbricht ***[5–7]***.

Tipp:

Die Stufen sollten nicht zu weit auseinanderliegen. Der Abstand erhöht zwar den Zugeffekt, allerdings vergrößert er auch den Abstand zwischen Feuer und Topf, wodurch sich der Holzverbrauch erhöht.

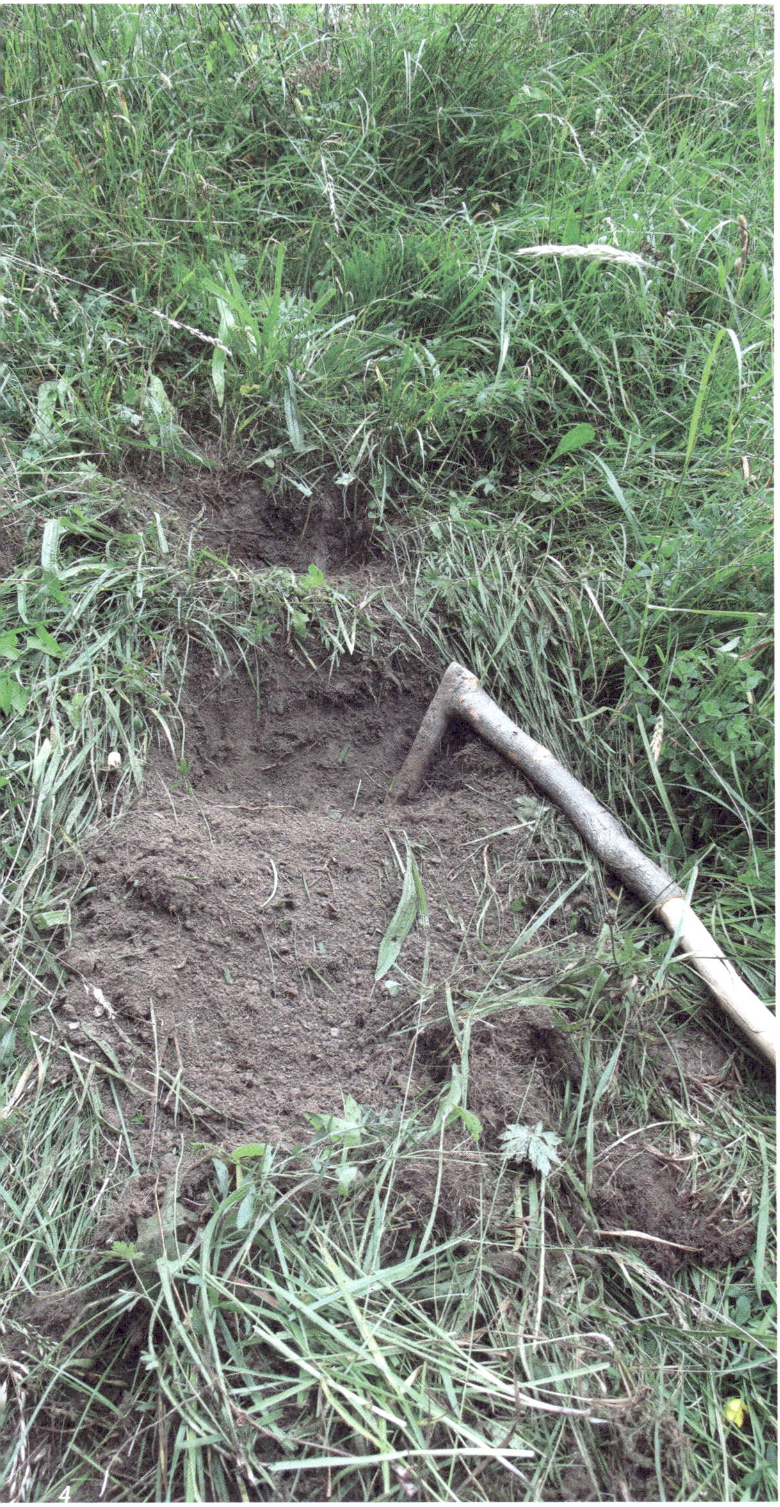

4

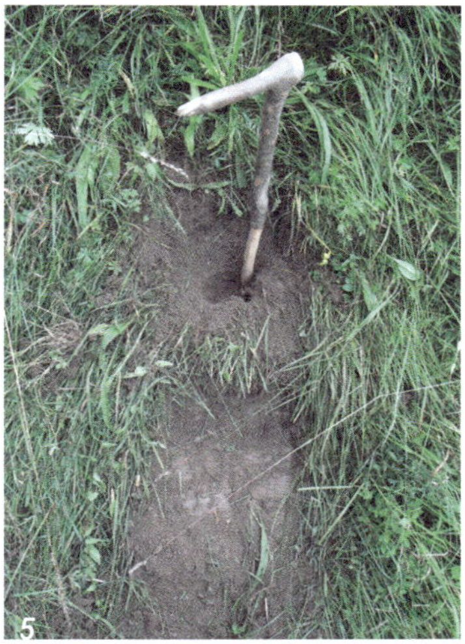

5

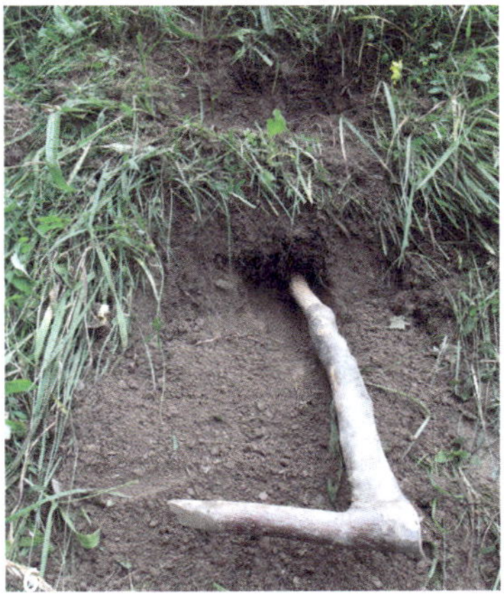

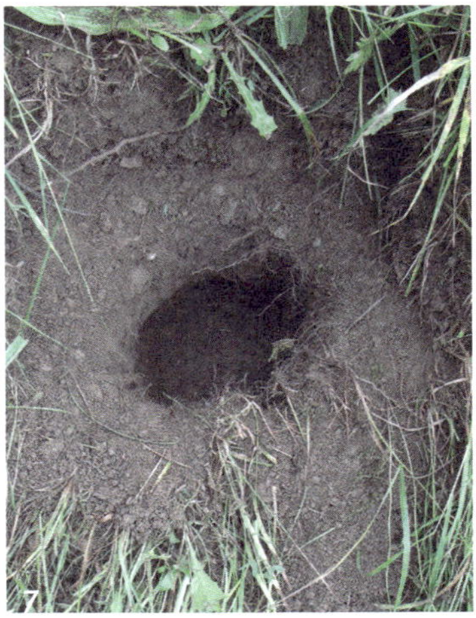

7

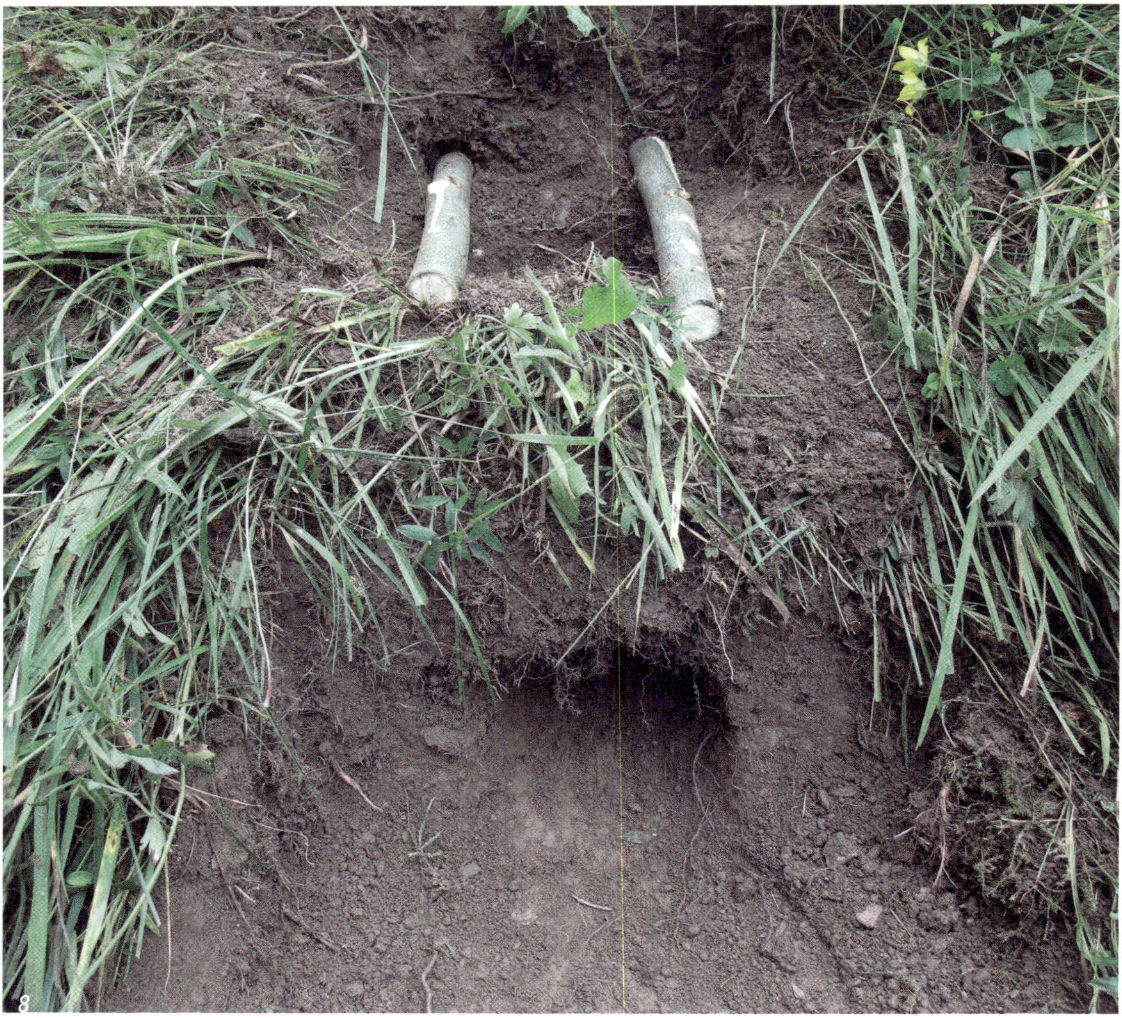

8

Die Löcher müssen gleich groß oder allenfalls das untere (waagrechte) etwas größer sein, damit ausreichend Sauerstoff an die Flamme gelangt.
Damit der Topf das Feuer nicht erstickt und der Rauch durch den Zugeffekt nach oben hin entweichen kann, muss der Topf auf zwei Abstandshalter aus zwei frischen Hölzern gestellt werden ***[8 + 9]***.

Für mehr Stabilität können die Hölzer noch angespitzt > ***Grundschnitztechnik*** und waagerecht nach hinten in den Hang eingeklopft werden. Noch besser eignen sich dafür zwei flache Steine. Das Feuer wird durch die Öffnung neben den Abstandhaltern mit kleinen Ästen gefüttert ***[10]***. Denn es ist effektiver, den Ofen von oben zu füttern als von unten nachzulegen und im schlechtesten Fall alles zu verstopfen. Ein Feuer will immer nach oben klettern ***[11]***.

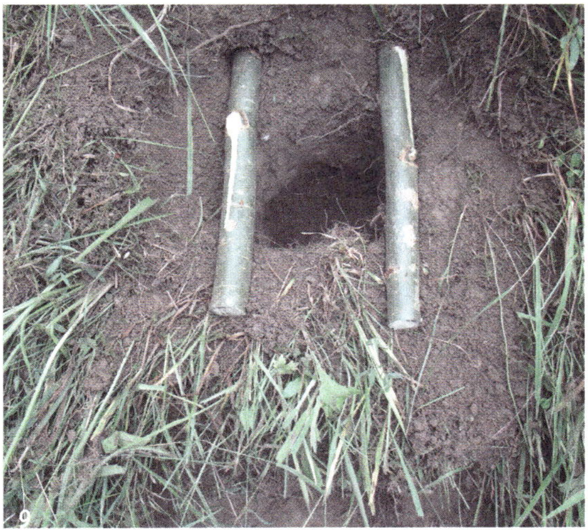

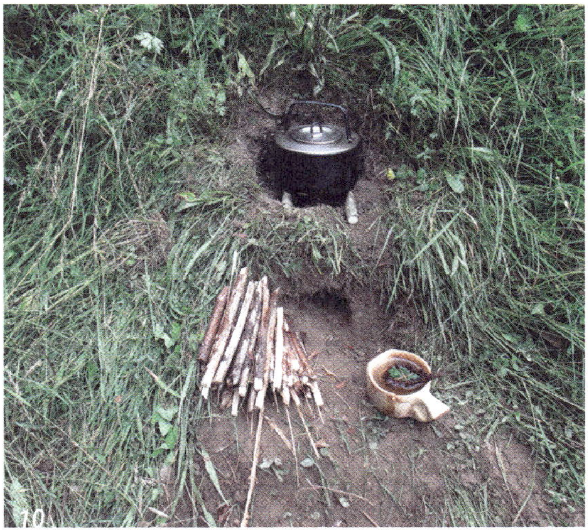

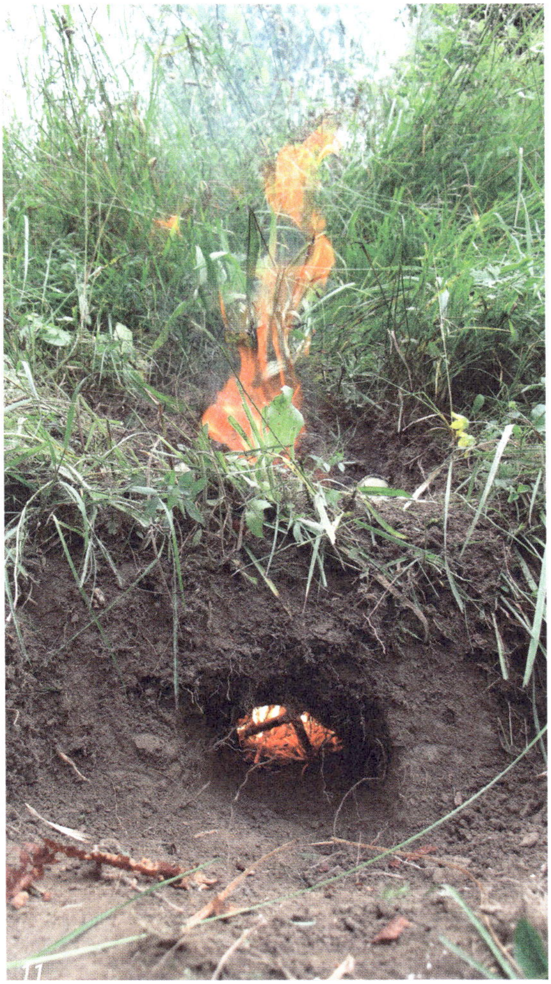

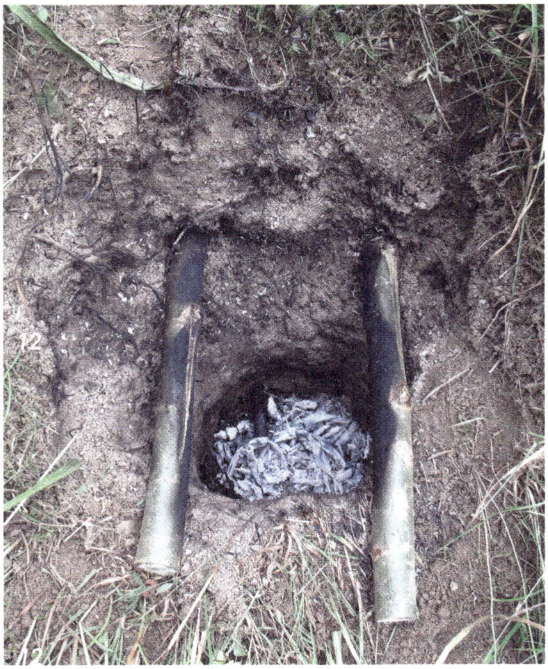

Wenn das Feuer erloschen ist und der Hangofen nicht mehr gebraucht wird, werden die Erdlöcher wieder mit Erde aufgefüllt und die Grassoden draufgelegt.

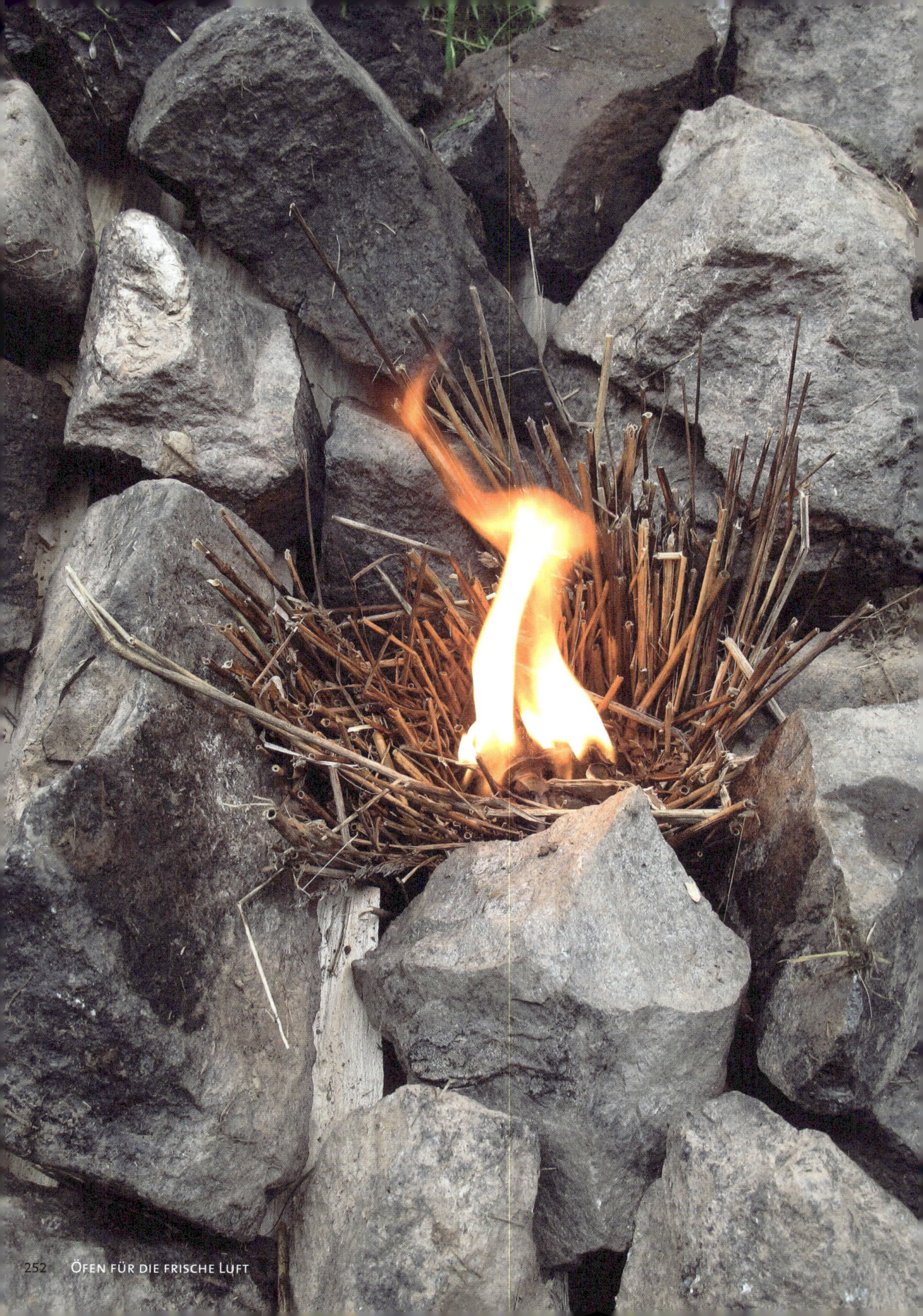

Erdofen

Der Erdofen, auch Südseeofen genannt, ist eine tolle Möglichkeit, um sein Essen in der Erde zu garen. Die EinwohnerInnen auf den Südseeinseln bereiten ihre Nahrung bei Festen heute noch so zu.
Für eine Person ist der Aufwand zu groß, doch solch ein Erdofen eignet sich ausgezeichnet für ein Event oder Essen mit vielen Gästen. Der hier beschriebene Erdofen reicht gut für 10 bis 15 Personen.

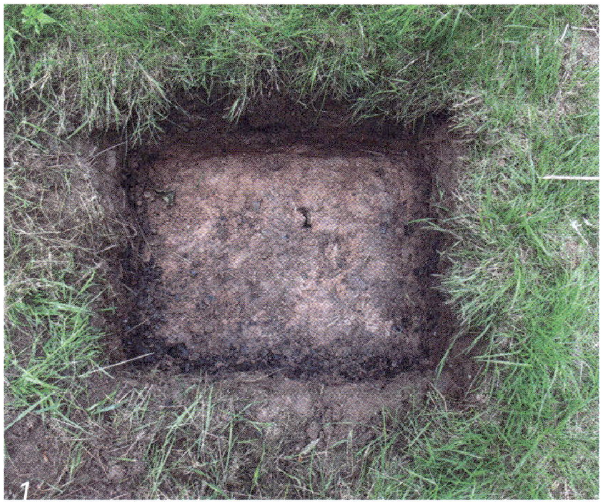

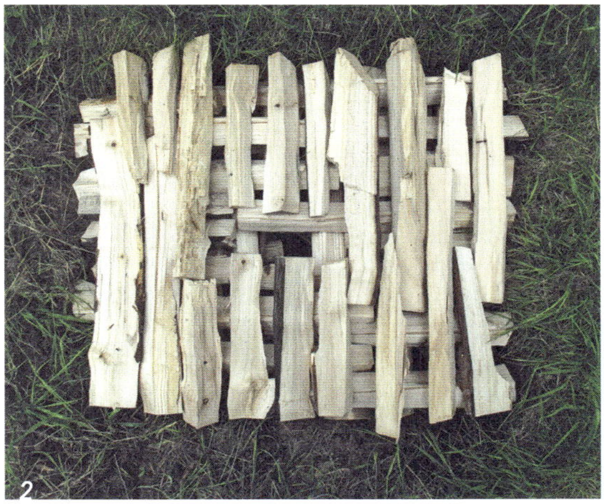

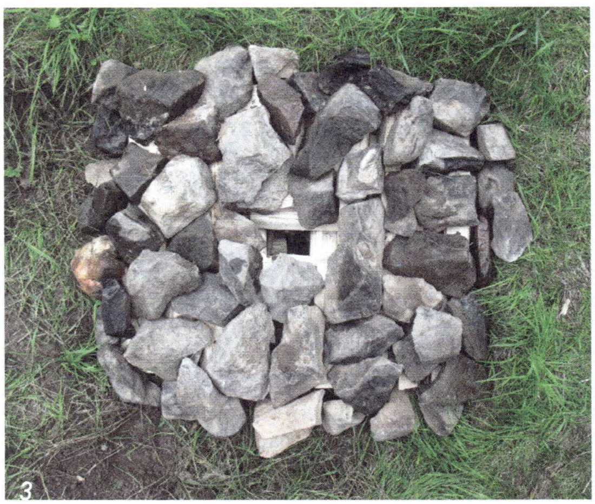

Zuerst wird eine Grube ausgehoben, 50 cm tief, 1 m lang und 80 cm breit ***[1]***.
Dann wird das Holz schichtweise über Kreuz in die Grube gestapelt – ähnlich wie für ein Pagodenfeuer, allerdings nicht nach oben hin verjüngt. Beim Stapeln wird in der Mitte immer ein freier Raum gelassen, denn dort soll ja später das Feuer brennen ***[2]***.
Danach wird das ganze Holz bis auf das Mittelloch mit Steinen abgedeckt ***[3]***.

Wenn man aus einer Region kommt, in der nur wenig Steine zu finden sind, kann man die Steine auch beispielsweise von einem Straßenbauunternehmen bekommen, auch Pflastersteine sind geeignet. Vielleicht gibt es ja auch einen Steinmetz in der Nähe, der mit Steinen weiterhelfen kann.

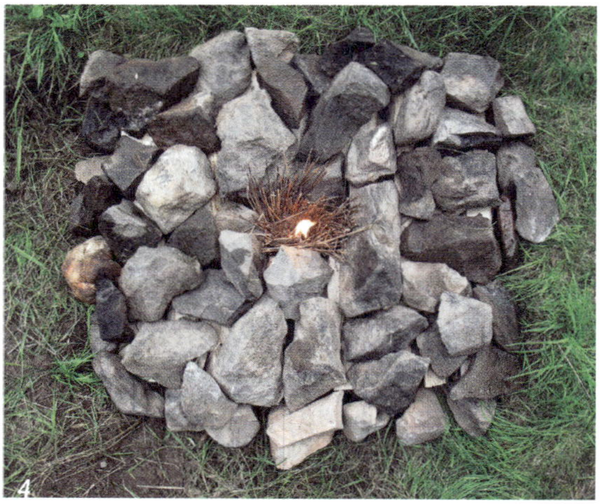

4

Schließlich wird das Loch in der Mitte mit leicht entzündlichen Materialien locker gefüllt: Stroh, kleine Äste oder Birkenrinde – aber nicht verstopfen. Danach kann oben genau in der Mitte das Feuer entzündet werden *[4 + 5]*. Das Feuer breitet sich dann langsam nach innen aus, erst nach unten und danach bis an die Seiten. Das Ganze dauert 1,5 Stunden und raucht am Anfang sehr stark *[6 + 7]*. Die Restfeuchte aus Holz und Erde müssen erst entweichen, bevor die die Flamme beständig brennt. Der Ofen wird währenddessen extrem heiß und sollte derweil in Ruhe gelassen werden.

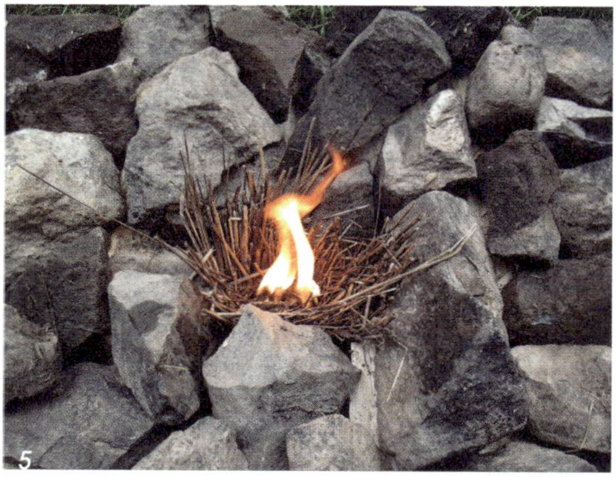

5

ACHTUNG!
Durch die Hitze können Steine explodieren, vor allem wenn eher spröde Steine verwendet werden. Solange das Feuer brennt, ist es deshalb besser, ausreichend Abstand zur Grube einzuhalten.

Nach ca. 1,5 Stunden ist das Holz nahezu verbrannt und in sich zusammengefallen. Eine Mulde ist entstanden, in der nur noch etwas Glut liegt mit den Steinen obendrauf *[8]*.
Die Steine werden nun mit Gras bedeckt, um die Unebenheiten der Steine etwas auszugleichen. Zudem schützt das Gras die Zutaten vor dem Verbrennen *[9]*.

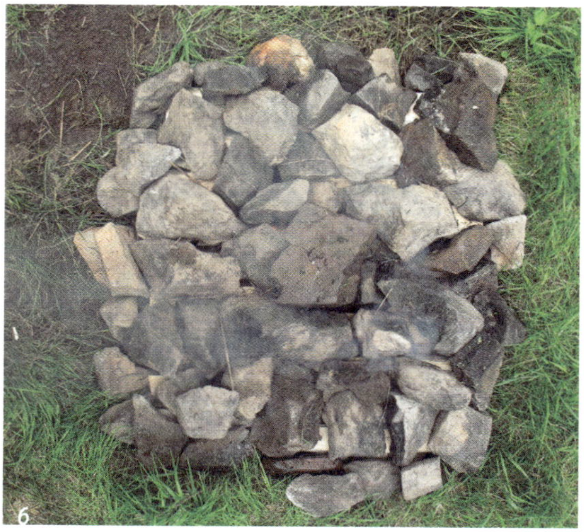

6

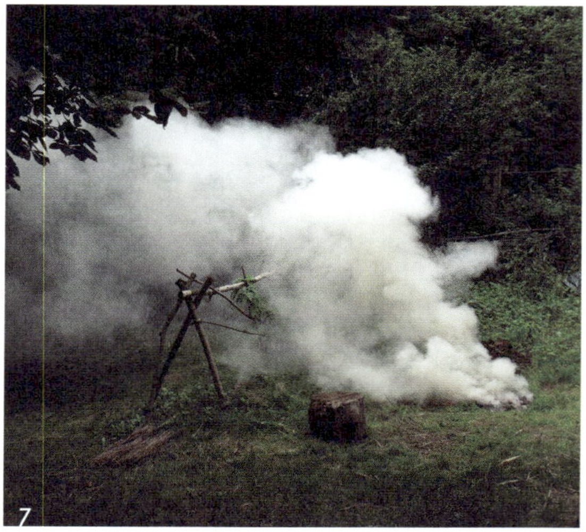

7

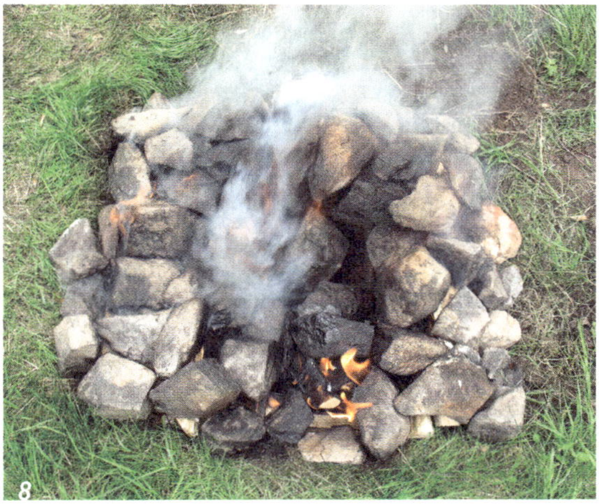

8

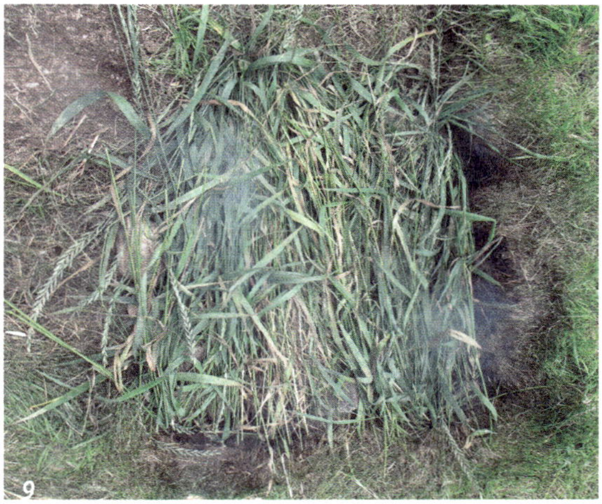

9

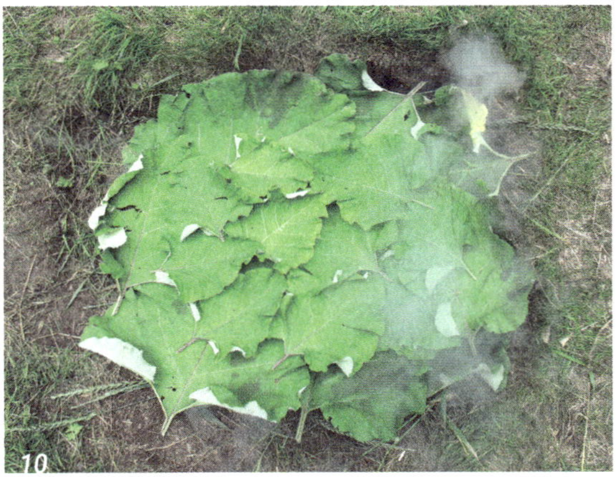

10

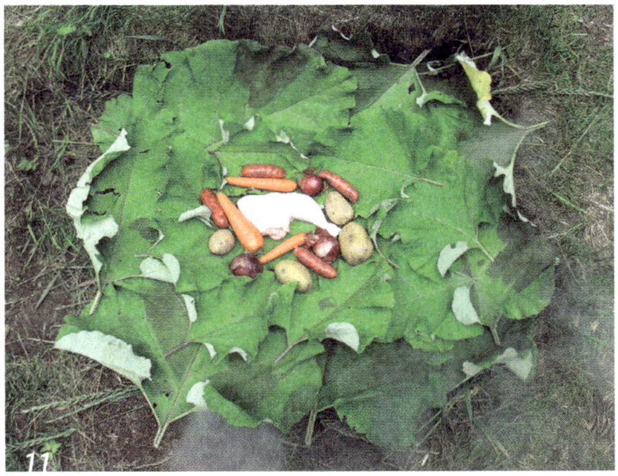

11

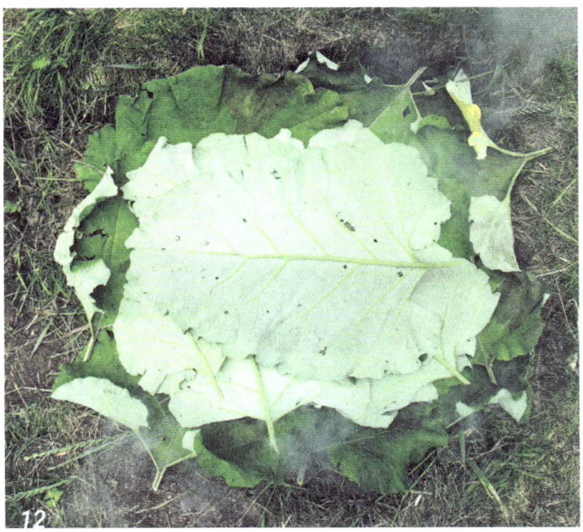

12

Auf das Gras werden dann drei Lagen mit Blättern z. B. der Großen Klette geschichtet ***[10]***.

Jetzt können die Zutaten ganz nach Geschmack auf den Blättern platziert werden. Es muss nichts geschält oder geschnitten werden. Alles wird am Stück gegart: Kartoffeln, Möhren, Zwiebeln, Eier, Äpfel, Würste, Paprika, Kohlrabi, ganze Knoblauchknollen und alle möglichen Sorten Fleisch ***[11]***.

Dann wird alles nochmals mit weiteren Blättern der Großen Klette abgedeckt, auch hier wieder drei Lagen ***[12]***.

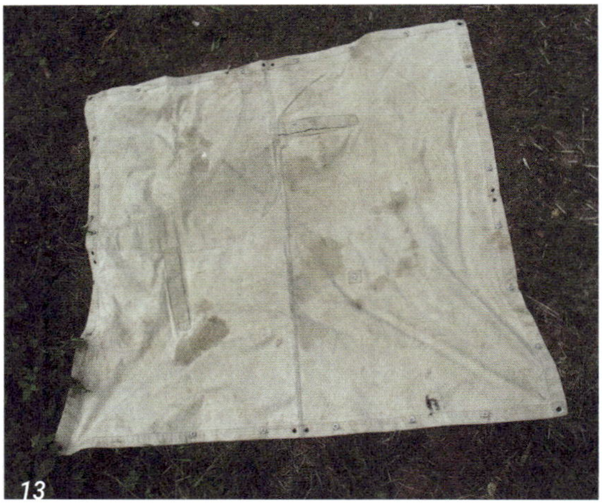

13

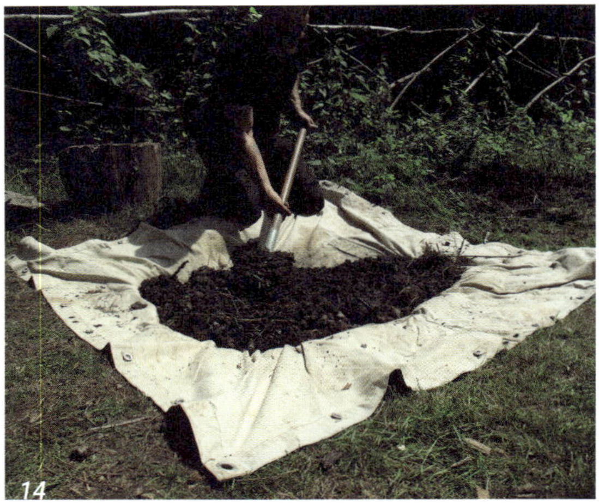

14

Darauf kommt noch eine Decke oder ein Jutesack als Schutz vor der (ausgeschaufelten) Erde, die jetzt noch auf die Decke bzw. den Sack geschichtet wird. *[13 + 14]*. Die Außenkanten der Decke können noch mit Steinen beschwert werden *[15]*.

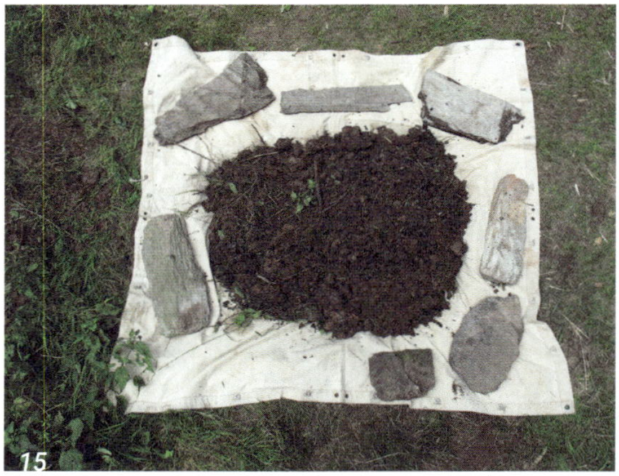

15

Nun heißt es, nochmals 1,5 Stunden zu warten. Schließlich wird alles wieder abgedeckt und der Sack entfernt, wobei die Erde sehr vorsichtig entfernt werden sollte, damit sie nicht ins Essen gelangt *[16]*. Zum Schluss werden dann noch die Blätter vorsichtig abgenommen und eine Schale oder Schüssel bereitgestellt *[17 + 18]*.

AUFPASSEN!
Alle Materialien aus dem Erdofen sind zu diesem Zeitpunkt noch sehr heiß. Vor allem die Steine sollten auf keinen Fall berührt werden. Auch das Essen ist noch sehr heiß und man sollte eine > Zange oder Lederhandschuhe verwenden.

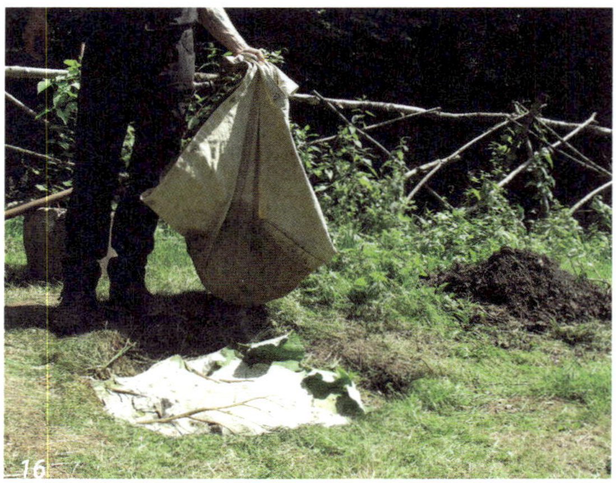

16

Nicht vergessen, vor dem Verzehr alles gut zu würzen, weil der Ofen dem Gargut immer eine leichte erdige Note verleiht. Das Fleisch bleibt beim Garen jedenfalls schön saftig, weil die Flüssigkeit nicht verdunstet, sondern alles im eigenen Saft schmort.
Der Ofen bleibt noch sehr lange heiß. Entweder lässt man ihn einfach abkühlen oder schaufelt ihn wieder zu. Hat alles gut geklappt, steht einem wunderbaren Essen in guter Gesellschaft nichts mehr im Wege.

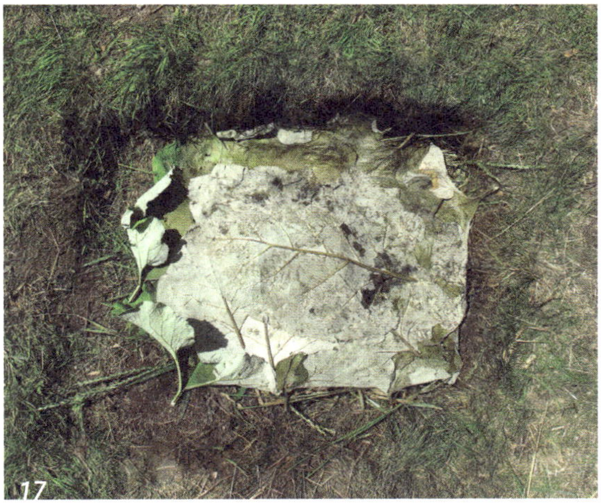
17

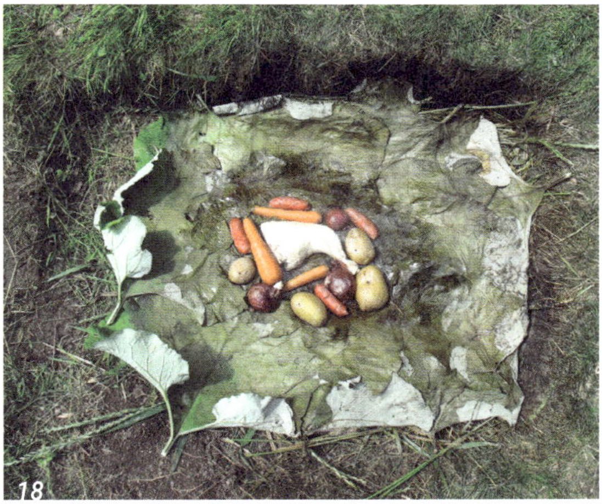
18

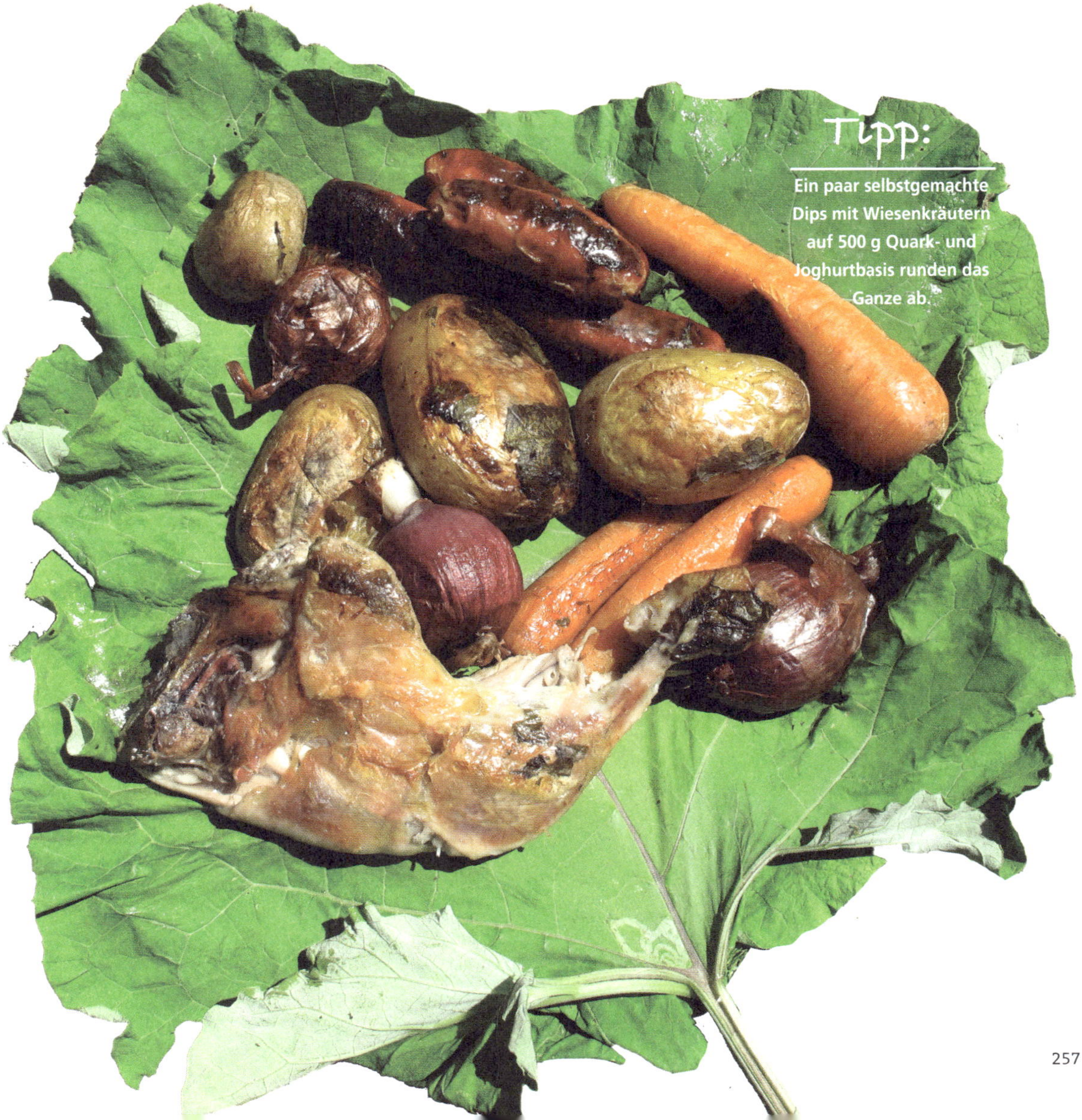

Tipp:

Ein paar selbstgemachte Dips mit Wiesenkräutern auf 500 g Quark- und Joghurtbasis runden das Ganze ab.

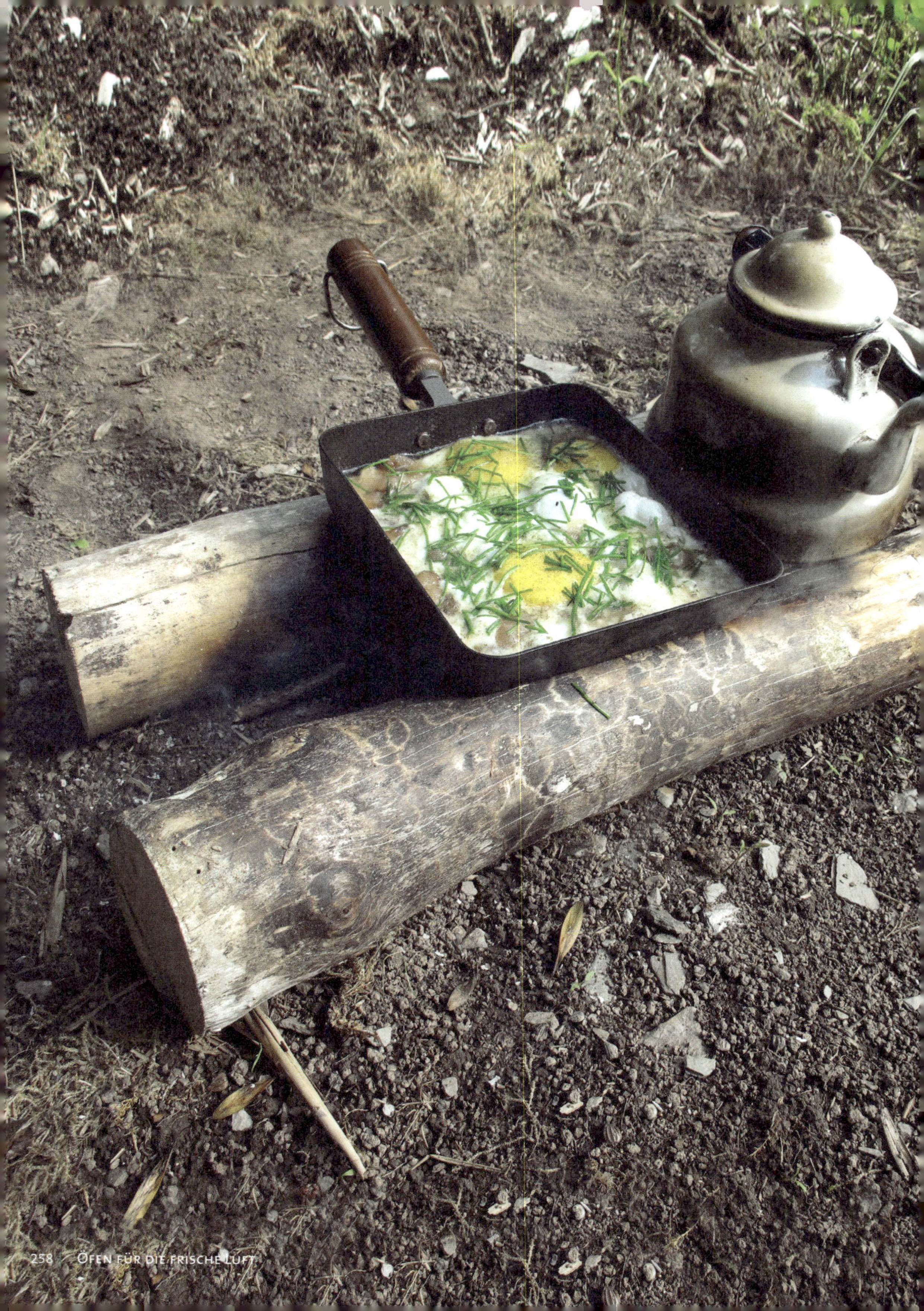

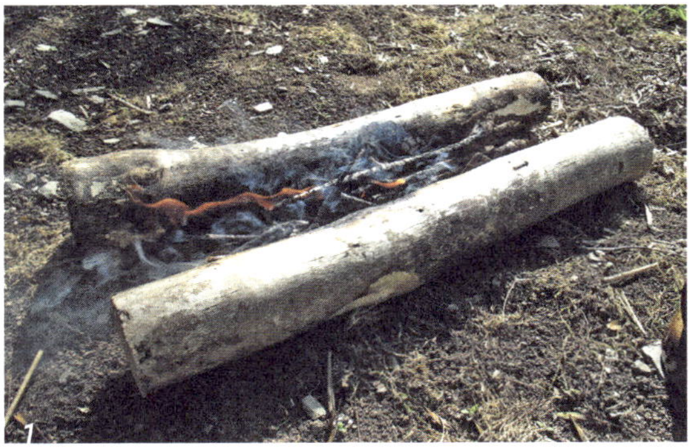

1

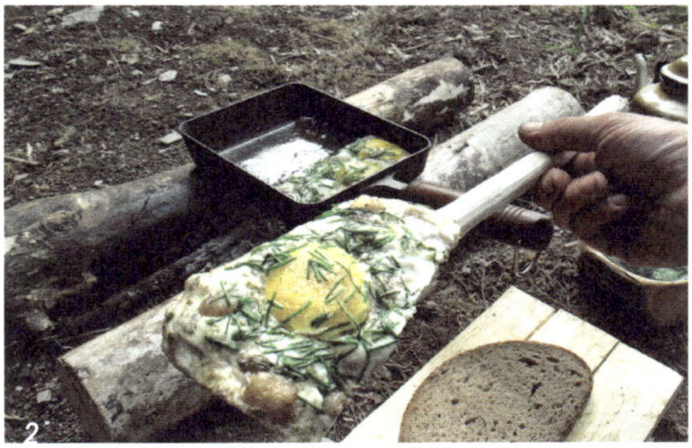

2

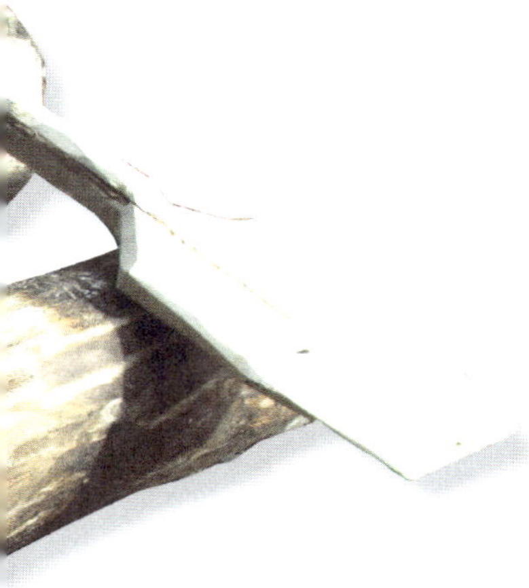

Parallelofen

Mit dem Parallelofen zu kochen ist einfach und effektiv. Für den Ofen werden lediglich zwei Rundhölzer mit 15 cm Durchmesser und 50 cm Länge gebraucht.

Die Hölzer werden nebeneinander parallel auf den Boden gelegt, an der Stelle, wo das Feuer entfacht werden soll. Der Abstand zwischen den Rundhölzern richtet sich dabei zum einen nach der Größe des Kochgeschirrs, denn es muss stabil auf die Hölzer gestellt werden können.

Zum anderen muss der Zwischenraum ausreichend groß für das Feuer sein. Die Hölzer sollten dabei mit der Öffnung in Windrichtung gelegt werden, damit eine optimale Luftzufuhr gewährleistet ist ***[1]***. Damit die Hölzer nicht zur Seite rollen, können sie an allen vier Enden mit Hölzern aus angespitzten Stöcken fixiert werden.

Der Parallelofen hat den großen Vorteil gegenüber anderen Feuerstellen, dass man wenig Holz braucht und über die ganze Länge nach oben hin Wärme abgegeben wird, sodass man nach Bedarf die ganze Länge zum Kochen nutzen kann ***[2]***. Das Feuer wird nur mit kleinen Zweigen gefüttert. Auch das macht den Ofen so sparsam und effektiv.

Kochtipp: Pilzomelette

Etwas Fett in der Pfanne zergehen lassen, klein geschnittene Zwiebeln und frisch gesammelte Pilze dazugeben, kurz anrösten und danach 2–3 Eier darüber schlagen. Ein paar Blätter der jungen Schafgarbe runden das Ganze ab.

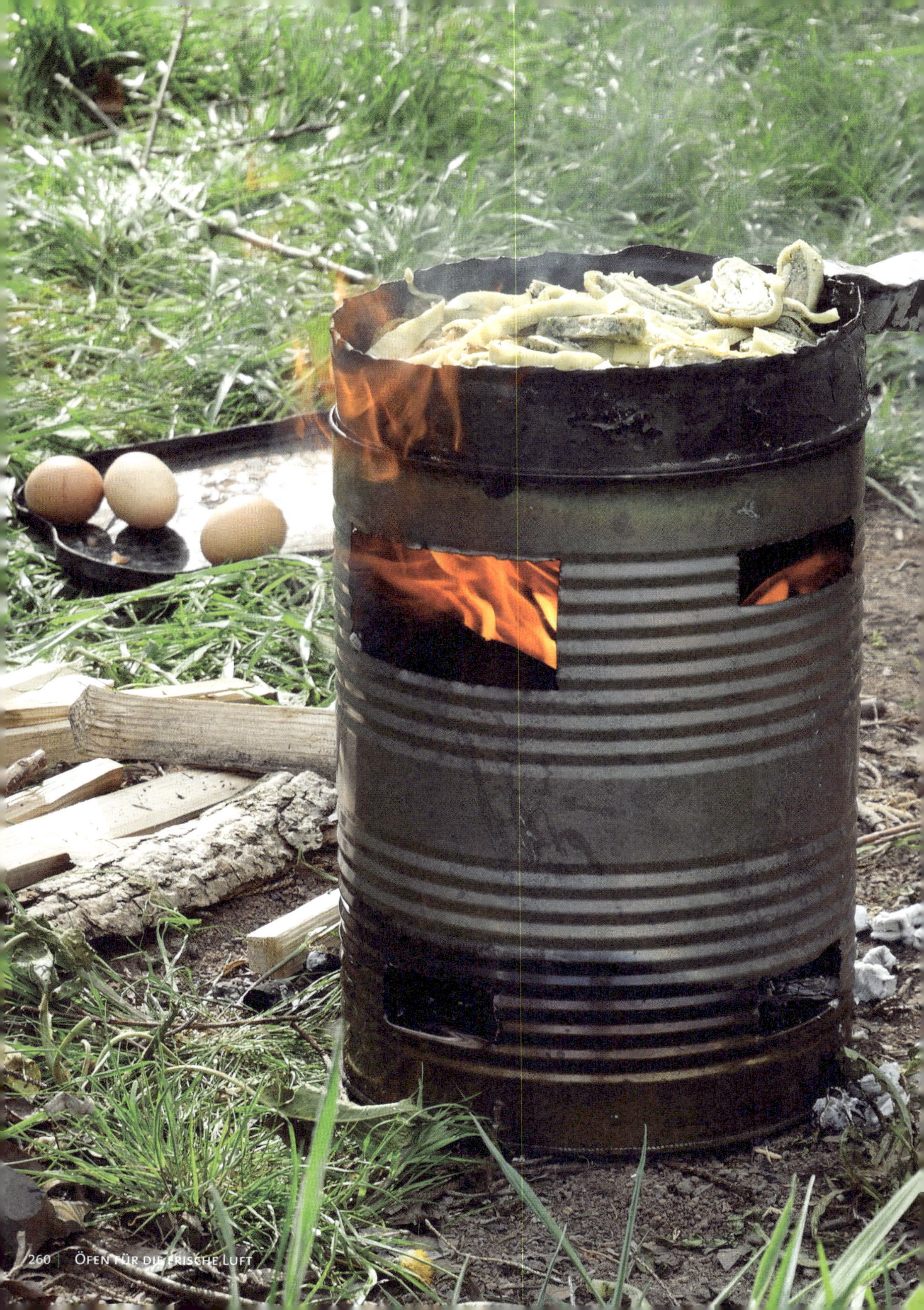

Dosenkocher XL

Die meisten BushcrafterInnen kennen den Holzvergaser oder auch zusammenklappbare Holzkocher bzw. Feuerkörbe, auf denen man kochen kann. Die meisten sind sehr leicht und kompakt konstruiert, sodass sie in den Rucksack passen.

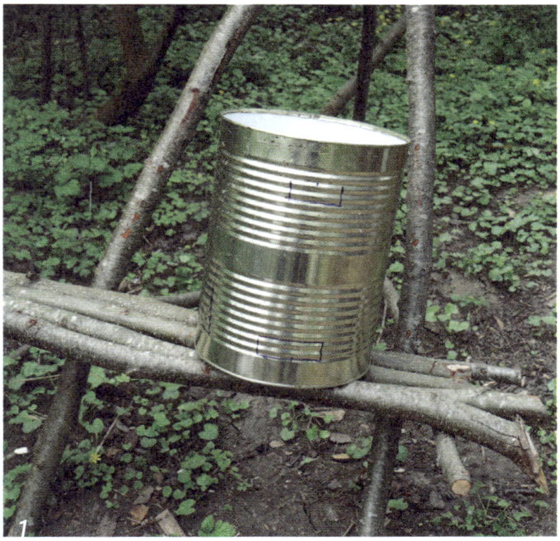
1

Hier jedoch geht es ausnahmsweise um eine größere Version, die sich eher für ein festes Lager oder auch einen Gruppenevent anbietet. Dafür braucht man eine 5–10-Liter-Lebensmitteldose, wie sie in Großküchen verwendet wird. Hier wurde eine 10-Literdose genommen. Wie die kleineren Modelle funktioniert der Dosenkocher XL über den Kamineffekt, der auf der Grundform der Dosen basiert. Da eine 10-Literdose doch wesentlich höher ist als ihre kleinen Brüder und Schwestern, entsteht hier eine enorme Hitze, für die man nur sehr wenig Holz benötigt. Bei einem offenen Feuer würde man dagegen ein Mehrfaches an Brennholz verbrauchen, um den gleichen Effekt zu erzielen. Das liegt natürlich auch daran, dass ein Großteil der Hitze in der Dose gefangen bleibt und nicht einfach in die Umgebung abstrahlen kann. Die Hitze zieht nach oben und kann so eine sehr große Menge an Nahrung oder Wasser erhitzen. Leider wird bei den meisten dieser Kocher der Untergrund in Mitleidenschaft gezogen. Es muss deshalb darauf geachtet werden, dass der Boden um den Kocher herum so präpariert wird, dass keine entzündlichen Materialien in der Umgebung des Kochers liegen, siehe auch Wurzelbrand Kreuzfeuer.

Für die Fertigung des Dosenkochers XL geht man ähnlich vor wie schon bei der Dosenpfanne. Auch wenn man die Dose mit einem alten Messer schneiden könnte, Verletzungsrisiko inklusive, bietet sich hier doch besser eine Blechschere an. Auch hier sind wie bei der Pfanne Handschuhe zu empfehlen. Zuerst werden die Flächen angezeichnet, die man aus der Dose ausschneiden möchte ***[1]***. Hierfür werden Rechtecke gewählt, die an bestimmten Punkten der Dose herausgetrennt wurden. Immer wenn in der folgenden Beschreibung von »unten an der Dose« die Rede ist, bezeichnet dies die ursprünglich vom Dosenöffner geöffnete Seite. Zunächst werden oben an der Dose ca. 5 cm unterhalb des Dosenrandes 3 Rechtecke eingezeichnet. Dabei muss ein Rechteck deutlich größer als die anderen beiden sein: ein Rechteck sollte somit 20 cm lang und 10 cm hoch sein. Dieses Rechteck dient später dazu, dass hier die nach oben steigenden Flammen austreten können, wodurch der starke Kamineffekt erst möglich wird. Jeweils rechts und links davon wurden mit 120 Grad Abstand die zwei weiteren Rechtecke mit einer Länge von 7 cm und eine Höhe von 4 cm eingezeichnet. Diese beiden dienen dazu, die Zugwirkung noch zu verstärken.

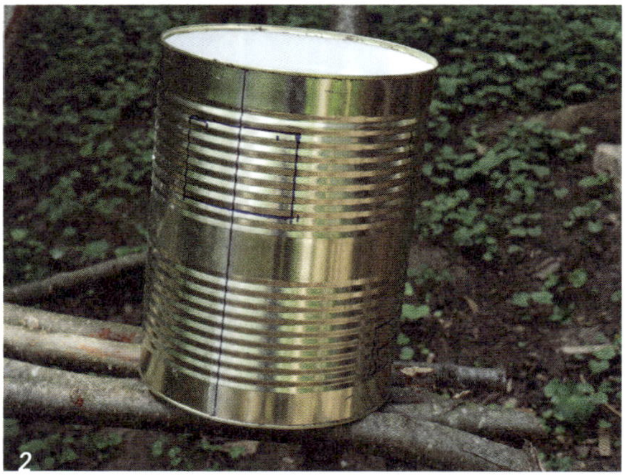

2

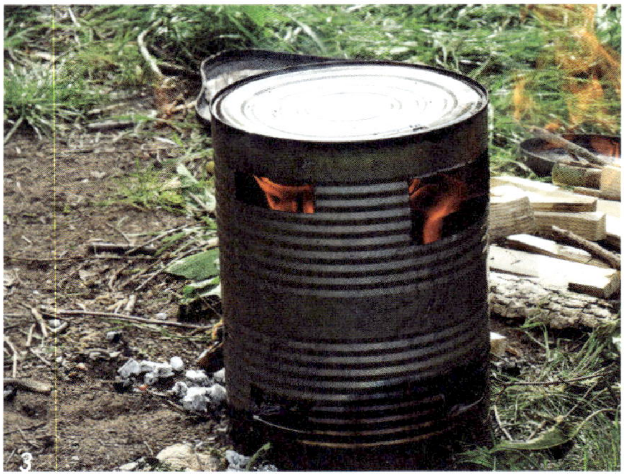

3

Auf gleiche Weise wird unten an der Dose verfahren *[2]*. Allerdings werden hier anstatt zwei, drei der kleineren Rechtecke aufgezeichnet und ein großes, so dass die Rechtecke im Abstand von 90 Grad zueinander positioniert sind. Die kleineren Rechtecke dienen dabei als Luftschlitze und das große Rechteck wird dazu genutzt, um Holz nachzulegen.
WICHTIG: Das obere und das untere große Rechteck dürfen nicht auf der gleichen Seite liegen, sondern am besten diagonal gegenüber. Da oben die Hitze und sogar Flammen austreten, könnte man sich beim Holznachlegen Verbrennungen zuziehen *[3]*.

Sind alle Rechtecke an der richtigen Position eingezeichnet, können sie mit der Blechschere ausgeschnitten werden. Dabei werden nur die drei oberen Rechtecke und das untere große Rechteck, wo später das Feuerholz nachgeschoben werden kann, vollständig herausgetrennt. Die drei unteren, kleineren Rechtecke dagegen werden nur an jeweils 3 Seiten eingeschnitten und zwar oben und seitlich, NICHT an der langen unteren Seite. Denn diese Seite des Blechrechtecks wird später nach innen gebogen, damit man den Ofenboden darauf ablegen kann. Der Ofenboden besteht aus dem Dosendeckel, der aus der Dosenöffnung herausgeschnitten wurde. In diese Blechscheibe werden nun ganz viele Löcher hineingetrieben. Dafür bietet sich ein alter Nagel oder auch die Ahle vom Schweizer Taschenmesser an. Diese dienen dazu, dass der Kocher zusätzlich Luft vom Boden ansaugen kann *[4]*. Natürlich liegt der Deckel später nicht wie auf dem Bild zu sehen ist auf, da die Tonne zum Anzünden umgedreht wird. Deshalb muss der perforierte Deckel vor Verwendung in die Tonne hineingeschoben werden, was beim Umdrehen der Tonne dazu führt, dass er auf die umgebogenen drei Rechtecke fällt und darauf liegen bleibt. So ist der eigentliche Boden des Kochers nun mehrere Zentimeter vom Erdboden entfernt.

Als Nächstes wird der Kocher in Position gebracht und angezündet *[5]*. Dafür füllt man zuerst viele kleine, etwa. fingerdicke Holzstücke in die Tonne und zündet sie z. B. mit Birkenrinde an. Dadurch entsteht eine starke Hitze, die den gesamten Kocher aufheizt *[6]*. Hat sich eine Grundglut gebildet, kann man von unten immer mehr Holz nachschieben. Die Holzstücke sollten dabei nicht dicker als zwei Finger breit sein. Das Besondere hieran ist, dass man ab jetzt fast jedes brennbare Naturmaterial verfeuern kann, selbst wenn es noch ein wenig feucht ist. Eigentlich kann man nun direkt auf dem Dosenboden kochen oder braten. Es bietet sich hier natürlich an, seinen vorher gefertigten > ***Dosenkochtopf mit Naturhenkel*** oder, wie unserem Fall, seine > ***Dosenpfanne*** zu verwenden, da sie ja direkt auf den Kocher passt *[7]*.

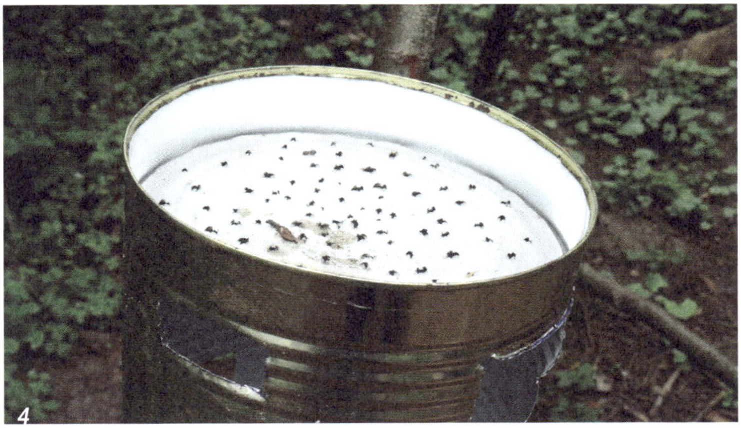

4

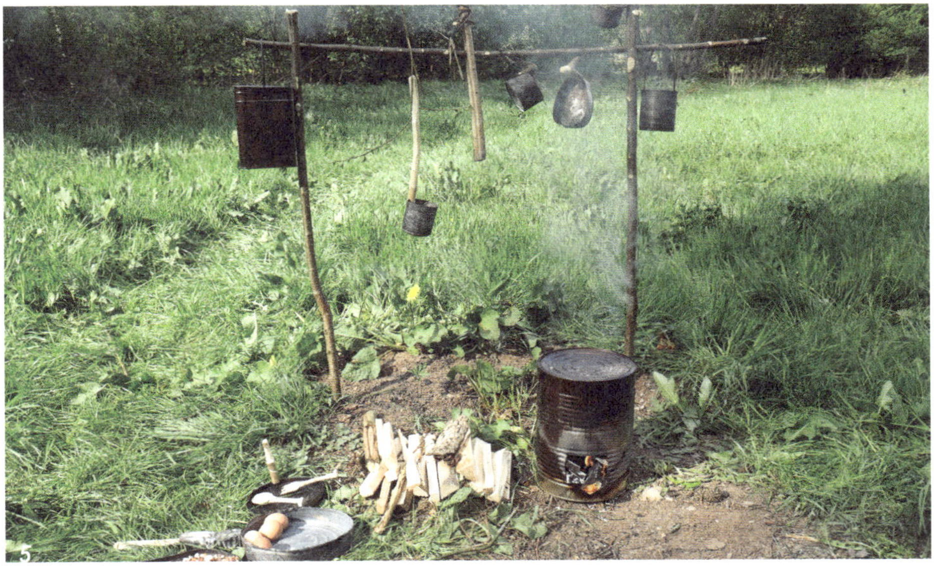

5

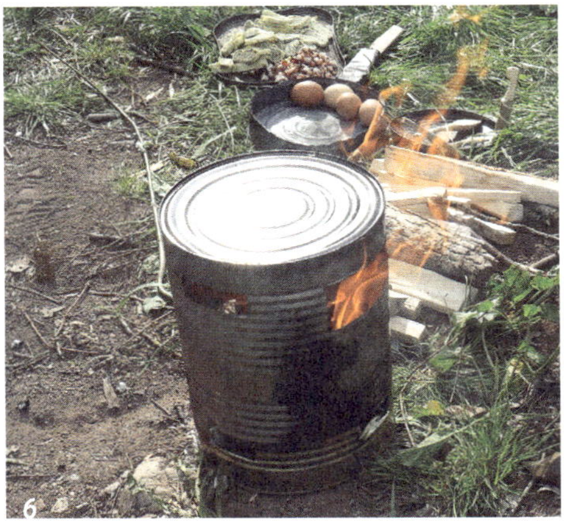

6

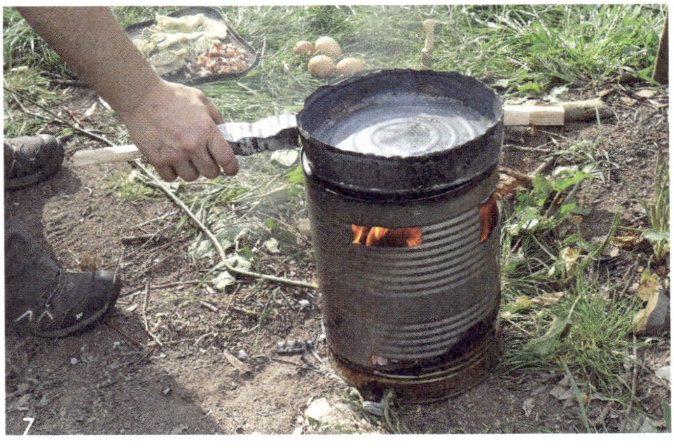

7

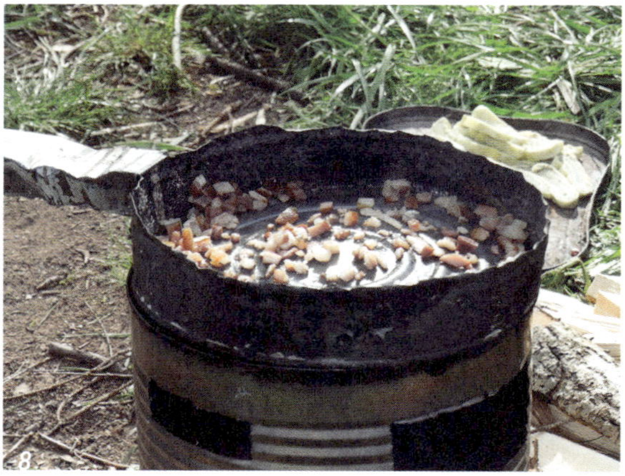

8

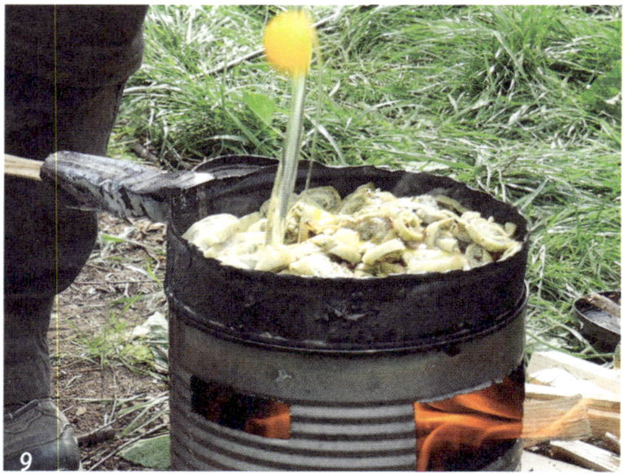

9

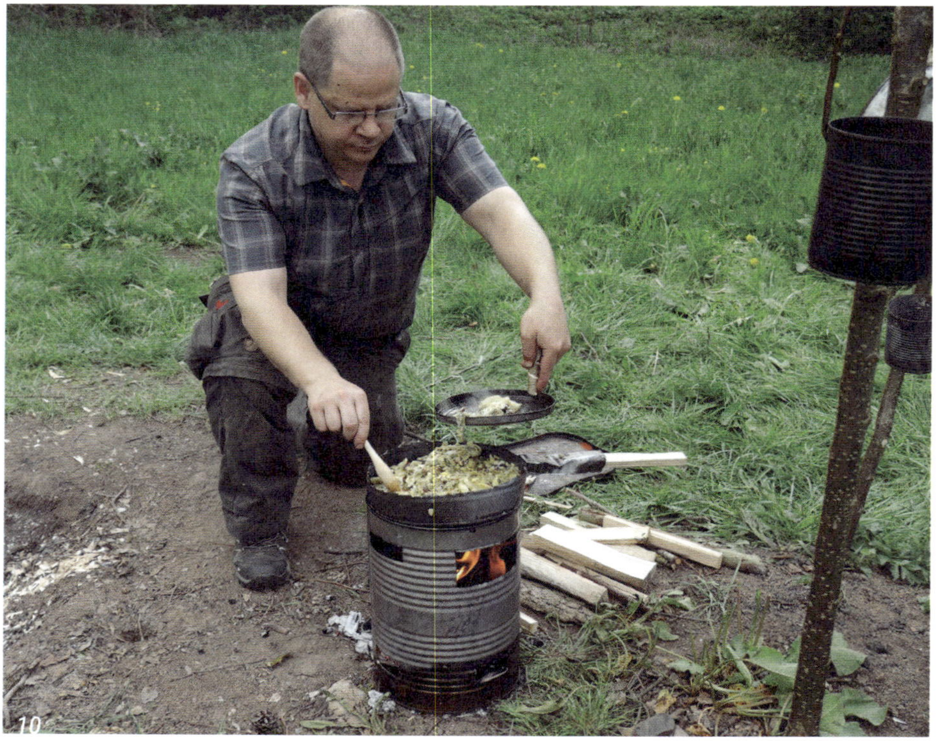

10

Beim Kochen oder Braten auf oder in Dosen, sollte auf jeden Fall etwas Fett verwendet werden, damit nichts anbrennt. Zur Not reicht aber auch eine gute Handvoll fettiger Speck *[8]*. Sobald das Fett heiß ist, was hier sehr schnell geht, können alle weiteren Zutaten zugegeben werden *[9]*.

Vorsicht: Beim Hantieren an der Tonne, sollte man unbedingt drauf achten, sie unter keinen Umständen zu berühren. Denn die Hitze kann so stark werden, dass die bloße Haut am Metall kleben bleiben kann. Auch sollte man sich nicht der Seite mit dem oberen großen Austrittsschlitz nähern, da hier sehr große

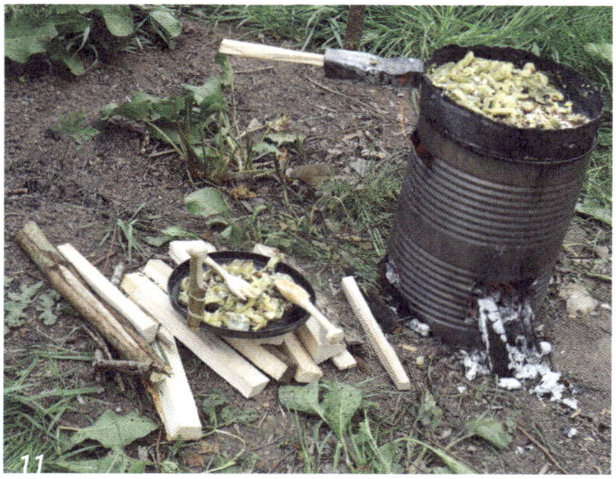

11

Tipp:

Der Kocher bietet sich so sehr gut als Bestandteil einer dauerhaften oder gar festen Campküche an. Da sich die Dose sehr lange hält und man auch mehrere Dosen nebeneinander benützen könnte, wäre so auch der Bau eines ganzen Herdes inklusive Backofen möglich.

Flammen austreten können *[10]*. In kürzester Zeit kann so ein Essen für 3–4 Personen zubereitet werden, ohne dass dafür eine große Menge trockenes Holz besorgt werden muss. Der Kocher könnte selbst mit Dung betrieben werden. Auch nachdem das Hauptfeuer heruntergebrannt ist, bleibt in der Dose noch lange eine gute Glut erhalten. Dadurch entwickelt sich eine angenehme Wärme, die die Dose langsam an die Umgebung abgibt *[11]*. So kann mit wenig Brennmaterial die ganze Nacht über ohne viel Aufwand eine Grundwärme erhalten werden.

Vorsicht: Niemals darf ein solcher Kocher, auch kein kleinerer Vertreter, in geschlossenen, schlecht belüfteten Räumen, Zelten oder (Erd-) Hütten benutzt werden. Zum einen droht erhebliche Brandgefahr, zum andern ist die Bildung von Kohlenmonoxid-Gas nicht auszuschließen. Wenn dies alles beachtet wird, hat man einen super effektiven Kocher, mit dem man sehr schnell und mühelos kochen kann.

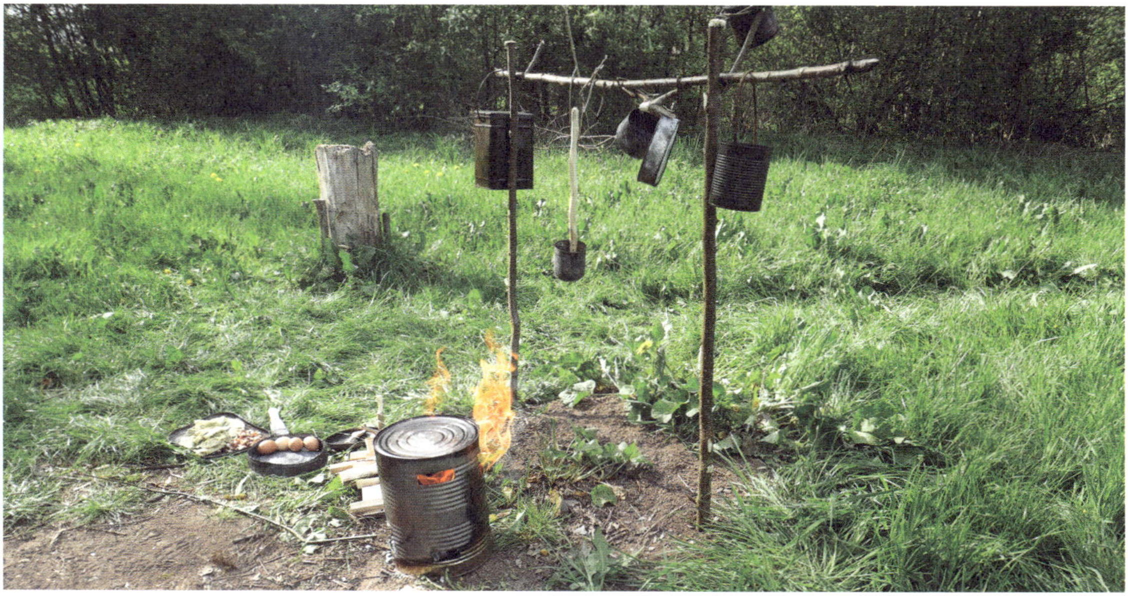

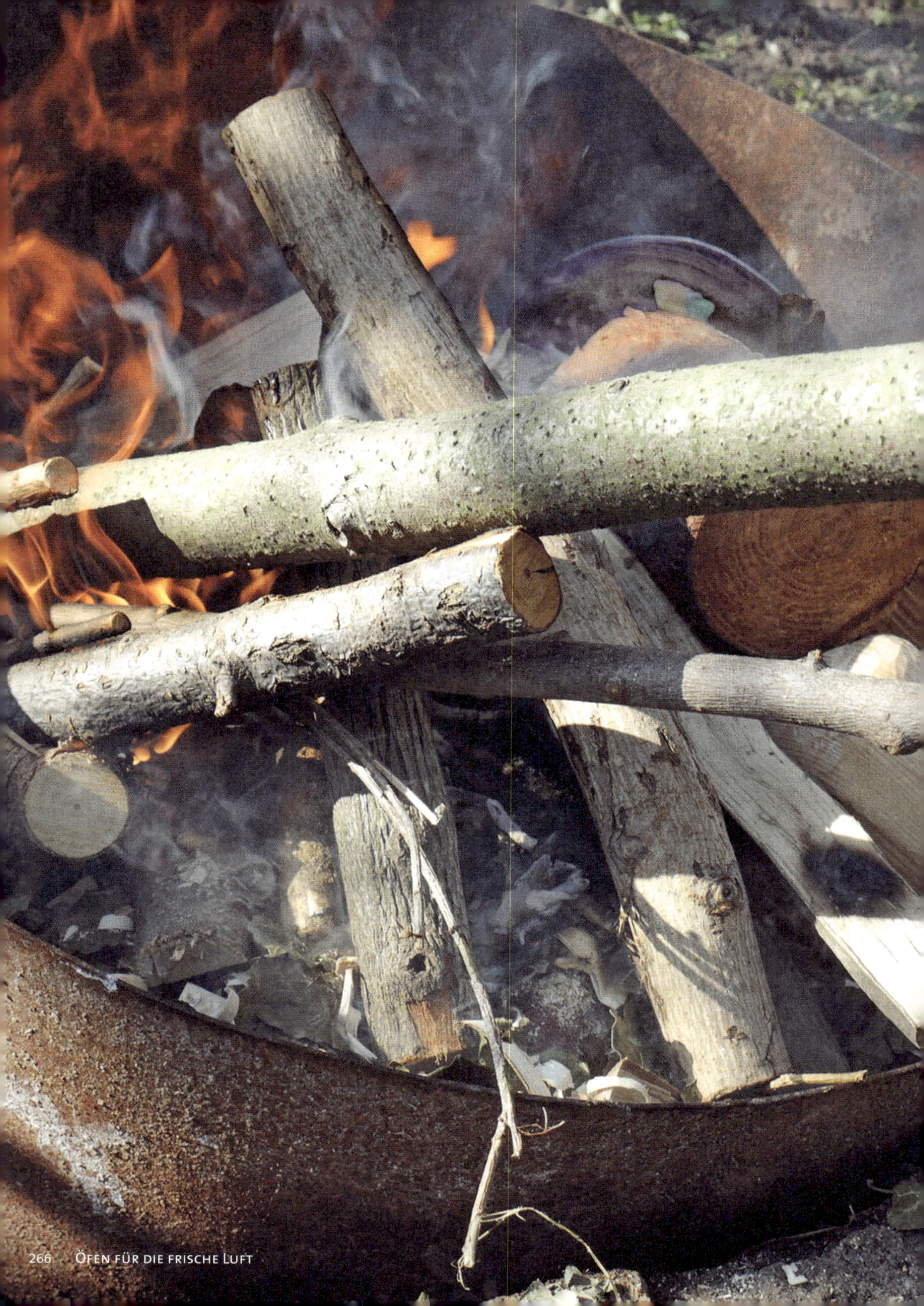

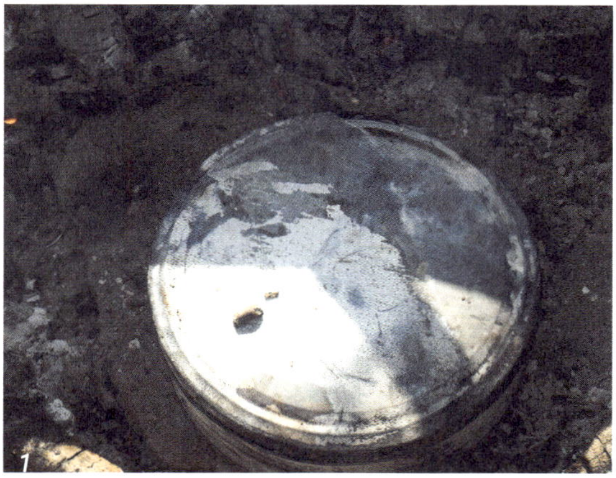

1

Backdose

Ausgebrannte Dosen sind vielfältig nutzbar und sie lassen sich mit ein wenig Phantasie zu richtig gutem Küchenequipment umgestalten, wie im Buch mehrfach gezeigt wurde. Es kann aber auch ohne viel Aufwand damit gekocht und gebacken werden. Dafür mischt man sich einen Teig, z. B. einen Teig, ähnlich wie für Stockbrot. Für 4–5 Personen benötigt man 500 g Mehl, ein Päckchen Backpulver und 1–1,5 Teelöffel Salz (je nach Geschmack).

Die Zutaten können direkt in der Dose gemischt werden. Dazu schüttet man das Mehl, das Backpulver und das Salz zusammen und rührt es in trockenem Zustand mit den Händen durch, damit sich alles gut vermischt. Nun kann man langsam etwas handwarmes Wasser dazu geben (das Wasser darf nicht kalt sein) und mit dem Mehl verkneten. Der Teig ist fertig, wenn er nicht mehr an den Fingern klebt. Anstatt des Backpulvers kann auch ein Hefeweizenbier (auch alkoholfrei) verwendet werden. Eine 0,5-Liter-Flasche ist dafür völlig ausreichend. Wichtig ist, dass man den Teig dann eine Weile in der Nähe des Feuers stehen lässt, damit dieser noch ein wenig aufgehen kann. Selbstverständlich kann der Teig je nach Geschmack gewürzt werden. Geräuchertes Paprikapulver macht sich beispielsweise sehr gut, gerade wenn das Brot zu einem deftigen Eintopf gereicht wird. Auch Wiesenkräuter wie Spitzwegerich lassen sich wunderbar in den Teig mit einarbeiten. Am besten jedoch schmeckt es, wenn man in die Mitte des Brotes ein Stück Käse steckt, der sich während des Backvorgangs langsam verflüssigt. Im Anschluss daran wird der Teig zu einer Kugel geformt, etwas flach gedrückt und in die Dose gelegt. Dabei sollte berücksichtigt werden, dass Brot beim Backen noch etwas aufgeht. Dann wird die Dose mit dem Deckel verschlossen und einfach auf einen Stein in die Glut gelegt. Der Stein ist wichtig, da das Brot sonst von unten anbrennt. Daneben darf ruhig noch ein kleines Feuer brennen ***[1]***.

Nach 10–15 Minuten wird die Dose aus der Glut genommen ***[2]***. Sollte es noch keine braune Kruste haben, wird es einfach wieder zurück in die Glut gestellt. So einfach entsteht eine tolle Beilage, die wahrscheinlich besser schmeckt als alles Brot, das man im Discounter kaufen kann – und günstiger ist es auch.

2

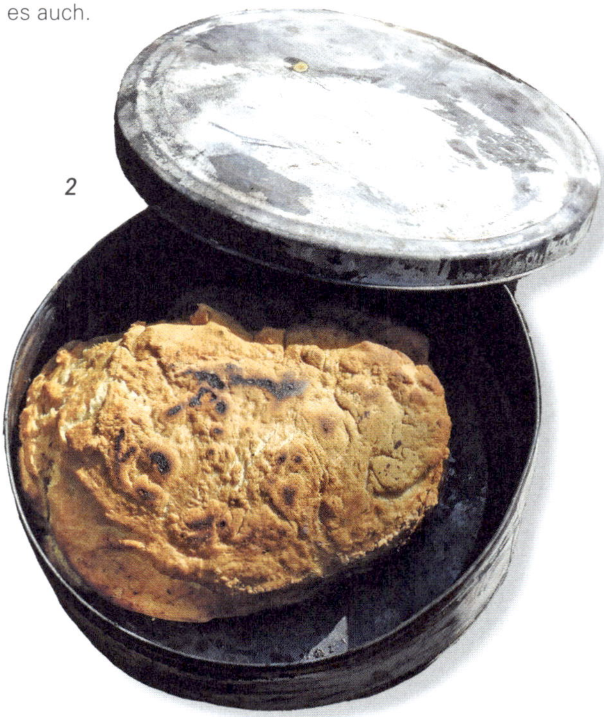

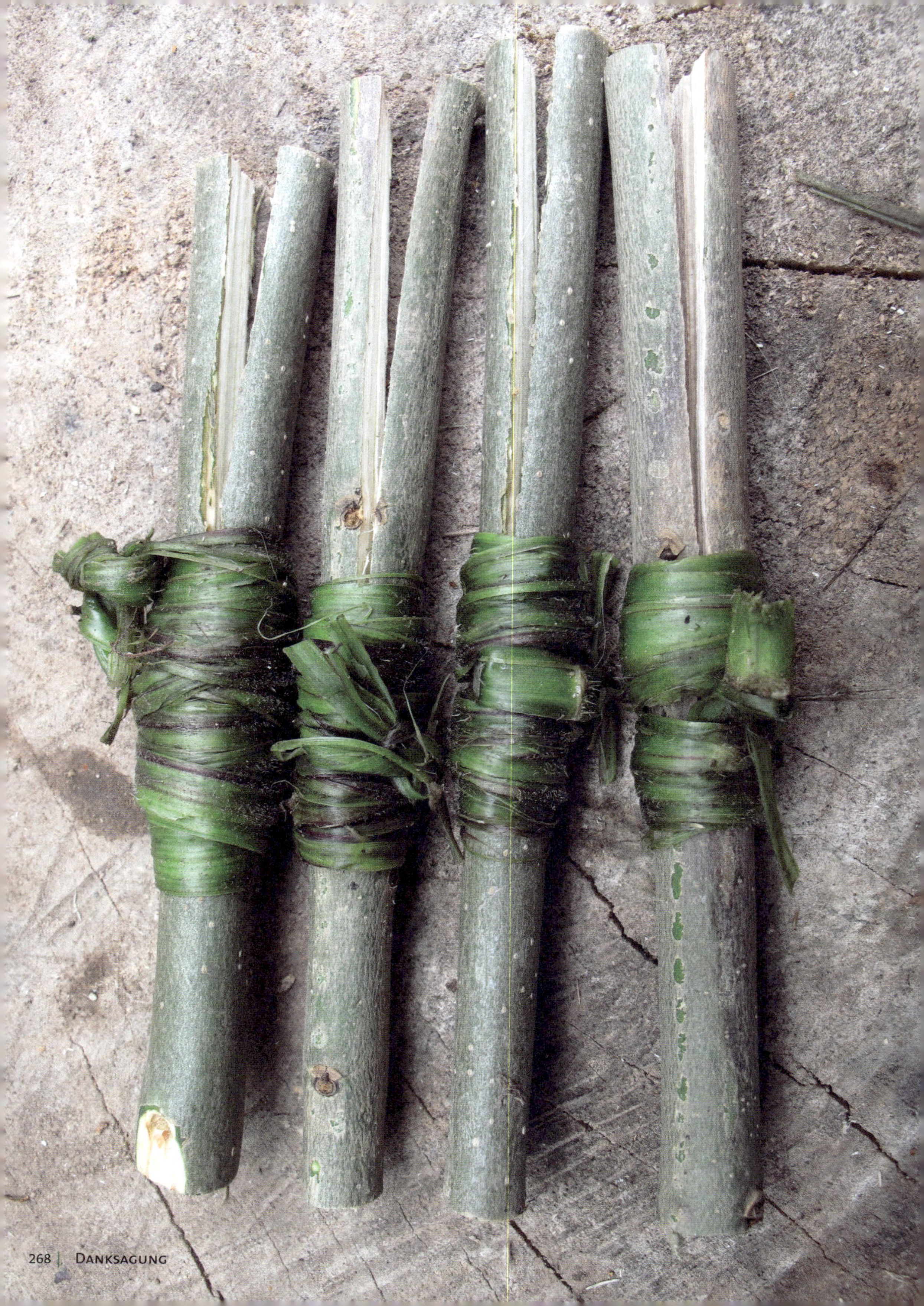

Danksagung

Ich möchte mich auf diesem Weg bei allen bedanken die das Buch möglich gemacht haben.

Thomas Rall, meinem Freund und Bushcraftkollegen. Ich bin sehr froh, Dich kennengelernt zu haben und mit Dir immer wieder Neues auszuprobieren.
Meiner ganzen Familie, die mich auf meinem Weg begleitet und unterstützt, egal was es ist.
Meiner Freundin, die mir mit Rat und Tat zur Seite stand und mich immer wieder ermutigte.

Meinen Freunden aus dem Tao Te Berga, Maik und Claudia, die mir ihr Grundstück und entsprechendes Holz zur Verfügung gestellt haben.
Mein Dank gilt auch Frau Ulrike Ruh vom Verlag pietsch, die sich so viel Mühe mit diesem Buch gemacht hat und immer alles sachlich gemanagt hat, wenn ich nicht weiterwusste.
Der Grafikerin Kornelia Erlewein für ihr gelungenes Layout, das unsere Projekte auf inspirierende Weise präsentiert.

All denjenigen, die an mich glauben und allen, die dieses Buch lesen.

Rocco Hartwig

Webseite: www.natUR-instinkte.de
YouTube: natUR-instinkte
Facebook: Natur-Instinkte
Instagram: Rocco Hartwig(@natur.instinkte)
rocco.hartwig@googlemail.com

Auch ich möchte mich bedanken:
Zuallererst bei Rocco Hartwig. Nicht nur für Dein Vertrauen in mich, als Du mich eingeladen hast, dieses Buch mit mir zu schreiben. Sondern auch dafür, dass ich Dich persönlich kennen lernen durfte und Du genau so bist, wie man Dich von YouTube kennt.

Ganz großer Dank geht an Frau Ruh vom Verlag pietsch für ihre tolle Organisation und ihre sehr angenehme und motivierende Art der Zusammenarbeit. Vor allem möchte ich mich bei ihr bedanken für den Vertrauensvorschuss, der die Arbeit von Anfang an so angenehm gestaltete.

Herzlichen Dank auch der Grafikerin Kornelia Erlewein für das wunderbare Layout.

Zudem möchte ich mich bei meiner Frau und Mutter meiner wunderbaren Tochter bedanken. Ohne Dich würde ich noch immer auf der Couch sitzen und hätte niemals das Wildniswerken für mich entdeckt.

Vielen Dank an all die lieben Menschen und UnterstützerInnen, die mir immer wieder Mut machen, meine Projekte mit der Öffentlichkeit zu teilen. Für sie und wegen ihnen habe ich dieses Buch geschrieben.

Vielen Dank an alle Interessierten, die dieses Buch jetzt lesen werden.

Wer Lust auf mehr bekommen hat, kann hier weiter stöbern:

Thomas Rall

Website: www.natur-und-praevention.de
YouTube: Natur erLeben – Praevention erStreben
Facebook: Natur erLeben – Prävention erStreben
oder Thomas Rall
https://www.youtube.com/c/NaturerLebenPraeventionerStreben
Instagram: natur_und_praevention
Persönlicher Kontakt: Naturundpraeventionerleben@gmx.de

Über die Autoren

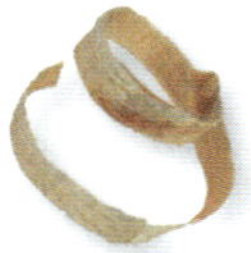

Rocco Hartwig arbeitet als Wildnistrainer und Naturführer in Berga an der Elster, Thüringen. Von Kindesbeinen an verbrachte er mit seinem Vater viel Zeit in der Natur und erwarb sich so ein breites Wissen über essbare Pflanzen.

In der damaligen DDR wuchs er in einer Umgebung auf, in der die Menschen viel improvisieren mussten und vom Schlachten bis zum Einwecken viel selbst gemacht haben. Schon damals lernte er, mit Naturmaterialien umzugehen. Nach der Schule ging's fast immer in den Wald, um kleine Hütten zu bauen oder einfache Werkzeuge herzustellen.

Nach der Wende unternahm er ausgedehnte Reisen in zahlreiche Länder und widmete sich nach seiner Rückkehr in die alte Heimat wieder der Beschäftigung mit der Natur. Er gründete »natUR-instinkte« und gibt sein Wissen in Kursen für Firmen, Schulen, Kindergärten und Privatpersonen weiter.

Sein Motto:
»Jeder hat etwas, für das er brennt. Wenn er dies leben und teilen kann, ist er ein glücklicher Mensch.«

Thomas Rall (Dipl.päd.) arbeitet als Wildnispädagoge in der Suchtarbeit und Suchtprävention. Die Nähe zu Natur zieht sich wie ein roter Faden durch seine Biografie. Er kann sich beispielsweise noch gut daran erinnern, wie er mit 5 Jahren sein erstes Taschenmesser geschenkt bekam oder an seine Zeit im Angelverein.

Durch seine Ausbildung zum Wildnispädagogen entdeckte er das Wildniswerken für sich. Dabei interessiert ihn vor allem das Dreieck »Mensch–Natur–Tätigkeit« oder anders gesagt: Es geht ihm um das buchstäbliche Erleben der Natur, indem man sich selbst und andere im Umgang mit Naturmaterialien neu und anders erfährt.

Wildniswerken ist für ihn inzwischen viel mehr als ein Hobby, es ist zu einem zentralen Bestandteil seines Lebensstils geworden: möglichst viel mit natürlichen Ressourcen herstellen, möglichst wenige industriell gefertigte Produkte konsumieren, das Draußensein in der Natur genießen und immer wieder Neues ausprobieren. Er vermittelt sein reiches Know-how in Vorträgen und Kursen.

Sein Motto:
»Wenn ich das kann, dann könnt Ihr das auch!«

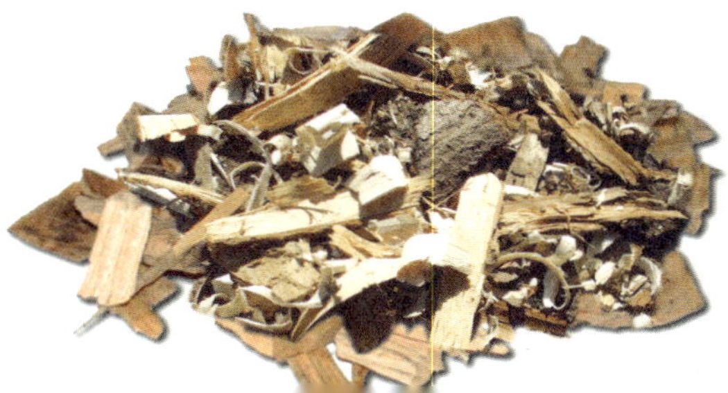

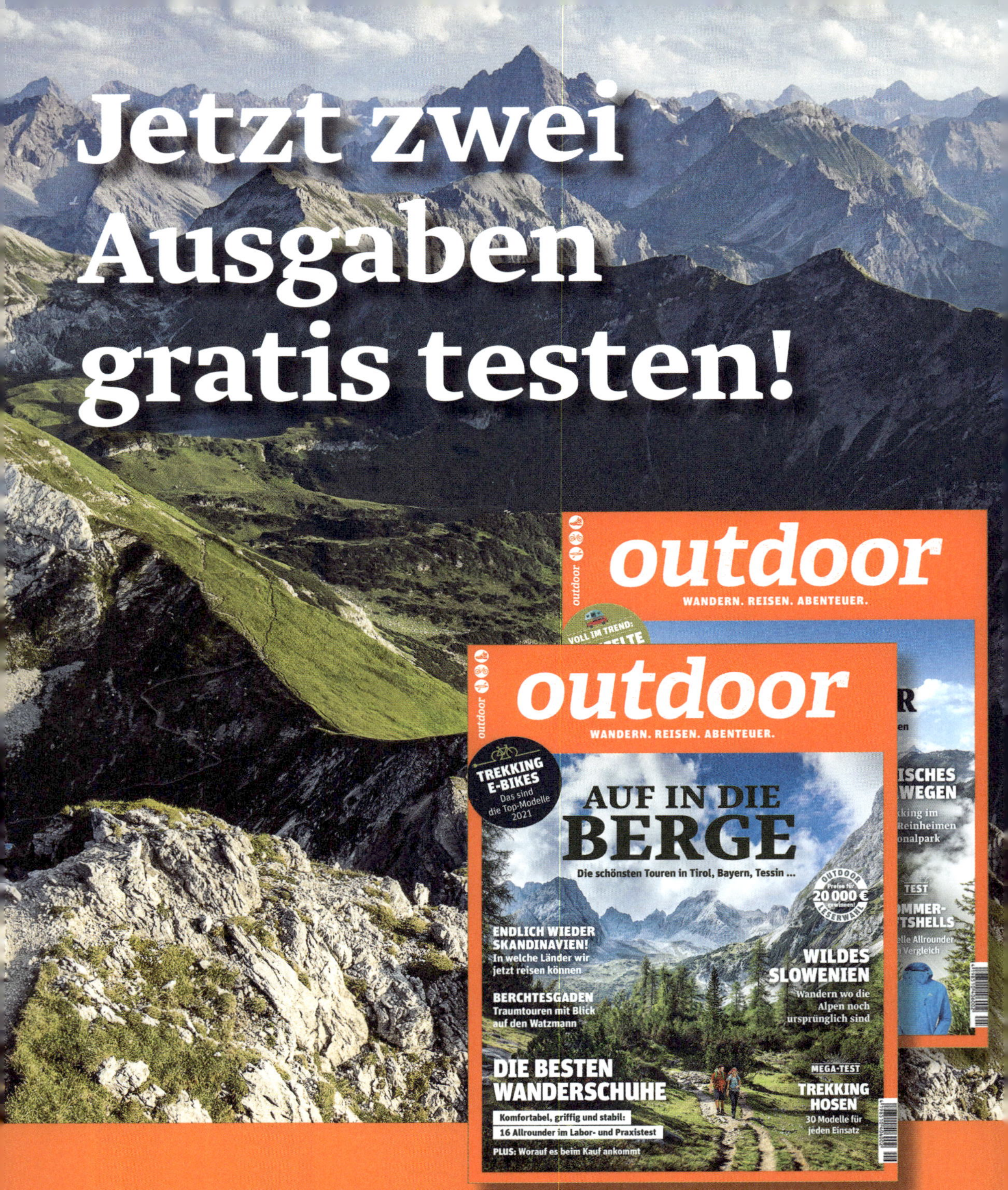

Jetzt zwei Ausgaben gratis testen!
outdoor
WANDERN. REISEN. ABENTEUER.
outdoor
WANDERN. REISEN. ABENTEUER.
TREKKING E-BIKES
Das sind die Top-Modelle 2021
AUF IN DIE BERGE
Die schönsten Touren in Tirol, Bayern, Tessin ...
ENDLICH WIEDER SKANDINAVIEN!
In welche Länder wir jetzt reisen können
BERCHTESGADEN
Traumtouren mit Blick auf den Watzmann
WILDES SLOWENIEN
Wandern wo die Alpen noch ursprünglich sind
DIE BESTEN WANDERSCHUHE
Komfortabel, griffig und stabil:
16 Allrounder im Labor- und Praxistest
PLUS: Worauf es beim Kauf ankommt
MEGA-TEST
TREKKING HOSEN
30 Modelle für jeden Einsatz

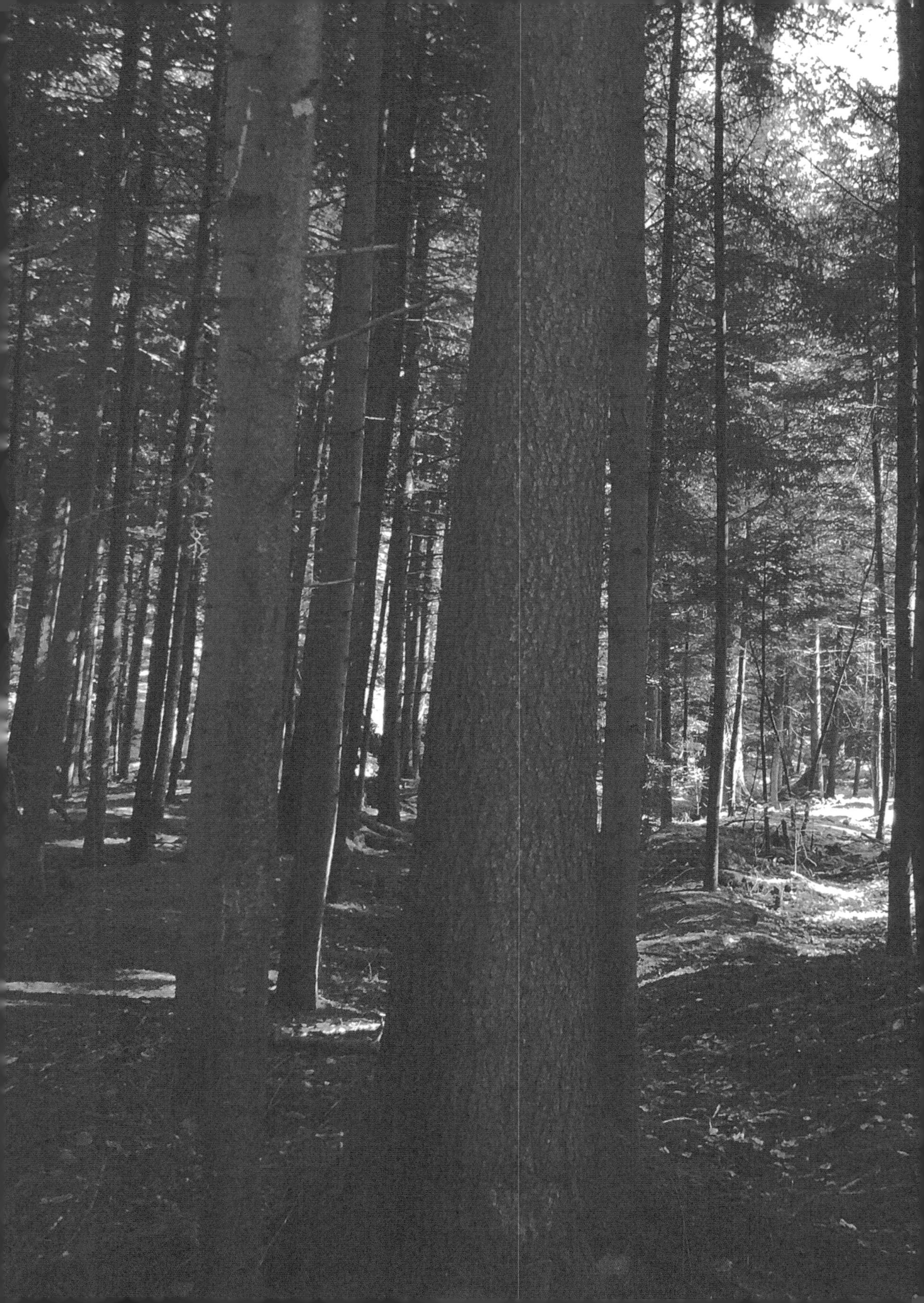